Abschlussprüfer und Corporate Governance

Europäische Hochschulschriften
Publications Universitaires Européennes
European University Studies

Reihe II
Rechtswissenschaft

Série II Series II
Droit
Law

Bd./Vol. 3784

PETER LANG
Frankfurt am Main · Berlin · Bern · Bruxelles · New York · Oxford · Wien

Bernd Mößle

Abschlussprüfer und Corporate Governance

PETER LANG
Europäischer Verlag der Wissenschaften

Bibliografische Information Der Deutschen Bibliothek
Die Deutsche Bibliothek verzeichnet diese Publikation in der Deutschen Nationalbibliografie; detaillierte bibliografische Daten sind im Internet über <http://dnb.ddb.de> abrufbar.

Zugl.: Konstanz, Univ., Diss., 2003

D 352
ISSN 0531-7312
ISBN 3-631-51404-2

www.peterlang.de

Für

Wilhelm Mößle

Vorwort

Die vorliegende Arbeit lag der juristischen Fakultät der Universität Konstanz im Wintersemester 2002/2003 als Dissertation vor. Die mündliche Doktorprüfung fand am 28. April 2003 statt. Literatur und Rechtsprechung konnten bis Oktober 2002 berücksichtigt werden.

Mein besonderer Dank gilt meinem Doktorvater, Herrn Professor Dr. Werner F. Ebke, LL.M., der die Wahl dieses Themas angeregt und seine Bearbeitung beispielhaft betreut hat. Darüber hinaus danke ich ihm herzlich für die Unterstützung meines Studienaufenthaltes am Magdalen College/Oxford. Herrn Prof. Dr. Martin Franzen danke ich für die Erstellung des Zweitgutachtens.

Beim gesamten Lehrstuhl Ebke möchte ich für die stetige Diskussions- und Hilfsbereitschaft bedanken. Insbesondere gilt mein Dank meinen Kollegen Dr. Andreas Benckendorff und Dr. Daniel Broer. Für die Durchsicht des Manuskripts danke ich Christine Sulger und meinem Bruder Claus Mößle. Besonders zu Dank verpflichtet bin ich meinen Eltern, Geschwistern und meinem Großvater Martin Preg für ihre stetige und großzügige Unterstützung. Schließlich möchte ich Dr. Wolfgang Lang und Prof. Dr. Dr. Wilhelm Mößle erwähnen, deren Rat und Unterstützung ebenso zum Gelingen dieser Arbeit beigetragen haben. Letzterem, der leider viel zu früh verstorben ist, ist diese Arbeit gewidmet.

Frankfurt am Main, Mai 2003

Bernd Mößle

Inhaltsverzeichnis

Abkürzungsverzeichnis

A.	Atlantic Reporter
a.A.	anderer Ansicht
ABA	American Bar Association
ABl.EG	Amtsblatt der Europäischen Gemeinschaften
Abs.	Absatz
Abschn.	Abschnitt
abw.	abweichend
Abt.	Abteilung
Acc. Rev.	The Accounting Review
AcP	Archiv für die civilistische Praxis
ADHGB	Allgemeines Deutsches Handelsgesetzbuch von1861
A/D/S	*Adler*, Hans/*Düring*, Walther/*Schmaltz*, Kurt
a.F.	alte Fassung
AG	Aktiengesellschaft; Amtsgericht, Die Aktiengesellschaft
AGB	Allgemeine Geschäftsbedingungen
AGBG	Gesetz zur Regelung der Allgemeinen Geschäftsbedingungen
AHB	Allgemeine Versicherungsbedingungen für die Haftpflichtversicherung
AJP/PJA	Aktuelle juristische Praxis/Practique Juridique Actuelle
AICPA	American Institute of Certified Public Accountants
A. J. Comp. L.	American Journal of Comparative Law
AKEU	Externe Unternehmensrechnung der Schmalenbach-Gesellschaft für Betriebswirtschaft
AktG	Aktiengesetz
ALI	American Law Institute
All E. R.	The All English Law Reports
ALR	Allgemeines Landrecht für die Preußischen Staaten von 1794; American Law Reports
Alt.	Alternative
a.M.	anderer Meinung
APB	Accounting Principles Board
AP	Abschlussprüfer
Ariz. J. Int'l & Comp. L.	Arizona Journal of International and Comparative Law
ASE	American Stock Exchange
ATS	Österreichische Schilling
ATT	American Telephon and Telegraph Company
BAG	Bundesarbeitsgericht
BAKred	Bundesaufsichtsamt für Kreditwesen

BAWe	Bundesaufsichtsamt für den Wertpapierhandel
BayOblGZ	Entscheidung des Bayerischen Oberstenlandesgericht in Zivilsachen
BB	Betriebsberater
BbankG	Bundesbankgesetz
BeBiKom	Beck´scher Bilanzkommentar
Begr.	Begründung
BFuP	Betriebswirtschaftliche Forschung und Praxis
BG	Bundesgericht
BGB	Bürgerliches Gesetzbuch
BGBl	Bundesgesetzblatt
BGH	Bundesgerichtshof
BGHZ	Entscheidungen des Bundesgerichtshofes in Zivilsachen
BiRiLiG	Bilanzrichtliniengesetz
BIZ	Bank für Internationalen Zahlungsverkehr
BMJ	Bundesministerium für Justiz
BörsG	Börsengesetz
BörsZulV	Börsenzulassungsverordnung
BRAGO	Bundesrechtsanwaltsgebührensordnung
BT-Drucks	Bundestags-Drucksache
Bus. Lawyer	The Business Lawyer
BuW	Betrieb und Wirtschaft
BVerfG	Bundesverfassungsgericht
CALPERS	California Public Employee`s Retirement System
Cal.	California
Cal. Rptr. 2d	California Reporter Second Series
CML Rev.	Common Market Law Review
CONSOB	Commissione Nazionale Per Le Societa´ e la Borsa
Colum. Bus. L. Rev.	Columbia Business Law Review
Colum. J. Transnat´l L.	Columbia Journal of Transnational Law
CPA	Certified Public Accountant
DAX	Deutscher Aktienindex
DB	Der Betrieb
DBW	Die Betriebswirtschaft
DJT	Deutscher Juristentag
DNotZ	Deutsche Notarzeitschrift
DOK KOM	Komissionsdokument(e)
DRS	Deutscher Rechnungslegungsstandard
DRSC	Deutsches Rechnungslegungs Standards Committee
DStR	Deutsches Steuerrecht
DSWR	Datenverarbeitung/Steuer/Wirtschaft/Recht

DV	Die Verwaltung
DVFA	Deutsche Vereinigung für Finanzanalyse und Asset Management
DVW	Deutsche Vereinigung für Wertpapierbesitz e.V.
ECOFIN	Rat der EU-Wirtschafts- und Finanzminister
ECU	European Currency Unit
E-DRS	Entwurf eines Deutschen Rechnungslegungs-standards
EDV	Elektronische Datenverarbeitung
EGV	Vertrag über die Europäische Gemeinschaft
endg.	endgültig
EPG	Europäische Privatgesellschaft
EPS	Entwurf eines Prüfungsstandards
ESFB	Europäischen Systems der Finanzaufsichtsbehörden
EstGB	Einkommenssteuergesetzbuch
ESZB	Europäisches System der Zentralbanken
etc.	et cetera
EU	Europäische Union
EuGH	Europäischer Gerichtshof
EuZW	Europäische Zeitschrift für Wirtschaftsrecht
EWG	Europäische Wirtschaftsgemeinschaft
EWGV	Vertrag über die Europäische Wirtschafts-gemeinschaft
EWIV	Europäische Wirtschaftliche Interessen-Vereinigung
EWS	Europäisches Wirtschafts- und Steuerrecht
EZB	Europäische Zentralbank
F.	Federal Reporter
FASB	Financial Accounting Standards Board
FATF	Financial Action Task Force
FAVAG	Frankfurter Allgemeine Versicherungs AG
FAZ	Frankfurter Allgemeine Zeitung
FEE	Fedération des Experts Comptables Européens
FESCO	Forum of European Securities Commissions
FGG	Gesetz zur Freiwillige Gerichtsbarkeit
FG	Festgabe
Fn	Fußnote
Fordham L. Rev.	Fordham Law Review
FRRP	Financial Reporting Review Panel
FRSSE	Financial Reporting standard für Smaller Entities
FS	Festschrift
FT	Financial Times
FTD	Financial Times Deutschland

GASB	German Accounting Standard Board
GCCG	German Code of Corporate Governance
GenG	Genossenschaftsgesetz
GG	Grundgesetz
GmbH	Gesellschaft mit beschränkter Haftung
GmbH & Co (KG)	Gesellschaft mit beschränkter Haftung und Compagnie (Kommanditgesellschaft)
GmbHG	GmbH Gesetz
GmbHR	GmbH Rundschau
GoB	Grundsätze ordnungsgemäßer Buchführung
GroßKom	Großkommentar
GuV	Gewinn und Verlust
GVG	Gerichtsverfassungsgesetz
HB	Handelsblatt
HdJ	Handbuch des Jahresabschlusses
HdR	Handbuch der Rechnungslegung
HFA	Hauptfachausschuss
HGB	Handelsgesetzbuch
HGrG	Haushaltsgrundsätzegesetz
h.M.	herrschende Meinung
HRev	Handwörterbuch der Revision
HS	Halbsatz
IAS	International Accounting Standards
IASB	International Accounting Standards Board
IASC	Internationale Accounting Standards Committee
IBM	International Business Machines Corporation
IdF	in der Fassung
IDW	Institut der Wirtschaftsprüfer
IDW	Institut der deutschen Wirtschaftsprüfer
IDW-FN	IDW-Fachnachrichten
IFAC	International Federation of Accounts
IIA	internen Revisoren
InsO	Insolvenzordnung
IntGesR	Internationales Gesellschaftsrecht
Int´l Law.	International Lawyer
IOSCO	International Organization of Securities Commissions
IPRax	Praxis des internationalen und ausländischen Privat-rechts
ISA	International Standards on Auditing
i. S. d.	im Sinne des
Jb.	Jahrbuch
J.Fin. Econ.	Journal of Financial Economics

J. Leg. Stud.	The Journal of Legal Studies
J. Pol. Econ	Journal of Political Economics
JuS	Juristische Schulung
JW	Juristische Wochenschrift
KapAEG	Kapitalaufnahmeerleichterungsgesetz
KapCoRiLiG	Kapitalgesellschaften und Co-Richtliniengesetz
KgaA	Kommanditgesellschaft auf Aktien
KK	Kölner Kommentar
KonTraG	Gesetz zur Kontrolle und Transparenz im Unternehmensbereich
KWG	Kreditwirtschaftsgesetz
Law & Contemp. Probs.	Law and Contemporary Problems
LG	Landgericht
LHO	Landeshaushaltsordnung
LM	Lindenmaier/Möhring u.a. (Hrsg.), Nachschlagewerk des BGH
m.	mit
m. Anm.	mit Anmerkung
m.w.N	mit weiteren Nachweisen
MARC	Maastricht Accounting and Auditing Research Center
MDR	Monatsschrift Deutsches Recht
Mich. L. Rev.	Michigan Law Review
MinBl	Ministerialblatt
M.L.R.	Modern Law Review
MüKo-BGB	Münchener Kommentar zum Bürgerlichen Gesetzbuch
MüKo-HGB	Münchener Kommentar zum Handelsrecht
MünchHdb	Münchener Handbuch des Gesellschaftsrecht
NASDAQ	National Association of Securities Dealers Automated Quotation
N. E.	The North-Eastern Reporter
n.F.	neue Fassung
Nr.	Nummer
No.	Number
N.w.U.L.Rev.	North Western University Law Review
N.Y.	New York
NYSE	New York StockExchange
NZG	Neue Zeitschrift für Gesellschaftsrecht
O.V.	Ohne Verfasser

OECD	Organization for Economic Cooperation and Development
OFR	Operating and Financial Review and Prospects
OFT	Office of Fair Trading
OGH	Oberste Gerichtshof
OLG	Oberlandesgericht
Oxford J. Leg. Stud.	Oxford Journal of Legal Studies
Pa.	Pennsylvania
Palandt/*Bearbeiter*	Palandt – Kommentar zum Bürgerlichen Gesetzbuch
PLC	Public Limited Company
POB	Public Oversight Board
PrEStG	Preußisches Einkommenssteuergesetz
PS	Prüfungsstandard
PublG	Publizitätsgesetz
RabelsZ	Zeitschrift für ausländisches und internationales Privatrecht
R. J. Econ.	Rand Journal of Economics
RegE	Regierungsentwurf
Reg. S-K	Regulation S-K (non-Financial Information)
Rev.	Review
RGBL	Reichsgesetzblatt
RGZ	Entscheidungen des Reichsgerichts in Zivilsachen
RIW	Recht der internationalen Wirtschaft
rkr.	rechtskräftig
Rn.	Randnummer
ROHG	Reichsoberhandelsgericht, auch Entscheidungssammlung
RRG	Gesetz zur Revision und Rechnungslegung
R.S.	Rechtssache
r.Sp.	rechte Spalte
Rspr.	Rechtsprechung
Rz.	Randziffer
S.	Seite, siehe, section
S.D.N.Y	Southern District of New York
SAS	Statement on Auditing Standards
SE	Societee Europeen
SEC	Securities and Exchange Commission, Section
SECPS	SEC-Practice-Section
SFAC	Statement of Financial Accounting Concepts
SFAS	Statement of Financial Accounting Standards

SG	"Externe und interne Überwachung der Unternehmung" der Schmalenbach-Gesellschaft/Deutsche Gesellschaft für Betriebswirtschaft e. V.
SLIM	Simpler Legislation for the Internal Market
Slg.	Sammlung der Rechtsprechung des Gerichtshofs der Europäischen Gemeinschaft und des Gerichts erster Instanz
SMAX	Qualitätssegment der Deutschen Börse für Smallcaps
Sp.	Spalte
StB	Der Steuerberater
StGB	Strafgesetzbuch
StückAEG	Stückaktiengesetz
Sup.	Supreme Court
SZW/RSDA	Schweizer Zeitschrift für Wirtschaftsrecht; Revue Swisse de droit des affaires
SZ	Sueddeutsche Zeitung
TransPuG	Transparenz und Publizitätsgesetz
Tz.	Teilziffer
UmwG	Umwandlungsgesetz
Urt.	Urteil
USA	United States of America
US-GAAP	United States General Accepted Accounting Principles
UWG	Gesetz gegen unlauteren Wettbewerb
VA	Verwaltungsakt
VAG	Versicherungsaufsichtsgesetz
Vand. J. of Transnat`l Law	Vanderbilt Journal of Transnational Law
vBP	vereidigte Buchprüfer
VerwArch	Verwaltungsarchiv
vgl.	vergleiche
VO	Verordnung
VVDStRL	Veröffentlichung der Vereinigung der deutschen Staatsrechtslehrer
VWGO	Verwaltungsgerichtsordnung
WiB	Wirtschaftsrechtliche Beratung
WM	Wertpapiermitteilung
WP	Wirtschaftsprüfer
WPg	Wirtschaftsprüfung
WP-Handbuch	Wirtschaftsprüferhandbuch
WpHG	Wertpapierhandelsgesetz
WPK	Wirtschaftsprüferkammer

WPK-Mitt.	Wirtschaftsprüferkammermitteilungen
WPHG	Wertpapierhandelsgesetz
WPO	Wirtschaftsprüferordnung
WW	Wirtschaftswoche
Yale L. J.	Yale Law Journal
z.B.	zum Beispiel
ZEuP	Zeitschrift für europäisches Privatrecht
ZfB	Zeitschrift für Betriebswirtschaft
ZfbF	Schmalenbachs Zeitschrift für betriebswirtschaftliche Forschung
ZfhF	Zeitschrift für handelswissenschaftliche Forschung
ZGR	Zeitschrift für Unternehmens- und Gesellschaftsrecht
ZHR	Zeitschrift für das gesamte Handels- und Wirtschaftsrecht
ZIP	Zeitschrift für Wirtschaftsrecht
ZPO	Zivilprozessordnung
ZSR	Zeitschrift für Schweizer Recht
ZUG	Zeitschrift für Unternehmensgeschichte
ZGR	Zeitschrift für Unternehmens und Gesellschaftsrecht
ZvglRWiss	Zeitschrift für vergleichende Rechtswissenschaften

Einleitung

A. Ausgangspunkt der Untersuchung

Anders als die Abschlussprüfung, die auf eine jahrzehntelange Entwicklung zurückblicken kann, ist der Begriff der Corporate Governance jüngeren Datums. Angeblich soll er bis vor wenigen Jahren nur einer Minderheit von Gesellschaftsrechtlern bekannt gewesen sein[1]. Der "Hauch des Exotischen und Unbekannten" ist inzwischen aber eindeutig verloren gegangen[2]. Denn die zunehmend zahlreicher werdenden Stellungnahmen zu dem Thema Corporate Governance gerade im Zusammenhang mit Unternehmenskrisen und -zusammenbrüchen machen deutlich, dass die Corporate Governance-Diskussion zu einem beherrschenden Thema von Forschung und Praxis geworden ist[3]. Mit ihr beschäftigen sich weltweit zahlreiche Kommissionen[4]; sie ist Gegenstand einer Vielzahl von wissenschaftlichen Publikationen[5] und hat Anstoß zu einigen Gesetzesreformen gegeben[6], wobei ein Ende dieser Entwicklung noch nicht absehbar ist[7].

Dem häufigen Gebrauch des Begriffs Corporate Governance liegt allerdings kein einheitliches Verständnis zugrunde[8]. Deshalb sprechen Kritiker zuweilen von einem

---

1 *Blair*, S. 1; *Picot*, Vorwort S. V; *Sherman*, S. 345, 351; *Keasey/Thompson/Wright*, S. 1, 2.

2 *Heermann*, RabelsZ 1998, 558.

3 *Langenbucher/Blaum*, DB 1994, 2197.

4 *The American Law Institute*, Principles of Corporate Governance: Analysis and Recommendations, 1994; sowie *das.*, 61 Geo.Wash.L.Rev. 871-1293 (1993), *Greenbury Report*, Directors' Remuneration, Report of a Study Group, London 1995; *Cadbury Report*, The Cadbury Committee Report: Financial Aspects of Corporate Governance, London 1992; *OECD*, Principles of Corporate Governance, abgedruckt in AG 1999, 340, siehe hierzu *Seibert*, AG 1999, 337-350; *Claussen/Bröcker*, AG 2000, 481; *Schneider/Strenger*, AG 2000, 106.

5 Aus der Vielzahl der Veröffentlichungen sei exemplarisch auf die folgenden hingewiesen: *Baums/Buxbaum/Hopt (Hrsg.)*, Institutional Investors and Corporate Governance, Berlin/New York 1994; *Blair*, Ownership and Control, Washington D.C. 1995; *Charkham*, Keeping Good Company - A Study of Corporate Governance in Five Countries, Oxford/New York 1995; *Chew (Hrsg.)*, Studies in International Corporate Finance and Governance Systems, New York/Oxford 1998; *Dietl*, Capital Markets and Corporate Governance in Japan, Germany and the United States, London/New York 1998; *Feddersen/Hommelhoff/Schneider*, Corporate Governance, Optimierung der Unternehmensführung und der Unternehmenskontrolle im deutschen und amerikanischen Aktienrecht, Köln 1996; *Hopt/Kanda/Roe/Wymeersch/Prigge*, Comparative Corporate Governance, Oxford 1998; *Keasey/Thompson/Wright (Hrsg.)*: Corporate Governace – Economic, Management, and Financial Issues, Oxford 1997; *Picot (Hrsg.)*, Corporate Governance - Unternehmensführung auf dem Prüfstand, Stuttgart 1995.

6 Zum KonTraG siehe *Dörner/Menold/Pfitzer*; *Seibert*, AG Sonderheft 1997, 65; *ders.*, WM 1997, 1.

7 Zu den jüngste Reformvorschlägen der *Regierungskommission "Corporate Governance"* siehe unten Seite 75.

8 So beklagte Norbert Reis, Deutschland-Chef der Credit First Swiss Boston, jüngst in einer Stellungnahme: "Corporate Governance ist in Deutschland ein dehnbarer Begriff unter dem je-

"Begriff ohne klaren Inhalt"[9]. Die naheliegende Möglichkeit einer Übersetzung des Terminus wird mangels adäquater Begrifflichkeit von vornherein als unangemessen verworfen[10]. Eigenständige Definitionsversuche, die sich kurzer und prägnanter Begriffe wie "Wissen", "Macht" und "Verantwortung"[11] bedienen, sind regelmäßig wenig aussagekräftig und werden von den Kritikern einer "entwaffnenden Unschärfe"[12] bezichtigt. Um dem Begriff der Corporate Governance dennoch Konturen zu verleihen, bedienen sich die Benutzer daher oft ausführlicher Umschreibungen, in denen sie auf die Themen, die im Zusammenhang mit der Corporate Governance diskutiert werden, hinweisen[13]. Solche Themen betreffen in der Regel die Grundsätze der Verteilung von Leitungs-, Kontroll- und Mitwirkungsbefugnissen in der modernen Kooperation[14], wie beispielsweise die Unternehmensziele, die den Maßstab für die Unternehmensleitung bilden, die unterschiedlichen Zuständigkeiten der Organe sowie die Rechte und Pflichten der einzelnen Organmitglieder, die Überwachung der Unternehmensleitung und die Rechte und Erwartungen der Aktionäre und je nach Standpunkt einer weitergehenden Öffentlichkeit[15]. Die Vielfalt der Themen überrascht. Sie ist aber kennzeichnend für den Begriff der Corporate Governance[16] und lässt sich darauf zurückführen, dass ein weltweit zu beobachtendes Phänomen[17] je nach historischem und rechtskulturellem Hintergrund[18] zu unterschiedlichen Analysen und Lösungsansätzen führt[19].

Der deutsche Gesetzgeber hat seinen jüngsten Beitrag zur Corporate Governance-Diskussion im KonTraG formuliert. Im Mittelpunkt des Reformwerks stand -

---

der das versteht, was er gerne möchte", siehe *Enzweiler*, "Wunder dauern etwas länger", in: FTD v. 26.9.2001.

9 *Langenbucher/Blaum*, DB 1994, 2197; ähnlich *Franz*, Corporate Governance, S. 43; *Honold*, S. 152.

10 Nach *Böckli*, SZW/RSDA 1999, 1, 2, ist der Begriff Corporate Governance in keine andere Sprache adäquat übersetzbar. Ebenso *Lutter*, ZGR 2001, 224, 225.

11 Zu Definitionsversuchen siehe *Zingales*, S. 1-5 m. w. Nachw.

12 Siehe *Böckli*, SZW/RSDA 1999, 1, 2, der aus dem Cadbury Report (1992) para. 2.5 zitiert: "Corporate Governance is the system by which companies are run". Nach *Scheffler* ist Corporate Governance "das System mit dem Unternehmungen geführt und überwacht werden". Demgegenüber kunstvoll ist die Definition von *Ebke*, FS Großfeld, S. 189, der die Mehrdeutigkeit des Begriffs plastisch als "Unternehmensführung und Unternehmens(leiter)kontrolle" darstellt.

13 Exemplarisch *Grundmann/Mülbert*, ZGR 2001, 215: "Corporate Governance betrifft in einem sehr weiten Sinne alle Fragen der Leitung und Kontrolle unternehmerischer Tätigkeit in einem marktwirtschaftlichen Umfeld". Nach der Regierungskommisssion "Corporate Governance", C.3 betrifft "Corporate Governance vor allem die Funktionsweise der Leitungsorgane, ihre Zusammenarbeit und die Kontrolle ihres Verhaltens".

14 *Ebke*, Unternehmenskontrolle, S. 7, 16.

15 Vgl. *Hopt/Kanda/Roe/Wymeersch/Prigge*, Comparative Corporate Governance, Preface, V.; *Hopt*, ZGR 2000, 779, 782; *Franz*, Corporate Governance, S. 43.

16 *Böckli*, SZW/RSDA 1999, 1, 2; *Keasey/Thompson/Wright*, S. 2.

17 *Großfeld/Ebke*, 26 Am. J. Com. Law, 397, 398 (1977).

18 Zur "path dependency" der Corporate Governance vgl. *Schneider/Strenger*, AG 2000, 106, 107 (Grundsatzkommission Corporate Governance); *v. Werder*, S. 89 (Berliner Initiavtivkreis) sowie *Hommelhoff*, ZGR 2001, 238, 263; *Hopt*, ZGR 2000, 779, 798; *Sünner* AG 2000, 492.

19 *Ebke*, Unternehmenskontrolle, S. 7, 16-17.

anders als bei bisherigen Reformen der Unternehmensüberwachung und –kontrolle - nicht der Aufsichtsrat als das zentrale Überwachungsorgan der deutschen Aktiengesellschaft, sondern der Abschlussprüfer. Wachsende Aufmerksamkeit wird dem Abschlussprüfer auch auf europäischer Ebene sowie international geschenkt. Deshalb liegt es nahe, nach der Bedeutung des Abschlussprüfers für die Corporate Governance zu fragen.

B. Ziel der Untersuchung

Das Ziel der Arbeit ist es, ein Verständnis für Rolle und Funktion des Abschlussprüfers zu entwickeln. Darauf aufbauend sollen konkrete Vorschläge und Empfehlungen für Reformen gemacht werden, damit der Prüfer auch im 21. Jahrhundert den Herausforderungen, die an ihn gestellt werden, gerecht werden kann. Dabei konzentriert sich die Untersuchung auf die Aktiengesellschaft, weil sie die wichtigste Organisationsform für wirtschaftliche Betätigung moderner Wirtschaftsordnungen darstellt[20] und sie die wichtigste „Kapitalsammelstelle" für private Kapitalanlagen ist.

C. Gang der Untersuchung

Die Arbeit gliedert sich hierzu in vier Teile. Der erste Teil widmet sich der Corporate Governance. Zunächst werden Herkunft und Hintergrund des Begriffs beleuchtet. Des Weiteren werden die verschiedenen Interpretationen, die gegenwärtig mit dem Begriff Corporate Governance in den unterschiedlichen Rechtskulturen verknüpft werden, vorgestellt. Der hieraus resultierenden Frage nach dem richtigen bzw. zukunftsfähigen Verständnis von Corporate Governance wird in den darauf folgenden Kapiteln nachgegangen. Den Einstieg bildet dabei das zweite Kapitel, das anhand globaler Entwicklungen den Rahmen skizziert, von dem aus auf die europäische Entwicklung der Corporate Governance-Diskussion im dritten Kapitel übergeleitet wird, um schließlich im vierten Kapitel die konkreten Auswirkungen auf die nationale Rechtsentwicklung festzustellen. Den Abschluss bildet das fünfte Kapitel, in dem anhand eines Modells die Eckpunkte für ein tragfähiges Konzept der Corporate Governance dargelegt werden.

Der zweite Teil der Arbeit hat den Abschlussprüfer zum Gegenstand. Vor dem Hintergrund der Ausführungen des ersten Teils wird im Eingangskapitel die mögliche Bedeutung des Abschlussprüfers für die Corporate Governance der Zukunft herausgestellt (Kapitel eins). Daran schließt sich eine eingehende Untersuchung der aktuellen

---

20 Wurde früher die GmbH als Rechtsform favorisiert, so haben Reformen, wie die Einführung der kleinen Aktiengesellschaft (Gesetz für kleine Aktiengesellschaften und zur Deregulierung des Aktienrechts v. 2.8. 1994, BGBl. I 1994, 1961), dazu beigetragen, für eine Trendwende zu sorgen. Junge Unternehmen wählen immer öfter die Form der Aktiengesellschaft, da diese Struktur mehr Prestige beinhaltet und es ihnen ermöglicht, an der Börse mit deren verschiedenen Marktsegmenten Risikokapital zu erhalten, vgl. *Möllers*, AG 1999, 433, 433.

gesetzlichen Aufgaben, der rechtlichen Stellung sowie der Erwartungen an seine Rolle und Funktion aus Sicht der unterschiedlichen Adressaten der Abschlussprüfung an (Kapitel drei). Dabei bildet die Überleitung ein Kapitel mit historischem Rückblick auf die Entwicklung des Abschlussprüfers (Kapitel zwei), das dem besseren Verständnis der folgenden Kapitel dienen soll.

Im nachfolgenden dritten Teil wird aufbauend auf die zuvor dargestellte bestehende Gesetzes- und Interessenlage der Reformbedarf im ersten Kapitel festgestellt und in den daran anschließenden Kapiteln unterschiedliche Reformmaßnahmen untersucht. Den Ausgangspunkt der Reformüberlegungen bildet hierbei der Prüfungsstoff – die Rechnungslegung. Im Anschluss widmet sich die Untersuchung den gesetzlichen Prüfungs- und Berichtspflichten des Abschlussprüfers. Daran schließt sich ein Kapitel über Reformmaßnahmen zur Sicherung der Unabhängigkeit des Abschlussprüfers an. Breiteren Raum innerhalb dieses Kapitels nehmen hierbei die Untersuchungen zur Haftung ein, was darauf zurückzuführen ist, dass ihr über die bloße Qualitätssicherung hinaus Bedeutung für die Corporate Governance zukommt. Den Abschluss der Untersuchung der Reformmassnahmen bildet das 7. Kapitel, das sich mit der Position des Abschlussprüfers innerhalb der internen Unternehmensorganisation beschäftigt. Im einzelnen wird dabei die Beziehung des Prüfers zu Vorstand, Hauptversammlung und Aufsichtsrat untersucht.

Der vierte Teil, mit dem die Arbeit endet, enthält eine Schlussbetrachtung. Darin werden die (Teil-) Ergebnisse der vorangegangen Teile zusammengefasst und zueinander in Beziehung gesetzt sowie konkrete Reformvorschläge für den Abschlussprüfer mit Hinblick auf die Corporate Governance erteilt.

Erster Teil: Corporate Governance

§ 1: Der Begriff der Corporate Governance

A. Der Ursprung der Corporate Governance-Diskussion

Der Begriff "Corporate Governance" hat, wie unschwer zu erkennen ist, seine etymologischen Wurzeln im angelsächsischen Rechtskreis[21]. Dort bildet einen wichtigen Ausgangspunkt die Studie von *A. Berle* und *G. Means* aus dem Jahr 1932[22]. Das Objekt der Forschung von *Berle* und *Means*[23] ist die börsennotierte Aktiengesellschaft. Sie stellen die These auf, dass die Trennung von Eigentum und Leitungsbefugnis, wie sie für diese Gesellschaftsform kennzeichnend ist, das Hauptproblem des modernen Unternehmensrechts ist[24]. Gerade bei großen Publikumsgesellschaften mit breit gestreutem Aktienbesitz ist es nach Ansicht von Berle und Means für die Anteilseigner schwierig, ihren Willen zu koordinieren und das Verfügungsrecht, das ihnen Kraft ihres Eigentums zusteht, geltend zu machen. Der Verlust eigentumsvermittelter Unternehmenssteuerung führt dazu, dass sich die Unternehmensleitung tendenziell der Überwachung durch die Anteilseigner entzieht[25]. Dadurch entsteht die Gefahr, dass gegen die Interessen der Anteilseigner gehandelt wird, indem die Unternehmensleitung beispielsweise Gewinne anhäuft, anstatt sie in Form von Dividenden an die Anleger auszuschütten oder risikoträchtige Unternehmensstrategien vermeidet, die aber im Interesse der Anleger sind[26].

---

21 Zur etymologischen Herkunft des Begriffs siehe *Escher-Weingart*, ZVglRWiss 2000, 387.

22 *Berle/Means*, The Modern Corporation And Private Property. Zum Stand der amerikanischen Corporate-Governance-Forschung siehe *Keasey/Thompson/Wright*, S. 1; *Rock*, AG 1995, 291.

23 *Berle/Means*, Corporation, S. 343-359. Siehe dazu auch *Merkt*, Gesellschaftsrecht, S. 67-71. Für die Bundesrepublik Deutschland gibt es vergleichbare Studien. Siehe hierzu ausführlich *Theisen*, Überwachung, S. 179-204.

24 Vgl. auch *Steinmann/Schreyögg/Dütthorn*, ZfB 1983, 4, 18, wonach das Prinzip der Einheit von Risiko, Kontrolle und Erfolg (im Sinne eines Gewinnanspruchs) zentrales Funktionselement für eine liberal-kapitalistische Wirtschaftsordnung sei. Dort, wo der Ressourceneinsatz von Personen gesteuert wird, die nicht gleichzeitig die finanziellen Konsequenzen für ihre Entscheidungen zu tragen haben, entsteht nach Ansicht der genannten Autoren die Gefahr der Fehlallokation.

25 *Berle/Means*, Corporation, S. 6.

26 Vgl. *Berle/Means*, Corporation, S. 6; *Keasey/Thompson/Wright*, S. 1.

B. *Unterschiedliche Modelle der Corporate Governance*

Das Problem, das Berle und Means ansprechen, ist nicht spezifisch für den angelsächsischen Rechtskreis, sondern ist so oder in vergleichbarer Weise auch in anderen Rechtskulturen anzutreffen, sofern diese über eine ähnliche korporative Organisationsstruktur für unternehmerische Betätigungen verfügen. Unterschiedlich sind jedoch die Antworten, die die einzelnen Rechtskulturen gefunden und entwickelt haben, um den erkannten Spielraum der Unternehmensführung einzuschränken. Folgt man einer groben Einteilung, so lassen sie sich in ein "Stakeholder-" und ein "Shareholder-Modell" einteilen[27].

I. *Shareholder-Modell*

Ausgehend vom Shareholder-Modell, wie es im angelsächsischen Raum verbreitet ist, wird unter Corporate Governance eine Unternehmensordnung verstanden, deren Regelungsansätze sich hauptsächlich auf das Verhältnis der Unternehmensleitung zu den Anteilseignern beschränkt[28]. Die Unternehmensleitung gilt dabei als "Treuhänder" der Anteilseigner im Hinblick auf das Kapital und ist vorrangig ihren Interessen verpflichtet[29]. Die Interessen der Anleger bestehen hauptsächlich in einer Steigerung des Unternehmenswerts, d.h. einer maximalen Verzinsung des eingesetzten Kapitals[30]. Weitergehende soziale oder gesellschaftliche Aspekte werden dieser wirtschaftlichen Zielsetzung allenfalls als ausgleichender und mäßigender Einfluss untergeordnet[31]. Die Gefahren, die sich aus der Konzentration und dem Missbrauch wirtschaftlicher Macht ergeben, stellen keine Probleme dar, die mittels der Corporate Governance zu lösen sind[32], sondern werden dem Wettbewerbs-, Kartell- und Arbeitsrecht überlassen[33]. Die Anteilseigner werden in diesem stark von ökonomischen Gesichtspunkten geleiteten Modell in erster Linie als "Kapitalanleger" gesehen[34]. Folglich verzichtet das Shareholder-Modell weitgehend auf verbindlich vorgeschriebene interne Gesellschaftsstrukturen, die den Anteilseignern unmittelbaren Einfluss auf die Unternehmenssteuerung- und Kontrolle zubilligen[35]. Vielmehr ist es Aufgabe der

---

27 Vgl. *Bradley*, 62 Law & Contemp. Probs. 33 (1999); *Fort/Schipani*, 33 Vand. J. of Transnat'l Law 829 (2000); *Malik*, S. 108; *Matthes*, S. 17-28.

28 *Assmann*, AG 1995, 289-290; *Merkt*, S. 72; *Wymeersch*, AG 1995, 299, 309.

29 Vgl. *Merkt*, S. 100 mit Hinweis auf den Fall *Dodge v. Ford Motor Co*, 204 Mich.459, 507, 170 N.W. 668, 664 (1919); *Ferran*, Company Law, S. 125-133.

30 *Schneider*, Unternehmensüberwachung, S. 115.

31 *Bühner/Tuschke*, BFuP 1997, 498, 499; *Ferran*, Company Law, S. 131; *Merkt*, Gesellschaftsrecht S. 98.

32 Zu den nicht verfolgten Ansätzen einer "social resposibility" siehe *Rock*, AG 1995, 291, 297-298.

33 *Hess*, S. 9, 10.

34 *Ferran*, Company Law, S. 118.

35 *Ferran*, Company Law, S. 140.

Anteilseigner, selbst durch die Ausgestaltung ihrer vertraglichen Beziehungen[36] zur Unternehmensleitung Anreize zu schaffen, um so mittelbar deren Verhalten zu steuern[37]. Das vorrangige Mittel zur Disziplinierung der Unternehmensführung sind Märkte und Wettbewerb ("unsichtbare Hand")[38]. Hervorzuheben ist dabei an erster Stelle der Kapitalmarkt, namentlich die Börse[39].

Grundlegend für das Konzept der Kapitalmarktsteuerung ist der Gedanke, dass zwischen der Art und Weise wie ein Unternehmen geführt wird und dem Wert, zu dem seine Aktien an der Börse gehandelt werden, ein Zusammenhang besteht[40]. Erfüllt die Unternehmensleitung die Erwartungen der Anleger auf Dauer nicht, so fördert das die Bereitschaft der Anleger, die Unternehmensführung auszutauschen oder - was im Zweifel einfacher zu bewerkstelligen ist - sich von ihrer Beteiligung an der Gesellschaft zu trennen. Der verstärkte Verkauf von Anteilen führt dazu, dass der Wert, zu dem die Aktie des Unternehmens an der Börse gehandelt wird, sinkt. Sinkende Aktienkurse an der Börse bilden wiederum einen Anreiz für neue Käufer, einflussvermittelnde Beteiligungen zu erwerben und diese dazu zu nutzen, eine effizientere Unternehmensführung zu bestellen[41]. Zusätzlich besteht die Gefahr, dass die Aktiengesellschaft durch ihren niedrigen Börsenwert zum Ziel von Übernahmen durch andere Gesellschaften wird ("market for corporate control")[42]. Gelingt es einer Gesellschaft, durch öffentliches Übernahmegebot ("take-over bid") die notwendigen Aktienpakete zu erhalten, um die Kontrolle über die Gesellschaft auszuüben, droht auch hier die Absetzung der Unternehmensführung oder zumindest eine Einschränkung ihrer Unabhängigkeit.

Da der Markt das vorrangige Kontrollinstrument ist, finden sich Vorschriften, die dem Schutz der Aktionäre dienen, hauptsächlich im Kapitalmarktrecht, so zum Beispiel Vorschriften zur Publizität und Rechnungslegung[43]. Sie sollen dazu dienen, die Funktionsfähigkeit des Marktes sicherzustellen. Der Begriff Corporate Governance umfasst somit nicht so sehr die gesellschaftsrechtliche Ausgestaltung der Spitzenverfassung, das heißt die sachgerechte Strukturierung und Organisation der obersten Leitungsorgane, als vielmehr das Verhältnis der Leitungsorgane zu den Aktionären und dem Ort an dem diese ihre Investitionsentscheidungen treffen, dem Kapitalmarkt[44].

---

36 Vgl. *Coase*, 4 Economia 386 (1937); *Jensen/Meckling*, 3 J. Fin. Econ. 305 (1976).

37 Klassisches Beispiel für einen solchen Anreiz sind die sogenannten Stock-Options, welche die Unternehmensführung an Wertsteigerungen des Unternehmens beteiligen. Siehe hierzu *Bruce/Buck*, S. 80-102 sowie *Conyon*, S. 103-121.

38 *Hart*, 105 Economics Journal 678 (1995); *Dörner*, Abschlussprüfer, S. 174; *Schmidt*, Working Paper Series, No. 3 July 1997, S. 4.

39 *Großfeld/Ebke*, AG 1977, 92, 98. Neben dem Kapitalmarkt besitzt auch der Markt für Manager verhaltensteuernde Wirkung, vgl. *Franz*, Corporate Governance, S. 41, 47.

40 Der Gedanke des Marktes für Unternehmenskontrolle geht von *Manne*, 73 J. Pol Econ. 110-120 (1965) aus. Siehe dazu auch *Fama*, 88 J. Pol. Econ. 288-306 (1980); *Coffee*, 84 Colum. L. Rev., 1145, 1163 (1984).

41 *Manne*, 73 J. Pol Econ. 110, 112 (1965); *Easterbrook/Fischel*, 36 Bus. Law. 1733-1750 (1981)

42 *Manne*, 73 J. Pol. Econ., 110 (1965); *Bradley*, 53 M.L.R., 170, 171 (1990).

43 *Lutter*, FS Zöllner, S. 363.

44 *Böckli*, SZW/RSDA 1999, 1, 2.

II. *Stakeholder-Modell*

Das Gegenstück zum Shareholder-Modell bildet das Stakeholder-Modell, wie es der Gestaltung vieler kontinentaleuropäischer Rechtsordnungen, insbesondere der deutschen Aktiengesellschaft, zugrunde liegt. Der Begriff Corporate Governance wird hier mit Unternehmens*verfassung*[45] gleichgesetzt[46]. Damit wird verdeutlicht, dass das Problem der Kontrolle unternehmerischer Macht nicht nur begrenzt auf das Verhältnis von Aktionär zu Unternehmensführung gesehen wird[47], sondern auch eine weitergehende gesellschaftliche Dimension besitzt[48]. Hintergrund bildet die Tatsache, dass große Unternehmen wegen ihrer Funktion als Sammelstellen von Kapital und Arbeit wesentliche Machtfaktoren in hochindustrialisierten Gesellschaften sind[49]. Ihre Entscheidungen haben weitreichende Einflüsse auf das politische, wirtschaftliche und soziale Umfeld. Die Richtschnur für die Entscheidungen der Unternehmensführung dürfen folglich nicht alleine die verbandsrechtlichen Interessen der Gesellschafter bilden. Vielmehr muss die Unternehmensleitung die Interessen aller Gruppen berücksichtigen, die von der Leistung des Unternehmens betroffen sein könnten, sei es, dass sie davon profitieren oder bei Misserfolg Verluste erleiden[50]. Solche weiteren Gruppen sind beispielsweise die Mitarbeiter, Kreditgeber, Zulieferer und Kunden, die sogenannten Stakeholder.

Da die Interessen der genannten Gruppen teilweise sehr unterschiedlich und mitunter auch gegenläufig sind, soll die Unternehmensverfassung sicherstellen, dass sie im Rahmen der unternehmerischen Entscheidungsfindung grundsätzlich als gleich-

---

45 Zum Begriff der Unternehmensverfassung siehe *Chiemlewicz*, DBW 1981, 484; *Ostermeyer*, BuW 2001, 221.

46 Vgl. *Ebke*, BFuP 2000, 549; *Großfeld*, WPg 1998, 627, 629; *Zimmer*, Internationales Gesellschaftsrecht, S. 131-135.

47 Vgl. *Rittner*, FS Geßler, der schreibt, die Rechtswissenschaft müsse sich von der Vorstellung lösen, das Unternehmen wäre ein Gebilde "rein erwerbswirtschaftlicher Interessen, vielmehr sei das Unternehmen – zumal das der Aktiengesellschaft – seit langem zu einer sozialen Veranstaltung ersten Ranges geworden", S. 139, 158.

48 Die intellektuellen Wurzeln dieses Denkansatz liegen in der Weimarer Republik und werden als Konstrukt des "Unternehmen an sich" bezeichnet. Siehe hierzu *Rathenau*, Vom Aktienwesen, Berlin 1917, S. 38, der als einer der Begründer dieser Denkrichtung gilt: "[D]ie Großunternehmung ist heute überhaupt nicht mehr lediglich ein Gebilde privatrechlicher Interessen, sie ist vielmehr, sowohl einzeln wie in ihrer Gesamtzahl, ein nationalwirtschaftlicher, der Gesamtheit angehöriger Faktor, der zwar aus seiner Herkunft, zu Recht oder zu Unrecht, noch die privatwirtschaftlichen Züge des reinen Erwerbsunternehmens trägt, während er längst in steigendem Maße öffentlichen Interessen dienstbar geworden ist und sich hierdurch ein neues Daseinsrecht geschaffen hat", zitiert nach *Wagner*, BFuB 1997, 473, 485; siehe hierzu auch *Wiedemann* ZGR 1980, 147, 161. Später wurde der Gedanke vom "Unternehmen als gesellschaftlicher Institution" aufgegriffen und lebte im "Koalitionsansatz" in der Betriebswirtschaft und dem "Unternehmensinteresse" in der Rechtswissenschaft fort; dazu kritisch *Mülbert*, ZGR 1997, 129-172 und *Goette*, FS 50 Jahre BGH, S. 123, 127.

49 *Großfeld/Ebke*, AG 1977, 57, 63-64.

50 *Langenbucher/Blaum*, DB 1994, 2197.

wertig berücksichtigt werden[51]. Dazu sind Kompromisse erforderlich. Solche Kompromissentscheidungen zwischen den einzelnen Gruppen kann der Markt als Regelungsinstrument nicht leisten[52]. Deshalb setzen Rechtsordnungen, die das Stakeholder-Modell verfolgen, überwiegend auf organisationsrechtliche Steuerungs- und Kontrollmechanismen[53], die vom Gesetzgeber kodifiziert werden und nur ausnahmsweise zur Disposition der Beteiligten stehen[54]. Das Regelungsspektrum des Gesellschaftsrechts wird somit zum Unternehmensrecht erweitert. Exemplarisch hierfür ist das deutsche Konzernrecht sowie der mitbestimmte Aufsichtsrat[55]. Als Kontrollorgan der Aktiengesellschaft sind im Aufsichtsrat die Vertreter einzelner Stakeholder-Gruppen präsent[56]. Anders als im Shareholder Model angloamerikanischer Prägung, in dem sich die Mitwirkung unternehmensexterner Gruppen auf eine "Abstimmung mit den Füßen", d.h. durch Verkauf ihrer Anteile oder durch Abbruch der vertraglichen Beziehung mit dem Unternehmen beschränkt[57], besteht hier für die Stakeholder die Möglichkeit, unmittelbar auf die Geschicke des Unternehmens Einfluss zu nehmen, um so ihre jeweiligen Interessen zu wahren[58]. Der Begriff der Corporate Governance beinhaltet nach diesem Verständnis hauptsächlich die gesellschaftsrechtliche Ausgestaltung der Spitzenverfassung[59], das heißt die sachgerechte Strukturierung und Organisation der obersten Leitungs- und Überwachungsorgane des Unternehmens[60].

C. Zusammenfassung

Die vorgestellten unterschiedlichen Interpretationen mit ihren unterschiedlichen Lösungen führen zwangsläufig zu der Frage, welches Verständnis von Corporate Governance richtig oder zumindest vorzugswürdig ist. Die rechtsvergleichenden Untersuchungen, die die Vor- und Nachteile der jeweiligen Modelle in ihrer Ausprägung in der Praxis miteinander abgewogen haben, konnten bisher keinen signifikanten Vor-

---

51 Vgl. *Mülbert*, ZGR 1997, 129, 142-143. Siehe hierzu auch die deutsche Position bei den Verhandlungen zu den OECD Principles of Corporate Governance, vgl. *Seibert*, AG 1999, 337-338.

52 Vgl. *Ebke*, FS Lutter, S. 17, 29-30.

53 *Ebke*, Unternehmenskontrolle, S. 7, 16-17. Siehe auch *Schneider*, Unternehmensüberwachung, S. 114, der von einer Ordnung der Kooperation und des Konsenses spricht.

54 Vgl. § 23 Abs. 5 AktG. Zur Legitimation der Vorschrift siehe *Hirte*, ZGR-Sonderheft 13, 1998, 61, 63-65.

55 Vgl. *Hertig*, FS Buxbaum, S. 265, 274; *Hopt*, FS Everling, S. 475; *Windbichler/Bachmann*, FS Bezzenberger, S. 797.

56 *Bühner/Tuschke*, BFuP 1997, 498, 512.

57 *Clark/Bostock*, S. 234.

58 Kritiker werfen dem Stakeholder-Modell deshalb vor, dass die Unternehmen zuweilen den Eindruck von "quasi-öffentliche" Institutionen machen, vgl. *Assmann*, AG 1995, 289.

59 Zum Unterschied zwischen den Begriffen der "Unternehmensverfassung" und der "Spitzenverfassung" siehe *Schneider*, Unternehmensüberwachung, S. 104-105.

60 *Hopt* ZGR 2000, 779, 782 bezeichnet dies als "interne Corporate Governance" oder auch "Insider-Controllsystem".

sprung für ein System zutage fördern[61]. Vielmehr mündete die überwiegende Mehrheit der Arbeiten in der Erkenntnis, dass sich das jeweilige System trotz gewisser Schwächen in seinem spezifisch sozioökonomischen Umfeld bewährt habe[62]. Zweifel an dieser Auffassung wurden national allenfalls nach spektakulären Unternehmenskrisen oder -zusammenbrüchen geäußert, wie sie vordergründig auch den Anlass für die gegenwärtige Corporate Governance-Diskussion in Deutschland bildeten[63]. Unternehmenskrisen und Zusammenbrüche[64] sind jedoch so alt wie die entsprechenden Rechtsordnungen und haben regelmäßig zu mehr oder weniger einschneidenden punktuellen Reformen geführt[65]. Das grundsätzlich Neue an der derzeitigen Diskussion ist ein zusätzlicher Reformdruck, der durch globale Entwicklungen entstanden ist.

§ 2: Globale Entwicklungen und Corporate Governance

A. Globalisierung

War der Begriff der Globalisierung früher ein unverbindlicher Gedanke politökonomischer Debatten, so gewinnt er seit dem Ende des Ost-West-Konfliktes, dem Abbau von Handelshemmnissen und der Verbreitung moderner Kommunikationstechnologien zunehmend an konkreter Gestalt[66]. Globalisierung führt zu mehr Wettbewerb. Beson-

---

61 *Baums*, ZIP 1995, 11; *Bleicher/Paul*, DBW 1986, 263; *Bleicher/Leberl/Paul*, Unternehmensverfassung und Spitzenorganisation, Wiesbaden 1989; *Charkham*, Keeping Good Company: A Study of Corporate Governance in Five Countries, Oxford 1994; *Conrad*, ZGR 1987, 180; *Kropff*, DBW 1986, 523; *Raiser*, FS Steindorff, S. 201; *Theisen*, AG 1989, 161; *Windbichler*, ZGR 1985, 50. A.A. zuletzt aber *Hertig*, FS Buxbaum, S. 265. Kritisch auch *Rock*, AG 1995, 289, 298-299.

62 Siehe *Butler*, 17 Am. J. Comp. L. 554, 603 (2000); *Hopt*, ZGR 2000, 779, 784 mit weiteren Nachweisen.

63 So beinhalten Stellungnahmen zu diesem Thema geradezu gebetsmühlenhafte Aufzählungen von Unternehmen, in denen für die Öffentlichkeit erkennbar die Überwachungsmechanismen versagt haben.

64 Eine Analyse der wichtigsten Krisen in neuerer Zeit findet sich bei *Hofman/Hofman*, Corporate Governance - Überwachungseffizienz und Führungskompetenz in Kapitalgesellschaften, sowie *Schneider*, Unternehmensüberwachung, S. 1-22.

65 *Seibert*, Die aktienrechtliche Regelung, S. 1, 4; *Herzig/Watrin*, ZfbF 1995, 775, 776. Für *Hommelhoff*, Corporate Governance, S. 2 überflutet speziell die Reformwelle bezüglich der Überwachungsaufgaben des Aufsichtsrats das Aktiengesetz seit mehr als 100 Jahren mit der Regelmäßigkeit von Gezeiten. Ausführlich zur Reformgeschichte des Aufsichtsrats: *Wiethölter*, Interessen und Organisation der Aktiengesellschaft im deutschen und amerikanischen Recht, Karlsruhe, 1961, S. 53.

66 *Großfeld*, WPg 2001, 129, 129; *Hommelhoff*, FS Lutter, S. 95-106; *Stober*, FS Großfeld, S. 1173, 1174; *Wissmann*, "Jeder wird zum Global Player", in: FAZ v.15. Mai 2000, S. 23.

ders deutlich wird dies am Fall der Kapitalmärkte, deren Zusammenwachsen durch die Globalisierung besonders weit vorangeschritten ist[67].

I. *Wettbewerb um Kapital*

Der durch die Globalisierung entstandene Wettbewerb erhöht den Druck auf die Unternehmen zu mehr Wachstum und Innovation. Wachstum und Innovation sind aber nur möglich, wenn die Unternehmen über ausreichend Kapital verfügen. Nationale Kapitalmärkte können diesen Kapitalbedarf heute nicht mehr ausreichend decken, was zur Folge hat, dass Unternehmen weltweit um Eigen- und Fremdkapital nachfragen[68]. Verstärkt wird die Konkurrenz auf den internationalen Kapitalmärkten dabei durch Entwicklungen wie das zunehmende Interesse am Going Public[69] und der Welle der Privatisierung von Staatsbetrieben[70]. Der deutsche - wie auch der kontinentaleuropäische - Kapitalmarkt war bisher schwach ausgeprägt und für die Unternehmen von untergeordneter Bedeutung. Die Ursachen hierfür lagen in der Aktionärsstruktur der Unternehmen, die sich durch gegenseitige Beteiligungen und mit Unterstützung der Großbanken gegen äußere Einflüsse abschotten konnten ("Deutschland AG"). Hier sind für die Zukunft Änderungen zu erwarten[71].

Gestiegener Wohlstand ("Erbengeneration") führt dazu, dass immer breitere Bevölkerungsschichten den Kapitalmarkt als lukrative Anlageform entdecken und ihr Geld in Aktien investieren[72]. Unterstützt wird diese Entwicklung durch den Abbau der steuerlichen Diskriminierung von Geld- gegenüber Sachvermögen. Die wirtschaftliche Integration Europas und die - relativ gesehen - geringen Preise deutscher Aktien machen den deutschen Kapitalmarkt auch für ausländische Anleger attraktiv. Zusätzlicher Schub für den Kapitalmarkt wird von der Umgestaltung der Rentensysteme erwartet[73]. In Deutschland wurde die staatliche Altersversorgung bis vor kurzem nur durch ein Umlageverfahren gewährleistet. Auf Grund der demoskopischen Entwicklung wird dieses System in Zukunft aber durch eine private Altersvorsorge ergänzt

---

67 Das Volumen der Kapitalmärkte hat sich innerhalb der letzten zehn Jahre mehr als verdoppelt, was dazu veranlasst, analog zur Industriellen Revolution von einer finanzwirtschaftlichen Revolution zu sprechen. Zu den Zahlen siehe *Roussey*, S. 149, 151.

68 *Ebke*, WPK-Mitt. Sonderheft Juni 1997, 12, 16.

69 Die Notierung an der Börse stellt zum einen eine günstige Möglichkeit dar, an Fremdkapital zu gelangen, zum anderen lässt sich der Bekanntheitsgrad einer Firma durch eine internationale Notierung steigern, vgl. *Küting*, DStR 2000, 38, 39-40.

70 So lassen sich große Börsengänge, wie der der Deutschen Telekom, nicht allein bei inländischen Kapitalgebern unterbringen, sondern bedürfen der Inanspruchnahme internationaler Kapitalmärkte.

71 Zu Veränderungen in der Aktionärsstruktur in Deutschland und Amerika siehe ausführlich *Ernst*, Aktionärsstruktur.

72 *O.V.*, "Deutschland wird zum Land der Aktionäre", in: FAZ v. 2.8.2000, S. 27.

73 Laut *o.V.*, "Aktienmärkte profitieren von privater Rentenvorsorge", in: FAZ v. 9.2.2000, S. 31 wird sich der Kapitalstock der privaten Zusatzversicherungen von 1627 Milliarden ECU im Jahre 1997 auf 11800 Milliarden ECU im Jahr 2020 fast verzehnfachen.

werden[74]. Ein Großteil der privaten Anlagen wird in den Kapitalmarkt fließen[75], wie dies z.B. in den Vereinigten Staaten oder in Großbritannien heute schon der Fall ist[76]. Bei der betrieblichen Altersvorsorge dominierte bisher die unternehmensinterne Vorausfinanzierung über die Bildung von Pensionsrückstellungen. Diese Mittel standen ohne Zwischenschaltung des Kapitalmarkts dem Unternehmen als langfristige Kredite und somit quasi als Eigenkapital ("Sozialkapital") zur Verfügung. Größere Unternehmen gehen aber dazu über, die Pensionsrückstellungen in Wertpapiere am Kapitalmarkt anzulegen, um die Deckung dieser Verbindlichkeiten unabhängig von der Unternehmensentwicklung und eventuellen Risiken zu machen.

Die Zeiten, in denen deutsche Unternehmen dank relativ hoher Eigenkapitalquote, stiller Reserven und großzügiger Hausbanken internationale Kapitalmärkte nicht in Anspruch nehmen mussten, sind vorbei. In Zukunft wird ein regelrechter Zwang bestehen, neue Finanzierungsquellen zu nutzen. Denn wer sich der Kapitalreserven nicht bedient, überlässt sie anderen und fällt damit im Wettbewerb zurück[77].

II. *Kapitalmarktsteuerung*

Als Folge der Abhängigkeit vom Kapitalmarkt wird die Unternehmenswirklichkeit zunehmend von äußeren Faktoren gesteuert[78]. Denn der weltweite Konkurrenzkampf der Unternehmen um Kapital führt zu einem massiven Anpassungsdruck an die Wünsche und Bedürfnisse der Kapitalgeber in Bezug auf Unternehmensziele und Informations- und Mitspracherechte.

1. Institutionelle Anleger

Eine wichtige Rolle in diesem Prozess spielen die sog. "institutionellen Anleger"[79] wie beispielsweise Versicherungen und Pensionsfonds[80]. Sie sind weltweit auf der Suche

---

74 Zur Rentenreform siehe *Schnabel*.

75 Vgl. *o.V.*,"Aktien statt Almosen", in: Spiegel v. 3.8.1998, S. 46-55.

76 Zur Diskussion einer Umstellung des staatlichen Rentensystems auf private Altersvorsorge in Frankreich siehe *Braunberger*, "Die Wende zur privaten Altersvorsorge", in: FAZ v. 24.5. 2000, S. 17. Zu einer international vergleichenden Perspektive der Alterssicherungssysteme siehe *Steinmeyer*, FS Großfeld, S. 1155-1171.

77 *Achleitner*, "Die Fusion von Daimler und Chrysler gibt die Richtung vor", in FAZ v. 18.05.1998, S. 25.

78 Zur Unterscheidung zwischen Außen- und Innensteuerung bei der Kapitalgesellschaft siehe *Großfeld/Ebke*, AG 1977, 92; ihnen folgend *Assmann*, in: Großkomm. AktG, Einl. Rn. 244 ff.; *Kübler*, AG 1994, 141, 142.

79 Zur rechtlichen Bewertung der institutionellen Investoren siehe *Wymeersch*, ZGR 2001, 294, 317.

80 So haben sich nach Angaben der OECD (1997) von 1990 bis 1995 die von institutionellen Kapitalanlegern gehaltenen Vermögenswerte um 68, 8 % erhöht, vgl. *Steiger*, EUmagazin, 7-8/1998, S. 40. Eine ähnliche Entwicklung ist auch für Deutschland zu erwarten. Das Dritte Finanzmarktförderungsgesetz hat hierfür mit § 1 i.V.m. §§ 37 h ff. KAGG die Voraussetzung

nach attraktiven Anlagemöglichkeiten für das von ihnen verwaltete Kapital[81]. Dabei entdecken sie auch zunehmend den europäischen Kapitalmarkt[82]. In den Vereinigten Staaten besitzen die institutionellen Anleger aufgrund der von ihnen verwalteten Vermögenswerte über erhebliche Macht und Einfluss ("shareholder-activism")[83]. In Europa nutzen sie ihren steigenden Einfluss, um die Strukturen der Unternehmenskontrolle und -überwachung an ihr Verständnis von Corporate Governance anzupassen. Gemeint ist damit in erster Linie die Ausrichtung der Unternehmenssteuerung am Gedanken des Shareholder Value[84].

2. *Shareholder Value*

a) Der Begriff

Shareholder Value ist nicht nur ein betriebswirtschaftliches Verfahren dynamischer Investitionsrechnung, sondern beinhaltet für Viele auch die gesellschaftsrechtliche Antwort auf die Fragen, die durch die zunehmende Trennung von Eigentum und Management am Unternehmen entstanden sind[85]. Seine konzeptionelle Grundlage hat der Shareholder Value-Gedanke in der modernen Kapitalmarkttheorie[86]. Sein Ziel ist es, die Unternehmensführung und Kontrolle in erster Linie an den individuellen Interessen der Anleger auszurichten[87]. Deren Interessen bestehen vornehmlich in einer Marktwertmaximierung des Unternehmens. Zur Realisierung dieses Zieles sind deshalb nur

---

geschaffen, siehe hierzu *Weisgerber*, Finanzmarktförderungsgesetz, S. 150. Nach *Gerke*, Vorsitzender der zuständigen Kommission des Finanzministeriums, ist davon auszugehen, dass schon bald "die Chefs der größten Investment- und Pensionsfonds bekannter sind als der Vorstandssprecher der Deutschen Bank.", vgl. *o.V.*, "Aktien statt Almosen", Spiegel Nr. 32, v. 3.08.1998, S. 46, 55.

81 Weltweit aktive institutionelle Investoren sind beispielsweise amerikanische Pensionsfonds wie CalPERS (California Public Employee´s Retirement System) oder Tempelton. Allein die Manager von CalPERS verwalten rund 8000 Milliarden Dollar und damit mehr als ein Viertel des globalen Bruttosozialproduktes, vgl. *Inacker*, "Glas und Beton", in: FAZ v. 22.5.2001, S. 1.

82 So investieren amerikanische Fonds seit 1992 Jahr für Jahr im Schnitt mehr als 1,5 Milliarden netto in deutsche Aktien. Allein beim Mischkonzern Veba bauten sie ihren Anteil am Kapital von knapp 1% auf 13 Prozent aus. Zusammen halten ausländische institutionelle Anleger mehr als 30 % an großen deutschen Aktiengesellschaften.

83 So haben die institutionellen Investoren in den USA ihren Einfluss dazu genutzt, um das Spitzenmanagement auszuwechseln (IBM; GM Westinghouse und Kodak) oder auf die Zerschlagung von unrentablen Konzernen zu drängen (ATT), vgl. *Balzer/Nölting*, "Die schiere Macht", manager magazin August 1997, 73-89. Zur Situation der institutionellen Anleger in den USA siehe *Merkt*, Gesellschaftsrecht, S. 95-96.

84 *Matthes*, S. 39; Siehe auch *o.V.*, "Kontrolle ist besser" in: WW v. 13.08.1998, S. 46.

85 *Busse v. Colbe*, ZGR 1997, 272; *Coeneberg*, BFuP 1997, 536, 538.

86 Vgl. *Rappaport*. Siehe dazu auch *Mülbert*, ZGR 1997, 129; *v. Werder*, ZGR 1998, 69.

87 *Lorson*, DB 1999, 1329.

die Investitionsvorhaben zu verwirklichen, die eine Rendite erwarten lassen, die mindestens den durchschnittlichen Eigenkapitalkosten entspricht. Die Ermittlung der Renditeerwartung hat dabei getrennt nach Geschäftsbereichen zu erfolgen. Geschäftsbereiche, deren Renditen unter den durchschnittlichen Eigenkapitalkosten des Gesamtunternehmens bleiben, sind stillzulegen oder zu veräußern[88].

b) Notwendige Veränderungen

Die Verwirklichung solcher Prinzipien bereiten dem Stakeholder-Modell, das in den unternehmerischen Zielen und der Struktur nicht auf die individuellen Interessen der Anleger, sondern auf einen überindividuellen Verbandszweck abstellt, Schwierigkeiten[89]. Denn Schließungen von unproduktiven Unternehmen oder die Verlagerung der Produktion ins kostengünstigere Ausland werden im Zweifel von den Anlegern befürwortet, lassen sich aber nur schlecht mit den Interessen der Arbeitnehmer vereinbaren.

Die vom Kapitalmarkt geforderten Anpassungen an die Bedürfnisse einer modernen Corporate Governance führen deshalb zu grundlegenden Änderungen des kollektiven Systems[90]. Beispiele hierfür sind die Ausrichtung der Unternehmensziele auf die Interessen der Anteilseigner[91], die Einführung von Rechnungslegungsgrundsätzen, die die Unternehmenslage und Entwicklung zuverlässig und genau widerspiegeln - um so vor allem den Anlegern die notwendige Information über die Wertentwicklung ihrer Beteiligung zu geben -, das Zulassen des Erwerbs eigener Aktien[92], die Gestattung von Aktienoptionen für Mitarbeiter und Führungskräfte[93] und die Ausweitung der Einwir-

---

88 *Mülbert*, ZHR 1997, 129, 132.

89 Insbesondere dann, wenn zusätzlich zur institutionellen Beteiligung der einzelnen Interessensgruppen am Entscheidungsprozess eine aktienrechtliche Zielvorgabe der Unternehmensleitung in Form einer "Gemeinwohlbindung" angenommen wird. So wird vertreten, dass § 76 Abs. 1 AktG der Norm des § 70 Abs. 1 AktG 1937 entspricht. Danach hatte der Vorstand die Gesellschaft so zu leiten, "wie das Wohl des Betriebs und seiner Gefolgschaft und der gemeine Nutzen von Volk und Reich es fordern", siehe hierzu *Kropff*, Begr. RegE, S. 98; KK-*Mertens*, AktG, § 76 Rn. 16, *Raisch*, FS Hefermehl, S. 347, 352.

90 Nach *Biener*, DRSC, S. 55, 61 wird der Systemwechsel "komplett und bedingungslos" sein. Laut *Kübler*, ZGR 2000, 550, 560 hat der Abschied vom Stakeholder-Modell deutscher Prägung bereits begonnen. Die entscheidende Frage sei dabei nur, "wie rasch wir uns Änderungen zumuten und welche aus der Verzögerung erwachsenden Nachteile wir in Kauf nehmen wollen".

91 Siehe hierzu *Mülbert*, ZGR 1997, 129 sowie den Vorschlag "German Code of Corporate Governance" (GCCG), DB 2000, 1573. Ansätze für einen derartigen Richtungswechsel in der Rechtsprechung sieht *Groh*, DB 2000, 2153, 2157-2158, u.a. in Urteilen des BAG, nach denen betriebsbedingte Kündigungen auf einen zur Steigerung der Rendite beschlossenen Personalabbau gestützt werden können. Allgemein zu den Veränderungen des deutschen Rechts *Kübler*, FS Zöllner, S. 321-336.

92 Siehe hierzu eingehend *Benckendorff*, Der Erwerb eigener Aktien im deutschen und amerikanischen Gesellschaftsrecht.

93 Vgl. § 192 Abs. 2 Nr. 3 HGB, der neu durch das KonTraG eingeführt wurde. Siehe hierzu auch *Deutschmann*, Vergütungshalber gewährte Aktienoptionen im deutschen und US-amerikanischen Steuerrecht, Baden-Baden 2000; *Götze*, Aktienoptionen für Vorstandsmitglieder und Aktionärsschutz, Baden-Baden 2000.

kungsmöglichkeiten für Aktionäre[94]. Weitere Maßnahmen werden unter dem Stichwort "investor relations" zusammengefasst und befassen sich mit dem permanenten Austauschprozess zwischen dem Unternehmen und dem Kapitalmarkt[95].

Daneben stellen sie den Fortbestand von gesetzlich zwingend vorgeschriebenen Kontrollmechanismen - wie der unternehmerischen Mitbestimmung[96] -, die aus Sicht der Märkte die Rechte der Aktionäre einschränken, in Frage[97]. Hier kann nur Überzeugungsarbeit helfen, um sie der internationalen Financial Community schmackhaft zu machen[98]. Denn von der Umsetzung ihrer Vorgaben wird die Akzeptanz und Unterstützung der Unternehmen am Kapitalmarkt und somit deren Überlebensfähigkeit abhängen. In naher Zukunft wird allein ein hoher Börsenwert effektiven Schutz vor Übernahmen bieten. Die werthaltige Aktie wird dann zur "Akquisitionswährung"[99], einem normalen Instrument der Kapitalmarkt- und Unternehmenspolitik[100].

§ 3: Europäische Entwicklungen und Corporate Governance

Der geschilderte faktische Anpassungsdruck, der von den internationalen Kapitalmärkten ausgeht, macht sich auch auf europäischer Ebene bemerkbar. Unverkennbar ist sein Einfluss auf die Bemühungen der EU-Kommission, ein einheitliches System der Corporate Governance in Europa und damit eine vergleichbare Wettbewerbssituation in den Mitgliedstaaten zu schaffen. Die bisherigen Versuche, dieses Ziel mittels der Angleichung der unterschiedlichen Gesellschaftsrechte in den Mitgliedstaaten und durch Schaffung von supranationalen Organisationsmodellen zu erreichen,

---

94 Unter diesem Punkt wird vor allem die Einführung einer Aktionärsklage (derivative suit) diskutiert, mit der Ansprüche gegen die Unternehmensführung wegen mangelhafter Geschäftsführung geltend gemacht werden können. Siehe hierzu *Krieger*, ZHR 1999, 343; *Sünner*, ZHR 1999, 364; *Ulmer*, ZHR 1999, 290.

95 Siehe hierzu allgemein *Ekkenga*, NZG 2001, 1-8; *Günther/Otterbein*, ZfB 1996, 389; *v. Rosen/Herdina*, BFuP 2001, 45-53. "Paradepferd" der Investor Relations ist der Geschäftsbericht, siehe hierzu *Küting/Dawo/Heiden*, BB 2001, 615, 617.

96 Die Regierungskommission "Corporate Governance", C.3 hat die Frage der Mitbestimmung aus ihren Beratungen mangels Zeit ausgeklammert, jedoch auf den dringenden Reformbedarf, der sich auf Grund internationaler Entwicklungen ergibt, hingewiesen. Zu den Perspektiven der gesetzlichen Mitbestimmung in Deutschland siehe *Raiser*, FS Buxbaum, S. 414; *Sadowski/Junkes/Lindenthal*, ZGR 2001, 110, 127-139.

97 Vgl. *Schmid/Seeger*, ZfB 1998, 453, 468; aus rechtsvergleichender Sicht *Davies*, ZGR, 2001, 268-293.

98 Positive Argumente liefern z.B. die Ergebnisse im Bericht der Kommission Mitbestimmung der Bertelsmann-Stiftung/Hans-Böckler-Stiftung, Gütersloh 1998, siehe hierzu *Raiser*, FS Buxbaum, S. 414. Siehe auch *Du Plessis*, FS Großfeld, S. 875, 888; dagegen sieht Hilmar Kopper, Aufsichtsratsvorsitzender der Deutschen Bank und Bundesbeauftragter für Auslandsinvestitionen, in der Mitbestimmung keinen "Exportschlager", vgl. *Afhüppe/Hoffmann*, "Teures Monster", WW Nr. 9/22.2.2001, S. 28.

99 *Gaitanides/Raster*, DBW 1995, 261.

100 *Hartmann*, Meinungsspiegel, BFuP 1997, 536, 540.

haben noch nicht zu befriedigenden Lösungen geführt. Mehr Erfolg verspricht der Ansatz, das Ziel über eine Harmonisierung des Kapitalmarktrechts zu erreichen.

A. Stand der europäischen Corporate Governance-Diskussion

Die Aufgabe, einen Wirtschaftsraum ohne Binnengrenzen zu schaffen, die sich die Gründerstaaten in den Römischen Verträgen einst vorgenommen hatten[101], ist mit Einführung des Euro einen großen Schritt vorangekommen. Die Vorteile, die aus einem einheitlichen Binnenmarkt resultieren[102], können von den Unternehmen bisher jedoch nur bedingt genutzt werden. Es fehlt an einem geeigneten rechtlichen Rahmen, der den Unternehmen die grenzüberschreitende Zusammenarbeit und Tätigkeit erleichtert[103]. Hinzu kommen steuerliche Hindernisse, deren Überwindung sich seit vielen Jahren als äußerst schwierig erweist.

An Initiativen der Europäischen Kommission, den notwendigen Rahmen zu schaffen[104], hat es bisher nicht gemangelt. Sie haben zu 14 Richtlinien und Richtlinienvorschlägen geführt, die sich überwiegend auf das materielle Gesellschaftsrecht[105] konzentrieren. Kein Rechtsgebiet kann eine vergleichbare Harmonisierungsintensität aufweisen[106]. Allerdings gestalten sich die Verhandlungen auch auf keinem anderen Rechtsgebiet als so schwierig und langwierig. Anschaulich wird dies an den für die Corporate Governance-Diskussion wichtigen Projekten der 5. Richtlinie ("Strukturrichtlinie")[107] und des Statuts für eine Europäische Aktiengesellschaft[108].

I. *Die 5. Richtlinie ("Strukturrichtlinie")*

Den ersten Vorschlag auf dem Weg zu einer einheitlichen Corporate Governance, die 5. gesellschaftsrechtliche Richtlinie, legte die Kommission 1972 vor[109]. Es handelt

---

101 Vgl. Art. 2 EWGV der Römischen Verträge v. 25. März 1957.

102 Zu den ökonomischen Vorteilen der Gesellschaftsrechtangleichung siehe *Ehricke*, RabelsZ 2000, 497, 501-503 m.w.N.

103 *Hommelhoff*, WM 1997, 2101, 2102-2103.

104 Art. 3 EGV Buchst. c und h ordnen an, die Hindernisse für den freien Personen-, Dienstleistungs- und Kapitalverkehr zwischen den Mitgliedstaaten zu beseitigen und die innerstaatlichen Rechtsvorschriften anzugleichen, soweit dies für das Funktionieren des gemeinsamen Marktes erforderlich ist. Es handelt sich insoweit nicht nur um einen Programmsatz, sondern die Vorschrift hat zusammen mit Art. 2 EGV unmittelbar bindende Wirkung, vgl. EuGH, Urteil v. 4.7.1963 - Rs. 24/62 (*Bundesrepublik Deutschland v. Kommission*), Slg. 1963, 141, 153.

105 Zu den Grundlagen für die Rechtsangleichung im Einzelnen siehe *Schön* ZHR 1996, 221-249.

106 So zählt man auf dem Gebiet des Unternehmens-, einschließlich des Versicherungs- und Bankenrecht c.a. 60 Gesetzesinitiativen, siehe *Wiesner*, AG 1996, 390.

107 Siehe hierzu *Lutter*, Europäisches Unternehmensrecht, S. 171.

108 Siehe hierzu *Lutter*, Europäisches Unternehmensrecht, S. 715.

109 ABl. Nr. C 131 v. 13.12.1972, S. 49, siehe hierzu *Kaminski*, WPg 1972, 633-638.

sich um eine umfassende Kodifikation bestehend aus 65 Artikeln, die die Struktur, die Kompetenzverteilung und das Funktionieren der Organe der Aktiengesellschaft detailliert regeln sollte. Zwingend wurde das dualistische System bestehend aus einem Leitungs- und einem ständigen Kontrollorgan vorgeschrieben[110], da nach Ansicht der Kommission allein dieses den Erfordernissen einer modernen Unternehmensführung entsprach[111]. Zusätzlich wurden die Kompetenzen der Hauptversammlung, die Rechte der Aktionäre, die Vertretung der Arbeitnehmer im Aufsichtsrat sowie die Feststellung und Prüfung des Jahresabschlusses geregelt. Dabei wurden weder den Mitgliedstaaten bei der Umsetzung in nationales Recht noch den Gesellschaften bei der Verabschiedung der Satzung allzu große Freiheiten und Spielräume eingeräumt[112].

Der Vorschlag wurde von den Mitgliedstaaten überwiegend abgelehnt. Weitere Versuche, durch geänderte Richtlinienvorschläge[113] einen Konsens zu erreichen, führten zu keinem Ergebnis. Die Richtlinie ruht seitdem im Ministerrat. Die Kommission hat zwischenzeitlich mehrere Studien im Rahmen des Aktionsplans Finanzdienstleistungen in Auftrag gegeben, um in Konsultationen mit den Mitgliedstaaten und den Fachkreisen festzustellen, ob es sinnvoll ist, die Arbeiten an der Strukturrichtlinie fortzusetzen[114]. Allgemein gilt das Projekt aber bereits jetzt als gescheitert[115].

II. *Die Europäische Aktiengesellschaft (Societas Europaae)*

Parallel zur 5. Richtlinie über die Struktur der Aktiengesellschaft wurde der Versuch unternommen, eine supranationale Rechtsform für die Aktiengesellschaft zu schaffen.

---

110 Ein ausschließlich dualistisches System besitzen bisher Deutschland und Österreich. Ein monistisches System besteht in Dänemark, Griechenland, Großbritannien, Irland, Italien, Luxemburg, Schweden und Spanien. In Belgien, Finnland, Frankreich, Niederlande und Portugal bestehen Wahl oder Mischsysteme. Eine ausführliche Übersicht zu den Verwaltungssystemen findet sich bei *Schwarz*, Europäisches Gesellschaftsrecht, Rz. 530-565.

111 *Kaminski*, WPg 1972, 633, 634.

112 Nach *Boucourechliev*, RIW 1999, 1,2 strebte die Harmonisierung "die Angleichung auf dem Niveau der detailliertesten, formalistischten und anspruchsvollsten Rechtsordnung an". Die Freiheit der Mitgliedstaaten beschränkte sich darauf, "der Direktive [...] noch weitere Zwänge hinzuzufügen".

113 Geänderter Richtlinienvorschlag v. 12.8.1983, ABl. Nr. C 240 v. 9.9.1983, S. 2; Zweiter geänderter Richtlinienvorschlag v. 13.12.1990, ABl. Nr. C 7 v. 11.1.1991, S. 4 ff; Dritte Änderung des Richtlinienvorschlags ABl. Nr. C 321 v. 12.12.1991.

114 Zuletzt *Ernst&Young*, The Simplification of the Operating Regulations for Public Limited Companies in the European Union – Final Report, 1995.

115 Zum letzten Stand siehe *Wiesner*, ZIP 2000, 1792, 1794.

1. *Der erste Anlauf*

Die Vorüberlegungen hierfür reichen bis ins Jahr 1959 zurück[116]. Einen ersten Entwurf zum Statut einer Europäischen Aktiengesellschaft (SE) stellte die Kommission 1970[117] vor, dem 1975 ein zweiter Entwurf folgte[118]. Rechtsgrundlage bildete Art. 235 EGV (jetzt Art. 308). Beiden Entwürfen lag das dualistische deutsche Modell zugrunde. Kennzeichnend war auch hier der Wille, möglichst umfassende und detaillierte gesetzliche Regelungen zu schaffen, die ohne Rückgriff auf Bestimmungen der Mitgliedstaaten auskommen sollten[119]. Beispielsweise enthielten die Entwürfe ausführliche Bestimmungen zur Verwaltungsstruktur und zur Arbeitnehmermitbestimmung[120], zum Konzernrecht, zum Recht der Rechnungslegung und sogar zu einzelnen Punkten in der Besteuerung[121]. Trotz des Interesses der Wirtschaft scheiterte das Projekt damals im Ministerrat.

2. *Der zweite Anlauf*

In den Jahren 1989[122] und 1991[123] unternahm die Kommission einen erneuten Anlauf. Die Gesellschaftsrechtsordnungen der Mitgliedstaaten wiesen mittlerweile einen höheren Grad an Harmonisierung auf. Deshalb unterschied sich der neue Entwurf deutlich von seinen Vorgängern. Die Kommission entzog die Regelung der Aktiengesellschaft nicht mehr vollständig nationalem Recht, sondern ließ zahlreiche Verweise auf das Aktienrecht des Sitzstaates zu[124]. Hinsichtlich der Organstruktur wollte die Kommission zwar nicht von dem dualistischen System abrücken, sie ließ aber auch das monistische System als Ausweichmodell zu. Bezüglich der Mitbestimmungsform konnte beim dualistischen System zwischen vier Modellen und beim monistischen System zwischen drei Modellen gewählt werden.

---

116 Siehe die Entwürfe von *Sanders*, RIW 1960, 1, 3; *ders.*, AG 1967, 344. Zur historischen Entwicklung auch *Schwarz*, Europäisches Gesellschaftsrecht, Rz. 31-42, der Ansätze schon vor Entstehung der Europäischen Wirtschaftsgemeinschaft mit den Römischen Verträgen v. 25.3.1957 sieht.

117 Vorschlag vom 30.6.1970, ABl. EG Nr. C 124 vom 10.10.1970, S.1.

118 Erster geänderter Vorschlag vom 30.04.1975, DOK KOM (75) 150 endg..

119 *Boucourechliev*, RIW 1999, 1; *Lutter*, Europäisches Unternehmesrecht, S. 716; *Zäch*, FS Bär, S. 85, 96.

120 Der ursprüngliche Entwurf von Sanders sah keine einheitliche Regelung der Mitbestimmung vor, vgl. *Pipkorn*, ZHR 1973, 35, 48.

121 Memorandum der Kommission v. Juni 1988, BR-Drucks. 392/88.

122 Zweiter geänderter Vorschlag vom 16.10.1989, ABl. EG Nr. C 263, S. 41; dazu *Hommelhoff*, AG 1990, 422.

123 Geänderter Vorschlag vom 16.5.1991, ABl. EG Nr. C 48 vom 25.2.1991, S. 1 ff.

124 Siehe hierzu *Jaeger*, Die Europäische Aktiengesellschaft – europäischen oder nationalen Rechts?, 1994; *Hauschka*, EuZW 1992, 147, 149.

Die Methode des Rückgriffs auf nationales Recht stieß jedoch auf Kritik[125]. Man sah das Vertrauen, das einem einheitlichen Grundmodell entgegengebracht würde, durch die vielen Wahlmöglichkeiten zerstört[126]. Die Gleichwertigkeit der verschiedenen Modelle wurde bezweifelt[127], der Vorschlag als "Scheinharmonisierung" bezeichnet, der nur noch "eine Art kleinster gemeinsamer Nenner seiner ursprünglichen Intention" darstelle[128]. Die erhoffte Einigung[129] scheiterte aber nicht nur daran, sondern in erster Linie, weil in der Frage der Mitbestimmung keine Übereinstimmung erzielt werden konnte.

3. *Der Kompromiss von Nizza*

Das Problem der Mitbestimmung stellte sich als so gravierend heraus, dass bis vor kurzem allgemein nur wenig Zuversicht bestand, das Vorhaben der Europäischen Aktiengesellschaft noch zu verwirklichen[130]. Die Wende brachte der Gipfel von Nizza[131] im Dezember 2000. Dort gelang den Vertretern der Mitgliedstaaten überraschend, sich endlich in der Frage der Mitbestimmung auf ein gemeinsames Modell zu einigen. Damit war der Weg für die Europäische Aktiengesellschaft frei[132]. Am 8. Oktober 2001 verabschiedeten die Arbeits- und Sozialminister der EU den Entwurf sowie die mitbestimmungsrechtlichen Regelungen der Arbeitnehmer[133]. Es obliegt jetzt den Mitgliedstaaten, innerhalb der nächsten drei Jahre die Vorschriften in nationales Recht umzusetzen.

Erste Stellungnahmen in der Literatur und Presse zum neuen Entwurf[134] waren allerdings wenig euphorisch und sprechen von einem "Torso"[135], einem "Scheinkom-

---

125 *Raiser*, FS Semler; S. 277; 295-297. Ähnliche Probleme bestehen bei der 4. und 7. Richtlinie, bei denen das Problem der unterschiedlichen Standpunkte der Mitgliedsländer ebenfalls mittels zahlreicher Wahlmöglichkeiten gelöst wurde. Siehe hierzu *Timmermanns*, RabelsZ 1984, 1, 28. Ebenso wird bei der EWIV an zahlreichen Stellen, wie etwa der Frage der Rechtsfähigkeit (Art. 1 Abs. 3 EWIV-VO) Rücksicht auf nationale Rechtsordnungen genommen und den Mitgliedstaaten überlassen, Regelungen für Bereiche zu treffen, die eigentlich dem europäischen Normgeber obliegen; *Schwarz*, Europäisches Gesellschaftsrecht, Rz. 18.

126 *Wehlau*, CML Rev. 1992, 473, 506. Vgl. auch *Schwarz*, Europäisches Gesellschaftsrecht, Rz. 18, der in den Wahlrechten und Ermächtigungen zur Beachtung nationaler Eigenheiten "die Verlustliste der europäischen Rechtsintegration" sieht.

127 *Lutter*, Europäisches Unternehmensrecht, S. 68.

128 *Hauschka*, EuZW 1992, 147, 149; *Hopt*, ZGR 1992, 265, 279; *Lutter*, AG 1990, 413.

129 *Schwarz*, Europäisches Gesellschaftsrecht, Rz. 21.

130 So sprach *Wiesner*, ZIP 2000, 1792, 1798 davon, dass die "die Leidensgeschichte der Europa-AG auch noch künftige Generationen beschäftigen" würde.

131 Allgemein zum Vertrag von Nizza siehe *Fischer*, Der Vertrag von Nizza, Baden-Baden 2001.

132 *Ebke*, EWS 2002, Heft 1 S. 1; *o.V.*, "Europa AG kann 2001 beschlossen werden", HB v. 11.12.2000, S. 4.

133 *O.V.*, "Die "Europa AG" ist nun endgültig beschlossen", in: FAZ v. 9.10.2001, S. 30.

134 Die Textfassung ist unter http/register.consilium.eu.int erhältlich. Siehe auch *Schwarz*, ZIP 2001, 1847.

135 *Lutter*, BB 2002, 1, 3.

promiss" bzw. noch drastischer von einer "Missgeburt"[136]. Denn trotz Einigung in der Frage der Mitbestimmung bleibt das Problem der zahlreichen Wahlrechte, die durch Verweise auf nationale Rechtsordnungen geschaffen werden[137]. Auch der neue, mit 70 Artikeln im Umfang gegenüber seinen Vorgängern erheblich reduzierte Entwurf, beschränkt sich im Wesentlichen darauf, den Zugang und den Rechtsrahmen der Europäischen Aktiengesellschaft festzulegen[138]. Im Übrigen[139] verweist er aber auf das Recht des jeweiligen Sitzstaates, so dass weiterhin von "einer nationalen AG im europäischen Gewand"[140] gesprochen werden kann. Der Umfang dieser Verweisung bleibt unklar; insbesondere ist nicht geklärt, ob auch die jeweils von der Rechtsprechung entwickelten nationalen Grundsätze mitumfasst sind[141]. Entscheidend für den Erfolg wird vor allem sein, ob die Steuergesetzgebung entsprechend angepasst wird[142], etwa durch die vollständige Umsetzung der Fusionsbesteuerungsrichtlinie (90/434/EWG vom 23.7.1990)[143].

III. *Alternative Formen*

Dem Schicksal der Europäischen Aktiengesellschaft bis vor kurzem vergleichbar war die Suche nach anderen supranationalen Rechtsformen. Die Richtlinienvorschläge zum Europäischen Verein[144], zur Europäischen Genossenschaft[145] und zur Europäischen Gegenseitigkeitsgesellschaft[146] scheiterten an mangelnden gemeinsamen Rechtsüberzeugungen[147]. Wenig Grund zu Optimismus besteht deshalb auch hinsichtlich der derzeitigen Pläne zur Entwicklung der sog. Sociéte Fermée Europeénne (Europäische Privatgesellschaft)[148]. Lediglich bei der Schaffung der Europäischen wirtschaftlichen Interessen-Vereinigung (EWIV)[149] konnte ein Erfolg erzielt werden. Allerdings ist ihre

---

136 *Wiesner*, ZIP 2001, 399, 400; *o.V.*, "Das sind absurde Zustände", Die Zeit v. 26.4.2001, S.21, 22. Kritisch auch *Ebke*, EWS 2002, 1, der von einem "EU typischen Kompromiss" spricht.

137 Vgl. Art. 9 SE-Verordnung.

138 *Lutter*, BB 2002, 1, 3.

139 Vgl. die Regeln zur Kapitalaufbringung und –erhaltung (Art. 5 SE-Verordnung) sowie zur Rechnungslegung und Publizität (Artt. 61 f. SE-Verordnung).

140 *Ulmer*, "Gestaltungsfreiheit in der Europa-AG bietet Vorteile", FAZ v. 21.3.2001, S. 30.

141 *Hommelhoff*, Symposion, S. 57, 77; *Ulmer*, "Gestaltungsfreiheit in der Europa-AG bietet Vorteile", FAZ v. 21.3.2001, S. 30; *Wiesner*, ZIP 2001, 397.

142 Besondere Bedeutung kommt dabei der Frage nach der Pflicht zur Aufdeckung und Besteuerung von stillen Reserven zu, vgl. *Hommelhoff*, AG 2001, 279, 285-286; *Hügel*, ZGR 1999, 71; *Jahn/Herfs-Röttgen*, DB 2001, 631, 636; *Lutter*, BB 2002, 1, 6.

143 Siehe hierzu *Lutter*, Europäisches Unternehmensrecht, S. 806.

144 Vorschlag vom 6.3.1992, ABl.EG 1992 C 99/1.

145 Vorschlag vom 6.3.1992, ABl.EG 1992 C 99/17.

146 Vorschlag vom 6.3.1992, ABl.EG 1992 C 99/57.

147 *Schwarz*, Europäisches Gesellschaftsrecht, Rz. 45.

148 *Ehricke*, RabelsZ 2000, 497-516. Allgemein zur Europäische Privatgesellschaft (EPG) auch *Hommelhoff/Helms*, GmbHR 1999, 53.

149 Die Europäische Wirtschaftliche Interessen-Vereinigung (EWIV), Verordnung v. 25.7.1985 (VO 2137/85) versteht sich als eine Personengesellschaft, deren Ziel es ist, die wirtschaftliche

Bedeutung u.a. wegen der zwingend unbeschränkten Haftung ihrer Mitglieder (Art. 24 Abs. 1 EWIV-VO) gering[150].

B. Die bisherigen Hürden für eine Einigung

Die beschriebenen Schwierigkeiten und Misserfolge zeigen, dass das deutsche Verständnis von Corporate Governance in Europa nur bedingt durchsetzbar war und ist[151].

I. *Die unternehmerische Mitbestimmung*

Neben genereller Kritik am deutschen Modell[152] wegen seines dualistischen Systems und dem Hang zu allzu detaillierten gesetzlichen Regelungen war es vor allem die bereits erwähnte unternehmerische Mitbestimmung[153], die auf erbitterten Widerstand stieß[154] und an der bis vor kurzem alle Initiativen der Rechtsangleichung scheiterten[155].

Tätigkeit ihrer Mitglieder zu fördern und zu unterstützen, vergleichbar der deutschen Genossenschaft. Siehe hierzu *Steding*, NZG 2000, 913, 916.

150 *Hommelhoff*; Symposion, S. 57, 58; *Lutter*, ZGR 1992, 435-451.

151 *Ebke*, Unternehmenskontrolle, S. 7, 21. Auch weltweit stößt das deutsche Modell nicht auf große Gegenliebe. Seine Prinzipien wurden bei der Findung der OECD Principles of Corporate Governance nur dank eines "mühsam errungenen Kompromisses" berücksichtigt, vgl. *Seibert*, AG 1999, 337, 338.

152 Vgl. *Steding*, NZG 2000, 913, 916.

153 Zur Frage der Mitbestimmung bei der Europäischen Aktiengesellschaft siehe den Vorschlag einer Richtlinie zur Ergänzung des SE-Statuts der Arbeitnehmer v. 25.8.1989, ABl. Nr. C 263 v. 16.10.1989, S. 69; den geänderten Richtlinienvorschlag v. 24.11.1995 ABl. Nr. C 138 v. 29.5.1991, S.8 sowie die Mitteilung der Kommission über die Information von Arbeitnehmern v. 24.11.1995, ABl. Nr. C 17 v. 2 2.1.1996, S.4. Zu einer Übersicht über die Regelung der Arbeitnehmervertretungen in den Mitgliedstaaten siehe *Schwarz*, Europäisches Gesellschaftsrecht, Rz. 550-565.

154 Ausführlich hierzu *Bärmann*, AcP 160 (1961), 97, 105. *Rasner*, ZGR 1992, 314, 317; *Hommelhoff*, WM 1997, 2101, 2102; *Hopt*, FS Everling, S. 475; *Kolvenbach*, FS Heinsius, S. 379; *ders.*, FS Everling, S. 669.

155 Zur Entwicklung der Frage der Beteiligung der Arbeitnehmer in der Europäischen Aktiengesellschaft (SE) siehe den Vorschlag des deutschen Ratsvorsitzes für eine politische Einigung v. 12.5.1999, Dok. 8194/99. Zuvor hatte die Davingnon–Expertengruppe vorgeschlagen, die Mitbestimmung von der gesellschaftlichen Organisationsstruktur abzutrennen und durch einen betriebsverfassungsrechtlichen Informations- und Konsultationsverfahren nach dem Muster der Euro-Betriebsräte-Richtlinie EG 94/45/EG des Rates v. 22.9.1994, AblEG Nr. L 264, S. 64 zu ersetzen. Siehe dazu *Heinze*, ZGR 1999, 54, 61; *ders.*, AG 1997, 289, *ders.*, Symposion, S. 85, 90; *Raiser*, Unternehmensmitbestimmung auf dem europäischen Prüfstand, Die erste Seite, BB Heft 21 v. 25.5.2000.

1. Die unterschiedlichen Vorstellungen

Die Gegner, vor allem aus Ländern wie Großbritannien, die sich stärker am Shareholder-Modell orientieren, sahen in der gesetzlichen Festschreibung einer Beteiligung von Stakeholdern an der Unternehmensführung und -kontrolle einen unüberbrückbaren Widerspruch zu dort gewachsenen Traditionen[156]. Demgegenüber wollten die Befürworter - vor allem Deutschland - eine "Flucht"[157] in schwächere Mitbestimmungsformen des Gemeinschaftsrechts verhindern.

2. Der Kompromiss

Der jetzt in Nizza gefundene Kompromiss zwischen den beiden Positionen sieht vor, dass das Mitbestimmungsmodell nicht gesetzlich verbindlich geregelt wird, sondern Arbeitgeber- und Arbeitnehmervertreter im Wege der gegenseitigen Verhandlung eine Lösung finden sollen[158]. Bleibt dieses ausgehandelte Modell allerdings hinter dem Mitbestimmungsniveau eines der Gründungsunternehmen zurück, so bedarf es der Zustimmung von mindestens zwei Drittel der Arbeitnehmervertreter, die wiederum zwei Drittel der Belegschaft vertreten müssen. Im Fall des Scheiterns der Verhandlungen tritt als gesetzliche Auffanglösung automatisch das weitest gehende nationale Mitbestimmungsmodell der Gründungsgesellschaft in Kraft, sofern ein gewisser Mindestprozentsatz[159] der späteren Arbeitnehmer der Europa AG dieser Mitbestimmungsform unterliegt[160].

---

156 Dort wird das Verhältnis zwischen den Arbeitgebern und den Mitarbeitern nicht durch gesellschaftsrechtliche Regelungen bestimmt, sondern der Vertragsfreiheit der Beteiligten überlassen, vgl. *Boucourechliev*, RIW 1999, 1, 2. Zu der Möglichkeit einer Sicherung der unternehmerischen Mitbestimmung durch vertragliche Vereinbarungen in Deutschland, siehe *Hanau*, ZGR 2001, 75-109.

157 *Hopt*, ZGR 1992, 265, 278; *Krieger*, FS Rittner, S. 303, 313.

158 Siehe hierzu *Köstler*, Mitbestimmung 1+2/2001, 48-49; sowie www.boeckler.de/service/mbf/euroaktien.

159 Für die Gründung müssen vor der Eintragung bereits 50 % der Arbeitnehmer der künftigen SE der Mitbestimmung unterlegen haben, damit die Auffangregelung Anwendung findet. Bei der Verschmelzung werden 25 % verlangt. Bei der Umwandlung darf die Vereinbarung über die Mitbestimmung nicht unter dem Niveau liegen, das in der Gesellschaft bestand, die in eine SE umgewandelt werden soll, siehe hierzu ausführlich *Köstler*, Mitbestimmung 1+2/2001, 48-49.

160 Der Kompromiss von Nizza ist erst durch das sogenannte "Opting-Out" möglich geworden. Danach soll es den Mitgliedstaaten überlassen bleiben, ob sie für die Fusion die Auffanglösung in nationales Recht übernehmen. Das führt dazu, dass die Verhandlungspartner nicht mehr unter dem Druck stehen, dass bei Scheitern der Verhandlungen das weitest gehende nationale Mitbestimmungsmodell zur Anwendung kommt. Die Eintragung einer SE ist aber nach wie vor nur möglich, wenn die Verhandlungspartner über die Modalitäten der Mitbestimmung und Arbeitnehmerbeteiligung eine Einigung erzielen konnten. Eine Ausnahme soll nur gelten, wenn für keines der beteiligten Unternehmen vor der Registrierung die Mitbestimmungsregeln galten. Bisher will nur Spanien von dieser Ausnahmeregelung Gebrauch machen, vgl. *Köstler*, Mitbestimmung 1+2/2001, 48, 49; *Ulmer*, "Gestaltungsfreiheit in der Europa-AG bietet Vorteile", in: FAZ v. 21.3.2001, S. 30.

3. *Bewertung*

Durch die erwähnten Maßnahmen ist das Konzept der Mitbestimmung vorerst zwar formal gesichert[161], es bleibt aber abzuwarten, welche Folgen der in Nizza erreichte Kompromiss in der Praxis hat. Da die gefundene Lösung auch auf grenzüberschreitende Fusionen und Sitzverlegungen Anwendung finden soll, ist es denkbar, dass zukünftig beispielsweise in Deutschland neben europäischen auch deutsche Aktiengesellschaften ohne Arbeitnehmermitbestimmung ansässig werden können; etwa wenn eine große europäische Gesellschaft aus einem Staat ohne Mitbestimmung mit einer kleinen inländischen Gesellschaft zu einer deutschen AG fusioniert. Ob auch umgekehrt eine europäische oder englische Gesellschaft in England mit deutscher Mitbestimmung gegründet wird, wird dagegen maßgeblich davon abhängen, ob es gelingt, Staaten ohne Mitbestimmung von deren Vorzügen zu überzeugen[162]. Gelänge dies, wäre nach *Wiesner* ein "faktischer Angleichungsprozess" denkbar, an dessen Ende bei optimalem Verlauf die Herausbildung verschiedener Modelle der Mitbestimmung stehen würden, die auf die "länder-, branchen- und größenspezifischen Belange der Unternehmen ebenso Rücksicht nehmen wie auf die Interessen der Sozialpartner"[163].

II. *Das Prinzip der Subsidiarität*

Die Ursachen für den Stillstand der Gesellschaftsrechtsangleichung waren allerdings nicht nur im Streit um die Mitbestimmung zu suchen. Hinzu kam auch ein wachsender Unmut der Mitgliedstaaten über das generelle Ausmaß des Harmonisierungsprogramms der Kommission[164]. Der Vorwurf, die Kommission überschreite mit der zunehmenden Rechtsangleichung die Grenzen ihrer Kompetenzen, wurde immer wieder vorgetragen[165]. Die Notwendigkeit einer umfassenden Angleichung wurde mehr und mehr angezweifelt[166]. Diese Zweifel haben im Vertrag von Maastricht[167] 1992 zur gesetzlichen Verankerung des Subsidiaritätsprinzips geführt[168]. Danach soll die EG ihre konkurrierende Kompetenz nur noch ausüben, wenn die mit der Maßnahme in Betracht gezogenen Ziele auf der Ebene der Mitgliedstaaten nicht ausreichend erreicht werden können oder wegen ihres Umfangs oder ihrer Wirkung besser auf Gemein-

---

161 Dies gilt zumindest wenn die Gründungsgesellschaft, deren Staat die Mitbestimmung kennt, nicht Juniorpartner ist.

162 Vgl. Seite 48.

163 *Wiesner*, ZIP 2001, 397, 398.

164 *Behrens*, FS Mestmäcker, S. 831, 833; *Deckert*, DStR 1997, 874, 879; *Hopt*, ZIP 1998, 96; *Reher*, S. 18.

165 *Behrens*, EuZW 1996, 193.

166 *Rasner*, ZGR 1992, 314-326; *Zäch*, FS Bär, S. 85, 97.

167 Abl.EG Nr. C 191 vom 29.7.1992, S. 1 ff.

168 Zum Subsidiaritätsprinzip *Hopt*, ZHR 1997, 368, 379; *Schön*, ZGR 1995, 1; *ders.* ZHR 1996, 221, 228.

schaftsebene erreicht werden können[169]. Ob das Subsidiaritätsprinzip eine weitere Rechtsvereinheitlichung nach bisherigem Muster berührt oder sogar ausschließt, ist strittig[170], zumindest gab es Anlass, die bis dahin verfolgte Strategie zu überdenken[171].

C. *Die neue Strategie*

Unabhängig von der Entwicklung der Europäischen Aktiengesellschaft und der Strukturrichtlinie hat die Europäische Kommission wegen der lange vorherrschenden Blockadehaltung der Mitgliedstaaten in Sachen Harmonisierung des Gesellschaftsrechts schon seit längerem nach einem alternativen Weg gesucht, um dem Ziel eines einheitlichen Rechtsrahmens dennoch näher zu kommen. Das Ergebnis der Überlegungen war eine neue Strategie in Sachen europäischer Corporate Governance sowohl was das Ziel als auch den Weg betrifft[172].

I. *Das Ziel*

Der Versuch, das Gesellschaftsrecht der Mitgliedstaaten komplett zu vereinheitlichen, wurde aufgegeben. Die zukünftigen Ansätze bei der Harmonisierung des Gesellschaftsrechts sollten sich darauf beschränken, Mindestbedingungen und Standards festzusetzen[173]. Die Lösung des Problems einer einheitlichen Corporate Governance wurde nun in der Harmonisierung des Kapitalmarktrechts gesehen[174]. Dahinter steckt der Gedanke, dass die Kontrolle der Aktiengesellschaft von außen durch den Kapitalmarkt auf angeglichene gesellschaftsinterne Strukturen verzichten kann[175]. Denn der Kapitalmarkt behandelt die Organisationsstruktur von Gesellschaften als variabel. Das Kapitalmarktrecht überlagert die nationalen Gesellschaftsrechte und macht deren Harmonisierung überflüssig[176]. Als Vorbild dient das amerikanische Modell[177]. Ein einheitliches Bundesgesellschaftsrecht existiert dort nicht. Vielmehr besitzt jeder

---

169 Jetzt Art. 5 EGV (früher Art. 3b EGV).

170 *Hommelhoff*, WM 1997, 2101, 2105; a.A. *Behrens*, FS Mestmäcker, S. 831, 837.

171 Siehe *Kommission*, Das Subsidiaritätsprinzip, Mitteilung an den Rat und das Europäische Parlament vom 27.10.1992, Bulletin der EG 1992 Nr. 10.

172 Ausführlich zum Strategiewechsel *Ebke*, RabelsZ 1998, 195-242, *ders.*, FS Großfeld; S. 189, 193; *Boucourechliev*, RIW 1999, 1, 4; *Schön*, ZHR 1996, 221.

173 Von Bedeutung sind auch die Ergebnisse der Organization for Economic Cooperation and Development (OECD), die in einem Verhaltenskodex Regeln enthalten, die auch Vorbild für eine europäische Lösung sein können. Die Europäische Kommission diskutiert, an Stelle der Strukturrichtlinie Verhaltensregeln im Bereich der Unternehmensverfassung und Unternehmensführung zu entwickeln, siehe hierzu Nachweise bei *Schwarz*, Europäisches Gesellschaftsrecht, S. 446, Fußnote 916.

174 *Ebke*, Unternehmenskontrolle, S. 7, 11.

175 *Köndgen*, S. 138.

176 *Everling*, FS Hopt, S. 41; *Kübler* AG 1994, 141; *Hopt*, ZIP 1998, 96, 98; *Reher*, S. 132; *Schön*, ZHR 1996, 221, 232, 242.

177 Vgl. Seite 40.

Bundesstaat sein eigenes Gesellschaftsrecht[178]. Allerdings besteht ein Bundeskapitalmarktrecht, dessen wichtigste Grundlagen der Securities Act von 1933 und der Securities Exchange Act von 1934 darstellen[179]. Die bundesrechtlichen Normen regeln die Registrierungs- und Publizitätspflichten auf dem Primär- und Sekundärmarkt für Kapitalanlagen[180]. Darüber hinaus enthalten sie Regelungen zum Insiderhandel, zur Rechnungslegung und Publizität, zur Jahresabschlussprüfung, zu Gesellschaftsübernahmen und der Haftung sowohl des Gesellschaftsgründers als auch der Gesellschaftsleiter und des Abschlussprüfers[181]. Über die Einhaltung der Vorschriften wacht die Securities and Exchange Commission (SEC), als Kapitalmarktaufsichtsbehörde des Bundes[182].

II. *Der Weg*

Um ein einheitliches Unternehmensrecht/Kapitalmarktrecht zu schaffen, hat die EU-Kommission durch Koordinierungsrichtlinien für gleiche Rahmenbedingungen beim Anlegerschutz und bei der Börsenzulassung in Europa gesorgt und die Börsenpublizität weitgehend harmonisiert[183]. Im Bankenrecht wurden durch eine Reihe von Richtlinien vergleichbare Bankenaufsichts- und Kontrollregeln eingeführt, um so den Anlegerschutz zu gewährleisten[184]. In der Wahl der Mittel setzt die Kommission auf flexible Lösungen. Legislative Maßnahmen werden auf ein Minimum begrenzt. Die neuen Instrumente der Angleichung sind Gutachten, Mitteilungen und Grünbücher mittels derer die Kompromissbereitschaft der Mitgliedstaaten ausgelotet wird[185]. Inhaltlich beschränkt sich die Kommission auf eine Kernbereichsharmonisierung[186]. Als beispielhaft galt bis zu ihrem Scheitern im Europäischen Parlament das Vorgehen bei der Übernahmerichtlinie[187]. Der ursprüngliche Entwurf stieß wegen Überreglementierung auf Bedenken wegen des Subsidiaritätsprinzips und wurde deshalb zurückgenommen. Stattdessen schlug die Kommission eine vereinfachte und flexible Rahmenrichtlinie vor, die die Eckpunkte der Rechtsangleichung vorgibt. Sie soll die Beibehaltung nationaler Regelungen ermöglichen[188], die die Mindestanforderungen

---

178 Siehe dazu ausführlich *Merkt*, Gesellschaftsrecht, S.135-163.

179 Siehe hierzu allgemein *Steinberg*, Understanding Securities Law, New York 1989; *Ratner*, Securities Regulation, 1988; *Mahoney*, 30 J. Leg. Stud. 1-31 (2001); *Wilhelm*, WPg 1998, 364-375.

180 Vgl. *Merkt*, Gesellschaftsrecht, S. 159.

181 Vgl. *Ebke*, Unternehmenskontrolle, S. 7, 22-26.

182 Siehe dazu Seite 147.

183 Siehe hierzu *Wiesner*, ZIP 2000, 1802-1803; *Lutter*, Europäisches Unternehmensrecht, S. 75.

184 Siehe hierzu *Lutter*, Europäisches Unternehmensrecht, S. 308; *Wiesner*, EuZW 1998, 619; *ders.*, ZIP 2000, 1792, 1803-1805.

185 *Schwarz*, Europäisches Gesellschaftsrecht, Rz.26.

186 *Boucourechliev*, RIW 1999, 1, 4; *Schön*, ZHR 1996, 221.

187 Zur Übernahmerichtlinie siehe *Hopt*, ZHR 1997, 368, 381.

188 Vgl. etwa den Londoner City Code.

erfüllen und allgemein anerkannt sind.[189]. Die übrigen Detailfragen der Angleichung werden einem begrenzten Wettbewerb der Systeme überlassen[190].

§ 4: Nationale Entwicklungen und Corporate Governance

Während man auf europäischer Ebene auf mehr Wettbewerb setzt, um die gewünschte Integration der Corporate Governance Systeme zu erreichen, wird der Strategiewechsel hin zu einem "regulatory competition" auf nationaler Ebene teilweise mit zwiespältigen Gefühlen betrachtet.

A. *"Race to the Bottom"*

Man befürchtet, dass ein Wettbewerb der Gesellschaftsrechtsordnungen unter den Mitgliedstaaten zu einem Wettrennen um das niedrigste Schutzniveau für Aktionäre und Gläubiger führt (sog. "race to the bottom" oder "race for laxity"[191]), um so möglichst viele Unternehmen anzulocken. Als abschreckendes Beispiel wird dabei auf den US-Bundesstaat Delaware verwiesen. Diesem ist es gelungen, durch ein äußerst liberales Inkorporierungsrecht zahlreiche Unternehmen aus anderen US-Bundesstaaten anzulocken. So sind allein 40 % der Gesellschaften, die an der New Yorker Börse notiert sind, in Delaware inkorporiert und nur rund 20 % aller Gesellschaften, die in den vergangenen 25 Jahren ihren Sitz verlegt haben, wechselten nicht nach Delaware[192].

B. *Die Sitztheorie*

Schutz vor einem solchen grenzenlosen Wettbewerb der Gesellschaftsrechtsordnungen in Europa bietet den Mitgliedstaaten bisher die Sitztheorie, die auch in Deutschland Anwendung findet[193]. Die Sitztheorie[194] ist ein gewohnheitsrechtlich anerkanntes Prin-

---

189 Siehe *Wiesner*, AG 1996, 390-391.

190 *Hopt*, Int. Comp. Corp. L. J. 1 (1999), 41, 50; *Merkt*, RabelsZ 1995, 545; *Schwarz*, Europäisches Gesellschaftsrecht, Rz. 24.

191 *Göthel*, RIW 2000, 904, 907; *Merkt*, Gesellschaftsrecht, S. 54; *Wiedmann*, Gesellschaftsrecht, § 14 II 1 a aa, S. 783.

192 Siehe hierzu *Ebke*, RabelsZ 1998, 195, 207-208; *Merkt*, RabelsZ 1995, 545; *Sack*, JuS 1990, 352, 353; *Timmermans*, RabelsZ 1984, 1, 14.

193 In Europa wenden außerdem Belgien, Frankreich, Griechenland, Luxemburg, Österreich und Spanien die Sitztheorie an. Der Gründungstheorie folgen Dänemark, Finnland, Irland, Niederlande, das Vereinigte Königreich und Schweden. In Italien und Portugal herrscht eine Verbindung beider Theorien, siehe hierzu *Schwarz*, Europäisches Gesellschaftsrecht, Rz. 160.

194 Zur Sitztheorie siehe *Ebke*, FG BGH, S. 799, 806; *Knobbe-Keuk*, ZHR 1990, 325; *Kindler*, MüKo-IntGesR, Rn. 312, Staudinger/*Großfeld*, IntGesR Rn. 26; *Wiedemann*, Gesellschaftsrecht, § 14 II 1 a bb, S.784.

zip des Internationalen Privatrechts[195] zur Bestimmung des für eine Personenvereinigung maßgeblichen Sachrechts[196]. Nach der Sitztheorie entscheidet über die Rechtsfähigkeit einer Gesellschaft das Recht des Staates, in dem sich ihr effektiver Verwaltungssitz[197], d.h. die Geschäftsleitung, befindet[198]. Verlegt eine Gesellschaft nach wirksamer Gründung ihren effektiven Verwaltungssitz in einen anderen Staat, welcher der Sitztheorie folgt, so ist eine Neugründung im Zuzugsstaat[199] und eine Liquidation im Wegzugsstaat erforderlich[200]. Die Anwendung der Sitztheorie verhütet somit die Bildung von sogenannten "Scheinauslandsgesellschaften"[201], die durch eine Auslandsgründung strengere inländische Inkorporierungsvorschriften zu umgehen versuchen[202]. Zugleich behindert sie aber auch die Freiheit der Niederlassung der Unternehmen in Europa und damit eine weitere Integration des Marktes[203].

C. *Die Vereinbarkeit der Sitztheorie mit europäischem Recht*

Die Vereinbarkeit der Sitztheorie mit europäischem Recht hat der EuGH bisher nicht positiv festgestellt.

---

195 Internationales Privatrecht im engeren Sinn enthält Regelungen, deren Aufgabe es ist, die Rechtsordnung zu bestimmen, nach der sich ein konkreter Sachverhalt privatrechtlich beurteilt (Kollisionsnormen), vgl. *Kropholler*, Internationales Privatrecht, § 1 I, S. 1.

196 Nach der herrschenden Einheitslehre sind die Sachnormen nur einer Rechtsordnung zu entnehmen, vgl. Staudinger/*Großfeld*, IntGesR Rn. 13 und 63.

197 Zur Bestimmung des effektiven Verwaltungssitzes siehe: Reithmann/*Hausmann*, S. 1248-1253; Staudinger/*Großfeld*, IntGesR Rn. 226-228.

198 Demgegenüber verweist die Gründungstheorie zur Bestimmung des Gesellschaftsstatus auf das Recht des Staates, in dem die Gesellschaft gegründet wurde, unabhängig davon, ob dies das Land mit dem effektiven Verwaltungssitz ist. Siehe hierzu *Fock*, RIW 2000, 42; *Wiedemann*, Gesellschaftsrecht, § 14 II 1 a, S. 783; *Zimmer*, S. 28, 213. Zur Internal Affairs Rule in den USA vgl. *Göthel*, RIW 2000, 904-910. Zum Streitstand Gründungs- versus Sitztheorie siehe *Kindler*, MüKo-IntGesR, Rn. 265, der auch auf die vermittelnden Ansichten eingeht.

199 Die Sitztheorie wird deshalb auch als "Nicht-Anerkennungstheorie" bezeichnet, vgl. *Schmidt*, ZGR 1999, 20, 23.

200 Folgt der Zuzugsstaat der Gründungstheorie, so kommt es nach Internationalem Privatrecht zu einer Rückverweisung auf das Recht des Gründungsstaats. Ist die Gesellschaft dort wirksam inkorporiert, so ist eine Neugründung nicht erforderlich, denn der Zuzugsstaat anerkennt die nach dem Gründungsstaat erworbene Rechtsfähigkeit. Zur Verlegung der Geschäftsleitung einer deutschen Kapitalgesellschaft ins Ausland siehe *Dressig*, DB 2000, 893-899. Allgemein hierzu: *Ebenroth/Auer*, GmbHR 1994, 16, 17; *Knobbe-Keuk*, StuW 1990, 372, 373; *Kropholler* S. 489.

201 In den USA spricht man von Delaware-Gesellschaften oder Pseudo-Foreign-Corporations, vgl. *Göthel*, RIW 2000, 904, 907; *Sonneberger/Großerichter*, RIW 1999, 721, 722.

202 Vgl. *Schwarz*, Europäisches Gesellschaftsrecht, Rz. 162; Staudinger/*Großfeld*, IntGesR Rn. 45 d.

203 *Schwarz*, Europäisches Gesellschaftsrecht, Rz. 176; *Spindler*, AG 1998, 53, 54.

I. *Die Daily-Mail-Entscheidung*

Dennoch geht die herrschende Meinung trotz z.T. heftiger Kritik[204] von ihrer Gültigkeit aus[205]. Sie stützt sich dabei auf ein obiter dictum des EuGH in der Daily-Mail-Entscheidung[206]. Danach könne nach Ansicht der Richter aus den Vorschriften über die Niederlassungsfreiheit[207] beim derzeitigen Stand des Gemeinschaftsrechts kein Recht der Gesellschaften auf eine formwahrende Sitzverlegung in einen anderen Mitgliedsstaat entnommen werden. Insbesondere Art. 58 (jetzt Art. 48) gehe von einem Nebeneinander der verschiedenen Theorien aus. Die Vorschrift des Art. 220 (jetzt Art. 293) lege nahe, dass es sich um ein Problem handle, welches im Wege der Rechtsetzung oder des Vertragsschlusses zwischen den Mitgliedstaaten zu lösen sei[208]. Des Weiteren wird auf die 14. gesellschaftsrechtliche EU-Richtlinie zur Verlegung des Gesellschaftssitzes verwiesen, die von der Gültigkeit der Sitztheorie ausgeht[209].

II. *Die Centros-Entscheidung*

Seit der Centros-Entscheidung des EuGH[210] wird die Sichtweise der herrschenden Meinung jedoch wieder in Frage gestellt. Gegenstand der Entscheidung des EuGH war

---

204 *Knobbe-Keuk*, ZHR 1990, 325, 338; *Sandrock*, FS Beitzke, S. 669, 690; *Sandrock/Austmann*, RIW 1989, 249.

205 BGHZ 134, 116, 118; BayObLGZ, NGZ 1998, 936 = DB 1998, 2318; OLG Hamm 30.4.1997 ZWirtR 1998, 31; BayObLG v. 7.5.1992, WM 1992, 1371 = WuB II C. §3 GmbHG 1.92 mit Anm. *Ebke*; OLG Zweibrücken 7.6.1990, WM 1990, 1298; *Bellingwout*, RIW 1997, 550-556. BayObLGZ 1992, 113 = EuZW 1992, 548 m. Anm. *Behrens* 550; OLG Hamm, ZIP 1997, 1696 m. Anm. *Neye* 1696.

206 EuGH, 27.9.1988 – Rs. 81/87 (*The Queen v. HM Treasury and Commisioners of Inland Revenue, ex parte Daily Mail and General Trust plc.*), Slg. 1988, 5484 = NJW 1989, 2186 = JZ 1989, 384 = RIW 1989, 304 m. Aufs. *Sandrock/Austmann* 249; Hierzu auch *Ebke/Gockel*, 24 Int'l Law 239 (1990). In besagtem Fall beabsichtigte die Daily Mail General Trust PLC ihren Verwaltungssitz in die Niederlande zu verlegen, um somit nicht mehr dem britischen Steuerrecht zu unterliegen, das an den Sitz der Gesellschaft anknüpft. Die zuständigen britischen Behörden verweigerten jedoch die hierfür erforderliche Zustimmung. Dagegen erhob die Gesellschaft Klage mit der Begründung, dass das Verhalten der Behörde gegen Art. 43 und Art. 48 EGV (früher Art. 52 und Art. 58 EGV) verstoße.

207 Art. 43, 48 EGV (bisher Art. 52, 58 EGV).

208 Siehe EuGH, Urt. V. 27.9.1988 – Rs. 81/87 (*The Queen v. HM Treasury and Commisioners of Inland Revenue, ex parte Daily Mail and General Trust plc.*), Slg. 1988, 5484 Tz. 19, 20f., 23.

209 *Gasser*, SZW/RDSA 2000, 276, 277.

210 EuGH, Urt. v. 9.3.1999 - Rs. C-.212/97 (*Centros Ltd. v. Erhvervs- og Selskabstyrelsen*), NJW 1999, 2027 m. Aufs. *Kindler* 1993 = JZ 1999, 669 m. Aufs. *Ebke* 656 u. *Ulmer* 662 – NZG 1999, 298 m. Anm. *Leible* 300 = DB 1999, 625 m. Anm. *Meilicke* 627 – EuZW 1999, 216 m. Aufs. *Freitag* 267 - EWS 1999, 140 m. Anm. *Geyrhalter* 201 = DNotZ 1999, 593 m. Anm. *Lange* 599 - EWIR 1999, 259 (LS) m. Anm. *Neye* 259 = ZIP 1999, 438 m. Aufs. G. *Roth* 861. u. *Werlauff* 867; sowie Anm. von *Sedemund/Hausmann*, BB 1999, 810; *Höfling*, DB 1999, 1206; *Kohler/Knapp*, ZEuP 2001, 116, 130-132; *Ebke*, Am. J. Comp. L. 623 (2000).

eine Vorlage des obersten dänischen Gerichtshofes (Hojesteret), der folgender Sachverhalt zugrunde lag.

1. Der Sachverhalt

Ein dänisches Ehepaar hatte in England ordnungsgemäß eine Private Limited Company gegründet und als offiziellen Sitz London angegeben. Nach ihrem Plan sollte die Gesellschaft in England keinerlei Geschäftstätigkeit entfalten. Das operative Geschäft sollte vielmehr von Dänemark aus mittels einer Zweigniederlassung geführt werden. Ziel dieser Strategie war es, die strengen Kapitalaufbringungsvorschriften des dänischen Gesellschaftsrechts zu umgehen. In Dänemark, das wie England der Gründungstheorie folgt, wurde die wirksame Gründung der Gesellschaft nicht angezweifelt. Die dänischen Registerbehörden verweigerten dennoch die Eintragung der Zweigniederlassung, da es sich um eine systematische Umgehung der Mindestkapitalanforderungen handle. Der oberste dänische Gerichtshof, der in letzter Instanz über die Eintragungsfähigkeit der Zweigniederlassung zu entscheiden hatte, legte den Rechtsstreit dem EuGH vor. Dieser sollte darüber entscheiden, ob es mit Art. 43 (bisher Art. 52), 46 (bisher 56) und 48 EGV (bisher 58 EGV) vereinbar sei, die Eintragung einer Zweigniederlassung einer nach ausländischem Recht rechtmäßig errichteten Gesellschaft zu verweigern, wenn die Gesellschaft ihre Geschäftstätigkeit ausschließlich durch die zu errichtende Zweigniederlassung auszuüben beabsichtigt und dies zur Vermeidung der Aufbringung des zur Gründung einer Gesellschaft notwendigen Mindestkapitals erfolgt[211].

2. Die Entscheidung

Der EuGH sah mit Hinweis auf das Segers-Urteil[212] den Anwendungsbereich des Gemeinschaftsrechts eröffnet. Denn bei der benachteiligten Gesellschaft handele es sich um eine englische, so dass kein Fall mit rein inländischem Sachverhalt zugrunde liege[213]. Der EuGH entschied, dass die Gesellschaft, bei der es sich nach der Vorlage unstrittig um eine Zweigniederlassung handelte, sich auf die in Art. 48 EGV (bisher Art. 58) gewährte sekundäre Niederlassungsfreiheit berufen könne. Weiter war der Gerichtshof der Ansicht, dass die Verweigerung der Eintragung durch die dänischen Behörden deren Niederlassungsfreiheit in ungerechtfertigter Weise beschränke. Zwar seien die Mitgliedstaaten grundsätzlich berechtigt, die missbräuchliche und betrügerische Berufung auf die Grundfreiheit zu verhindern. In jedem Fall müsse das Vorgehen aber zwingenden Gründen des Allgemeininteresses entsprechen, zur Errei-

---

211 Zur Darstellung des Vorverfahrens in Dänemark siehe *Werlauff*, ZIP 1999, 867, 870.

212 EuGH, Urt. v. 10.7.1986, Rs. 79/85 (*Segers v. Bedrijfsvereniging voor Bank- en Verzekeringswesen, Groothandel en Vrije Beroepen*), Slg. 1986, 2375 = NJW 1987, 571.

213 Keine Rolle spielt es, in welcher Absicht der Gemeinschaftsbezug hergestellt wird, vgl. EuGH, Urt. v. 9.3.1999 (*Centros Ltd. v. Erhvervs- og Selskabsstyrelesen*), Tz. 17.

chung dieses Ziels geeignet sein und dürfe nicht über das erforderliche Maß hinausgehen[214]. Lege man diesen Maßstab zugrunde, so sei nach Meinung der Richter die Gründung einer Zweigniederlassung "für sich allein" kein betrügerisches Ausnutzen der Grundfreiheit, sondern wesentlicher Inhalt der sekundären Niederlassungsfreiheit. Es sei daher grundsätzlich zulässig - so betonte das Gericht - die Unterschiede der gesellschaftsrechtlichen Vorschriften zwischen den Mitgliedstaaten zu nutzen; die nicht vervollständigte Harmonisierung sei in diesem Zusammenhang unerheblich[215]. Zwingende Gründe des Allgemeinwohls rechtfertigten den Eingriff der dänischen Behörden ebenfalls nicht, da die Gläubiger u.a. durch Offenlegungs- und Bilanzpflichten ausreichend geschützt seien[216]. Hinzu komme, dass sich im vorliegenden Fall der Gläubigerschutz auch durch mildere Maßnahmen, wie der Bestellung von Sicherheiten, verwirklichen lasse[217].

Das Urteil lässt sich dahingehend zusammenfassen, dass einer Gesellschaft, die in einem Mitgliedsstaat wirksam gegründet worden ist, die Eintragung einer Zweigniederlassung in einem anderen Mitgliedsstaat nicht pauschal mit dem Argument der "Umgehungsabsicht" verweigert werden darf. Voraussetzung ist allerdings, dass der Staat der Zweigniederlassung der Gründungstheorie folgt.

3. *Die Reaktionen*

Nach einem Teil der Literatur[218] soll das Urteil aber noch weiter gehende Schlüsse zulassen. Aus der Tatsache, dass die in Dänemark zur Eintragung angemeldete Niederlassung faktisch der "effektive Verwaltungssitz" der Gesellschaft war, leitet sie ab, dass seit der Centros-Entscheidung eine identitätswahrende Sitzverlegung von einem Mitgliedsstaat in einen anderen allgemein durch die Niederlassungsfreiheit geschützt sei. Als Konsequenz wird deshalb die Aufgabe der Sitztheorie dringend empfohlen[219]. Eine weitere Anwendung der Sitztheorie durch die Mitgliedstaaten verstößt nach An-

---

214 Die Niederlassungsfreiheit wird vom EuGH entsprechend den anderen Grundfreiheiten als allgemeines Beschränkungsverbot ausgelegt, vgl. EuGH, Urt. v. 27.9.1988, Rs. 81/87 (*The Queen v. HM Treasury and Commisioners of Inland Revenue, ex parte Daily Mail and General Trust plc.*), Slg. 1988, 5484 Tz. 16. Zum Rechtfertigungstatbestand vgl. EuGH, Urt. v. 31.3. 1993, Rs. C-19/92, (*Kraus v. Land Baden - Württemberg*), Slg. 1993-I, 1663 und EuGH, Urt. v. 30.11.1995, Rs. C-55/94 (*Gebhard v. Consiglio dell' Ordine degli Avvocati e Procuratori di Milano*), Slg. 1995-I, 4165 = NJW 1996, 579.

215 EuGH, 9.3.1999 - Rs. C-.212/97 (*Centros Ltd. v. Erhvervs- og Selskabstyrelsen*) Tz. 23-30.

216 Der EuGH verweist in diesem Zusammenhang auf die Bilanz- und Zweigniederlassungsrichtlinie (Richtlinie, 25.7.1978, AblEG Nr. L 222, 11, sowie Richtlinie, 22.12.1989, AblEG Nr. L 395, 36 abgedruckt bei *Lutter*, Europäisches Unternehmensrecht, S. 147-170 und S. 266-273.

217 EuGH, 9.3.1999 - Rs. C-.212/97 (*Centros Ltd. v. Erhvervs- og Selskabstyrelsen*) Tz. 37.

218 *Geyrhalter*, EWS 1999, 201; *Meilicke*, DB 1999, 627-628; *Risse*, MDR 1999, 752; *Sedemund/Hausmann*, BB 1999, 809.

219 *Sedemund/Hausmann*, BB 1999, 809, 810.

sicht der Autoren gegen die Niederlassungsfreiheit (Art. 43, 48 EGV) und könne sogar zu einem Fall der Staatshaftung führen[220].

Demgegenüber sehen andere Autoren in der Centros-Entscheidung keine generelle Änderung der Rechtslage[221]. Sie verweisen darauf, dass der EuGH in der Centros-Entscheidung nicht über eine Sitzverlegung, sondern über die Eintragung einer Zweigniederlassung zu entscheiden hatte, was auch bei den Verfahrensbeteiligten unbestritten war. Die Frage der Errichtung einer Zweigniederlassung sei nach Europäischem Recht und nicht nach Kollisionsrecht zu entscheiden. Die Frage, ob die Gesellschaft wirksam gegründet wurde und als fortbestehend angesehen werden konnte, stelle sich in diesem Fall nicht, da sowohl in England als auch in Dänemark die Gründungstheorie Anwendung finde[222]. Das Problem der Europarechtskonformität der Sitzanknüpfung sei damit "weder direkt noch indirekt behandelt, geschweige denn entschieden worden"[223]. Hierfür spreche nicht zuletzt, dass der EuGH in seinem Urteil und der Generalanwalt in seinem Schlussvortrag den Streit um die Sitz/Gründungstheorie und die bisher einschlägigen Leitentscheidung mit keinem Wort erwähnten[224].

Einer dritten Gruppe ist diese Sicht zu formal[225]. Sie weist darauf hin, dass ein deutsches Registergericht auf Grund der Anwendung der Sitztheorie im vorliegenden Fall zu dem selben Ergebnis wie die dänische Behörde hätte kommen müssen[226]. Denn eine Gesellschaft, die ihren tatsächlichen Verwaltungssitz in Deutschland hat, aber nach ausländischem Recht gegründet wurde, wäre nicht existent und könnte folglich auch keine Zweigniederlassung anmelden[227]. Dabei sei die Motivation, die hinter der Anwendung der Sitztheorie steckt, nämlich die Umgehungsgefahr, dieselbe, die vom EuGH als nicht stichhaltig für eine Verweigerung im Centros-Fall angesehen wurde. Es wird deshalb gefordert, dass die Interessen, die die Anwendung der Sitztheorie rechtfertigen, dem gleichen strengen Rechtfertigungsmaßstab genügen müssen, wie das dänische Recht[228]. Denn es könne keinen Unterschied machen, ob die Niederlassungsfreiheit durch eine nationale Vorschrift des Verwaltungs- oder Gesellschaftsrechts beeinträchtigt wird oder kraft kollisionsrechtlicher Verweisung wie im deutschen Parallelfall.

---

220 Vgl. *Meilicke* DB 1999, 625, 627, nach dessen Auffassung die Centros-Entscheidung "der Sitztheorie den Garaus" gemacht hat.

221 *Ebke*, JZ 1999, 656; *ders*., 48 Am. J. Comp. L. 623 [2000]; *Görk*, GmbHR 1999, 793; *Kindler*, NJW 1999, 1993; *Lange*; DNotZ 1999, 591; *Roth*; ZGR 2000, 311; *Roth*, ZGR 2000, 311; *Zimmer*, ZHR 2000, 23.

222 *Görk*, GmbHR 1999, 793, 796; *Kieninger*, NZG 2000, 39, 40.

223 *Ebke*, JZ 1999, 656, 658.

224 *Ebke*, JZ 1999, 656, 658.

225 *Behrens*, IPRax 1999, 323; *Kieninger*, ZGR 1999, 724; *Sonneberger/Grosserichter*, RIW 1999, 721.

226 *Sonneberger/Grosserichter*, RIW 1999, 721, 725-726.

227 Vgl. BayObLG, NZG 1999, 936.

228 *Kieninnger*, ZGR 1999, 724, 740; *Sonneberger/Grosserichter*, RIW 1999, 721, 727.

4. *Würdigung*

Die Stellungnahmen zeigen, dass nach der Centros-Entscheidung weiter umstritten und nicht endgültig geklärt ist, wie der EuGH die Gültigkeit der Sitztheorie zwischen Mitgliedstaaten letztlich beurteilt[229]. Das Urteil hat aber zumindest Bewegung in eine festgefahrene Debatte gebracht. Die Staaten, die der Sitztheorie angehören, haben begonnen, ihre Position zu überdenken[230]. Im Fall Österreichs hat der dortige Oberste Gerichtshof (OGH) die Sitztheorie sogar schon teilweise aufgegeben[231]. In Deutschland haben die Gerichte[232] auf Grund von Zweifeln an der Europarechtskonformität der Sitztheorie mehreren Vorlagen beim EuGH eingereicht[233].

D. *Die Zukunft der Sitztheorie*

Unabhängig von den aktuell durch die Centros-Entscheidung angestoßenen Entwicklungen, deutet sich an, dass die Sitztheorie nur eine "Theorie auf Zeit"[234] ist. Auf Grund tatsächlicher Entwicklungen wird vielfach die Ansicht geäußert, dass auf Dauer nicht alles beim Alten bleiben wird[235]. Aufweichungen bzw. Erodierung der Sitztheorie sind in der Realität gängige Praxis[236]. International agierende Unternehmen nutzen auf Grund der Flexibilität, die neue Technologien gewähren, in immer stärke-

---

229 Die Möglichkeit, hier weitere Klarheit zu schaffen, bietet dem EuGH vielleicht schon der Vorlagebeschluss des BGH vom 30.3.2000, VII ZR 370/98, DB 2000, 1114-1116. Siehe hierzu die Anmerkung von *Forsthoff*, DB 2000, 1109-1114, *Jaeger*, NZG 2000, 918-923; sowie *Roth*, EwiR 2000, 793; *ders.*, ZIP 2000, 1597, 1599-1602 und *Schaub*, NZG 2000, 953, 954-955; sowie *Lurger*, IPrax 2001, 346.

230 Zur internationalen Reaktion auf die Centros-Entscheidung siehe die Nachweise bei *Ebke*, 48 Am. J. Comp. L. 623, 624 (2000).

231 Siehe die Entscheidung des Obersten Gerichtshofes in Österreich, Beschlüsse vom 15.7.1999, JZ 2000, S. 199 m. Anm. *Mäsch* 201, der das Centros Urteil dahingehend auslegt, dass eine weitere Anwendung der Sitztheorie zur Verhinderung der Gründung von Agenturen, Zweigniederlassungen und Tochtergesellschaften gegen europäisches Recht verstoße. Siehe hierzu auch *Höfling*, EuZW 2000, 145.

232 Es handelt sich dabei zum einen um die bereits erwähnte Vorlage des BGH (Fn. 229), die beim EuGH als Rs. C-208/00 (*Überseering BV v. NCC Nordic Construction Company Baumanagement GmbH*) geführt wird, zum anderen um die Vorlage des *AG Heidelberg*, ZIP 2000, 1617, die beim EuGH als Rs.C-86/00 geführt wird. Siehe hierzu *Behrens*, EuZW 2000, 385; *Roth*, ZIP 2000, 1597; *Zimmer*, BB 2000, 1361.

233 Die Vorlage des AG Heidelberg, ZIP 2000, 1617 wurde vom EuGH bereits, wie von *Ebke*, 48 Am. J. Comp. L. 623, 656 (2000), vorausgesagt, zurückgewiesen, vgl. EuGH, Rs. C-86/00-HSB-Wohnungsbau GmbH. Zu EuGH Rs. C-208/00 (*Überseering BV v. NCC Nordic Construction Company Baumanagement GmbH*) Rn. 29 ff. liegt der Schlussantrag des *Generalanwalts Colomer* vor, der sich dem zuvor schon von *Ebke*, JZ 1999, 656, 657 vertretenen Standpunkt (vgl. oben Fn. 221) anschließt.

234 *Staudinger/Großfeld*, IntGesR Rn. 124; *Ebke*, JZ 1999, 656, 661; zustimmend *Sonneberger/Grosserichter*, RIW 1999, 721, 727; *Kieninger*, ZGR 1999, 724, 746.

235 *Sonnenberger/Grosserichter*, RIW 1999, 721, 727.

236 Zur Aufweichung der Sitztheorie durch Staatsverträge *Kindler*, MüKo-IntGesR, Rn. 237.

rem Maße Standortvorteile nationaler Rechtsordnungen, indem sie Konzernzentralen dorthin verlegen[237]. Diese Entwicklung wird sich in rasantem Tempo fortsetzen, so dass schon heute die provozierende Frage gestellt werden muss: "Wo gibt es einen Sitz im Cyberspace?"[238].

E. Zusammenfassung

Die Mitgliedstaaten, in denen die Gründungstheorie herrscht, müssen sich schon gegenwärtig dem Standortwettbewerb stellen. Die Staaten, die der Sitztheorie anhängen, werden sich damit abfinden müssen, dass sich in der Frage der Corporate Governance in Zukunft "Insellösungen"[239] und "überschießende nationale Standards"[240] nicht mehr halten lassen. Der Wettbewerb der Gesellschaftsordnungen wird auf Grund der Entwicklungen in Recht und Praxis zunehmend Realität[241]. Um so dringender ist es, dass sich Politik und Wissenschaften darauf vorbereiten und nach neuen Lösungen suchen[242], um endlich den dringend notwendigen einheitlichen Rechtsrahmen zu schaffen, der die Chancengleichheit der europäischen Unternehmen gewährleistet und ihre internationale Wettbewerbsfähigkeit erhöht[243].

§ 5: Die Corporate Governance der Zukunft

A. Märkte und Wettbewerb

Die geschilderten tatsächlichen und rechtlichen Entwicklungen machen deutlich, dass die Antwort auf die Ausgangsfrage nach dem richtigen oder vorzugswürdigen Verständnis von Corporate Governance, sich nicht mehr nur auf eine Kontrolle und Steuerung der Aktiengesellschaft durch eine gesellschaftsrechtlich geregelte Spitzenverfassung beschränken kann[244]. Reformen, die dieses Konzept weiter verfolgen,

---

237 Siehe *Großfeld*, 48 Am. J. Comp. L. 261, 264-265 (2000).

238 Vgl. *Großfeld*, WPg 2001, 129, 138 mit Hinweis auf ein Urteil des OLG Frankfurt a. M., RIW 1999, 783. Zu den zukünftigen Schwierigkeiten der Sitzanknüpfung siehe auch *Zimmer*, FS Buxbaum, S. 655, 667 ("Die mobilitätsverhindernde international-privatrechtliche Sitztheorie wird mangels Anknüpfungsgegenstandes ins Leere gehen").

239 *Wiesner*, AG 1996, 390, 395.

240 *Wiesner*, ZIP 2001, 397, 398.

241 Vgl. *Wiesner*, ZIP 2000, 1792, 1792; *Wymeersch*, FS Buxbaum, S. 629, 652.

242 So eindringlich *Ebke*, JZ 2000, 203, 204.

243 *Wiesner*, ZIP 2000, 1792.

244 Vgl. *Clark/Bostock*, S. 233, 248: [...] the German corporate governance system is ill designed to cope with the pressures of international investment or the global market for companies. The biggest influence will be international forces – the shaping of corporate governance by the globalization of the financial and corporate markets".

können laut *Schneider* nur als "alte[r] Wein in neuen Schläuchen" bezeichnet werden[245]. Um den neuen Anforderungen, die an die Corporate Governance gestellt werden, gerecht zu werden, müssen ausgetretene Pfade verlassen und grundsätzlich neue Wege beschritten werden[246]. Märkte und Wettbewerb sind die Faktoren, die es in den neuen Konzepten zu berücksichtigen gilt[247].

I. *Die Vorteile*

Aus ökonomischen Gründen spricht vieles dafür, dass in einer Wettbewerbswirtschaft die Märkte das vorrangige System der Unternehmensüberwachung sein sollen[248]. Auch im Hinblick darauf, dass Konzerne, die grenzüberschreitend operieren, sich also "allein schon auf Grund ihrer Größe nationaler Gesetzgebung und politischer Steuerung"[249] entziehen, sind neue Überwachungsmechanismen dringend notwendig. Allerdings darf dabei die Kontrollfunktion der Märkte nicht überschätzt werden.

II. *Die Nachteile*

Eine funktionierende Corporate Governance kann sich nicht allein auf das freie Spiel der Marktkräfte als Regulativ verlassen, wenn sie zu befriedigenden Lösungen führen soll[250].

1. Mangelnde Überwachungseffizienz

Es versteht sich von selbst, dass die Kontrolle und Überwachung der Unternehmensführung über den Markt nur funktionieren kann, wenn das Unternehmen den Kapitalmarkt in Anspruch nimmt, d.h. an einer Börse notiert ist. Bisher ist in Deutschland aber nur ein Bruchteil der Unternehmen, die als Aktiengesellschaft inkorporiert sind, börsennotiert. Allerdings machen diese Gesellschaften gemessen an ihrem Eigenkapital die Mehrheit der Unternehmen aus[251]. Auf Grund der günstigen

---

245 *Schneider*, DB 2000, 2413. Ähnlich *Spindler*, AG 1999, 53, 55-56.

246 In diesem Sinne auch *Black*, 55 Bus. Law. 1565, 1607 (2000) ("In developed countries, scholars often think of good corporate governance as revolving around subtle variations in the independence of directors, the existence and role of audit committee...[but]...corporate governance is much more basic. These countries need [....] good disclosure rules, and the beginning of a culture of honesty before it makes sense to worry about independent directors").

247 Programmatisch daher *Ebke*, "Märkte machen Recht – auch Gesellschafts- und Unternehmensrecht!", FS Lutter, S. 17.

248 *Ordelheide*, S. 89, 91; siehe auch *Salacuse*, FS Großfeld, S. 959, 965.

249 *Schmid- Jortzig*, zitiert nach *o.V.*, " in: Der Spiegel, Nr. 20/1998, S. 109.

250 *Malik*, S.92; *Köndgen*, S. 138.

251 Vgl. *Franz*, Corporate Governance S. 41, 47.

Kapitalfinanzierungskosten sowie der anderen schon oben beschriebenen Faktoren ist hier mit einer weiteren Steigerung zu rechnen[252].

Das früher häufig gegen eine Kapitalmarktkontrolle vorgetragene Argument der mangelnden Überwachungseffizienz regionaler, insbesondere des europäischen Kapitalmarkts, kann heute nur noch eingeschränkt gelten. Unbestritten bestehen noch Defizite, was den Markt für Unternehmenskontrolle ("market for corporate control")[253] in Europa betrifft. So sind feindliche Übernahmen in Europa eher die Ausnahme als die Regel; entsprechende gesetzliche Regelungen, die hier Anreize schaffen sollen, sind allerdings in Planung (Übernahmerichtlinie)[254]. Zusätzlich sorgt die oben bereits beschriebene steigende Liquidität der Märkte und die damit einhergehende Veränderung der Aktionärsstruktur dafür, dass die disziplinierende Wirkung von Anteilseignerverhalten zunimmt. Hinzu kommt die Öffnung der Unternehmen gegenüber dem internationalen - insbesondere dem amerikanischen – Kapitalmarkt, die dafür sorgt, dass deren Bewertungsfunktion auch Einfluss auf hiesige Unternehmen nimmt[255].

Die voranschreitende Konvergenz der Kapitalmärkte wird es in Zukunft ermöglichen, dass Unternehmensanteile weltweit gehandelt werden. Sichtbares Zeichen dieser Entwicklung ist die wachsende Integration der Börsen zur Schaffung einheitlicher Handelsplattformen[256]. Die mangelnde Überwachungseffizienz regionaler Märkte wird dadurch abnehmen und als Argument gegen eine Kontrolle durch den Kapitalmarkt weiter an Schlagkraft verlieren.

2. *Passive Wirkungsweise des Marktes*

Die nach wie vor bestehenden Nachteile des Marktes ergeben sich jedoch vor allem aus seiner Wirkungsweise. Der Markt besitzt nur eine passive Rolle, d.h. er reagiert nur auf Fehlentwicklungen. Er vermeidet keine Fehler, sondern bestraft sie nur. Teilweise sind seine Reaktionen auch nicht immer rational nachvollziehbar[257]. Zudem wird zu Recht darauf hingewiesen, dass das Risiko, das mit dem Versagen der Unternehmensführung verbunden ist, zu groß und in den Folgen zu gravierend sei, um es allein der Regulierung durch den Markt zu überlassen[258]. Der Markt war eine ausreichende Kontroll- und Korrekturinstanz in Zeiten, in denen Fehlentwicklungen kaum spürbare Folgen hatten. In der heutigen wirtschaftlichen Situation kann der Zusammenbruch eines großen Unternehmens aber zu enormer Kapitalvernichtung und Arbeitsplatzverlusten mit schweren volkswirtschaftlichen Belastungen führen. Nicht

---

252 Siehe Seite 45.
253 Siehe Fn. 42.
254 Siehe hierzu Fn. 187.
255 *Spindler*, AG 1998, 53, 69.
256 Zur Integration der Börsen siehe *Hoppmann*, EWS 1999, 204; *o.V.*; "The needs of the capital markets", World Accounting Juni 2000, S. 13, 14.
257 Zu Beispielen siehe *Spindler*, AG 1998, 53, 66; *Teichmann*, ZGR 2001, 645, 659-660.
258 *Blaurock*, ZEuP 1998, 460, 462.

zuletzt deshalb gestehen auch Sympathisanten einer Kapitalmarktsteuerung ein, dass deren Kontrolle „unvollständig und unvollkommen" sei[259] und der Unterstützung und Ergänzung bedürfe[260]. Die Frage ist, wie solche Systeme zu regulieren und zu gestalten sind?

III. *Kapitalmarktrecht ergänzt Gesellschaftsrecht*

Auch das amerikanische System der Corporate Governance, das sehr stark auf die regulierende Kraft des Marktes setzt, verzichtet aus den vorgenannten Gründen nicht darauf, gewisse Mindeststandards vorzuschreiben und deren Einhaltung zu überwachen[261]. Wie bereits erwähnt, geschieht dies dort allerdings durch das Kapitalmarktrecht und die Börsenaufsicht[262]. Die kapitalmarktrechtlichen Regeln des Securities Exchange Act von 1934 werden deshalb auch als "Pillars of the American Corporate Governance"[263] bezeichnet. Zusammen mit der Aufsicht der SEC sollen sie angeblich einem Staat wie Delaware mit seinem liberalen Inkorporierungsrecht das Überleben erst gesichert haben[264].

Dem amerikanischen Regelungsansatz sollte gefolgt werden. Neue Konzepte für die Corporate Governance dürfen sich nicht nur auf das Gesellschaftsrecht beschränken, sondern müssen vor allem auf ein Zusammenspiel mit dem Kapitalmarktrecht setzen, das neue Gestaltungsmöglichkeiten zur Steuerung und Kontrolle des Unternehmens bietet[265]. Als wichtige Bereiche sind dabei die Übernahme von Gesellschaften, der primäre und sekundäre Handel, das Insiderrecht sowie die Publizität zu nennen[266]. Durch wohlüberlegte und angemessene Regelungen in diesen Bereichen kann das Argument entkräftet werden, dass der Wettbewerb zwischen den Rechtsordnungen zwangsläufig zum niedrigsten Schutzniveau für Anleger führen

---

259 *Ordelheide*, S. 89, 91. Zu entsprechenden Theorien in den USA, vgl. *Merkt*, Gesellschaftsrecht, S. 77 ff.

260 *Ordelheide*, S. 89, 91; *Malik*, S. 92.

261 Beispiele sind die Bestimmungen über die Stimmrechtsvollmachten (Proxies), etwa die Pflicht zur Einrichtung eines Audit Committee.

262 Vgl. *Lutter*, FS Zoellner, S. 363.

263 *Großfeld*, 34 Int'l Law. 963, 969 (2000).

264 *Großfeld*, 34 Int'l Law. 963, 972 (2000).

265 Für mehr Koordination zwischen Aktien- und Kapitalmarktrecht im Rahmen der Corporate Governance sprechen sich *Buxbaum/Hopt*, S. 200 und *Claussen*, AG-Sonderheft 1997, 108, 112 aus. Siehe hierzu auch *Großfeld*, AG 1997, 435; *Hopt*, ZHR 1976, 201; *ders.*, ZHR 1977, 389; *Lutter*, FS Zöllner, S. 363-383; *Möllers*, AG 1999, 433; *Schiessl*, AG 1999, 442; *Lutter*, ZHR 2001, 224; *Seibt*, S. 37-75.

266 Allgemein zum Zweck und Gegenstand des Kapitalmarktrechts siehe *Schneider*, AG 2001, 269, 270-272; *Claussen*, Bank und Börsenrecht, Rn. 1a-1c.

muss[267]. Denn international ist zu beobachten, dass das Kapital dorthin fließt, wo das Kapitalmarktrecht dem Anleger den besten Schutz gewährt[268].

B. Anpassungsfähigkeit und Flexibilität

Die Frage, wie die gesellschaftsrechtlichen Strukturen für eine funktionierende Corporate Governance in Zukunft im Detail auszusehen haben, kann nicht eindeutig und abschließend beantwortet werden. Dies ist aber nicht weiter tragisch, denn viel wichtiger ist in diesem Zusammenhang, dass die Unternehmen in einem System agieren können, welches Anpassungsfähigkeit und Flexibilität garantiert. Denn das Tempo des einsetzenden Wettbewerbs zwischen den Gesellschaftsrechtsordnungen kann dazu führen, dass Unternehmen, die heute noch wettbewerbsfähig sind, ins Hintertreffen geraten, wenn die existierende Corporate Governance keine ausreichende Anpassungsfähigkeit mehr ermöglicht[269]. Insbesondere junge Unternehmen müssen die Möglichkeit haben, ihre Strukturen den Bedürfnissen der Kapitalanleger anpassen zu können, um so das notwendige Risikokapital zu erhalten. Ebenso dürfen etablierte Unternehmen in ihrer Entwicklung - etwa bei grenzüberschreitenden Unternehmenszusammenschlüssen - nicht durch starre Organisationen und Systeme behindert werden[270]. Die Zukunft gehört deshalb der Einführung entwicklungsfähiger Grundmuster[271]. Denkbar ist dabei ein System, in dem unterschiedliche Regelungen für Unternehmen gelten, abhängig von ihrer Größe und der Tatsache, ob sie einen amtlichen Markt in Anspruch nehmen[272].

---

267 Zu den verschiedenen Regulierungsansätzen im Kapitalmarktrecht siehe *Romano*, 107 Yale L. J. 2359 (1998); *Fox*, 95 Mich. L. Rev. 2498 (1997); *dies.*, 97 Mich. L. Rev. 696 (1998); *Geiger*, 1997 Colum. Bus. L. Rev. 241 (1997); *ders.*, 66 Ford. L. Rev. 1785 (1998).

268 Zum Entwicklungsstand des Gesellschafts- und Kapitalmarktrechts in Europa und den europäischen Mitgliedstaaten *Wymeersch*, AG 1995, 291-316.

269 *Hopt/Kanda/Roe/Wymeersch/Prigge*, Preface, v.

270 Die Schwierigkeiten, die solch starre Strukturen mit sich bringen, werden anhand der Probleme, die die DaimlerChrysler AG bei ihrem Zusammenschluss hatte, deutlich. Nachdem sich die Fusionspartner grundsätzlich für das deutsche Recht entschieden hatten, bestand der Wunsch, ein zusätzliches Gremium mit gewissen Mitspracherechten neben Aufsichtsrat und Vorstand einzurichten, das dem Board von Chrysler vergleichbar sei. Die Schaffung eines solchen Shareholder-Committee, bestehend aus Anteilseigner und den beiden Vorstandsvorsitzenden war jedoch im deutschen Aktienrecht nicht vorgesehen und folglich nur als informelles Gremium zur Vorbesprechung der Anteilseignervertreter ohne Beschlusskompetenz möglich. Eine angemessene Lösung des Problems und damit der ganzen Fusion konnte erst gefunden werden, nachdem ein Arbeitnehmervertreter zugunsten des Chrysler Vorsitzenden auf seinen Sitz im Aufsichtsrat verzichteten hatte. Allgemein zu den Problemen dieses Zusammenschlusses siehe *Großfeld*, Int'l Law. 1999, 963, 989-994.

271 Vgl. *Hopt*, ZGR 1992, 265, 292.

272 Siehe dazu *Ebke*, FS Lutter, S. 17, 28, *Wymeersch*, ZGR 2001, 294, 304. Zu alternativen Unterscheidungsmerkmalen sowie einer abgestuften Anwendung des geplanten Corporate Governance-Kodex siehe *Regierungskommission "Corporate Governance"*, D1.13.

I. *Deregulierung*

Ein Mittel, um die notwendige Flexibilität zur Umgestaltung zu erlangen, ist die Deregulierung des Gesellschaftsrechts[273]. Eine dringend erforderliche Anpassung des Rechtes wird heute vielfach durch seinen zwingenden Charakter, wie er in den meisten kontinentaleuropäischen Gesellschaftsrechtsordnungen anzutreffen ist, behindert. Andere Rechtsordnungen erweisen sich in diesem Punkt bereits als dynamischer[274].

1. USA

In den Vereinigten Staaten[275] haben die meisten bundesstaatlichen Regelungen dispositiven Charakter, das heißt die Gründer können ihre Satzung weitestgehend frei gestalten. Dem Gesellschaftsrecht kommt lediglich die Aufgabe zu, "default rules" zur Verfügung zu stellen. Flankiert wird dieses flexibles Konzept von Treuepflichten, die als Korrektiv gegenüber zu weit gehenden Spielräumen der Unternehmensleitung oder von beherrschenden Unternehmen eingreifen[276]. Die Durchsetzung der Treuepflichten wird durch Aktionärsklagen in Form der "derivative-suit"[277] erleichtert, die Korrekturen durch Gerichte im Einzelfall ermöglichen und so dem Missbrauch entgegenwirken[278].

2. Europa

In der Schweiz[279] und in Frankreich[280] besteht zwar ein gesetzlich einheitlich geregeltes Aktienrecht; trotzdem bestehen Möglichkeiten der individuellen Gestaltung der Spitzenverfassung. In der Schweiz sind die jeweiligen Aufgaben der Organe bis auf die unübertragbaren und nicht entziehbaren Funktionen nicht so starr fixiert[281]. Beispielsweise kann die Geschäftsführungsbefugnis des Verwaltungsrats auf Delegierte

---

273 Allgemein zur Forderung nach Deregulierung des Gesellschaftsrechts siehe *Lutter/Wiedmann*, (Hrsg.), ZGR-Sonderheft 13. Zuletzt umfassend dazu auch *Escher-Weingart*, Reform durch Deregulierung im Kapitalgesellschaftsrecht.

274 Vgl. *Hopt*, ZGR-Sonderheft 13, 1998, 123, 136.

275 Zur Gestaltungsfreiheit im amerikanischen Gesellschaftsrecht siehe *Vagts*, ZGR-Sonderheft 13, 1998, 278-290.

276 Siehe hierzu *Becker*, Verwaltungskontrolle durch Gesellschafterrechte, Tübingen 1997; *Merkt*, Gesellschaftsrecht, S. 389; *Spindler*, AG 1998, 53, 57.

277 Dazu *Merkt*, Gesellschaftsrecht, S. 473-524; *Ulmer*, ZHR 1999, 290, 302.

278 *Ebke*, Unternehmenskontrolle, S. 7, 31; ausführlich rechtsvergleichend hierzu *Abeltshauser*, Leitungshaftung; mit weiterführender Besprechung von *Ebke*, RabelsZ 2000, 789-797.

279 Zu den Gestaltungsfreiheiten im schweizerischen Gesellschaftsrecht siehe ausführlich *Forstmoser*, ZGR Sonderheft 13, 1998, 254-277.

280 Ausführlich zu den Gestaltungsfreiheiten im französischen Gesellschaftsrecht: *Guyon*, ZGR-Sonderheft 13, 1998, 297-309; sowie *Schmidt*, ZGR-Sonderheft 13, 1998, 291-296.

281 *Forstmoser*, ZGR-Sonderheft 13, 1998, 254, 257-261.

oder Direktoren übertragen oder die Überwachung der Geschäftsführung einem bestimmten Funktionsträger zugeordnet werden[282]. Das französische Aktienrecht ist innerhalb der jeweiligen Organisationsform einheitlich ausgestaltet, jedoch können die Gründer zumindest zwischen mehreren Organisationsformen wählen[283].

Das Statut zur Europäischen Aktiengesellschaft, wie es in Nizza beschlossen und kürzlich vom Europäischen Parlament verabschiedet wurde, stellt den Gesellschaften in allen Mitgliedstaaten die Wahl zwischen einer monistischen und einer dualistischen[284] Unternehmensleitungsstruktur der Aktiengesellschaft frei. Anders als ihm Vorschlag vom Mai 1991 wird es den Mitgliedstaaten damit nicht mehr möglich sein, in ihrem Hoheitsbereich Europäischen Gesellschaften, die unter die nationalen Mitbestimmungsregeln fallen, die Wahl der monistischen Struktur zu verbieten[285]. Zusätzlich wird sich das monistische System als besonders anpassungsfähig und flexibel erweisen, da das Statut nur wenige Regelungen[286] zur Binnenstruktur enthält[287].

3. *Deutschland*

Dem Bedürfnis nach Gestaltungsfreiheit wird in Deutschland bisher allenfalls im Recht der Gesellschaft mit beschränkter Haftung (GmbH) Rechnung getragen[288]. Demgegenüber sind die Corporate Governance-Regeln der AG aus den bereits genannten Gründen zwingend ausgestaltet und lassen nur wenig Raum für individuelle Anpassungen[289]. Allerdings gibt es auch hier vereinzelt Ansätze für Veränderungen.

---

282 *Schneider*, Unternehmensüberwachung, S. 46.

283 Zur Verfügung steht die Société Anonyme á Conseil d´ Administration und Société Anonyme á Directoire et Conseil de Surveillance. Darüber hinaus besteht eine Société par actions simplifée, die weitgehende vertragliche Gestaltungsfreiheit bietet, siehe hierzu *Guyon*, ZGR-Sonderheft 13, 1998, 297, 302.

284 Vgl. Art. 39 Abs. 1 S. 1 SE-Verordnung.

285 *Hommelhoff*, Symposion, S. 57, 69.

286 Vgl. Artt. 43 S. 2; 48 SE-Verordnung

287 Dazu äußert sich *Hommelhoff*, Symposion, S. 57, 75 kritisch. Mit Blick auf eine funktionierenden Organhaftung bemängelt er die fehlenden verbindlichen Vorschriften hinsichtlich einer Trennung in sog. "Executive Directors" und "Outside Directors".

288 *Hommelhoff*, ZGR-Sonderheft 13, 1998, 36-60.

289 Kritiker halten das für das typische Merkmal eines Schwellenlandes, das noch nicht die letzte Stufe gesellschaftsrechtlicher Entwicklungen erklommen habe. Andere sprechen von einer "paternalistische Zwangsreglementierung", siehe hierzu *Spindler*, AG 1998, 53, 74; ähnlich *Mertens*, ZGR 1994, 426, 427, kritisch auch *Lutter*, ZGR 2001, 224, 227. A. A. ist *Hommelhoff*, ZHR 1989, 181, 212, der das Prinzip der Satzungsstrenge bei börsennotierten Gesellschaften für unverzichtbar hält.

a) Rechtsprechung

In der Rechtsprechung ist ein Trend zu erkennen, der versucht, die mehr und mehr als beengend empfundenen Grenzen des Gesellschaftsrechts zu erweitern[290]. So kennt das deutsche Recht bisher die Aktionärsklage zwar noch nicht, aber es gibt eine Tendenz, die Rechte der Aktionäre auszudehnen. Beispielhaft hierfür ist die Entscheidung des BGH im Holzmann-Fall[291]. Beachtlich ist auch die Entwicklung von Treuepflichten, die von der Rechtsprechung nicht mehr nur im Verhältnis der Gesellschaft zu den Gesellschaftern[292], sondern auch zwischen den Gesellschaftern untereinander anerkannt werden[293]. Ebenso kann die Zulassung der GmbH & Co. KGaA[294] als Anzeichen für eine "Entschärfung der Satzungsstrenge"[295] gewertet werden. Dort sollen die Gründer vergleichsweise große Gestaltungsspielräume bezüglich ihrer Statuten genießen, während der unverzichtbare Schutz der Kommanditaktionäre, die primär als Kapitalanleger und nicht als Verbandsmitglieder gesehen werden[296], vornehmlich durch Transparenz und Publizität sichergestellt wird[297]. Schließlich muss sich auch das Bundesverfassungsgericht in letzter Zeit immer häufiger mit vielfältigen Fragen der Organisationsverfassung, den Aktionärsrechten und dem Minderheitenschutz beschäftigen[298].

b) Gesetzgeber

Der Gesetzgeber ist ebenfalls nicht untätig geblieben. Durch das Gesetz zur Kontrolle und Transparenz im Unternehmensbereich (KonTraG)[299] und das Kapitalaufnah-

---

290 Allgemein zur Gestaltungsfreiheit und gerichtlicher Kontrolle siehe *Odersky*, ZGR-Sonderheft 13, 1998, 103-122. Speziell zur Rechtsfortbildung im Unternehmens und Gesellschaftsrecht durch den BGH, *Schmidt*, NJW 2000, 2927-2936.

291 BGHZ 83, 122, 133.

292 BGHZ 14, 25, 38.

293 In BGHZ 103, 184 ("Linotype") wurde eine Treuepflicht des Mehrheitsaktionärs, die Interessen der Minderheitsaktionäre nicht zu verletzen, anerkannt. Später wurde diese Treuepflicht in der Entscheidung BGHZ 129, 136 ("Girmes") allgemein auf Mitaktionäre ausgedehnt. Siehe hierzu *Wenger*, ZIP 1993, 321; *Witte*, WiB 1995, 548.

294 Siehe hierzu Beschluss des II. Zivilsenats, BGH, vom 24.2.1997-II ZB 11/96, BGHZ 134, 392 =AG 1997, 370 = BB 1997, 1220; *Hennerkes/Lorz*, DB 1997, 1388; *LadwigMotte*, DStR 1997, 1539; sowie *Ulmer*, Peter (Hrsg.): Die GmbH & CO KGaA nach dem Beschluss BGHZ 134, 392, ZHR Beiheft 67, Heidelberg 1998.

295 *Hommelhoff*, Die GmbH & CO KGaA nach dem Beschluss BGHZ 134, 392, ZHR Beiheft 67, S. 9, 31.

296 *Hommelhoff*, Die GmbH & CO KGaA nach dem Beschluss BGHZ 134, 392, ZHR Beiheft 67, S. 9, 10.

297 Nicht ohne jedoch ganz auf organisationsrechtliche Kontrollen zu verzichten, vgl. *Mertens*, FS Ritter, S. 731, 738.

298 Siehe hierzu ausführlich *Jaeger*, NZG 2001, 97-106.

299 Gesetz v. 6.3.1998, BGBl. I 1998, 786.

meerleichterungsgesetz (KapAEG)[300] hat er das HGB und das AktG in den vergangenen Jahren novelliert. Dabei ist die Kontrollfunktion, die von den Kapitalmärkten auf börsennotierte Unternehmen ausgeht, als Reformgesichtspunkt ausdrücklich anerkannt worden[301]. Vergleichbar motiviert waren zuvor schon das Gesetz für die kleine Aktiengesellschaft[302] und das Stückaktiengesetz[303]. Diese Regelungen bildeten aber erst den Anfang einer Entwicklung, die bis zum gegenwärtigen Zeitpunkt andauert. Denn im Rahmen der genannten Reformen wurde deutlich, dass sich eine Deregulierung zum Zwecke „schlanker" Corporate Governance-Strukturen nicht nur auf Änderungen des Gesellschaftsrechts beschränken kann[304].

c) Kommission und Kodex Corporate Governance

Um weitere Maßnahmen vorzubereiten, hatte die Bundesregierung Ende Mai 2000 eine Kommission Corporate Governance eingesetzt. Diese nahm im Juni 2000 ihre Arbeit auf und legte im Juli 2001 ihre Ergebnisse in Form eines Berichts vor[305]. Neben Empfehlungen zu Änderungen des Aktien- und Handelsgesetzes wurde darin, ähnlich wie zuvor schon in Vorschlägen von privaten Expertenkommissionen[306], der OECD[307] sowie der EU[308], die Einführung eines Verhaltenskodexes (Code of Best Practice), der auf staatliche Initiative von einem privaten Gremium zu entwickeln sei, als zeitgemäße Lösung betrachtet[309]. Das Bundesministerium der Justiz hat daraufhin die Regierungskommission "Deutscher Corporate Governance Kodex" eingesetzt, die am 26.2.2002 den Deutschen Corporate Governance Kodex veröffentlichte[310]. Wie schon im Bericht der Kommission Corporate Governance festgestellt, soll dadurch der grundsätzlich zwingende Charakter des Aktienrechts für kapitalmarktorientierte Gesellschaften nicht

---

300 Gesetz v. 20.4.1998, BGBl. I 1998, 707.

301 BT-Drucks. 13/9712, S. 11.

302 "Gesetz für kleine Aktiengesellschaften und zur Deregulierung des Aktienrechts" v. 2.8.1994, BGBl. I 1994, S. 1961.

303 BGBl. I 1998, 590.

304 Vgl. *Hopt*, ZGR-Sonderheft 13, 1998, 123, 136.

305 *Baums* (Hrsg.), Bericht der Regierungskommission Corporate Governance, 2001.

306 Siehe hierzu: *Berliner Initiativkreis*, German Code of Corporate Governace (GCCG), abgedruckt in DB 2000, 1573; siehe dazu *Bernhardt/v. Werder*, ZfB 2000, 1269; *Deutsche Vereinigung für Finanzanalyse und Asset Management (DVFA)*, Scorecard for German Corporate Governance, Version 1.1, Juli 2000. Zusammenfassend *v. Rosen*, Die Bank 2001, 283-287.

307 Ähnlich *Johnston/Shelton*, AG 1999, 340, nach denen den Regierungen zwar eine zentrale Rolle bei der Gestaltung des gesetzlichen, institutionellen und ordnungsrechtlichen Umfeldes zufällt, die Hauptverantwortung aber beim privaten Sektor liegt.

308 So plant die Kommission im Rahmen ihres Aktionsplans Finanzdienstleistungen einen Kodex von Corporate Governance Regeln, siehe hierzu *Wiesner*, ZIP 2000, 1792, 1794; sowie *o.V.*: "Das Gesellschaftsrecht wird fortgeschrieben" in: FAZ v. 24.4.2001, S. 28; *Drygala*, AG 2001, 291.

309 *Regierungskommission "Corporate Governance"*, D1.4; siehe dazu auch *o.V.*, "Breuer kritisiert Unternehmenslenkung", HB v. 13.3.2001, S. 18.

310 Zum Text des Kodex siehe AG 2002, 236. Zu den Einzelheiten des Kodex vgl. *Seibert*, BB 2002, 581; *Schüppen*, DB 2002, 1117; *Ulmer*, ZHR 2002, 150.

verändert werden[311]. Nicht zuletzt deshalb ergebe sich in Zukunft ein Zwang zur "Aktienrechtsreform in Permanenz"[312]. Jüngstes Ergebnis dieser "Aktienrechtsreform in Permanenz" ist das Transparenz- und Publizitätsgesetz (TransPuG) das am 25. Juli 2002 im Bundesanzeiger verkündet worden ist und einen Teil der Empfehlungen der Kommission Corporate Governance umsetzt[313]. Weitere Reformen sollen folgen.

II. *Selbstregulierung - Einbindung Privater Akteure*

Trotz dieser beachtlichen nationalen Ansätze muss der entscheidende Anstoß aber auf europäischer Ebene erfolgen. Denn es ist, wie beschrieben, vor allem das europäische Gesellschafts- und Unternehmensrecht, das für die Erstarrung der Rechtsentwicklung verantwortlich ist und die dringend notwendigen Korrekturen zur Anpassung an die neuen Anforderungen verhindert[314]. Die mühsame Einigung über eine Europäische Aktiengesellschaft ist nur ein erster Schritt zur Findung einer wirklich einheitlichen europäischen Corporate Governance. Denn zum einen wird ihre Gestaltung maßgeblich durch das nationale Recht der Mitgliedstaaten bestimmt, zum anderen gilt auch für sie der Grundsatz der Satzungsstrenge[315]. Für den weiteren Weg bedarf es grundlegend neuer Impulse. Ziel muss es sein, die Gestaltungsmöglichkeiten vom nationalen Gesetzgeber auf die Unternehmenspraxis zu übertragen ("Unternehmenswahlrechte statt Mitgliedstaatenwahlrechte")[316], um so die notwendige Flexibilität zu erreichen.

Hierfür hilfreich sind vor allem Vorschläge, die auf mehr Selbstregulierung[317] und eine stärkere Einbeziehung von privaten Akteuren setzen[318]. Anders als die Konzepte der Mitgliedstaaten, die gefärbt von nationalen wirtschaftlichen und politischen Interessen sind, können private Vereinigungen aufgrund ihres versammelten Sachverstandes losgelöst von Sachzwängen, faire und ausgeglichene Vorschläge für eine wirklich globale Corporate Governance schaffen. Zusätzlich werden sie dem Gedanken der Subsidiarität besser gerecht[319].

---

311 Die Corporate Governance Grundsätze des Kodex sind kein Gesetzesrecht, vielmehr handelt es sich um "Empfehlungen" und "Anregungen" im Sinne einer "Best Practice". Verbindlich ist lediglich die Pflicht zur Information über die Beachtung der Regeln des Kodex in Form einer "Entsprechens-Erklärung" (vgl. § 161 AktG n.F.). Siehe hierzu auch *Claussen/Bröcker*, DB 2002, 1199.

312 *Regierungskommission "Corporate Governance"* D1.5.

313 Bundesanzeiger (Teil I, S. 2681). Zum Regierungs- und Referentenentwurf siehe *Ihrig/Wagner*, BB 2002, 789.*Pfitzer/Oser/Orth*, DB 2002, 157.

314 *Wiesner*, ZIP 2000, 1792, 1792.

315 Vgl. Art. 9 Abs. 1 lit b SE-Verordnung sowie Art. 9 Abs. 1 lit c iii SE-Verordnung.

316 *Hopt*, ZGR-Sonderheft 13, 1998, 123, 146.

317 Zur Bedeutung der Selbstregulierung in Finanz- und Kapitalmärkten *Nobel*, FS Chapuis, S. 119-134. Zu den Vor- und Nachteilen ausführlich *Rosskopf*, S. 42-51.

318 *Ebke*, FS Großfeld, S. 196, 200.

319 *Nobel*, FS Chapuis, S. 119, 120.

1. Bisherige Tätigkeit privater Standardsetter

Beispiele für den Erfolg solcher Konzepte finden sich nicht nur auf dem Gebiet der internationalen Rechnungslegung, dessen Entstehung und Entwicklung im Wesentlichen auf der Arbeit von privaten Standard-Setter beruht[320], sondern auch auf nationaler Ebene[321]. Wichtige Beiträge zur jüngeren Corporate Governance-Diskussion sind von Vereinigungen gekommen, bei denen es sich im Wesentlichen um privat finanzierte Initiativen handelte[322]. Ihre Mitglieder waren angesehene und respektierte Vertreter aus der Industrie, dem Bankwesen oder der Wissenschaft oder gehörten Investoren und anderen Interessensgruppen an. Obgleich die von ihren Kommissionen erarbeiteten Empfehlungen nicht über gesetzliche Bindungswirkung verfügten, fanden sie in der Praxis Beachtung. Ihre Wirkungsweise beruhte auf ihrer Überzeugungskraft. Die Empfehlungen veranlassten Anleger, vor allem Investmentfonds, dazu, den Unternehmen ihr Kapital zu entziehen, wenn deren Strukturen nicht mit den erarbeiteten und veröffentlichten Vorschlägen übereinstimmten oder keine befriedigenden Erklärungen ("comply or explain") für die Missachtung der Prinzipien geliefert werden konnten. Weitere Unterstützung fanden die Vorschläge an den Börsen, deren Behörden die Unternehmen bei der Notierung zur Einhaltung gewisser Standards verpflichteten oder zumindest zu Information über die Gründe der Nichtanwendung anhielten[323]. Bisher wurden diese Gremien ad hoc gegründet und lösten sich nach getaner Arbeit wieder auf, um bei Bedarf neu gegründet zu werden[324].

2. Der Vorschlag zur Errichtung eines European Law Institute

Ein Vorschlag aus jüngerer Zeit, der wachsende Zustimmung findet, beinhaltet eine dauerhafte Institutionalisierung eines solchen Gremiums auf europäischer Ebene in Form eines European Law Institutes[325]. Als erfolgversprechendes Vorbild dient dabei

---

320 Siehe hierzu *Ebke*, FS Lutter, S. 17, 21-25; *Schön*, ZHR 1997, 133, 154-159.

321 Im vergleich zum Deutschen Corporate Governance Code kann der "City Code on Takeovers and Mergers" auf eine bereits lange Tradition zurückblicken, siehe hierzu *Hopt*, ZHR 1997, 368, 400; zum deutschen Übernahmekodex der Börsensachverständigenkommission vgl. *Assmann*, AG 1995, 563, 572. Zu den Bemühungen der Kommission um eine Übernahmeregelung siehe *Peltzer*, AG 1997, 145; *Neye*, ZIP 1997, 2172.

322 Beispielsweise der Cadbury, Greenbury und der Hampel Report. Allgemein zur Bedeutung von Governance-Kodizes *Wymeersch*, ZGR 2001, 294, 314.

323 Siehe hierzu *Davies*, ZGR 2001, 268.

324 Allerdings schlägt *Lutter*, ZGR 2001, 224, 236 jetzt vor, in Deutschland ein demokratisch legitimiertes Gremium einzurichten, das vom Bundesjustizministerium eingesetzt werden soll. Es soll einen Code of Best Practice erarbeiten, dessen Einhaltung das Bundesaufsichtsamt und die Frankfurter Börse überwachen sollen. Letztere soll ähnlich wie in England die Börsennotierung von der Einhaltung der Standards abhängig machen. Alternativ soll eine Pflicht zur Stellungnahme im Anhang festgeschrieben werden, die eine Begründung für Abweichungen enthalten muss. Ähnlich *Schneider*, DB 2000, 2413, 2417.

325 *Ebke*, FS Großfeld, S. 189-221; *ders.*, 31 Int'l Law. 961, 985 (1997). Zustimmend *Burgi*, JZ 2000, 979, 987-988; *Deckert*, RabelsZ 2000, 478, 495-496; *Wymeersch*, ZGR 2001, 294, 307.

die Arbeit des American Law Institute (ALI), dessen Vorschläge "Principles of Corporate Governace"[326] nicht nur innerhalb der Landesgrenzen, sondern weltweit Beachtung gefunden haben[327].

a) *Die Organisation*

Das ALI ist eine in den USA 1923 gegründete Organisation[328], die sich aus anerkannten Experten, zumeist Hochschullehrer, Richter und Anwälte verschiedener Rechtsgebiete, zusammensetzt[329]. Als "permanent organization for the improvement of the law"[330] hat es sich zur Aufgabe gemacht, im Common Law für die fehlende Klarheit zu sorgen und die Komplexität zu beseitigen[331]. Dazu entwickelt und veröffentlicht es sogenannte "Restatements", die der Rechtspraxis anhand eines detaillierten und systematischen Überblicks über die unterschiedlichen Rechtsentwicklungen gemeinsame Grundprinzipien liefern[332]. Ähnlich ist die Vorgehensweise bei der Entwicklung von Modellgesetzen[333]. Damit trägt das ALI entscheidend dazu bei, dass ein Rahmen für eine einheitliche Rechtskultur geschaffen wird, indem die Verwandtschaften, die den einzelnen Regelungsphilosophien innewohnen, offengelegt werden. Im Bereich des Gesellschaftsrechts sorgt seine Arbeit zusammen mit der Tätigkeit anderer Institutionen[334] dafür, dass trotz des Wettbewerbs,

---

326 *ALI*, Principles of Corporate Governance: Analysis and Recommendations, Philadelphia 1994.

327 So berichtet *Ebke*,, FS Großfeld, S. 189, 220-221 davon, dass die Principles of Corporate Governance bis ins Jahr 1998 in 141 Entscheidungen amerikanische Gerichte zitiert worden sind.

328 Zur Geschichte des ALI siehe *Ebke*, FS Großfeld, S. 189, 203-204 m. w. Nachw.

329 Das ALI hat derzeit 3600 Mitglieder. Zu seinem erlauchten Kreis zählen u.a. die Repräsentanten der höchsten juristischen Organe und Gremien der Vereinigten Staaten, wie beispielsweise die Richter des United States Supreme Court, die Dekane der großen Law Faculties sowie die führenden Vertreter der American Bar Association (ABA). Die Aufnahme geschieht in der Regel durch Wahl im Membership Committee. Sie setzt den Vorschlag eines Mitgliedes sowie die Unterstützung zweier weiterer Mitglieder voraus. Nach diesem strengen Aufnahmeverfahren könne auch ausländische Experten aufgenommen werden (derzeit ca. 20). Siehe hierzu und zu den Mitgliedern aus Deutschland *Ebke*, FS Großfeld. S. 189, 208 (insbesondere Fn. 112-114).

330 So das Motto des Gründungsausschusses, siehe *Ebke*, FS Großfeld, S. 189, 204 Fn. 83.

331 *Ebke*, FS Großfeld, S. 189, 204.

332 *Ebke*, FS Großfeld, S. 189, 205. Allgemein zur Bedeutung der Restatements für das amerikanische Privatrecht siehe *Schindler*, ZEuP 1998, 277.

333 Siehe hierzu die Auflistung in: *The American Law Institute*, Annual Reports, 1998, S. 36-39. Als besonders erfolgreich und deshalb erwähnenswert hat sich dabei der Uniform Commercial Code, der zusammen mit der National Conference of Commissioners on Uniform State Laws aus dem Uniform Sales Act entwickelt wurde, herausgestellt. Er wurde u.a. von 49 US-Bundesstaaten übernommen und fand Eingang in 37979 Entscheidungen US-amerikanischer Gerichte, siehe *Ebke*, FS Großfeld, S. 189, 210 m.w. Nachw.

334 Für das Kapitalgesellschaftsrecht sind die Modell Business Corporation Acts der American Bar Association (ABA) zu erwähnen. Gleiche Funktion erfüllen die Modellgesetze der von den Mitgliedstaaten getragenen Conference of Comissioners on Uniform State Laws für das Recht der Personengesellschaft, siehe *Ebke*, FS Großfeld, S. 189, 199 mit Hinweis auf: *Gray*, RabelsZ 1986, 111, 117-122; *Reimann*, S. 145.

der zwischen den Bundesstaaten herrscht, ein allzu weites "Auseinanderdriften" der einzelstaatlichen Rechtsordnungen verhindert wird.

b) Die Vorteile

Ein solches Institut könnte in Europa dazu beitragen, die fehlenden gemeinsamen Rechtstraditionen unter den Mitgliedstaaten zu finden, um so ein "genuin europäisches Gesellschafts- und Unternehmensrecht zu entwickeln, das mehr ist als die Quersumme der mitgliedsstaatlichen Gesellschafts- und Unternehmensrechte"[335]. Anders als das "Entdeckungsverfahren Markt"[336] können hier die Interessenskonflikte zwischen den verschiedenen Unternehmensbeteiligten berücksichtigt und ein gerechter Ausgleich zwischen den Anforderungen des Marktes und den Schutzinteressen Dritter (Stakeholder) geleistet werden[337]. Darüber hinaus würden die kostbaren Ressourcen der Kommission für andere Aufgaben und Entwicklungen geschont. Zusätzlich wäre das Verfahren flexibler als die bisher praktizierten Angleichungsbemühungen mittels Richtlinie und Verordnung und könnte folglich besser auf neue Entwicklungen reagieren[338].

C. Zusammenfassung

Den Ausgangspunkt der Suche nach dem zutreffenden Verständnis von Corporate Governance bildet die Frage, wie das Problem der Kontrolle und Überwachung, das in Kapitalgesellschaften durch Trennung von Eigentum und Verfügungsgewalt entstanden ist, gelöst werden kann. In den einzelnen Rechtskreisen und Ländern sind dazu unterschiedliche Modelle als Antwort entwickelt worden, deren generelle Gleichwertigkeit bisher in zahlreichen Studien belegt worden ist. Bedingt durch den Einfluss der Kapitalmärkte und der Suche nach rechtlich gleichwertigen Unternehmensstrukturen in Europa scheint sich aber ein Wandel anzudeuten, der diese Ergebnisse in Frage stellt. Modelle, die den Begriff Corporate Governance nicht nur als gesellschaftsrechtliche Spitzenverfassung interpretieren, sondern auch unter Berücksichtigung des Einflusses der Märkte - insbesondere der Kapitalmarktkontrolle - verstehen, scheinen in Zukunft den Vorrang zu verdienen. Damit verbunden ist nicht zwangsläufig die Aufgabe jeder rechtlichen Gestaltungsmöglichkeit. Es verändern sich lediglich die Inhalte und Gestaltungsformen. Die Bedeutung des Kapitalmarktrechts und der privaten Standards und Kodizes wird wachsen. Gleichzeitig rücken neue Institutionen und Akteure in den Blickpunkt. Hierzu zählen private Standardsetter, die zum Teil noch

---

335 *Ebke*, FS Großfeld, S. 189, 212; *ders.*; Unternehmenskontrolle, S. 7, 35. Zustimmend *Schön*, ZHR 1996, 221, 249.

336 *Ebke*, FS Lutter, S. 17, 29.

337 Auf deren Berücksichtigung Art. 54 Abs. 3 lit. g EGV hinweist.

338 Kritisch *Hommelhoff*, ZGR 2001, 238, 264, der bezüglich Aktionärsinformation, Stimmrechtsausübung und Stimmrechtsvertretung nicht auf den Erlass von Richtlinien verzichten will.

geschaffen werden müssen. Aber auch bestehende Institutionen müssen einer Reform unterzogen werden. Zu den besonders reformbedürftigen Institutionen zählt die gesetzliche Pflichtprüfung durch den Abschlussprüfer. Denn der Stellung, Rolle und Funktion des Abschlussprüfers soll entscheidende Bedeutung bei der zukünftigen Ausgestaltung der Corporate Governance zukommen.

Zweiter Teil: Der Abschlussprüfer

§ 1: Abschlussprüfung, Corporate Governance und Kapitalmarkt

Die Bedeutung des Abschlussprüfers für die Corporate Governance ist bedingt durch die Mängel des bestehenden Gesellschaftsrechts als Kontrollmechanismus sowie der Suche nach neuen Überwachungsmechanismen.

A. Mängel des bestehenden Gesellschaftsrechts als Kontrollmechanismus

Das Verständnis von Corporate Governance unterliegt, wie geschildert, einem Wandel, der maßgeblich durch die Einbindung des Kapitalmarkts in die Unternehmensüberwachung und Kontrolle bestimmt wird. Dadurch dominiert die Außensteuerung zunehmend über die Innensteuerung der Gesellschaft. Die Bedeutung interner Überwachungsmechanismen, wie sie nationale Gesellschaftsrechtsordnungen bisher vorsahen, nimmt daher ab - eine Folge, die nicht zuletzt in Wirkungsweise und Charakter der gesellschaftsrechtlichen Schutzmechanismen begründet ist. Denn der Einfluss des nationalen Gesellschaftsrechtes schwindet mit dem Überschreiten der Landesgrenzen und bietet den Anlegern auf globalen Märkten keine ausreichenden Schutzmöglichkeiten mehr[339]. Darüber hinaus entsprechen die geltenden Regeln des Gesellschaftsrechtes auch nicht mehr den Anforderungen eines modernen Wirtschaftslebens. Sie bezogen sich ursprünglich, wie der Name indiziert, auf ein Gebilde, in dem der einzelne Gesellschafter als Individuum noch identifizierbar war. Folglich sind sie sehr stark durch einen persönlichen und privatautonomen Bezug geprägt[340]. Eine solche individuelle Anknüpfung entspricht aber nicht mehr dem Bild der großen Kapitalgesellschaften, wie sie auf globalen Märkten heute anzutreffen sind. Solche Unternehmen setzen sich aus einer internationalen Anlegerschaft von bis zu mehreren hunderttausend Aktionären zusammen[341]. Neue Steuerungs- und Kontrollmechanismen sind daher nötig, die diesen Gesichtspunkten Rechnung tragen[342].

---

339 Allgemein zur Entnationalisierung des Wirtschaftsrechts und zur Notwendigkeit internationaler Wirtschafts- und Rechtsprinzipien siehe *Stober*, FS Großfeld, S. 1173-1199; *Großfeld*, 48 Am. J. Comp. L. 261 (2000).

340 Vgl. *Großfeld*, Unternehmensrecht, S. 103.

341 Nach *Ebke*, "Wenn Tochtergesellschaften an die Börse gehen", in: FAZ v. 2.5.2001, S. 50, versteht sich der heutige Gesellschafter von börsennotierten Publikumsgesellschaften in erster Linie als Anleger und weniger als Unternehmensgesellschafter. Sein Interesse beschränkt sich folglich im Wesentlichen auf den Börsenkurs seiner Beteiligung und die Dividende.

342 Vgl. *Großfeld*, Unternehmensrecht, S. 103; *ders.*, 48 Am. J. Comp. L. 261, 266-267 (2000).

I. Transparenz

Auf der Suche nach zeitgemäßen Überwachungsmechanismen setzen die Märkte in erster Linie auf Transparenz[343] in Form von Rechnungslegung[344] und Publizität[345]. Deren Funktionsweise soll darin bestehen, das Informationsgefälle zwischen Unternehmensleitung und den Anteilseignern zu überbrücken, um so deren Kontrollmöglichkeiten innerhalb der Corporate Governance zu verbessern[346]. Ein international einheitliches Bilanzrecht soll dabei einen Anknüpfungspunkt für eine weltweite Überwachung von Unternehmen durch die Anleger bieten[347]. Ebenso müssen nationale Prinzipien und Bestimmungen, welche die Offenlegung von Unternehmensinformation regeln, angeglichen werden, wobei die Ausrichtung am Gedanken der Investorinformation im Vordergrund zu stehen hat[348].

II. Abschlussprüfung

Allerdings ist unternehmerische Berichterstattung für sich alleine nicht ausreichend, solange sie nicht von einer unabhängigen Stelle einer objektiven Prüfung unterzogen worden ist[349]. Dafür zuständig war ursprünglich in erster Linie das interne Aufsichtsorgan der Gesellschaft, sprich der Aufsichtsrat. Bedingt durch den oben beschriebenen Wandel der Rechnungslegung vom gesellschaftsinternen Kontroll- und Steuerungsmittel zu einem externen Überwachungsinstrument hat sich hier eine Veränderung ergeben. Der Abschlussprüfer, dem ebenfalls die Kontrolle der Bücher obliegt[350], ist

---

343 Vgl. *Hilmar Kopper*, Mitglied der Regierungskommission "Corporate Governance" ("Gute Corporate Governance ist Offenheit"), zitiert nach *o. V.*, "Das sind absurde Zustände", in: Die Zeit v. 26.4.2001, S. 21, 22, ebenso *Levitt*, "Mehr Transparenz für die Finanzmärkte“, in: FTD v. 2.5.2001, S. 30.

344 So schon der amerikanische Jurist *Brandeis*: “Die Rechnungslegung gilt als Abhilfe für gesellschaftliche und industrielle Krankheiten. Sonnenlicht soll das beste Desinfektionsmittel sein, elektrisches Licht der beste Polizist“, zitiert nach *Großfeld*, Unternehmensrecht, S. 103.

345 Vgl. *Regierungskommission "Corporate Governace"*, D5.9 (“Publizität ist Korrelat der Marktteilnahme“). Zu den Begriffen "Transparenz" und "Publizität" siehe *Merkt*, Unternehmenspublizität, S. 11-13.

346 *Black*, 55 Bus. Lawyer 1565, 1567 (2000); *Großfeld*, Unternehmensrecht, S. 103.

347 Vgl. *Busse von Colbe*, Unternehmenskontrolle, S. 37; *ders.*, WPg 1995, 713; *Großfeld*, WPK-Mitt. Sonderheft Juni 1997, 25-30; *Grünewälder*, AG 1996, 447.

348 Zum "true and fair view"-Gedanken siehe Seite 126.

349 *Black*, 55 Bus. Law. 1565, 1567 (2000), *Ebke*, FS Buxbaum, S. 113, 125; *ders.*, Dritthaftung, S. 11.

350 Zum Verhältnis der Prüfungspflichten von Aufsichtsrat und Abschlussprüfer hinsichtlich der Rechnungslegung siehe Seite 167.

als unabhängiger gesellschaftsexterner Prüfer in den Mittelpunkt des Interesses gerückt.

Seiner Tätigkeit wird zukünftig wesentliche Bedeutung für die Effizienz des Kapitalmarkts zukommen[351] und zwar nicht nur national sondern auch international[352]. Je verlässlicher die Daten sind, die von den Unternehmen veröffentlicht werden, desto bereitwilliger werden die Anleger ihr Kapital zur Verfügung stellen. Denn nur anhand von zuverlässigen und vergleichbaren Informationen können sie ihr eigenes Risiko angemessen einschätzen, gegebenenfalls absichern und somit eine aufgeklärte Anlageentscheidung ("informed investment decision") unter den verschiedenen Anlagemöglichkeiten treffen. Investitionen werden folglich hauptsächlich in solche Kapitalmärkte fließen, in denen der Abschlussprüfer dazu beiträgt, dass die Glaubwürdigkeit der Information sichergestellt ist[353].

C. Das neue Interesse am Abschlussprüfer

Die oben geschilderten Zusammenhänge sind den verantwortlichen Regelgebern nicht verborgen geblieben. Im Gegensatz zu früheren Reformen der Corporate Governance, die sich hauptsächlich mit den internen Kontroll- und Aufsichtsorganen der Gesellschaft beschäftigten, betrafen die wesentlichen Veränderungen Reformen jüngeren Datums nicht nur den Aufsichtsrat, sondern vor allem den Abschlussprüfer. Ähnliche Entwicklungen sind auf europäischer Ebene sowie international zu beobachten, wo der Abschlussprüfer im Mittelpunkt zahlreicher Reformbemühungen steht. Wissenschaft und Forschung erkennen ebenfalls zunehmend die zentrale Bedeutung, die der Abschlussprüfer für die Anpassung der Überwachungsmechanismen an die Anforderungen einer modernen Corporate Governance spielt[354]. Nicht zuletzt wird ihm auch in den neueren Kodizes der privaten Gremien verstärkt Beachtung geschenkt[355]. Dennoch scheint insgesamt betrachtet die Bedeutung und Rolle des Abschlussprüfers für die Corporate Governance noch nicht ausreichend beleuchtet zu sein.

Deshalb will die nachfolgende Untersuchung dem neuen Interesse am Abschlussprüfer im Zusammenhang mit der Corporate Governance nachgehen. Zum Zwecke der Veranschaulichung soll dabei der Abschlussprüfer in einer deutschen Aktiengesellschaft als Beispiel dienen. Seine gesetzliche Aufgabe, die rechtliche Stellung, Rolle

---

351 Zur ökonomischen Bedeutung des Abschlussprüfers aus Sicht der Agency-Theorie siehe *Ewert*, Wirtschaftsprüfung, S. 23-139; *Weißenberger*, BB 1997, 2315; *dies.*, Kundenbindung, S.71-95, *Quick*, BFuP 2000, 525-526.

352 *Ebke*, WPK-Mitt. Sonderheft Juni 1997, 12; *Lanfermann*, FS Havermann, S. 373; *Liggio*, WPK-Mitt. Sonderheft Juni 1997, 139.

353 *Ebke*, BFuP 2001, 549; *ders.* WPK-Mitt. Sonderheft Juni 1997, 139.

354 Vgl. *Böcking*, S. 71, 74 ("Der Abschlussprüfer bildet [...] ein zentrales Moment der Corporate Governance"). Ebenso *Hommelhoff*, ZGR 2001, 258-260. Dagegen früher schon *Ebke*, WPK-Mitt. Sonderheft Juni 1997, 12, 20

355 Vgl. *Regierungskommission "Corporate Governance", D6.12* ("Die Abschlussprüfung ist ein wichtiger Baustein im Gebäude der Unternehmensverfassung"). Siehe hierzu auch *Hommelhoff*, ZGR 2001, 258-260 m.w. Nachweisen.

und Funktion sollen erläutert und es soll auf notwendige Reformen eingegangen werden. Dabei wird auf Grund der globalen Zusammenhänge zwangsläufig auch auf internationale, insbesondere europäische, Entwicklungen hinzuweisen sein. Den Einstieg bildet ein historischer Rückblick auf die Entwicklungsgeschichte der Pflichtprüfung.

§ 2: Historische Entwicklung der Abschlussprüfung

Der Abschlussprüfer ist ein Teil des Systems zur Überwachung der Aktiengesellschaft. Dieses System ist nicht statisch. Vielmehr blickt es auf eine wechselvolle Geschichte zurück, in deren Verlauf unterschiedliche Gruppen, die mit dem Unternehmen verbunden sind oder ein Interesse daran besitzen, stets um das angemessene Verhältnis der "Checks and Balances" gerungen haben. Die Geschichte des Abschlussprüfers beginnt folglich nicht erst mit der Einführung der Pflichtrevision durch die Notverordnung von 1931. Die Institutionalisierung einer Pflichtrevision als Teil der Unternehmensüberwachung ist vielmehr das Ergebnis einer längeren Entwicklung, die bis heute durch den Überwachungsgegenstand, die Rechnungslegung und andere Überwachungsträger, insbesondere dem Aufsichtsrat, mitbestimmt wird. Ein historischer Rückblick der Abschlussprüfung muss deren Entwicklung daher notwendigerweise mit umschließen.

A. *Die Anfänge*

Entscheidende Bedeutung in der Entwicklung des externen Überwachungsgedanken kommt der Abkehr vom staatlichen Konzessionssystem im Jahre 1870 zu.

I. *Abschaffung des Konzessionssystems*

Der gewonnene Krieg gegen Frankreich sorgte auf Grund des auf Reparationszahlungen beruhenden Kapitalzustroms für einen bis dahin unbekannten wirtschaftlichen Aufschwung in Deutschland, von dem vor allem die Aktiengesellschaft profitierte. Sie war eine ideale Anlageform für kapitalintensive Unternehmungen und bot den Kapitalgebern eine angemessene Beteiligung an dem zu erwartenden Gewinn[356]. Ihre Gründung war bis dahin von einer staatlichen Prüfung und Genehmigung abhängig, deren Sinn und Zweck es war, Gläubiger und Anteilseigner zumindest in der heiklen Phase der Gründung einer Gesellschaft zu schützen. Die Befreiung vom diesem Konzessionszwang sollte die Aktiengesellschaften noch attraktiver machen und so die positive wirtschaftliche Entwicklung fördern[357]. Die Abschaffung des Konzessions-

---

356 *Schulze zur Wiesch*, S. 40.
357 Siehe hierzu *Assmann*, in: Großkomm. AktG, Einl Rn. 73 und 77 ff.

systems erleichterte in der Folgezeit zwar die Gründung der Aktiengesellschaft, gleichzeitig steigerte sie aber auch die Gefahr für die Anleger, durch unredliches Verhalten geschädigt zu werden, was in der Praxis auch nicht lange auf sich warten ließ. Gründungsschwindel von größtem Ausmaß erschütterten die Wirtschaft schwer und drohten die Aktiengesellschaft als Gesellschaftsform zu diskreditieren[358]. Als Reaktion auf diese sogenannte "Gründerkrise" wurde die Aktiengesellschaft einer umfassenden Reform unterzogen. Die wichtigsten Neuerungen betrafen dabei den Aufsichtsrat und die Bilanzierung.

II. *Der Aufsichtsrat*

Der Aufsichtsrat existiert schon seit der Einführung des Allgemeinen Deutschen Handelsgesetzbuchs (ADHGB) im Jahre 1861. Über seine Aufgabe und Funktion in der Unternehmensorganisation herrschte allerdings in den Anfangsjahren Unklarheit[359].

1. Der Ursprung

Nach überwiegend vertretener Ansicht verdankt der Aufsichtsrat seine Geburt einer "Unüberlegtheit und Flüchtigkeit der Nürnberger Redaktionskommission" des ADHGB und einer "Kette von irrtümlichen Auffassungen"[360]. Die Aktiengesellschaften der einzelnen Länder, welche die Verfasser des ADHGB damals vorfanden, waren der amerikanischen Board-Struktur sehr ähnlich. Sie wurde in der Regel vom einem Verwaltungsrat geleitet, dem eine Direktion nachgeordnet war, die als Exekutive die Beschlüsse ausführte[361]. Der Begriff des Aufsichtsrats[362] tauchte demgegenüber im Zusammenhang mit der AG zum erstenmal im Entwurf zur zweiten Lesung des ADHGB auf[363]. Die Aufgabe, die ihm im Rahmen der Unternehmensverfassung zukommen sollte, ging jedoch weder aus der verabschiedeten Gesetzesfassung noch den begleitenden Protokollen eindeutig hervor[364]. Entsprechend umfangreich waren die Interpretationen.

---

358 *Assmann*, in: Großkomm. AktG, Einl Rn. 87.

359 Vgl. *Wiethölter*, S. 270-285.

360 *Passow*, S. 390, 396.

361 *Wiethölter*, S. 283.

362 Der Begriff des "Aufsichtsrathes" geht auf ein Organ der KGaA zurück. Seine Funktion bestand darin, als Vertretungsorgan der Kommanditisten, also der nicht stimmberechtigten Gesellschafter, zu dienen.

363 Dort Art. 204, der mit den Worten beginnt: "Ist ein Aufsichtsrath bestellt", vgl. *Wiethölter*, S. 280.

364 In der weiteren Diskussion wurde Art. 204 in Art. 210 bzw. Art. 225 ADHBG (Endfassung) geändert.

2. *Die Schwächen*

Viele sahen im Aufsichtsrat eine Fortsetzung des Verwaltungsrats mit neuem Namen[365]. Hierfür spricht, dass er erst als Kompromisslösung in den Entwurf gelangte, nachdem ursprünglich keine gesonderte Vertretung für Aktionäre in Form von Verwaltungsräten, sondern nur eine starke Exekutive in Form eines Vorstandes neben der Generalversammlung vorgesehen war. Bestärkt wurde diese Ansicht durch die Tatsache, dass dem Aufsichtsrat Funktionen zugesprochen wurden, die bis dahin vom Verwaltungsrat wahrgenommen worden waren[366]. Gegen eine derartige Interpretation spricht allerdings, dass der Verwaltungsrat nach wie vor an anderer Stelle ausdrücklich Erwähnung fand.

Die Unstimmigkeiten waren auf mehrere Gründe zurückzuführen. Zur Zeit des ADHGB steckte das Aktienrecht noch in den Kinderschuhen[367]. Die damals vorherrschende Sicht des Gesetzgebers war, sich nicht in interne Angelegenheiten der Aktiengesellschaften wie Fragen der Organisation einzumischen, sondern das Eigenleben der AG der Regelung durch eine Satzung zu überlassen und sich auf die punktuelle Bekämpfung von Missständen zu beschränken. Das Ergebnis dieser Strategie war ein Torso ohne schlüssiges Konzept, mit dem die Praxis nicht allzu viel anzufangen wusste. Dort hielt man vielmehr am sachlich bewährten Konzept des Verwaltungsrats fest – indem man formal einen Aufsichtsrat einrichtete, jedoch an der generellen Machtverteilung gegenüber Vorstand und Verwaltungsrat nichts änderte oder einfach den bestehenden Verwaltungsrat in Aufsichtsrat umtaufte.

III. *Das dualistische System*

Erst die bereits erwähnte Gründerkrise veranlasste den Gesetzgeber dazu, verbindliche Regelungen und Strukturen für die innere Organisation der Aktiengesellschaft zu schaffen. Das Kernstück der Reform von 1884 war die für das dualistische System heute kennzeichnende formale Aufgabentrennung zwischen Vorstand und Aufsichtsrat.

---

365 Eine Umbenennung erfuhr auch die Direktion, die zukünftig Vorstand genannt wurde. Der Vorstand war als umfassendes Verwaltungsorgan vorgesehen. Seine Bestellung oblag je nach Gesellschaftsvertrag allen Aktionären oder einem Teil. Seine Beziehung zu den Aktionären wurde durch Gesetz geregelt. Ihre Kontrollrechte übten die Aktionäre in der Hauptversammlung aus.

366 So besaß der neue Aufsichtsrat nach Art. 204 ADHGB die Befugnis zur Überwachung der Geschäftsführung, zur Unterrichtung über Angelegenheiten der Gesellschaft, zur Einsicht in Bücher und Kassen und zur Prüfung der Jahresrechnungen.

367 Die Kommission beherrschten andere Fragen, wie das Wesen der juristischen Person und damit verbunden das Verhältnis von AG und KGaA sowie die Auseinandersetzung um ein staatliches Konzessionssystem, vgl. *Assmann*, in: Großkomm. AktG, Einl Rn.72.

1. *Der Ursprung*

Während die Verantwortung für die Geschäftsführung allein beim Vorstand lag, sollte der Aufsichtsrat in Zukunft dessen Überwachung übernehmen. Eine wechselseitige Aufgabendelegation wurde als unzulässig betrachtet. Der bis dahin noch existierende Verwaltungsrat wurde abgeschafft, die Rechte der Hauptversammlung zu Lasten des Vorstandes erheblich erweitert[368]. Dennoch konnte auch diese Reform ihr Ziel, die Überwachung der Aktiengesellschaft entscheidend zu verbessern, nicht erreichen.

2. *Die Schwächen*

Die Ursachen hierfür haben bis heute an Aktualität nichts verloren. Sie lagen in Konstruktion und Besetzung des Aufsichtsrates. Die Überwachungstätigkeit litt zum einen an der Häufung von Aufsichtsratsposten in einer Person. Beispielsweise war es möglich, dass eine Person gleichzeitig bis zu 35 Aufsichtratssitze wahrnahm[369]. Zum anderen fehlte vielen Aufsichtsräten die fachliche Eignung, um die von ihnen geforderte Bilanzprüfung durchzuführen. Zu den personellen Mängeln traten institutionelle hinzu. Der Gesetzgeber gestattete nämlich dem Aufsichtsrat - neben seiner Überwachungsaufgabe - auch, an der Verwaltung der Gesellschaft i.S. einer Mitverwaltung teilzunehmen[370]. Nach der Intention des Gesetzgebers sollte allerdings die Überwachungsaufgabe im Vordergrund stehen. In der Praxis führte die Regelung aber dazu, dass sich der Aufsichtsrat stark in die Unternehmensentscheidungen einmischte und sich umfangreiche Mitwirkungsrechte einräumen ließ. Die Aufsichtsfunktion trat damit schnell zugunsten der Verwaltungs- und Beratungsfunktion in den Hintergrund. Das Urteil der damaligen Zeit über den Aufsichtsrat war folglich, dass er als Mitspracheorgan für Großaktionäre nützlich sei als reines Aufsichtsorgan jedoch ausfiele[371].

IV. *Rechnungslegung und Publizität*

Rechnungslegung und Publizität spielten anfangs keine entscheidende Rolle in der externen Überwachung der Aktiengesellschaft.

---

368 Ausführlich zur 2. Aktienrechtsnovelle von 1884 siehe *Assmann*, in: Großkomm. AktG, Einl Rn. 89 insbesondere Rn. 97 ff.

369 Vgl. *Wiethölter*, S. 288.

370 Zu einer konsequenten Trennung konnte sich der Gesetzgeber damals noch nicht durchringen, da sie als lebensfremd und doktrinär betrachtet wurde, vgl. *Wiethölter*, S. 288.

371 *Wiethölter*, S. 289.

1. Der Ursprung

Zwar finden sich erste Ansätze bereits im preußischen ALR[372], eine einheitliche Pflicht zur Aufstellung und Vorlage einer Bilanz sah aber erst das ADHGB von 1861 mit der Einführung des Art. 28 ff. ADHGB[373] vor. Der Gesetzgeber wollte damals noch nicht primär ein Instrument zur unabhängigen Kontrolle des Unternehmens für Außenstehende schaffen. Vielmehr sollte die Pflicht in erster Linie zur Eigeninformation des Kaufmanns dienen und ihm gewisse Privilegien sichern, die an die Beweiskraft der Handelsbücher anknüpften[374]. Ein Schutz der Aktionäre war damit lediglich insofern mittelbar verwirklicht, als eine verbesserte Informationsgrundlage zu wirtschaftlich sinnvollen Entscheidungen führen und so Unternehmenszusammenbrüche vermeiden sollte.

2. Die Schwächen

Der Zweck der Eigeninformation des Kaufmanns rückte jedoch allmählich zugunsten des Gläubigerschutzes in den Hintergrund. So enthielten die Vorschriften des Allgemeinen Preußischen Landrechtes bereits grundlegende Prinzipien des Gläubigerschutzes, wie das Anschaffungs- und das Niederstwertprinzip[375]. Diese Bewertungsgrundsätze wurden aber nicht in das Allgemeine Deutsche Handelsgesetzbuch übernommen. Dort setzte man auf eine Bilanzierung zum Zeitwert, indem man auf den bei Aufnahme in die Bilanz beizulegenden Wert der Sache oder Forderung abstellte. Anhand welcher Kriterien dieser Wert zu bestimmen war, blieb aber umstritten[376]. Denn den in der Praxis hierfür zuständigen Gerichten gelang es anhand der wenigen Fälle nicht, den Begriff zufriedenstellend zu konkretisieren[377]. Es blieb daher im Ermessen der Bilanzersteller, einen fiktiven Wert für ihre Vermögensgegenstände festzulegen, was zur Folge hatte, dass nominelle aber tatsächlich nicht erwirtschaftete Gewinne verteilt wurden.

---

372 Vgl. §§ 644 ff. ALR, § 24 des Preußischen "Gesetzes über Aktiengesellschaften" vom 9.11.1843, Nr. 16 des Aktienregulativs vom 29. März 1865; vgl. hierzu: *Geßler*, S. 129, 131; *Großfeld/Diekmann*, WPg 1988, 419, 422.

373 Diese Regelungen, die nahezu unverändert in die Vorschriften §§ 38 ff. HGB von 1897 Einzug fanden, bildeten bis zum Erlaß des BiRiLi-Gesetzes am 1.1.1986 die Grundlage kaufmänischer Rechnungslegung, vgl. *Schön*, ZHR 1997, 133, 135.

374 Vgl. *Schön*, ZHR 1997, 133, 136; *Hüffer*, in: Großkomm. HGB, § 238 Rn. 2 u. 6; *Kruse*, GoB, S.199.

375 *Schön*, ZHR 1997, 133, 139.

376 *Schön*, ZHR 1997, 133, 139.

377 Nach der Entscheidung des Reichsoberhandelsgericht (ROHG 12, 15, 18) sollte bei § 31 AHGB auf den Realisierungswert abgestellt werden. Die Schwäche dieser Ansicht lag aber darin, dass sie das Liquidationsrisiko vernachlässigte, dass darin besteht das bei einer Liquidation des Unternehmens geringerer Preise erzielt werden als bei der Veräußerung einzelner Vermögensgegenstände. Auch konnte sie die Bewertung von Anlagevermögen, für das es keinen Markt gab, nicht ausreichend klären, vgl. *Großfeld/Diekmann*, WPg 1988, 419, 424-425.

Die bereits erwähnte Gründerkrise der Jahre 1870-1873 veranlasste deshalb den Gesetzgeber, in der Aktienrechtsnovelle von 1884 wieder zu den alten Bilanzierungsprinzipien zurückzukehren[378]. Danach waren alle Vermögensgegenstände mit dem Anschaffungs- oder dem Herstellungswert zu bilanzieren und ein Zeitwert nur dann zu berücksichtigen, wenn dieser unter den vorgenannten Werten lag. Damit waren Grundsätze zum Schutz des Grundkapitals formuliert, die bis heute grundlegend für das deutsche Bilanzrecht sind[379]. Zusätzlich wurde die Pflicht zur Veröffentlichung der Bilanz eingeführt. Damit trat neben die Rechnungslegung, die in erster Linie ein Element des "internen Organisationsrechts" ist, die Publizität, welche die Transparenz der wirtschaftlichen Lage des Unternehmens für außenstehende Dritte bezwecken sollte[380].

Obwohl damit ein wesentlicher Schritt weg von der "herkömmlichen Dokumentation und Selbstkontrolle"[381] getan worden war, trug diese Maßnahme in der Folgezeit nicht entscheidend zur Verbesserung der externen Überwachung der Aktiengesellschaft bei. Wie beim Aufsichtsrat haben auch hier die Gründe bis heute nichts an ihrer Aktualität verloren. Sie sind vor allem in den erwähnten vorsichtigen Bewertungsvorschriften der Rechnungslegung zu suchen, deren Ziel es sein sollte, die Eigenkapitaldecke zugunsten der Gläubiger zu schonen. Die Vorschriften gaben der Gesellschaft genügend Spielraum, um den Einblick in die wahre Vermögenslage des Unternehmens zu verschleiern und verhinderten damit eine wirksame externe Kontrolle im Sinne der Anleger. Hinzu kam noch eine andere Maßnahme aus jener Zeit, die ebenfalls bis heute Nachwirkungen zeigt: die Verknüpfung des Bilanzrechts mit der steuerlichen Gewinnermittlung. Das Prinzip der Maßgeblichkeit, das 1891 in das preußische Einkommenssteuerrecht eingeführt[382] wurde und bis heute gilt[383], sah vor, dass zur Ermittlung des Betriebsgewinnes im Steuerrecht grundsätzlich die handelsrechtlichen Vorschriften zu beachten seien[384]. Die Rechnungslegung entschied dadurch über die Höhe der Steuerlast, was seine allgemeine Bedeutung zwar förderte, seinem ursprünglichen Zweck aber schadete. Denn die Rechnungslegung wurde dadurch zum Spielball steuerlich intendierter Gestaltungen, hinter die das Ziel der Information der Öffentlichkeit zum Zwecke der besseren Leitung und Überwachung mehr und mehr zurücktrat.

B. Der Abschlussprüfer

Die geschilderten Mängel und Unzulänglichkeiten der bestehenden Überwachungs- und Kontrollmechanismen, die in nachfolgenden Unternehmenskrisen immer wieder

---

378 *Schön*, ZHR 1997, 133, 141.

379 Vgl. *Kübler*, ZHR 1995, 550, 552.

380 *Hüffer*, in: Großkomm. HGB, Vor § 238 Rn. 2.

381 *Hüffer*, in: Großkomm. HGB, Vor § 238 Rn. 2.

382 § 14 PrEStG.

383 Vgl. § 5 Abs. 1 EStG.

384 Ähnliche Vorschriften enthielten schon die Einkommenssteuergesetze von Bremen und Sachsen. Siehe hierzu und zur geschichtlichen Entwicklung des Maßgeblichkeitsprinzips *Broer*, S. 35; *Sigloch*, BFuP 2000, 157, 158-162; *Dziadkowski*, DStZ 2001, 9, 10-13 m.w.Nachw.

klar zu Tage traten[385], führten dazu, dass in Deutschland die Diskussion über die Notwendigkeit einer unabhängigen externen Bilanzprüfung aufkeimte[386].

I. *Vorreiter Großbritannien*

Der Gedanke einer externen Abschlussprüfung stammt aus Großbritannien[387]. Dort besteht seit 1862 die Pflicht für Unternehmen in der Form der juristischen Person sich durch einen Buchprüfer ("auditor"), einer externen Prüfung zu unterziehen. Mit der Jahrhundertwende wurde diese Pflicht auf alle Gesellschaften ausgedehnt[388]. Hintergrund war die Tatsache, dass zu jener Zeit keine einheitlichen gesetzlichen Regeln für die Buchhaltung und Bilanzierung bestanden und die Unternehmen nach Gewohnheitsrecht bilanzierten. Um dennoch eine Überwachung des Unternehmens zu gewährleisten, wurde eine unabhängige externe Kontrolle eingeführt[389]. Als Träger eigneten sich hierzu die "accountants", die sich in Schottland bereits zwischen 1854 und 1867 zu Berufsverbänden zusammengeschlossen hatten und deren Mitglied nur werden konnte, wer zuvor ein besonderes Examen bestanden hatte. Hauptaufgabe der Prüfer war es, die Interessen der Aktionäre zu schützen, indem sie überprüften, ob die in den Bilanzen der Unternehmen angegebenen Vermögenswerte tatsächlich existierten und ob sie mit einer richtigen Bewertung Eingang gefunden hatten[390]. Damit auch ohne gesetzliche Regelungen einheitliche Maßstäbe bei der Prüfung angewandt werden konnten, entwickelten die Berufsorganisationen der Prüfer eigene Normen, was ihnen erheblichen Einfluss im Rahmen der Gestaltung des Bilanzrechts gab[391].

II. *Vereinigte Staaten von Amerika*

Von Großbritannien ausgehend verbreitete sich die Idee der Abschlussprüfung weltweit, beispielsweise auch in die Vereinigten Staaten von Amerika. Dort ging der Einführung der Pflichtprüfung im Jahre 1934 ein rasantes wirtschaftliches Wachstum sowie der Übergang zum Normativsystem voraus, was zusammen zur Neugründung zahlreicher Unternehmen führte[392]. Die dadurch wachsende Zahl der Publikumsgesellschaften, an denen sich immer breitere Bevölkerungsschichten beteiligten, boten den Kleinaktionären aber keine ausreichenden Überwachungsmechanismen mehr.

---

385 Leipziger Bank, Trebertrocknung u.a., vgl. *Eisfeld*, WPg 1956, 450; *Meyer im Hagen*, S. 149.

386 Vgl. *Rehm*, Gutachten zum 28. DJT 1906, Bd. I, S. 20, 28 und Bd. III, S. 202, 211, 233; Sowie *Pinner*, Verhandlungen zum 34. DJT, Bd. II, S. 652.

387 Zur Entstehung des Berufsstandes des Accountants in Großbritannien, siehe *Marcus*, S. 13-18.

388 *Großfeld/Diekmann*, WPg 1988, 419, 426.

389 *Großfeld/Diekmann*, WPg 1988, 419, 427.

390 Zusätzlich nahm er als Sachverständiger in Buchführungs- und Bilanzfragen Beratungsaufgaben wahr, siehe hierzu *Großfeld/Diekmann*, WPg 1988, 419, 427.

391 *Großfeld/Diekmann*, WPg 1988, 419, 426.

392 *Ebke*, Dritthaftung, S. 94.

Dennoch zeigten die einzelnen Bundesstaaten kaum Interesse daran, das in den Bereich ihrer Zuständigkeit fallende Gesellschaftsrecht durch Einführung effizienterer Kontrollen zugunsten der Aktionäre zu verändern, da allzu rigide Vorschriften nur ihre Attraktivität als Gründungsstaat gefährdet hätten[393].

Nachfolgende Unternehmenszusammenbrüche und Bilanzmanipulationen im Zusammenhang mit der Weltwirtschaftskrise führten deshalb dazu, dass der Bundesgesetzgeber aktiv wurde[394]. Im Rahmen der Schaffung eines Bundeskapitalmarktrechts wurde auf bundesstaatlicher Ebene eine Pflicht zur Rechnungslegung eingeführt, deren Umsetzung den zuständigen Börsenbehörden überlassen blieb. Die Börsen machten die Zulassung eines Unternehmens von der Vorlage testierter Jahresabschlüsse abhängig[395] und übertrugen die Prüfung der Abschlüsse den Wirtschaftsprüfern. Die Existenz des Berufsstandes der Wirtschaftsprüfer ging auf die Vorgehensweise angelsächsischer Investoren zurück, die zuvor schon die Kreditvergabe von der Vorlage testierter Bilanzen abhängig gemacht hatten[396].

III. *Anfängliche Ablehnung in Deutschland*

In Deutschland stand man der Einführung einer externen Abschlussprüfung anfangs ablehnend entgegen[397]. Zurückzuführen war dies einerseits darauf, dass man sich von der Einführung einer formellen Prüfung keine wesentliche Verbesserung der Überwachungssituation versprach[398], andererseits auf die Struktur der damaligen Aktiengesellschaften sowie einem unterentwickelten Anlegerschutzgedanken. In der überwiegenden Mehrzahl der Aktiengesellschaften bildeten Großaktionäre die Mehrheit; die große Publikumsgesellschaft war die Ausnahme. Die Einführung einer externen Bilanzprüfung wurde folglich als eine "Belästigung der Gesellschaft"[399] betrachtet. Denn die vorherrschende Ansicht der damaligen Zeit war, dass der Aktienerwerb unter Lebenden auf einem freien Willensentschluss beruhe, und deshalb der Aktionär nicht mehr primär des Schutzes bedürfe[400]. Mit der voranschreitenden Industrialisierung änderte sich aber die Zusammensetzung der Aktionäre, breitere Schichten erwarben

393 *Ebke*, Dritthaftung, S. 102.

394 *Ebke*, Dritthaftung, S. 104.

395 *Ebke*, Dritthaftung, S. 96.

396 Zur Gründungsgeschichte des Berufsstandes des "certified accountant" in den USA siehe *Markus*, S. 21-22.

397 Siehe *Solmssen*, Verhandlungen zum 34. DJT, Bd. II, S. 734; sowie die Beschlüsse des 34. DJT, Bd 2, S. 797. Zum ganzen auch *Meisel*, S. 172.

398 Um die Überwachungssituation wesentlich zu verbessern, hätte sich die Pflichtprüfung nicht nur auf formelle sondern auch auf materielle Aspekte erstrecken müssen. In einer solchen Prüfung sah man aber nach damals vorherrschender Ansicht eine Überforderung des Revisors, vgl. *Lehmann*, Gutachten zum 34. DJT, Bd. I, S. 321; *Solmssen*, Verhandlungen 34. DJT, Bd. II, S. 678, 733.

399 *Geßler*, S. 129, 145.

400 Mit der gleichen Begründung wurde auch der Gedanke durch Minderheitsrechte einen wirksamen Schutz für Aktionäre zu schaffen, abgelehnt. Vgl. *Geßler*, S. 129, 144.

Beteiligungen an Aktiengesellschaften. Hinzu kam - wie in den Vereinigten Staaten - der Druck von außen durch internationale Kapitalgeber, welche die Vergabe von Krediten von der Vorlage eines Prüfungsberichts durch unabhängige Revisoren abhängig machten. Dies führte zur Gründung von Buchprüfungsgesellschaften, der späteren Keimzelle des Berufsstandes der Wirtschaftsprüfer[401].

IV. *Eine Weltwirtschaftskrise als Geburtshelfer*

Letztlich bedurfte es in Deutschland aber zusätzlich einer der schwersten Wirtschaftskrisen des vergangenen Jahrhunderts, damit die Notwendigkeit zur Einführung einer externen Abschlussprüfung erkannt wurde[402]. Im Zuge der Weltwirtschaftskrise von 1929/30 war es zu einer Reihe von überraschenden Zusammenbrüchen und Zahlungsstockungen namhafter deutscher Unternehmen gekommen[403]. Ursächlich hierfür war neben den zweifelhaften Geschäftspraktiken der Vorstände nicht rechtzeitig entdeckte Verschleierungen und Verfälschungen von Bilanzen[404]. Die Konkurse blieben dabei nicht isoliert, sondern führten in ihren materiellen Auswirkungen und dem damit verbundenen Vertrauensverlust zu einer Gefährdung der gesamten Volkswirtschaft[405]. Dadurch wurde auch Zweiflern klar, dass eine Kontrolle der Rechnungslegung durch den Aufsichtsrat nicht ausreichend war und dass die Bilanzvorschriften, um ihren Zweck zu erfüllen, der zusätzlichen Überwachung durch eine unabhängige, zuverlässige und kompetente Institution bedurften[406]. Um zukünftige Krisen zu verhindern und das Vertrauen in die Rechnungslegung wieder herzustellen, wurde zur Ergänzung des bestehenden Überwachungssystems im Weg der Notverordnung als dringlichste Maßnahme die jährliche Bilanzprüfung durch einen Abschlussprüfer eingeführt[407]. Das Ziel des Abschlussprüfers sollte es sein, den Aufsichtsrat in seiner Überwachungstätigkeit zu unterstützen und dadurch zu mehr Effizienz zu verhelfen. Die Prüfungspflicht war zunächst von der Größe der Aktiengesellschaft abhängig gemacht

---

401 Zu den Anfängen der Entwicklung des Wirtschaftsprüferberufsstandes in Deutschland, insbesondere den Treuhandgesellschaften, siehe *Markus*, S. 1-13, *Eisfeld*, WPg 1953, 450.

402 Die Wirtschaftsprüfer werden deshalb oft auch als „Kinder der Not" bezeichnet. Zurückzuführen ist dies darauf, dass überwiegend wirtschaftliche Krisen die "unfreiwillige Geburtshelfer" waren, vgl. *Clemm*, WPg 1984, 645, 646.

403 Erwähnt seien hier FAVAG (Frankfurter Allgemeine Versicherungs AG), Nordwolle (Norddeutsche Wollkämmerei und Kammspinner AG), Linoleum (Deutsche Linoleumwerke AG), Hanomag (Hannover`schen Maschinenbau AG), Rudolph Karstatt AG.

404 Zur Weltwirtschaftskrise als zeitgeschichtlicher Hintergrund der Einführung der gesetzlichen Pflichtprüfung siehe *Born*, S. 53-97.

405 *Koch*, S. 63; *Schulze zur Wiesch*, S. 42.

406 Zu den Vorläufern der Prüfung siehe *Eisfeld*, WPg 1956, 450, 451, der darauf verweist, dass schon seit der Krise von 1900/1901 die Prüfung der Bilanzen Buchrevisoren oder Treuhandgesellschaften übertragen wurde, da den Aufsichtsräten das notwendige Fachwissen fehlte.

407 Vgl. § 262 a bis g HGB 1931, in: Verordnung des Reichspräsidenten über Aktienrecht, Bankenaufsicht und über eine Steueramnestie vom 19. September 1931, RGBL. 1931 I, S. 493.

worden[408]. Zurückzuführen ist dies auf den Mangel an ausreichend qualifiziertem Personal[409]. Da sich der Berufsstand der Wirtschaftsprüfer[410], die mit der Prüfung betraut worden waren, aber schnell entwickelte[411], konnten die Grenzen frühzeitig angepasst und später gänzlich aufgehoben werden[412].

V. *Unklarheiten über den Charakter der Abschlussprüfung*

Unterschiedliche Ansichten bestanden anfänglich allerdings bezüglich des Charakters der Abschlussprüfung. Viele Unternehmen betrachteten sie als "innere Angelegenheit"[413] der Gesellschaft. Die Bilanzprüfung, so wurde behauptet, sei dispositiv, was bedeutete, dass man auch auf sie verzichten könne, wenn bei Vorstand, Aufsichtsrat und der Mehrheit der Aktionäre kein Interesse an einer Durchführung bestehe[414]. Gegen diese Interpretation wurde jedoch die gesetzliche Ausgestaltung und Herkunft der Bilanzprüfung angeführt[415]. Um den Streit zu beenden und die gesellschaftsübergreifende Funktion zu verdeutlichen, sah sich der Gesetzgeber daher veranlasst, den zwingenden Charakter der Abschlussprüfung eindeutig klarzustellen. Die Vorschrift des § 135 Absatz 1 AktG 1937 sah als Rechtsfolge der fehlenden Prüfung deshalb die Nichtigkeit des festgestellten Jahresabschlusses vor. Zusätzlich wurde die Unabhängigkeit des Abschlussprüfers von der Gesellschaft gestärkt, indem die Ausschlussgründe wesentlich erweitert wurden[416].

C. Nachfolgende Reformen

Ähnlich ihren englischen und amerikanischen Kollegen gelang es auch den Wirtschaftsprüfern in Deutschland schnell, sich durch ihre Kompetenz Anerkennung zu verdienen. Die Folge war, dass peu á peu das Aufgabenfeld des Abschlussprüfers

---

408 Art. 2 und 3 der 1. Durchführungsverordnung zur Aktienrechtsnovelle, v. 15. Dezember 1931, RGBL I, S. 760.

409 Siehe *Eisfeld*, WPg 1956, 450, 451.

410 Vorbild für den neuen Berufsstand war der "chartered accountant", wie es ihn schon in den USA und Großbritannien gab. Siehe hierzu *Schmölder*, S. 515.

411 Zur Entwicklung des Berufsstandes der Wirtschaftsprüfer siehe *Eisfeld*, WPg 1956, 450-452; *Klausing*, S. 181; *Koch*, S. 55-91.

412 *Klausing*, S. 197.

413 *Steiner*, Prüfungsbericht, S. 229.

414 *Lehmann/Hirsch*, VO über Aktienrecht, § 262b HGB Anm. 5.

415 Vgl. Wortlaut des § 262a HGB nach der Aktienrechtsnovelle vom 19. September 1931; *Schlegelberger/Quasowski/Schmölder*, VO über Aktienrecht, § 262a Rn. 6.

416 Danach war ausgeschlossen, dass der Abschlussprüfer Mitglied des Vorstands, des Aufsichtsrats sowie ein Angestellter des zu prüfenden Unternehmens oder eines darüber herrschenden bzw. davon abhängigen Unternehmens war. Vgl. *Schlegelberger/Quassowski*, AktG, § 137 Rd. 1 und 6.

wuchs und damit auch seine Verantwortung und Bedeutung innerhalb des Überwachungssystems der Aktiengesellschaft[417].

I. *Neuer Prüfungsumfang*

Ein Meilenstein in der Entwicklung der Abschlussprüfung ist dabei das Urteil des BGH vom 15. Dezember 1954[418]. Dort wurde in den Urteilsgründen vom Abschlussprüfer gefordert, seine Stimme warnend gegenüber dem Aufsichtsrat zu erheben, wenn ihm im Rahmen der Abschlussprüfung Bedenken gegen die Geschäftsführung, die Rentabilität oder die Liquidität aufkommen sollten[419]. Eine derartige „Frühwarnung" vor Unternehmenskrisen war nicht eindeutig bei Einführung der Abschlussprüfung vorgesehen worden. Man vermutet, dass der Verordnungsgeber bei der Einführung der Abschlussprüfung davon ausging, dass eine Prüfung der formellen Rechtmäßigkeit der Rechnungslegung ausreichend Schutz bieten würde[420]. Die nachträgliche Erweiterung der Abschlussprüfung um eine "Krisenwarnfunktion" stellte eine erhebliche Ausdehnung der Aufgaben des Abschlussprüfer dar. Sie bedeutete einen ersten Schritt weg von der bloß formellen Ordnungsmäßigkeitsprüfung der Bilanzen hin zu einer materiellen Prüfung, die bis dahin ausschließlich dem Aufsichtsrat vorbehalten war. Ebenso wies er den Weg für zukünftige Anpassungen der Prüfungspflichten des Abschlussprüfers an die Anforderungen einer modernen Unternehmensüberwachung[421]. Der Gedanke der Krisenwarnfunktion wurde nachfolgend als sogenannte "Redepflicht" gesetzlich verankert[422] und gilt spätestens seit dem Bilanzrichtliniengesetz als zentraler Bestandteil der Aufgaben des Abschlussprüfers[423].

---

417 Vgl. *Farr*, S. 116, *Steiner*, Prüfungsbericht, S. 343.

418 BGHZ 16, 17.

419 Zur Herleitung dieser Redepflicht aus Treuepflichten, die auf Vertrag und Organstellung des Wirtschaftsprüfers beruhen siehe Seite 102.

420 Vgl. *Clemm*, WPg 1984, 645, 646; *Schulze zur Wiesch*, S. 46.

421 Zur Weiterentwicklung der Redepflicht des Abschlussprüfers durch spätere Reformen siehe *Lück*, BB 2001, 404-406.

422 Vgl. § 166 Abs. 2 AktG 1965. Siehe hierzu *Ettmülller*.

423 Vgl. § 321 Abs 2 HGB Bilanzrichtlinien-Gesetz. Zusätzlich wurde dort eine sog. "kleine Redepflicht" (vgl. § 321 Abs. 1 Satz 4 HGB) eingeführt, wonach „nachteilige Veränderungen der Vermögens- Finanz- und Ertragslage gegenüber dem Vorjahr und Verluste, die das Jahresergebnis nicht unwesentlich beeinflusst haben" im Prüfungsbericht aufzuführen und zu erläutern sind. Siehe hierzu *Ballwieser*, BFuP 1988, S. 313-320.

Ähnlich einschneidend für die Entwicklung der Abschlussprüfung waren die Folgen der Aktienrechtsreformen von 1965 und 1969[424]. Dabei betrafen die eigentlichen Reformmaßnahmen auf den ersten Blick nicht direkt den Abschlussprüfer. Das Ziel, insbesondere der Reform von 1965, war es, die Überwachung der Aktiengesellschaft an deren gesellschaftlichen Bedeutung anzupassen. Erreicht werden sollte dies mittels der Kodifizierung des Konzernrechts, dem Ausbau des Individual- und Minderheitenschutzes sowie einer Verbesserung der Rechnungslegungs- und Publizitätsvorschriften. Vor allem Letzteres sollte aus Sicht der Reformer zu einem systemkonformen Ausgleich für die unzulänglichen Eigentümerkontrollen weiterentwickelt werden[425]. Aus der Rechnungslegung im formalen Sinn sollte eine echte Rechenschaftspflicht werden, die nicht nur den Gläubigern, sondern auch den Aktionären und der Öffentlichkeit dienen sollte[426].

Aufgrund der Verknüpfung von Rechnungslegung und Abschlussprüfung blieb der Wandel in der Bedeutung der Rechnungslegung nicht ohne Auswirkung auf die Rolle und Funktion des Abschlussprüfers[427]. Als Prüfer der Rechnungslegung sollte der Abschlussprüfer garantieren, dass die veröffentlichten Abschlüsse einen getreuen Einblick in die Lage des Unternehmens ermöglichten. Das bedeutete, dass vom Abschlussprüfer fortan verlangt wurde, sich bei seiner Prüfungstätigkeit, wenn notwendig auch in Widerspruch zu den Interessen der Gesellschaft und der Gläubiger zu setzen[428], beispielsweise, wenn es um die Beurteilung der Zulässigkeit der Bildung von stillen Reserven ging[429]. Dadurch wurde das für die Abschlussprüfung bis heute charakteristische Spannungsfeld zwischen den Interessen der verschiedenen Adressaten der Prüfung geschaffen[430]. Die Umsetzung der 4. und 7. Bilanzrichtlinie hat den Konflikt verschärft, indem sie einen "true and fair view", das heißt einen getreuen Einblick in die Lage des Unternehmens für alle Beteiligten versprach.

---

424 Das Publizitätsgesetz von 1969, BGBl. 1969 I S. 1189. dehnte die Pflicht zur Rechnungslegung auch auf andere Unternehmen als die Aktiengesellschaft aus, sofern sie gewisse Größenmerkmale erfüllten. Des Weiteren wurden spezielle Prüfungspflichten im Zusammenhang mit staatlicher Aufsicht über Unternehmen bestimmter Geschäftszweige etwa des Kredit- und Versicherungswesens eingeführt. Der Plan auch Publikumspersonengesellschaften einer Prüfung durch den Wirtschaftsprüfer zu unterziehen blieb allerdings im Vorbereitungsstadium stecken, vgl. BT-Drucks. VIII/1405 v. 2.1.1978. Zur Ausdehnung der Pflichtprüfung auf die GmbH siehe Art. 51 der 4. EG Richtlinie vom 25. Juli 1978 (78/660/EWG), ABL. EG Nr. L22 vom 14. August 1978, S. 11.

425 *Richter*, DBW 1978, 21, 22.

426 Zu Kritik an der Reform vgl. *Richter*, DBW 38 (1978), 21, 21.

427 *Geßler*, S. 129, 159; *Forster*, WPg 1965, 389,

428 *Dürrhammer*, S. 46; *Forster*, WPg 1964, 422, 426; *Karoli*, WPg 1964, 394, 395; *Westrick*, S. 17 und S. 88.

429 Denn die neuen Bewertungsvorschriften, die den Spielraum der Gesellschaft einengen sollen, erforderten nicht nur die Prüfung der oberen Grenze sondern auch der unteren Grenze für den zulässigen Wertansatz. Vgl. *Claussen*, AG 1979, 167, 171-176.

430 *Forster*, WPg 1964, 422, 427; *Geßler*, S. 129, 151; *Steiner*, Prüfungsbericht, S. 230. Siehe dazu auch Seite 107 ff.

III. *Neue Anforderungen an die Unabhängigkeit*

Die neuen Aufgaben des Abschlussprüfers machten immer wieder Veränderungen in Ausgestaltung seiner Position innerhalb der Corporate Governance notwendig. Den Mittelpunkt der Reformen, etwa des Bilanzrichtliniengesetzes von 1985[431], bildeten deshalb hauptsächlich gesetzliche Regelungen, die der Sicherung der Unabhängigkeit des Abschlussprüfers dienten. So gaben aufgetretene Schwachenstellen seiner Position bei Konflikten zwischen Abschlussprüfer und Verwaltung[432] Anlass für Gesetzesänderungen, die zuerst die Abwahl des Abschlussprüfers erschwerten[433] und sie später ganz unmöglich machten[434]. Andere Gefahren, die man hinter personellen Verflechtungen des Prüfers mit der zu prüfenden Gesellschaft vermutete, etwa bei Beteiligung von Großaktionären an Prüfungsgesellschaften[435] oder bei gleichzeitiger Beratungstätigkeit des als Abschlussprüfers tätigen Wirtschaftsprüfers, führten zu gesetzlichen Katalogen von immer wieder erweiterten Prüfungsausschlussgründen[436]. Ihre Ergänzung fanden diese Vorschriften im Berufsrecht der Wirtschaftsprüfer, das parallel dazu weiterentwickelt wurde. Dagegen hatten Reformversuche, die darauf abzielten, die Haftung des Abschlussprüfers entgegen des ursprünglich gesetzlichen Willens auch auf Dritte auszudehnen[437] oder den Beruf des Wirtschaftsprüfers durch ein Aktienamt zu verstaatlichen[438], bislang keinen Erfolg.

D. *Zusammenfassung*

Der historische Rückblick hat gezeigt, dass Schwächen des bestehenden Systems der Unternehmensüberwachung Anlass zur Einführung der Abschlussprüfung waren. Nach der ursprünglichen Konzeption sollte die Tätigkeit des Abschlussprüfers vor allem den

---

431 Bilanzrichtlinien-Gesetz vom 19.12.1985, BGBL. 1985 I, S. 2355.

432 In den Fällen der Boswau und Knauer AG und Pintsch-Bamag AG. gelang es den Abschlussprüfer abzuwählen, nachdem der Abschlussprüfer zu für die Verwaltung negativen Ergebnissen gekommen war, ohne die Ursachen in der Hauptversammlung offen zulegen, siehe hierzu *Dürrhammer*, S. 46.

433 Um eine objektive Entscheidung der Hauptversammlung über die Abwahl des Abschlussprüfers zu gewährleisten, wurde letzterem gemäß § 163 Abs. 5 S.1 AktG 1965 die Gelegenheit zu einer Stellungnahme vor der Hauptversammlung gegeben. Zusätzlich wurde eine Berichtspflicht des abgewählten Abschlussprüfers über die bisherige Prüfungstätigkeit eingeführt. Die Auskunftsrechte des Abschlussprüfers wurden in § 165 Abs. 4 AktG 1965 zudem auf verbundene Unternehmen ausgedehnt.

434 So wurde durch das Bilanzrichtlinien-Gesetz die uneingeschränkte Möglichkeit der Abberufung des Abschlussprüfers durch die Gesellschaft ganz abgeschafft (§ 318 Abs. 1 Satz 5 HGB) und die Möglichkeit zur Eigenkündigung wesentlich erschwert (§ 318 Abs. 6 HGB).

435 Empirische Studien zu diesen Verbindungen enthalten *Schruff*, S. 126 und *Jäckel*, S. 35.

436 Vgl. hierzu vor allem die durch das Bilanzrichtlinien-Gesetz wesentlich erweiterte Vorschrift des § 319 Abs. 1 und 2 HGB. Insgesamt zu den Reformen siehe *Biener/Bernecke*, BiRiLiG, S. 413.

437 Siehe hierzu Seite 262 ff.

438 Siehe hierzu Seite Seite 154.

Aufsichtsrat bei der Durchführung der Rechnungslegungsprüfung unterstützen und ergänzen, ohne sich dabei jedoch auf eine gesellschaftsinterne Funktion zu beschränken. Im Laufe der Zeit kamen bedingt durch die Entwicklung der Rechnungslegung neue Aufgaben und Anforderungen hinzu, die u.a. auch darauf abzielten gerade diese externe Funktion zu stärken, so dass von einer kontinuierlichen Weiterentwicklung der Position und Rolle des Abschlussprüfers innerhalb der Corporate Governance bis heute gesprochen werden kann.

§ 3: Aufgaben, Funktion und Rolle des Abschlussprüfers heute

Ausgehend vom gegenwärtigen Stand der gesetzlichen Aufgaben und der rechtlichen Stellung des Prüfers, soll nachfolgend auf die zukünftige Funktion und Rollenerwartung der einzelnen Adressaten an die Abschlussprüfung eingegangen werden.

A. Die Aufgaben des Abschlussprüfers

Die Aufgaben des Abschlussprüfers im Rahmen der Pflichtprüfung werden heute regelmäßig in eine Kontroll-, Informations- und Beglaubigungsfunktion unterteilt[439].

I. *Kontrolle*

Der Prüfungspflicht durch den Abschlussprüfer unterliegen gem. § 316 Abs. 1 HGB alle Kapitalgesellschaften, die nicht kleine i.S. des § 267 Abs. 1 HGB sind[440]. Dabei wird der Abschlussprüfer zwar auf Grund eines werksähnlichen Geschäftsbesorgungsvertrags[441] mit der zu prüfenden Gesellschaft tätig, aber die Vertragsfreiheit der Parteien ist durch den gesetzlich festgelegten Prüfungsauftrag eingeschränkt, so dass es nicht möglich ist, durch Vereinbarungen den Gegenstand der Abschlussprüfung zu verändern[442]. Der Gegenstand der Kontrollaufgabe lässt sich folglich allein aus den gesetzlichen Vorschriften entnehmen. Gemäß § 316 Abs. 1 HGB i.V.m. § 317 HGB Abs. 1 und Abs. 2 HGB hat der Abschlussprüfer festzustellen, ob der Jahresabschluss

---

439 Vgl. *A/D/S*, HGB, § 316 Rn. 16; *Ebke*, MüKo-HGB, § 316 Rn. 22; *Scheffler*, FS Havermann, S. 651, 666.

440 Zu den Einzelheiten siehe *Ebke*, MüKo-HGB, § 316 Rn. 1-14. Zur Ausdehnung der Prüfungspflicht auf oHG und KG nach § 264 a Abs. 1 HGB, der durch das Kapitalgesellschaften & Co-Richtlinie Gesetz (KapCoRiLiG) BGBl. I, v. 24.2.2000, S. 154 neu ins HGB aufgenommen wurde, siehe *Beater*, MüKo-HGB, § 264 a Rn. 1-7.

441 Zur rechtlichen Qualifikation des Prüfungsauftrages siehe BGH NJW 2000, 1107; OLG Hamburg WPg 1964, 553; OLG Köln ZIP 1980, 991, 992. Ferner *Ebke*, MüKo-HGB, § 318 Rn. 19; *Schulze-Osterloh*, ZGR 1976, 411, 419.

442 *Thümmel*, WPg 1986, 643; *Steiner*, Prüfungsbericht, S. 37. Zum Problem der individuellen Erweiterung des Prüfungsauftrages siehe ausführlich *Bezzenberger*, FS Brönner, S.35, 49-52.

unter Einbeziehung der Buchführung den gesetzlichen Vorschriften und gegebenenfalls auch den sie ergänzenden Bestimmungen des Gesellschaftsvertrages und der Satzung entspricht[443]. Die Prüfung des Jahresabschlusses umfasst die Bilanz, Gewinn- und Verlustrechnung sowie den Anhang[444]. Dabei bestimmt der Abschlussprüfer Art und Umfang der Prüfungsdurchführung selbst[445]. Die Prüfung ist jedoch gem. § 317 Abs. 1 S. 3 HGB so anzulegen, dass Unrichtigkeiten und Verstöße gegen die einschlägigen Normen, die sich auf die Darstellung des gesetzlich geforderten Bildes (§ 264 Abs. 2 HGB) der Vermögens-, Finanz- und Ertragslage des Unternehmens wesentlich auswirken, bei gewissenhafter Berufsausübung erkannt werden[446].

Bei der Prüfung des Lageberichts nach § 317 Abs. 2 S. 1 HGB ist festzustellen, ob dieser insgesamt eine zutreffende Vorstellung von der Lage des Unternehmens vermittelt und ob die Risiken der künftigen Entwicklung zutreffend dargestellt sind (§ 317 Abs. 2 S. 2 HGB)[447]. Von zentraler Bedeutung ist hierbei die Prüfung des Prognoseberichts des Vorstandes über den Fortbestand und die künftige Entwicklung des Unternehmens[448]. Zusätzlich muss der Abschlussprüfer bei Aktiengesellschaften mit amtlicher Notierung nach § 317 Abs. 4 HGB prüfen, ob der Vorstand die ihm nach § 91 Abs. 2 AktG obliegenden Maßnahmen in geeigneter Form getroffen hat. Dazu gehört, dass ein geeignetes Frühwarnsystem eingerichtet worden ist, aufgrund dessen Entwicklungen, die den Fortbestand des Unternehmens gefährden, rechtzeitig erkannt werden[449].

II. *Informationsvermittlung*

An das Resultat der Abschlussprüfung im Prüfungsbericht und Bestätigungsvermerk sind keine unmittelbaren rechtlichen Folgen geknüpft. Auch kann der Abschlussprüfer nicht selbst tätig werden und die entdeckten Fehler und Mängel beheben oder korrigieren; dies obliegt vielmehr nur den Empfängern des Prüfungsergebnisses. Damit diese auf ausreichender Informationsgrundlage handeln können, zählt neben der Kontrolle die Informationsvermittlung zu den wichtigsten Aufgaben des Abschlussprüfers. Die Adressaten des Ergebnisses der Abschlussprüfung sind der Vorstand, der Aufsichtsrat, die Hauptversammlung sowie allgemein die Öffentlichkeit. Allerdings variieren Art und der Umfang der Informationsvermittlung. Die Information des Vorstands ist gesetzlich nur in Form der Vorabzuleitung des Prüfungsberichts gem. § 321 Abs. 5 S. 2 HGB geregelt. Die Vorschrift soll ihm ermöglichen, frühzeitig zu

---

443 Entsprechend hat der Konzernabschlussprüfer nach § 317 Abs. 1 S. 2 HGB festzustellen, ob die gesetzlichen Vorschriften und die sie ergänzenden Bestimmungen des Gesellschaftsvertrages oder Satzung beachtet worden sind.

444 Siehe hierzu *Ebke*, MüKo-HGB, § 317 Rn. 8.

445 *IDW*, EPS 200, Tz. 2, 18, WPg 1999, 704 u. 706.

446 Siehe hierzu Seite 170 ff.

447 Gleiches gilt für den Konzernlagebericht und den Konzernabschluss.

448 Siehe dazu ausführlich Seite 181 ff.

449 Siehe hierzu Seite 194 ff.

den Ergebnissen des Abschlussprüfers Stellung zu nehmen[450]. Daneben bestehen aber gesetzlich nicht geregelte informelle Kontaktmöglichkeiten für den Vorstand[451]. Sie beruhen auf der Pflicht des Vorstandes, die Prüfungsdurchführung zu begleiten und zu unterstützen[452].

Dem Aufsichtsrat als Hauptadressat des Prüfungsergebnisses steht der Abschlussprüfer gem. § 321 HGB umfassend schriftlich in einem Prüfungsbericht und gem. § 171 Abs. 1 Satz 2 AktG mündlich in den Bilanzsitzungen zum Ergebnis der Prüfung Rede und Antwort. Der schriftliche Prüfungsbericht enthält dabei auch Angaben über Art und Umfang der von ihm durchgeführten Prüfung (§ 321 Abs. 3 HGB). Wichtigster Bestandteil des Prüfungsberichts ist die Stellungnahme des Abschlussprüfer zu den Ausführungen des Vorstands zur Lage des Unternehmens. Sie hat im Prüfungsbericht vorweg zu erfolgen (§ 321 Abs. 1 Satz 2 HGB). Gegenüber der Hauptversammlung berichtet der Aufsichtsrat von den Ergebnissen der Abschlussprüfung (§ 171 Abs. 2 S. 3 AktG. Daneben ist der Bestätigungsvermerk nach § 322 HGB die primäre Informationsquelle der Hauptversammlung. Im Bestätigungsvermerk informiert der Abschlussprüfer in formalisierter und verkürzter Form von den Ergebnissen der Prüfung. Es steht ihm dabei nach § 322 Abs. 4 HGB die Möglichkeit zu, sein Testat einzuschränken oder zu versagen.

III. *Beglaubigung*

Neben Kontrolle und Information soll dem Abschlussprüfer noch eine weitere Aufgabe zukommen, nämlich die Beglaubigung des Jahresabschluss[453]. Diese Aufgabe steht so nicht ausdrücklich im Gesetz, sie wird aber aus der Pflicht zur Erteilung eines Bestätigungsvermerks (§ 322 HGB) abgeleitet. Darin hat der Abschlussprüfer, sofern die Prüfung zu keinen Einwendungen geführt hat, zu bestätigen, dass der von den gesetzlichen Vertretern der geprüften Gesellschaft aufgestellte Jahres- und Konzernabschluss nach seiner Beurteilung und unter Beachtung der Grundsätze ordnungsmäßiger Buchführung ein den tatsächlichen Verhältnissen entsprechendes Bild der Vermögens-, Finanz- und Ertragslage des Unternehmens oder des Konzerns vermittelt (§ 322 Abs. 2 HGB). Aus Sicht der Rechtsprechung knüpfen die Adressaten im Rechtsverkehr an diese Erklärung ihr Vertrauen[454]. Umfang und Reichweite dieser Garantieerklärung des Abschlussprüfers werden im Detail allerdings unterschiedlich beurteilt[455]. Ausschlaggebend sind hierfür die unterschiedlichen Interpretationen seiner Rolle und Funktion aus Sicht der Adressaten der Abschlussprüfung, die nicht unbe-

---

450 Siehe hierzu *A/D/S*, HGB, § 321 Rn. 156; *Budde/Kunz*, BeBiKomm., § 321 Rn. 121.

451 Zu erwähnen ist der sog. "management letter". Darin teilt der Abschlussprüfer der Unternehmensführung ergänzend zum Prüfungsbericht Feststellungen und Verbesserungsvorschläge mit, die bspw. die Rechnungslegung und das interne Kontrollsystem. betreffen. Siehe hierzu *Förschle/Peter*, BeBiKomm., § 317 Rn. 201

452 Vgl. § 320 HGB.

453 Vgl. *Ebke*, MüKo-HGB, § 317 Rn. 36.

454 OLG Düsseldorf, WM 1996, 1177, 1179.

455 Siehe hierzu Seite 116 ff.

dingt immer im Einklang mit seinen gesetzlichen Prüfungs- und Berichtsaufgaben stehen.

B. Die Rechtliche Stellung des Abschlussprüfers

Im Gegensatz zu den gesetzlich formulierten Aufgaben war die Frage der rechtlichen Stellung des Abschlussprüfers lange unklar.

I. *Der Streit*

Die Bandbreite der geäußerten Ansichten reichte von der Einordnung als "Organ der Gesellschaft" bis zum Träger eines "öffentlichen Amtes". Schon früh gab es dahingehende Äußerungen, dass es sich hierbei um eine "akademische Frage"[456] handele und dem Streit nur wenig praktische Bedeutung zukomme[457]. Dem kann so pauschal nicht zugestimmt werden. Denn die Klärung der Rechtsstellung des Abschlussprüfers besitzt durchaus eine gewisse Relevanz im Hinblick auf die Erwartungen der Adressaten der Abschlussprüfung und den daraus abgeleiteten Forderungen an und gegen den Abschlussprüfer[458].

II. *Die Bedeutung*

1. Das Ermessen

Der Prüfungsauftrag des Abschlussprüfers ist zwar zwingend gesetzlich geregelt (§§ 316 ff. HGB), solche Vorschriften lassen aber Spielraum und bedürfen daher der Auslegung und Interpretation. Dem Abschlussprüfer steht im Rahmen seiner Pflichten folglich ein Ermessen bei der Gewichtung der Interessen der einzelnen Adressaten der Abschlussprüfung zu[459]. Dabei kann es durchaus eine Rolle spielen, ob der Abschlussprüfer als Organ der Gesellschaft mit möglichen Treuepflichten oder als Träger eines öffentlichen Amtes, das ihn auf das Wohl der Allgemeinheit verpflichtet, verstanden werden muss.

---

[456] *Schmölder*, JW 1931, 2925, 2926.
[457] *A/D/S*, HGB, § 319 Rn. 9; *Hönle*, S. 49.
[458] Zu den einzelnen Adressaten der Abschlussprüfung siehe Seite 107 ff.
[459] Vgl. *Richter*, DBW 1978, 21, 22.

2. *Die Haftung*

Auch in Fragen der Haftung kann die rechtliche Stellung des Abschlussprüfers eine nicht unerhebliche Rolle spielen. Die Tatsache, dass der Abschlussprüfer nach der 5. Richtlinie ("Strukturrichtlinie") wie Aufsichtsrat und Vorstand unbeschränkt haften sollte, spricht dafür, dass von einer diesen Organen zumindest vergleichbaren Rechtsstellung ausgegangen wurde[460]. Die Notwendigkeit von Haftungsbegrenzungen wie sie beim deutschen Abschlussprüfer vorgesehen sind (§ 323 Abs. 2 HGB) lässt sich folglich u.a. einfacher begründen, wenn nachgewiesen wird, dass der Abschlussprüfer kein Organ der Gesellschaft ist. Demgegenüber ist bei einer Tätigkeit als Träger eines öffentlichen Amtes sogar an Staatshaftungsansprüche zu denken. Auch andere Anforderungen an den Abschlussprüfer, wie etwa eine Krisenwarnfunktion, lassen sich mit Hinweis auf Treuepflichten, die sich aus einer Organstellung ergeben, leichter rechtfertigen. Ähnlich verhält es sich mit Publizitätspflichten[461].

3. *Der Blick über die Grenzen*

Eine nähere Betrachtung der Rechtsstellung des Abschlussprüfers rechtfertigt nicht zuletzt auch die Tatsache, dass diese Frage bis in jüngerer Zeit Gerichte und Wissenschaft in anderen Ländern beschäftigte. So hat das Bundesgericht in der Schweiz erst kürzlich einen langen Streit beendet, indem es entschied, dass die Revisionsstelle[462] kein Gesellschaftsorgan ist[463]. Auch in Spanien galt die Abschlussprüfung lange als eine von Gesellschaftsorganen vorgenommene interne Prüfung[464]. Erst eine Reform, bedingt durch den EU-Beitritt Spaniens im Jahre 1988, hat hier Klarheit gebracht, indem nun explizit die Durchführung der Prüfung durch einen gesellschaftsexternen unabhängigen Sachverständigen gefordert wird[465].

---

460 Vgl. *Zilias*, WPg 1974, 69, 73.

461 Nach der Ersten Richtlinie v. 9. März 1968 (Publizitätsrichtlinie) (68/151EWG) sind die Bestellung, das Ausscheiden sowie die Personalien derjenigen, die als gesetzlich vorgesehenes *Gesellschaftsorgan* oder als Mitglieder eines solchen *Organs* an der Verwaltung, Beaufsichtigung oder Kontrolle der Gesellschaft teilnehmen, von der Gesellschaft offenzulegen (Art. 2 d) ii). Nach *Buijink/Maijoor/Meuwissen/Witteloostuijin*, Role, Position and Liability, S. 49 u. 67 zählen hierzu auch Abschlussprüfer. Dementsprechend bestehen in einigen europäischen Ländern Veröffentlichungspflichten.

462 In der Schweiz wird die Abschlussprüfung von einem Revisor durchgeführt, der als Revisionsstelle (OR 727 I) von der Hauptversammlung gewählt wird.

463 BG AJP/PJA 1998, 1235 mit Anm. *Glanzmann*; *Ebke*, ZSR 119 (2000), 39, 74. Zuvor schon in diesem Sinne *Ebke*, RIW 1992, 823, 827; a.A. *Schneider*, Unternehmensüberwachung, S. 51-52, der in der Revisionsstelle ein Gesellschaftsorgan mit entsprechender Organhaftung sieht.

464 Vgl. *Fischer N.*, S. 248-252.

465 *Ruiz de Vargas*, S. 12; *Kruse Zeis*, RIW 1989, 118.

III. *Der Abschlussprüfer – Ein Gesellschaftsorgan?*

Im deutschen Aktienrecht nimmt der Abschlussprüfer nach heute vorherrschender Meinung keine Organstellung ein[466]. Dies war nicht immer so.

1. *Die Ansicht von Lehre und Rechtsprechung*

Nach früher vertretener Ansicht[467] stellte der Abschlussprüfer ein Organ der prüfungspflichtigen Gesellschaft dar[468]. Maßgeblich beeinflusst wurde diese Ansicht von der Rechtsprechung des BGH, der dem Abschlussprüfer eine Rechtsstellung zusprach, die auf "Vertrag und Organstellung"[469] beruhe. Später differenzierte der BGH seine Auffassung dahingehend, dass der Abschlussprüfer "eine Stellung wie ein Gesellschaftsorgan"[470] habe. Andere sprachen von einem "Hilfsorgan" neben den "Hauptorganen"[471], einem "notwendigen", nicht jedoch "korporativen" Organ[472] oder einem "Schwesterorgan"[473].

2. *Die Organtheorie*

Die Organtheorie stützte sich in ihrer Argumentation zum einen auf die Tatsache, das der Wirtschaftsprüfer durch den körperschaftlichen Akt der Wahl durch die Hauptversammlung bestellt werde[474]. Zum anderen sei er durch die von ihm durchzuführende Prüfung und die damit verbundene Verantwortung in die Gesellschaft eingegliedert[475]. Die rechtlichen Folgen dieser Theorie wären bei konsequenter Anwendung weitreichend gewesen[476]. So hätte der Abschlussprüfer geschädigten Dritten nach § 421 BGB solidarisch für das Verschulden von Vorstand und Aufsichtsrat einstehen müssen, ohne sich auf ein Mitverschulden dieser Organe gemäß § 254 BGB berufen zu können[477]. Die geprüfte Gesellschaft hätte andererseits für den Schaden, den der Abschlussprüfer im Rahmen seiner Tätigkeit einem Dritten zufügt, nach

---

466 *Baumbach/Hopt*, HGB § 318 Rn. 2; *BayObLG* WM 1987, 1365.

467 *Baumbach/Hueck*, AktG § 163 Rn. 4; *Godin/Wilhelmi*, AktG § 163 Anm. 2; *Scherpf*, Rn. 622; *Kropff*, in: Geßler/Hefermehl, AktG § 162 Rn 5 m. w. Nachw.

468 Zur Gegenansicht siehe *Brönner*, in: Großkomm. AktG, § 163 Anm. 8; *Girgensohn*, WPg 1955, 153, 155; *Schmaltz*, Die Betriebswirtschaft 1932, 254.

469 BGHZ 16, 17, 25.

470 BGHZ 76, 338.

471 *Schlegelberger/Quassowski*, AktG (1939) § 141 Rn. 2.

472 *Henn*, S. 457, 458.

473 *Henn*, 4. Aufl., 1991, S. 248.

474 *A/D/S*, 4. Aufl., AktG, § 164 Rn. 4; *Richter*, DBW 1978, 21, 23.

475 *A/D/S*, 4. Aufl., AktG, § 164 Rn. 4.

476 Siehe hierzu ausführlich *Müller-Froelich*, WPg 1972, 545-552.

477 *Müller-Froelich*, WPg 1972, 545, 546.

der Vorschrift des § 31 BGB aufzukommen gehabt[478]. Für zusätzliche Bedenken hätte gesorgt, dass der Abschlussprüfer als Organ der Gesellschaft eine "Selbstprüfung" vorgenommen hätte[479]. Eine Tatsache, die sich mit dem Charakter der Abschlussprüfung als Fremdprüfung, die Unabhängigkeit und Distanz zum prüfenden Objekt erfordert nur schwer vereinbaren ließe. Dennoch bestand für die Anhänger der Organtheorie ein Bedürfnis, den Abschlussprüfers als Organ der Gesellschaft einzuordnen[480]. Hintergrund war die aus der Organstellung resultierende Treuepflicht des Prüfers gegenüber der Gesellschaft. Nur so konnte rechtlich eine Pflicht des Prüfers konstruiert werden, die Gesellschaft bei schwerwiegenden Bedenken bezüglich ihrer wirtschaftlichen Lage zu unterrichten[481]. Spätestens durch die gesetzliche Normierung (§ 166 Abs. 2 AktG a.F.) einer Warnpflicht des Abschlussprüfers[482] bestand aber auch für die Vertreter der Organtheorie kein zwingender Grund mehr an dieser Theorie festzuhalten[483]. Trotzdem wird in der Literatur teilweise weiter an der Bezeichnung als "Organ" der Aktiengesellschaft festgehalten[484].

IV. *Der Abschlussprüfer – Ein "staatlicher Kontrolleur"?*

Den Gegenpol zum Abschlussprüfer als Organ der prüfungspflichtigen Gesellschaft bildete die Auffassung, der Abschlussprüfer sei ein "staatlichen Kontrolleur"[485]. Auch in Deutschland gibt es Umschreibungen der rechtlichen Stellung des Abschlussprüfers, die den Schluss nahe legen, dass der Abschlussprüfer der Träger eines öffentlichen Amtes sei oder zumindest die Rechte eines Beliehenen ausübe. Im Zusammenhang mit der Beschreibung der Tätigkeit und seiner Rechtsstellung wird der Abschlussprüfer als Inhaber eines "Amtes"[486] oder als "Organ der Rechtspflege"[487] bezeichnet. Andere sprechen abgeschwächt von einer "amtsähnlichen Stellung"[488].

---

478 Eine derartige Haftung der Gesellschaft war aber auch dem überwiegenden Teil der Anhänger der Organtheorie zu weitgehend, vgl. BGHZ 16, 17, 25; *A/D/S*, 4. Auflage, AktG, § 164 Rn. 3; *Godin/Wilhelmi*, 3. Auflage, § 163 Anm. 2; *Baumbach/Hueck*, AktG § 163 Rn. 4.

479 *Müller-Froelich*, WPg 1972, 545, 550.

480 *A/D/S*, AktG, § 168 Rn. 7; *Baumbach/Hueck*, AktG § 163 Anm. 3; *Schulze zur Wiesch*, S. 165.

481 Vgl. BGH 16, 17, 25.

482 *Ebke*, Dritthaftung, S. 14.

483 *Mueller-Froelich*, WPg 1972, 545, 551-552.

484 So sprechen *Ludewig*, DB 2000, 634, 635 und *Theisen*, DB 1999, 341 von einem "Hilfsorgan", *Schwegler* BB 1995, 1683 spricht vom Abschlussprüfer als einem "Beratungsorgan" und *Jäger*, NZG 2001, 97, 101, bezeichnet ihn als "viertes Organ".

485 So übt der Abschlussprüfer in Frankreich laut *Schneider*, Unternehmensüberwachung, S. 58 eine staatliche Funktion aus, indem er die Interessen des Staates, der Gewerkschaften und der Aktionäre gegen die der Geschäftsführung verteidigt.

486 *Klausing*, S. 229; *Lutter/Hommelhoff*, GmbHG, Anh. § 42 Rdn. 14.

487 *Hönle*, BB 1981, 466.

488 *Staub/Pinner*, HGB § 267 Anm. 6. *Kellner*, S. 16.

1. *Die Gründe*

Ausschlaggebend für eine solche Sichtweise dürfte die Tatsache sein, dass die Prüfungstätigkeit des Abschlussprüfers neben den Interessen der geprüften Gesellschaft in erheblichem Maße auch der Allgemeinheit und deren Bedürfnis nach objektiven und zuverlässigen Informationen über das geprüfte Unternehmen dient. Die öffentliche Zielsetzung der Prüfung unterstreichen Vorschriften, die zur allgemeinen Veröffentlichung des Prüfungsergebnisses im Bestätigungsvermerk verpflichten, die den Prüfer zur Objektivität und Unabhängigkeit bei der Prüfung anhalten, sowie allgemein der zwingende Charakter der Prüfung, der nicht zur Disposition der Beteiligten steht. Als weitere Indizien für den möglichen hoheitlichen Charakter der Tätigkeit des Abschlussprüfers kann auf dessen öffentliche Bestellung, seinen Berufseid und die Pflicht zur Siegelführung verwiesen werden[489]. Daneben spielt möglicherweise auch der Gegenstand der Prüfung, die Buchführungspflichten, eine Rolle, denen teilweise öffentlich-rechtlichen Charakter zugesprochen wird[490].

2. *Beamter?*

Es besteht allerdings Einigkeit darüber, dass es sich beim Abschlussprüfer nicht um einen Beamten im status- oder dienstrechtlichen Sinn handelt[491]. Hierfür fehlen schon die formellen Voraussetzungen der Begründung eines Beamtenverhältnisses[492]. Auch die öffentliche Bestellung (§ 1 Abs. 1 und 15 ff. WPO) lässt keine andere Bewertung zu. Sie ist lediglich ein hoheitlicher Akt, der dazu dienen soll, dass nur entsprechend qualifizierten Personen die Möglichkeit zur Vornahme der Abschlussprüfung eröffnet wird[493]. Keinesfalls führt sie aber dazu, dass der Prüfer zum Inhaber eines öffentlichen Amtes wird[494].

Aus der Erfüllung einer Aufgabe, die der Allgemeinheit dient und die damit im öffentlichen Interesse liegt, kann ebenfalls nicht auf ein Recht oder eine Pflicht zum staatlichen Handeln geschlossen werden[495]. Die Unzulässigkeit eines solchen Schlusses zeigt das Beispiel der Presse, die nach den Pressegesetzen der meisten Bundesländer (jeweils § 3) zwar eine "öffentliche Aufgabe" erfüllt, der aber andererseits durch Art. 5 Abs. 1 Satz 2 GG ein hohes Maß an Staatsfreiheit zugesichert

---

489 Siehe hierzu *Buchner*, S. 23.

490 Vgl. *Hüffer*, in: GroßKomm HGB, § 238 Rn. 2 m.w.Nachw. A.A. *Claussen*, AG 1979, 167, 169-171 m.w.Nachw.

491 Siehe dazu ausführlich *Mai*, S. 221.

492 Voraussetzung wäre die Aushändigung einer Urkunde durch den Dienstherrn, die ausdrücklich auf das "Beamtenverhältnis" Bezug nimmt. Vgl. v. Münch/Schmidt-Aßmann/*Kunig*, Besonderes Verwaltungsrecht, S. 548 ff.

493 *Mai*, S. 226;

494 *Stein*, S. 152 und 248.

495 Vgl. *Uerpmann*, S. 33. Siehe hierzu auch die Entscheidung BVerfG 73, 301, 315 sowie die kritischen Anmerkungen von *Hufen*, NJW 1994, 2913, 2919.

wird[496]. Die Zusammenhänge zwischen "öffentlichem Interesse", "öffentlicher Aufgabe" und "staatlicher Aufgabe" lassen sich anschaulich anhand der Terminologie verdeutlichen, die für die Privatisierung bisher staatlich wahrgenommener Aufgaben benutzt wird[497]. Dort wird anstelle von "staatliche[r] Aufgabe" mit dem Begriff der "staatlichen Verantwortung“ argumentiert[498]. Danach begründet nicht jedes “öffentliche Interesse“ eine “staatliche Aufgabe“ im Sinne einer staatlichen Erfüllungsverantwortung. Vielmehr kann sich die Verantwortung des Staates darauf beschränken, einen Bereich zu beobachten und gegebenenfalls legislativ tätig zu werden, um den für die private Aktivität notwendigen Rahmen zu schaffen.

3. Beliehener?

Ebenso stellt die durch Gesetz vorgesehene Übertragung der Abschlussprüfung auf den Wirtschaftsprüfer keine Beleihung dar[499]. Nach der herrschenden Definition ist eine natürliche oder juristische Person des Privatrechts nur dann Beliehene, wenn ihr zuvor eine staatliche Aufgabe durch Rechtssatz oder Verwaltungsakt übertragen wurde und sie diese in eigenem Namen wahrnimmt[500]. Dabei ist nicht notwendig, dass diese Person die Aufgaben auch mittels Befehls- oder Zwangsgewalt durchsetzen kann[501]. Notwendig ist aber, dass staatliche Funktionen übertragen werden[502]. Das heißt, das Ergebnis der Abschlussprüfung müsste die Grundlage für unmittelbare hoheitliche Maßnahmen bilden oder zumindest integraler Bestandteil eines behördlichen Verfahrens sein[503]. Das Ergebnis der Abschlussprüfung dient aber ebenso wenig als Grundlage für hoheitliche Maßnahmen wie die Versagung des Bestätigungsvermerks einen anfechtbaren Verwaltungsakt darstellt[504]. Denn die Einschränkung oder Versagung des Bestätigungsvermerks hat keine Konsequenzen für die geprüfte Gesellschaft beispielsweise in der Form, dass ein Träger hoheitlicher Gewalt die Beseitigung der

---

496 Vgl. auch § 1 Abs. 1 BPresseG, wonach "[e]ine freie, nicht von der öffentlichen Gewalt gelenkte, keiner Zensur unterworfene Presse ein Wesenselement der freiheitlichen und demokratischen Staates [sei]".

497 *Uerpmann*, S. 34. Siehe hierzu auch *Zuberbühler*, SZW 1996, 205, der in der Delegation von Prüfungsaufgaben an private Revisionsstellen eine "Frühform der Privatisierung staatlicher Tätigkeit" sieht.

498 Vgl. *Schmidt-Aßmann*, S. 11, 43; *Schuppert*, DV 1998, 415, 421-427; *Bauer*, VVDStRL 54 (1995), 243, 277.

499 *Kropff*, in: Geßler/Hefermehl AktG § 162 AktG Rn.4.

500 *Bauer*, VVDStRL 54 (1995), 243, 277, Rn. 424 Fn. 477 m.w.N. A.A. *Hönle*,S.46.

501 Weshalb die Tatsache, dass der Abschlussprüfer über keine hoheitlichen Machtmittel verfügt, vielmehr bei der Durchsetzung seiner Informationsrechte gegenüber der Unternehmensführung auf die Einflussnahme des Aufsichtsrates angewiesen ist, nicht zwangsläufig gegen eine Beleihung spricht. So aber *Hönle*, S. 46, 47. Richtig *Mai*, S. 227.

502 *Steiner*, S. 14, 67 und 137; *Erichsen/v. Mutius*, VerwArch 62 (1971), 291, 302.

503 Siehe hierzu BGHZ 49, 108, 113 = NJW 1968, 444; BGH, NJW 1993, 1784; *Mai*, S. 228; *Ossenbühl*, S. 17. Anschaulich am Beispiel des “TÜV-Sachverständigen“ *Herschel*, NJW 1969, 817.

504 *Kropff*, in: Geßler/Hefermehl AktG § 162 Rn 4.

hierfür ursächlichen Gründe fordern könnte[505]. Die Einreichung des testierten Jahresabschlusses mit Bestätigungsvermerk beim Registergericht und dessen anschließende Veröffentlichung gemäß § 325 HGB dient allein dazu, die interessierte Öffentlichkeit zu informieren[506].

V. *Der Abschlussprüfer - Ein unabhängiger privater Sachverständiger*

Nach heute vorherrschender Meinung ist der Abschlussprüfer weder Gesellschaftsorgan noch staatlicher Kontrolleur. Seine rechtliche Stellung wird vielmehr als die eines privaten gesellschaftsexternen und damit unabhängigen Sachverständigen beschrieben[507]. Obgleich der Abschlussprüfer vom Unternehmen, das zu prüfen ist, beauftragt und auch vergütet wird, handelt es sich nicht nur um eine reine gesellschaftsinterne Selbstkontrolle. Die Abschlussprüfung besitzt vielmehr auch eine gesellschaftsübergreifende allgemeine Schutzfunktion[508]. Dies signalisiert der Gesetzgeber, indem er den Prüfungsauftrag normiert und den Abschlussprüfer verpflichtet, das Ergebnis seiner Prüfung in der Form des Bestätigungsvermerks der Öffentlichkeit bekannt zu geben. Dadurch sollen nicht nur Rechtsunsicherheiten vorgebeugt und das Vertrauen der Öffentlichkeit in die Abschlussprüfung gestärkt, sondern gleichzeitig auch die unterschiedlichen Interessen der Adressaten der Abschlussprüfung "optimiert" werden[509], um so dem öffentlichen Interesse an einer funktionierenden Volkswirtschaft am besten gerecht zu werden[510].

Im übrigen zeigt die bewusste Zurückhaltung des Staates hinsichtlich der Regulierung der rechtlichen Stellung, insbesondere der Verzicht auf ein Aktienamt, dass marktwirtschaftliche Anreizwirkungen erhalten bleiben sollen. Dem Berufsstand der Wirtschaftsprüfer, dem die Aufgabe der Abschlussprüfung übertragen wurde (§ 2 WPO), soll es weitgehend selbst überlassen bleiben, im Rahmen der Selbstverwaltung durch geeignete Berufsgrundsätze und -aufsicht[511] die Qualität der Abschlussprüfung, insbesondere die Unabhängigkeit und Objektivität des Abschlussprüfers, sicherzu-

---

505 *Steiner*, S. 138.

506 *Steiner*, S. 139. Auch bei der Kapitalerhöhung aus Gesellschaftsmitteln stellt die Tätigkeit des Abschlussprüfers keinen integralen Bestandteil des behördlichen Verfahrens dar. Zwar wird das Gericht in aller Regel den Bestätigungsvermerk zur Unterstützung seiner Entscheidung heranziehen, jedoch steht es ihm offen, unabhängig davon eine eigene Prüfung vorzunehmen, vgl. *Mai*, S. 228-229.

507 *Baumbach/Hopt*, HGB § 318 Rn. 2; *Clemm* ZGR 1980, 455, 458; *Ebke*, MüKo-HGB § 316 Rn. 32; *Hopt* ZHR 1977, 389, 401-403; *Schulze-Osterloh* ZGR 1976, 411, 419; *Simitis* FS Reinhardt, S. 332-333.

508 Siehe *Ebke*, MüKo-HGB § 316 Rn. 24; *ders.*, Dritthaftung, S. 15.

509 *Langenbucher*, S. 64.

510 Siehe hierzu schon *Reichsjustizministerium (Hrsg.)*, Entwurf eines Gesetzes über Aktiengesellschaften und Kommanditgesellschaften auf Aktien sowie Entwurf eines Einführungsgesetzes nebst erläuternden Bemerkungen, S. 115, sowie *Kuhner*, WPK-Mitt. 1999, 7, 10; *Schulze-Osterloh*, Stellung und Unabhängigkeit des Wirtschaftsprüfers, S. 94, 116.

511 Eine staatliche Aufsicht findet allenfalls mittelbar und ergänzend gemäß § 66 WPO und durch die Staatsanwaltschaft sowie die Gerichte statt.

stellen. Dadurch soll eine optimale Entwicklung und hohe Qualitätsstandards gewährleistet und unnötiger Bürokratismus und staatliche Regulierung vermieden werden.

C. Die Rolle und Funktion des Abschlussprüfers

Die geschilderte Ausgestaltung der gesetzlichen Aufgaben und der rechtlichen Stellung zeigen, dass nach dem Willen des Gesetzgebers der Abschlussprüfer als privater "sachkundiger Neutraler" seine Tätigkeit durchführen und zwischen den verschiedenen Erwartungen der Adressaten der Abschlussprüfung eine "konfliktlösende Ausgleichsfunktion" wahrnehmen soll[512]. Betrachtet man die unterschiedlichen Erwartungen der internen und externen Adressaten an Rolle und Funktion des Abschlussprüfers, so handelt es sich um keine leichte Aufgabe.

I. *Interne Rolle und Funktion des Abschlussprüfers*

Die gesellschaftsinterne Rolle und Funktion des Abschlussprüfers wird vor allem durch seine Aufgaben gegenüber Aufsichtsrat und Vorstand bestimmt.

1. Die Rolle des Abschlussprüfers aus Sicht des Aufsichtsrats

Wie schon die Entstehungsgeschichte belegt, ist der Abschlussprüfer ursprünglich hauptsächlich zur Unterstützung des Aufsichtsrates konzipiert worden[513].

a) Der "Prüfungsgehilfe"

Aus Sicht des Aufsichtsrats nimmt der Abschlussprüfer die Rolle eines "Prüfungsgehilfen" ein[514]. Denn der Abschlussprüfer verfügt als kompetenter Fachmann über die erforderlichen Kenntnisse in Bilanz- und Rechnungslegungsfragen und kann so dem Aufsichtsrat beratend und unterstützend zur Seite stehen[515]. Der Umfang und die Bedeutung dieser "Gehilfenrolle" haben dabei in den letzten Jahren eher zu als abgenommen. Die Gründe hierfür liegen in den gestiegenen Anforderungen, die von einer immer komplexer werdenden Wirtschaftswelt an die Überwachung durch den Aufsichtsrat gestellt werden. Die neuen Anforderungen verlangen vom Aufsichtsrat,

---

512 *Haegert*, FS Wysocki, S. 201, 216.

513 *Mattheus*, ZGR 1999, 682, 687; *Schlömer*, S. 128.

514 So auch die Interpretation des BGHZ 16, 17, 25.

515 *Forster*, FS Kropff, S. 71, 80 sieht in ihm den "geborenen Sachverständigen" in Fragen des Jahresabschlusses.

sich nicht nur auf eine nachschauende Prüfung der Ordnungsmäßigkeit der Geschäftsführung zu beschränken, sondern den Vorstand aktiv bei der zukünftigen Geschäftsführung zu beraten, um so eine prospektive Kontrolle durchzuführen. Negativ macht sie dabei bemerkbar, dass anders als beim Wirtschaftsprüfer die Anforderungen, die an die Qualifikationen des einzelnen Aufsichtsratmitglieds gestellt werden, über die Jahre nicht in gleicher Weise angepasst wurden. Manche sprechen deshalb auch schon von einer "Substitutionsfunktion", die der Abschlussprüfer übernehme[516]. Mit der Folge, dass zum einen auf die Aufsichtsratsüberwachung verzichtet werden könne, soweit der Abschlussprüfer bereits seine Prüfung vorgenommen habe, zum anderen der Aufsichtsrat in seiner Haftung spürbar entlastet werde[517].

b) Würdigung

Die "Gehilfenrolle" des Abschlussprüfers, die angeblich auch als Leitbild für die Reformen des KonTraG diente[518], muss differenziert betrachtet werden. Keinesfalls darf sie zu Interpretationen führen, die den Abschlussprüfer in einem rechtlichen Unterordnungsverhältnis zum Aufsichtsrat sehen[519]. Denn ein derartiges Rollen- und Funktionsverständnis würde weder mit dem Gesetz noch mit der Realität im Einklang stehen. Der Aufsichtsrat nimmt in der Praxis in vielfältiger Weise Einfluss auf die laufende Geschäftspolitik des Unternehmens. Er ist nicht nur indirekt durch seine Personalentscheidungen[520], sondern auch direkt durch seine beratende Tätigkeit maßgeblich an den Entscheidungen des Unternehmens beteiligt[521]. Er trägt damit den Kurs des Vorstandes mit, dessen Ergebnisse der Überwachung des Abschlussprüfers unterliegen[522]. Rechtlich fehlt dem Aufsichtsrat außerdem ein für ein Unterordnungsverhältnis typisches Weisungsrecht gegenüber dem Abschlussprüfer[523].

Die Reformen aufgrund des KonTraG zeigen bei näherer Betrachtung ebenfalls, dass dem Abschlussprüfer innerhalb der Corporate Governance auch in Zukunft nicht die Position des "Juniorpartners" des Aufsichtsrats zugewiesen werden sollte. Vielmehr ging es den Reformern lediglich darum, im Sinne einer effizienteren Unternehmensüberwachung die Zusammenarbeit zwischen Aufsichtsrat und Abschlussprüfer, insbesondere was die Informationsversorgung des Aufsichtsrats anbetrifft, zu verbessern. Darunter sollte aber das gesetzliche Leitbild, das durch zahlreiche Vorschriften (§§ 323 Abs. 1 Satz 1, 319 Abs. 1 u. 2 HGB) eine unabhängige

---

516 Vgl. *Theisen*, WPg 1994, 809, 814; *Escher-Weingart*, NZG 1999, 909 ("Ersatz").

517 Ausführlich zu der angeblichen „Haftungsreduktionsfunktion" siehe *Theisen*, WPg 1994, 809, 814-815.

518 *Hommelhoff/Mattheus*, AG 1998, 249.

519 Ebenso *Brönner*, in: Großkomm. AktG, § 163 Anm. 11 und 12, KK-*Claussen/Korth*, HGB, § 318 Rn. 23; *Ebke*, MüKo-HGB, § 316 Rn. 28.

520 Zur Bedeutung der Personalentscheidungen des Aufsichtsrates siehe *Clemm*, BFuP 1996, 269, 270; *Lutter/Krieger*, Rn. 28.

521 Vgl *Hoffmann-Becking*, MünchHdB AG, § 29 Rn. 32.

522 *Hoffmann-Becking*, MünchHdB AG, § 29 Rn. 37.

523 *Ebke*, MüKo-HGB, § 316 Rn. 28, *ders.*, Dritthaftung, S. 14; *Lutter/Krieger*, Rn. 28.

und eigenständige Prüfung vorschreibt[524], nicht leiden. Die erkennbare Tendenz zur Dualität der Prüfungen, ist deshalb nicht nur unter dem Aspekt der Hilfestellung, sondern vor allem auch vor dem Hintergrund einer Stärkung der externen und unabhängigen Prüferrolle zu sehen[525]. Hierfür spricht, dass durch andere Maßnahmen gleichzeitig die Unabhängigkeit des Abschlussprüfers vom Unternehmen gestärkt wurde. Dennoch soll der Abschlussprüfer wie bisher die Aufsichtratsüberwachung nicht ersetzen, sondern durch die doppelt angelegte Prüfungspflicht lediglich einen Beitrag zur Erhöhung der Urteilsqualität des Aufsichtsrates leisten[526]. Anderslautende Interpretationen stehen in Widerspruch zum eindeutigen im Prüfungsauftrag zum Ausdruck kommenden Willen des Gesetzgebers. Deshalb kann der Abschlussprüfer den Aufsichtsrat hinsichtlich seiner Verantwortung auch nicht entlasten[527], sondern allenfalls das Haftungsrisiko mittelbar reduzieren indem er dem Aufsichtsrat hilft, dessen Überwachungstätigkeit effizienter zu gestalten[528]. Ob deshalb zukünftig die Rolle des Abschlussprüfers aus Sicht des Aufsichtsrats besser als die eines "Partners"[529] bezeichnet werden sollte, ist strittig. Kritiker befürchten, dass auch damit dem eigenständigen Charakter seiner Prüfung und seiner gesetzlich geforderten Unabhängigkeit nicht ausreichend Rechnung getragen wird[530]. Mit Blick auf die geforderte Unabhängigkeit ist es in jedem Fall besser, von einem selbständigen "Helfer" anstelle eines abhängigen "Gehilfen" zu sprechen.

2. *Die Rolle des Abschlussprüfers aus Sicht des Vorstands*

a) Der Berater

Neben der gesetzlich geregelten Unterstützungsfunktion gegenüber dem Aufsichtsrat, hat der Abschlussprüfer im Lauf der Jahre auch für den Vorstand wichtige Funktionen übernommen. Ausschlaggebend hierfür sind die Ziele, die der Vorstand mit der Abschlussprüfung verfolgt. Für ihn stellt die Rechnungslegung ein Mittel dar, um der Öffentlichkeit ein möglichst positives Bild von der Lage des Unternehmens und damit

---

524 *Ebke*, MüKo-HGB, § 316 Rn. 28; *Vollmer/Maurer*, BB 1993, 591, 596.

525 *Ebke*, MüKo-HGB, § 316 Rn. 28.

526 *Forster*, ZfB 1988, 789, 795.

527 Vgl. *Theisen*, WPg 1994, 809, 814-815.

528 *Theisen*, WPg 1994, 809, 814-815 spricht insofern von einer "Haftungsvermeidungs- bzw. – verlagerungsfunktion"; siehe dazu auch *ders.*, DBW 1993, 295-318.

529 *Escher-Weingart*, NZG 1999, 909; *Hachmeister* DStR 1999, 1453; *Mattheus* ZGR 1999, 682, 686; *Theisen*, WPg 1994, 809, 813.

530 So weist *Ebke*, MüKo-HGB, § 316 Rn. 28, darauf hin, dass Abschlussprüfer und Aufsichtsrat keinesfalls "in demselben Boot" sitzen.

der eigenen Leistung zu vermitteln[531]. Vom Abschlussprüfer erwartet der Vorstand in erster Linie ein "Gütesiegel" für die veröffentlichten Zahlen und Fakten, das die Glaubwürdigkeit und das Vertrauen bei den Anleger steigert und so quasi als "Werbebotschaft" zum Kauf von Beteiligungen anregen soll[532].

Das Interesse des Vorstands am Informationsgehalt der Abschlussprüfung ist demgegenüber begrenzt. Die Gründe liegen auf der Hand, wenn man bedenkt, dass die Unternehmensführung zu den Bilanzerstellern im weiteren Sinn gehört und zur Steuerung des Unternehmens mit dem Controlling und zur Überwachung mit der internen Revision über bessere und geeignetere Informationsquellen verfügt[533]. Gegenüber dem Vorstand kam dem Abschlussprüfer deshalb zunehmend nur noch eine "Hausarztrolle" zu. Er sollte allenfalls "Unterstützung zur Selbstkontrolle"[534] bieten. Dies hat die Abschlussprüfer dazu veranlasst, ihre Prüfungsmethoden zu verändern. Die Prüfungsansätze zielte fortan nicht mehr darauf ab, der Unternehmensführung eine lange Liste, von korrigierten Zahlen und Vorräte zu liefern, sondern zusätzliche Informationen über zukünftige Entwicklungen, die für das Unternehmen von Bedeutung sind, bereit zu stellen[535]. Das Repertoire des Abschlussprüfer wurde dadurch um die Rolle des "externen Controllers"[536] bzw. "Beraters des Unternehmens"[537] erweitert. Eine Veränderung, die viele Vorteile mit sich bringt. Den Wirtschaftsprüfern öffnen die neuen Prüfungsmethoden den Markt für zusätzliche Dienstleitungen. Gleichzeitig gewährleistet sie eine Weiterentwicklung des Berufstandes.

Auch die Unternehmensleitung profitiert vom Rollenwechseln des Prüfers hin zum externen Berater. Als außenstehender Dritter besitzt der Abschlussprüfer einen anderen Blickwinkel auf die Geschehnisse[538]. Er verfügt neben seiner eigenen hohen Qualifikationen auf Grund seiner Prüfertätigkeit bei anderen Unternehmen über betriebsübergreifende Branchenkenntnisse. Hinzu tritt die Pflicht zur Verschwiegenheit, die es der Unternehmensführung ermöglicht, bei der Prüfung auftretende Schwierigkeiten und Unregelmäßigkeiten intern und im Vorfeld mit dem Abschlussprüfer zu besprechen. Nicht zuletzt werden Kosten für einen zusätzlichen Berater gespart.

---

531 Siehe hierzu die Beispiele bei *Clemm*, WPg 1989, 357, 358-359; sowie *Küting*, "Unternehmerische Berichterstattung im Zeichen des Shareholder Value", in FAZ v. 13.3.2000, S. 30. Zum Lagebericht als Werbemittel siehe *Friedrich*, BB, 1990, 741-746.

532 Deshalb werden auch bevorzugt große internationale Wirtschaftsprüfergesellschaften beauftragt, die mehr Unabhängigkeit versprechen und damit auch mehr Renommee bei den Anlegern genießen, vgl. *Mandler*, S.97, 105; *ders.*, DBW 1995, 31, 37.

533 Denn die Institution des Controllings informiert zeitnah und prozessbegleitend in Form von Planungsrechnungen und Betriebsergebnissen, was die Unternehmenstätigkeit und den Stand des Unternehmens betrifft. Auch was die internen Überwachungssysteme anbetrifft, haben Verbesserungen in den letzten Jahren dazu geführt, dass das Interesse der Unternehmensleitung an der Abschlussprüfung nachgelassen hat.

534 *Clemm*, WPK-Mitt. 1992, 100, 102.

535 *Hughes*, "Walking the audit tightrope", Accountancy, Juni 2000, 80.

536 Siehe hierzu ausführlich *Steiner*, Prüfungsbericht.

537 *Clemm*, WPK-Mitt. 1992, 100, 101.

538 *Clemm*, WPg 1984, 645, 650.

b) Würdigung

Der Gesetzgeber hat trotz teilweise heftigen Widerspruchs die ursprünglich so nicht vorgesehene Beraterrolle[539] inzwischen akzeptiert, indem er dem Abschlussprüfer die Prüfungstätigkeit nur in Ausnahmefällen verbietet[540]. In jüngerer Zeit wird die Verknüpfung zwischen Beratung und Prüfung aber wieder zunehmend als problematisch angesehen[541]. Aus der Sicht der Öffentlichkeit gibt sie Anlass an der Unabhängigkeit des Abschlussprüfers zu zweifeln. Mit Blick auf die wichtige Rolle des Abschlussprüfers in der Corporate Governance wird deshalb gefordert, eine klarere Trennung zwischen der Prüfer- und Beraterrolle einzuführen. Das KonTraG hat die Gesetzeslage aber nur insoweit verändert, als es die zulässige Summe der Gesamteinnahmen aus dem Beratungsgeschäft gesenkt hat. Eine genaue Festlegung der Grenzen der Beraterrolle ist deshalb nach wie vor schwierig.

II. *Externe Funktion und Rolle des Abschlussprüfers*

Für die Öffentlichkeit gilt die Abschlussprüfung zusammen mit der Überwachung des Aufsichtsrats als Ersatz für den Schutz den die staatliche Kontrolle in Form des Konzessionssystems bot. Da der Aufsichtsrat die in ihn gesetzten Erwartungen nur sehr unzureichend erfüllt, ruhen die Erwartungen hauptsächlich auf dem Abschlussprüfung. Aus der Sicht der Öffentlichkeit nimmt der Prüfer folglich die Rolle eines "Wirtschaftsnotars"[542] wahr, auf den die staatliche Aufsicht delegiert worden ist[543]. Allerdings bedarf diese Sichtweise noch weiterer Differenzierungen. Denn das sogenannte "öffentliche Interesse" an der Abschlussprüfung ist in sich nicht homogen, sondern setzt sich u.a. aus den Partikularinteressen verschiedener externer Gruppen (Anleger, Gläubiger, Lieferanten, Banken, Arbeitnehmer etc.) zusammen.

1. Die Rolle des Abschlussprüfers aus Sicht des Kapitalmarkts

Mit Blick auf die aktuelle Corporate Governance-Diskussion ist vorrangig auf die Funktion des Abschlussprüfers aus dem Blickwinkel des Kapitalmarkts einzugehen.

---

539 Vgl. *Böcking/Orth*, BFuP 1999, 418, 431.
540 Vgl. § 319 Abs. 1 Nr. 5 und 8 HGB.
541 Siehe hierzu *Hommelhoff/Mattheus*, AG 1998, 249, 251.
542 *Mattheus*, ZGR 1999, 682, 683.
543 *Mattheus*, ZGR 1999, 682, 683.

a) Der "Garant der Publizität"

In den Überlegungen der Kapitalgeber spielt der Abschlussprüfer hauptsächlich die Rolle des "Garanten der handelsrechtlichen Publizität"[544]. Denn die Kapitalgeber, die mehrheitlich in der Regel keinen Einblick in das Unternehmensgeschehen haben, wollen durch den Abschlussprüfer zuverlässige Informationen über die wirtschaftliche Lage ihres Unternehmens und somit über die Wertentwicklung ihrer Beteiligung erhalten[545]. Gesamtwirtschaftlich sollen dadurch die Kapitalströme in die richtige Richtung zum Wohle der Allgemeinheit gelenkt und Unternehmenszusammenbrüche, welche die Reputation des ganzen Kapitalmarkts beeinträchtigen, verhindert werden. Die Rolle des Abschlussprüfers als "Garant der handelsrechtlichen Publizität" näher zu konkretisieren, bereitet aber Schwierigkeiten. Denn Umfang und Inhalt der geforderten Garantie korrelieren mit dem Informationsinteresse, das die Kapitalgeber dem Jahresabschluss beimessen. Abhängig von der jeweils verfolgten Anlagestrategie und dem Informationsstand ergeben sich dabei Unterschiede[546].

Anteilseigner, die ihre Unternehmensbeteiligung als „dauerfristige Wertanlage" betrachten, wie dies zum Beispiel bei Gesellschaften der Fall ist, die sich überwiegend in Familienbesitz befinden, aber auch bei mancher Publikumsgesellschaft, zeigen naturgemäß ein starkes Interesse an Fragen der zukünftigen Strategie und des Managements der Unternehmensführung. Für sie ist wichtig, dass der geprüfte Jahresabschluss auch eine Aussage dazu trifft, ob der von der Unternehmensführung verfolgte Kurs die Gesundheit und damit die langfristige Überlebensfähigkeit des Unternehmens sichert. Demgegenüber ist das Interesse der Anteilseigner, welche die Aktie als bloße spekulative Kapitalanlage zur kurzfristigen Gewinnerzielung halten, stärker auf Informationen gerichtet, die den Wert der Aktie kurzfristig beeinflussen, da sie hiervon ihre Disposition abhängig machen.

Unterschiedliche Anforderungen an die Garantiefunktion ergeben sich auch aus dem Informationsgefälle, das die verschiedenen Anlegergruppen unterscheidet. Der Bedarf an Informationen über das Unternehmen ist bei einem Kleinaktionär wesentlich höher zu bewerten als bei einem Großaktionär. Denn Banken und institutionelle Anleger verfügen regelmäßig über vielfältige Instrumente, die ihnen Einfluss und Einblick in das Unternehmen gewähren[547]. Zur Informationsbeschaffung sind sie daher nicht ausschließlich auf den testierten Jahresabschluss angewiesen. Ebenso ist der Erläuterungsbedarf geringer, da sie über ein Heer von Analysten und Fachleute verfügen. Demgegenüber stellt für die Masse der Anleger der geprüfte Jahresabschluss die einzig

---

544 Vgl. *Clemm*, WPg 1989, 357; *Hommelhoff*, ZIP 1990, 218; *Hommelhoff/Mattheus*, AG 1998, 249, 251; ablehnend *Claussen*, WPg 1979, 167, 176.

545 Zur Darstellung der Rolle des Abschlussprüfers aus Sicht der Principal-Agent Theorie vgl. *Ewert*, Wirtschaftsprüfung und asymetrische Information, Berlin 1990; *Wiedmann*, FS Broenner, S. 443, 445.

546 *Schneider*, AG 2001, 269, 272.

547 Beispielsweise besitzen sie häufig einen Vertreter im Aufsichtsrat des Unternehmens. Zusätzlich versucht die Unternehmensführung regelmäßig auch außerhalb von Aktionärsversammlungen im Wege direkter Gespräche (sog. "road shows") ihr Vertrauen für neue Unternehmensstrategien zu gewinnen.

zuverlässige Informationsquelle dar. Ähnlich ist die Position der Gläubiger, die das Unternehmen mit Fremdkapital versorgen. Auch sie erwarten vom Abschlussprüfer zuverlässige Informationen darüber, ob das Unternehmen kreditwürdig ist. Anders als die Anleger haben sie allerdings kein Interesse an zuviel Transparenz, insbesondere die Ausweisung von Gewinnen im Jahresabschluss angeht, da dadurch ihre Haftungsgrundlage geschmälert wird.

b) Würdigung

Auf Grund des beschriebenen Einflusses der Kapitalmarktkontrolle auf die Corporate Governance wird die Bedeutung der Garantenrolle des Abschlussprüfers in Zukunft gegenüber den übrigen Funktionen an Bedeutung gewinnen. Wegen ihrer Schutzbedürftigkeit werden dabei vor allem die Interessen der Kleinanleger zu berücksichtigen sein. Erste Reformen der handelsrechtlichen Publizität und der Abschlussprüfung bestätigen dies. Ihre Sichtweise zur Funktion des Abschlussprüfers wird ein maßgeblicher Faktor sein, wenn es darum geht, die gesetzlichen Prüfungs- und Berichterstattungsaufgaben zu konkretisieren. Ebenso werden ihre Vorstellungen und Schutzbedürfnisse Einfluss haben, wenn es darum geht, die Anforderungen an die Unabhängigkeit des Abschlussprüfers neu zu formulieren.

2. Die Rolle des Abschlussprüfers aus Sicht der übrigen Adressaten

a) Der "Hüter des Gemeinwohlinteresses"

Noch weiter gehen die Vorstellungen der übrigen externen Adressaten. Sie betonen die gesamtgesellschaftliche Verantwortung des Abschlussprüfers, die von den Anteilseignern und Gläubigern nur als eine Reflexwirkung gesehen wird[548]. Für sie ist der Abschlussprüfer ein Hüter bzw. Sachwalter *aller* öffentlichen Interessen[549]. Denn "öffentliches Interesse" dürfe nicht einseitig nur im Sinne der Funktionsfähigkeit des Kapitalmarkts und damit im Interesse der Anleger und Gläubiger interpretiert werden,

---

[548] Spätestens seit Erlass des Publizitätsgesetzes ist unbestritten, dass die Rechnungslegung, nicht nur Gesellschafter und Gläubiger sondern auch die Öffentlichkeit schlechthin schützen soll. Streit herrscht allerdings darüber, ob der Informationsanspruch der Öffentlichkeit und Arbeitnehmer "minderen Rechtes" ist, da er sich nicht wie die Informationsansprüche der Aktionäre rechtsdogmatisch aus dem Geschäftsbesorgungsrecht herleiten lassen. Siehe hierzu *Claussen*, AG 1979, 167, 169-171 m.w.N..

[549] Andere sprechen von einem "Vertrauensorgan der Öffentlichkeit", einem "Anwalt des volkswirtschaftlichen Kapitals", oder einem "Vertreter des Allgemeininteresses". Siehe hierzu die Aufzählung bei *Steiner*, Prüfungsbericht, S. 241, m.w.Nachw.

sondern müsse alle von den Geschicken des Unternehmens betroffene Gruppen (Arbeitnehmer, Rentner, Kommunen, etc.) mit einschließen[550].

b) Würdigung

Sieht man die Funktion des Abschlussprüfers darin, die Rolle eines "public watchdog" wahrzunehmen, so können dadurch zahlreiche Konflikte entstehen. Eine solche Rolleninterpretation verträgt sich auf Grund der zwangsläufig damit verknüpften hohen Anforderungen an die Unabhängigkeit, den Prüfungsumfang und der damit verbundenen Transparenz und Haftung nur schwer mit den Interessen der übrigen Beteiligten der Abschlussprüfung sowie denen des Prüfers selbst[551].

Der Gesetzgeber hat dennoch versucht, der unbestritten notwendigen, gesellschaftsübergreifenden Rolle des Abschlussprüfers durch Normierung des Prüfungsauftrags, des Umfangs der Berichterstattung, der Haftung sowie einzelner konkreter Anforderungen an die Unabhängigkeit ausreichend Rechnung zu tragen. Zusammen sollen diese Regeln einen gerechten Ausgleich zwischen den gegenläufigen Erwartungen schaffen. Gleichzeitig müssen die gesetzlichen Vorschriften aber auch als Grenze verstanden werden, was die Rechte Dritter und ihre Forderungen an die Pflichten des Abschlussprüfers betrifft. Denn wie kaum eine andere Rolle birgt eine zu weitgehend verstandene Funktion im "öffentliche Interesse“ die Gefahr der Überforderung des Abschlussprüfers.

Denn die Gruppen, die in der modernen Wirtschaftswelt Kontakt zum Unternehmen haben, sind unüberschaubar; dementsprechend umfangreich wäre der Forderungskatalog an die Aufgaben und Pflichten des Abschlussprüfers. Stichwortartig sei nur auf den Wunsch nach einer Prüfung unter sozialen ("Sozialbilanzen")[552] und ökologischen (“Umwelt-Audit“)[553] Gesichtspunkten sowie den Einsatz des Abschlussprüfers zur allgemeinen Verbrechensbekämpfung hingewiesen. Damit einhergehen würde eine unkalkulierbare Verantwortung, die nicht nur seine Glaubwürdigkeit gefährden, sondern auch zu einer ausufernden und existenzbedrohenden Haftung führen würde. Nicht zuletzt würde eine zu weit verstandene "öffentliche Funktion" auch mehr "staatliche Kontrolle" verlangen. Nicht unwahrscheinlich wären in ihrem Gefolge deshalb umfangreiche gesetzliche Regulierungsmaßnahmen ("Aufsicht"). Sie würden aber den Konsens über die rechtliche Stellung des Abschlussprüfers als unabhängigen privaten Sachverständigen gefährden. Deshalb ist Vorsicht angebracht, wenn man den Abschlussprüfer ausschließlich als Ersatz für staatliche Aufsicht und Kontrolle verstanden wissen will.

---

550 Vgl. *Schulze-Osterloh*; ZGR 1976, 411; *Clemm*, ZGR 1980, 455, 458.

551 Insbesondere gilt das für die Ausübung der Beraterfunktion, da durch sie nicht das öffentliche sondern das Partikularinteresse des Unternehmens wahrgenommen wird *vgl. Scheibe-Lang*, WPg 1979, 641, 649.

552 *Scheibe-Lang*, WPg 1979, 641, 643.

553 Zur Entwicklung von Umwelt- oder Ökoaudits siehe *Förschle/Hermann*, DB 1994, 1093; *Zenk*.

c) *Blick über die Grenzen*

Auch rechtsvergleichend lassen sich für eine so weitgehende gesellschaftsübergreifende Interpretation der Rolle und Funktion des Abschlussprüfers keine Beispiele finden. Zwar wird auch in den USA die Funktion des Abschlussprüfer als die eines "watch-dog in the public interest"[554] bezeichnet; dessen Verantwortung ("public responsibility") wird aber hauptsächlich auf die Gläubiger und Anteilseigner, also den Kapitalmarkt ("investing public"), begrenzt gesehen und keinesfalls gesamtgesellschaftlich interpretiert[555]. Darüber hinaus weist *Ebke* zu Recht auf die Motivation des Obersten Gerichts hin, die es bei der Interpretation des in diesem Zusammenhang häufig zitierten Urteils zu beachten gelte. Danach beabsichtigten die Richter mit ihrem Spruch nicht, eine umfassende "öffentliche Funktion" des Abschlussprüfers zu begründen, sondern sie wollten lediglich im konkreten Einzelfall dessen Verschwiegenheitspflicht durch die Konstruktion einer entsprechenden gesellschaftsübergreifenden Pflicht durchbrechen, damit dem Steuergläubiger Staat eine notwendige Auskunft erteilt werden konnte[556].

Das zuvor zitierte Urteil des Obersten Gerichtshofs der Vereinigten Staaten mag somit nicht dazu dienen, den Abschlussprüfer in die Rolle des "Hüters des Allgemeinwohlinteresses" ("agent of social control")[557] zu drängen. Die Auswirkungen des Urteils sind indes ein anschauliches Beispiel, wohin eine falsche und extensive Interpretation gesellschaftsübergreifender Funktionen des Abschlussprüfers führen kann. Denn allzu eifrige Zivilgerichte in den USA benutzen die Ausführungen des Supreme Courts zur "öffentlichen Funktion" dazu, um darauf eine umfassende Haftung des Abschlussprüfers für Vermögensschäden Dritter aufzubauen[558]. Die daraus resultierenden Haftungsprozesse führten zu gravierenden, teilweise die Existenz gefährdenden Folgen für den Berufsstand der Wirtschaftsprüfer. Solche möglichen negativen Konsequenzen gilt es u.a. im Auge zu behalten, wenn es darum geht, im Rahmen der Corporate Governance Umfang und Inhalt der Rolle des Abschlussprüfers als "Garant der Publizität" zu bestimmen. Ziel kann es allenfalls sein, das Interesse am Kapitalmarkt als Institution zu schützen, was nicht zwangsläufig Identität mit den Partikularinteressen der Teilnehmer bspw. der Anleger voraussetzt[559].

---

554 Vgl. United States v. Arthur Young & Co., 465 U.S. 805, 817-818, 104 S.Ct. 1495, 1503, 79 L.Ed.2d 826, 835-837 (1984).

555 Vgl. United States v. Arthur Young & Co., 465 U.S. 805, 817-818, 104 S.Ct. 1495, 1503, 79 L.Ed.2d 826, 835-837 (1984).

556 *Ebke*, Dritthaftung, S. 250; *ders.*, MüKo-HGB, § 316 Rn. 30.

557 *Ebke*, Dritthaftung, S. 250.

558 Siehe hierzu *Ebke*, 79 Nw.U.L.Rev. 663, 674 (1984), *ders.*, WPK-Mitt. Sonderheft April 1996, 17, 23-27.

559 Vergleichbar das House of Lords in *Caparo Industries plc. v. Dickman*, [1990], 1 All E. R. 568, 569 (H. L.): "[...] an auditor's statutory duty to prepare accounts was owed to the body of shareholders as whole, the purpose for which accounts were prepared and audited being to enable the shareholders as a body to exercise informed control of the company and not to enable individual shareholders to buy shares with a view to profit". Zur Entscheidung selbst siehe auch Seite 292.

D. *Zusammenfassung*

Zusammenfassend kann folgendes festgestellt werden: Ausgehend von den gesetzlichen Regelungen der Abschlussprüfung haben sich im Laufe der Zeit unterschiedliche Vorstellungen über die rechtliche Stellung sowie die Rolle und Funktion des Abschlussprüfers gebildet. Während über die rechtliche Stellung heute weitgehend Konsens herrscht, besteht hinsichtlich der Rolle und Funktion nach wie vor Uneinigkeit. Die Aufgabe der einzelnen Wirtschaftsprüfer sowie des Berufsstandes, im Rahmen der gesetzlichen Vorgaben die Rolle und Funktion des Abschlussprüfers zur Zufriedenheit aller intern und extern beteiligten Gruppen auszufüllen und zu konkretisieren, war deshalb schon bisher eine schwierige Aufgabe und immer wieder Anlass für Kritik[560]. Im Zuge der Diskussion um die Corporate Governance und den damit gestiegenen Erwartungen der externen Adressaten an den Abschlussprüfer hat sich diese Konfliktsituation aber noch einmal zugespitzt.

E. *Die Erwartungslücke*

Landläufig wird die Unzufriedenheit mit dem Abschlussprüfer unter dem Stichwort der "Erwartungslücke" oder international "expectation gap"[561] diskutiert.

I. *Auslöser*

Den Auslöser der Debatte bildeten vordergründig einzelne unerwartete Unternehmenszusammenbrüche und Schieflagen, die zu massiven Vermögensverlusten von Anlegern führten, die auf das zuvor erteilte Testat des Abschlussprüfers vertrauten. Dahinter steckt jedoch eine tiefergehende allgemeine "Glaubwürdigkeitskrise"[562], die darauf beruht, dass zwischen dem, was der Abschlussprüfer auf Grund der gesetzlichen Vorschriften zu leisten verpflichtet ist und den durch die Corporate Governance-Diskussion gestiegenen Erwartungen der Öffentlichkeit an seine "Garantiefunktion", eine Lücke klafft[563]. Eine Tatsache, welche die Prüfer bei ihrer Verteidigung erfahren mußten. Denn ihr durchaus berechtigtes Argument, dass das Testat nach bestehender Gesetzeslage eben kein uneingeschränktes Gütesiegel für die Bonität und Seriosität des Unternehmens sei, konnte allenfalls Fachkreise überzeugen. Gesetzgeber und Berufsstand sind daher gefordert, die Lücke zu schließen, indem sie das Profil des

---

[560] Zu den Problemen der Vereinbarkeit der verschiedenen vom Abschlussprüfer zu erfüllenden Rollen siehe *Kuhner*, WPK-Mitt. 1999, 7, 8.

[561] Zur Erwartungslücke siehe *Biener*, FS Havermann, S. 37-64; *Dewing/Russell*, Accountancy, Juli 2001, S. 98; *Epstein/Geiger*, JoA Januar 1994, 60, 63; *Kirsch*, FS Baetge, S. 955, 957.

[562] *Schildbach*, BFuP 1996, 1.

[563] *Wolz*, WPK-Mitt. 1998, 122, 126.

Abschlussprüfers an seine neue Bedeutung innerhalb der Corporate Governance anpassen.

II. *Reaktion*

Weltweit ist deshalb eine Reformdiskussion hinsichtlich der Abschlussprüfung in Gang gekommen. In Deutschland haben der Gesetzgeber und der Berufsstand durch zahlreiche Maßnahmen auf diese Herausforderung reagiert. Sichtbarstes Zeichen sind in Deutschland die gesetzlichen Vorschriften zur Modernisierung der Abschlussprüfung im KonTraG[564]. In Europa hat die Kommission ein Grünbuch über die "Rolle, Stellung und Haftung des Abschlussprüfers in der Europäischen Union" sowie Empfehlungen zur Unabhängigkeit des Abschlussprüfers[565] veröffentlicht. Dem vorausgegangen sind Studien des Maastrichter Forschungszentrums für Rechnungswesen und Prüfung (MARC)[566] sowie ein Gutachten der Fédération des Experts Comptables Européens (FEE)[567]. Des Weiteren wurde ein Ausschuss eingesetzt, der sich zum Ziel gesetzt hat, die EU bei ihrem Ziel, ein einheitliches Bild der Abschlussprüfung zu entwickeln, zu unterstützen[568].

Noch stehen die Bemühungen am Anfang. Doch die laufenden Untersuchungsergebnisse und erste durchgeführte Reformen zeigen schon jetzt, dass es keine einfachen Patentlösungen geben wird[569]. Zurückzuführen ist dies zum einen darauf, dass die Erwartungslücke mehrdimensional ist; sie betrifft Aufgaben und Verantwortung des Abschlussprüfers, seine Unabhängigkeit und seine Haftung sowie allgemein die Qualität der Prüfung. Zum anderen ist die Interessenlage, die mit der Pflichtprüfung verknüpft ist, vielschichtig; das Mosaik des Überwachungssystems, in das der Abschlussprüfer integriert ist, ist komplex. Zur Verringerung der Erwartungslücke bedarf es deshalb einer Kombination von verschiedenen Maßnahmen, wobei jeder einzelne Vorschlag zuvor in seinen Auswirkungen sorgfältig geprüft und abgewogen werden muss.

---

564 Das KonTraG trat am 30.4.1998 in Kraft, BGBl. I, S. 786.

565 Empfehlungen der Kommission vom 16. Mai 2002 zur Unabhängigkeit des Abschlussprüfers in der EU - Grundprinzipien (Abl. L 191 v. 19.7.2002, S. 22).

566 *Buijink/Maijoor/Meuwissen/Witteloostuijn*, Final Report of a Study on the Role, Position and Liability of the statutory auditor within the European Union, Brüssel Luxemburg 1996.

567 Fédération des Experts Comptables Européens (FEE), The Role, Position and Liability of the Statutory Auditor in the European Union, 1996 und The Role, Position and Liability of the Statutory Auditor in the European Union, Appendices, 1996.

568 Siehe hierzu die Mitteilung der Kommission v. 8.5.1998 (C 143) "Die Abschlussprüfung in der europäischen Union: Künftiges Vorgehen", S. 5.

569 *Clemm*, WPg 1989, 357.

Dritter Teil: Reform der Abschlussprüfung

Den Ausgangspunkt der Reformüberlegungen zur Abschlussprüfung bildet die Rechnungslegung, auf deren gestiegene Bedeutung für die Corporate Governance bereits hingewiesen wurde[570].

§ 1: Die Reform des Prüfungsstoffs

Die Rechnungslegung ist die Grundlage der Prüfung und gibt dem Abschlussprüfer den Rahmen vor, innerhalb dessen er tätig wird[571]. Der Beitrag des Abschlussprüfers zur Corporate Governance ist folglich in starkem Maße von der Qualität der Rechnungslegung abhängig[572]. Im Bereich der Rechnungslegung haben dabei in den vergangenen Jahren bedeutende Entwicklungen stattgefunden, die nachfolgend vorgestellt werden sollen.

A. Internationale Rechnungslegungsnormen

Auf Grund der Globalisierung der Märkte wird bei der Rechnungslegung nach einer einheitlichen Sprache gesucht, um zu einer Vereinheitlichung der Überwachungsstrukturen zu kommen[573]. Bedingt durch die Anpassung der Unternehmensziele an den Shareholder-Value setzen sich dabei in der Bilanzierung immer stärker Rechnungslegungsgrundsätze durch, deren Aussagekraft vorwiegend an den Interessen der gegenwärtigen und zukünftigen Kapitalgeber ausgerichtet sind[574].

I. *US-GAAP*

An erster Stelle zu nennen sind die Bilanzvorschriften der angelsächsischen Länder, namentlich die US-General Accepted Accounting Principles (GAAP)[575], die von Gesellschaften anzuwenden sind, deren Anteile an der New York Stock Exchange (NYSE), der American Stock Exchange (ASE), einer der sechs Regionalbörsen des

---

570 Vgl. Seite 82.

571 *Böcking/Orth*, WPg 1998, 351, 354 sprechen von einer "informationellen Einheit" zwischen Abschlussprüfung und Rechnungslegung.

572 Zum Verhältnis der Rechnungslegung zum Kapitalmarkt siehe *Böcking*, ZfbF, Sonderheft 40, 1998, 17; *Ebke*, WPK-Mitt. Sonderheft Juni 1997, 12, 14.

573 Siehe hierzu schon S. 82 ff.

574 *Hütten/Lorson*, BuW 2000, 521, 524.

575 Siehe dazu ausführlich *Ballwieser*, MüKo-HGB, Vor § 238 Rn. 3-17; *Haller*, US-amerikanische Rechnungslegung; *Alvarez/Wotschofsky*, IStR 2000, 474.

First Market oder im Rahmen der National Association of Securities Dealers Automated Quotation (NASDAQ) gehandelt werden[576].

1. Grundgedanke

In Anlehnung an ökonomische Theorien schützen diese Rechnungslegungsvorschriften in erster Linie den einfachen Anleger ("average prudent investor")[577]. Denn er trägt nach ihrer Ansicht allein das Risiko eines wirtschaftlichen Verlustes bei einem Konkurs der Gesellschaft. Die Gläubiger, Arbeitnehmer und andere Vertragspartner des Unternehmens besitzen demgegenüber die Möglichkeit, sich durch vertragliche Vereinbarungen, wie Kündigungsrechte oder Sicherheiten, zu schützen[578]. Darüber hinaus besteht für Gläubiger gesetzlicher Schutz durch das Konkursrecht und für die Arbeitnehmer die staatliche Fürsorge in Form der Sicherungs- und Sozialsysteme[579]. Bilanzvorschriften, die wegen des Gläubigerschutzes auf Eigenkapitalsicherung setzen, nützen demgegenüber vor allem einem unfähigen Management. Denn sie ermöglichen es, die wahren Gewinne zu verschleiern und stille Reserven zu bilden, die dann bei Bedarf aufgelöst werden, um das Ergebnis zu glätten. Durch Rechnungslegungsvorschriften, die den tatsächlichen Gewinn ermitteln, der nicht zwangsläufig der ausschüttungsfähige sein muss[580], ist allen Interessensgruppen am besten gedient[581]. Präzise und zuverlässige Informationen über die Lage des Unternehmens ermöglichen es allen Marktteilnehmern, rationale Entscheidungen ("decision-usefulness")[582] zu treffen, was letztlich auch dazu führt, dass die Kapitalkosten des Unternehmens sinken[583].

2. Grundprinzipien

Um einen getreuen Einblick ("true and fair view") in die wirtschaftliche Lage des Unternehmens zu bekommen, setzen die US-amerikanischen Bilanzierungsgrundsätze auf Prinzipien, wie Relevanz, Zuverlässigkeit, Vergleichbarkeit, Stetigkeit, Verlässlichkeit und Vollständigkeit, die zusammen eine "fair presentation"[584] ergeben sollen. Wichtig

---

576 Vgl. *Ballwieser*, MüKo-HGB, Vor § 238 Rn. 3, *Schildbach* BB 1999, 359.

577 Vgl. *Kühne*, WPK-Mitt. Sonderheft Juni 1997, 37-43; *Bruns/Renner*, BFuP 2001, 7, 9-10.

578 Zur Bedeutung von "Bond Convenants" bei der Vergabe von Krediten in den USA siehe *Ballwieser*, MüKo-HGB, Vor § 238 Rn. 5.

579 Zum speziellen Problem der Deliktsgläubiger siehe *Escher-Weingart*, Deregulierung, S. 138-173.

580 *Havermann*, WPg 1988, 612, 612.

581 Vgl. *Havermann*, WPg 1988, 612, 617.; *Wiedmann*, S. 99, 103.

582 Zum "Decision-Usefulness"-Konzept der angelsächsischen Rechnungslegung ausführlich *Hütten/Lorson*, BuW 2000, 801, 803.

583 So verweist *Kübler*, ZGR 2000, 550, 555, auf Studien, die belegen, dass die Kapitalkosten der deutschen Unternehmen, die auf IAS oder US-GAAP umgestellt haben, gesunken sind.

584 Siehe hierzu *Ballwieser*, WPK-Mitt. Sonderheft Juni 1997, 51, 52. Zu den Grundprinzipien der amerikanischen Rechnungslegung siehe *Haller*, US-amerikanische Rechnungslegung, S. 1, 12.

ist dabei die Sicht der Marktteilnehmer, weshalb die Bewertung immer zum "fair value", d.h. aus Sicht des Marktes getroffen werden muss[585]. Zentrale Berichtsgrößen sind Erträge und Aufwendungen, die dem jeweiligen Geschäftsjahr zugeordnet werden, was eine periodengerechte Erfolgsermittlung ("accrual principle") ermöglicht. Eine bessere Analyse der Erfolgsgrößen ermöglicht der Ausweis ihrer Entstehungsbereiche nach Segmenten und die Darstellung ihrer Nachhaltigkeit. Unzulässig sind demgegenüber steuerliche Sondervorschriften, wie Sonderabschreibungen, die das Ergebnis verfälschen. Bilanzierungs- und Bewertungswahlrechte sind auf ein Minimum reduziert, um den Bilanzerstellern möglichst wenig Spielraum für Gestaltung zu geben.

3. *Verantwortung für US-GAAP*

Die Verantwortung für die Rechnungslegungsgrundsätze liegt bei der Securities and Exchange Commission (SEC). Sie wacht zum einen darüber, dass die bei ihr registrierten Gesellschaften die Vorschriften einhalten, zum anderen besitzt die SEC auch die Kompetenz, selbst entwickelte konkrete Rechnungslegungsnormen zu erlassen[586]. Letztere Befugnis nimmt sie allerdings nicht selbst wahr, sondern hat sie einem privaten Standardsetter, dem Financial Accounting Standards Board (FASB), übertragen[587]. Dabei behält sich die SEC vor, dessen Vorschläge einer Prüfung zu unterziehen, um sie im Einzelfall abzulehnen[588].

II. *Die International Accounting Standards (IAS)*

Den US-GAAP in Konzeption und Grundgedanke vergleichbar sind die International Accounting Standards (IAS)[589], die als Gegengewicht zur Dominanz des amerikanischen Kapitalmarkts und seiner Rechnungslegungsvorschriften geschaffen wurden.

---

585 Deshalb sind beispielsweise immaterielle Wirtschaftsgüter in Ansatz zu bringen, ebenso besteht eine Pflicht zur linearen Abschreibungsmethode statt degressiver, sowie zur Ansetzung von realistischen Nutzungsdauern. Bei langfristigen Fertigungen ist eine Teilgewinnrealisierung anzugeben ("percentage of completion-method"). Zur Bewertung von Pensionsverpflichtungen ist das Ansammlungsverfahren anzuwenden, bei dem der Versorgungsaufwand nur auf der Grundlage der bis zum Bewertungsstichtag geleisteten Dienste berechnet wird. Insbesondere sind die zur Bewertung von Pensionsanwartschaften zu erwartenden Gehalts- und Rentensteigerungen zu berücksichtigen. Siehe hierzu auch *Schruff*, WPK-Mitt. Sonderheft Juni 1997, S. 68, 72.

586 *Paal*, S. 102.

587 *Ballwieser*, MüKo-HBG, Vor § 238 Rn. 10.

588 *Born*, Rechnungslegung International, S. 253.

589 Zu den Unterschieden siehe *Baetge/Beermann*, BB 2000, 2088-2094; *Peemöller/Fischer*, DSWR 2001, 142-147; *Wilson*, "Who wants US GAAP?", Accountancy, August 1998, S. 61.

1. *Grundgedanke und Konzeption*

Ebenso wie ihr amerikanisches Vorbild setzen sich auch die IAS aus einem zweistufigen Regelwerk zusammen, bestehend aus einem Rahmenkonzept und einzelnen Standards[590]. Dabei wird als Grundgedanke - wie bei den US-GAAP - die Informationsfunktion der Abschlüsse betont. Danach sollen die IAS dazu dienen, den Anlegern nützliche Informationen über die Vermögens-, Finanz- und Ertragslage sowie Veränderungen in der Vermögens- und Finanzlage eines Unternehmens zu geben, damit diese eine wirtschaftlich sinnvolle Anlageentscheidung treffen können[591]. Gesichtspunkte der Bilanzierung als Grundlage von Gewinnansprüchen und zum Schutz der Gläubiger durch Kapitalerhaltung spielen demgegenüber eine untergeordnete Rolle[592].

2. *Verantwortung für Rechnungslegungsgrundsätze*

Ähnlich wie ihr amerikanisches Vorbild werden auch die IAS von einem privaten Standard-Setter, dem International Accounting Standard Board (IASB), entwickelt und veröffentlicht[593]. Das IASB versteht sich als "ehrlicher Makler"[594], der versucht zwischen den verschiedenen Positionen der nationalen Standard-Setter zu vermitteln, um so allgemeine Akzeptanz und Einheitlichkeit ihrer Standards zu verwirklichen. Denn im Gegensatz zu den GAAP, die nur für Unternehmen gelten, die an der NYSE notiert sind, wollen die IAS einen globalen Rechnungslegungsstandard darstellen. Damit soll es den Anlegern möglich sein, in einem globalen Markt auf weltweit vergleichbare Informationen zurückgreifen zu können. Da die IAS lediglich Empfehlungscharakter besitzen, können sie rechtliche Wirkung nur dann entfalten, wenn nationale Institutionen ihre Rechnungslegungsvorschriften an die ISA anpassen oder sie als nationale Gesetze oder Standards übernehmen. Wichtige Voraussetzung auf dem Weg zu einem globalen Standard sind deshalb die Anerkennung und Empfehlung der ISAs durch die International Organization of Securities Commissions (IOSCO)[595] sowie der SEC[596].

---

590 Anders als bei den US-GAAP wird der Inhalt aber ausschließlich durch die verabschiedeten Standards bestimmt, die dem Rahmenkonzept vorgehen. Derzeit bestehen 34 gültige IAS. Weitere sind in Planung, vgl. *Ballwieser*, MüKo-HGB, Vor § 238 Rn. 20.

591 *Ballwieser*, MüKo-HGB, Vor § 238 Rn. 19.

592 *Ballwieser*, MüKo-HGB, Vor § 238 Rn. 19.

593 Mit einer vor kurzem durchgeführten Strukturveränderung des IASC haben sich auch die Bezeichnungen der einzelnen Gremien verändert, vgl. *Editorial*, World Accounting Report, März 2001, S. 1. Das IASC Board, wird nun als International Accounting Standard Board (IASB) bezeichnet. Es besteht aus 14 Mitgliedern, die vom IASC ernannt werden, vgl. *o.V.*, WorldAccounting März 2001, S.10. Unter IASC ist in Zukunft die Gruppe der sog. "Trustees" zu verstehen. Bei dieser Gruppe von 19 Mitgliedern handelt es sich um ein Aufsichtsgremium, das sich hauptsächlich auch um die Finanzierung des IASB kümmert.

594 *Cairns*, "New Pastures", Accountancy, Juli 2000, S. 110.

595 Die IOSCO hat am 17. Mai ihre Beurteilung der IAS abgeschlossen und empfiehlt ihren Mitgliedern, multinationalen Emittenten für grenzüberschreitende Wertpapieremissionen und

B. *Das europäische Bilanz- und Rechnungslegungsrecht*

Eine einheitliche Sprache in der Rechnungslegung gibt es in Europa bisher noch nicht. Das europäische Bilanzrecht beruht im Wesentlichen auf der 4. und 7. EG-Richtlinie, welche durch das Bilanzrichtliniengesetz auch in deutsches Recht umgesetzt wurden[597].

I. *Der Grundgedanke*

Das Ziel der Richtlinien sollte es sein, durch ein einheitliches Rechnungslegungsrecht die notwendige Gleichheit der Wettbewerbsbedingungen und Transparenz[598] in Form eines anlegerschützenden "true and fair view" zu gewährleisten. Zu diesem Zweck sollten die von Land zu Land unterschiedlichen Rechnungslegungsvorschriften angeglichen werden.

II. *Das Problem*

Die Richtlinien konnten diese gesetzten Ziele aber nur teilweise erreichen. Zu sehr waren sie von politischen Kompromissen geprägt. Denn es galt, möglichst viele der verschiedenen, auf nationaler Ebene historisch gewachsenen Regelungen weiter beizubehalten[599]. Deshalb wurden im Verfahren nicht lösbare Konflikte offengelassen und nicht kodifiziert[600]. Zusätzlich waren mehr als vierzig nationale Wahlrechte notwendig, um die sich gegenseitig ausschließenden Rechnungslegungsprinzipien, wie etwa das Gewinnermittlungs- und das Kapitalerhaltungskonzept[601], halbwegs miteinander in Einklang zu bringen[602]. Ein einheitlicher Zweck des Jahresabschlusses konnte unter diesen Umständen auf nationaler Ebene nicht definiert werden. Der angestrebte "true and fair view" blieb eine Leerformel[603].

Notierungen die Aufstellung des Jahresabschlusses nach IAS zu gestatten, siehe KOM (2000) 359 endg., S. 4.

596 Zum Stand der Entwicklung der IAS siehe *House*, "Blueprint for the future", Accountancy September 2001, 112; *ders.*, Along the Rocky Road", Accountancy Oktober 2001, S. 108.

597 Siehe hierzu *Lutter*, Europäisches Unternehmensrecht, S. 139 und S. 207.

598 Allgemein zu den Ziele der europäischen Rechnungslegung siehe *van Hulle*, WPK-Mitt. Sonderheft Juni 1997, 44-50.

599 Vgl. *Helmrich*, FS Döllerer, S. 219; *Krumnow*, FS Moxter, S. 679, 683.

600 Vgl. *Küting*, DStR 2000, 38, 39, der als Beispiele die Bilanzierung von Pensionsverpflichtungen, latenter Steuern oder die Fremdwährungsumrechnung nennt.

601 *Hayn*, Internationale Rechnungslegung, S. 124.

602 Vgl. *Küting*, DStR 2000, 38, 38.

603 *Havermann*, WPg 1988, 612, 615; *Krumnow*, FS Moxter, S. 679, 687.

III. *Die Folge*

Als Folge ihrer unzureichenden Bilanzierungs- und Bewertungsmethoden blieb den Jahresabschlüssen der Mitgliedstaaten, die auf den Richtlinien beruhten, auf den führenden Kapitalmärkten die Anerkennung verweigert. Ebenso fanden die Vorgaben der 4. und 7. Richtlinien auch bei der Entwicklung der IAS als globale Standards keine Berücksichtigung. Deshalb entschloss sich die Europäische Kommission zu einer Modernisierung ihrer Rechnungslegungsvorschriften.

IV. *Reformen in der EU*

Nachdem Untersuchungen zu dem Ergebnis gekommen waren, dass die IAS grundsätzlich mit den europäischen Richtlinien zur Rechnungslegung vereinbar sind[604], ist Kernpunkt der neuen Strategie[605] die Übernahme der IAS Rechnungslegungsregeln und eine Modernisierung der Richtlinien[606].

1. Übernahme der IAS

Danach sollen ab 2005 alle Unternehmen, die internationale Märkte in Anspruch nehmen, ihre Konzernabschlüsse nach IAS erstellen[607]. Die Mitgliedstaaten können aber schon früher mit der Einführung der IAS beginnen. Darüber hinaus steht ihnen die Möglichkeit offen, die Anwendung der IAS-Standards auch für Einzelabschlüsse und nichtbörsennotierte Gesellschaften zu ermöglichen[608]. Im Weiteren soll ein Richtlinienvorschlag erarbeitet werden, dessen Aufgabe es ist, die Bilanzrichtlinie in Einklang mit den IAS zu bringen, damit diese weiter Geltung behalten können[609]. Ein

---

604 Zu den einzelnen Untersuchungen der Kommission siehe *van Hulle*, ZGR 2000, 537, 541 Fn. 7, zuvor schon *ders.*, WPK-Mitt. Sonderheft Juni 1997, 37, 47.

605 KOM (2000) 359 endg. in: DB 2000, 1432. Siehe hierzu *Luttermann*, ZIP 2000, 1318. Zuvor schon van *Hulle*, WPg 1998, 138; *Hommelhoff*, RabelsZ 1998, 389.

606 Siehe auch EU-Kommission, Mitteilung "Harmonisierung auf dem Gebiet der Rechnungslegung, Eine neue Strategie im Hinblick auf die internationale Harmonisierung", KOM 95(508) endg. vom 14.11.1995.

607 Verordnung (EG) des Europäischen Parlaments und des Rats betreffend die Anwendung internationaler Rechnungslegungsstandards, PE-CONS 3626/02 v. 27.5.2002. Für Unternehmen, die lediglich nationale Märkte in Anspruch nehmen, bleibt es bei der Gültigkeit der Richtlinien. Siehe hierzu auch *o. V.*, "Companies must use IASs to list on EU exchanges", Accountancy, Juli 2000, S. 7.

608 Deutsche Unternehmen können US-amerikanische Rechnungslegungsstandards noch bis 2007 anwenden; vgl. *Lück/Bungartz/Henke*, BB 2002, 1086, 1087.

609 Das Ziel der EU-Kommission wird jedoch allgemein als unrealistisch betrachtet, da wesentliche Fragen der Bewertung, wie sie etwa in Art. 31 der 4. Richtlinie enthalten sind, in Übereinstimmung mit den IAS Prinzipien zu bringen sind. Siehe dazu *o. V.*; “FEE urges early changeover“, World Accounting Report Mai 2001, S. 13.

erster Vorschlag zur Modernisierung der Bilanzrichtlinien wurde von der Kommission am 28.5.2002 vorgelegt[610].

2. *"Endorsement-mechanism"*

Zur Umsetzung der IAS in europäisches Recht wird ein Prüfmechanismus ("endorsement-mechanism") für notwendig erachtet. Er soll sicher stellen, dass die Prüfungsstandards den EU-Besonderheiten entsprechen. Hierzu ist eine Art EU-Zertifizierungsgremium eingerichtet worden. Nach Vorschlag der Kommission handelt es sich um ein zweigeteiltes Gremium[611]. Eine mit Experten besetzte Kommission soll danach die IAS auf ihre Eignung für den europäischen Wirtschaftsverkehr überprüfen und zusammen mit eigenen Empfehlungen zur Anwendung einem zweiten Gremium zur Übernahme vorschlagen. Dieses zweite Gremium, das mit Repräsentanten der Mitgliedstaaten besetzt ist und dessen Vorsitz bei der EU-Kommission liegt, soll dann über das ob sowie den Zeitpunkt der Veröffentlichung entscheiden. Lehnt es den Vorschlag ab, so ist der Standard nicht endgültig gescheitert, sondern das Fachgremium erhält die Möglichkeit, einen Alternativvorschlag zu erarbeiten. Um die Arbeit des Gremiums zu unterstützen, wird sich die EU im IASB um eine ausreichende Berücksichtigung ihres Standpunktes bemühen, um so möglichst frühzeitig eine Übereinstimmung mit EU-Prinzipien sicherzustellen.

3. *Würdigung*

Mit der Zulassung der IAS gibt die EU keine eigenen selbständigen Rechnungslegungsgrundsätze mehr heraus, sondern schafft nur noch einen flexiblen Rahmen, der Spielraum für internationale Entwicklungen lässt. Die Definition der genauen Rechnungslegungsbegriffe wird den Rechnungslegungsstandards und der Rechnungslegungsliteratur überlassen[612]. Inwieweit damit ein Abschied von einem genuin europäischen Bilanzrecht und der Sieg amerikanischer Bilanzierungsvorschriften verbunden ist, wird noch abzuwarten sein[613]. Aus Sicht der Corporate Governance bedeutet es in jedem Fall, dass auch auf europäischer Ebene der lange notwendige Schritt zur Einführung einheitlicher Rechnungslegungsregeln, in deren Mittelpunkt der Anlegerschutz steht, eingeschlagen worden ist[614].

---

610 KOM (2002) 259 endgültig vom 28.5.2002, 2002/0112. Siehe hierzu *Busse von Colbe*, BB, 2002, 1530; *Niehus*, DB 2002, 1385.

611 Siehe hierzu *Holgate*, "Four years to go", Accountancy, April 2001, S. 107.

612 Allerdings beteiligt sich die EU an der Ausarbeitung der International Standards durch Mitarbeit im Internationale Accounting Standards Committee (IASC), vgl. *Hommel/Berndt*, BB 2000, 1184, 1185.

613 *Wiesner*, ZIP 2000, 1792, 1794.

614 Vgl. *van Hulle*, ZGR 2000, 537, 548. Ein erster Schritt in diese Richtung war zuvor schon der Vorschlag der Europäischen Kommission zur Einführung einer Rechnungslegung zum Zeitwert

C. *Das deutsche Rechnungslegungs- und Bilanzrecht*

Die eigentlichen Schrittmacher für die Internationalisierung der europäischen Rechnungslegungsstandards sind jedoch in den EU-Mitgliedstaaten zu finden[615]. Insbesondere der deutsche Gesetzgeber zeigte sich schon seit geraumer Zeit als Vorreiter bei der Anpassung der Rechnungslegung an die Bedürfnisse des Kapitalmarkts.

I. *Grundprinzipien*

Im Gegensatz zur Investororientierung der angelsächsischen Rechnungslegung stand auch im deutschen Bilanzrecht, das auf den europäischen Rechnungslegungsrichtlinien beruht, bisher der Schutz des Gläubigers und die Unternehmensinteressen im Vordergrund[616]. Die Vorschriften des Handelsgesetzbuches (HGB) zum Einzel- und Konzernabschluss weisen deshalb zahlreiche Eigenheiten auf, die ihren Informationswert und damit die Bedeutung für den Kapitalmarkt reduzieren[617].

1. Vorsichtsprinzip

An erster Stelle ist dabei das Vorsichtsprinzip zu nennen[618]. Seine Ausprägung findet das Vorsichtsprinzip in zahlreichen Ansatz- und Bewertungswahlrechten[619], wie beispielsweise dem Anschaffungs- und Herstellungskostenprinzip[620], dem Realisationsprinzip[621], dem Imparitätsprinzip[622] und dem Einzelbewertungsgrundsatz[623]. Die

---

("fair value") für Finanzinstrumente, vgl. Vorschlag der Kommission zur Änderung der Richtlinie 78/660/EWG und 83/349/EWG im Hinblick auf die im Jahresabschluss bzw. konsolidierten Abschluss von Gesellschaften bestimmter Rechtsformen zulässigen Wertansätzen. Siehe hierzu *Hommel/Berndt*, BB 2000, 1184, 1185.

615 Vgl. *Kennedy*, "A dual approach", Accontancy Juni 2001, S. 104-106.

616 Zu den Grundwertungen des deutschen Bilanzrechts vgl. *Baetge*, FS Leffson, S. 11; *Havermann*, WPg 1988, 612, 613; *Kropff*, FS Claussen, S. 659, 663; *Moxter*, FS Beisse, S. 347, 352; *ders.*, FS Goerdeler, S. 361, 368.

617 Zu unterschieden zwischen IAS/US-GAAP und HGB siehe *Baetge/Beermann*, BB 2000, 2088-2094; *Born*, Rechnungslegung International, S. 569.

618 Vgl. *Hommelhoff*, RabelsZ 1998, 381, 387; *Moxter*, FS Beisse, S. 347, 352

619 Ausführliche Übersicht bei *Knobbe-Keuk*, Bilanz- und Unternehmenssteuerrecht, § 3 III b)-c).

620 Nach dem Anschaffungs- und Herstellungskostenprinzip in § 253 Abs. 1 Satz 1 sind Vermögensgegenstände höchstens zu ihrem historischen Anschaffungs- oder Herstellungskosten in die Bilanz aufzunehmen. Wertsteigerungen, wie sie z.B. bei Grundstücken regelmäßig der Fall sind, bleiben damit unberücksichtigt, vgl. *Baetge*, Bilanzanalyse S. 59.

621 Schwebende Geschäfte werden nicht berücksichtigt, sofern sich aus ihnen nicht Verlustrisiken ergeben, die zu Rückstellungen zwingen. Ebenso finden technisches Know-how, Marktstellung, Qualität der Produkte, Forschung und Entwicklung, insbesondere Patente ("Soft Assets"). keine Berücksichtigung in der Bilanz, vgl. *Baetge*, Bilanzanalyse S. 69.

genannten Prinzipien halten Gesellschaften dazu an, den Gewinn im Zweifel eher zu niedrig als zu hoch auszuweisen. Nach der gesetzgeberischen Intention sollen damit zu umfangreiche Gewinnausschüttungen verhindert werden, damit den Gläubigern eine ausreichende Eigenkapitaldecke als Haftungsgrundlage zur Verfügung steht[624]. Gleichzeitig ermöglichen die genannten Prinzipien Gesellschaften, die wahre Lage des Unternehmens zu verschleiern, indem sie in guten Zeiten die Bildung stiller Rücklagen gestatten, die in schlechten Zeiten zur Schönung der Bilanz wieder aufgelöst werden können[625].

2. *"True and fair view"*

Begünstigt wird die für den Informationswert des Jahresabschlusses nachteilige Handhabung der Wahlrechte durch die mangelhafte Umsetzung des in Art. 2 der 4. EG-Bilanzrichtlinie[626] vorgesehenen Prinzips des "true and fair view" ins deutsche Recht[627]. Das aus dem englischen Rechtskreis stammende Konzept des "true and fair view"[628] soll als "overriding principle" dazu dienen, dass Wahlrechte so ausgeübt werden, dass der Jahresabschluss ein den tatsächlichen Verhältnissen der Gesellschaft entsprechendes Bild vermittelt[629].

In der deutschen Literatur wird der Vorschrift des § 264 Abs. 2 HGB, die der europäischen Vorgaben entsprechen soll, von der herrschenden Meinung aber nur subsidiären Charakter zugebilligt[630]. Das heißt, dass die Norm hinter die spezielleren Vorschriften der Bilanz zurücktritt und für die GuV unbeachtlich ist. Ihr Zweck soll sich vielmehr darauf beschränken, Lücken zu schließen und die Klärung von Fragen, die sich aus der Anwendung von Einzelvorschriften ergeben, zu erleichtern[631]. Lediglich in eng gefassten Ausnahmefällen sei ihr eine Pflicht zu zusätzlichen Angaben im

---

622 Nach dem Imparitätsprinzip (§ 252 Abs. 1 Nr. 3 HGB) dürfen zwar drohende Verluste im abgelaufenen Geschäftsjahr berücksichtigt werden, aber nicht vorhersehbare Chancen und Gewinne.

623 Der Einzelbewertungsgrundsatz nach § 252 Abs. 1 Nr. 3 HGB verfälscht das Ergebnis insoweit, als sich der Unternehmenswert regelmäßig nicht aus der Summe der Einzelwerte sondern aus dem Barwert der künftigen Einzahlungsüberschüsse des gesamten Unternehmens ergibt, vgl. *Baetge*, Bilanzanalyse S. 60.

624 Vgl. *Knobbe-Keuk*, Bilanz- und Unternehmensteuerrecht, § 3 III 4a.

625 Siehe hierzu *Kühne*, WPK-Mitt. Sonderheft Juni 1997, 37, 42.

626 Ausführlich zu Art. 2 der 4. EG-Richtlinie siehe *A/D/S*, HGB, § 264 Rn. 36-41.

627 Zu den Einzelheiten der Transformation siehe *Beine*, WPg 1995, 467, 469; *Claussen*, FS Goerdeler, S. 79, 84; *Großfeld*, NJW 1986, 955, 959,

628 Allgemein zum "true and fair view" Gedanken siehe *Alsheimer*, RIW 1992, 645; *Ludewig*, AG 1987, 12, 13; *Schildbach*, WPg 1979, 277, 279.

629 Für eine entsprechende Auslegung des § 264 Abs. 2 HGB als Generalnorm sind *Budde/Förschle*, DB 1988, 1457, 1459; *Claussen*, FS Goerdeler, S. 79, 89; *Lutter*, DB 1979, 1285, 1292.

630 *Beisse*, BB 1990, 2007, 2009; *Coeneberg*, BFuP 1987, 71; *Schildbach*, BFuP 1987, 1, 6, 11ff; *Streim*, FS Moxter, S. 391, 397.

631 *A/D/S*, HGB, § 319 Rn. 59; *Beater*, MüKo-HGB, § 264 Rn. 16.

Anhang, die der Korrektur des Informationswerts des Jahresabschlusses dienen (§ 264 Abs. 2 Satz 2 HGB), zu entnehmen[632]. Andere Autoren sehen in der erwähnten Auffassung mangels Gleichwertigkeit mit den Vorgaben der Richtlinie einen Verstoß gegen europäisches Recht[633]. Auftrieb haben sie dabei von der in Rechtssachen *Tomberger* ergangenen Entscheidung des Europäischen Gerichtshofs erhalten[634]. Darin haben die Richter im Grundsatz festgestellt, dass die Bilanzwahrheit die Hauptzielsetzung der 4. EG-Richtlinie sei. Daraus wird gefolgert, dass "Spitzfindigkeiten, die nur aus dem engen Blickwinkel nationaler Bilanzrechte erklärlich sind", abzulehnen sind[635].

3. *Maßgeblichkeit*

Beim Einzelabschluss, der im Gegensatz zum Konzernabschluss auch Bedeutung für die Ermittlung des Steueraufkommens besitzt[636], kommt das als transparenzfeindlich betrachtete Prinzip der Maßgeblichkeit[637] hinzu. Sein Sinn und Zweck war es ursprünglich, die Gefahren eines allzu fiskalischen Bilanzsteuerrechts einzugrenzen und dem Kaufmann die Ermittlung der Steuerlast zu erleichtern[638], in dem es die Handelsbilanz zur Grundlage für die steuerliche Gewinnermittlung erklärt. Im Schrifttum wird dabei zwischen der sogenannten "materiellen Maßgeblichkeit" und der "formellen Maßgeblichkeit" unterschieden.

Die materielle Maßgeblichkeit besagt, dass bei der steuerrechtlichen Gewinnermittlung die abstrakten handelsrechtlichen Vorgaben zu befolgen sind, das heißt, dass handelsrechtliche Aktivierungsgebote und Passivierungsverbote in der Steuerbilanz analog der Handelsbilanz auszuüben sind[639]. Die formelle Maßgeblichkeit beinhaltet, dass nicht nur die abstrakten handelsrechtlichen Vorgaben zu befolgen sind, sondern auch die konkreten handelsrechtlichen Ansätze. Das bedeutet, dass die Wahlrechte in

---

632 *Beisse*, FS Döllerer, S. 25, 42; *Moxter*, FS Budde, S. 419, 426; *Clemm*, FS Budde, S. 135, 145.

633 *Altenburger*, BFuP 1997, 721, 723; *v. Wysocki*, WPg 1986, 177, 178.

634 EuGH, Urt. v.27.6.1996 – Rs. C-234 (Tomberger / Gebrüder von der Wettern GmbH), EuZW 1996, 467, berichtigt durch EuGH, EuZW 1997, 767. Siehe hierzu *Forster*, AG 1996, 419; *Henssler*, JZ 1998, 701; *Gelhausen*, WPg 1996, 573.

635 *Beater*, MüKo-HGB, § 264 Rn. 19. Allerdings hat das Transformationsdefizit keine Auswirkungen. Da die Richtlinie keine unmittelbare Wirkung unter Dritten entfaltet, können weder Gesellschafter, Gläubiger noch sonstige Adressaten des Jahresabschlusses von der Gesellschaft deren Einhaltung verlangen. Der Gesellschaft selbst wiederum fehlt das Rechtsschutzbedürfnis, um den EuGH anzurufen. Siehe dazu *A/D/S*, HGB, § 264, Rn. 48-49; *Beisse*, BB 1990, 2007, 2012; *Hartung*, RIW 1988, 52, 55.

636 Zur Frage, ob der Konzernabschluss auch für die Besteuerung gelten und die Ausschüttung bestimmen soll vgl. *Küting*, DStR 2000, 38, 43. Zu den Möglichkeiten einer einheitlichen Besteuerung von Konzernen weltweit durch Einführung internationaler Rechnungslegungsmethoden, siehe *Luttermann*, RIW 1996, 935; *ders.*, NZG 1999, 635, 640.

637 § 5 Abs. 1 S. 1 EStG. Zum Prinzip der "conformity" in der amerikanischen Rechnungslegung siehe *Lischer/Märkl*, WPK-Mitt. Sonderheft Juni 1997, 91-106.

638 *Havermann*, WPg 1988, 612, 614.

639 *Knobbe-Keuk*, Bilanz- und Unternehmenssteuerrecht, § 2 II 1.

der Handels- und Steuerbilanz nicht unterschiedlich ausgeübt werden dürfen[640]. Eine gesetzliche Ausprägung hat die formelle Maßgeblichkeit in § 5 Abs. 1 Satz 2 EStG, dem sogenannten "Prinzip der umgekehrten Maßgeblichkeit", erhalten. Danach fließen "umgekehrt" auch steuerliche Ansatz- und Bewertungswahlrechte in die Handelsbilanz ein[641]. Von Bedeutung ist dies vor allem bei Steuervergünstigungen. Sie können nur wahrgenommen werden, wenn zuvor der Ertrag in der Handelsbilanz entsprechend gesenkt worden ist[642]. Die umgekehrte Maßgeblichkeit sorgt somit für die Bildung von stillen Reserven, die den Informationswert der Bilanz verwässern[643]. Zwar sieht der Gesetzgeber zahlreiche Pflichten zu Angaben im Anhang vor, die den Eingriff zugunsten des Informationswertes wieder korrigieren sollen, die Angaben reichen aber in der Regel nicht aus, um die verfälschenden Einflüsse der steuerlichen Abschreibungen klar genug zu identifizieren[644].

II. *Vertrauenskrise der deutschen Rechnungslegung*

Die genannten Nachteile der deutschen Rechnungslegung bekamen besonders die Unternehmen zu spüren, die auf Grund ihres gestiegenen Kapitalbedarfs eine Notierung an internationalen Börsen anstrebten. Denn ihre hierfür erforderlichen Konzernabschlüsse wurden von den zuständigen Börsenzulassungsbehörden wegen mangelnder Aussagekraft nicht anerkannt[645].

1. Der Fall Daimler Benz

Prominentestes Beispiel ist die Daimler Benz AG[646]. Um für internationale Kapitalgeber interessant zu sein, ersuchte sie im Jahre 1993 um ein Listing an der New York Stock Exchange, dem wichtigsten Kapitalmarkt der Welt. Die für die Zulassung zuständige Börsenbehörde verweigerte ihr jedoch wegen des nach deutschem Recht aufgestellten Konzernabschlusses die Zulassung. Die Daimler Benz AG war deshalb gezwungen, ihren deutschen Konzernabschluss mittels einer Überleitungsrechnung (“reconciliations“)[647] an amerikanische Standards anzupassen[648]. Um ein derart kost-

---

640 *Knobbe-Keuk*, Bilanz- und Unternehmenssteuerrecht, § 2 II 2.

641 Allerdings ist die "Umkehrung" nicht in erster Linie auf den rechtlichen, sondern den faktischen Einfluss des Steuerrecht auf die Handelsbilanz zurückzuführen. *Raupach*, BFuP 1990, 515, 525, schlägt deshalb vor statt von "umgekehrter Maßgeblichkeit" besser von der “Praedominanz des Steuerrechts“ zu sprechen.

642 *Erle*, Maßgeblichkeitsprinzip, S. 177, 188; *Hommelhoff*, RabelsZ 1998, 381, 387.

643 Nach *Havermann*, WPg 1988, 612, 615 trägt die umgekehrte Maßgeblichkeit in erheblichem Maße zur mangelnden Glaubwürdigkeit deutscher Abschlüsse bei.

644 Siehe hierzu Beispiele bei *Baetge*, Bilanzanalyse S. 66.

645 Vgl. *Ebke*, WPK-Mitt. Sonderheft Juni 1997, 12; *Hommelhoff*, RabelsZ 1998, 382; *Kleindiek*, ZGR 1998, 466, 470, *Kübler*, ZGR 2000, 550, 552.

646 Zum Börsengang der Daimler Benz AG siehe *Bruns*, WPK-Mitt. Sonderheft Juni 1997, 31-36.

647 Zum Verfahren siehe *Hütten/Lorson*, BuW 2000, 609, 614.

spieliges Verfahren für die Zukunft zu vermeiden, ging die Daimler Benz AG deshalb dazu über, ihre Konzernabschlüsse nach internationalen Grundsätzen zu erstellen.

2. *Die Folgen*

Der Fall Daimler Benz hatte erhebliche Auswirkungen, da er kein Einzelfall blieb. Viele andere Unternehmen folgten dem Beispiel aus verschiedenen Motiven. Das Ergebnis war eine Hinwendung zu internationalen Rechnungslegungsgrundsätzen auf breiter Front[649], wobei ein Verstoß gegen deutsche Rechnungslegungsnormen und die damit verbundenen Sanktionen bewusst in Kauf genommen wurden[650]. Um den deutschen Unternehmen die internationale Wettbewerbsfähigkeit zu erhalten und selbst international den Anschluss an die Entwicklungen nicht zu verlieren, musste der deutsche Gesetzgeber reagieren[651].

III. *Reformen*

Mit einer Reihe von Reformen, hat der deutsche Gesetzgeber das Bilanzrecht an die neuen Anforderungen angepasst[652].

1. *Internationale Bilanzierungsgrundsätze*

Das Herzstück der Reform ist der § 292 a HGB, der durch das Kapitalaufnahmeerleichterungsgesetz (KapAEG)[653] neu ins Handelsgesetzbuch eingefügt wurde[654].

---

648 Das Ergebnis hat viele ausländische Anleger in ihrem Misstrauen bestärkt und in Deutschland zu heftigen Diskussionen geführt. Der nach deutschen HGB Rechnungslegungsvorschriften aufgestellte Abschluss wies einen Gewinn von 600 Mio DM aus, während nach dem auf US-GAAP übergeleiteten Abschluss einen Verlust von 1,8 Mrd zu Buche schlug.

649 *O.V.*, "Plädoyer für eine Bilanz-Weltsprache", in: FAZ v. 28.8.2000, S. 25. Zur Umstellung der Rechnungslegungsvorschriften siehe auch *Ebke*, WPK-Mitt. Sonderheft Juni 1997, 12, 14; *Gerke*, WiSt 1993, 417; *Spanheimer/Koch*, WPg 2000, 301; *Busse v. Colbe*, WPK-Mitt. 1996, 137-143; *Niehus*, DB 1995, 1341-1345.

650 Angesichts des weltweiten Wettbewerbs um Kapital stellte sich das Sanktionspotential als wenig abschreckend heraus. So drohte den Konzernen bei Verstößen eine maximale Geldstrafe von DM 50 000.

651 *Hütten/Lorson*, BuW 2000, 609, 615.

652 Siehe hierzu *Ernst*, WPg 1998, 1025; *Wollmert/Oser*, DB 2000, 729, 730.

653 KapAEG v. 20.4.1998, BGBl. I 1998, 707-709.

654 Siehe hierzu *Baumbach/Hopt* § 292 Rn. 1. Ähnliche Vorschriften sind in Österreich, Belgien, Frankreich, Finnland, Italien und Luxemburg in Vorbereitung oder bereits in Kraft gesetzt.

a) Befreiungsvorschrift § 292 a HGB

Diese Vorschrift erlaubt es, börsennotierten deutschen Muttergesellschaften, sofern sie einen Konzernabschluss nach international anerkannten Vorschriften aufstellen, auf die Aufstellung eines deutschen Konzernabschluss nach § 290 HGB zu verzichten[655]. Solche internationale Rechnungslegungsvorschriften sind vor allem die IAS und wegen ihrer Verbreitung auch die US-GAAP[656]. Das KapCoRiLiG[657] hat neu geschaffene Möglichkeiten zur Bilanzierung nach internationalen Konzernrechnungslegungsgrundsätzen nochmals ausgedehnt, indem es eine Bilanzierung nach internationalen Grundsätzen auch dann zulässt, wenn lediglich ein Tochterunternehmen börsennotiert ist[658]. Für das Merkmal der Börsennotierung reicht nun auch die Inanspruchnahme eines organisierten Marktes i.S. d. § 2 Abs. 2 Satz 1 und Abs. 5 WpHG aus[659].

b) Unternehmen am Neuen Markt

Zuvor war bereits die Pflicht zur Bilanzierung nach US-GAAP oder IAS für Unternehmen, die eine Notierung am Neuen Markt in Frankfurt suchten, eingeführt worden[660]. Ausschlaggebend hierfür war die Überlegung, dass dieses Marktsegment vor allem jungen Unternehmen die Kapitalaufnahme ermöglichen sollte, die über geringes Anlagevermögen verfügen und daher sehr risikobehaftet sind. Von den internationalen Bilanzierungsgrundsätzen versprach man sich einen besseren Einblick in die Vermögensverhältnisse als von Rechnungslegungsgrundsätzen, die wie das HGB eher auf Fremdkapitalfinanzierung und feste Vermögenswerte ausgerichtet sind.

2. Kapitalflussrechnungen und Segmentberichterstattung

Noch vor dem KapAEG hatte das KonTraG bereits den Inhalt des Jahresabschlusses an ein internationales Niveau angepasst. So wurden alle börsennotierten Konzernmütter nach § 297 Abs. 1 S. 2 HGB verpflichtet, ihren Konzernanhang um die in angelsächsischen Ländern üblichen Elemente[661] der Kapitalflussrechnung und einer

655 Siehe hierzu *Wollmert/Oser*, DB 2000, 729-735.

656 Vgl. DSR, DRS 1.10-13.

657 KapCoRiLiG v. 24.2.2000, BGBl. I 2000, 154.

658 Die Vorschläge der *Regierungskommission "Corporate Governance"* gehen noch weiter. Sie empfehlen, die Anwendung internationaler Bilanzierungsgrundsätze nicht nur kapitalmarktorientierten, sondern grundsätzlich allen konzernabschlusspflichtigen Unternehmen freizustellen, vgl. *Regierungskommission "Corporate Governace"*, D6.3.

659 Siehe hierzu *Küting*, DStR 2000, 38, 41; *Strobel*, DB 2000, 53, 59.

660 Vgl. Deutsche Börse, Regelwerk Neuer Markt, Stand 3.4.2000, Abschn. 2 Abs. 4.4.9(3), 7.1.2(2), 7.2.2(1), zitiert nach *Hütten/Lorson*, BuW 2000, 521, 525, Fn. 36.

661 Vgl. hierzu *Hütten /Lorson*, BuW 2000, 609, 610; *Hosfeld-Guber/Liwicki*, FS Brönner, S. 143; *Veit,/Bernards*, WPg 1995, 493.

Segmentberichterstattung zu ergänzen[662]. Diese Berichtselemente dienen vor allem der Informationsfunktion und gelten als "Kernstücke einer kapitalmarktorientierten Rechnungslegung"[663], da sie dem Adressaten durch Aufgliederung von Rechnungslegungsdaten nach Unternehmensbereichen und regionalen Märkten einen tieferen Einblick in die Lage des Unternehmens gewähren[664]. Der Gesetzgeber war damit einer Forderung der Anleger und Analysten nachgekommen, nach der die Rechnungslegung das "Geldverdienen" und die "Verdienstquellen" anzeigen sollte. Die vom Unternehmen bis dahin zu publizierenden Mindestangaben zur Bilanz und GuV gaben in erster Linie Informationen über die Vermögens- und Ertragslage. Für eine genaue Analyse der Finanzlage bedurfte es aber einer Kapitalflussrechnung, welche die Möglichkeit zu einer dynamischen Liquiditätsanalyse bietet. Zwar waren sogenannte "Kapitalflussrechnungen" zum Teil schon freiwillig von den Unternehmen vorher publiziert worden, aber diese stellten teilweise nur einfache Umgliederungen der Jahresabschlussposten dar[665]. Das TransPuG hat § 297 Abs. 1 S. 2 abermals ausgedehnt. Es schreibt nunmehr eine Kapitalflussrechnung, eine Segmentberichterstattung und einen Eigenkapitalspiegel auch dann vor, wenn ein Mutterunternehmen einen organisierten Markt im Sinne des § 2 Abs. 5 des Wertpapierhandelsgesetzes durch von im oder einem seiner Tochterunternehmen ausgegebenen Wertpapiere im Sinne des § 2 Abs. 1 Satz 1 WpHG in Anspruch nimmt.

3. *Einführung eines Rechnungslegungsgremiums § 342 HGB*

Das KonTraG ermöglichte auch die Einrichtung eines Rechnungslegungsgremiums[666]. Die Vorschrift des § 342 HGB räumt dem Bundesministerium für Justiz (BMJ) die Möglichkeit ein, einen Rechnungslegungsbeirat zu bilden oder eine privatrechtlich organisierte Einrichtung als Rechnungslegungsgremium durch Vertrag anzuerkennen.

a) DRSC

Durch ein Abkommen mit dem zuvor gegründeten Deutschen Rechnungslegungs-Standards Committee (DRSC) e.V. hat sich das BMJ für die zuletzt genannte Alternative entschieden[667]. Damit wurde entsprechend den oben beschriebenen

---

662 Siehe hierzu ausführlich *Böcking*, Reform des Aktienrechts, S. 509-539; *Böcking/Benecke*, WPg 1998, 92-107.

663 Zur Ausgestaltung von Kapitalflussrechnung und Segmentberichterstattung in den Statements SFAS 95 und IAS No. 7 (IASC) sowie zur Segmentberichterstattung in SFAS 14 und SFAS 131 (FASB) siehe *Busse v. Colbe*, FS Weber, S. 474, 476 und v. *Wisocky*, FS Brönner, S. 465-484.

664 Vgl. *Küting*, DStR 2000, 38, 41.

665 *Baetge*, Bilanzanalyse S. 258.

666 Vgl. §§ 342, 342 a HGB, die durch das KonTraG erlassen wurden.

667 Ausführlich zum DRSC *Ebke*, ZIP 1999, 1193; *Scheffler*, BFuP 1999, 407; *Paal*, S. 33.

angelsächsischen Vorbildern[668] auch in Deutschland der Weg frei für eine Standardisierung der Rechnungslegung durch ein unabhängiges, mit anerkannten Sachverständigen besetztes, privates Gremium. Ziel war es, den Anforderungen, die globale Märkte vor allem an die Flexibilität von Rechnungslegungsstandards stellten, besser als dies bis dahin im Wege staatlicher Gesetzgebung möglich war, gerecht zu werden[669].

b) Struktur, Aufgaben und Verfahren

Zentrales Organ des DRSC ist neben Vorstand[670] und Mitgliederversammlung[671] der Verwaltungsrat. Seine wichtigste Aufgabe ist die Wahl und Bestellung der Mitglieder des Deutschen Standardisierungsrates (DSR)[672], in dessen Verantwortung die Ermittlung, Festsetzung und Auslegung der Deutschen Standards der Rechnungslegung sowie die weiteren in § 342 Abs. 1 Satz 1 Nr. 2 und 3 HGB bezeichneten Aufgaben liegen[673]. Besetzt sind die Organe mit sogenannten "Rechnungslegern". Damit sind Personen gemeint, die auf dem Gebiet der Rechnungslegung tätig sind und daher über das notwendige Wissen verfügen, so auch Wirtschaftsprüfer[674]. Seine Arbeitsweise legt der Standardisierungsrat im Rahmen der gesetzlichen Vorgaben und des mit dem BMJ geschlossenen Vertrages in eigener Verantwortung fest. Zur Vorbereitung der Entscheidungen kann der Standardisierungsrat Arbeitsgruppen für bestimmte Aufgaben einsetzen. Deren Vorschläge werden in Form eines Entwurfs mit einer Frist zur Stellungnahme veröffentlicht. Danach findet eine Auswertung und Erörterung der Stellungnahmen und erneuter Veröffentlichung statt, woran sich nach Anhörung des Konsultationsrates die Verabschiedung in öffentlicher Sitzung anschließt.

IV. *Würdigung*

Die genannten Reformen kündigen für die deutsche Rechnungslegung den "Paradigmenwechsel" weg vom Gläubiger- hin zum Anlegerschutz an. Sie können aber erst den Anfang bilden[675]. Weitere Reformschritte sind notwendig, damit die Rechnungs-

---

668 Gemeint sind das bereits erwähnte FASB sowie das Accounting Standard Board (APB) in Großbritannien. Siehe hierzu *Budde/Steuber*, DStR 1998, 1181; *Paal*.

669 *Budde/Steuber*, BeBiKomm., § 342 Rn. 2.

670 Zu den Aufgaben und der Zusammensetzung des Vorstands siehe *Ebke*, MüKo-HGB, § 342 Rn. 5.

671 Zu Aufgaben und Zusammensetzung der Mitgliederversammlung siehe *Ebke*, MüKo-HGB, § 342 Rn. 7.

672 International firmiert der DSR unter der Bezeichnung "German Accounting Standard Board" (GASB).

673 Zu den Aufgaben siehe *Budde/Steuber*, BeBiKomm., § 342 Rn. 3-6.

674 Vgl. § 6 Abs. 2 Satz 3 DRSC-Satzung.

675 *Hommelhoff*, RabelsZ 1998, 381, 394: ("Rubicon ist in Bonn und Brüssel längst überschritten"); *Kübler*, FS Budde S. 361, 375.

legung ihre Aufgabe - nämlich den Anleger mittels einer zeitnahen, umfassenden und verständlichen Rechnungslegung über die wahren Verhältnisse im Unternehmen aufzuklären - im Rahmen einer funktionierenden Corporate Governance, erfüllen kann.

1. Konzernrechnungslegung

Der provisorische Charakter der derzeitigen Regelungen wird besonders deutlich an der Vorschrift des § 292 a HGB. Die darin vorgesehene Regelung zur Öffnung der Konzernrechnungslegung für internationale Vorschriften besitzt nach der Intention des Gesetzgebers nur Übergangscharakter. Die Befreiung soll mit dem Jahre 2004 enden[676]. Bis dahin muss es gelingen, die deutsche Rechnungslegung an internationale Standards anzupassen. In erster Linie ist dazu notwendig, die Aussagekraft und die Informationsfunktion der Konzernabschlüsse im Hinblick auf den Anleger am Kapitalmarkt zu verbessern. Hier besteht bisher kein einheitliches Konzept[677]. Es kann aber nicht wie bisher Aufgabe des Abschlussprüfers sein, hier für eine ausreichende Korrektur durch die Prüfung zu sorgen[678]. Einzig richtiger Weg ist deshalb die Anpassung der Konzernbilanzierung an internationale Rechnungslegungsgrundsätze, zumindest was die Ansatz-, Bewertungs- und Ausweisregeln betrifft. Dabei spielt es nur eine untergeordnete Rolle, dass Kritiker eines solchen Ansatzes den US-GAAP und IAS ebenfalls Schwächen hinsichtlich ihrer Investororientierung nachsagen[679]. Denn ausschlaggebend ist letzen Endes das Vertrauen, das von den Kapitalmärkten diesen Vorschriften trotz jüngster Bilanzkrisen in den USA weiterhin entgegengebracht wird[680].

---

676 Vgl. *Ernst*, KonTraG, S. 138.

677 Vgl. *IDW*, WPg 2000, 1027, 1028; *Böcking/Orth*, DB 1998, 1241; *Budde/Steuber*, BeBiKomm., § 342 Rn. 4.

678 Vgl. IDW, WPg 2000, 1027, 1028.

679 Als nachteilig wird bei den IAS und US-GAAP u.a. die Anzahl der impliziten Wahlrechte gesehen, die auf der Bewertung von Tageswerten und "fair values" beruhen. Siehe hierzu *Harris/Lang/Möller*, ZfbF 1995, 996-1028; *Schildbach* ZfbF 1998, 55-81; *ders.*, BFuP 1998, 1, 22. Zu Möglichkeiten der Verringerung dieser Spielräume siehe *Altenburger/Busse von Colbe/Küpper/Loitlsberger/Siegwart*, BFuP 2001, 67, 68.

680 *Ballwieser*, FS Kropff S. 371, 385; *ders.*, FS Beisse S. 25-43; *o.V.*, "Plädoyer für eine Bilanz-Weltsprache", in: FAZ v. 28.8.2000, S. 25; *Weber*, WPK-Mitt. Sonderheft Juni 1997, 57, 60-61. Zur Rolle der SEC in diesem Zusammenhang siehe *Busse v. Colbe*, BB 2002, 1530, 1536 sowie unten S. 147.

2. *Einzelabschluss*

Die Internationalisierung der Rechnungslegung darf aber nicht beim Konzernabschluss Halt machen, sondern muss auch den Einzelabschluss, der die Grundlage der Konzernrechnungslegung bildet, mit einbeziehen[681].

a) *Internationale Rechnungslegungsprinzipien*

Auch beim Einzelabschluss ist die Anwendung von internationalen Rechnungslegungsprinzipien auf Dauer sinnvoll[682]. Zwar wäre theoretisch eine Abkoppelung der Konzernbilanz vom Einzelabschluss möglich, indem Bilanzierungswahlrechte unabhängig von ihrer Ausübung im Einzelabschluss angewandt werden[683], so dass der Einzelabschluss weiterhin für den Gewinn und die Besteuerung beibehalten werden könnte, während der Konzernabschluss die Informationsbedürfnisse des Kapitalmarkts befriedigt, Experten befürchten aber, dass eine solche Strategie der getrennten Bewertungsnormen auf Dauer zu viele Probleme bereitet. Denn sie würde die neugewonnene Glaubwürdigkeit der Rechnungslegung durch die Diskrepanzen zwischen Einzel- und Konzernabschluss wieder zunichte machen. Gleiches würde für die Kostenvorteile gelten, die durch den Wegfall verschiedener Bilanzierungspraktiken entstehen[684].

Die Europäische Kommission zeichnet in ihren Stellungnahmen bereits einen entsprechenden Weg vor, der zur Übernahme von IAS für den Einzelabschluss führt. Zwar wird dort noch keine verpflichtende Anwendung der IAS im Einzelabschluss vorgeschlagen, den Mitgliedstaaten wird aber zumindest die Möglichkeit eingeräumt, die Anwendung der IAS auf nicht börsennotierte Unternehmen und Einzelabschlüsse auszudehnen[685]. Zu überlegen ist allerdings, ob Unternehmen, die den Kapitalmarkt nicht in Anspruch nehmen, Befreiungsvorschriften hinsichtlich Aufstellung und Veröffentlichung zu gewähren sind, um so unnötige Belastungen zu vermeiden[686].

Zur Lösung des von der Corporate Governance nicht zu vernachlässigenden Problems des Gläubigerschutzes, das aus der Anknüpfung der Ausschüttungsbemes-

---

681 *Altenburger/Busse von Colbe/Küpper/Loitlsberger/Siegwart*, BFuP 2001, 67; *Budde/Steuber*, BB 2000, 971; *Heurung*, RIW, 2000, 421; *Küting*, DStR 2000, 38, 42; *Zwirner*, StuB 1999, 879, 884.

682 *Hütten/Lorson*, BuW 2000, 521, 527. Zu den einzelnen Phasen einer möglichen Anpassung siehe *Niehus*, WPg 2001, 737.

683 Vgl. §§ 300, 308 Abs. 1 HGB.

684 Vgl. *IDW*, WPg 2000, 1027, 1028, das ein Nebeneinader verschiedener Bilanzierungspraktiken in den Unternehmen für unzumutbar hält. Ebenso *Hommelhoff*, RabelsZ 1998, 381, 393.

685 Vgl. auch KOM (2000), 359 endg. v. 13.6.2000, S. 4. So auch *Küting*, "Die deutsche Rechnungslegung wird dynamischer", in: FAZ v. 19.3.2001, S. 32.

686 Bejahend *van Hulle*, ZGR 2000, 537, 545, 549; vergleichbare Überlegungen bestehen in England im Zusammenhang mit dem Financial Reporting Standard for Smaller Entities (FRSSE), der eine sogenannte "Little GAAP" Variante anbietet, siehe dazu *Paterson*, "Widening the GAAP", Accountancy, Mai 2001, S. 96.

sung an den Gewinn des Einzelabschlusses herrührt, bestehen verschiedene Möglichkeiten. Sinnvoll erscheint ein Ansatz nach dem amerikanischen Prinzip "der gläsernen aber verschlossenen Taschen"[687]. Nur am Rande sei dabei erwähnt, dass langfristig zu erwägen ist, ob man das System der Eigenkapitalsicherung nicht ganz aufgibt und zu einem System des frei disponiblen Eigenkapitals, wie es in den angelsächsischen Ländern besteht, übergeht[688].

b) Prinzip der Maßgeblichkeit

Eine derartige Reform des Einzelabschlusses bliebe nicht ohne Konsequenzen für die Verbindung zum Steuerrecht. Deshalb müsste auch über das zukünftige Schicksal des Prinzips der Maßgeblichkeit entschieden werden[689]. Gegen eine Beibehaltung sprechen die massiven Verfälschungen des zugegeben gegenüber dem Konzernabschluss geringeren Informationswertes des Einzelabschlusses, die insbesondere von der umgekehrten Maßgeblichkeit ausgehen. Im Sinne eines "true and fair view" ist daher die Abschaffung anzuraten[690]. Zumal auch der Vereinfachungsgedanke[691] und der Schutz vor einem "habgierigen Fiskus"[692], der hinter der Einführung des Prinzips der einfachen Maßgeblichkeit stand, heute nur noch bedingt als Argument für die Aufrechterhaltung vorgebracht werden kann. Zahlreiche gesetzliche Ausnahmetatbestände[693] und Beschränkungen durch die Rechtsprechung[694] haben seine allgemeine Gültigkeit untergraben, so dass teilweise schon von einem "Etikettenschwindel"[695] gesprochen wird. Beispielhaft kann die Abschaffung der Anerkennung von Drohverlustrückstellungen in der Steuerbilanz (§ 5 Abs. 4a EStG)[696] aber auch die Änderungen des Steuerentlastungsgesetzes 1999/2001/2002[697] genannt werden[698]. Zu Recht wird auch darauf hingewiesen, dass als Schutz vor übertriebener Besteuerung verfassungsrechtliche Prinzipien ausreichen, etwa der Grundsatz der Folgerichtigkeit

---

687 Zu den dortigen Schutzmechanismen siehe *Benckendorff*, S. 107 ff., *Merkt*, Gesellschaftsrecht, S. 276 ff.

688 *Pellens/Bonse/Gassen*, DB 1998, 785, 792., *Broer*, S. 401-402; ebenso *Hommelhoff*, RabelsZ 1998, 381, 399, der allerdings darauf verweist, dass ein solcher Schritt einer langfristigen Vorbereitung bedarf.

689 *Herzig*, WPg 2000, 104, 106. Zu den Auswirkungen der Internationalisierung der Rechnungslegung auf das Prinzip der Maßgeblichkeit siehe ausführlich *Broer*; *Heurung*, RIW 2000, 421-431.

690 Nachweise bei *Busse v. Colbe*, Unternehmenskontrolle, S. 37, 50.

691 Siehe hierzu auch die Abschaffung von § 308 Abs. 3 HGB durch das TransPuG.

692 *Weber-Grellert*, DB 1994, 288, 289.

693 Siehe hierzu schon *Döllerer*, BB 1988, 238, 239.

694 Vgl. *Erle*, Maßgeblichkeitsprinzip, S. 177, 185-187;

695 *Erle*, Maßgeblichkeitsprinzip, S. 177, 187.

696 Zu den daraus sich ergebenden Ungereimtheiten siehe *Jocham*, HB v. 27.07.1998, S. 7.

697 BGBl. I 1999, S. 402. Siehe hierzu die Stellungnahme des Steuerfachausschusses des IDW, WPg 1999, 555.

698 Andere Beispiele sind nach *Erle*, Maßgeblichkeitsprinzip, S. 177, 183-184, die Vorschriften der §§ 5 Abs. 5 S. 2 EStG; 5 Abs. 3-4a, § 5 Abs. 6, § 6a sowie § 7 Abs.1 S. 3 EStG.

der Besteuerung, wonach der Staat verpflichtet ist, nur den Ertrag nicht aber die Substanz zu besteuern[699].

Als Alternative[700] bietet sich die Einführung unterschiedlicher Rechnungslegungssysteme für die verschiedenen Zwecke der Gewinnermittlung an[701], wie sie in Ländern mit angelsächsischen Rechnungslegungstraditionen bestehen[702]. Aus Sicht der Corporate Governance wäre dies die beste Lösung. Denn nur so könnte verhindert werden, dass die Zahlungsbemessungsfunktion weiter über den Zweck der Rechenschaftslegung gegenüber den Anlegern dominiert.

3. Private Standardsetter

Keine Alternative wird es auch zu der Beteiligung privater Standardsetter an der Entwicklung von Rechnungslegungsstandards geben, obwohl das Verfahren weiterhin umstritten ist und ursprünglich sogar für verfassungswidrig gehalten wurde[703].

a) Deutschland

Die zahlreiche Kritiker in Deutschland sahen in der Öffnung des Bilanzrechts für internationale Rechnungslegungsgrundsätze einen Verstoß gegen das im Grundgesetz normierte Demokratieprinzip. Sie warfen dem Gesetzgeber vor, sich mit der Neuregelung seiner Verantwortung entziehen zu wollen, indem er privaten Gremien, wie dem IASC oder auch dem DRSC, die Festsetzung von Rechnungslegungsstandards überließ. Normativ wurde darin ein "Weg in die Beliebigkeit" gesehen, der verfassungsrechtlich als ein Verstoß gegen den Parlamentsvorbehalt zu werten sei, da alle wesentlichen Entscheidungen, insbesondere die Auferlegung staatlicher Lasten – hier die Pflicht zur Rechnungslegung - von einem demokratisch legitimierten Gremium zu treffen seien[704].

Unabhängig davon, dass Vorschriften wie § 292 a HGB nicht begünstigte Konzerne nicht beschweren und begünstigte gerade von einer Belastung – nämlich der Publizitätspflicht - befreien wollen[705], bestehen an der Verfassungsmäßigkeit der Re-

---

699 So *Erle*, Maßgeblichkeitsprinzip, S. 177, 190-191.

700 Zu anderen Möglichkeiten der Gewinnermittlung siehe ausführlich *Rose/Mühl-Schimmele*, DSWR 1997, 155-159; *Scheffler*, DSWR 2001, 151.

701 Siehe hierzu *Scheffler*, DSWR 2001, 151, 152 mit Hinweis auf einen Vorschlag der Steuerreformkommission von 1971.

702 Vgl. *Busse v. Colbe*, Unternehmenskontrolle, S. 37, 50; *Lauth*, DStR 2000, 1365; *Weber-Grellert*, DStR 1998, 1343.

703 *Hommelhoff/Schwab*, BFuP 1998, 38; *Hommelhoff*, FS Odersky, S. 779, 780; *ders.*, FS Odersky, S. 779; *Budde*, FS Beisse, S. 105-121; *Budde/Steuber*, FS Baetge, S. 3; *Lutter*, NJW 1996, 1945, 1946.

704 *Kirchhoff*, "Bedenken gegen Vorschrift zur Konzernrechungslegung", in: FAZ v. 28.1. 2000, S. 22.

705 *Heintzen*, BB 1999, 1050, 1053.

gelungen heute kaum noch Zweifel[706]. Dazu beigetragen hat sicherlich die Tatsache, dass mehr Klarheit über den Charakter der Standards herrscht.

So ist derzeit herrschende Meinung, dass es sich bei den von den privaten Gremien erarbeiteten Standards lediglich um Empfehlungen handelt, denen keine Gesetzeskraft zukommen soll[707]. Sie dienen ähnlich den Grundsätzen ordnungsgemäßer Buchführung lediglich der Auslegung und Anleitung, haben aber keinen verbindlichen Charakter[708]. Die Verantwortung für die Rechnungslegungsgrundsätze liegt somit nach wie vor beim Gesetzgeber und den Gerichten, die endgültig über deren Verbindlichkeit entscheiden[709]. Die Empfehlungen des RSC besitzen keine Gesetzeskraft, da § 342 Abs. 2 HGB keine Ermächtigungsgrundlage zum Erlass von Rechtsverordnungen enthält (vgl. Art. 80 Abs. 1 GG)[710]. Vielmehr kommt den Standards nach Bekanntmachung durch das BMJ (§ 342 Abs. 2 HGB) der Charakter einer "widerlegbaren gesetzlichen Rechtsvermutung" zu[711]. Das heißt sie haben die Vermutung für sich "GoB der Konzernrechnungslegung zu sein"[712]. Die gesetzliche Rechtsvermutung des § 342 Abs. 2 HGB gilt bis zum Beweis des Gegenteils[713]. Den Gegenbeweis kann "jeder" mit "jedem Beweismittel" führen[714]. Da Auslegungsstreits in letzter Konsequenz regelmäßig vor den Gerichten ausgetragen werden, bleibt die richterliche Kontrolle über die Konkretisierung der GoB erhalten[715]. Die Nichtbeachtung der Standards zieht unmittelbar keine Sanktionen nach sich, sofern die abweichende Vorgehensweise den gesetzlichen Zielen des Rechnungslegungsrechts entspricht[716]. Dennoch ist die "faktische Bedeutung" der Grundsätze nicht zu unter-

---

706 *Hellermann*, NZG, 2000, 1097-1103; *Heintzen*, BB 1999, 1050-1054.

707 So hat der Gesetzgeber dem DRSC nicht die Aufgabe übertragen, Grundsätze für die Konzernrechnungslegung zu normieren, sondern nur zur Autorisierung von Anwendungsempfehlungen angewiesen, vgl. *Ebke*, MüKo-HGB § 342 Rn. 21; kritisch hierzu *Lenz*, Meinungsspiegel, BFuP 1999, 451.

708 *Heintzen*, BB 1999, 1050, 1053 spricht von einer "Auslegungsverweisung" im Unterschied zu einer "Geltungsverweisung".

709 *Ebke*, MüKo-HGB § 342 Rn. 23; *ders.*, ZIP 1999, 1193, 1203; *Ernst*, WPg 1998, 1025, 1031.

710 *Ebke*, MüKo-HGB § 342 Rn. 21.

711 *Ebke*, ZIP 1999, 1193, 1202-1203 ("gesetzliche Rechtsvermutung mit - zuvörderst – materiellrechtlichem Gehalt"); *ders.* MüKo-HGB § 342 Rn. 22; zutimmend *Spannheimer*, WPg 2000, 997, 1005. A. A. *Hommelhoff/Schwab*, BFuP 1998, 38, 42; *Budde/Steuber*, DStR 1998, 1181, 1184, die in dem Begriff "vermutet" (§ 342 Abs. 2 HGB) lediglich eine Beweislastregel im prozessualen Sinn sehen.

712 Siehe *Spanheimer*, WPg 2000, 997, 1005. *Ebke*, MüKo-HGB, § 342 Rn. 22 differenziert nach "Vermutungsgrundlage" und "Vermutungsinhalt". Danach haben "Konzernrechnungslegungsgrundsätze, die in dem nach § 342 Abs. 1 Satz 1 HGB anerkannten Verfahren von einer nach § 342 Abs. 1 Satz 1 HGB anerkannten Einrichtung entwickelt und beschlossen und vom BMJ bekanntgemacht wurden (Vermutungsgrundlage) nach dem Gesetz die Vermutung für sich, die Konzernrechnungslegung betreffende „Grundsätze ordnungsmäßiger Buchführung „ (§ 342 Abs. 2) zu sein (Vermutungsinhalt)".

713 Nach *Ebke*, MüKo-HGB, § 342 Rn. 23 gilt § 292 Abs. 1 ZPO analog.

714 *Ebke*, MüKo-HGB, § 342 Rn. 23.

715 *Ernst*, WPg 1998, 1025, 1031; *Ebke*, ZIP 1999, 1193, 1203; *ders.*, MüKo-HGB, § 342 Rn. 23.

716 Zu den Konsequenzen für die Abschlussprüfung siehe *Spanheimer*, WPg 2000, 997, 1006.

schätzen[717]. Darüber hinaus geht auch der Vorwurf fehl die Verweisung in § 292 a HGB stelle normativ einen Weg in die Beliebigkeit dar. Denn auch von den Abschlüssen nach US-GAAP und IAS wird laut § 292 a Abs. 2 HGB verlangt, dass sie im Einklang mit den europäischen Vorgaben stehen (Nr. 2b) und in der Aussagekraft mit einem deutschen Abschluss gleichwertig sind (Nr. 3)[718].

Aus tatsächlichen Gründen bestanden ohnehin keine Zweifel, dass der Gesetzgeber auf Grund der Dynamik und Komplexität der Regelungsmaterie allein mit der Ausarbeitung von konkreten Bilanzierungsgrundsätzen überfordert wäre. Denn die rasanten Entwicklungen, wie etwa im Bereich der Finanzinstrumente, erfordern schnelle und flexible Methoden zur Anpassung von veralteten Rechnungslegungsregeln, will man international den Anschluss nicht verlieren. Keinesfalls wäre es daher praktikabel - wie vereinzelt vorgeschlagen wurde - die Rechnungslegung mittels völkerrechtlicher Abkommen ähnlich den Doppelbesteuerungsabkommen zu regeln[719], da deren Abschluss unsicher und die Umsetzung zu langwierig ist. Dagegen erscheint es sinnvoll, weiter bestehende Bedenken hinsichtlich der mangelnden demokratischen Legitimation mit einer entsprechenden Besetzung der Standardisierungsgremien und durch Transparenz der Arbeitsprozesse Rechnung zu tragen[720]. Allerdings darf bei der Besetzung Proporzdenken nicht die Oberhand gewinnen, sondern die fachliche Qualifikation und Unabhängigkeit[721] muss weiterhin im Vordergrund stehen[722].

b) Europa

Die Einführung des deutschen Rechnungslegungsgremiums hat auch den Anstoß zu Überlegungen gegeben, auf europäischer Ebene darüber nachzudenken, einen solchen Standardsetter einzuführen[723], um politisch ein Gegengewicht zur SEC zu schaffen und mit einheitlicher Stimme im IASC wirken zu können[724] sowie die zukünftigen Anforderungen besser bewältigen zu können. Denn das bisherige Verfahren zur Schaffung von Richtlinien und deren Transformation in den Mitgliedstaaten ist zu umständlich und wird den dynamischen Anforderungen, die an die Rechnungslegung

---

717 *Hütten/Lorson*, BuW 2000, 609, 611. Nach *Spanheimer*, WPg 2000, 997, 1006 ließe sich der Druck noch erhöhen, wenn "öffentlichkeitswirksam über einschlägige Abweichungen zu berichten" wäre. Zweckmäßig erscheint ihm daher ein Hinweis im Bestätigungsvermerk des Abschlussprüfers.

718 Siehe hierzu *Busse v. Colbe*, MüKo-HGB, § 292 a Rn. 18 ff. und Rn. 26 ff; *Hoyos/Lechner*, BeBiKomm., § 292 a Rn. 20 ff und 26 ff.

719 Vgl. *Kirchhoff*, "Bedenken gegen Vorschrift zur Konzernrechungslegung", in: FAZ v. 28.1. 2000, S. 22.

720 Zu Kritik an der Besetzung des DRSC siehe *Lenz*, Meinungsspiegel, BFuP 1999, 451.

721 Vgl. *Ebke*, ZIP 1999, 1193, 1203.

722 Zu Vorschlägen der Privatisierung der Rechnungslegung und Überführung in eine vertragsrechtliche Gestaltung siehe *Claussen*, "Die Rechnungslegung sollte nicht weiter gesetzlich geregelt werden", in: FAZ v. 10.4.2000, S. 22.

723 *O.V.*, "Call for European standards board", Accountancy, August 1998, S. 10; *Hommelhoff*, RabelsZ 1998, 381, 401.

724 Van Hulle, ZGR 2000, 537, 548.

gestellt werden, nicht mehr gerecht. Die Schaffung eines European Accounting Standards Board steht bisher aber nicht auf der Tagesordnung. Die EU hat sich lediglich vorbehalten, in einem Kontrollverfahren ("endorsement mechanism"), die IAS auf ihre politische und technische Vereinbarkeit zu überprüfen. Dazu ist am 26.6.2001 die European Financial Reporting Advisory Group (EFRAG) geschaffen worden. Kritiker wenden gegen dieses Verfahren ein, dass eine Interpretation durch die EU das Ziel, weltweit einheitliche Standards für eine globale Corporate Governance zu schaffen, gefährde[725]. Demgegenüber verweist man von Seiten der EU auf die politischen Sensibilitäten in Europa. Es sei undenkbar, die europäischen Interessen gänzlich einem privaten Gremium wie dem IASB zu überlassen[726]. Zumal eine Umsetzung von Bilanzierungsstandards in den schwierigen europäischen Rechtsrahmen kompliziert sei und der Unterstützung bedürfe[727]

Die Frage, ob die Standards aus verfassungsrechtlichen Gründen einer Umsetzung in europäisches Recht bedürfen, soll hier nicht entschieden werden. Dennoch kann festgestellt werden, dass viel von der Arbeitsweise des neu geschaffenen Gremiums abhängen wird[728]. Im Interesse der europäischen Wirtschaft und des Kapitalmarkts muss das EFRAG darauf bedacht sein, zu verhindern, dass es zu "europäischen IAS" kommt. Die Besetzung des IASB und der Prozess des Entstehens der Standards sprechen gegen umfassende zusätzliche Kontrollen[729]. Einmal dort gefundene Kompromisse dürfen regional nicht wieder in Frage gestellt werden, will man die Glaubwürdigkeit und Akzeptanz der IAS als unabhängig entwickelte globale Standards nicht gefährden. Der Schwerpunkt der europäischen Interessenwahrung und Verfolgung sollte daher in der Mitarbeit der EU im IASB liegen. Die Arbeit eines zusätzlichen europäischen Gremiums kann dabei hilfreich sein, sofern sie nicht dazu benutzt wird, politischen Druck auf den Standardsetter auszuüben[730].

D. Folgen der Reformen der Rechnungslegung für den Abschlussprüfer

Die Einführung international einheitlicher Bilanzierungsgrundsätze sowie neuer Rechnungslegungsinstrumente, die sich an den Informationsinteressen der Anleger orientieren, wertet die Rechnungslegung und Publizität innerhalb der Corporate Governance zu einem zentralen Instrument der externen Überwachung auf. Parallel zu den genannten Veränderungen steigt die Bedeutung der Abschlussprüfung. Denn ohne eine Verifizierung durch eine unabhängige Prüfung werden die Märkte auch einer anlegerfreundlichen Rechnungslegung keinen Bonus gewähren. Der Abschlussprüfer als einzig kompetenter Kontrolleur der Rechnungslegung und des Jahresabschlusses wird daher in Zukunft innerhalb der Corporate Governance noch mehr Verantwortung tra-

725 *O.V.*, "Companies must use IASs to list on EU exchanges", Accountancy, Juli 2000, S. 7.
726 *O.V.*, "Companies must use IASs to list on EU exchanges", Accountancy, Juli 2000, S. 7.
727 *O.V.*, "Companies must use IASs to list on EU exchanges", Accountancy, Juli 2000, S. 7.
728 *IDW*, WPg 2000, 881, 882.
729 *IDW*, WPg 2000, 881, 882.
730 *O.V.*, "FEE urges early changeover", World Accounting Report, Mai 2001, S. 13.

gen[731]. Um dieser Verantwortung gerecht zu werden, bedarf es speziell mit Blick auf die Rechnungslegung einer Reihe von Reformen, deren Ursachen hier aufgezeigt werden sollen.

I. *Prüfungsmethoden*

Mehr Verantwortung für den Abschlussprüfer ergibt sich aus der Konzeption der Rechnungslegungsvorschriften. Prospektive Entwicklungen, Plausibilitätsbeurteilungen und Schätzungen sind wesentliche Bestandteile der neuen Bilanzierung[732] und werden daher auch in der Prüfung des Abschlussprüfers stärkere Berücksichtigung finden müssen[733]. Sein Urteil wird folglich in Zukunft nicht mehr ohne einen eigenen fundierten Einblick in das Unternehmensgeschehen und das Unternehmensumfeld möglich sein, was eine entsprechende Änderung der Prüfungsmethoden zur Folge haben muss[734]. So muss der Abschlussprüfer im Rahmen der "percentage of completion-method" bei langfristiger Auftragsfertigung die Erfolgszuordnung auf die Perioden der Leistungserbringung beurteilen[735]. Ebenso hat er die technische Machbarkeit, die Marktchancen sowie die Tatsache, ob das Unternehmen über ausreichend finanzielle und sonstige Ressourcen verfügt, um das Produkt zur Marktreife zu bringen, im Rahmen der Prüfung einzuschätzen[736]. Gleiches gilt für die Aktivierung von selbstgeschaffenen immateriellen Vermögenswerten (ISA 38). Dabei wird die Tatsache, dass bei jungen Unternehmen die Unternehmenswerte überwiegend aus Lizenzrechten, Forschungs- und Entwicklungskosten, selbsterstellter Software oder Goodwill bestehen, die auf Schätzungen beruhen[737], sowohl die Verantwortung als auch das Haftungsrisiko des Prüfers steigen lassen[738]. Darüber hinaus sind weitere Kompetenzverwerfungen zu befürchten. Denn der Abschlussprüfer wendet sich in

[731] Auch faktisch werden die neuen Rechnungslegungsstandards die Abhängigkeit des Aufsichtsrats von der Expertise des Abschlussprüfers in der Unternehmenspraxis erhöhen und damit die Bedeutung seiner Tätigkeit für die Überwachung steigern.

[732] Jüngstes Beispiel ist der vom FASB für die US-GAAP vorgeschlagene "non-amortization-approach", der für die Abschreibung des Geschäftswerts („Goodwill") eine Aufteilung und Zuordnung nach "Reporting Units" und die Schätzung der künftigen Cash-Flows verlangt. Beides trägt in starkem Maße subjektive Ermessensentscheidungen in die Bilanzierung hinein, die erhöhte Anforderungen an den Abschlussprüfer stellen, vgl. *Küting*, "Weniger Transparenz bei Unternehmensbilanzen", in: HB v. 5.7.2001, S. 10.

[733] Vgl. *Niehus*, FS Sieben, S. 483, 493; *Siegel*, WPK-Mitt. Sonderheft Juni 1997, 81, 84-87; Siehe hierzu auch *IDW*, EPS 314 Die Prüfung von geschätzten Werten in der Rechnungslegung, WPg 2001, 153-155.

[734] *Wiedmann*, WPg 1998, 338, 344; *Niehus*, FS Sieben, S. 483, 499; *o. V.*, "Manfred Gentz: Amerikanische Standards sind den IAS vorzuziehen", in: FAZ v. 19.9.2000, S. 19.

[735] Vgl. *Peemöller/Fischer*, DSWR 2001, 142, 145.

[736] *Wiedmann*, FS Broenner, S. 443, 447; *Niehus*, FS Sieben, S. 483, 498.

[737] *Fockenbrock/Zdral*, "Die Tricks der Finanzjongleure", in: Capital/Heft Nr. 20 v.21.9-4.10.2000, S.66.

[738] *Breker/Naumann/Tielmann*, WPg 1999, 140-154 und 185-195; *Siegel*, WPK-Mitt. Sonderheft Juni 1997, 81, 90.

Folge immer weniger der vergangenheitsbezogenen Rechnungslegung zu, sondern muss sich immer mehr mit Schätzungen und Prognosen, d.h. der Unternehmensplanung des Vorstands auseinandersetzen[739]. Gegenüber dem Vorstand droht er damit zu einer Art "Oberunternehmer" zu werden; gleichzeitig übernimmt er Überwachungsaufgaben, die bisher ausschließlich dem Aufsichtsrat oblagen.

II. *Haftung*

Durch die neuen Rechnungslegungsvorschriften wird sich aber nicht nur wegen der neuen Prüfungsmethoden das Risiko des Abschlussprüfer, in Haftungsprozesse verwickelt zu werden, erhöhen. Die explizite Ausrichtung der Rechnungslegung auf den Kapitalmarkt wird auch erneut Fragen danach aufkommen lassen, inwieweit der Abschlussprüfer für die von ihm geprüften Informationen nicht auch gegenüber Anlegern haften soll. Das deutsche Recht war in dieser Frage bisher sehr zurückhaltend[740].

III. *Prüfungsberichterstattung*

Eine stärkere Investororientierung der Rechnungslegung hat aber nicht nur Auswirkungen für die Prüfung, auch die Berichterstattung des Abschlussprüfers ist davon betroffen. Es muss die Frage gestellt werden, ob es ausreicht, wenn der Abschlussprüfer hauptsächlich dem Aufsichtsrat und dieser wiederum der Hauptversammlung berichtet oder ob nicht eine breitere Öffentlichkeit ausführlicher von den Ergebnissen der Abschlussprüfung informiert werden sollte. In erster Linie ist dabei an eine Erweiterung des Bestätigungsvermerks zu denken. Hintergrund ist der Gedanke, dass der Markt seine steuernde Funktion dann am besten wahrnehmen kann, wenn die Anleger über alle kursrelevanten Informationen offen und zeitnah verfügen. Wichtig ist dabei vor allem ein "level-playing field", d.h. dass alle Investoren über den gleichen Informationsstand verfügen können[741].

IV. *Ausbildungsinhalte*

Der gesteigerten Verantwortung kann der Abschlussprüfer nur durch höhere Qualitätsanforderungen an seine Tätigkeit gerecht werden; dies beginnt mit neuen Inhalten in der Ausbildung des Berufsstandes. Zukünftig muss sich der Abschlussprüfer verstärkt

---

739 Zur Forderung nach einer Prüfung der Geschäftsführung durch den Abschlussprüfer siehe Seite 191 ff.

740 Siehe hierzu Seite 257 ff.

741 Die SEC hat den Kampf gegen diese selektive Weitergabe von Informationen aufgenommen und als Folge einer Reihe von prominenten Fällen Regelungen erlassen (Regulation Fair Disclosure), die das Insiderrecht ergänzen sollen. Zur Regulation FD siehe *Kisters/Hoffmann*, BFuP 2001, 27-44.

neben den nationalen auch mit internationalen Bilanzierungsgrundsätzen in englischer Sprache vertraut machen, was eine entsprechende Berücksichtigung bei den Anforderungen an die Ausbildung verlangt[742]. Verbesserte Sprachkenntnisse der Wirtschaftsprüfer sind unabdingbar[743] für einen Beruf, der wesentlich auf dem Vertrauen des Klienten beruht. Eine gleichbleibende Qualität der Abschlussprüfung wird dabei nur durch einen international homogenen Wissenshintergrund gewährleistet bleiben[744].

V. *Einheitliche Prüfungs- und Berufsvorschriften*

Die Internationalisierung kann sich aber nicht auf die Ausbildung beschränken; die neuen Bilanzierungsvorschriften können ihre vorteilhafte Wirkung nur entfalten, wenn die gesamte Abschlussprüfung international einheitlich gestaltet wird[745]. Denn um ein aus dem Bereich der Rechnungslegung stammenden Gedanken abgewandelt zu benutzen, was nützt den Anlegern ein nach internationalen Vorschriften bilanzierter Abschluss, der nach "provinziellen" Vorschriften geprüft wird[746]. Dazu müssen nicht nur die Vorschriften über die Durchführung der Abschlussprüfung und die Berichterstattungserfordernisse angepasst werden[747], sondern auch das gesamte Berufsrecht, das die Unabhängigkeit des Abschlussprüfers sicherstellt. Zu diesem Zweck sind sowohl international als auch national bereits eine Reihe von Maßnahmen ergriffen worden, deren Ziel die Harmonisierung der Abschlussprüfung ist. Der deutsche Berufsstand kommt den neuen Anforderungen beispielsweise nach, indem er schrittweise seine Prüfungsgrundsätze an die ISAs anpasst. Weltweit einheitliche Rechnungslegungs- und Prüfungsgrundsätzen werden die Arbeit des Abschlussprüfers erleichtern. Denn die neuen Rechnungslegungsvorschriften besitzen mit dem Anlegerschutz ein klar definiertes Ziel. Davon profitieren nicht nur die Standardsetter[748], sondern auch der Abschlussprüfer. Konflikte, wie sie durch unterschiedliche Rechnungslegungsziele beispielsweise aus der Beurteilung der Zulässigkeit von stillen Reserven herrührten, werden damit entschärft. Der Abschlussprüfer ist nicht mehr "ein Diener vieler Herren", sondern er hat in erster Linie das Interesse der Anleger an einem getreuen Einblick in die Vermögenslage zu verfolgen. Ebenso würden sich durch die international einheitlichen Rechnungslegungs- und Prüfungsvorschriften Probleme und

---

742 *Großfeld*, WPg 2001, 129, 138-139; *Hütten/Lorson*, BuW 2000, 609, 618.

743 *Tiemann*, WPK-Mitt. 2001, 2, 3; *Lück/Bungartz/Henke*, BB 2002, 1086, 1088.

744 *Lück/Bungartz/Henke*, BB 2002, 1086, 1088 fordern daher die Einführung eines weltweiten Examens.

745 Vgl. *Schindler*, S. 155-157; *Ruhnke*, S. 111-114.

746 Nach *Krumnow*, in: HB v. 26.2.1998, S. 18 (zitiert nach Ebke, ZIP, 1999, 1193, 1193-1194) kann man "nicht global handeln und provinziell bilanzieren"; ähnlich *Goebel/Fuchs*, BB 1995, 2363.

747 *Philipps*, WPK-Mitt. 1998, 279, 280.

748 *Hütten/Lorson*, BuW 2000, 801, 810.

Fehlerquellen, die sich aus der Übernahme von Prüfungsergebnissen von Tochtergesellschaften im Konzern ergeben, minimieren[749].

VI. *Unabhängigkeit*

Auch Fragen der Unabhängigkeit des Abschlussprüfers werden durch die Einführung der Rechnungslegungsvorschriften in vielfältiger Weise berührt und machen es erforderlich, dass entsprechende Anpassungen vorgenommen werden.

1. Prüfung und Beratung

Die Einführung internationaler Rechnungslegungsstandards wird die Nachfrage nach Beratung durch den Wirtschaftsprüfer in den Unternehmen in jedem Fall ansteigen lassen[750]. Die Gründe hierfür sind zum einen darin zu sehen, dass sich interne und externe Rechnungslegung immer mehr angleichen, da die Informationen, die an den Kapitalmarkt gegeben werden, auch intern als Handlungsrichtlinien gelten müssen[751]. Der Abschlussprüfer eignet sich daher auf Grund der neuen Prüfungsperspektive besonders, um dem Unternehmen Ratschläge zu erteilen. Gleichzeitig übernimmt er damit mehr Verantwortung, da er indirekt auch über die Gehälter der Manager mitbestimmt. Hinzu kommen erhebliche Unsicherheiten bezüglich der Anwendung von IAS und US-GAAP[752]. Insbesondere bei den Unternehmen der New Economy ist zu beobachten, dass die Bilanzierung nach neuen Rechnungslegungsgrundsätzen erhebliche Schwierigkeiten bereitet[753] und gerne auf die Expertise des Wirtschaftsprüfers zurückgegriffen wird. Die Unabhängigkeit des Abschlussprüfers erfordert es aber, dass hier keine dauerhaften Abhängigkeiten entstehen, sondern dass das notwendige Wissen langfristig im eigenen Haus aufgebaut wird, um die Problematik der gleichzeitigen Prüfung und Beratung nicht weiter zu verschärfen[754].

Zusätzliche Gefahren für die Unabhängigkeit können sich aus einer zu erwartenden weiteren Konzentration innerhalb des Prüfungsmarktes ergeben. Denn von der Einführung der neuen Rechnungslegungsvorschriften werden in erster Linie die großen Wirtschaftsprüfergesellschaften profitieren, da sie aufgrund ihrer internationalen

---

749 *Schindler*, S. 155; Zu den Problemen der Übernahme von Prüfungsergebnissen Dritter siehe *Ebke*, MüKo-HGB, § 317 Rn. 28.

750 Vgl. *Wiedmann*, "Bei den Wirtschaftsprüfern bleiben zwei von drei Stellen offen", in: FAZ v. 14.5.2001, S. 22.

751 *Altenburger/Busse von Colbe/Küpper/Loitlsberger/Siegwart*, BFuP 2001, 67, 68; *Küting/Lorson*, BB 1998, 2251-2258 u. 2303 u 2309; *Pfaff/Bärtl*, ZfbF 1998, 757-777.

752 *Spanheimer/Koch*, WPg 2000, 301, 307.

753 So berichtet *Boehringer*, "Rechenprobleme am Neuen Markt – Unternehmen halten Bilanzen zurück", in: SZ v. 31.3.2001, S. 21 von etlichen Firmen, die den Termin für die Veröffentlichung ihrer Jahresabschlüsse nicht einhalten konnten.

754 Vgl. *o.V.*: "Interview mit Georg Graf Waldersee, Leiter Prüfung und Risikomanagement bei Arthur Andersen", in: Capital/Heft 20, v. 21.9.-4.10.2000, S. 83.

Ausrichtung über die erforderlichen Fachleute und das notwendige Know-how verfügen[755]. Demgegenüber wird es für kleinere nationale Gesellschaften immer schwieriger, mit den internationalen Entwicklungen Schritt zu halten. Entwarnung hinsichtlich der Gefahren für die Unabhängigkeit kann allenfalls eine Aufgabe des Prinzips der Maßgeblichkeit bringen, da hiervon möglicherweise ein Rückgang des Beratungsbedarf im Hinblick auf eine steuerliche Optimierung der Rechnungslegung zu erwarten ist.

2. Private Standardsetter

Unter dem Gesichtspunkt der Unabhängigkeit sollte nicht zuletzt auch die Arbeit der Abschlussprüfer in den Standard-Setter Gremien, welche die staatliche Normsetzung mehr und mehr ersetzen, überdacht werden. Zwar haben die Wirtschaftsprüfer diese Arbeit maßgeblich durch ihr Fachwissen und ihre Praxiserfahrung unterstützt und damit wesentlich zur Entwicklung internationaler Rechnungslegungsgrundsätze beigetragen, aber aus Unabhängigkeits- und Glaubwürdigkeitsgesichtspunkten wäre es wünschenswert, dass die Wirtschaftsprüfer ihren Einfluss in diesen Gremien reduzieren. Einen ersten Schritt in diese Richtung ist durch das IASC gemacht worden, das sich eine neue Verfassung gegeben und seine jahrelange Verbindung zur IFAC aufgehoben hat[756]. Dadurch wird die Mitarbeit breiterer Kreise ermöglicht, was die allgemeine Akzeptanz der erarbeiteten Standards stärkt. Insgesamt werden die Anforderungen an die Unabhängigkeit des Abschlussprüfers steigen. Denn der Rückzug des Staates aus der Rechnungslegung zugunsten eines verstärkten Engagements privater Gremien wird dazu führen, dass die Tätigkeit des Abschlussprüfer in der öffentlichen Wahrnehmung mehr als je zuvor als "quasistaatliche Kontrolle" und “Ersatz“ gesehen wird mit dementsprechenden Gefahren für einen freien Berufsstand.

E. Kapitalmarktaufsicht?

Die größere Unabhängigkeit der Rechnungslegungsnormierung vom Berufsstand der Wirtschaftsprüfer leitet zu einer der wichtigsten Fragen hin, die sich mit der Einführung der internationalen Rechnungslegungsnormen verbindet. Sie lautet, ob der Wirtschaftsprüfer als externe Kontrollinstanz für die Rechnungslegung noch ausreicht oder einer Ergänzung oder gar Ersetzung durch andere externe Sicherungssysteme beispielsweise einer Kapitalmarktaufsicht bedarf?

---

755 Vgl. *Pellens/Bonse*, FS Großfeld, S.851, 871.

756 Zur neuen Struktur des IASC siehe *Baetge/Thiele/Plock*, DB 2000, 1033; *o.V.*, “Not aniversaries but partners“, Accountancy, März 2000, S. 14.

I. *Situation*

Die Öffnung der nationalen Rechtsordnungen für verschiedene internationale Rechnungslegungsstandards hat zu einem Nebeneinander ("Durcheinander") verschiedener Rechnungslegungsgrundsätze geführt. Während ein Teil der Konzerne freiwillig oder gezwungenermaßen noch nach den alten HGB Vorschriften bilanziert, verwenden andere bereits US-GAAP oder IAS-Rechnungslegungsgrundsätze[757]. Noch gravierender werden jedoch die Folgen einer unkontrollierten Vermischung von Bilanzierungsgrundsätzen empfunden[758]. So bedienen sich viele Konzerne der internationalen Rechnungslegungsvorschriften nur insoweit, als es ihnen genehm ist. Das Ergebnis ist eine Rechnungslegung "á la carte" oder "á la tête du client"[759]. Zwar wird versucht, das Problem durch Vorschriften[760] in den Griff zu bekommen, Untersuchungen zeigen aber, dass in der Praxis weiter sehr leichtfertig mit dem Erfordernis der Übereinstimmung umgegangen wird[761].

II. *Folge*

Die negativen Folgen dieser Praxis sind erheblich. Fehlerhafte Jahresabschlüsse setzen nicht nur die Glaubwürdigkeit des Finanzplatzes aufs Spiel, sondern gefährden auch das Ziel, mit den ISA weltweit einheitlichen Rechnungslegungsstandards zu schaffen. Denn das wichtigste Hindernis, das es dabei zu überwinden gilt, ist die Anerkennung durch die SEC. Dazu ist es aber notwendig, die amerikanische Börsenaufsichtsbehörde zu überzeugen, dass IAS-Abschlüsse den Qualitätsstandards des US Kapitalmarkts entsprechen. An einer Gleichwertigkeit bestehen jedoch auf Grund von "IAS-Lite" - Abschlüssen in der Praxis nicht nur bei der SEC, sondern auch bei den Anlegern

---

757 So bilanziert beispielsweise der Axa Colonia Lebensversicherungen Konzern zeitweilig nach drei Standards: HGB, US-GAAP und - wegen der französischen Muttergesellschaft auch nach French-GAAP. Die Kapitalrendite ("Return on Equity") schwankt dabei zwischen 9 Prozent nach French-GAAP und 16 Prozent nach HGB, vgl. *o.V.*, "Manfred Gentz: Amerikanische Standards sind den IAS vorzuziehen", in: FAZ v. 19.9.2000, S. 19.

758 *O.V.*, "Manfred Gentz: Amerikanische Standards sind den IAS vorzuziehen", in: FAZ v. 19.9.2000, S. 19.

759 Siehe dazu mit empirischem Material *Cairns*, "IAS lite is alive and well", Accountancy, Mai 2001, S. 98-99; *Pijer*, "Patchy Compliance with IASs – No more blending of GAAP", Accountancy, August 1998, S. 73; *Auer*, Meinungsspiegel, BFuP 2001, 54, 62; *van Hulle*, ZGR 2000, 537, 538.

760 Vgl. die Vorschrift IAS 1 (Presentation of Financial Statements) Paragraph 11 und 12, die eine Abweichung von den IAS nur in seltenen Ausnahmefällen zulässt und hierfür eine eindeutige Offenlegung fordert.

761 Vgl. zuletzt *Street/Gray*, "Challenging times", Accountancy, Dezember 2000, S. 104-106; *o.V.*, "Compliance with IAS is poor", Accountancy, April 2001, S. 10.

erhebliche Zweifel[762], weshalb noch immer viele Firmen aus Gründen der Glaubwürdigkeit die US-GAAP Vorschriften den IAS bei der Bilanzierung vorziehen[763].

III. *Ursachen*

Sicher trägt dazu bei, dass im Rahmen der IAS viele Rechtsfragen noch nicht eindeutig geregelt sind und dem Bilanzaufsteller Spielraum eingeräumt wird. Aber auch wenn es dem Standard-Setter gelingen sollte, einen einheitlichen und detaillierten Rahmen für die Rechnungslegung zu schaffen, bleibt das ungelöste Problem, wer in Zukunft die Auslegungshoheit über die Rechnungslegungsstandards besitzt, über ihre Einhaltung wacht und wie Verstöße sanktioniert werden sollen. Die IASC als eine private Kommission kann eine solche Aufgabe nicht übernehmen. Bei der Durchsetzung richtete sich die Hoffnung deshalb hauptsächlich auf den Abschlussprüfer. Seine Aufgabe wird darin gesehen, darauf zu achten, dass sich gegenwärtig "rechtliche Unklarheiten und Inkonsistenten"[764] innerhalb der IAS-Abschlüsse nicht zu sehr bemerkbar machen und zukünftig die Bilanzierungsvorschriften einheitlich angewandt werden. Es werden aber Zweifel daran geäußert, ob der Abschlussprüfer einer solchen Aufgabe gerecht werden kann. Kritiker werfen Prüfern vor, sie decken die Mängel, die durch das Lavieren zwischen verschiedenen Bilanzierungsgrundsätzen entstehen, nicht ausreichend auf, sondern versteckten sich vielmehr hinter blumigen Formulierungen[765]. Hinzu kommt eine allgemein als unbefriedigend empfundene Situation, was die Kontrolle der Einhaltung der Transparenzvorschriften im deutschen Börsen- und Kapitalmarktrecht betrifft[766]. Vor diesem Hintergrund wird es mehr und mehr als Mangel des gegenwärtigen Corporate Governance Systems betrachtet, dass außerhalb der Abschlussprüfung keine Institution besteht, die behaupteten Fehlern in der Rechnungslegung und Publizität nachgeht und die Unternehmen gegebenenfalls zur Korrektur ihrer Beschlüsse anhält oder Missbrauch sanktioniert[767].

IV. *Notwendigkeit einer Kapitalmarktaufsicht?*

An die mögliche Einführung eines Aufsichtsgremiums knüpfen sich aber eine Reihe von Fragen an. So ist zu klären, ob das Aufsichtsgremium privater oder staatlicher

---

762 *Wilson*, "Who wants US GAAP?", Accountancy, August 1998, S. 61, 62.

763 Vgl. *o.V.*, "Manfred Gentz: Amerikanische Standards sind den IAS vorzuziehen", in: FAZ v. 19.9.2000, S. 19, wonach viele Marktteilnehmer die US-GAAP auch gegenüber den IAS aufgrund der strengeren Kontrolle durch die SEC favorisieren.

764 *Kübler*, ZGR 2000, 550, 554.

765 *Cairns*, "IAS lite is alive and well", Accountancy, Mai 2001, S. 98, 99.

766 V. *Schönfels*, "Echt schlaffe Nummer, WW Nr. 11/8.3.2001, S. 264-266.

767 Vgl. *IDW*, WPg 2000, 1027, 1029; Auch die SEC fordert als Voraussetzung einer Anerkennung der IAS die Einrichtung einer der SEC vergleichbaren Behörde, siehe *o.V.*, "SEC demands regulator", Accountancy, April 2000, S. 10.

Natur sein soll, ob es auf europäischer oder nationaler Ebene angesiedelt sein soll und ob es eine allgemeine Kapitalmarktaufsicht oder lediglich ein Gremium zur Überwachung der Jahresabschlüsse sein soll.

V. *U.S.A*

Als ein nachahmenswertes Modell wird von vielen die Securities and Exchange Commisssion (SEC) gepriesen[768]. Sie wurde in den USA nach der Weltwirtschaftskrise im Rahmen des Securities and Exchange Act von 1934 als Wertpapieraufsicht eingeführt. Das Ziel der SEC sollte sein, im Rahmen der bundesgesetzlichen Regelungen die Öffentlichkeit vor betrügerischen und unlauteren Handlungen der Unternehmen zu schützen[769]. Zu ihren Aufgaben gehört deshalb die Überwachung der Unternehmensberichterstattung, der Wirtschaftsprüfer sowie der Normsetzung zur Rechnungslegung[770]. Den umfangreichen Aufgaben entsprechend wurde sie mit weitreichenden legislativen, exekutiven und judikativen Kompetenzen durch den Gesetzgeber ausgestattet[771]. So wird im Rahmen der Unternehmensberichterstattung bei den von den Unternehmen eingereichten Papieren nicht nur auf fristgerechten Eingang und Vollständigkeit geachtet, sondern sie werden auch einer inhaltlichen Überprüfung unterzogen. Dabei wird kontrolliert, ob sie mit den US-GAAP sowie den Verlautbarungen der SEC übereinstimmen[772]. Damit korrespondieren umfangreiche Auskunfts- und Vorlagepflichten der Unternehmen[773]. Stellt die SEC Mängel fest, so steht ihr ein umfangreiches Sanktionsinstrumentarium zur Verfügung. Dieses reicht von der Geldstrafe bis zur Aussetzung der Notierung. Bei der Anwendung der Sanktionen ist die SEC nicht zurückhaltend; entsprechend häufig sind Beanstandungen[774]. Die Unternehmen wiederum sind bedacht, Fehler zu vermeiden, da der sich daraus ergebende Imageschaden groß ist.

VI. *Europa*

Auf europäischer Ebene existiert bislang keine Behörde[775], die systematisch und mit ausreichender Kapazität gesamteuropäische Risiken für die Finanzmarktstabilität über-

---

768 *Karmel*, 38 Colum. J. Transnat'l L., 9 [1999].
769 *Hayn*, Internationale Rechnungslegung, S. 510.
770 *Hütten/Brakensiek*, BB 2000, 870.
771 Siehe hierzu *Tielmann*, DB 2001, 1625, 1626.
772 *Hütten/Brakensiek*, BB 2000, 870.
773 *Hütten*, Geschäftsbericht, S. 221.
774 *Tielmann*, DB 2001, 1625, 1626.
775 Entsprechende Ansätze der Kommission zur Schaffung einer zentralisierten Börsenaufsicht (vgl. Segré-Bericht, Brüssel 1966, S. 15 ff.), insbesondere der Schaffung einer Publizitätskontrolle nach Vorbild der SEC wurden wegen politischen Widerstands in den 80er Jahren aufgeben.

wacht[776]. Auch besteht keine Behörde oder ein Gremium, das speziell die Einhaltung der Publizitätsvorschriften kontrolliert. Die mangelnde einheitliche Finanzmarktaufsicht wird aber vor dem Hintergrund eines einheitlichen Kapitalmarkts zunehmend als nachteilig betrachtet[777]. Allerdings fehlt es noch an überzeugenden Lösungsvorschlägen[778]. Die bisher vorgetragenen Argumente lassen sich wie folgt zusammenfassen.

1. Nachteile einer zentralen Kapitalmarktaufsicht

Die Gegner einer zentralen europäischen Wertpapieraufsicht argumentieren, dass der EU die Kompetenz[779] zur Errichtung einer solchen Behörde fehle[780]. Selbst wenn man unterstelle, dass Art. 308 EGV eine Kompetenz einräume, so sei fraglich, ob auf Grund des Subsidiaritätsprinzips[781] davon Gebrauch gemacht werden könne[782]. Zudem sei es mit der Schaffung einer Aufsichtsbehörde allein nicht getan. Zu ihrer Funktionsfähigkeit bedürfe sie außerdem eines umfassenden europäischen Regelwerks sowie einer ausreichenden Gerichtsverfassung. Beides müsste ebenfalls erst noch geschaffen werden. Dahingehende Versuche, etwa ein einheitliches Börsenrecht zu schaffen, seien aber in der Vergangenheit am politischen Widerstand der Mitgliedstaaten gescheitert[783]. Des Weiteren wird bemängelt, dass es einer zentralen europäischen Wertpapieraufsicht in der Praxis an der erforderlichen Marktnähe fehle[784].

Die Gegner setzen daher auf Kooperation statt Zentralisierung. Sie schlagen vor, die informelle Zusammenarbeit der im Forum of European Securities Commissions (FESCO) zusammengefassten nationalen Wertpapieraufsichtsbehörden in Europa zu

---

776 Eine Aufsichtsfunktion auf europäischer Ebene kommt lediglich der Europäischen Zentralbank (EZB) zu. Nach Art. 105, Abs. 5 ESZB trägt die ESZB zur reibungslosen Durchführung der von den zuständigen Behörden auf dem Gebiet der Aufsicht über die Kreditinstitute und der Stabilität des Finanzsystems ergriffenen Maßnahmen bei.

777 *Hoppmann*, EWS 1999, 204, 208. Allgemein zu Überlegungen zur Errichtung einer europäischen SEC siehe *Buxbaum/Hopt*, S. 118; *Karmel*, 38 Colum. J. Transnat'l L. 9 [1999]; *Lee*, S. 187.

778 Zu den bisherigen Vorschlägen siehe *Hoppmann*, EWS 1999, 204, 208. Ein zuletzt vom ECOFIN-Rat der EU-Wirtschafts- und Finanzminister eingesetzte Ausschuss, der Reformen zur Reglementierung der Europäischen Wertpapiermärkte erarbeiten sollte, hat das Thema der Finanzaufsicht bewusst ausgeklammert und einer späteren Regelung durch die zuständigen Minister der Mitgliedstaaten überlassen *vgl. Hellmann*, EUmagazin 1-2/2001, S. 14, 16; *o.V.*, "Die Weisen um Lamfalussy scheuen radikale Reformen", in: FAZ v. 2.3.2001, S. 26.

779 Art. 44, 47 und 55 EGV dienen nur der Harmonisierung von mitgliedsstaatlichen Regelungen, erlauben jedoch nicht die Schaffung einer EU-Behörde, vgl. *Hoppmann*, EWS 1999, 204, 210.

780 Siehe *Hoppmann*, EWS 1999, 204, 210 m.w.Nachw.

781 Siehe Seite 57.

782 *Hoppmann*, EWS 1999, 204, 210.

783 Siehe Fn. 775.

784 Siehe zuletzt *o.V.*, "Aufsichtsamt lehnt europäische Wertpapierüberwachung ab", in: FAZ v. 1.11.2000, S. 33.

stärken[785]. Ein solches Netzwerk der Behörden würde nach ihrer Ansicht eine koordinierte Anwendung der Vorschriften gewährleisten. Langfristig sollen Ausstattung und Kompetenzen hinsichtlich der Überwachungs-, Ermittlungs- und Sanktionsbedürfnisse der nationalen Aufsichtsbehörden angeglichen werden, um eine konsistente und harmonische Überwachung auf nationaler Ebene zu gewährleisten[786]. Als erfolgreiches Beispiel einer solchen Lösung wird der Bankensektor angeführt. Dort sind schon bisher die aufsichtsrechtlichen Aktivitäten der einzelnen Staaten durch internationale und europäische Vorschriften koordiniert worden[787]. Die Bedeutung der Vorschriften des von den G 10 Staaten 1974 ins Leben gerufenen Basler Ausschuss für Bankenaufsicht[788] reicht dabei über die Tätigkeit der Banken aus seinen Mitgliedstaaten hinaus.

2. *Vorteile einer zentralen Kapitalmarktaufsicht*

Die Kritiker einer solchen Lösung geben aber zu Bedenken, dass es trotz einheitlicher Vorgaben auf europäischer Ebene bei der Umsetzung in der nationalen Praxis immer Abweichungen geben wird. Gerade bei der Kapitalmarktaufsicht sei aber eine einheitliche Anwendung der Vorschriften eminent wichtig. Denn Kapital sei heute "extrem mobil"[789]. Geringe Unterschiede würden ausreichen, um große Kapitalbewegungen in Gang zu setzen. Es bestehe folglich die Gefahr, dass Regulierungsarbitragen dazu führen, dass das Land mit der "laschesten Aufsicht" einen Wettbewerbsvorteile daraus ziehe und verstärkt Kapital an sich binden könne[790]. Zudem müsse bedacht werden, dass durch die EU Erweiterung nach Osten bestehende nationale Unterschiede, insbesondere was die Ausstattung und Erfahrung der Behörden betrifft, noch vertieft würden. Weiter wird eingewandt, dass die Perspektive der Aufsichtsbehörde immer national bliebe und die Sicherung der eigenen Märkte Priorität genießen würde. Zudem würden manche Risiken und Probleme aus nationaler Sicht gar nicht wahrgenommen werden, sondern sich erst aus einer europäischen Perspektive erschließen.

Als richtungsweisend gilt ein Kompromiss-Modell, das im Rahmen der Bankaufsicht diskutiert wird[791]. Danach soll die Lösung in der Errichtung eines "Europäischen Systems der Finanzaufsichtsbehörden (ESFB)" liegen. Der Vorschlag

---

[785] In diesem Zusammenhang sind auch die Bemühungen der International Organization of Securities Commissions (IOSCO) und der Federation of European Stock Exchanges (FESE) zu erwähnen, die ebenfalls darauf abzielen, die Zusammenarbeit der Aufsichtsbehörden zu vereinheitlichen. Siehe hierzu *Hoppmann*, EWS 1999, 204, 206 m. w. Nachw.

[786] Zum jüngsten Vorschlag des *FESCO*: Konsultationspapier zur Harmonisierung der Verhaltensregeln für den Anlegerschutz siehe ZBB-Dokumentation 2001, 116-132.

[787] Vgl. sog. Basler Konkordat des Ausschusses für Bankengesetzgebung und Aufsicht auf den die Festschreibung von Grundsätzen für die Beaufsichtigung von Bankniederlassungen im Rahmen der Bank für Internationalen Zahlungsverkehr (BIZ) zurückgeht, siehe dazu *Nadig*, R., Grundlagen der grenzüberschreitenden Bankenaufsicht, 1991.

[788] Vgl. Basel II Beschlüsse. Zum Basler Akkord siehe *Szczesny*, EUmagazin 1/2 2001, S. 11.

[789] *Heinemann*, EUmagazin 1-2/2001, S. 8-10.

[790] *Heinemann*, EUmagazin 1-2/2001, S. 8, 9.

[791] Siehe hierzu *Heinemann*, EUmagazin 1-2/2001, S. 8-10.

sieht eine Struktur vergleichbar der ESZB vor. Zentrale Entscheidungen würden in einem europäischen Gremium getroffen, die Aufsicht in der Fläche den nationalen Behörden überlassen. Diese sind weisungsgebunden und müssen nach vereinheitlichten Verwaltungsvorschriften arbeiten[792].

3. *Rechnungslegung*

Auch bei der Rechnungslegung betrachten viele ein zentrales europäisches Gremium als eine wünschenswerte Lösung – nicht zuletzt, um ein Gegengewicht zur SEC zu schaffen[793]. Erforderlich ist hierfür aber eine zeitraubende Änderung des EU-Vertrages. Dabei ist die Zustimmung der Mitgliedstaaten nicht sicher, insbesondere in Großbritannien herrscht eine gewisse Abneigung gegen ein solches Projekt[794]. Die europäische Option lässt sich daher nur langfristig verfolgen. Auch die Kommission hat das erkannt und verlauten lassen, dass eine "europäischen SEC" nur dann in Betracht zu ziehen sei, wenn nationale Systeme sich als nicht ausreichend herausstellen. Folglich setzt sie unter dem Stichwort "enforcement" bei der Rechnungslegung auf den Ausbau nationaler Aufsichts- und Kontrollsysteme, indem sie die Mitgliedstaaten verpflichten will, die Effizienz ihrer Systeme zu verbessern. Voraussetzung ist allerdings, dass in den Mitgliedstaaten solche Systeme bestehen oder geschaffen werden[795]. Die Prüfung der Handelsgerichte beschränkt sich in den meisten Staaten der EU bisher aber auf formelle Gesichtspunkte des Jahresabschlusses[796]. Spezielle Gremien, die sich mit der Qualität der Jahresabschlüsse beschäftigen, indem sie sie einer inhaltlichen Prüfung unterziehen, existieren nur in wenigen europäischen Staaten[797]. Die Organisation der Gremien und der Prüfungsumfang weichen dabei erheblich voneinander ab. Während in England ein privates Gremium (Financial Reporting Review Panel)[798] stichprobenartig Untersuchungen bei Beschwerden vornimmt, kontrolliert in Italien die staatliche Börsenaufsicht CONSOB systematisch alle bei ihr hinterlegten Jahresabschlüsse[799].

VII. *Deutschland*

Im deutschen System der Corporate Governance existiert bislang keine unabhängige Stelle, die neben Aufsichtsrat und Abschlussprüfer regelmäßig eine inhaltliche Über-

---

792 *Heinemann*, EUmagazin 1-2/2001, S. 8, 10.

793 *Karmel*, 38 Colum. J. Transant'l L., 9, 35 [1999].

794 Zur Debatte über die Notwendigkeit einer "britischen SEC" siehe *Rosskopf*, S. 129.

795 Hinsichtlich der Rechnungslegung siehe die Studie der FEE "Enforcement Mechanisms in Europe"; sowie *Ellerton*, "European Enforcement", World Accounting Report, Juni 2001, S. 9.

796 *Achleitner*, Meinungsspiegel, BFuP 2001, 54, 61.

797 *Van Hulle*, ZGR 2000, 537, 545-546.

798 Siehe hierzu Seite 155.

799 *Van Hulle*, ZGR 2000, 537, 545-546.

prüfung der Jahresabschlüsse im öffentlichen Interesse vornimmt. Ebenso fehlt es an einer zentralen Kapitalmarktaufsichtsbehörde, die der SEC vergleichbar wäre, vielmehr werden die verschiedenen mit dem Kapitalmarkt verbundenen Kontrollen von einer Fülle von unterschiedlichen Stellen auf Grundlage verschiedener Gesetze durchgeführt.

1. Börsenaufsicht

Die Aufsicht über die Börsen wird durch ein Nebeneinander von Bundes-, Landes- und Selbstverwaltungsorganen geprägt.

a) Staatliche Börsenaufsicht

Die bundesstaatliche Aufsicht wird von der Bundesanstalt für Finanzdienstleitungsaufsicht (BAFin) durchgeführt[800]. Es handelt sich dabei um eine selbständige Bundesoberbehörde im Geschäftsbereich des Bundesministers der Finanzen. Das BAFin ist weder hinsichtlich seiner Aufgaben und Kompetenzen noch in seiner Ausstattung mit der SEC vergleichbar. Das BAW überwacht das Verhalten der Marktteilnehmer auf die Einhaltung von Veröffentlichungspflichten und versucht, Verstöße gegen das Insiderhandelsverbot nach WpHG aufzudecken. Demgegenüber sind judikative und exekutive Kompetenzen auf ein Minimum beschränkt[801]. Die Kontrolle der Jahresberichterstattung gehört nicht zu den Aufgaben des BAFin. Weitere staatliche Behörden sind die Börsenaufsichtsbehörden der Länder[802]. Sie üben eine generelle Rechts-, Markt- und Handelsaufsicht aus. Ihre Überwachungstätigkeit bezieht sich nach dem Börsengesetz auf den Geschäftsverkehr an der Börse und die Aufsicht über den Börsenhandel, die Handelsteilnehmer und die elektronischen Hilfseinrichtungen der Börse bei den Ländern.

b) Börsenorgane

Zwischen Staatsaufsicht und Selbstverwaltung ist die Handelsüberwachung angesiedelt. Ihre Aufgabe ist es, gem. § 1b Abs. 1 Satz 2 BörsG die „Daten über den

---

[800] Die BAFin (www.bafin.de) vereint die Geschäftsbereiche der ehemaligen Bundesaufsichtsämter für das Kreditwesen (Bankenaufsicht), für das Versicherungswesen (Versicherungsaufsicht) sowie für den Wertpapierhandel (Wertpapieraufsicht/Asset-Management) in sich und führt diese weiter. Zum Vorgänger dem Bundesaufsichtsamt für Wertpapierhandel (BAW) siehe *Assmann* AG 1994, 196, 205; *Kümpel*, WM 1994, 229, 230.

[801] *Pellens*, Internationale Rechnungslegung, S. 78.

[802] Zu den Einzelheiten der Börsenaufsichtsbehörden in den Ländern siehe *Claussen*, Bank- und Börsenrecht, Rn. 27; sowie Hessische Börsenaufsicht, Jahresbericht 1997, ZKW 1998, Heft 7, S. 352.

Börsenhandel und die Börsenabwicklungsgeschäfte systematisch und lückenlos zu erfassen und auszuwerten sowie die notwendigen Entwicklungen durchzuführen". Handelsüberwachungsstellen sind bei den Börsen nach Maßgabe der Börsenaufsichtsbehörden einzurichten und zu betreiben. Die Börsenaufsichtsbehörden sind ihnen gegenüber weisungsbefugt und können sich in Ermittlungen einschalten. Andererseits stellen sie Börsenorgane dar, die dem Börsenrat als höher gestelltes Organ unterstehen, aber in ihrer Funktion selbständig und eigenverantwortlich sind. Somit besteht eine Gemengelage zwischen staatlicher Marktaufsicht und Handelsüberwachung als Teil der Selbstverwaltung. Es wird gefordert, das Verhältnis zu überdenken[803]. Zusätzlich wird über die Einrichtung einer zentralen anstelle der einzelnen, bei den jeweiligen Börsen angesiedelten Überwachungsstelle nachgedacht[804]. Abschließend ist auf die Aufsicht durch die Selbstverwaltungsorgane der Börse hinzuweisen, die vor allem über die Zulassung von Wertpapieren zum amtlichen und geregelten Markt entscheiden. Hinsichtlich der Rechnungslegung nehmen auch sie keine inhaltliche Kontrolle der Jahresabschlüsse vor (§ 37 Abs. 1 Satz 1 BörsG i.V.m. § 65 BörsZulV).

2. Registergericht

Eine Kontrolle des Jahresabschlusses obliegt in Deutschland neben dem Abschlussprüfer und dem Aufsichtsrat lediglich den Registergerichten[805]. Allerdings nimmt das Registergericht nach dem Wortlaut des § 329 Abs. 1 HGB nur eine Vollständigkeitskontrolle vor. Das heißt, es prüft, ob die eingereichten Unterlagen vollzählig sind[806]. Unklar ist, ob damit zusätzlich auch eine Kontrolle der inhaltlichen Richtigkeit der eingereichten Unterlagen verbunden ist. Die h. M. lehnt dies ab[807]. Nach ihrer Ansicht ist lediglich zu prüfen, ob überhaupt ein JA vorliegt, d.h. die eingereichte Unterlagen dürfen nicht so stark von den Vorgaben abweichen, dass von einem "aliud" gesprochen werden muss[808]. Dieses Ergebnis gilt auch für § 329 Abs. 2 HGB. Neben dem Wortlaut kann auf die Entstehungsgeschichte der Vorschrift verwiesen werden. Danach wurde, anders als bei der Vorgängervorschrift des § 177 Abs. 3 AktG a.F.,

---

803 *Claussen*, Bank- und Börsengesetz, Rn. 29. m. w. Nachw.

804 *Claussen*, Bank- und Börsengesetz, Rn. 29. m. w. Nachw.

805 Ein reflexiver Schutz des Kapitalmarkts geht auch von den Klagemöglichkeiten der Aktionäre (§§ 256 ff. AktG) aus. Allerdings bestehen hier auf Grund des Kostensrisikos und der fehlenden Anreize für Aktionäre mit Splitterbesitz wesentliche Hürden für eine Klageerhebung, vgl. *Regierungskommission "Corporate Governance"*, D6.10. Siehe hierzu auch *Tielmann*, DB 2001, 1625.

806 Welche Unterlagen im Einzelfall notwendig sind, ergibt sich aus § 325 Abs. 1, 3 HGB. Dort nicht erwähnt, ist die Aufstellung des Anteilsbesitzes (§ 287 HGB), die als Bestandteil des Anhangs einzureichen ist. Hinsichtlich des Bestätigungsvermerks der nicht Inhalt des Jahresabschlusses ist, ist festzustellen, ob der Jahresabschlusses einen Bestätigungs- oder Versagungsvermerk trägt, vgl. *A/D/S*, HGB, § 329 Rn. 7.

807 *A/D/S*, HGB, § 329 Rn. 8; *Baumbach/Hopt*, HGB § 329 Rn. 1; KK-*Claussen/Korth*, HGB, § 329 Rn. 2; *Ellrott/Spremann*, BeBiKomm., § 329 Rn. 5; *Scholz/Creszelius*, GmbHG, Anh. § 42 a Rn. 270.

808 *A/D/S*, HGB, § 329 Rn. 8; KK-*Claussen/Korth*, HGB, § 328 Rn. 2; *Müller*, in HdR, § 328 Rn. 1.

bewusst darauf verzichtet, eine offensichtliche Nichtigkeit des Jahresabschlusses vom Registergericht prüfen zu lassen[809].

3. *Reformvorschläge*

Wegen der geschilderten Aufsichts- und Kontrolllücke wird darüber nachgedacht, das deutsche System der Corporate Governance um eine der SEC vergleichbare zentrale staatliche Kapitalmarktaufsicht zu ergänzen[810].

a) Deutsche SEC

Ein Vorschlag sieht vor, das BAW (jetzt BAFin), das schon bisher mit der Überwachung der Publizitätsvorschriften, wie etwa dem Insiderhandel und der Ad-hoc-Publizität beschäftigt ist, in seinen Kompetenzen zu erweitern, indem ihm auch die Überwachung der weiteren Finanzberichterstattung der Unternehmen auferlegt wird[811]. Des Weiteren sollen die Ermittlungs- und Sanktionsmechanismen ausgedehnt werden. Erste dahingehende Schritte hat die Bundesregierung durch das 4. Finanzmarktförderungsgesetz[812] umgesetzt. Danach darf das Aufsichtsamt künftig selbst auf Akten und Konten zugreifen sowie schärfere Strafen verhängen und muss sich nicht mehr nur auf die Ermittlungen der Staatsanwaltschaft stützen, die zumeist im Sande verliefen[813]. Darüber hinaus müssten aber Normsetzungs- und Aufsichtsbefugnisse eingeräumt werden, wie sie die SEC für die Rechnungslegung und die Wirtschaftsprüfer besitzt. Ebenso bedarf es einer erheblichen personellen Aufstockung der Behörde und eine Veränderung der Gehaltsstruktur, da die Bezahlung der Beamten nach den üblichen Besoldungslisten des öffentlichen Dienstes nicht ausreichend sein wird.

b) Kritik

Zweifel gegen eine solche Behörde kommen vor allem aus dem Verfassungsrecht[814], gegen dessen Vorschriften das Einräumen solch umfangreicher Machtbefugnisse wie sie die SEC besitzt, verstoßen würde. Denn nicht zu Unrecht wird die SEC in den Ver-

---

809 BT-Drucks. 10/317, S. 99.

810 Vgl. zuletzt *Küting*, „Weniger Transparenz bei Unternehmensbilanzen", in: HB v. 5.7.2001, S. 10; *o.V.* "Kommt die Superbehörde?", Spiegel v. 15.5.2000., S. 92; *v. Rosen*, WM 1991, 623.

811 Vgl. *Böckem*, DB 2000, 1185, 1190; *Hütten/Lorson*, BuW 2000, 609, 610.

812 Viertes Finanzmarktförderungsgesetz v. 21.6.2002, BGBl. I, 2010.

813 Vgl. § 2 und § 61 ff. BörsG n.F.

814 *Küting*, Meinungsspiegel, BFuP 2001, 54, 63; *Tielmann*, DB 2001, 1625, 1628.

einigten Staaten oft auch als "Vierte Gewalt" bezeichnet[815] Daneben wird eine solch große staatliche Behörde auch als zu kostspielig angesehen, da auch die SEC trotz einer Mitarbeiterzahl von 3000 personell unterbesetzt sei[816]. Schließlich wird die Effizienz einer staatlichen Einrichtung bezweifelt.[817] Ähnlich sieht es der Berufsstand der Wirtschaftsprüfer[818].

c) *Aktienamt*

Bereits bei Einführung der Pflichtprüfung bestand nämlich Unsicherheit darüber, ob die Kontrolle des Abschlussprüfers ausreicht, um die aktienrechtliche Publizität und damit die Stabilität des Kapitalmarkts zu garantieren[819]. Hinzu kamen Zweifel an der Unabhängigkeit der privatrechtlichen Institution Wirtschaftsprüfer. Neben stärkeren Befugnissen der Registergerichte, denen auch ein materielles Prüfungsrecht zugestanden werden sollte, wurde deshalb immer wieder die Errichtung eines staatlichen Aktienamtes gefordert[820].

Die Gegner[821] eines Aktienamtes argumentierten jedoch überzeugend damit, dass eine Staatsaufsicht keine Garantie für eine bessere Einhaltung der Rechnungslegungsvorschriften sei. Bestätigung erhielten sie von empirischen Studien[822], die belegten, dass Industrieunternehmen im Vergleich zu den der Staatsaufsicht unterliegenden Versicherungsunternehmen und Bausparkassen die Rechnungslegungsvorschriften nicht signifikant besser einhielten. Ebenso nachvollziehbar verwiesen die Gegner auf die Tatsache, dass für ein staatliches Aktienamt keine Anreize zu einer wirtschaftlichen Prüfung bestünden, da alle Kosten der Prüfung vom Mandanten bzw. Steuerzahler getragen würden[823]. Unter dem Mangel an Wettbewerb sahen die Gegner des Aktienamtes nicht zuletzt auch die der Qualität der Prüfung leiden. Denn ein staatliches Aktienamt könne weder Kunden hinzugewinnen noch - abgesehen vom Fall der Insolvenz des Unternehmen - Mandate verlieren[824]. Hinzu kam nach ihrer Ansicht,

---

815 *Wilhelm*, WPg 1998, 364, 365. Zu den verfassungsrechtlichen Problemen einer Allfinanzaufsicht siehe *o. V.*, " Die Bundesbank muss an der Bankenaufsicht mitwirken", FAZ v. 2.3.2001, S. 26.

816 *O.V.*, "Die SEC ist schlechter als ihr Ruf", FAZ v. 2.3.2001, S. 26.

817 *O.V.*, "Die SEC ist schlechter als ihr Ruf", FAZ v. 2.3.2001, S. 26.

818 Vgl. *IDW*, WPg 2000, 1027, 1029.

819 *Nussbaum*, JW 1932, 2583.

820 Die Forderung nach einem Reichsaktienamt ist schon 1922 von *Planitz*, S. 60, 61 erhoben worden. Dieses Amt sollte nach seiner Ansicht für alle Probleme des Aktienwesens zuständig sein. Insbesondere sollte es eine "Publizitätskontrolle" durchführen, um so Verstöße des Aufsichsrats und des Vorstands aufzudecken. Spätere Autoren haben sporadisch diese Forderung immer wieder aufgegriffen, vgl. *Dürrhammer* WP 1950, S. 145; *Hax*, ZfhF 1950, 240, 248; *Fischer*, AcP Bd 1954, 254; *Richter*.

821 *Claussen*, AG 1979, S. 169, 179; *Geßler*, WPg 1956, 463, 464; *Greiffenhagen*, WPg 1949, 290, 292.

822 *Adler*, S. 139.

823 *Schildbach*, BFuP 1996, 1, 28.

824 *Schildbach*, BFuP 1996, 1, 28.

dass bei den Mitarbeitern die persönliche Haftung weitgehend als motivierender Faktor entfalle, da der Staat für Schäden, die aus einer fahrlässigen Amtspflichtverletzung resultieren, in der Regel ohne Regressmöglichkeit aufzukommen habe (vgl. Art. 34 GG i.V.m. § 839 BGB)[825].

d) Deutsches Financial Reporting Review Panel (FRRP)

Wegen dieser Bedenken wird alternativ zu einer staatlichen Kontrollstelle für die Rechnungslegung die Errichtung eines privaten Gremiums[826], wie es in Großbritannien in Form des Financial Reporting Review Panel (FRRP) besteht, vorgeschlagen[827]. Ein Modell, das auch bei den Wirtschaftsprüfern Unterstützung findet[828].

aa) Prüfungsumfang

Wie beim britischen Vorbild[829] soll es Aufgabe des deutschen FRRP sein, die Jahresabschlüsse und Lageberichte sowie die Konzernabschlüsse nebst Lagebericht von denjenigen Gesellschaften zu prüfen, die den Kapitalmarkt in Anspruch nehmen[830]. Allerdings soll aus Zeit- und Kostengründen keine systematische Prüfung aller Abschlüsse stattfinden, vielmehr soll die Institution nur bei entsprechenden Vermutungen oder Indizien für vermeintliche Verstöße tätig werden[831]. Solche Vermutungen können beispielsweise von der Behörde selbst ausgehen (sog. proaktive Prüfung) oder ihren Grund in Pressemitteilungen oder Hinweisen von Gläubigern haben[832]. Liegen entsprechende Anhaltspunkte vor, so soll es zu einem informellen klärenden Gespräch mit Unternehmensvertretern und Abschlussprüfern kommen. Demgegenüber wird die Einführung einer Mitwirkungspflicht der gesetzlichen Vertreter sowie des Abschlussprüfers mittels Gesetzes als nicht notwendig erachtet[833]. Sanktionen

---

825 Vgl. *Ossenbühl*, Staatshaftungsrecht, S. 120. Siehe speziell zum Problem der Wirtschaftsaufsicht und der Staatshaftung *Wondra*, Wirtschaftsaufsicht.

826 Ablehnend hierzu *Küting*, Meinungsspiegel, BFuP 2001, 54, 62, der private Institutionen als unzureichende Lösung sieht.

827 *AKEU*, DB 2001, 161; *Böckem*, DB 2000, 1189 ff; *Böcking*, S. 71, 87; *IDW*, WPg 2000, 1027, 1029.

828 Vgl. *IDW*, WPg 2000, 881, 883; *Tielmann*, DB 2001, 1625.

829 Siehe hierzu ausführlich *Haller/Eierle/Evans*, BB 2001, 1673.

830 *IDW*, WPg 2000, 881, 883. Laut *Regierungskommissison "Corporate Governance"*, D6.11 erstreckt sich die Prüfungspflicht des FRRP darüber hinaus auch auf große, nicht börsennotierte Kapitalgesellschaften. Ähnlich *Haller/Eierle/Evans*, BB 2001, 1673, 1679.

831 *Tiemann*, DB 2001, 1625, 1630 spricht von sogenannten "red flags".

832 In Fall des FRRP findet laut *Regierungskommissison "Corporate Governace"*, D6.11 zusätzlich ein regelmäßiger Austausch von Informationen über die Testatseinschränkungen mit der Londoner Börse statt. *Haller/Eierle/Evans*, BB 2001, 1673 fordern eine Verankerung in das bestehende Rechtssystem, indem die bisherige Prüfung der Registergerichte um eine materielle Prüfung erweitert und dem Gremium übertragen wird. Dazu sollen Abschlüsse, die das Registergericht unter bestimmten Kriterien ausgewählt hat, zur Prüfung übersandt werden.

833 Vgl. *Regierungskommissison "Corporate Governace"*, D6.11.

Da ein solches Gremium, anders als staatliche Stellen, nicht über hoheitliche Zwangsmittel verfügen kann, soll als Sanktionsmittel wie beim FRRP hauptsächlich auf Publizität gesetzt werden[834]. Danach soll das Gremium befugt sein, in öffentlichen Mitteilungen über fehlerhafte Jahresabschlüsse zu berichten[835]. Bevorzugt soll aber erreicht werden, dass die Untersuchungsergebnisse durch das geprüfte Unternehmen selbst öffentlich bekannt gemacht werden[836]. Denn so besteht die Möglichkeit zu den Ergebnissen der Prüfung Stellung zu nehmen[837]. Zusätzlich wird über die Möglichkeit nachgedacht, dass das deutsche FRRP selbst nach festgestelltem Mangel die Berichtigung vor den Gerichten geltend machen kann[838], falls das Unternehmen nicht bereit ist, den Mangel zu beseitigen[839]. Entsprechende Regelungen zur Nichtigkeit von Jahresabschlüssen bestehen bereits für die Aktiengesellschaft in § 256 AktG sowie in den Vorschriften des Publizitätsgesetzes. Auch über eine solche Klageerhebung der Kontrollinstanz wäre dann zu berichten und zwar in angemessener und zeitnaher Form, so dass die Gesellschafter und die Öffentlichkeit rechtzeitig informiert sind. Es bieten sich hierfür ähnliche Veröffentlichungsformen wie beim Jahresabschluss an[840].

bb) Zusammensetzung und Organisation

Allgemeine Akzeptanz und Glaubwürdigkeit soll die Arbeit des Gremiums durch volle Publizität und öffentliche Kontrolle des Verfahrens erhalten. Dazu gehören u.a. jährliche Rechenschaftsberichte über die geleistete Arbeit[841]. Ebenso soll die Besetzung des Gremiums zur Kontrolle und allgemeinen Anerkennung beitragen. Hauptsächlich ist dabei an ehrenamtlich tätige und in der Öffentlichkeit allgemein akzeptierte Persönlichkeiten gedacht, die aus dem Kreis der Abschlussadressaten einschließlich der Arbeitnehmer, der Wissenschaft und des Berufsstandes der Wirtschaftsprüfer zu rekrutieren sind[842]. Darüber hinaus sollten auch ausreichend Vertreter der gewerblichen Wirtschaft beteiligt werden, denn ihr Vertrauen in die Arbeit des Gremiums ist für die

---

834 Kritisch hierzu *Böckem*, S. 83.

835 *Haller/Eierle/Evans*, BB 2001, 1673, 1680 schlagen eine Veröffentlichung der Untersuchungsergebnise im Internet vor.

836 Vgl. *IDW*, WPg 2000, 1027, 1030.

837 Im Unterschied dazu berichtet das FRRP der Öffentlichkeit selbst von Verstößen gegen die Rechnungslegungsvorschriften unabhängig davon, ob das Unternehmen den Fehler berichtigt hat.

838 In Großbritannien wird im Rahmen der derzeitigen Reformen überlegt, ein spezielles Gericht, bestehend aus Rechnungslegungsexperten ("specialist tribunal") zu schaffen. Zu den Einzelheiten siehe *The Company Law Review Steering Group*, Final Report, Chapter 5, S. 21.

839 Als Vorbild wird dabei auf §§ 13 Abs. 2 UWG, 13 Abs. 2 AGBG verwiesen. *Haller/Eierle/Evans*, BB 2001, 1673, 1680 schlagen daneben vor, dass das Gremium die Möglichkeit besitzt soll, beim zuständigen Registergericht entsprechende Sanktionen in Form von Geld- und Haftstrafen zu beantragen.

840 Zu den Berichtigungsmöglichkeiten der Unternehmen auch in der laufenden Bilanz vgl. *IDW*, WPg 2000, 1027, 1030.

841 *IDW*, WPg 2000, 1027, 1030.

842 Zur Besetzung des FRRP in Großbritannien siehe *Haller/Eierle/Evans*, BB 2001, 1673.

Akzeptanz und Glaubwürdigkeit der Arbeit in der Öffentlichkeit von entscheidender Bedeutung[843]. Im übrigen wird für Fragen der Organisation auf das DRSC verwiesen[844]. Wie schon beim deutschen Standardsetter soll mittels einer Vorschrift im Handelsrecht das Bundesministerium für Justiz (BMJ) dazu veranlasst werden, eine privatrechtlich organisierte Vereinigung durch Vertrag anzuerkennen. In einem solchen Vertrag könnten auch die notwendigen Verfahrensrichtlinien festgelegt werden, womit auch die Frage der Rechtsaufsicht über das Kontrollgremium geklärt wäre, die beim BMJ liegen würde. Darüber hinaus soll eine Dachorganisation geschaffen werden, die eine Verknüpfung mit dem DRSC herstellt. Dadurch soll die Finanzierung gewährleistet[845], sowie eine einheitliche Normauslegung gefördert werden, da dadurch ein Austausch von Anregungen zur Überarbeitung, Erweiterung oder Konkretisierung bestehender Normen ermöglicht wird[846].

e) Würdigung

Die Einführung eines Gremiums, das sich speziell mit der Prüfung der Jahresabschlüsse beschäftigt, stellt einen sinnvollen Beitrag zur Verbesserung der Qualität der Rechnungslegung dar. Die Organisation als private Institution ist aus Gründen der Deregulierung und der allgemeinen Kritik an staatlich Behörden gerechtfertigt. Durch eine Verknüpfung in Form eines Informationsaustausches mit dem DRSC kann es darüber hinaus einen wichtigen Beitrag zur Entwicklung und Anwendung der Rechnungslegungsstandards liefern, etwa indem es rechtzeitig auf bestehende Fehler in der Unternehmenspraxis hinweist[847]. Schließlich kann auch die Qualität der Abschlussprüfung durch ein solches Gremium gefördert werden. Zwar soll die Prüfung der Tätigkeit des Abschlussprüfers nicht zu den Aufgaben des "deutschen FRRP" gehören, aber es bedarf nicht allzu viel Phantasie, um sich vorzustellen, dass ein von diesem Gremium öffentlich als unzureichend befundener Abschluss, der zuvor mit einem uneingeschränktem Testat versehen worden ist, für einen erheblichen Reputationsverlust beim verantwortlichen Abschlussprüfer sorgen kann. Die Erfahrungen in England zeigen, dass die Konsequenzen bis zum Entzug des Mandats durch das Unternehmen reichen können[848]. Dieser erzieherische Effekt ließe sich noch erhöhen, wenn - wie in England - eine Informationspflicht des Rechnungslegungskontrollgremiums gegenüber der Berufsaufsicht eingeführt würde[849]. Gleichzeitig könnte damit der Kritik am bisherigen Berufsaufsichtsverfahren der WPK begegnet werden[850]. Der Abschlussprüfer wiederum kann von der Arbeit des Gremiums insoweit profitieren, als frühere Ent-

---

843 Vgl. *IDW*, WPg 2000, 1027, 1030.

844 *Haller/Eierle/Evans*, BB 2001, 1673, 1679, *IDW*, WPg 2000, 1027, 1030.

845 Zu Details siehe *Haller/Eierle/Evans*, BB 2001, 1673, 1679.

846 *Haller/Eierle/Evans*, BB 2001, 1673, 1679.

847 *Haller/Eierle/Evans*, BB 2001, 1673, 1677.

848 Siehe hierzu die empirischen Nachweise bei *Tielmann*, DB 2001, 1625, 1627-1628.

849 *Haller/Eierle/Evans*, BB 2001, 1673, 1680, *Tielmann*, DB 2001, 1625, 1634.

850 Siehe nur *Emmerich*, S. 215, 220.

scheidungen des FRRP als Argumentationshilfe in strittigen Situationen mit der Unternehmensleitung dienen können.

VIII. *Globale Aufsicht und Kontrolle*

Die Vorschläge und Bemühungen der EU und der Mitgliedstaaten um eine ausreichende Kapitalmarktaufsicht machen Sinn, solange die Börsenplätze noch wesentlich national geprägt sind[851] Vor dem Hintergrund der zunehmenden Konvergenz der Kapitalmärkte können aber sowohl die SEC als auch andere nationale Gremien sowie ein möglicherweise noch zu schaffendes europäisches Aufsichtsgremium nur Etappen sein. Denn schließlich muss das Ziel eine globale Kontrolle sein. Dazu können nationale und regionale Aufsichtsgremien aber nur begrenzt beitragen.

1. Extraterritoriale Anwendung von Anlegerschutzvorschriften

Die Gründe für die mangelnde globale Kontrolle liegen u.a. auch darin, dass weltweit kein geschlossenes System kapitalmarktrechtlicher Kollisionsnormen besteht[852]. So stellt sich das internationale "Kapitalmarkt-Privatrecht" als Gemengelage von geschriebenen und ungeschriebenen, einseitigen und zweiseitigen Kollisionsnormen dar[853] und für das öffentlich rechtliche Aufsichtsrecht gilt der Grundsatz, dass hoheitliche Entscheidungen[854] stets nach inländischem Recht getroffen werden[855]. Amerikanische Gerichte versuchen deshalb die extraterritoriale Anwendung von inländischen anlegerschützenden Vorschriften[856] möglichst weit auszudehnen[857]; nicht zuletzt auch, um der SEC ausreichend Handlungsmöglichkeiten einzuräumen[858], um auf die neuen globalen Anforderungen reagieren zu können[859]. Dennoch müssen auch

---

851 *Achleitner*, Meinungsspiegel, BFuP 2001, 54, 62.

852 Zu Vorschlägen für alle Teilbereiche des Kapitalmarktrechts von einer einheitlichen Anknüpfung auszugehen ("Marktstatut") siehe *Schuster*, S. 65; *Kronke*, FS Buxbaum, S. 363.

853 Vgl. *Schnyder*, FS Buxbaum, S. 515, 523; *Schneider*, AG 2001, 269, 272-273.

854 Zu den Problemen grenzüberschreitender Sachverhalte im Kapitalmarktstrafrecht siehe *Schneider*, AG 2001, 269, 274.

855 Allgemein zum Grundsatz der Unanwendbarkeit ausländischen öffentlichen Rechts siehe *Kegel/Schurig*, S. 936, *Kropholler*, S. 138.

856 Zur extraterritorialen Reichweite von Anlegerschutzvorschriften siehe *Lowenfels/Bromberg*, 55 Bus. Law. 975-1021 [2000]; sowie *Großfeld*, Unternehmensrecht, S. 121.

857 Zur Entwicklung siehe *Schoenbaum v. Firstbrook*, 405 F.2d 200, 207 (2d Cir.); *Laesco Data Processing Equipment Corp. v. Maxwell*, 468 F.2d 1326 (2d Cir. 1972); *IIT v. Vencap, Ltd.* 519 F.2d 1001 (2d Cir. 1975); Id. At 1017; *ITT v. Cornfeld*, 619 F.2d 909 (2d Cir. 1980); *Itoba Ltd. v. Lep Group PlC*, 54 F.3d 118 (2d Cir. 1995); *Europe & Overseas Commodity Traders v. Banque Paribas London*, 147 F.3d 118 (2d Cir. 1998); *Grunenthal GmbH v. Hotz*; 712 F.2d 421 (9th Cir. 1983); *Kauthar SDN BHD v. Sternberg*, 149 F.3d 659 (7th Cir. 1998).

858 *SEC v. Kasser*, 548 F.2d 109, 116 (3d Cir. 1977).

859 Zur extraterritorialen Anwendung von US-amerikanischem Börsenrecht durch die SEC siehe *Kronke*, FS Buxbaum, S. 363, 366-368.

die amerikanischen Richter feststellen, dass diese einseitigen Bemühungen keinen grenzenlosen Schutz ermöglichen können[860]. Hinzu kommt die Einsicht der SEC, mit einer solchen Strategie teilweise mehr Schaden als Nutzen anzurichten, da sie international zu einer Isolierung amerikanischer Anleger führen kann[861]. Nicht zuletzt deshalb verfährt die Börsenaufsichtsbehörde in jüngerer Zeit wesentlich zurückhaltender[862], wenn es darum geht, amerikanisches Börsenrecht auf extraterritoriale Sachverhalte auszudehnen[863]. So hat sie beispielsweise im Bereich des Übernahmerechts den Umfang der Freistellungsvorschriften erheblich erweitert, um Nachteile für amerikanische Anleger zu verhindern[864].

2. *IOSCO*

Vor diesem Hintergrund gewinnt die Arbeit der International Organization of Securities Commissions (IOSCO)[865] an Bedeutung. Als zwischenstaatliche Behörde, in der derzeit 152 Staaten mit unterschiedlichem Status aus 92 Ländern vertreten sind, ist sie um die Vereinheitlichung des Anlegerschutzes an den Börsen bemüht. Da ihr keine hoheitlichen Befugnisse eingeräumt sind, hat sie es sich zur Aufgabe gemacht, Informationen zu sammeln und Empfehlungen zur Harmonisierung und gegenseitigen Anerkennung von Publizitätsvorschriften und Rechnungslegung herauszugeben, die dann von den Mitgliedstaaten freiwillig anerkannt werden.

Zu den von ihr unterstützten Projekten zählt, wie schon erwähnt, auch die Schaffung einheitlicher Rechnungslegungsvorschriften in Form der IAS. Sie sollen die notwendige Transparenz für eine weltweit einheitliche Kontrolle der Unternehmen durch die Anleger schaffen. Für die gleichbleibende Anwendung der Standards kann aus globaler Sicht momentan aber nur der Abschlussprüfer garantieren. Denn anders als die Tätigkeit nationaler Behörden, agiert er bei seiner Überwachungstätigkeit frei von einzelstaatlichen Interessen, die im Fall der IAS zur Herausbildung nationaler Standards führen können. Zudem ist beim Abschlussprüfer dank der international tätigen Wirtschaftsprüfergesellschaften die Vernetzung und damit ein einheitlicher Prüfungsstandard schon sehr weit vorangeschritten. Demgegenüber steckt die Tätigkeit nationaler und regionaler Aufsichtsbehörden teilweise noch in den Kinderschuhen.

---

860 Vgl. *IIT v. Vencap, Ltd.* 519 F.2d 1001, 1017 (2d Cir. 1975) ("[...] the line has to be drawn somewhere if the securities laws are not to apply in every instance where something has happened in the United States [....]"). In diesem Sinne auch *Bersch v. Drexel Firestone, Inc.*, 519 F.2d 974, 985 (2d Cir. 1975); *Butte Mining PLC v. Smith*, 76 F3d 287 (9th Cir. 1996); *Zoelsch v. Arthur Andersen* & Co., 824 F2d 27 (D.C. Cir. 1987).

861 Vgl. *Schneider*, AG 2001, 269, 276 m.w. Nachw.

862 Siehe hierzu Baum, Capital Markets, S. 77, 87.

863 Dazu *von Hein*, AG 2001, 213, 224-225. *Baum*, Capital Markets, S. 87.

864 Vgl. *von Hein*, AG 2001, 213, 224-225; *Schneider*, AG 2001, 269, 277.

865 Zu Aufgaben und Organisation der IOSCO siehe *Rogers*, FS Großfeld, S. 901; *Gordon*, WPK-Mitt. Sonderheft 1997, 145.

Entsprechend den Anforderungen des Kapitalmarkts setzen sich ausgehend von angelsächsischen Prinzipien sowohl auf Ebene der Nationalstaaten als auch in Europa anlegerschützende Rechnungslegungsvorschriften durch. Von zentraler Bedeutung sind dabei die IAS als globaler Standard. Sie werden vom IASB einem internationalen Standardsetter entwickelt und veröffentlicht. Als private Organisation kann das IASB die Einhaltung der Standards nicht gewährleisten, was die Frage nach der Notwendigkeit zusätzlicher Kontrollen und Aufsichtsbehörden für die Rechnungslegung aufwirft. Vorzugswürdig erscheint hier die Einführung eines privaten Gremiums, wie es in England in Form des FRRP bereits existiert. Durch entsprechende Ausgestaltung kann es die Arbeit des Abschlussprüfers flankierend und gleichzeitig dessen Bemühungen um die Qualität der Abschlussprüfung unterstützen. Auf dem Weg zu einer globalen Kontrolle wird zukünftig aber weiterhin die Hauptlast beim Abschlussprüfer liegen. Deshalb ist es wichtig, die Qualitätsbemühungen um die Abschlussprüfung weiter zu forcieren.

§ 2: Reform der Prüfungsaufgaben und –methoden

Im Rahmen der Abschlussprüfung gilt es vorrangig die Prüfungsaufgaben mittels neuer Prüfungsmethoden zu verbessern.

A. Situation

Im Mittelpunkt der Prüfung des Abschlussprüfers stand bisher der Jahresabschluss, der die genormte Abbildung einer vergangenen Leistungsperiode darstellt. Die Abschlussprüfung war deshalb vor allem eine "Legalitäts- und Veritätskontrolle"[866]. Ihre Ausrichtung stichtagsbezogen und vergangenheitsorientiert[867]. Bestätigt wurde dies vom BGH, der feststellte, dass die Abschlussprüfung sich in ihrem Inhalt auf die sachliche Richtigkeit, die Ordnungsgemäßheit und Gesetzmäßigkeit der Rechnungslegung des Vorstands beschränke und keine Prüfung der von der Rechnungslegung erfassten wirtschaftlichen Vorgänge und Tatsachen sei[868]. Der Abschlussprüfer prüfe hinsichtlich der Vielzahl der Ansatz und Bewertungswahlrechte lediglich, ob die gesetzlichen Bestimmungen eingehalten worden seien; demgegenüber seien die Zweckmäßigkeit des unternehmerischen Handelns nicht Gegenstand seiner Prüfung[869]. Den Anforderungen,

---

866 *Steiner*, Prüfungsbericht, S. 252.

867 *Wiedmann*, FS Broenner, S. 443, 449. Siehe *Hakelmacher*, WPg 1998, 174, 178, der den Abschlussprüfer als "Archäologen der Unternehmen" bezeichnet.

868 BGHZ 16, 22-23.

869 BGHZ 16, 23; ebenso *Rürup*, FS Budde, S. 552.

die eine moderne Corporate Governance an die Abschlussprüfung stellt, wird dieses Prüfungsverständnis aber immer weniger gerecht.

B. Neue Anforderungen

Das Interesse der Anleger am Kapitalmarkt an vergangenheitsorientierten Informationen, wie sie der Jahresabschluss bietet, ist beschränkt[870]. Sie verlangen vielmehr nach zusätzlichen Informationen, die es ihnen erlauben, die zukünftige Wertentwicklung ihrer Beteiligung richtig einzuschätzen, um so die richtige Investitionsentscheidung treffen zu können[871]. Ähnlich erwarten sie vom Abschlussprüfer, dass er sie frühzeitig vor Unternehmenskrisen warnt, damit sie Vermögensverluste vermeiden. Dazu soll der Abschlussprüfer sich mehr mit den Strategien der Unternehmensleitung, den Geschäftsprozessen und dem wirtschaftlichen Umfeld, in dem ein Unternehmen operiert, beschäftigen. Darüber hinaus soll er den Inhalt seiner Prüfung an möglichen wirtschaftlichen Risiken für die Gesellschaft orientieren und wachsam hinsichtlich Gesetzesverstößen und Unregelmäßigkeiten sein[872].

C. Neue Prüfungsmethoden

Um diesen Anforderungen gerecht zu werden, haben die Wirtschaftsprüfer ihre Prüfungsmethoden weiterentwickelt[873]. Dabei hat sich die Entwicklung zuerst auf zusätzliche Dienstleistungen beschränkt, die neben der traditionellen Abschlussprüfung angeboten werden. Zunehmend fließen diese Methoden aber auch in die eigentliche Kerntätigkeit der Wirtschaftsprüfer der Abschlussprüfung ein[874].

I. *Prüfungsrisikoorientierter Prüfungsansatz*

Nach den bisher gültigen Prüfungsmethoden stellte der Abschlussprüfer lediglich fest, ob die Geschäftsvorfälle und Ergebnisse ordnungsgemäß in der Buchführung abgebildet sind. Dabei betrachtete er das Unternehmen primär aus der Perspektive des Buchungsstoffes ("balance sheet auditing")[875]. Eine systematische Einbeziehung der Geschäftstätigkeit des zu prüfenden Unternehmens in das Urteil des Abschlussprüfers

---

870 *Schmidt*, Prüfungen im 21. Jahrhundert, S. 231, 240-241.

871 Vgl. *AICPA (Hrsg.)*, Improving Business Reporting – A Customer Focus: Meeting the Information Needs of Investors and Creditors, Comprehensive Report of the Special Committee on Financial Reporting, New York 1994.

872 *Böcking/Orth*, BFuP 1999, 418.

873 Siehe hierzu *Göbel*, S. 41-59; *Wiedmann*, WPg 1993, 13-25; *Stibi*; Prüfungsrisikomodell und risikoorientierte Abschlussprüfung.

874 Vgl. *Hütten/Dawo/Heiden*, BB 2001, 615, 616.

875 *A/D/S*, HGB, § 317 Rn. 153; *Dörner*, DB 1998, 1; *Wiedmann*, WPg 1998, 338, 349.

fand dabei nicht statt. Insbesondere wurden Auswirkungen des geschäftlichen Risikos auf das innewohnende Risiko und auf das interne Kontrollrisiko nicht berücksichtigt[876].

II. *Geschäftsrisikoorientierter Prüfungsansatz*

Nach dem neuentwickelten risikoorientierten Prüfungsansatz wird die Perspektive des Prüfers verändert. Aus der Kenntnis der Geschäftstätigkeit des zu prüfenden Unternehmens soll er zukünftig eine konkrete Erwartung über den Jahresabschluss formulieren, die als Hypothese verwendet werden kann. Diese Weiterentwicklung wird auch als Schritt vom "financial audit" zum "business audit" bezeichnet[877]. Ausgangspunkt ist danach nicht mehr die Abbildung von Transaktionen und Ereignissen ("Geschäftsvorfällen") im Rechnungswesen (sog. "bottom-up approach"), sondern die Gesamtheit der Geschäftsprozesse und das Geschäftsumfeld des Unternehmens[878]. Dadurch soll eine Konzentration auf die risikobehafteten Prüfungsfelder gefördert und die Aufdeckung wesentlicher Fehler im Jahresabschluss verbessert werden[879].

D. *Neue Prüfungsaufgaben*

Die neuen Prüfungsmethoden geben dem Abschlussprüfer die Möglichkeit, neue Prüfungsaufgaben zu übernehmen. Solche Prüfungsaufgaben bedeuten aber nicht nur mehr Verantwortung und damit ein höheres Haftungsrisiko im Fall von Fehlleistungen; sondern bei einer Neugestaltung der Prüfungsaufgaben muss auch das Gesamtsystem der Überwachung der Aktiengesellschaft, dessen Teil der Abschlussprüfer ist, ausreichend berücksichtigt werden[880]. Es gilt mögliche Reformen in ihren Auswirkungen auf die anderen Überwachungsträger abzustimmen. Vorab ist es deshalb wichtig, sich ein Bild von der Verantwortung und den Aufgaben der anderen Überwachungsträger innerhalb der Corporate Governance der Aktiengesellschaft zu machen.

---

876 *A/D/S*, HGB, § 317 HGB Rn. 153; *Wiedmann*, WPg 1998, 338, 343.

877 *Dörner*, WPg 1998, 302, 308; *Weber*, FS Baetge, S. 781, 793.

878 *Dörner*, DB 1998, 1, 2.

879 *Wiedmann*, WPg 1998, 338, 350.

880 Vgl. *Schneider*, Unternehmensüberwachung, S. 66.

I. *Die Verteilung der Überwachungsaufgaben in der Aktiengesellschaft*

1. Einheits- versus Trennungsmodell

Im Rahmen der organisationsrechtlichen Ausgestaltung der Überwachung der Aktiengesellschaft werden zwei Grundmodelle unterschieden: Das Einheits- und das Trennungsmodell. Die Verteilung der Überwachungsaufgaben in der deutschen Aktiengesellschaft folgt dem Trennungsmodell[881]. Das heißt Geschäftsführung und Überwachung des Unternehmens sind getrennt und verschiedenen Organen zugewiesen. Während die Geschäftsführung vom Vorstand wahrgenommen wird, obliegt die Überwachung dem Aufsichtsrat. Demgegenüber sind im Einheitsmodell, wie es amerikanischen Aktiengesellschaften zugrunde liegt, die Funktionen in einem Organ vereint.

Die Vorteile des Trennungsmodells können in der organisatorischen und rechtlichen Selbständigkeit des Aufsichtsorgans gesehen werden; sie sollen eine unabhängigere Überwachung gewährleisten und ein Gegengewicht zur Kompetenz der Geschäftsführung darstellen. Insbesondere soll eine sogenannte "Solidarisierung der Mitglieder" vermieden werden, die zu einer Vernachlässigung der Aufsichtsaufgaben führen kann. Darüber hinaus soll ein separates Aufsichtsorgan schneller bei Missständen eingreifen können als eine Aktionärsversammlung. Der Nachteil des Trennungsmodells wird demgegenüber in der Entscheidungsferne gesehen. Sie verhindert, dass das Aufsichtsorgan über zeitnahe und ausreichende Informationen verfügt[882]. In der Praxis haben sich die beiden Modelle jedoch angenähert. Insbesondere hat sich beim Einheitsmodell eine faktische Aufteilung der Funktionen innerhalb des Leitungsorgans mittels Trennung der Mitglieder in Outside Directors und Executive Directors durchgesetzt[883].

2. Überwachungsaufgaben des Vorstands

Trotz formaler Trennung in der deutschen Aktiengesellschaft stehen Geschäftsführung und Überwachungsaufgaben nicht so strikt nebeneinander wie das Trennungsmodell glauben zu machen scheint. Nach § 76 Absatz 1 AktG ist es Aufgabe des Vorstands, die Gesellschaft unter eigener Verantwortung zu leiten[884]. Sein Ziel muss es sein, für eine erfolgreiche Entwicklung des Unternehmens zu sorgen und dessen Überlebens-

---

881 Siehe dazu *Hopt*, in: Hopt:/Kanda//Roe/Wymeersch/Prigge, Comparative Corporate Governance, S. 227.

882 *Hopt*, Corporate Governace, S. 227, 241.

883 Dazu *Kraakman*, Corporate Governance, S. 129, 132.

884 Zu Problemen der Vorstandsorganisation im Rahmen der Corporate Governance-Diskussion siehe *Endres*, Michael, ZHR 1999, 441-460, insbesondere 448-453; *Oesterle*, "L'enterprise c'ést moi", in: FAZ v. 25.4.2000, S. 28.

fähigkeit zu sichern[885]. Aus den Sorgfaltspflichten des Vorstandes nach § 93 Abs. 1 AktG kann abgeleitet werden, dass zum Inhalt dieser Leitungsfunktion auch die Kontrollverantwortung für alle im Unternehmen durchgeführten Aktionen gehört[886].

Dabei wird zwischen den nicht delegierbaren, in der Gesamtverantwortung des Vorstandes liegenden und den übertragbaren Aufgaben unterschieden[887]. Kernelement der nicht delegierbaren Überwachungsaufgaben ist es, sicherzustellen, dass innerhalb des Unternehmens ein leistungsstarkes internes Überwachungssystem besteht[888]. Eine Pflicht, die durch das KonTraG noch einmal ausdrücklich in § 91 Abs. 2 AktG festgeschrieben worden ist[889]. Ein solches Überwachungssystem muss gewährleisten, dass die Verantwortungsträger im Unternehmen über relevante Vorgänge ausreichend und rechtzeitig, d.h. zeitnah informiert werden. Wichtige Bestandteile dieses Systems sind die interne Revision und das Controlling. Daneben umfasst die Gesamtverantwortung des Vorstands die sorgfältige Auswahl und Beaufsichtigung der Personen, die interne Überwachungsaufgaben wahrnehmen.

Übertragbare Aufgaben sind demgegenüber die Teilaufgaben innerhalb des Systems[890]. Größenabhängig vom Unternehmen kann dabei eine hierarchische Überwachungsstruktur entstehen[891]. Des Weiteren ist der Vorstand verpflichtet, für eine ordnungsgemäße Buchführung sowie für die Aufstellung des Jahresabschlusses und des Lageberichts zu sorgen, da die Durchführung der Jahresabschlussprüfung durch den Abschlussprüfer seine Verantwortlichkeit für die gesamte Rechnungslegung nicht einschränkt[892].

3. *Überwachungsaufgabe des Aufsichtsrats*

Der Aufsichtsrat ist das zentrale Überwachungsorgan der deutschen Aktiengesellschaft. Seine Zusammensetzung richtet sich nach den einschlägigen Normen des Betriebsverfassungsgesetzes 1952[893], des Mitbestimmungsgesetzes[894], des Montan-Mitbestimmungsgesetzes[895] bzw. des Mitbestimmungs-Ergänzungsgesetzes[896].

---

885 *Semler*, Überwachungsaufgabe, S. 10; *Scheffler*, FS Havermann, S. 651, 654.

886 Vgl. *Götz*, AG 1995, 337, 338.

887 Vgl. *Götz*, AG 1995, 337, 338. Zur Verantwortung des amerikanischen Chief Executiv Officer (CEO) siehe *Endres*, ZHR 1999, 441, 449.

888 Vgl. BGHZ 69, 207, 293 ff.

889 Siehe hierzu S. 194 ff.

890 Zu den Grenzen der Delegation auf nachgeordnete Leitungsgremien insbesondere bei Holding-Strukturen siehe *Endres*, ZHR 1999, 441, 449.

891 *Götz*, AG 1995, 337, 338.

892 Genaugenommen regelt § 91 Abs. 1 AktG die Gesamtverantwortung des Vorstandes. Die Pflicht zur Buchführung trifft in erster Linie die AG; dies ergibt sich aus § 238 I HGB i.V.m. § 3 Abs. 1, § 6 HGB. Siehe dazu *Hüffer*, AktG, § 91 Rn. 2.

893 § 76 Abs. 1 BetrVG.

894 § 7 MitbestG.

895 § 4 Montan-MitbestG.

896 § 5 MitbestErgG.

a) Allgemein

Die Aufgabe des Aufsichtsrats ist es, gemäß § 111 Absatz 1 AktG die Geschäftsführung des Vorstands auf ihre Recht-, Zweck- und Ordnungsmäßigkeit zu überwachen[897]. Diese Aufgabe ist zwingend und kann nicht durch Satzung oder Beschluss auf andere Organe oder Ausschüsse zur alleinigen Entscheidung delegiert werden[898]. Sie trifft den Aufsichtsrat nicht nur in seiner Gesamtheit, sondern obliegt jedem einzelnen Aufsichtsratsmitglied. Unter Geschäftsführung sind in erster Linie die Leitungs- und Verwaltungsmaßnahmen des Vorstands zu verstehen[899]. Falls jedoch auf nachgeordneten Ebenen Führungsentscheidungen getroffen oder wesentliche Einzelmaßnahmen ergriffen werden, sind auch diese vom Überwachungsauftrag des Aufsichtsrates umfasst[900].

b) Inhalt

Inhaltlich kann die Überwachungsaufgabe mittels der Informationspflichten in § 90 AktG konkretisiert werden[901]. Die Vorschrift regelt die Berichterstattung des Vorstands an den Aufsichtsrat[902]. Danach umfasst der Überwachungsauftrag die intendierte Geschäftspolitik und andere grundsätzliche Fragen der Unternehmensplanung, die Rentabilität der Gesellschaft, der Gang der Geschäfte und die Lage der Gesellschaft sowie Geschäfte von erheblicher Bedeutung und sonstige wichtige Anlässe[903].

c) Vorausschauende Überwachung

In zeitlicher Hinsicht beschränkt sich die Überwachung durch den Aufsichtsrat nicht nur auf eine vergangenheitsbezogene Prüfung der Geschäftsführung[904]. Eine solche Überwachung würde den steigenden Anforderungen der Unternehmenswirklichkeit

---

897 *Steding*, BuW 1999, 904, 905; *Lutter/Krieger*, Rn. 17-29. Daneben hat der Aufsichtsrat den Vorstand zu bestellen und abzuberufen (§ 84 AktG). Des Weiteren besitzt er Mitwirkungsrechte bei bestimmten Entscheidungen. Vgl. §§ 58 Abs. 2, § 59 Abs. 3, 88, 89, 172, 204 Abs. 1 AktG; § 32 MitbestG; § 15 MitbestErgG sowie § 111 Abs. 4 AktG.

898 *A/D/S*, AktG, § 171 Rn. 3.

899 *Lutter/Krieger*, Rn 17.

900 BGHZ 75, 120, 133; *Geßler*, in: Geßler/Hefermehl, AktG § 111 Rn. 15; a.A. *Lutter/Krieger*, Rn 20; *Hoffmann-Becking*, MünchHdB AG, § 29 Rn. 23.

901 *Semler*, Überwachungsaufgabe, S. 65.

902 Durch das TransPuG ist neuerdings ausdrücklich klargestellt worden, dass der Vorstand in seinen Regelberichten nach § 90 Abs. 1 S. 1 Nr. 1 auf Abweichungen von früher berichteten Zielen der Geschäftspolitik und der grundsätzlichen Unternehmensplanung eingehen muss ("follow-up"-Berichterstattung).

903 Vgl. § 90 Abs. 1 Nr. 1-4 AktG sowie *Scheffler*, FS Havermann, S. 651, 656.

904 Vgl. BGHZ 114, 127, 129; BGHZ 135, 244, 255.

nicht mehr gerecht werden. Vielmehr wird vom Aufsichtsrat auch verlangt, dass er durch Beratung[905] und Mitwirkung an den unternehmerischen Entscheidungen auf die zukünftige Geschäftspolitik des Unternehmens Einfluss nimmt und sie kontrolliert[906]. Denn nur so kann frühzeitig genug verhindert werden, dass der Vorstand den Bestand und die Rentabilität des Unternehmens durch gravierende Fehlentscheidungen gefährdet[907].

Die Instrumente dieser Überwachung sind die Berichtspflichten in § 90 Abs. 1 Nr. 1 AktG und die Zustimmungsvorbehalte nach § 111 Abs. 4 S.2 AktG, die durch den Aufsichtsrat selbst oder in der Satzung getroffen werden können[908]. Die in die Zukunft gerichtete Kontrolle darf aber nicht dazu führen, dass der Aufsichtsrat die Geschäftsführung selbst i.S. einer Oberleitung bestimmt und damit zu stark in die Kompetenzen des Vorstands eingreift[909]. Deshalb soll die Intensität der Überwachung nach bisher herrschender Ansicht auch mit der wirtschaftlichen Lage der Gesellschaft korrespondieren (sog. "abgestufte Überwachungspflichten"[910]). Das heißt, bei normalem Geschäftsverlauf wird vom Aufsichtsrat Zurückhaltung erwartet, indem er lediglich eine "begleitende Überwachung" ausübt. Verschlechtert sich allerdings die Unternehmenslage, soll der Aufsichtsrat zu einer "unterstützenden Überwachung" übergehen, die sich in Krisen zu einer "gestaltenden Überwachung" steigert.

Da die zukunftsorientierte Kontrolle der Geschäftsführung mehr und mehr als die wichtigste Aufgabe des Aufsichtsrates angesehen wird, mehren sich jedoch die Stimmen, die fordern, dass der Aufsichtsrat seine bisherige Zurückhaltung aufgeben und auch ohne konkreten Anlass mehr als nur eine "begleitende Überwachung" ausüben solle[911]. Denn eine Krise der Gesellschaft müsse sich nicht allmählich abzeichnen, sondern könne für alle Beteiligten auch überraschend eintreten. Nicht zuletzt deshalb habe das KonTraG den Vorstand verpflichtet, geeignete Maßnahmen zur Früherkennung von Risiken zu treffen. Es sei daher anzunehmen, dass damit auch eine Pflicht des Aufsichtsrats einhergehe, sein Augenmerkmerk auf die Zweckmäßigkeit von organisatorischen Maßnahmen des Vorstands zu richten und regelmäßig mit Rat zur Seite zu stehen[912].

---

905 Zum Verhältnis vom Zusatzberatungsaufträgen zur gesetzlichen Überwachungspflicht siehe BGHZ 114, 127.

906 BGH, DB 1991, 1212; *Geßler*, in: Geßler/Hefermehl, AktG § 111 Rn. 26 u. 36; *Lutter/Kremer* ZGR 1992, 87, 88; *Lutter/Krieger*, Rn. 30; *Hüffer*, AktG, § 111 Rn. 5.

907 *Hüffer*, AktG, § 111 Rn. 6; *Scheffler*, FS Havermann, S. 651, 655.

908 BGHZ 114, 127, 130; *Hüffer*, ZGR 80, 320; *Hoffmann-Becking*, MünchHdB AG, § 29 Rn. 37. Dabei darf der Zustimmungsvorbehalt nicht soweit gezogen werden, dass Maßnahmen des gewöhnlichen Geschäftsbetriebes betroffen sind, siehe hierzu KK-*Mertens*, AktG, § 111 Rn. 61.

909 LG Darmstadt, ZIP 1986, 1389, 1394.

910 *Semler*, AG 1983, 141.

911 *Bezzenberger*, FS Brönner, S. 35, 42.

912 *Bezzenberger*, FS Brönner, S. 35, 41-40 m.w.Nachweisen.

d) Vergangenheitsbezogene Überwachung

Den Schwerpunkt bei der vergangenheitsbezogenen Überwachung bildet die Prüfung des Jahresabschlusses, des Lageberichts und des Gewinnverwendungsvorschlags[913], die dem Aufsichtsrat vom Vorstand vorgelegt werden[914]. Sollten diese Informationen nicht ausreichend sein, steht es dem Aufsichtsrat offen, wie auch sonst von seinem allgemeinen Einsichts- und Prüfungsrecht Gebrauch zu machen. Notwendig ist dafür ein Beschluss des Gesamtorgans, einzelne Mitglieder oder Sachverständige[915] mit der Einsicht in die Bücher und alle Unterlagen der Gesellschaft zu beauftragen[916]. Der Prüfungsmaßstab des Aufsichtsrats ist inhaltlich derselbe wie bei der Überwachung der Geschäftsführung. Denn die Rechnungslegung ist ein besonderer Teil der Geschäftsführung. Die Rechnungslegung des Vorstands hat danach recht-, ordnungs- und zweckmäßig zu sein, wobei Recht- und Ordnungsmäßigkeit bedeutet, dass die Rechnungslegung den gesetzlichen Vorschriften, sowie den Vorgaben, die in der Satzung des Unternehmens festgelegt sind, entspricht[917].

4. Abschlussprüfer und Aufsichtsrat

Der Abschlussprüfer hat sich bei seiner Überwachungsaufgabe ebenfalls ein Bild von der Recht- und Ordnungsmäßigkeit der Rechnungslegung zu machen. Seine Überwachungstätigkeit überschneidet sich folglich mit der des Aufsichtsrats. Dies ist aber kein gesetzgeberisches Missgeschick, sondern beabsichtigt. Wie schon die Entstehungsgeschichte der Abschlussprüfung zeigt, soll der Abschlussprüfer dem Aufsichtsrat, der nicht zwangsläufig über den notwendigen Sachverstand auf dem Gebiet der Rechnungslegung verfügt, mit seinem Wissen zur Seite stehen und ihn in seiner Prüfungsaufgabe unterstützen[918]. Als Mittel dazu dient der schriftliche Prüfungsbericht nach § 321 HGB[919] sowie die Teilnahme- und Erläuterungspflicht des Abschlussprüfers an den Bilanzsitzungen des Aufsichtsrats oder eines seiner Ausschüsse nach § 171 Abs. 1 S. 2 AktG[920]. Seine mangelnde Fachkenntnis entlastet den Aufsichtsrat aber nicht vollständig von einer eigenen Prüfung des Jahresabschlusses. Denn es ist nicht Zweck der Abschlussprüfung, eine Prüfung durch den Aufsichtsrat

913 Vgl. § 171 Abs. 1 AktG.
914 *Hommelhoff*, ZGR 1983, 551, 555.
915 Vgl. § 111 Abs. 2 AktG.
916 Zum Umfang und weiteren Details des sogenannten "Einsichts- und Informationsrecht" gem. § 111 Abs. 2 AktG siehe: *Bezzenberger*, FS Brönner, S. 35, 40-41.
917 *Kropff*, in: Geßler/Hefermehl, AktG § 171 Rn. 3.
918 Allerdings sollte nach der "Hertie-Entscheidung" des Bundesgerichtshofs (BGHZ 85, 295-296) das einzelne Aufsichtsratsmitglied die notwendigen "Mindestkenntnisse und -fähigkeiten besitzen [...], die es braucht, um alle normalerweise anfallenden Geschäftsvorgänge auch ohne fremde Hilfe verstehen und sachgerecht beurteilen zu können".
919 Siehe hierzu Seite 205.
920 Siehe hierzu Seite 371.

zu ersetzen[921]. Ein verantwortliches Urteil über das Prüfungsergebnis des Abschlussprüfers bezüglich des Jahresabschlusses setzt notwendigerweise eine eigene Prüfung durch den Aufsichtsrat voraus[922]. Das bedeutet aber nicht, dass eine "zweite Abschlussprüfung" durch den Aufsichtsrat vorgenommen werden soll[923], indem dieser eine Bilanzanalyse "auf eigene Faust" durchführt"[924]. Nach der Intention des Gesetzgebers weicht die Prüfung des Aufsichtsrats vielmehr "qualitativ" von der des Abschlussprüfers ab. Vom einzelnen Aufsichtsratsmitglied wird verlangt, den Prüfungsbericht durchzuarbeiten und ihn auf seine "innere Plausibilität" zu überprüfen. Der Maßstab ist diesbezüglich die eigene Lebens- und Geschäftserfahrung des Aufsichtsratsmitglieds[925].

Darüber hinaus führt der Aufsichtsrat anders als der Abschlussprüfer eine Zweckmäßigkeitsprüfung durch[926]. Er hat festzustellen, ob die von der Unternehmensführung getroffenen bilanzpolitischen Ermessensentscheidungen mit den Unternehmenszielen vereinbar sind[927]. Wie bei der Prüfung des Abschlussprüfers spielen dabei nicht nur private, sondern auch öffentliche Interessen eine Rolle[928]. Das Hauptaugenmerk gilt allerdings der langfristigen Existenzsicherung des Unternehmens, das gegen die Individualinteressen von Aktionären, Arbeitnehmer, Vertragsparteien sowie der Allgemeinheit abzuwägen ist[929].

Bringt die Prüfung des Jahresabschlusses Mängel ans Tageslicht, stehen dem Abschlussprüfer nur die Publizität von Prüfungsbericht und Bestätigungsvermerk als Mittel zur Verfügung, um indirekt auf eine Beseitigung der Mängel hinzuwirken. Demgegenüber verfügt der Aufsichtsrat über verschiedene Einwirkungsrechte und Sanktionsmittel, anhand derer er den Vorstand zur Beseitigung der festgestellten Mängel der Geschäftsführung bewegen kann; nicht zuletzt besitzt er das Recht, den Vorstand abzuberufen und einen neuen zu bestellen[930].

---

921 Die vom OLG Köln, AG 1978, 17 vertretene Ansicht, dass der Aufsichtsrat auf weitere Prüfungen verzichten kann, wenn ein positiver Bericht einer angesehenen Wirtschaftsprüfergesellschaft vorliegt, ist abzulehnen, siehe *Hüffer*, AktG, § 171 Rn. 5.

922 *Kropff*, Begr. Reg. AktG, S. 278; *Clemm*, ZGR 1980, 455, 457.

923 *Clemm*, ZGR 1980, 455, 457 m.w.N.

924 *A/D/S*, AktG, § 171 Rn. 13. *Hommelhoff*, ZGR 1983, 551, 556; Generell besitzt der Aufsichtsrat gem. § 111 Abs. 2 AktG die Möglichkeit die Bücher der Gesellschaft einzusehen und Vermögensgegenstände zu untersuchen. Die Forderung nach einer regelmäßigen Stichprobenprüfung der Bücher und Bestandsverzeichnisse würde aber zu weit führen. A.a. *Brönner*, Großkomm. AktG, § 171 Anm. 2.

925 Nach *Richter*, Stellung des Abschlussprüfers, S. 9, soll der Aufsichtsrat dabei besonderes Augenmerk auf die Ausnutzung von Wahlrechten und Veränderungen zum Vorjahr legen.

926 *Clemm*, ZGR 1980 455, 457; *Semler*, Überwachung S. 68, 72.

927 *A/D/S*, AktG, § 171 Rn. 15. Zu den bilanzpolitischen Ermessensentscheidungen zählen nach *Hüffer*, AktG, § 171 Rn. 7, die Ausübung von Wahlrechten und die Bildung bzw. Auflösung von stillen Reserven.

928 *Vollmer/Maurer*, BB 1993, 591, 593.

929 *Lutter/Krieger*, Rn. 303.; *Potthoff/Trescher*, Das Aufsichtsratsmitglied, S. 23.

930 § 84 Abs. 2 und 3 AktG: Abberufung und Ernennung eines Vorstandsmitglieds, § 84 Abs. 1 und 3 Ernennung eines Vorsitzenden des Vorstandes oder Widderrufung einer solchen Ernennung; §§ 77 Abs. 1, 78 Abs. 3 AktG: Regelung von Geschäftsführungs- und Vertretungsbefugnissen im Rahmen der Satzung; § 77 Abs. 2 AktG Andere Gestaltung des Zusammenwirkens des Vor-

II. *Zusammenfassung*

Nach der beschriebenen gesetzgeberischen Intention baut das Überwachungssystem der Aktiengesellschaft auf einem ausgeklügelten Zusammenspiel ("checks and balances") der verschiedenen Überwachungsträger auf. Doch krankt das Modell in der Praxis am Aufsichtsrat, der den Aufgaben, die an ihn gestellt werden, nicht immer gerecht wird[931]. Seinen Mitgliedern mangelt es nicht nur an der notwendigen Zeit, sondern auch generell am nötigen Fachwissen, um den zunehmend komplexer werdenden Anforderungen, die eine moderne Corporate Governance an die Überwachungsaufgaben eines Aufsichtsorgans stellt, gerecht zu werden. Hinzu kommen systembedingte Probleme in der Informationsversorgung, die von der Aufteilung der Geschäftsführung und Überwachung herrühren. Da Veränderungen des Aufsichtsrates auf Grund der Rücksichtnahme auf die darin vertretenen verschiedenen Interessensgruppen nur schwer möglich ist, setzen die Reformer auf den Abschlussprüfer. Ziel ist es, vor allem durch seine Mithilfe die "Überwachungslücke" Aufsichtsrat innerhalb der internen Corporate Governance zu schließen, um so den Informationserwartungen des Kapitalmarkts besser gerecht zu werden. Dazu sind die Prüfungsaufgaben und -inhalte des Abschlussprüfers an die neuen Überwachungsschwerpunkte des Aufsichtsrates anzupassen, ohne jedoch allzu sehr in die grundsätzliche Kompetenzverteilung einzugreifen[932].

E. *Der Abschlussprüfer - ein kriminalistischer Spürhund?*

Nichts hat dem Ansehen der Wirtschaftsprüfer in der Öffentlichkeit mehr geschadet als die Tatsache, dass Unternehmen auf Grund von kriminellen Machenschaften Schiffbruch erlitten, obwohl ihnen kurz zuvor der Abschlussprüfer einen uneingeschränkten Bestätigungsvermerk erteilt hatte. Eine zentrale Forderung der Öffentlichkeit an den Abschlussprüfer ist daher, innerhalb der Corporate Governance mehr Prüfungsverantwortung für Unregelmäßigkeiten und kriminelle Machenschaften im Unternehmen zu übernehmen. Als Begründung verweisen sie auf Zweck und Entstehungsgeschichte der Abschlussprüfung, die gerade dazu eingeführt wurde, um Unternehmenszusammenbrüche, deren Ursache Bilanzmanipulationen waren, zu verhindern[933].

---

standes durch das Geschäftsordnungsrecht; § 105 Abs. 2 AktG Berufung eines Aufsichtsratsmitglied in den Vorstand in besonderen Fällen; § 171 Abs. 2 AktG Bericht über Meinungsverschiedenheiten zwischen Vorstand und Aufsichtsrat an die Hauptversammlung; § 93 AktG; Verfolgung von Schadensersatzansprüchen gegen ein Vorstandsmitglied bei der Verletzung von Sorgfaltspflichten.

931 So *Lutter*, ZHR 1995, 287; a.A. allein *Peltzer/v. Werder*, AG 2000, 1.

932 *Dörner*, WPg-Sonderausgabe April 1998, 302, 303; *Gelhausen*, AG-Sonderheft August 1997, S. 73.

933 So waren nach einer vom Grünbuch zitierten Studie, die Ende 1989 in Großbritannien durchgeführt wurde, 75 % der Öffentlichkeit der Meinung, dass der Abschlussprüfer Betrügerreien aller Art im Unternehmen aufdeckt. Des Weiteren gingen 61 % davon aus, dass es zu seinen Pflich-

I. *Pflicht zur Aufdeckung von Unrichtigkeiten und Verstößen*

Das KonTraG hat versucht diesem Wunsch nachzukommen. In den neuen Vorschriften zur Prüfung wird der Abschlussprüfer verpflichtet, die Prüfung so zu planen und anzulegen, dass Unrichtigkeiten und Verstöße gegen die gesetzlichen Rechnungslegungsvorschriften und ergänzende Bestimmungen des Gesellschaftsvertrages oder der Satzung, die sich auf die Darstellung des in der Generalklausel des § 264 Abs. 2 HGB geforderten zutreffenden Bildes der Vermögens-, Finanz- und Ertragslage wesentlich auswirken, bei gewissenhafter Berufsausübung erkannt werden (§ 317 Abs. 1 Satz 3 HGB). Das bedeutet, dass die Abschlussprüfung so zu planen ist, dass der Abschlussprüfer mit hinreichender Sicherheit beurteilen kann, ob der Abschluss frei von wesentlichen falschen Aussagen ist[934]. Dazu erforderlich ist, dass der Abschlussprüfer bei der Planung und Durchführung mit der berufsüblichen kritischen Grundhaltung vorgeht und sich bewusst ist, dass Umstände existieren, auf Grund derer der Abschluss wesentlich falsche Aussagen enthält[935].

II. *Grenzen der Prüfungspflicht für den Abschlussprüfer*

Allerdings ist die Pflicht des Abschlussprüfers zur Aufdeckung von Verstößen und Unrichtigkeiten nicht grenzenlos. Der Gesetzeswortlaut des § 317 Abs. 1 HGB enthält insoweit bestimmte Schranken.

1. "Wesentlich"

Nach § 317 Abs. 1 S. 3 HGB muss der Abschlussprüfer nicht alle Unrichtigkeiten und Verstöße im Jahresabschluss erkennen, sondern nur solche, die sich "wesentlich" auf die Darstellung des sich nach § 264 Abs. 2 HGB ergebenden Bildes der Vermögens-, Finanz- und Ertragslage des Unternehmens auswirken[936]. Damit wir die Verantwortlichkeit des Abschlussprüfers in doppelter Hinsicht eingeschränkt. Zum einen muss sich die Beurteilung des Abschlussprüfers lediglich in den Grenzen des Einblickspostulats von § 264 Abs. 2 HGB halten. Das heißt der Abschlussprüfer ist nicht dafür verantwortlich, wenn auf Grund der Rechnungslegungsgrundsätze des HGB bestimmte entscheidungsrelevante Informationen über die Vermögens-, Finanz- und Ertragslage nicht enthalten sind[937]. Zum anderen hat der Abschlussprüfer sich auf solche

---

ten gehört gezielt nach Anzeichen von Betrug zu suchen, vgl. *Europäische Kommission*, Grünbuch der Europäischen Kommission, Rn. 3.22, WPK-Mitt. 1996, 279, 284.

934 Zu der unterschiedlichen Terminologie hinsichtlich der im Gesetzeswortlaut benutzen Begriffe "Unrichtigkeiten" und "Verstöße", sowie dem in der Stellungnahme HFA/7/1997 benutzen Oberbegriff "Unregelmäßigkeiten" siehe *A/D/S*, HGB, § 317 Rn. 138.

935 *A/D/S*, HGB, § 317 Rn 137.

936 Zum Grundsatz der Wesentlichkeit siehe *Schindler/Rabenhorst*, BB 1998, 1886, 1890.

937 *A/D/S*, HGB, § 317 Rn. 142.

Unregelmäßigkeiten mit erheblichen Auswirkungen zu konzentrieren. Die Beurteilung des Kriteriums der Wesentlichkeit obliegt dabei generell seinem pflichtgemäßen Ermessen[938]. Als Richtschnur kann jedoch das Interesse der Adressaten dienen. Danach sind Informationen dann "wesentlich", wenn "ihr Weglassen oder ihre fehlerhafte Darstellung die auf der Basis des Abschlusses getroffene wirtschaftliche Entscheidung der Adressaten beeinflussen könnten“[939].

2. *"Gewissenhafter Berufsausübung"*

Des Weiteren beschränkt sich die Prüfungspflicht in Bezug auf Unrichtigkeiten und Verstößen auf solche, die mittels "gewissenhafter Berufsausübung" (§ 317 Abs. 1 Satz 3 HGB) aufgedeckt werden können. Die Pflicht zur gewissenhaften Prüfung ergibt sich auch aus § 323 Abs. 1 S. 1 HGB sowie § 43 Abs. 1 Satz 1 WPO und § 4 Berufssatzung der WPK. Dort wird der Abschlussprüfer zur Einhaltung der fachlichen Regeln angehalten. Die Einhaltung der fachlichen Regeln gebietet, dass der Abschlussprüfer die Prüfungsausübung sorgfältig plant und dabei eine Beurteilung des Risikos von Unrichtigkeiten und Verstößen, die zu wesentlich falschen Aussagen im Abschluss führen können, vornimmt und diese Einschätzung während der Prüfung an die neu gewonnenen Erkenntnisse anpasst[940]. Sein Ziel muss es sein, dadurch eine "hinreichende Sicherheit" dahingehend zu erhalten, dass diejenigen, auf Unrichtigkeiten und Verstößen beruhenden falschen Aussagen aufgedeckt werden, die für den Abschluss wesentlich sind[941].

Die Bestimmung will aber nicht nur die Verpflichtung zur Beachtung der Prüfungs- und Berufsgrundsätze klarstellen, sondern, wie der zuvor genannte Begriff der “Wesentlichkeit“, auch die Verantwortlichkeit des Abschlussprüfers begrenzen[942]. Der Gesetzgeber will damit deutlich machen, dass die Abschlussprüfung ihrem Wesen nach grundsätzlich nicht dazu dienen soll, strafrechtliche Tatbestände oder außerhalb der Rechnungslegung begangene Ordnungswidrigkeiten aufzudecken oder zu erforschen. Damit soll insgesamt klargestellt werden, dass auch nach der gesetzlichen Neufassung der Vorschriften keine umfassende Rechtmäßigkeitsprüfung gefordert wird[943]. Dies ist nach herrschender Meinung wichtig, um dem Entstehen einer neuen Erwartungslücke vorzubeugen[944].

---

938 Siehe *A/D/S*, HGB, § 317 Rn. 143.

939 Nach der Literatur können als Beurteilungskriterien sowohl die Quantität als auch die Qualität der Unrichtigkeiten des Jahresabschlusses von Bedeutung sein, d.h. Fehler, die isoliert betrachtet eher geringfügig sind, können bei häufigem Auftreten "wesentlich" werden. Vgl. *A/D/S*, HGB, § 317 Rn. 143.

940 Zu Prüfungsumfang und -planung siehe *Förschle/Kofahl*, BeBiKomm., § 317 Rn. 30 ff; *Ebke*, MüKo-HGB, § 317 Rn. 21 ff.

941 *A/D/S*, HGB, § 317 Rn. 149.

942 *A/D/S*, HGB, § 317 Rn. 145.

943 *Ebke*, MüKo-HGB, § 317 Rn. 45.

944 *Böcking/Orth* WPg 1998, 351, 358; *Lagenbucher/Blaum*, DB 1997, 437, 442; *Schindler/Rabenhorst*, BB 1998, 1886,1890; *Wiedmann*, FS Brönner, S. 443, 459.

III. *Deklaratorischer Charakter?*

Der Berufsstand und Teile der Literatur sehen die gesetzliche Neuregelung kritisch. Aus ihrer Sicht kommt ihr lediglich "deklaratorischer Charakter"[945] und "psychologische Wirkung"[946] zu, da auf Grund der Fachgutachten[947] und der Stellungnahme[948] eine dementsprechende Verpflichtung des Abschlussprüfers schon bestand[949]. Hinsichtlich der Fachgutachten gab es aber durchaus berechtigte Zweifel, ob sie bereits eine Pflicht des Abschlussprüfers vorsahen, seine Prüfung gezielt auf Unterschlagungen und Unregelmäßigkeiten auszurichten[950]. Unstreitig ist eine solche Pflicht aber in der Stellungnahme HFA 7/1997 enthalten[951]. Anders als in den Fachgutachten wird dort der Abschlussprüfer explizit aufgefordert, die Möglichkeit von betrügerischen Handlungen oder Unregelmäßigkeiten von Anfang an bei der Prüfungsplanung zu berücksichtigen und in seine Prüfungsplanung aufzunehmen[952]. Allerdings bleibt festzuhalten, dass eine gesetzliche Normierung gegenüber berufsständischen Stellungnahmen einen verbindlicheren Charakter besitzt. Denn durch die Gesetzesnorm werden alle Wirtschaftsprüfer verpflichtet, also auch solche, die nicht Mitglied des IDW sind[953]. Darüber hinaus binden sie die Gerichte bei der Auslegung und Anwendung des Gebots der gewissenhaften (§§ 323 Abs. 1 Satz 1, § 317 Abs. 1 Satz 3 HGB) und sorgfältigen Prüfung (§ 320 Abs. 2 Satz 1 und 3 HGB; § 276 Abs. 1 Satz 1 BGB)[954], während Verlautbarungen des IDW lediglich als "Orientierungshilfe" dienen können[955].

F. Der Abschlussprüfer – ein staatliches Ermittlungsorgan?

Trotz Neugestaltung der Prüfung ist das KonTraG damit nur teilweise der in der Öffentlichkeit bestehenden Forderung nachgekommen, die Rolle des Abschlussprüfers dahingehend zu gestalten, gleichsam als "Staatsanwalt" im Auftrag der Öffentlichkeit gezielt nach kriminellen Machenschaften im Unternehmen zu fanden[956]. Vielmehr stel-

---

945 IDW, Stellungnahme, FN 1997, 4, 7; *Dörner/Schwegler*; DB 1997, 285, 286; *Schindler/Rabenhorst*, BB 1998, 1886, 1890.

946 *Gelhausen*, AG-Sonderheft August 1997, 73, 79.

947 Siehe aber *IDW*, FG 1/1998, C. I. Anm. 1-3.

948 IDW, HFA 7/1997, WPg 1998, 29-33.

949 Zu diesem Streit ausführlich *Hauser*, S. 57-71.

950 Kritisch *Hömberg*, 1781, 1788; *Mertin*, WPg 1989, 385, 389.

951 Vgl. *IDW*, Stellungnahme HFA 7/1997: Zur Aufdeckung von Unregelmäßigkeiten im Rahmen der Abschlussprüfung, WPg 1998, 29-33. Siehe hierzu auch *Böcking/Orth*, BFuP 1999, 418, 423.

952 IDW, HFA 7/1997, Ziff. 5 Tz. 19, WPg 1998, 29.

953 Zu Bindungswirkung der Verlautbarungen des IDW siehe *Biener*, FS Baetge, S. 639, 644; *Hauser*, S. 64-65.

954 *Ebke*, MüKo-HGB, § 317 Rn. 44.

955 *Hauser*, S. 65.

956 So aber die Forderung von *Schildbach*, BFuP 1988, 341, 354; *Böcking/Orth*, WPg 1998, 351, 361.

len die erwähnten Einschränkungen ausdrücklich klar, dass die Abschlussprüfung gerade nicht einer umfassenden Aufdeckung von Unterschlagungen und anderen kriminellen Machenschaften im Unternehmen dient. Noch bestehende Zweifel und Unklarheiten sind durch das TransPuG ausdrücklich ausgeräumt worden. Aus dem Wortlaut der durch das KonTraG geänderten Berichtspflichten in § 321 Abs. 1 S. 3 HGB waren teilweise Rückschlüsse dahingehend gezogen worden, dass der Abschlussprüfer eine Art Negativfeststellung abzugeben hat, dass keine Unrichtigkeiten oder Verstöße gegen gesetzliche Vorschriften vorliegen[957]. Das TransPuG stellt mit der Rückkehr zur Situation vor dem KonTraG klar, dass eine Berichtspflicht nur dann besteht, wenn entsprechende Tatbestände festgestellt wurden[958]. Es bleibt also dabei, dass die Abschlussprüfung nicht systematisch auf die Aufdeckung entsprechender Verstöße auszurichten ist. Für die Zurückhaltung des Gesetzgebers und des Berufsstandes, den Prüfer mit einer derartigen Aufgabe und Rolle im Rahmen der Abschlussprüfung zu betrauen, gibt es gute Gründe.

I. *Unterschiede zwischen Delikts- und Abschlussprüfung*

Grundsätzlich ist auf die verschiedenen Prüfungsziele und Methoden zu verweisen, die zwischen einer Delikts-[959] und einer Abschlussprüfung herrschen und die nur schwer miteinander zu vereinbaren sind.

1. Deliktsprüfung

Die Deliktsprüfung ist ihrem Wesen nach eine Sonderprüfung, deren Umfang vom Auftrag abhängig ist. Sie beschränkt sich in der Regel auf enge geschlossene Teilgebiete und Einzelheiten des betrieblichen Geschehens, die jedoch mittels spezieller Aufdeckungs- und Überwachungsmittel einer intensiven Prüfung unterzogen werden[960]. Dabei muss der Abschlussprüfer von der Hypothese ausgehen, dass eine Unregelmäßigkeit stattgefunden hat. Das bedeutet beispielsweise, dass er den Belegen, die ihm vom Management vorgelegt werden, keinen Glauben schenken, sondern die Richtigkeit der Erklärungen selbst zu untersuchen hat[961].

---

957 *Pfitzer/Oser/Orth*, DB 2002, 157, 163.

958 *Pfitzer/Oser/Orth*, DB 2002, 157, 163.

959 Neben dem Begriff der "Deliktsprüfung" ist häufig auch die Bezeichnung als "Unterschlagungsprüfung" gebräuchlich, vgl. *Ebke*, MüKo-HGB, § 317 Rn. 45 m. w. Nachw.. Diese Bezeichnung darf jedoch nicht einschränkend verstanden werden, da hiervon selbstverständlich auch Urkundsdelikte, Veruntreuung und andere Gesetzes- und Satzungsverstöße umfasst werden sollen.

960 *Steiner*, Prüfungsbericht, S. 333, *Post* S. 101-113.

961 Zu den Einzelheiten der Unterschlagungsprüfung siehe *Meyer zu Lösebeck; ders.*; HRev, Sp. 2003-2013, *Ebeling/Böhme*, WPg 2000, 467; *Odenthal*, ZIR 1997, 241; *ders.*; DStR 1996, 477; *ders.*; WPg 1999, 630.

2. *Abschlussprüfung*

Die Abschlussprüfung ist demgegenüber eine gesetzlich vorgeschriebene periodische Gesamtprüfung. Da sie sich auf die Rechnungslegung in ihrer Gesamtheit erstreckt, muss sie sich notwendigerweise mit einzelnen Stichproben begnügen. Der Abschlussprüfer kann, sofern die mit gebotener kritischer Grundhaltung durchgeführte Prüfung keine Hinweise auf Fehler, Täuschungen, Vermögensschädigungen und sonstige Gesetzesverstöße bietet, die Buchführung und den Abschluss als ordnungsgemäß akzeptieren und bestätigen. Von ihm wird kein besonderes Misstrauen oder eine detektivische Beurteilung der vorgelegten Prüfungsunterlagen verlangt[962]. Nur wenn Anzeichen von Unregelmäßigkeiten während der Prüfung auftauchen, hat er weitere Prüfungshandlungen vorzunehmen, die seinen Verdacht entweder bestätigen oder widerlegen. Damit ist nicht ausgeschlossen, dass falsche Angaben unentdeckt bleiben. Aufgrund der, jeder ordnungsgemäß durchgeführten Abschlussprüfung innewohnenden, begrenzten Erkenntnismöglichkeit wird dies jedoch als ein vom Abschlussprüfer nicht zu vertretendes Restrisiko betrachtet[963].

II. *Kosten/Nutzen-Effekt und Erwartungslücke*

Die Abschlussprüfung zu einer Deliktsprüfung umzugestalten, würde wegen des Prüfungsaufwands folglich immense Kosten verursachen, die in keinem Verhältnis zu der zu erwartenden Verbesserung der Qualität der Abschlussprüfung stehen. Denn die Durchführung einer Deliktsprüfung ist keine Versicherung für die lückenlose Aufdeckung von Betrug und Manipulation. Auch hier kann ein sorgfältig arbeitender Abschlussprüfer hinters Licht geführt werden[964], insbesondere wenn mehrere Personen unternehmensintern kollusiv zusammenwirken[965]. Die Abschlussprüfung zur Deliktsprüfung zu erweitern, würde somit lediglich die Erwartungslücke vergrößern, da Hoffnungen geweckt würden, die der Abschlussprüfer nicht erfüllen kann[966]. Die unvermeidbare Folge hiervon wäre wiederum der Ruf der enttäuschten Anleger nach einer Verschärfung der Haftungssituation für den Abschlussprüfer[967]. Sinnvoller erscheint es daher, es weiterhin dabei zu belassen, eine umfassende Deliktsprüfung nur bei konkreten Verdachtsfällen in Form einer Sonderprüfung anzuordnen.

---

962 Vgl. IDW, HFA 7/1997, WPg 1998, 29, 30, Tz. 10.
963 Vgl. IDW, HFA 7/1997, WPg 1998, 29, 31, Tz. 13.
964 *Langenbucher*, S. 76.
965 *Clemm*, WPg 1984, 645, 648.
966 *IDW*, Comments, S. 10; *Wüstemann*, S. 25, 34.
967 *Schmidt*, WPg 2000, 793, 800.

III. *Kompetenzverwerfungen*

Die Einführung einer Deliktsprüfung durch den Abschlussprüfer würde auch die grundsätzliche Verteilung der Verantwortung innerhalb des Überwachungssystems vermengen. Bisher liegt die Kontrollverantwortung für die Aufdeckung von Unrichtigkeiten und Verstößen in erster Linie beim Vorstand. Er hat den Jahresabschluss aufzustellen und es liegt in seiner Verantwortung sicherzustellen, dass dieser nicht wegen Fehler, Täuschungen, Vermögensschädigungen und sonstiger Gesetzesverstöße unrichtige Aussagen enthält. Zur Aufdeckung solcher Unregelmäßigkeiten muss er deshalb unabhängig von der Verpflichtung in § 91 Abs. 2 HGB ein geeignetes Rechnungslegungs- und internes Kontrollsystem einrichten und unterhalten[968]. Demgegenüber beschränkt sich die Verantwortung des Abschlussprüfers hauptsächlich darauf, die Funktionsfähigkeit dieser Systeme zu prüfen. Ähnlich verhält es sich mit dem Aufsichtsrat. Die Durchführung einer Deliktsprüfung müsste notwendigerweise auch Geschäftsführungsmaßnahmen des Vorstandes miteinbeziehen. Deren Überwachung ist bisher aber nach § 111 AktG allein Aufgabe des Aufsichtsrates[969].

IV. *Pflicht zur Verschwiegenheit*

Eine umfassende Pflicht zur Aufdeckung und Mitteilung von kriminellen Verstößen würde auch zu Konflikten mit der Verschwiegenheitspflicht (§ 323 Abs. 1 Satz 1 und Abs. 3 HGB)[970], die dem Prüfer obliegt, führen[971], sofern nicht Lockerungen etwa gegenüber der Staatsanwaltschaft oder den Finanz- und Ordnungsbehörden vorgenommen werden[972]. Dagegen sprechen aber Argumente, die auch im Zusammenhang mit der Erweiterung der EU Richtlinie 91/308/EWG ("Geldwäsche-Richtlinie")[973] auf Rechtsanwälte, Notare und Wirtschaftsprüfer vorgebracht worden sind[974]. Dort wird mit einer starken Verminderung der Prüfungsqualität durch die Aufnahme der Wirt-

---

968 *A/D/S*, HGB, § 317 Rn. 140.

969 Zu den Schwierigkeiten der Einführung einer Geschäftsführungsprüfung siehe Seite 197 ff.

970 Zur Berufspflicht der Verschwiegenheit siehe § 43 Abs. 1 Satz 1 WPO und § 9 der am 16.9.1996 in Kraft getretenen Berufssatzung der WPK v. 11.6.1996.

971 Die Pflicht zur Verschwiegenheit beinhaltet kein Ermessen. Sie gilt gegenüber jedermann außerhalb des Mandatsverhältnis, so zum Beispiel gegenüber der Finanzverwaltung (§ 102 Abs. 1 Nr. 3 AO). Ausnahmen sind gesetzlich besonders bestimmt (§§ 29 Abs. 2 KWG, § 57 Abs. 1 VAG). Siehe auch LG Hannover, Urt. V. 9.1.1984, WPK Mitt.Bl. Nr. 114 vom 12.2.1985; *Budde/Kunz*, BeBiKomm., § 321 Rn. 111.

972 Als Beispiel kann die französische Regelung gesehen werden, nach der der französische Comissaire aux Comptes dazu verpflichtet ist, den staatlichen Strafverfolgungsstellen strafbare Handlugen mitzuteilen, von denen er im Lauf der Prüfung Kenntnis erlangt, siehe hierzu *Opitz*, S. 244.

973 Siehe dazu *http://europa.eu.int/comm/internal_market/de/finances/general/99-498.htm*, sowie die Stellungnahme http://www.steuerberaterkammer-nbg.de/news/news131.htm.

974 *O.V.*, WPK-Mitt. 2000, 36; *o.V.*; "Europe – Money laundering", World Accounting Report Mai 2001, S.3. Zur Diskussion um die EG-Geldwäscherichtlinie und den Vorschlägen der Financial Action Task Force (FATF) der OECD siehe *Rumpf*, EUmagazin 4/2001, S. 22-23.

schaftsprüfer in den Kreis der meldepflichtigen Personen gerechnet. Zusätzlich wird langfristig ein Wegfall des Beratungsgeschäfts prognostiziert. Denn die Rolle des "kritischen Kriminalisten"[975] zerstöre das bestehende Vertrauensverhältnis zwischen Prüfer und Vorstand (sowie möglicherweise auch zum Aufsichtsrat)[976]. Dieses stelle aber die Basis einer sinnvollen Zusammenarbeit zwischen Prüfer und Unternehmen zur Förderung der Qualität der Abschlussprüfung dar[977]

Eine Ermittlungs- und Anzeigepflicht würde sich zudem auch nur schwer mit der privatrechtlichen Ausgestaltung der Abschlussprüfung vertragen[978]. Denn die Rolle "als verlängerter Arm der Staatsanwaltschaft"[979] würde für die Wirtschaftsprüfer möglicherweise weitere Maßnahmen - wie etwa die Einführung einer öffentlich-rechtlichen Fachaufsicht - mit sich bringen, die mit dem bisherigen Charakter der Tätigkeit als einem freien Beruf nur schwer zu vereinbar sind.[980]. Sinnvoller ist es daher, wenn der Abschlussprüfer weiterhin die auf Grund seiner rechtlichen Stellung vorgegebene Haltung eines kritischen Gutachters einnimmt, der nur dann kriminalistischen Spürsinn entwickelt, wenn er auf konkrete Verdachtsmomente stößt, die auf eine Straftat bei der Unternehmensführung hindeuten. Nicht zuletzt entspricht dies auch den Prüfungsaufgaben des Aufsichtsrates, der die Arbeit des Vorstands in der Rolle des "kritischen Begleiters und Beraters" unterstützt[981].

V. *Mangelnde Ermittlungsbefugnisse und fehlendes Sachwissen*

Das Vorliegen von Verstößen, die nicht rechnungslegungsbezogen sind, ist für den Abschlussprüfer nicht immer eindeutig feststellbar. Denn oft liegen ihm auf Grund seiner Prüfung des Jahresabschlusses nur mehr oder minder aussagekräftige Anhaltspunkte vor. Die weiteren Ermittlungen, die seine Entdeckungen erfordern würden, um die notwendigen Beweise zu erhalten, sind ihm aber mangels Untersuchungsvollmachten verwehrt[982]. Erschwerend kommt weiter hinzu, dass ihm das juristische Fachwissen, das zur Klärung von schwierigen Fragen etwa des Umwelt- oder des Strafprozessrechts notwendig ist, fehlt[983]. Die Zuziehung von außenstehenden Spezialisten für das jeweilige Rechtsgebiet ist aber wegen des Vertrauensverhältnisses nicht

---

975 *Clemm*, FS Havermann, S. 83, 96.

976 Zu Recht weist *Hauser*, S. 218 darauf hin, dass entsprechende Ermittlungs- und Mitteilungspflichten des Abschlussprüfers, die Frage nach korrelierenden Auskunftsverweigerungsrechten des Vorstandes aufwerfen.

977 Siehe *Dörner*, DB 1998, 1, der ein von "naivem Misstrauen geprägtes Klima" für kontraproduktiv hält.

978 *Kicherer*, S. 22.

979 *O.V.*, WPK-Mitt. 2000, 36, 37.

980 *Budde/Steuber*, FS Claussen, S. 583, 599; *o.V.*, WPK-Mitt. 2000, 36, 37.

981 *Clemm*, FS Havermann, S. 83, 96.

982 Zum Umfang der erforderlichen Prüfungen bei Auftauchen von Anzeichen für kriminelle Handlungen *Marschdorf*, DStR 1995, 111-114 und 149-154; *Langenbucher/Blaum*, DB 1997, 437.

983 *Kropff*, FS Havermann, S. 321, 330; *Marschdorf*, DStR 1995, 149, 153.

problemlos möglich[984]. Nicht zuletzt deshalb soll nach dem TransPuG künftig wieder die vor dem KonTraG bestehende Formulierung des § 321 Abs. 2 HGB a.F. gelten, wonach der Abschlussprüfer nur über Tatsachen zu berichten hat, die schwerwiegende Verstöße "erkennen lassen" (anstelle von "darstellen")[985]. Der Abschlussprüfer soll also keine Pflicht haben, selbst Beweise zu erbringen.

Bei einer umfassenden Prüfungs- und Mitteilungspflicht wäre der Prüfer im Zweifel aber häufiger gezwungen, sich mit der Mitteilung eines Verdachts auf Grund von Sachverhalten, die er nur unzureichend beurteilen kann, zu begnügen, um seinen Warnpflichten gerecht zu werden[986]. Die Äußerung eines bloßen Verdachts – auch im Prüfungsbericht – ist nicht unproblematisch. Sie kann den Vorstand schwer belasten; insbesondere mit Blick darauf, dass der Prüfungsbericht neben dem Aufsichtsrat auch Dritten vorgelegt wird. Dabei kann im Fall von unbegründeten Verdächtigungen unter Umständen auch die Gesellschaft Schaden erleiden.

VI. *Blick über die Grenzen*

Der Blick ins Ausland zeigt, dass man auch international gegenüber der Forderung, der Abschlussprüfer habe eine Deliktsprüfung durchzuführen, zurückhaltend ist.

1. International und USA

So verlangen die Regeln des IFAC vom Abschlussprüfer, bei der Planung die Möglichkeit von Täuschungen und Unregelmäßigkeiten mit zu berücksichtigen und seine Planung so auszurichten, dass eine "reasonable assurance" (im Gegensatz zur "absolute assurance") besteht, dass Unregelmäßigkeiten, die Auswirkungen auf den Jahresabschluss haben, entdeckt werden (vgl. ISA 240 Tz. 7 und ISA 250 Tz.15)[987]. Wobei Gesetzesverstöße nur insoweit zu berücksichtigen sind, als diese einen wesentlichen und unmittelbaren Einfluss auf den Jahresabschluss haben können. Ähnlich sind die Vorschriften der amerikanischen und britischen Wirtschaftsprüfer[988]. Hinsichtlich solcher Gesetzesverstöße, die keinen unmittelbaren und wesentlichen Einfluss auf den Jahresabschluss besitzen wird sowohl vom IFAC als auch von der AICPA mehr ein "gesteigertes Problembewusstsein", als eine explizite Ausrichtung der Prüfung auf die

---

984 Vgl. *Kropff*, FS Havermann, S. 321; *Stoll*, BB 1998, 785;, WM 1998, 749.

985 *Pfitzer/Oser/Orth*, DB 2002, 157, 164.

986 Zum Verhältnis von Rede- und Verschwiegenheitspflicht des Abschlussprüfers siehe *Ebke*; MüKo-HGB, § 323 Rn. 52. Siehe zu der Problematik auch die Vorschläge der "*Regierungskommission Corporate Governance*", D6.18-D6.20. zu einer getrennten Berichtspflicht im Prüfungsbericht.

987 *IFAC*, ISA 240 "Fraud and Error" und ISA 250 "Consideration of Laws and Regulations in an Audit of Financial Statements". Siehe hierzu *Hauser*, S. 69-71.

988 Zu SAS 53 siehe *Mertin*, WPg 1989, 385, 386-389; *Hömberger*, DB 1989, 1781, 1783; *Kaminski/Marks*, FS Havermann, S. 247, 259.

Aufdeckung solcher Gesetzesverstöße verlangt[989]. Das bedeutet, dass der Abschlussprüfer lediglich mit der Möglichkeit rechnen muss, im Rahmen seiner Prüfungstätigkeit mit solchen Unregelmäßigkeiten konfrontiert zu werden[990]. Allerdings hat er sich zuvor darüber kundig zu machen, welches gesetzliche und aufsichtsrechtliche Regelwerk für das Unternehmen und die Branche gilt und ob es vom Unternehmen eingehalten wird[991].

2. *Europa*

Das Grünbuch der Europäischen Kommission nimmt mit Bezug auf mitgliedsstaatliche Leitlinien ausführlich dazu Stellung, ob es Aufgabe des Abschlussprüfers sei, das Vorliegen von Betrugsdelikten oder die Einhaltung von Rechtsvorschriften durch die Gesellschaft zu prüfen[992]. Dabei stellt es klar, dass die Hauptverantwortung zur Aufdeckung von Unregelmäßigkeiten und Fehlern beim Leitungsorgan des Unternehmens liege, da sie ein Teil der Verwaltungsaufgabe darstelle. Die Aufgabe des Abschlussprüfers soll sich dagegen darauf beschränken, seine Prüfungstätigkeit so zu planen, dass "hinreichend mit Aufdeckung wesentlicher Falschangaben in den Abschlüssen gerechnet werden könne, unabhängig davon, ob diese durch Betrug bzw. sonstige Unregelmäßigkeiten oder aber durch Fehler verursacht worden seien"[993]. Ebenso sieht die Kommission nur eine begrenzte Verantwortung des Abschlussprüfers hinsichtlich der Kontrolle der Einhaltung von gesetzlichen Vorschriften durch das Unternehmen. Denn aus ihrer Sicht kann - entgegen der Erwartungen der Öffentlichkeit - vom Abschlussprüfer nicht verlangt werden, dass er "in Anbetracht des heutzutage so komplizierten rechtlichen Umfeldes" Prüfungs- und Berichterstattungspflichten übernimmt, die über "seine Kompetenz und seine Sachkenntnis" hinausgehen[994]. Deshalb beschränke sich seine Aufgabe darauf, das Vorhandensein von internen Kontrollsystemen zu prüfen, die dazu dienen, rechtswidrige Handlungen unmöglich zu machen oder zumindest aufzudecken, sowie gegebenenfalls Verbesserung anzuregen[995].

---

989 *IFAC*, ISA 250, Tz. 21, 22.

990 *IFAC*, ISA 250, Tz. 21, 22; *AICPA*, SAS 54. Siehe auch *Kaminski/Marks*, FS Havermann, S. 247, 260-262.

991 *IFAC*, ISA 250, Tz. 21, 22.

992 *Europäische Kommission*, Grünbuch der Europäischen Kommission, Rn. 3.22-3.32, WPK-Mitt. 1996, 279, 284-286.

993 *Europäische Kommission*, Grünbuch der Europäischen Kommission, Rn. 3.24, WPK-Mitt. 1996, 279, 285.

994 *Europäische Kommission*, Grünbuch der Europäischen Kommission, Rn. 3.30, WPK-Mitt. 1996, 279, 285.

995 *Europäische Kommission*, Grünbuch der Europäischen Kommission, Rn. 3.31, WPK-Mitt. 1996, 279, 285-286.

National wie international ist man sich der Verantwortung des Abschlussprüfers für Unregelmäßigkeiten und Verbrechen im Unternehmen bewusst. Entsprechende Vorschriften der Berufsstände haben schon länger darauf hingewiesen. Wo noch Zweifel bestanden, wie etwa in Deutschland, ist nun durch gesetzliche Regelungen wie das KonTraG und zuletzt das TransPuG Klarheit geschaffen worden. Zu Recht und im Einklang mit internationalen Standards hat der Gesetzgeber aber davon abgesehen, dem Abschlussprüfer in Form einer umfassenden Deliktsprüfung allein die Verantwortung für Unrichtigkeiten und Verstöße im Unternehmen aufzubürden. Eine solch einseitige Regelung hätte neben einer Reihe von Nachteilen den Charakter der Abschlussprüfung zu stark verändert und die bisher vom Gesetzgeber gewollte neutrale Rolle und Stellung des Abschlussprüfers gefährdet. Denn sie hätte in bestehende Verantwortlichkeiten eingegriffen und damit auch dem Gedanken der gerechten Risikoverteilung widersprochen. Diese Zurückhaltung ist nicht zuletzt auch aus Sicht eines funktionierenden Berufsstandes zu begrüßen.

Es steht jedoch zu befürchten, dass die Öffentlichkeit sich damit nicht abfinden wird. Neuere Vorschläge des Panel on Audit Effectiveness in den USA zeigen, dass mit weiteren Forderungen nach einer Ausdehnung der Suchverantwortung des Abschlussprüfers im Spannungsfeld zwischen der reinen Ordnungsmäßigkeitsprüfung und der nach kriminalistischer Methode durchzuführenden Deliktsprüfung schon in nächster Zeit durchaus zu rechnen ist[996]. So empfiehlt diese vom Public Oversight Board (POB) beauftragte Studie, die Abschlussprüfung um investigative Elemente ("forensic type procedures") zu erweitern, um so die Wahrscheinlichkeit der Aufdeckung von betrügerischen Machenschaften zu erhöhen[997]. Eingefordert wird eine noch kritischere Grundhaltung, die von der generellen Möglichkeit krimineller Machenschaften des Management ausgehen soll[998]. Der Abschlussprüfer soll verstärkt auf die Möglichkeit von Unehrlichkeiten, kriminellen Machenschaften, Umgehung von Kontrollen und der Fälschung von Dokumenten achten. Darüber hinaus sollen unangekündigte Prüfungen in den Niederlassungen, ein vermehrter Einsatz von Spezialisten[999] sowie die Prüfung auch von Teilen der Rechnungslegung, die bisher als nicht risikobehaftet galt, vorgenommen werden[1000].

Sinnvoller erscheint es demgegenüber, die bestehenden Prüfungsmethoden zu verbessern. Die Praxis lehrt, dass sich viele Unterschlagungen mit einfachen Stich-

---

996 Panel on Audit Effectiveness (2000), Report and Recommendations, *http://www.pobauditpanel.org/download.html*).

997 Siehe hierzu *Wüstemann*, S. 25, 34; *o.V.*, US audit process is "sound", Accountancy, Juli 2000, S. 13.

998 *Schmidt*, WPg 2000, 793, 799; *Wüstemann*, S. 25, 34.

999 Zu alternativen Form der Bekämpfung von Unterschlagungen durch spezielle Teams der Wirtschaftsprüfergesellschaften, bzw. der Gesellschaften, die sich auf die Aufdeckung von Verbrechen spezialisiert haben, siehe *Beth*, "The anti-fraud fraternity", Accountancy, Juni 2000, S. 70-71.

1000 *Schmidt*, WPg 2000, 793, 799.

proben und herkömmlichen Prüfungsmethoden nachweisen lassen[1001]. Die steigende Zahl der unentdeckten Betrugsfälle wird nicht zuletzt auch auf den Verzicht von tatsächlichen Stichproben zugunsten von EDV-unterstützten Systemprüfungen zurückgeführt. Unmittelbare Prüfungshandlungen vor Ort können nicht durch noch so ausgeklügelte analytische Prüfungshandlungen vollständig ersetzt werden[1002]. Sicher stellen solche Prüfungen auch einen Kostenfaktor dar, da sie zeitaufwendiger sind[1003]. Es ist aber nach wie vor die Kunst des Abschlussprüfers[1004], hier das richtige Verhältnis zu finden. Die Berufsstände sind hier gefordert, geeignete Prüfungsgrundsätze zu finden, die den Abschlussprüfer bei dieser Aufgabe unterstützen[1005].

H. Der Abschlussprüfer ein Krisenwarner?

Eine andere Forderung des Öffentlichkeit an den Abschlussprüfer besteht darin, sich stärker mit der wirtschaftlichen Lage und den zukünftigen Entwicklungen des Unternehmens auseinander zu setzen, um so die Anleger rechtzeitig vor Unternehmenskrisen warnen zu können.

I. *Bisherige Ansätze einer Krisenwarnfunktion*

Nicht ganz eindeutig ist, ob der Gesetzgeber eine solche Krisenwarnfunktion schon bei Einführung der Pflichtprüfung des Abschussprüfers gewollt hat. Die ersten Ausgestaltungen der Prüfungs- und Berichtsaufgaben sprechen eher dagegen, da der Abschlussprüfer sich nach den gesetzlichen Vorschriften vorwiegend mit Buchhaltung und Jahresabschluss beschäftigen sollte[1006]. Aus beidem sind Risiken für die künftige Entwicklung des Unternehmens aber nur selten ersichtlich[1007]. Im Laufe der Jahre

---

1001 *Woolf/Hindson*, "Lessons in fraud", Accountancy, Juli 2000, S. 128-129.

1002 Das Problem der Unmittelbarkeit der Prüfung spielt hauptsächlich bei der Inventur und der Prüfung von Forderungen und Verbindlichkeiten eine Rolle. Siehe dazu die ausführliche Übersicht bei *Ebke*, MüKo-HGB, § 317 Rn. 28-30. Hinsichtlich Bestandsaufnahmen wird danach vom Abschlussprüfer erwartet, dass er sich selbst Vorort ein Bild von der Zuverlässigkeit des Inventurverfahrens und seiner Anwendung macht, vgl. OLG Düsseldorf BB 1996, 2114, 2115. Eine Saldenbestätigung ist notwendig, wenn die Höhe der Forderung oder Verbindlichkeit absolut oder relativ von Bedeutung ist. Dabei muss gegebenenfalls auch die Zuverlässigkeit der Auskunft überprüft werden, siehe *o.V.*, WPK-Mitt. 1997, 33, 35 (Bericht über das Urteil des OLG Hamburg v. 25.9.1996 – 5 U 208/95).

1003 So stellt das OLG Frankfurt a. M., BB 1992, 1682, 1684 fest, dass die "Annahme, die verantwortlichen Abschlussprüfer müssten bei der körperlichen Bestandsaufnahme stets gegenwärtig sein, [...] gerade bei größeren Unternehmen unrealistisch [erscheine]. Zum Gebot der Wirtschaftlichkeit der Prüfung siehe *Ebke*, MüKo-HGB, § 317 Rn. 24.

1004 Vgl. *Ebke*, Dritthaftung, S. 279 ("Auditing is an art - not a science").

1005 Siehe hierzu IDW EPS 240, WPg 2000, 32.

1006 Vgl. *Schlegelberger/Quassowski/Schmölder*, VO zum AktG, S. 277.

1007 Teilweise wird vermutet, dass der Gesetzgeber damals davon ausging , dass der Abschlussprüfer mit einem solchen Prüfungsauftrag mittelbar dazu beitragen würde, die Qualität der

wurde aber eine gewisse Notwendigkeit für eine solche Funktion erkannt; da der Gesetzgeber hierzu jedoch keine Regelung getroffen hatte, musste eine entsprechende Warnpflicht von den Gerichten mittels eines Treueverhältnisses zwischen Prüfer und zu prüfender Gesellschaft konstruiert werden[1008]. Diese Rechtsprechung wurde, wie beschrieben, später vom Gesetzgeber aufgegriffen und in Form der großen und kleinen Redepflicht normiert. Daneben besteht für den Abschlussprüfer innerhalb der Prüfung der Fortführungsprognose § 252 Abs. 1 Nr. 2 HGB die Pflicht, sich mit der Einschätzung der Unternehmensleitung zur wirtschaftlichen Lage und der zukünftigen Entwicklung des Unternehmens auseinander zusetzen[1009]. Zusammen sollen die Vorschriften aber lediglich die Früherkennung unterstützen. Keinesfalls sollen sie Grundlage für eine allgemeine Wirtschaftlichkeitskontrolle des Unternehmens durch den Abschlussprüfer sein, was eine umfassende Krisenwarnfunktion voraussetzt[1010].

II. *Die risikoorientierte Prüfung des Lagebericht*

Das KonTraG ist in diesem Punkt einen Schritt weitergegangen, um den Erwartungen der Öffentlichkeit entgegen zu kommen[1011]. Mittels einer risikoorientierten Prüfung des Lageberichts hat es die Pflicht des Abschlussprüfers normiert, sich stärker mit den Geschäfts- und Bilanzrisiken des Unternehmens zu befassen sowie die Einschätzungen des Vorstands zur zukünftigen Entwicklung des Unternehmens zu objektivieren.

1. Der Lagebericht

Im Mittelpunkt dieser neuen Prüfungspflichten steht dabei der Lagebericht. Er ist neben dem Jahresabschluss ein eigenständiger Teil der jährlichen Berichterstattung der Unternehmen[1012]. Zur Aufstellung sind gem. § 264 Abs. 1 HGB alle mittelgroßen und großen Kapitalgesellschaften[1013] verpflichtet sowie solche, die unter das Publizitätsgesetz fallen. Eine Befreiung besteht allein für Tochterunternehmen nach § 264 Abs. 3 HGB[1014]. Die besondere Bedeutung des Lageberichts für die Prüfung und Bericht-

---

Unternehmensführung und der internen Kontrollen hinsichtlich der Überwachung der wirtschaftlichen Lage zu verbessern, vgl. *Clemm*, FS Havermann, S. 83, 100.

1008 Vgl. BGHZ 16, 17.

1009 Daneben muss sich der Abschlussprüfer auch im Rahmen der Prüfung von Rückstellungen mit der Einschätzung der künftigen Unternehmensentwicklung durch die Unternehmensleitung auseinandersetzen, vgl. IDW PS 350 4.9, WPg 1998, 663, 664.

1010 Vgl. BGHZ 16, 26; *Clemm*, WPg 1984, 645, 646 spricht von einer „"eingeschränkten Prüfungspflicht" hinsichtlich der wirtschaftlichen Lage und der zukünftigen Entwicklung der Gesellschaft. Ebenso *Hellwig*, S. 95, 98; *Vollmer/Maurer*, BB 1993, 591, 596.

1011 *Baetge/Schulz*; DB 1998, 937; *Küting/Hütten*; AG 1997, 250; *Gelhausen*, AG-Sonderheft 1997, 73, 74.

1012 *Baumbach/Hopt*, HGB § 264 Rn. 2; *Ellrott*, BeBiKomm., § 289 Rn. 1; *Selch*, WPg 2000, 357.

1013 Vgl. *Budde/Karig*, BeBiKomm., § 264 Rn. 10.

1014 Siehe hierzu *Budde/Karig*, BeBiKomm., § 264 Rn. 61ff.

erstattung über die wirtschaftliche Lage und die zukünftigen Entwicklungschancen und Risiken der Gesellschaft liegt darin, dass er allein der Informationsvermittlung dient[1015]. Anders als der Jahresabschluss unterliegt er dabei keinerlei informationshemmenden Beschränkungen, wie Realisations-, Imparitäts- und Vorsichtsprinzip[1016]. Vielmehr soll der Lagebericht den Jahresabschluss, bei dem keine Erläuterungspflicht für wesentliche Einzelposten besteht, ergänzen und damit ein Gesamtbild von der Lage des Unternehmens liefern[1017]. Besonderes Gewicht kommt dabei dem im Lagebericht gem. § 289 Abs. 2 HGB enthaltenen Prognosebericht zu[1018], in dem die Unternehmensleitung anhand wichtiger Eckdaten Tendenzaussagen und Erwartungen zur zukünftigen Ertragslage äußern soll[1019].

Die Anforderungen an den Inhalt des Lageberichts wurden vom Gesetzgeber in § 289 Abs. 1 HGB sehr allgemein beschrieben. Zurückzuführen ist dies darauf, dass bei einem Wortbericht anders als bei Bilanz und GuV eine Schematisierung nur schwer möglich ist[1020]. Nach altem wie neuem Gesetzeswortlaut muss der Lagebericht den Geschäftsverlauf und die Lage der Kapitalgesellschaft so darstellen, dass ein den tatsächlichen Verhältnissen entsprechendes Bild von Lage und Geschäftsverlauf der Gesellschaft vermittelt wird. Des Weiteren soll er nach Absatz 2 auf Vorgänge von besonderer Bedeutung, die nach Schluss des Geschäftsjahres eingetreten sind (Nr. 1)[1021], eingehen, sowie Angaben zur voraussichtliche Entwicklung der Gesellschaft (Nr. 2), zu Forschung und Entwicklung der Gesellschaft (Nr. 3) und zu bestehenden Zweigniederlassungen (Nr. 4)[1022] machen[1023].

Den Spielraum, den der Gesetzgeber, der berichtenden Gesellschaft dabei lässt, hat sie nach pflichtgemäßen Ermessen auszufüllen[1024]. Orientiert an Sinn und Zweck der Lageberichterstattung sind dabei lediglich allgemeine Prinzipien zu beachten[1025]. Oberstes Prinzip ist der „true and fair view“ der durch die Berichterstattung vermittelt werden soll[1026]. Dazu muss der Lagebericht vollständig sein, d.h. alle Angaben ent-

---

1015 *Selch*, WPg 2000, 357.

1016 *Ballwieser*, FS Baetge, S. 153, 155.

1017 Zur Frage, ob Risiken, die im Jahresabschluss bereits in Form von Abschreibungen, Wertberichtigungen und Rückstellungen ihre Berücksichtigung gefunden haben, im Lagebericht erneut darzustellen sind, vgl. *Ellrott*, BeBiKomm., § 289 Rn. 8 (verneinend); *Dörner/Bischof*, Reform des Aktienrechts, S. 390 (bejahend).

1018 Siehe dazu *Baetge/Schulze*, DB 1998, 937.

1019 *A/D/S*, HGB, § 289 Rn. 109; *Ellrott*, BeBiKomm., § 289 Rn. 35.

1020 *Ellrott*, BeBiKomm., § 289 Rn. 6.

1021 Dazu *A/D/S*; HGB, § 289 Rn. 101; *Lück*, HdR § 289 Rn. 58.

1022 *Fey*, DB 1994, 485.

1023 Insofern handelt es sich nur um die Festlegung eines Mindestinhalts. Eine weitergehende Berichterstattung etwa in Form von Zusatzrechnungen, Sozialbilanzen oder Berichten über Umweltbeziehungen (Kunden, Lieferanten etc), ist erwünscht und üblich., vgl. *A/D/S*, HGB, § 289 Rn 87; *BaumbachHopt*, § 289 Anm. 1); *Förschle*, WPK-Mitt 1994, 1. Die freiwillige Berichterstattung darf allerdings nicht soweit gehen, dass sie von den von Pflichtangaben ablenkt., vgl. *Kropff*, BFuP 1980, 527.

1024 Siehe hierzu *HFA des IDW*, RS 1 Aufstellung des Lageberichts, WPg 1998, 653.

1025 A/D/S, HGB, § 289 Rn. 39; *Lück*, HdR § 289 Rn. 8

1026 *Ellrott*, BeBiKomm., § 289 Rn. 6.

halten, die für die Gesamtbeurteilung der wirtschaftlichen Lage und des Geschäftsverlaufs sowie der Risiken der künftigen Entwicklung erforderlich sind, was aber nicht heißt, dass die Gesellschaft über alle Risiken und Geschäftsvorfälle zu berichten hat[1027]. Vielmehr muss sie sich auf die aus Sicht der Adressaten des Jahresabschlusses wesentlichen beschränken[1028]. Des Weiteren muss der Lagebericht wahr sein, d.h. den Realitäten entsprechen. Auch hier muss nicht jede einzelne Tatsache dokumentarisch exakt wiedergegeben werden, vielmehr reicht es aus, dass zumindest in der Tendenz eine Übereinstimmung besteht. Beurteilungsangaben dürfen nicht nur nicht willkürlich sein, sondern müssen von der Geschäftsführung zumindest mit der Sorgfalt eines gewissenhaften und ordentlichen Geschäftsführers erteilt werden[1029].

2. *Die Reform des Lageberichts*

Auf Grund dieser großen Freiheiten wurde die Lageberichterstattung in der Vergangenheit von den Gesellschaften nicht immer mit der notwendigen Gründlichkeit und Sorgfalt vorgenommen, so dass die Lageberichte teilweise mehr einer "Werbebroschüre" als einer objektiven Berichterstattung glichen. Das KonTraG hat deshalb § 289 Abs. 1 HGB um einen Halbsatz ergänzt, um den Informationswert des Lageberichts zu verbessern[1030]. Danach wird verlangt, dass die Gesellschaft in ihrer Stellungnahme auch ausdrücklich Angaben zu den Risiken der künftigen Entwicklung der Gesellschaft macht[1031]. Das heißt, dass die Unternehmensleitung innerhalb des Prognoseberichts nicht nur auf positive Trends eingehen darf, sondern auch Gefahren aufzeigen soll, die die Lage und Entwicklung der Gesellschaft gefährden können. Beispielsweise zählen hierzu allgemeine Risiken, wie sie sich aus der Konjunktur- und Branchenentwicklung ergeben können, aber auch spezifische Risiken, wie sie sich aus der konkreten Betätigung des Unternehmens ergeben, etwa Produkthaftungs- und Umweltrisiken[1032]. Die Darstellung der Risiken muss konkrete Angaben zu Ursachen und erwarteten Auswirkungen enthalten sowie die Eintrittwahrscheinlichkeit aus Sicht der Geschäftsführung quantifizieren[1033]. Besondere Risiken, wie etwa Kreditentzug, Wegfall von Absatzmärkten, falsche Produktpaletten etc., die den Fortbestand der Gesellschaft gefährden können, sind hierbei auch besonders hervorzuheben und dürfen nicht wie bisher, lediglich beiläufig in die Einschätzung der Lage mit einbezogen werden[1034].

1027 *A/D/S*, HGB, § 289 Rn. 40.

1028 *A/D/S*, HGB, § 289 Rn. 40; *Ellrott*, BeBiKomm., § 289 Rn. 6.

1029 *Ellrott*, BeBiKomm., § 289 Rn. 8.

1030 *Ballwieser*, FS Baetge, S. 153, 155.

1031 *Dörner/Schwegler*, DB 1997, 285; *Dörner/Bischof*, Reform des Aktienrechts, S. 369. *Forster*, FS Baetge, 935.

1032 *Ellrott*, BeBiKomm., § 289 Rn. 25-29; *Forster*; FS Baetge, S. 936, 945; *Dörner/Bischof*, Reform des Aktienrechts, S. 390.

1033 *Gelhausen*, AG-Sonderheft August 1997, 73, 74; *Küting/Hütten*, AG 1997, 250, 252; *Baetge/Schulze*, DB 1998, 937, 942.

1034 *Ellrott*, BeBiKomm., § 289 Rn. 35.

Aufbauend auf diesen Angaben wurden die Prüfungs- und Berichtspflichten des Abschlussprüfers ausgebaut. Hatte der Abschlussprüfer bisher nach § 317 Abs. 1 S. 3 HGB lediglich zu prüfen, ob das Unternehmen bzw. der Konzern seiner Pflicht zur Berichterstattung im Lagebericht/Konzernlagebericht nachgekommen war und ob das darin vermittelte Bild keine falsche Vorstellung von der Lage des Unternehmens bzw. Konzern vermittelte, so ist in der neuen Regelung diese negative in eine positive Prüfungspflicht umgewandelt worden. Der Abschlussprüfer muss nun nach § 317 Abs. 2 S. 1 HGB feststellen, ob der Lagebericht mit dem Jahresabschluss sowie mit den bei der Prüfung gewonnenen Erkenntnissen des Abschlussprüfers im Einklang steht und ob der Lagebericht insgesamt eine zutreffende Vorstellung von der Lage des Unternehmens vermittelt. Dabei ist nach § 317 Abs. 2 S. 2 zu prüfen, ob die Risiken der künftigen Entwicklung zutreffend dargestellt sind. Entsprechendes gilt für den Konzern und Konzernlagebericht[1035]. Ergänzt wird die Vorschrift durch die Berichtspflichten nach § 321 HGB[1036] und § 322 HGB[1037].

III. *Würdigung*

Aus Sicht der Literatur ist der Prüfungs- und damit der Berichtsumfang nach der neuen Vorschriften aber noch strittig[1038]. Teilweise wird die Vorschrift für überflüssig gehalten[1039]. Andere warnen vor Kompetenzüberschreitungen des Abschlussprüfers[1040]. Allgemein geht es um die Frage, inwieweit sich der Abschlussprüfer bei seinen neuen Aufgaben auf eine Prüfung der Rechnungslegung und des Lageberichts beschränken darf. Bei der Prüfung des Lageberichts geht es im Kern darum, ob der Abschlussprüfer eine eigene Einschätzung der Lage zu liefern hat oder ob er sich mit der Mitteilung der Ergebnisse einer Vollständigkeits- und Plausibilitätsprüfung der Einschätzung des Vorstandes begnügen darf.

Für letztere Ansicht spricht die allgemeine Kompetenzverteilung in der Organisation der Aktiengesellschaft. Sie kann sich auf die Aussage des § 322 Abs. 2 S. 1 HGB stützen, wonach die Berichterstattung des Abschlussprüfers "unter Berücksichtigung des Umstandes [zu] erfolgen [hat], dass die gesetzlichen Vertreter den Abschluss zu verantworten haben“. Eine vergleichbare Formulierung enthält der Prü-

---

1035 Zur Notwendigkeit der Ausdehnung der Prüfungspflicht auf Unternehmen in anderen Marktsegmenten siehe *Möllers*, AG 1999, 433, 440.

1036 Vgl. *Ebke*, MüKo-HGB, § 321 Rn. 22-25.

1037 Vgl. *Ebke*, MüKo-HGB, § 321 Rn. 16.

1038 Nach Hellwig, S. 95, 108 soll eine Diskrepanz zwischen der Redepflicht des § 321 Abs. 1 S. 3 HGB und der Prüfungspflicht nach § 317 HGB bestehen.

1039 *Moxter*, BB 1997, 722, 724.

1040 *Dörner*, DB 1998, 1, 2-3; *Forster*, WPg 1998, 41, 46; *Böcking/Orth*, WPg 1998, 351, 358-359.

fungsbericht in § 321 Abs. 1 Satz 2 HGB[1041]. Schließlich steht diese Ansicht auch in Übereinstimmung mit den in den Gesetzesmaterialien zum KonTraG zum Ausdruck kommenden Willen des Gesetzgebers, "wonach der Prüfer nur die Beurteilung des Vorstands überprüfen kann und soll"[1042]. Keinesfalls solle der Abschlussprüfer danach anstelle des Vorstandes eine eigene Einschätzung der wirtschaftlichen Lage und Entwicklung abgeben, sondern lediglich die Beurteilungen des Vorstandes "bewerten und Fragezeichen [...] setzen, wenn hierzu Veranlassung besteht"[1043]. Dieser Ansicht entsprechen auch die vom Berufsstand erlassenen Prüfungsstandards (IDW PS 350)[1044].

Trotz dieser eingeschränkten Berichtspflichten wird der Abschlussprüfer im Rahmen seiner Prüfungspflichten aber nicht umhin kommen, sich ein *eigenes Bild* von der wirtschaftlichen Lage des Unternehmens und seiner zukünftigen Entwicklung zu machen, insbesondere was die Risiken für die zukünftige Entwicklung betrifft. Allerdings muss er dazu nicht eigene Prognoserechnungen vornehmen[1045]. Allgemein wird er seinen Pflichten hinreichend gerecht werden, wenn dies auf Grundlage des Lageberichts der Unternehmensführung geschieht. Das bedeutet, dass der Abschlussprüfer sich mit hinreichender Gewissheit davon zu überzeugen hat, dass die Unternehmensleitung alle ihr zur Verfügung stehenden Informationen berücksichtigt hat, ihre Grundannahmen realistisch und widerspruchsfrei sind und die Prognoseverfahren richtig gehandhabt wurden[1046]. Weitergehende Prüfungen sind nur dann erforderlich, wenn der Prüfer feststellt, dass Quellen für angegebene Zahlen unglaubwürdig sind, die Zuverlässigkeit und Funktionsfähigkeit der internen Planungssysteme des Unternehmens nicht gewährleistet ist und folglich an der Prognosesicherheit des Unternehmens Zweifel bestehen sowie im Fall bekannter wirtschaftlicher Schwierigkeiten der Gesellschaft[1047]. Über die notwendigen alternativen Betrachtungen und ihre Auswirkungen ist dann im Prüfungsbericht auch ausführlicher einzugehen als dies im zu veröffentlichenden Lagebericht gefordert wird[1048]. Insgesamt bleibt es aber dabei, dass vom Abschlussprüfer im Regelfall keine umfassende eigene Prüfung der wirtschaftlichen Lage der Gesellschaft verlangt wird.

1041 "Der Abschlussprüfer hat über Art und Umfang sowie das Ergebnis schriftlich und in der gebotenen Klarheit zu berichten. In dem Bericht ist vorweg zu der Beurteilung der Lage des Unternehmens [...] durch die gesetzlichen Vertreter Stellung zu nehmen, wobei insbesondere auf die Beurteilung des Fortbestandes und der künftigen Entwicklung des Unternehmens unter Berücksichtigung des Lageberichts [...] einzugehen ist, soweit die geprüften Unterlagen und der Lagebericht oder Konzerlagebericht eine solche Beurteilung erlauben".

1042 BT-Drucks. 13/9712, S. 28.

1043 Vgl. BT-Drucks. 13/9712, S. 28.

1044 *IDW*, PS 350, WPg 1998, 663-670.

1045 Vgl. BT-Drucks. 13/9712, S. 28.

1046 Vgl. IDW PS 350.5, WPg 1998, 663, 665 (l. Sp.).

1047 Vgl. IDW PS 350.5, WPg 1998, 663, 664-665.

1048 Vgl. IDW PS 350.6.1, WPg 1998, 663, 665. Zustimmend *Wüstemann*, S. 25, 55.

IV. *Blick über die Grenzen*

Mit der Einführung der dargestellten Prüfung des Lageberichts in Deutschland wurden weltweit Standards gesetzt. Denn international sind die Prüfungs- und Berichterstattungspflichten des Abschlussprüfers weniger weitgehend, wie ein Blick über die Grenzen zeigt.

1. USA

Das gilt selbst für die USA. Die US-GAAP enthalten, abgesehen von vereinzelten Angabepflichten[1049], keine den deutschen Vorschriften über die Lageberichterstattung vergleichbaren Regelungen[1050].

a) Lageberichterstattung

Parallelen zum deutschen Konzernlagebericht finden sich allein in den Publizitätsvorschriften der SEC, die von den Gesellschaften im Rahmen der Emissions-, Jahres- und Quartalsberichterstattung zu veröffentlichen sind[1051]. Zu erwähnen ist insbesondere der Operating and Financial Review and Prospects (OFR), der als Item 5 das "Herzstück" im Formular Form 20-F darstellt, das das kombinierte Anmeldungs- und Berichtsformular ("annual report" oder "registration statement") der SEC für ausländische Gesellschaften bildet[1052]. Die darin enthaltene Management's Discussion and Analysis of Financial Condition and Results of Operations (MD&A) verlangt vom Management die Kapital-, Liquiditäts- und Ertragssituation des Unternehmens über die letzten fünf Jahre hinweg zu analysieren[1053]. Hinsichtlich prospektiver Entwicklungen bestehen keine Berichtspflichten. Die Gesellschaften werden jedoch von Seiten der SEC ermuntert, zu zukünftigen Einflüssen, die sich auf das Ergebnis auswirken können, Stellung zu beziehen[1054].

1049 Vgl. SFAS 2: Accounting for Research and Developing Costs; SFAS 5 Accounting for Contingencies; SFAS 52 Foreign Currency Translation, vgl. *Fülbier/Pellens*, MüKo-HGB, § 315 Rn. 49.

1050 *Böcking*; S. 71, 80; *Küting/Hütten*, WPg 1999, 12, 16-19.

1051 Die Vorschriften der SEC gehören nicht zu den US-GAAP im engeren Sinn, vgl. *Fülbier/Pellens*, MüKo-HGB, § 315 Rn. 51; *Küting/Hütten*, WPg 1999, 12, 18.

1052 Siehe hierzu *Bruns/Renner*, BFuP 2001, 7, 8; *Brönner*, Rechnungslegung International, S. 291.

1053 Siehe dazu *Fülbier/Pellens*, MüKo-HGB, § 315 Rn. 53; *Selchert*, FS Weber, S. 219.

1054 *Fülbier/Pellens*, MüKo-HGB, § 315 Rn. 54.

Parallel dazu werden bei der Haftung für zukunftsorienierte Informationen Ausnahmeregelungen für die Veröffentlichung in Form von "safe harbour" - Regelungen gewährt[1055] und die Veröffentlichung der Informationen explizit mit dem Vorbehalt bedingter Zuverlässigkeit versehen[1056].

b) Prüfungspflichten

Die Prüfungspflichten des Abschlussprüfers beziehen sich allgemein nur auf die "financial statements" d.h. die Rechnungslegung im engeren Sinne und gegebenenfalls auf bestimmte "schedules" (§ 210.1-02 (a) in Reg. S-X). Weitere Informationen, die zusammen mit dem "financial statements" veröffentlicht werden, sind nach US-GAAP (SAS Abs. 4 und 5) nur dahingehend zu untersuchen, ob sie wesentlich falsche Darstellungen enthalten. Zu diesen Informationen gehört auch die Management's Discussion and Analysis[1057]. Weitere Prüfungspflichten ergeben sich allenfalls aus berufsständischen Verpflichtungen. Danach ist festzustellen, ob die Aussagen des OFR im Einklang mit dem Abschluss stehen[1058]. Darüber hinaus besteht eine faktische Prüfungs- und Berichtspflicht gegenüber dem mit der Platzierung der Wertpapiere beauftragten Underwriter (SAS 72, 76 und 86)[1059]. Daneben unternimmt die SEC eine Prüfung in Form eines „review". Das Ergebnis der Prüfung wird in einem sogenannten "comment letter" bekannt gegeben[1060]. Darin wird das Unternehmen zu einer Anpassung der bestehenden bzw. der zukünftigen Berichterstattung aufgefordert. Notfalls kann die SEC zivilgerichtliche Schritte einleiten oder Anordnungen gegen das Unternehmen oder einzelne Manager treffen ("cease-and-desist orders")[1061].

2. *Europa*

In Europa gibt es keine der deutschen Lageberichterstattung vergleichbaren Vorschriften. Die von der 7. Richtlinie in Art. 36 erwähnten erforderlichen Berichtsgegenstände bleiben hinter den Anforderungen, die nach dem KonTraG an den Lagebericht gestellt werden, weit zurück[1062]. In den einzelnen Mitgliedstaaten bestehen

---

1055 *Fülbier/Pellens*, MüKo-HGB, § 315 Rn. 54.

1056 Vgl. *Selchert*, FS Weber, S. 219, 233.

1057 Zu den Problemen und Gefahren der Prüfung eines Konzernlageberichts eines Unternehmens, das nach internationalen Rechnungslegungsgrundsätzen bilanziert und in den USA notiert ist, siehe *Budde/Hense*, BeBiKomm., § 292 a Rn. 25.

1058 Vgl. SAS 8; SSAE 8, Appendix D.

1059 *Bruns/Renner*, BFuP 2001, 7, 19.

1060 *Bruns/Renner*, BFuP 2001, 7, 20.

1061 Siehe hierzu *Bruns/Renner*, BFuP 2001, 7, 19-20. *KPMG*, Rechnungslegung nach US-amerikanischen Grundsätzen: Grundlagen der US-GAAP und SEC Vorschriften, 2. Aufl. Düsseldorf 1999.

1062 Zur 7. Richtlinie über den konsolidierten Abschluss siehe *Lutter*, Europäisches Unternehmensrecht, S. 207.

jedoch Bestrebungen zu Veränderungen. So ist in Großbritannien erkannt worden, dass die bisherige traditionelle Rechnungslegung nicht mehr den Anforderungen der Kapitalmärkte an die Unternehmensberichterstattung gerecht wird. Deshalb gibt es im Rahmen der Vorschläge zur Reform des Company Law, Anregungen zur Modernisierung der Unternehmensberichterstattung. Im Mittelpunkt steht dabei die Einführung einer neue Operating and Financial Review (OFR)[1063]. Damit soll der Öffentlichkeit anhand eines strukturierten Rechenschaftsberichts Aufschluss darüber geben werden, was die wesentlichen Faktoren für die Wertsteigerungen im Unternehmen sind[1064]. Die Bedeutung des Berichts soll mittels einer Prüfung durch den Abschlussprüfer unterstrichen werden[1065]. Dabei soll jedoch keine Bewertung der Zweckmäßigkeit der von der Unternehmensleitung verfolgten Strategie, sondern eine Plausibilitätsprüfung hinsichtlich der dem Abschlussprüfer auf Grund der Prüfung des Jahresabschlusses bekannten Fakten durchgeführt werden[1066]. Schwierigkeiten bereiten gegenwärtig aber noch Fragen des Umfangs der Haftung des Abschlussprüfers für die vorgenommene Prüfung[1067].

V. *Ausdehnung der Prüfung auf andere Publizitätspflichten*

Trotz der im internationalen Vergleich sehr umfassenden Prüfungsaufgabe nach deutschem Recht gibt es in Deutschland Überlegungen, die Krisenwarnfunktion des Abschlussprüfers mittels erneuter Ausdehnung der Prüfung weiter zu verbessern. Dabei wird vor allem an eine Kontrolle der Zwischenberichterstattung und der Ad–hoc-Publizität der Unternehmen gedacht.

1. *Stand der Zwischenberichterstattung*

Für die Vermittlung von Informationen an den Kapitalmarkt gewinnt neben dem Jahresabschluss die unterjährige Berichterstattung immer mehr an Bedeutung. Insbesondere die Zwischenberichterstattung ist eine wichtige Informationsquelle für die Anleger am Kapitalmarkt[1068]. Wie der Jahresabschluss wird sie nach einheitlichen und allgemeinen Regeln erstellt. Da sie aber nicht der steuerlichen Gewinnermittlung oder der Ausschüttung an die Aktionäre dient, kann sie sich ausschließlich der Vermittlung zeitnaher Informationen widmen. Die bisherige gesetzliche Verpflichtung zur

---

1063 *The Company Law Review Steering Group*, Final Report, Chapter 3, S. 49.

1064 *Davis*, "Into the 21st century", Accountancy, August 2001, S. 118, 119.

1065 *The Company Law Review Steering Group*, Final Report, Chapter 3, S. 52 ("The credibility of this [...] OFR structure will depend critically on an appropriate level of auditor review). Ebenso *Davis*, "Into the 21st century", Accountancy, August 2001, S. 118, 119 ("They must put their names to it if they are to maintain their relevance to 21st-century business and society").

1066 *The Company Law Review Steering Group*, Final Report, Chapter 3, S. 52-53.

1067 *Davis*, "Into the 21st century", Accountancy, August 2001, S. 118, 119.

1068 Siehe *Alvarez/Wotschowsky*, WPg 2000, 310; *Knorr*, BFuP 2001, 1.

Aufstellung von Halbjahresberichten[1069] im Rahmen der Zwischenberichterstattung genügt aber weder hinsichtlich Qualität noch Häufigkeit internationalen Gepflogenheiten[1070]. Der Gesetzgeber hat deshalb ähnlich wie bei der Rechnungslegung Reformen angekündigt. Nach seinen Plänen sind die Veröffentlichungszeiträume auf eine Quartalsberichterstattung zu verkürzen, um so den Anlegern noch zeitnaher entscheidungsrelevante Informationen zukommen lassen zu können[1071]. Auch die *Regierungskommission "Corporate Governance"* schlägt wegen der Bedeutung der Zwischenberichterstattung vor, grundsätzlich alle börsennotierten Gesellschaften (§ 3 Abs. 2 AktG) zur Aufstellung von Quartalsberichten zu verpflichten[1072]. Darüber hinaus sollen nach dem Willen des Gesetzgebers die inhaltlichen Anforderungen an die Zwischenberichterstattung konkretisiert werden[1073]. Unternehmen, die am Neuen Markt notiert sind, müssen bereits die Zwischenberichterstattung entsprechend den Jahresabschlüssen nach IAS oder US-GAAP aufstellen[1074]. Zwar kann auch hier noch nicht von einer Gleichwertigkeit der Berichterstattung gesprochen werden, aber es wird an einer Erweiterung und Standardisierung der Qualitätsberichterstattung gearbeitet[1075]. Allgemein geplant sind gesetzlich vorgeschriebene Mindestbestandteile sowie ein Ausbau zu einem vollständigen Zahlenwerk[1076].

2. *Prüfung der Zwischenberichterstattung*

Bisher können in der Zwischenberichterstattung Zahlen stehen, die bloße Vermutungen darstellen oder lediglich Marketingzwecken dienen[1077], was oft dazu führt, dass die Berichterstattung das Papier nicht Wert ist, auf dem sie steht. In der Praxis ist aber neuerdings eine Tendenz dahingehend zu erkennen, dass Unternehmen sich immer mehr kapitalmarktrelevante Informationen vom Wirtschaftsprüfer bestätigen lassen (z.B. Kundenbeziehungen oder Berichte zum Umweltengagement)[1078]. Um hier weiter für mehr Objektivität und Verlässlichkeit zu sorgen, wird eine Überprüfung der Quar-

---

1069 § 44 b und 72 Abs. 3 BörsG.

1070 *Alvarez/Wotschofsky*, DStR 2000, 1789, 1796.

1071 Eine Pflicht zur Quartalsberichterstattung besteht schon für Unternehmen, die am Neuen Markt notiert sind oder Aufnahme in die Indices von DAX und SMAX gefunden haben (Vgl. Regelwerk Neuer Markt, Abschnitt 7.2.1 sowie SMAX-Teilnahmebedingungen, Abschnitt 3.1).

1072 Vgl. *Regierungskommission "Corporate Governance"*, D6.5. Ausnahmen sollen für Unternehmen gelten, die in einen konsolidierten Zwischenabschluss als Tochterunternehmen mit einbezogen sind. Ebenso sollen nicht alle Unternehmen einbezogen werden, die lediglich einen organisierten Markt i.S. des § 2 Abs. 5 WpHG in Anspruch nehmen.

1073 Vgl. hierzu den Vorschlag des DRSC (E-DRS 6). Siehe hierzu auch *Busse v. Colbe*, BB 2000, 2194, *Burger*, WPg 1997, 359.

1074 Vgl. Ziff. 7.1.2 i.V.m. 7.2.2 Abs. 1 Regelwerk Neuer Markt.

1075 *Hanft/Kretschmer*, AG 2001, 84, 87 m.w.Nachw.

1076 Zu den Einzelheiten siehe *Knorr*, BFuP 2001, 1, 3.

1077 Weder die handelsrechtlichen Vorschriften noch die IAS (Vgl. IAS 34) oder das Regelwerk am Neuen Markt sehen bisher eine Prüfungspflicht für die Zwischenberichterstattung vor.

1078 *Küting/Dawo/Heiden*, BB 2001, 615, 617.

talsberichte durch den Wirtschaftsprüfer gefordert[1079]. Der Deutsche Rechnungslegungsstandard DRS-6 sieht nun die Möglichkeit einer prüferischen Durchsicht vor, wie sie in den USA üblich ist[1080]. Dort besteht bezüglich der nach Form 10-Q, Regulation S-K (Non Financial Information) und S-X (Financial Information) APB Opinion No. 28 (Interim Financial Reporting) zu erstellenden Zwischenberichterstattung nur eine Pflicht zu einem "review", d.h. der Prüfer nimmt keine der Jahresabschlussprüfung vergleichbare umfassende Prüfung vor, sondern beurteilt die Quartalsberichte lediglich auf ihre Plausibilität[1081]. Eine der Jahresabschlussprüfung vergleichbare externe Prüfung wird von den Experten wegen der kurzen Periodizität und Veröffentlichungsfrist allerdings als "kaum praktikabel" und "international auch nicht üblich" abgelehnt[1082].

3. *Prüfung der Ad-hoc-Publiziät*

Die Veröffentlichung der Zwischenberichterstattung ist aber nur eine von vielen Publizitätspflichten, denen das Unternehmen auf Grund kapitalmarktrechtlicher Vorschriften gegenüber dem Kapitalmarkt nachzukommen hat. Eine andere, nicht minder bedeutende ist die Ad-hoc-Publizität. Hier ist zu beobachten, dass Unternehmen immer häufiger dazu übergehen, kapitalmarktrelevante Informationen schnell und günstig über das Internet zu veröffentlichen. Zukunftsvisionen gehen hier davon aus, dass die vom Unternehmen für die Öffentlichkeit vorgesehenen Webseiten auf dem Server der Wirtschaftsprüfergesellschaft liegen[1083]. Bei Änderungen wäre der Prüfer so stets informiert und könnte eine Überprüfung vornehmen[1084]. Langfristig entstünde dadurch ein "continous auditing"[1085].

1079 Vgl. *Potthoff*, HB v. 10.1.2001, S. 23. Ebenso schlägt die *Regierungskommission "Corporate Governance"* D6.17 vor, die Quartalsberichte einer Plausibilitätsbeurteilung durch den Abschlussprüfer zu unterziehen. Der Umfang und die Ausrichtung der Prüfung soll in einer gesetzlichen Regelung festgelegt werden.

1080 Vgl. *Busse v. Colbe*, BB 2000, 2194, 2196, *Knorr*, BFuP 2001, 1, 4.

1081 Vgl. *Born*, Rechnungslegung International, S. 290.

1082 Vgl. *Knorr*, BFuP 2001, 1, 4,

1083 Die *Regierungskommission "Corporate Governance"*, D5.9 spricht sich für die Einführung eines "Deutschen Unternehmensregisters" als zentralen Zugangsportal aus. Dort sollen Interessierte alle für die Unternehmenspublizität erforderlichen Dokumente zugänglich sein. Auch die Zwischenberichte, die künftig in elektronischer Form veröffentlicht werden können, sollen dorthin übermittelt werden. Damit ist eine zentrale Verfügbarkeit sowie eine Eingangskontrolle gewährleistet. Alternativ sei über eine Veröffentlichung von Zwischenberichen auf der Website des Bundesaufsichtsamtes für Wertpapapierhandel nachzudenken.

1084 *Küting/Dawo/Heiden*, BB 2001, 615, 620.

1085 Zu Problemfeldern einer verstärkten Internetpublizität aus Sicht der Wirtschaftsprüfer siehe *Küting/Dawo/Heiden*, BB 2001, 615, 617.

4. *Würdigung*

Sowohl die Überprüfung der Zwischenberichterstattung als auch die Einbeziehung der Ad-hoc-Publiziät in die Kontrolle des Abschlussprüfers sind wichtige Maßnahmen, um die Berichterstattung der Kapitalgesellschaft an die Bedürfnisse eines Corporate Governance-Systems, das auf zeitnahe und verlässliche Informationen wert legt, anzupassen. Für die "Krisenwarnfunktion" des Abschlussprüfers wären die Prüfungspflichten insofern nützlich, als sie eine kontinuierliche Kontrolle des Unternehmens und damit eine verbesserte Prüfung des Jahresabschlusses und des Lageberichts ermöglichen würden – was allerdings eine Prüferidentität voraussetzt[1086]. Allerdings birgt der Wunsch, die Unternehmensinformationen möglichst umfassend einer Prüfung zu unterziehen und den Abschlussprüfer zu einer Art "Kapitalmarktpolizei" zu machen Risiken hinsichtlich der Glaubwürdigkeit und der Haftung in sich. Eine Prüfung muss sich daher regelmäßig auf eine Art Plausibilitätskontrolle ("review") beschränken und kann keine umfassende Garantie für die sachliche Richtigkeit der Information enthalten. Dies gilt es, der Öffentlichkeit zu verdeutlichen, um einer weiteren Erwartungslücke vorzubeugen. Weitere Risken ergeben sich speziell im Zusammenhang mit dem Medium Internet. Die Prüfung dort veröffentlichter Informationen ist auf Grund der internationalen Verbreitung sowie den Eigenarten des neuen Mediums mit noch ungeklärten und zur Zeit nicht überschaubaren Haftungsrisiken verbunden. Vor einer weiteren Ausdehnung der Prüfungsaufgaben muss deshalb in jedem Fall ein eindeutig festgelegter Haftungsrahmen stehen[1087], will man den Berufsstand der Wirtschaftsprüfer nicht überfordern.

I. *Der Abschlussprüfer als "Obergeschäftsführer"?*

Neben der wirtschaftlichen Lage ist die Prüfung der Geschäftsführung[1088] ein weiterer Punkt in der Diskussion um eine Ausdehnung der Prüfungspflicht. Während das KonTraG auf die Forderung der Öffentlichkeit, den Abschlussprüfer stärker mit der Beurteilung der wirtschaftlichen Lage zu beauftragen, sehr weitgehend eingegangen ist, ist eine Überprüfung der Geschäftsführung ("management audit")[1089] durch den Abschlussprüfer im Rahmen der Reformen nicht weiter in Erwägung gezogen worden[1090]. Aus Sicht der Kritiker ist dies unverständlich. Denn ihrer Meinung nach kann eine Geschäftsführungsprüfung einen zentralen Beitrag zu der vom Abschlussprüfer

1086 Die Regierungskommission "Corporate Governance", D6.17 schlägt deshalb vor, in einer gesetzlichen Regelung festzulegen, dass die Quartalsprüfung vom dem Abschlussprüfer vorzunehmen sei, der nach § 318 HGB für das letzte Geschäftsjahr bestellt worden sei.

1087 Siehe hierzu Seite 253.

1088 Siehe hierzu allgemein *Saage*.

1089 Zum Begriff der "Geschäftsführung" vgl. *Theisen*, HRev, Sp. 650.

1090 *Böcking/Orth*, WPg 1998, 351, 361.

geforderten Frühwarnfunktion leisten[1091]. So weist *Clemm* darauf hin, dass das Urteil darüber, ob ein Schiff in stürmischer See den rettenden Hafen erreiche, auch maßgeblich von der Qualität der Mannschaft und ihrem Kapitän abhänge[1092].

I. *Prüfung der Geschäftsführung in Deutschland*

Eine externe Überprüfung der Unternehmenspolitik und der Qualifikation der Geschäftsführung ist bisher hauptsächlich das Geschäft von Fondsmanager, Analysten, Unternehmensberatern und Ratingagenturen. Innerhalb der Aktiengesellschaft nimmt gem. § 111 Abs. 1 AktG der Aufsichtsrat diese Aufgabe wahr[1093]. Dabei kann der Aufsichtsrat, wenn er es für notwendig erachtet, einen Prüfer hinzuziehen, indem er ihm einen ergänzenden Prüfungsauftrag erteilt (§ 111 Abs. 2 Satz 1 AktG). Ebenso besteht für Aktionäre die Möglichkeit, sofern sie über ein gewisses Quorum verfügen, eine Geschäftsführungsprüfung durch einen Sonderprüfer zu beantragen (§§ 142 Absatz 1 und 2, 258 und § 315 AktG).

Demgegenüber findet im Rahmen der Abschlussprüfung eine Prüfung der Geschäftsführung bisher allenfalls mittelbar statt. Denn nach herrschender Meinung trägt eine Ausdehnung der Prüfung auf die Geschäftsführungsqualitäten der Unternehmensleitung eher dazu bei, die Glaubwürdigkeit des Abschlussprüfers zu untergraben und die Erwartungslücke zu vergrößern[1094]. Dementsprechend sind dahingehende Überlegungen schon bei dem Erlass der 4. EG-Richtlinie und in deren Gefolge dem Bilanzrichtliniengesetz diskutiert, aber letztlich fallengelassen worden[1095]. Anders sehen es die Befürworter einer Geschäftsführungsprüfung. Sie verweisen darauf, dass der Gesetzgeber bei anderen Prüfungen eine derartige Zielsetzung schon gegenwärtig erfolgreich zum Bestandteil der Prüfungspflichten des Abschlussprüfers gemacht habe. Gemeint sind damit Prüfungen von Unternehmen des privaten Rechts mit staatlicher Beteiligung, Genossenschaften sowie Sparkassen und Kreditinstituten mit öffentlich-rechtlicher Beteiligung[1096].

1091 *Jenkis*, S. 11-14; *Jung*, S. 106; *Dörner*, WPg 1995, 118; *Steiner*, Prüfungsbericht, S. 283; *Theisen*, WPg 1994, 819.

1092 *Clemm*, FS Havermann, S. 83, 102-103; *ders.*, WPK-Mitt. 1995, 69, 71.

1093 Vgl. Seite 165.

1094 *Großfeld/Junker*, ZfbF Sonderheft 2, 1980, 251, 260.

1095 Siehe *Ebke*, Dritthaftung, S. 16-17, Fn.31.

1096 § 53 HGrG, § 53 GenG, § 53 HGrG i.V.m. den LHO, KWG und den entsprechenden landesrechtlichen Regelungen. Eine Übersicht findet sich bei *Theisen*, HRev., Sp. 653-656.

Nach dem Inhalt von § 53 GenG und § 53 HGrG die vomWortlaut her fast identisch sind[1097], muss sich die Prüfung des Abschlussprüfers bei den genannten Unternehmen nicht nur auf die Buchführung, die Bilanz, die Gewinn- und Verlustrechnung und den Geschäftsbericht beziehen, sondern darüber hinaus auch ein Bild über die Zweckmäßigkeit und Wirtschaftlichkeit der Geschäftsführung ergeben[1098]. Hintergrund für den gegenüber der Jahresabschlussprüfung erweiterten Prüfungsumfang bildet die Tatsache, dass die genannten Unternehmen wegen ihrer öffentlichen Aufgabenstellung oder dem speziellen Förderzweck (vgl. § 1 I GenG) einer besonderen Kontrolle unterzogen werden sollen[1099]. Uneinigkeit besteht im Schrifttum allerdings darüber, wieweit die Kontrolle der Geschäftsführung gehen soll. Die ganz herrschende Mehrheit lehnt eine Prüfung der Zweckmäßigkeit der Geschäftsführung ab. Sie verweist auf die insoweit fehlenden, verbindlichen objektiven Prüfungsmaßstäbe, an denen der Abschlussprüfer seine Prüfung orientieren kann[1100]. Lediglich nach *Beuthien* soll der Abschlussprüfer neben einer formellen Prüfung der Geschäftsführung auch feststellen, ob "der Genossenschaftsbetrieb zweckmäßig und möglichst kostensparend eingerichtet ist und reibungslos funktioniert"[1101]. Jedoch räumt auch er einschränkend ein, dass der Schwerpunkt der Prüfungstätigkeit in jedem Falle beim Jahresabschluss liege, da nur dieser "ein abschließendes Urteil über die Ordnungsmäßigkeit des Rechnungswesens und der gesamten Geschäftsführung [erlaube]"[1102]. Ähnlich sieht es *Metz*, nach dessen Ansicht "die Prüfung der Geschäftsführungsmaßnahmen in der Praxis erfahrungsgemäß erhebliche Schwierigkeiten [bereite]", weshalb sich die Tätigkeit des Abschlussprüfers in vielen Fällen darauf zu beschränken habe, "ob die Entscheidungen der Geschäftsführung sorgfältig vorbereitet, durchgeführt und kontrolliert worden sind"[1103].

Folglich kann festgestellt werden, dass es sich auch nach der Mindermeinung bei der Prüfung nach § 53 GenG sowie § 53 HGrG nicht um eine umfassende Geschäftsführungsprüfung im materiellen Sinne handelt, sondern formelle Ordnungsmäßigkeit des Zustandekommens von Geschäftsführungsmaßnahmen und ihre Durchführung im Vordergrund stehen[1104].

1097 Der Hauptunterschied besteht darin, dass die Prüfung nach § 53 HGrG nur auf Verlangen der Gebietskörperschaft erfolgt, während § 53 GenG die Prüfung gesetzlich festschreibt.

1098 Vgl. *Beuthien*, Genossenschaftsgesetz, § 53 Rn. 5; *Bolsenkötter*, WPg 1981, 505.

1099 *Loitz*, BB 1997, 1835.

1100 *A/D/S*, HGB, § 317 Rn. 96; *Bierwirth*, FS Ludewig, S. 123, 129; *Eibelshäuser*, FS Moxter, S. 919, 937; *Hauser*, S. 98-99; *Loitz*, BB 1997, 1835, 1838.

1101 *Beuthien*, Genossenschaftsgesetz, § 53 Rn. 8. Ähnlich *Lenz*, WPg 1987, 669, 672; *Saage*, WPg 1967, 225.

1102 *Beuthien*, Genossenschaftsgesetz, § 53 Rn. 5.

1103 Lang/Weidmüller/*Metz*, Genossenschaftsgesetz, § 53 Rn. 30.

1104 *A/D/S*, HGB, § 317 Rn. 94; *Biener*, FS Havermann, S. 37, 58; *Forster*, WPg 1994, 789, 791; *Eibelshäuser*, WPK-Mitt. 1997, 166, 169-171. So auch *IDW*, PS 720, WPg 2000, 326-329.

Teilweise wird in der Literatur auch in den durch das KonTraG neu eingeführten Vorschriften des §§ 317 Abs. 4, 321 Abs. 4 HGB eine Geschäftsführungsprüfung gesehen[1105]. Nach dem Wortlaut der Vorschriften hat der Abschlussprüfer bei Aktiengesellschaften mit amtlicher Notierung festzustellen, ob der Vorstand die ihm nach § 91 Abs. 2 AktG obliegenden Maßnahmen in einer geeigneten Form getroffen hat und ob das danach eingerichtete Interne Überwachungssystem seine Aufgaben erfüllen kann; notfalls hat er im Prüfungsbericht an den Aufsichtsrat Verbesserungsvorschläge zu machen. Die Regelung muss im Zusammenhang mit § 91 Abs. 2 AktG gesehen werden, der ebenfalls auf die Reformen des KonTraG zurückgeht.

1. Gegenstand der Prüfung

Die Vorschrift des § 91 Abs. 2 AktG ist wie die erweiterte Lageberichterstattung Teil der vom KonTraG angestrebten zukunftsorientierten Überwachung der Aktiengesellschaft. Sie verpflichtet den Vorstand einer Aktiengesellschaft, die Aktien mit amtlicher Notierung herausgibt, ein Überwachungssystem einzurichten, durch das Entwicklungen, die den Fortbestand der Gesellschaft gefährden können, rechtzeitig entdeckt werden. Im Rahmen der Beschreibung der Überwachungsaufgaben innerhalb der Aktiengesellschaft wurde bereits darauf hingewiesen, dass es schon immer auch Aufgabe des Vorstandes war, für eine ausreichende Kontrolle und Überwachung im Unternehmen zu sorgen[1106]. Die Vorschrift des § 91 Abs. 2 AktG schafft somit keine neue Verpflichtung, sondern sie konkretisiert lediglich den bereits bestehenden Pflichtenrahmen und sensibilisiert den Vorstand für seine Aufgaben[1107]. Gerade jüngere Unternehmenskrisen haben nämlich gezeigt, dass die Risikovorsorge in deutschen Unternehmen noch sehr mangelhaft ist und nicht den von § 93 AktG geforderten Sorgfaltsmaßstäben entspricht[1108].

Hinsichtlich der Frage, was speziell zu der von § 91 Abs. 2 AktG geforderten Risikovorsorge gehört, hat sich der Gesetzgeber zurückgehalten, da die Unternehmen zum einen sehr unterschiedlich sind (Branche, Größe, Kapitalertrag etc.) und zum anderen sich auf Grund der Leitungsverantwortung des Vorstands, aber auch der dynamischen wirtschaftlichen Entwicklungen, umfassend detaillierte Verhaltensvorschriften verbieten[1109]. So spricht der Gesetzeswortlaut in § 91 Abs. 2 AktG lediglich von der Notwendigkeit eines Früherkennungs- und Überwachungssystems. Die herrschende Meinung folgert daraus, dass es auf einer ersten Stufe darum geht, dass vom Vorstand ein Früherkennungssystem eingerichtet wird, das gewährleistet, dass be-

---

1105 *Böcking/Orth*, WPg 1998, 351, 361.

1106 Vgl. Seite 163

1107 Vgl. *Ernst*, KonTraG, S. 30.

1108 Exemplarisch *o. V.*, “Kein funktionierendes Steuerungs- und Risikomanagement – BDO Gutachten belastet die Leitung der alten Hypo-Bank schwer“, in FAZ v. 27.10 1999, S. 22.

1109 *Ernst*, KonTraG, S.53.

standsgefährdende Entwicklungen an den Vorstand gemeldet werden, so dass dieser rechtzeitig erforderliche Gegenmaßnahmen ergreifen kann[1110]; wobei über die Frage, wie solche Maßnahmen beschaffen sein sollen, der Vorstand selbst im Rahmen seines Leitungsermessens zu entscheiden hat[1111]. Auf der zweiten Stufe soll dann ein Überwachungssystem eingerichtet werden, das die Einhaltung der eingeleiteten Maßnahmen überwacht. Das heißt der Vorstand muss dafür sorgen, dass unternehmensintern Kontrollen bestehen, die darüber wachen, ob beispielsweise Interne Revision und Controlling die von ihnen gewonnenen Kenntnisse zeitnah dem Vorstand vermitteln[1112].

2. *Prüfungsauftrag*

Während die Pflicht zur Einrichtung eines Überwachungssystems nach § 91 Abs. 2 AktG allen Aktiengesellschaften obliegt, müssen sich der Prüfung durch den Abschlussprüfer nur diejenigen Aktiengesellschaften unterziehen, die börsennotiert sind[1113]. Sinn und Zweck der Regelung ist vor allem der Schutz der Kapitalmarktanleger und die Förderung des Marktes[1114]. Der Abschlussprüfer prüft gem. § 317 Abs. 4 HGB, ob das vom Vorstand eingerichtete Risikomanagement und Überwachungssystem seine Aufgaben erfüllt. Die Tatsache, dass er das Ergebnis der Prüfung in einem besonderen Teil des Prüfungsberichts darzulegen und gegebenenfalls Verbesserungsvorschläge zu unterbreiten (§ 321 Abs. 4 HGB) hat, zeigt, dass die Prüfung nicht nur quantitativ sondern auch qualitativ die Prüfungsaufgabe des Abschlussprüfers erweitert.

Die neue Prüfungsaufgabe verlässt den Bereich der Rechnungslegung und widmet sich der Prüfung der Strukturen des Unternehmens[1115]. Vom Abschlussprüfer wird dabei mehr erwartet als eine bloße Prüfung der Bilanz und des internen Kontrollsystems[1116]. Denn die Funktionsfähigkeit eines internen Überwachungssystems kann nicht aus dem Blickwinkel der Rechnungslegung beantwortet werden, sondern verlangt eine Untersuchung sämtlicher Geschäftsrisiken und unternehmerischen Prozesse[1117]. Der Abschlussprüfer muss sich daher umfassende Kenntnisse über die wirtschaftliche

---

1110 Vgl. *Dörner*, DB 2000, 101, 103; *Giese*, WPg 1998, 451; *Hommelhoff/Mattheus*, Grundlagen, S. 5, 16, *Lück*, DB 1998, 1925.

1111 Vgl. *A/D/S*, AktG, § 91 Rn. 8.

1112 Siehe hierzu ausführlich *Pollanz*, DB 1999, 393; *Bitz*, BFuP 2000, 231; sowie *Dörner/Horváth/Kagermann* (Hrsg.), Risikomanagement.

1113 Bis zum Erlass des TransPuG waren nur "amtlich notierte" Aktiengesellschaften verpflichtet eine Prüfung durchzuführen. Das TransPuG folgte insoweit der *Regierungskommission "Corporate Governance"*, D6.7, die forderte die Prüfungs- und Berichtspflicht des Abschlussprüfers auch auf alle übrigen börsennotierten Gesellschaften auszudehnen.

1114 Die Vorschrift schließt nicht aus, dass Unternehmen, die nicht börsennotiert sind, den Abschlussprüfer mit einer entsprechenden Prüfung beauftragen, vgl. A/D/S, HGB, § 317 Rn. 222.

1115 Vgl. *Hommelhoff/Mattheus*, S. 6, 22.

1116 *Böcking/Orth*, WPg 1998, 351, 359; *Dörner* DB 1998;

1117 *Böcking/Orth*, BFuP 1999, 418, 425.

Tätigkeit, das Umfeld und die Branche des Unternehmens verschaffen, um die Wirksamkeit der vom Vorstand getroffenen Maßnahmen abschließend beurteilen zu können[1118]. Dabei enthält § 317 Abs. 4 HGB keine Bestimmungen zum Umfang der Prüfungsmaßnahmen, sondern überlässt es dem Abschlussprüfer diese festzulegen[1119]. Qualitativ liegt der Unterschied zur Jahresabschlussprüfung darin, dass sich der Abschlussprüfer ein Urteil über die Qualität der vom Vorstand getroffenen Maßnahmen bilden muss; denn sofern das vorhandene Überwachungssystem seine Funktion nicht erfüllt, wird von ihm gem. § 321 Abs. 4 S. HGB erwartet, dass er dem Aufsichtsrat Verbesserungsvorschläge macht.

Insgesamt liegen damit zwar Ansätze einer funktionalen Geschäftsführungsprüfung vor[1120], es überwiegen aber weiterhin die Elemente der Systemprüfung[1121], da die Funktionsfähigkeit des Überwachungssystems bei der Prüfung nach wie vor im Vordergrund steht. Keinesfalls soll sich der Abschlussprüfer - wie für eine umfassende Geschäftsführungsprüfung typisch - mit der Angemessenheit und Wirksamkeit des internen Kontrollsystems zur Erreichung der Unternehmensziele auseinandersetzen[1122]; das bedeutet, es werden von ihm keine Beurteilungen hinsichtlich der Wirtschaftlichkeit einer Maßnahme verlangt oder auch keine Vorschläge zu sparsameren Überwachungsmaßnahmen erwartet. Genauso wenig hat er zu beurteilen, ob die Reaktionen des Vorstandes auf die ihm mitgeteilten bestandsgefährdenden Entwicklungen angemessen sind[1123].

Denn damit würde der Abschlussprüfer erheblich in den Verantwortungsbereich des Aufsichtsrates eingreifen[1124]. Das KonTraG hat aber nicht geplant, den Aufsichtsrat, dem nach wie vor die Kontrolle der Zweckmäßigkeit der Geschäftstätigkeit nach § 111 Abs. 1 AktG obliegt, von Überwachungspflichten zu befreien[1125]. Vielmehr sollte nur die Kompetenz des Abschlussprüfers für den Aufsichtsrat bei seiner Überwachungsaufgabe nutzbar gemacht, ansonsten aber die bestehende Aufgabenverteilung beibehalten werden[1126].

1118 IDW EPS 340, Tz. 19, WPg 1998, 927, 931.

1119 *Bezzenberger*, FS Brönner, S. 35, 48.

1120 *Brebeck/Herrmann*, WPg 1997, 390; *Böcking/Orth*, WPg 1998, 359; *Dörner*; WPg 1998, 1; *Hommelhoff/Mattheus*, Grundlagen, S. 5, 20; *Giese*, WPg 1998, 458.

1121 *A/D/S*, HGB, § 317 Rn. 233. siehe auch IDW EPS 340, Tz. 19, WPg 1998, 927, 929.

1122 *IDW*, WPg 2000, 1027, 1032; a. A. *Schindler/Rabenhorst*, BB 1998, 1886, 1892 nachdem auch die Zweckmäßigkeit zu beurteilen ist. Missverständlich *Jacob*, WPg 1998, 1043, 1047. Missverständlich auch der Report des Panel on Audit Effectiveness, vgl. *Schmidt*, WPg 2000, 793, 797.

1123 *Dörner*, DB 2000, 101, 103; *Mattheus*, ZGR 1999, 682, 706; *IDW*, EPS 340, WPg 1998, 927, 928.

1124 Schulze-Osterloh, ZIP 1998, 2129, 2134

1125 *Dörner*, DB 1998, 1, 2; *Forster*, WPg 1998, 41, 47.

1126 *Mattheus*, ZGR 1999, 682, 705; Peemöller/Keller, DStR 1997, 1986, 1990.

IV. *Kodex Corporate Governance*

Auch die Einführung des Deutschen Corporate Governance Kodex führt nicht dazu, dass die Prüfungspflichten des Abschlussprüfers um eine Prüfung der Geschäftsführung erweitert werden. Denn es ist nicht vorgesehen, dass der Prüfer aktiv prüft, ob das vom Vorstand eingerichtete System der Corporate Governance den Vorgaben des Kodex entspricht[1127]. Diese "Gleichwertigkeitsprüfung" wird vielmehr dem Kapitalmarkt überlassen[1128]. Der Abschlussprüfer soll nur in einem eingeschränkten Sinne feststellen, ob die "Entsprechens-Erklärung" nach § 161 AktG uneingeschränkt abgegeben oder aber Abweichungen dargestellt sind. Dabei muss er seine Prüfung nicht gezielt darauf ausrichten, ob tatsächlich abweichende Regelungen praktiziert werden, sondern kann sich darauf beschränken, über wesentlichen Verstöße zu berichten, die er gelegentlich der Prüfung festgestellt hat[1129]. Hierüber ist dann im Prüfungsbericht nach § 321 HGB zu berichten; gegebenenfalls ist der Bestätigungsvermerk nach § 322 HGB einzuschränken.

V. *Würdigung*

Es kann festgestellt werden, dass in Deutschland eine umfassende Prüfung der Maßnahmen der Geschäftsführung durch den Abschlussprüfer – insbesondere hinsichtlich der Zweckmäßigkeit - bisher noch nicht stattfindet[1130]. Sowohl die bestehenden gesetzlichen Vorschriften als auch die Erweiterung der Jahresabschlussprüfung durch das KonTraG verlangen vom Abschlussprüfer nicht, dass er sich mit der materiellen Zweckmäßigkeit der Geschäftsführungsmaßnahmen auseinandersetzt[1131]. Auch die Einführung des Deutschen Corporate Governance Kodex bringt hier keine Veränderung.

VI. *Notwendigkeit für eine Neuregelung?*

Es stellt sich daher die Frage, ob eine Erweiterung der Abschlussprüfung um Elemente einer Geschäftsführungsprüfung, wie sie von der Öffentlichkeit gefordert werden, sinnvoll sein kann[1132].

1127 Vgl. Empfehlung der *Regierungskommission "Corporate Governance"*, D1.11.

1128 Vgl. Empfehlung der *Regierungskommission "Corporate Governance"*, D1.11.

1129 *Regierungskommission "Corporate Governance"*, D1.11.

1130 Siehe zuvor schon OLG Düsseldorf, BB 1996, 2614, 2614 (1.Sp.) ("Die Abschlussprüfung ist keine Kreditwürdigkeits-, Organisations-, Steuer-, Rentabilitätsprüfung").

1131 *Jacob*, WPg 1998, 1043, 1047.

1132 Für eine Einführung sprechen sich aus *Scheffler*, FS Havermann, S. 651, 677; *Bierwirth*, FS Ludewig, S. 124, 140; *Theisen*, WPg 1994, 809, 819; *Steiner*, Prüfungsbericht, S. 278; *ders.*, WPg 1991, 470, 472. Demgegenüber ablehnend *Dörner/Oser*, DB 1995, 1085, 1090; *Gelhausen*, AG-Sonderheft 1997, 73, 79; *Claussen*, AG 1996, 481, 489.

1. Unterstützung des Aufsichtsrates

Der Hauptvorteil einer solchen Ausdehnung der Prüfungspflicht würde sicher in einer erweiterten Unterstützung des Aufsichtsrates bei seinen Überwachungsaufgaben liegen. Die Reformen des KonTraG – insbesondere die Pflicht des Abschlussprüfers zur Teilnahme an den Sitzungen des Aufsichtsrates (§ 171 Abs. 1 Satz 2 AktG) – legen die Vermutung nahe, dass der Gesetzgeber bereits stillschweigend darauf spekuliert, dass die vom ihm verordnete Intensivierung der Zusammenarbeit dazu führen könnte, dass das Aufsichtsorgan die Gelegenheit dazu nutzt, den Abschlussprüfer nicht nur nach seiner Meinung bezüglich der Rechnungslegung, sondern auch hinsichtlich der Geschäftsführungsmaßnahmen zu befragen. Fraglich ist aber, ob diese Form des "beiläufigen Informationsaustausches" auch den zukünftigen Anforderungen an eine funktionierende Corporate Governance gerecht wird oder ob es nicht notwendig ist, diese Zusammenarbeit durch spezielle Prüfungs- und Berichtsvorschriften zu fördern. Denn in Zukunft wird, wie oben beschrieben, die Überwachung der Geschäftspolitik und der Strategieentscheidungen des Vorstandes noch mehr im Mittelpunkt der Aufsichtsratsüberwachung stehen[1133]. Der Rat und die vorhandene Expertise des Abschlussprüfers können dabei ähnlich wie bei der Rechnungslegung eine wertvolle Hilfe sein, zumal sich bereits jetzt abzeichnet, dass der Aufsichtsrat auf Grund seiner Schwächen dafür nicht ausreichend gerüstet ist.

2. Verbesserte Abschlussprüfung

Eine Ausdehnung der Prüfungspflichten hätte aber nicht nur für den Aufsichtsrat sondern auch für den Abschlussprüfer positive Begleiterscheinungen. Vom Einblick in Steuerungsdaten und Unternehmenspläne würden die übrigen Prüfungsfelder wie beispielsweise die Lageberichtsprüfung profitieren. Als "begleitender Mitdenker"[1134] würde der Abschlussprüfer nicht nur dafür sorgen, dass sich der Vorstand stärker mit den ihm obliegenden Sorgfaltspflichten auseinandersetzt, sondern gleichzeitig würde der Prüfer durch Einbeziehung in die Strategie auch zum wertvollen Berater für das Unternehmen, das dadurch in der Abschlussprüfung mehr als eine "gebührenpflichtige Belästigung"[1135] sehen würde. Damit würde das Vertrauen der Unternehmensführung in den Prüfer gefestigt und seine Unabhängigkeit durch eine stärkere Mandantenbindung gestärkt werden.

1133 Vgl. Seite 165.

1134 *Vogelsang*, WPg 1988, 645, 646.

1135 *Sieben*, WPg 1988, 606; *Emmerich*, WPg 1988, 637, 639.

3. Prüfungsmaßstab

Den Vorteilen der Einführung einer Geschäftsführungsprüfung stehen aber auch eine Reihe von Nachteilen und Problemen gegenüber. Als besonders schwierig würde sich – wie bereits im Zusammenhang mit § 53 GenG angedeutet - die Suche nach entsprechenden Prüfungsmaßstäben gestalten[1136]. Im Gegensatz zur klassischen Jahresabschlussprüfung fehlt es für eine Geschäftsführungsprüfung bisher an einem tragfähigen Gerüst von rechtsverbindlichen Normen[1137]. Der gesetzlich vorgegebene Maßstab, nämlich die Sorgfaltspflicht eines ordentlichen und gewissenhaften Geschäftsmannes (§ 93 Abs. 1 Satz 1 AktG), kann allein als unbestimmter Rechtsbegriff inhaltlich wenig zur Klärung beitragen[1138]. Gleiches gilt für die betriebswirtschaftliche Forschung, in der bisher keine Einigkeit über die optimale Form der Geschäftsführung besteht[1139]. Die Bildung entsprechender Maßstäbe müsste auf die unterschiedlichen Unternehmensgrößen, Rechtsformen und Branchen eingehen. Ebenso müsste berücksichtigt werden, dass die Entscheidungen der Unternehmensleitung zum gewissen Grad auf nicht nachprüfbarer Intuition beruhen und ihre Auswirkungen oft im Zeitpunkt der Prüfung noch nicht absehbar sind[1140].

Praktikabler erscheint es daher, sich - wie bei der Prüfung nach § 53 GenG - auf eine Kontrolle des Verfahrens, das heißt auf die Art und das Zustandekommen der Entscheidung und weniger auf das Ergebnis zu beschränken. Maßstab bei dieser formellen Prüfung könnte dabei die Einhaltung von Gesetzen, Satzungen, Geschäftsordnungen oder vom Unternehmen selbst aufgestellter Regeln sein[1141]. Hinsichtlich des kaufmännischen Ermessens könnte allenfalls eine Prüfung stattfinden, ob wesentliche Entscheidungen grob fährlässig oder rechtsmissbräuchlich gewesen sind[1142]. Alles andere führt zu einer Überforderung des Prüfers in seinen Möglichkeiten[1143].

4. Informationsgewinnung

Weitere Probleme müssten bei der Informationsgewinnung gelöst werden. Eine Prüfung der Geschäftsführung setzt wie jede andere Prüfung voraus, dass der Abschlussprüfer über eine ausreichende Menge an Informationen verfügt, um ein sicheres Urteil fällen zu können. Diese Grundvoraussetzung bereitet bei der Prüfung der Geschäftsführung allerdings Schwierigkeiten, da der Abschlussprüfer seine Beurteilung nicht allein auf die Daten des Jahresabschlusses stützen kann. Eine

1136 Vgl. *Hachmeister*, DStR 1999, 1453, 1459.
1137 *Theisen*, HRev., Sp. 658.
1138 Vgl. *Loitz*, BB 1997, 1835, 1838; KK-*Zöllner*, AktG, § 93 Rn. 19.
1139 Siehe die Vorschläge von *Potthoff*, S. 12, *Theisen*, HWB, Sp. 4219.
1140 *Heinen*, Meinungsspiegel, BFuP 1980, 556, 557.
1141 *Potthoff*, WPg 1966, 588; *Forster*, WPg 1975, 399.
1142 *Pauli*, HRev., Sp. 633.
1143 *Forster*, HRev., Sp. 805.

umfassende Prüfung müsste zahlreiche Dokumente, wie beispielsweise Geschäftsverteilungspläne, Kompetenzordnungen, Sitzungsprotokolle, Organisationspläne, Arbeitsanweisungen, Vorlagen, Pläne, Auftragsvergaben und interne Kontrollberichte miteinbeziehen[1144]. Zusätzlich müssten eventuell neue Dokumentationspflichten der Unternehmensführung geschaffen werden[1145].

Dabei müsste berücksichtigt werden, dass die Geschäftsführung, insbesondere bei internationalen Konzernen, ein sehr diffiziles Prüfungsobjekt ist, da es sich aus einer Vielzahl von Einzelentscheidungen konstituiert. Ebenso müsste bedacht werden, dass eine umfassende Prüfung sich nicht nur auf die getroffene Entscheidung, sondern auch auf die nicht wahrgenommenen Alternativen beziehen muss. Selbst wenn all diese Faktoren mit berücksichtigt würden, bliebe die Tatsache bestehen, dass nicht alle der Entscheidung zugrundeliegenden Motive und Faktoren immer einen ausreichend und bestimmungsgemäßen Niederschlag in den Dokumenten finden würden[1146]. Infolgedessen wäre der Abschlussprüfer auf die Mitwirkungs- und Auskunftsbereitschaft der Unternehmensleitung in stärkerem Maße als bei der klassischen Abschlussprüfung angewiesen. Für die Unternehmensleitung bestünde dadurch die Möglichkeit, die prüfungsrelevanten Informationen stärker zu beeinflussen[1147].

5. *Unabhängigkeit*

Mit der Einführung einer Geschäftsführungsprüfung müssten deshalb auch die Anforderungen an die Unabhängigkeit des Abschlussprüfers erhöht werden. Denn die auf Grund des Charakters der Prüfung notwendige enge Zusammenarbeit zwischen Prüfer und Unternehmensführung dürfte nicht dazu führen, dass der Abschlussprüfer sich die Sichtweise der Unternehmensleitung aneignet oder in sonstiger Weise beeinflussbar wird. Weitere Probleme hinsichtlich der Unabhängigkeit des Abschlussprüfers würde wahrscheinlich ein zu erwartender Anstieg der Umfangs der Beratungstätigkeit des Prüfers bereiten. Denn es ist anzunehmen, dass die Unternehmensleitung sich auch im Bereich der Geschäftsführung die Expertise des Prüfers zunutze machen möchte[1148]. Dagegen bestünden aber aus Sicht der Öffentlichkeit erhebliche Einwände, da zum Teil schon die gegenwärtigen Beraterrolle kritisch betrachtet wird. Diesen Bedenken müsste folglich durch noch strengere Ausschlussgründe und Sanktionen Rechnung getragen werden.

1144 *Schedlbauer*, S. 318; *Theisen*, HRev. Sp. 654.

1145 *Jung*, S. 67.

1146 *Jung*, S. 68; *Theisen*, HRev. Sp. 657.

1147 Nach Ansicht der Befürworter kann dieser Gefahr durch Informationsverprobungen begegnet werden. Dazu muss sich der Abschlussprüfer Vollständigkeitserklärungen von der zu prüfenden Gesellschaft erteilen lassen bzw. notfalls sich selbst durch eigene Anschauungen in der Praxis ein Bild von der Geschäftsführung machen, vgl. *Saage*, WPg 1967, 226; *Jung*, S. 69. Allgemein zum Problem der Vollständigkeitserklärungen siehe *Ebke*, MüKo-HGB, § 317 Rn. 31.

1148 *Jung*, S. 224.

6. *Haftung*

Mit der Erweiterung der Abschlussprüfung um eine zusätzliche Prüfung der Geschäftsführung würde sich auch die Frage nach dem Umfang einer damit einhergehenden Haftung stellen. Eine Geschäftsführungsprüfung würde in jedem Fall das Haftungsrisiko deutlich erhöhen. Zurückzuführen ist dies auf die Komplexität der zu beurteilenden Fakten, den unklaren Prüfungsmaßstäben und den Ermessenspielräumen. Des Weiteren ist zu befürchten, dass eine Geschäftsführungsprüfung durch den Abschlussprüfer zu einem Nachlassen der Prüfungstätigkeit des Aufsichtsrats und damit einer erhöhten Schadenseintrittswahrscheinlichkeit führen könnte, da dieser sich auf die Ergebnisse des Abschlussprüfers verlässt. Schließlich könnten die gestiegenen öffentlichen Erwartungen an den Abschlussprüfer die Dritthaftungsproblematik verschärfen. Feinheiten wie der Unterschied zwischen einer formellen und materiellen Geschäftsführungsprüfung sind nicht unbedingt allgemein verständlich und folglich zu einer Ausdehnung der Erwartungslücke geeignet. Enttäuschte Erwartungen könnten aber der Diskussion um eine Fahrlässigkeitshaftung des gesetzlichen Abschlussprüfers gegenüber Dritten erneuten Auftrieb geben.

7. *Kompetenzverwerfung und unternehmerische Risikobereitschaft*

Ebenso wie beim Aufsichtsrat müsste auch beim Vorstand verhindert werden, dass der Abschlussprüfer sich durch eine Prüfung der Geschäftsführung zu sehr in dessen Kompetenzen einmischt. Die Prüfung dürfte nicht dazu führen, dass von Seiten der Geschäftsführung keine Risiken mehr eingegangen werden. Denn es gibt kein unternehmerisches Handeln ohne unternehmerisches Risiko[1149]. Von der Geschäftsführung kann daher lediglich verlangt werden, in Kenntnis der Risiken ihre Entscheidungen nach pflichtgemäßen Ermessen zu treffen und frühzeitig bestandsgefährdende Risiken zu erkennen[1150]. Die Aufgabe des Abschlussprüfers wäre folglich nicht, unternehmerische Risiken auszuschalten, sondern lediglich die Bandbreite der Risiken aufzuzeigen[1151]. Ohne ausreichend sicheren Rechtsrahmen kann man aber weder ihn noch den Vorstand davon überzeugen, ausreichend über Prognosen zur Unternehmensentwicklung zu berichten[1152]. Für beide würden mögliche Haftungsklagen einen Hemmschuh darstellen. Notwendig für die Einführung einer Geschäftsführungs-

---

1149 Vgl. *Sieben*, S. 67; *Swinson*, "We must run the risk", Accountancy, August 2001, S. 84, *Sünner*, ZHR 1999, 364, 366.

1150 Zu den Grenzen zwischen Pflichtverletzung und Fehlentscheidung der Exekutivorgane vgl. *Grass*, SZW/RSDA 2000, 1-10.

1151 *Semler*, Diskussion, S. 87.

1152 Vgl. *Luttermann*, AG 2000, 459, 466, mit Hinweis auf eine Stellungnahme des AICPA im Jenkins-Report.

prüfung wären daher "safe harbour"[1153]-Regelungen, wie sie in den USA für den Vorstand in Form der Business-Judgment-Rule[1154] bereits existieren.

VII. *Blick über die Grenzen*

Die in den europäischen Staaten durchgeführten Abschlussprüfungen enthalten zum Teil Elemente einer Geschäftsführungsprüfung. So hat in Finnland, Griechenland, Portugal und Schweden der Abschlussprüfer bei der Abschlussprüfung entsprechende Aspekte zu berücksichtigen[1155] Eine reine Prüfung der Geschäftsführung beschränkt sich aber wie in Deutschland auf Sonderprüfungen vergleichbar der Vorschrift des § 142 AktG. Die Tendenz in der Europäischen Union geht aber in Richtung auf eine Ausdehnung der Geschäftsführungsprüfung[1156]. Die Überlegung, die Abschlussprüfung zu erweitern, besteht auch in den USA und wird dort zum Schutz der Kapitalmarktanleger auch gefordert[1157]. Dementsprechende Ansätze beschränken sich aber nicht zuletzt wegen der Befürchtung einer ausufernden Haftung auf zusätzliche freiwillige Prüfungen[1158].

1153 Siehe hierzu 175 SA und 3b-6 SEA, sowie Private Securities Litigation Reform Act von 1995, Section 27A SA und Section 21E SEA.

1154 Siehe hierzu *Lenenbach*, WM 1999, 1393, *Becker*, Verwaltungskontrolle, S. 265-276. Zur Rechtslage in Deutschland siehe BGHZ 135, 244 ("ARAG/Garmenbeck").

1155 Vgl. *Saage*, S. 19 ff.

1156 Vgl. *Europäische Kommission*, Grünbuch der Europäischen Kommission, Rn. 3.31, WPK-Mitt. 1996, 279, 285-286 („Vom Abschlussprüfer kann durchaus erwartet werden, dass er im Bestätigungsvermerk (Prüfungsbericht) das Vorhandensein derartiger [interner Kontroll-]Systeme festhält und eine Einschätzung zu deren Zweckmäßigkeit vornimmt").

1157 *Theisen*, Überwachung, S. 118-124.

1158 *Jung*, S. 228.

VIII. *Würdigung*

Die Übersicht zeigt, dass die Einführung einer Geschäftführungsprüfung zwar einige Vorteile aufweist, daneben aber auch eine Reihe von schwierigen Fragen und Probleme mit sich bringt. Vor einer überstürzten Ausdehnung der Prüfungspflichten ist daher zu warnen. Vielmehr sollte der vom KonTraG mit § 317 Abs. 4 HGB eingeschlagene Weg, die Abschlussprüfung punktuell weiter zu entwickeln, weitergegangen werden.

IX. *Prüfung der Vorstandsberichterstattung nach § 90 AktG*

Ein weiterer Schritt auf diesem Weg ist der Vorschlag, die Vorstandsberichterstattung an den Aufsichtsrat nach § 90 Abs. 1 Satz 1 Nr. 1 AktG in die Prüfung des Abschlussprüfers mit einzubeziehen[1159]. Diese periodische Berichtspflicht ist, wie oben bereits beschrieben, die maßgebliche Informationsquelle für die Überwachungstätigkeit des Aufsichtsrats, da sie die künftige Geschäftspolitik, die Rentabilität und die aktuelle Umsatzentwicklung, Geschäfte von erheblicher Bedeutung sowie sonstige wichtige Anlässe umfasst[1160]. Laut Vorschlag soll diese Liste zum einen um eine Berichtspflicht des Vorstandes über die Umsetzung der Unternehmensplanung in der Vergangenheit erweitert werden, zum anderen soll der Vorstand verpflichtet werden, seine Berichterstattung schriftlich vorzunehmen, da mündliche Mitteilungen nicht geprüft werden können[1161]. Der Abschlussprüfer soll allerdings keine Voll-, sondern lediglich eine Art Plausibilitätsprüfung vornehmen. Das bedeutet, dass keine umfassende Prüfung auf Vollständigkeit oder inhaltliche Richtigkeit stattfindet, sondern die Berichterstattung lediglich auf ihre Schlüssigkeit, etwa was den Einklang mit Jahresabschluss und Lagebericht betrifft, kontrolliert würde.

X. *Würdigung*

Gegen den Vorschlag zur Prüfung der Vorstandsberichterstattung (§ 90 AktG) kann eingewandt werden, dass der Abschlussprüfer schon heute auf Grund seines Einsichtsrechts (§ 320 HGB) die Möglichkeiten besitzt, von den Vorstandsberichten Kenntnis zu nehmen[1162]. Des Weiteren bestehe für den Aufsichtsrat die Möglichkeit, den Abschlussprüfer hinsichtlich der Berichterstattung des Vorstandes zu befragen (§ 171 Abs. 1 S. 2 AktG) bzw. mit einer speziellen Prüfung zu beauftragen (§ 111 Abs. 2

1159 *IDW*, WPg 2000, 1027. 1033.

1160 Vgl. *Lutter*, Information, S. 11-13.

1161 *IDW*, WPg 2000, 1027. 1034. So auch die Forderung der *Regierungskommission "Corporate Governance"*, D5.2.

1162 Vgl. *Budde/Steuber*, BeBiKom § 320 Rn. 1 ("Die Ausweitung des Prüfungsumfangs (§ 317) und der Berichtspflicht (§ 321) aufgrund des KonTraG bedingen auch erweiterte Auskunftsrechte für den AP").

AktG). Unklar ist aber, ob und inwieweit hierzu eine Pflicht im Rahmen einer ordnungsgemäßen Prüfung und Überwachung besteht[1163]. Eine gesetzliche Pflicht zur Prüfung in Form eines "review" und die Pflicht zur Berichterstattung an den Aufsichtsrat würde insofern Unklarheiten beseitigen. Darüber hinaus würden von ihr eine Reihe von positiven Impulsen für die Qualität der Abschlussprüfung und der Aufsichtsratsüberwachung ausgehen[1164].

Ferner würde der Abschlussprüfer durch die Prüfung der Vorstandsberichterstattung ein umfassenderes Bild vom Unternehmen erhalten, was seine Prüfungsdurchführung unterstützten würde, insbesondere was den Lagebericht betrifft. Der Aufsichtsrat wiederum wäre veranlasst, den Kontakt zum Abschlussprüfer zu suchen und zu intensivieren. Schließlich dürfte die prophylaktische Wirkung auf die Berichterstattung des Vorstands an den Aufsichtsrat nicht unterschätzt werden. Eine entsprechende Prüfungspflicht des Abschlussprüfers wäre geeignet, indirekt für mehr Sorgfalt und größere Verlässlichkeit der Vorstandsberichterstattung zu sorgen[1165]. Dadurch wäre gewährleistet, dass der Aufsichtsrat umfassend und wahrheitsgetreu vom Vorstand unterrichtet wird. Demgegenüber bleibt jedoch die ernstzunehmende Gefahr, durch eine gesetzliche Regelung eine neue Erwartungslücke zu begründen, da die Öffentlichkeit die unterschiedlichen Abstufungen der Prüfungsintensität nicht wahrnehme, vielmehr eine umfassende Prüfung erwarten würde. Dieses Risiko kann zwar nicht gänzlich gebannt werden, aber durch eine Beschränkung auf eine Berichterstattung im Prüfungsbericht zumindest gemildert werden.

J. *Zusammenfassung*

Durch das KonTraG ist der allgemeine Charakter der Abschlussprüfung als Recht- und Ordnungsmäßigkeitsprüfung prinzipiell nicht verändert worden. Dennoch hat in wesentlichen Punkten eine behutsame Anpassung der Prüfungsaufgaben an die Eingangs zitierten, neuen Anforderungen stattgefunden. So bedingt die gesetzlich vorgeschriebene Problemorientierung der Prüfung nach §§ 317 Abs. 1 Satz 3 HGB einen stärkeren Einfluss neuer Prüfungsmethoden. Diese fördern die Aufdeckung von Unterschlagungen und anderen Unregelmäßigkeiten in der Rechnungslegung, ohne jedoch allgemein eine positive Suchverantwortung des Abschlussprüfers für kriminelle Handlungen zu begründen. Des Weiteren verlangen sie vom Abschlussprüfer seinen Blickwinkel zu öffnen und sich mehr mit dem wirtschaftlichen Umfeld, der Lage sowie den zukünftigen Entwicklungen des Unternehmens zu beschäftigen. Ein vergleichbares Ziel verfolgt die veränderte Lageberichtsprüfung nach § 317 Abs. 2 HGB. Zusammen mit der neu geschaffenen Pflicht zur Prüfung des internen Frühwarnsystems nach § 317 Abs. 1 Satz 4 HGB sollen diese Maßnahmen die Krisenwarnfunktion des Ab-

---

1163 Die Literatur will eine Einbeziehung der eigenverantwortlichen Entscheidung des Abschlussprüfers überlassen, vgl. *Ludewig*, WPg 1998, 595, 598.

1164 *IDW*, WPg 2000, 1027. 1033.

1165 *IDW*, WPg 2000, 1027. 1033.

schlussprüfers stärken, ohne jedoch in die generelle Informationsverantwortung des Vorstands einzugreifen.

Hauptnutznießer der Veränderungen ist auf Grund des bestehenden Systems der Informationsvermittlung der Aufsichtsrat. Nach dem Willen des Gesetzgebers sollen die Reformen ihn in seinen Aufgaben, die eine verstärkt zukunftsorientierte Kontrolle der Geschäftsführung verlangen, umfassender und intensiver als bisher unterstützen, um so bestehende Defizite auszugleichen, ohne ihn jedoch gänzlich ersetzen zu wollen. Denn trotz neuer Aufgaben des Abschlussprüfers, die den traditionellen Bereich der Buchführung und Rechnungslegung verlassen, wie etwa die Prüfung des internen Frühwarnsystems, bleibt die Beurteilung der unternehmerischen Zweckmäßigkeit des Vorstandshandelns weiterhin Aufgabe des Aufsichtsrats. Gegen eine weitere Ausdehnung der Prüfungspflicht des Abschlussprüfers auf diesem Gebiet sprechen zumindest gegenwärtig noch eine Reihe von ungeklärten Fragen und Probleme. Denkbar sind aber weitere punktuelle Ergänzungen wie etwa die Einbeziehung der Vorstandsberichterstattung nach § 90 AktG in die Prüfung.

§ 3: Reform der Prüfungsberichterstattung

Nach Aussage eines Vorstandsmitglieds einer großen Wirtschaftsprüfergesellschaft wird der Beitrag, den der Abschlussprüfer in Zukunft für die Corporate Governance leiste, nicht nur davon abhängen "was wir prüfen, sondern auch [...] wem wir darüber berichten und wann"[1166]. Damit ist angedeutet, dass neben der gesetzlichen Prüfungsaufgabe, die sinnvolle Informationsverteilung und -Vermittlung des Prüfungsergebnisses mindestens genauso wichtig und bedeutend ist. In Deutschland besteht die Besonderheit, dass die Prüfungsberichterstattung seit Einführung der Pflichtprüfung entsprechend der Doppelrolle des Abschlussprüfers zweigeteilt ist. Als Instrument der internen Berichterstattung dient dabei der Prüfungsbericht und als Instrument der externen Berichterstattung der Bestätigungsvermerk. Beide Informationsinstrumente sind durch das KonTraG neu gestaltet worden.

A. Der Prüfungsbericht

Der Prüfungsbericht dient im wesentlich der Information des Aufsichtsrats, der das Hauptüberwachungsorgan der Aktiengesellschaft darstellt.

1166 So Georg Graf Waldersee, in *Rössing*, "In Zukunft wird genau hingeschaut" FTD v. 23.3.2001, S. 33.

I. *Aufgabe*

Innerhalb des Prüfungsberichts, der für die Öffentlichkeit nicht zugänglich ist, soll der Abschlussprüfer zu sensiblen Themen Stellung nehmen können. Neben den inhaltlichen Erweiterungen, die durch die neuen Prüfungsaufgaben des KonTraG bedingt sind, enthält die gesetzliche Neufassung auch einige formelle Neuerungen, die hauptsächlich dazu dienen sollen, den Informationswert des Prüfungsberichts für den Aufsichtsrat zu verbessern[1167].

II. *Die Situation*

Nach Ansicht des Gesetzgebers hat sich der nach altem Recht zu erstellende Prüfungsbericht zwar "grundsätzlich bewährt"[1168], in der Praxis sei er aber vielfach seiner Aufgabe, den Aufsichtsrat in der Überwachung des Vorstandes zu unterstützen, nicht in vollem Umfang gerecht geworden[1169]. Zurückzuführen sei dies nach der Begründung zum Gesetzesentwurf darauf, dass sich die Berichterstattung des Abschlussprüfers im Prüfungsbericht "häufig auf die Aufgliederung und Erläuterungen der Posten des Jahresabschlusses" beschränkte[1170]. In der Literatur wurden die darin getroffenen Feststellungen und Erläuterungen folglich oft als "verschwommen" und "schwer verständlich", in Einzelfällen sogar als verharmlosend oder irreführend- zumindest für unvoreingenommene Leser -, gerügt[1171].

III. *Die Reformen*

Um diese fehlende Prägnanz des Prüfungsberichts zu beseitigen und die Berichterstattung aussagekräftiger zu gestalten, hat der Gesetzgeber im KonTraG eine Reihe von Reformen durchgeführt. Hierzu zählt in erster Linie, dass der Abschlussprüfer ausdrücklich dazu angehalten ist, "über das Ergebnis der Prüfung schriftlich und mit der gebotenen Klarheit zu berichten" (§ 321 Abs. 1 HGB). Der notwendigen Klarheit der Berichterstattung soll ebenso die Pflicht des Abschlussprüfers dienen, "vorweg" zur Beurteilung der Lage des Unternehmens oder Konzerns durch die gesetzlichen Vertreter Stellung zu nehmen[1172]. Demgegenüber soll eine Aufgliederung und Erläuterung von Jahresabschlussposten nach neuer Rechtlage nur noch notwendig sein, soweit dadurch die Darstellung der Vermögens-, Finanz und Ertragslage wesentlich

---

1167 *Rürup*, AG 1995, 219, 221; *Scheffler* BFuP 1996, 315.
1168 *Ernst*, KonTraG, S. 101.
1169 *Ernst*, KonTraG, S. 101; siehe auch *Ebke*, MüKo-HGB, § 321 Rn. 3.
1170 BT-Drucks. 13/9712, S. 28; a.A. *Ludewig*, WPg 1998, 595, 595; *ders.*, Die Darstellung der wirtschaftlichen Lage im Bericht über die aktienrechtliche Jahresabschlussprüfung, Düsseldorf 1995.
1171 *Hense*, FS Budde, S. 287, 288.
1172 Kritisch hierzu *Ludewig*, WPg 1998, 595, 597.

verbessert wird und diese Angaben nicht im Anhang enthalten sind[1173]. Weiter soll der Abschlussprüfer in einem getrennten Abschnitt eine Darstellung "über Art und Umfang" der Prüfung geben (§ 321 Abs. 3 HGB)[1174]. Die Darstellung soll zur Verringerung der Erwartungslücke dienen, indem dem Empfängerkreis der Umfang und damit auch die Grenzen der Abschlussprüfung vor Augen geführt wird[1175]. Ergänzend sieht das TransPuG vor, dass künftig "auch über Beanstandungen zu berichten [ist], die nicht zu Einschränkungen oder Versagungen des Bestätigungsvermerks geführt haben, soweit dies für die Überwachung des geprüften Unternehmens von Bedeutung ist" (§ 321 Abs. 2 Satz 2 HGB n.F.). Ebenso soll der Abschlussprüfer darauf eingehen, welchen Einfluss Änderungen in den Bewertungsgrundlagen, einschließlich der Ausübung von Bilanzierungs- und Bewertungswahlrechten, auf die Darstellung der Vermögens-, Finanz- und Ertragslage haben (§ 321 Abs. 2 S. 4 HGB n.F.). Beides soll einer problemorientierten Darstellung und damit einem besseren Verständnis des Aufsichtsrats dienen[1176]

IV. *Kritik*

Kritiker wollen den Gesetzesänderungen überwiegend nur klarstellende Bedeutung beimessen[1177], da nach ihrer Ansicht die Neuerungen der Berufspraxis, wie sie in den einschlägigen Standards festgelegt ist, entsprechen[1178]. Ähnlich wie bei der Prüfungspflicht kann aber auch hier festgestellt werden, dass die Bindungswirkung einer gesetzlichen Vorschrift weitreichender ist als die berufsständischer Vorschriften, die nur für Mitglieder verbindlich gelten.

Andere Interpretationen wollen aus der Neuregelung weitergehende Schlüsse ziehen. Nach Ansicht der Autoren soll der Wirtschaftsprüfer durch die Pflicht zur „gebotenen Klarheit" in Zukunft mehr auf die individuellen Fähigkeiten des Aufsichtsratsgremiums Rücksicht nehmen müssen[1179]. Hierzu ist jedoch anzumerken, dass der Bundesgerichtshof in der bereits erwähnten Hertie-Entscheidung aus dem Jahre 1982 eindeutig klargestellt hat, dass die Ausübung des Aufsichtsratsamtes an gewisse Mindestkenntnisse und Fähigkeiten geknüpft sein sollte, die notwendig seien, um alle

---

1173 BT-Drucks. 13/9712, S. 29. Nach *Hommelhoff/Mattheus* AG 1998, 249, 257 soll der Aufsichtsrat vor dem "Information Overkill" bewahrt bleiben. A. A. jedoch *Ludewig*, WPg 1998, 595, 598-599, der hierin einen Verstoß gegen das "Prinzip der Klarheit" sieht.

1174 Siehe hierzu ausführlich *Ebke*, MüKo-HGB, § 321 Rn. 33-37.

1175 BR-Drucks. 872/97, S. 77.

1176 *Pfitzer/Oser/Orth*, DB 2002, 157, 164.

1177 *IDW*, EPS 450, WPg 1998, 866, 867; *Ludewig* WPg 1998, 595, 597,

1178 So schrieb schon das Fachgutachten 2/1988 in Abschn. B vor, dass der Prüfungsbericht "unparteiisch, vollständig, wahrheitsgetreu mit der gebotenen Klarheit schriftlich zu erstatten ist". Siehe auch IDW PS 450 (Grundsätze ordnungsgemäßer Berichterstattung bei Abschlussprüfungen). Vgl. auch *IDW*, WPg 2002, 146, 151.

1179 *Ludewig*, WPg 1998, 595, 597. Ebenso *Hense*, FS Budde, S. 287, 288, nach dessen Ansicht der unbestimmte Rechtsbegriff, nicht ohne Rücksicht darauf beurteilt werden kann, wer Empfänger des Prüfungsberichts ist.

normalerweise anfallenden Geschäftsvorgänge ohne fremde Hilfe verstehen und sachgerecht beurteilen zu können[1180]. Folglich kann es auch in Zukunft nicht Aufgabe des Abschlussprüfers sein, fehlende grundlegende rechtliche, wirtschaftliche und organisatorische Kenntnisse des Aufsichtsrates auszugleichen.

V. *Würdigung*

Insgesamt sind die Reformen des Prüfungsberichts zu begrüßen, da sie die Überwachungstätigkeit des Aufsichtsrats und damit die Kontrolle der Aktiengesellschaft auch im Sinne der Allgemeinheit verbessern. Aus Sicht der neuen Anforderungen an die Corporate Governance ist allerdings kritisch anzumerken, dass sich der Gesetzgeber bei den Reformen des Prüfungsberichts zu sehr auf den internen Blickwinkel des Aufsichtsrats gestützt hat. Die drängenden Fragen des Prüfungsberichts sind damit nur teilweise gelöst worden. Aus Sicht der Corporate Governance resultieren sie hauptsächlich aus dem zunehmenden Druck der Öffentlichkeit, die von den Unternehmen mehr Transparenz und Publizität fordert und deshalb ein besonderes Interesse an den Informationen des Prüfungsberichts besitzt.

VI. *Ist eine Beschränkung der Publizität notwendig?*

Ursprünglich waren als Empfänger des Prüfungsberichts bei der Aktiengesellschaft lediglich der Aufsichtsrat[1181] und der Vorstand vorgesehen[1182].

1. Situation

Spätere gesetzliche Vorschriften erweiterten jedoch auf Grund des öffentlichen Interesses den Adressatenkreis des Prüfungsberichts auf das Bundesaufsichtsamt für Kredit- bzw. Versicherungswesen und die Finanzverwaltung[1183]. Gegenwärtig ist es in der Praxis üblich, dass sogar die Vergabe von Krediten regelmäßig von der Vorlage eines Prüfungsberichtes abhängig gemacht wird. Die Kreditinstitute verweisen dabei auf § 18 KWG sowie die hierzu ergangenen Empfehlungen des Bundesaufsichtsamtes für Kreditwesen[1184]. Kritiker dieser Entwicklung sehen deshalb die Vertraulichkeit des Prüfungsberichtes heute als nicht mehr als gegeben an[1185]. Die Vertraulichkeit wird aber als "conditio sine qua non" für eine umfassende Berichterstattung im Prüfungs-

---

1180 Siehe hierzu Fn. 918.
1181 § 321 HGB i.V.m. § 111 AktG.
1182 Dem Vorstand ist gem. § 321 Abs. 5 S. 2 2HS HGB ein sog. "Vorwegexemplar“ zuzuleiten. Siehe hierzu ausführlich Seite 354 ff.
1183 Vgl. § 26 Abs. 1 S. 3 KWG; § 59 VAG, § 150 Abs. 4 AO i.V.m. § 60 Abs. 3 EStDV.
1184 *Hense*, FS Budde, S. 287, 303.
1185 *Hauser*, S. 215.

bericht gesehen[1186]. Sie schlagen daher verschiedene Lösungen vor, um eine Verbesserung der Situation zu erreichen.

2. *Teilung des Prüfungsberichts*

Ein Vorschlag zielt darauf ab, den Prüfungsbericht zu teilen[1187]. Dadurch sollen brisante Prüfungsergebnisse in Zukunft nur noch dem Aufsichtsrat zugänglich sein[1188]. Die übrigen Adressaten sollen sich demgegenüber mit einer "kupierten Version" begnügen müssen, die allerdings, um dem Gebot der Vollständigkeit zu genügen, einen Hinweis auf die Berichterstattung an den Aufsichtsrat enthält, ohne jedoch die einzelnen Details zu nennen. Damit würde die Vertraulichkeit des Berichts gewahrt bleiben, da das einzelne Unternehmen selbst darüber entscheiden könnte, wem es Einblick gewährt bzw. wessen Ansprüche auf Einsicht es ablehnt bzw. abwehrt.

3. *Mündliche Berichterstattung*

Ein zweiter Vorschlag beinhaltet, dass der Abschlussprüfer brisante Sachverhalte nicht mehr schriftlich im Prüfungsbericht, sondern nur noch mündlich in der Bilanzsitzung des Aufsichtsrates ansprechen soll[1189]. Angeknüpft wird dabei an die durch das KonTraG eingeführte Gesetzesänderung, die den Abschlussprüfer verpflichtet, an den Bilanzsitzungen des Aufsichtsrates teilzunehmen (vgl. § 171 Abs. 1 S. 2 AktG). Dadurch wäre gewährleistet, dass brisante Details in Zukunft nur dem gesetzlich bestimmten Aufsichtsorgan mitgeteilt würden. Zudem könnte der Abschlussprüfer auf Grund des persönlichen Kontakts während der Sitzung Tragweite und Bedeutung des brisanten Sachverhalts besser erläutern[1190].

4. *Würdigung*

Die vorgestellten Vorschläge überzeugen nicht. Beide Ansätze sind aus rechtlicher Sicht wegen des Grundsatzes der Vollständigkeit problematisch[1191]. Insbesondere der Vorschlag, der lediglich eine mündlichen Berichterstattung in der Aufsichtsratssitzung beinhaltet, ist bedenklich. Er widerspricht dem Gedanken, dass der Prüfungsbericht ein

---

1186 *Hense*, FS Budde, S. 287, 305; *A/D/S*, HGB, § 321 Rn. 22.

1187 *Hense*, FS Budde, S. 287, 309.

1188 Einen ähnlichen Vorschlag macht die *Regierungskommission "Corporate Governance"*, D6.20-6.21. Sie fordert die Berichterstattung an den Aufsichtsrat von der Berichterstattung an die Aufsichtsämter (z. B. § 26 KWG) zu trennen, um informativere und problemorientiertere Prüfungsberichte zu erhalten.

1189 *Hense*, FS Budde, S. 287, 311.

1190 *Hauser*, S. 217.

1191 Siehe hierzu *Budde/Kunz*, BeBiKomm., § 321 Rn. 13-15; *A/D/S*, HGB, § 321 Rn. 158-160.

abschließendes und verbindliches Urteil enthalten soll. Denn er erlaubt dem Abschlussprüfer, sich um eine eindeutige Stellungnahme zu drücken und die Aufklärung einer mündlichen Berichterstattung zu überlassen. Zusätzlich sprechen praktische Erwägungen gegen ihn. Zu Recht wird eingewandt, dass es einem Unternehmen schwer fallen würde, sich dem Auskunftsverlangen eines Kreditinstituts zu verschließen, das auf Grund seiner Version des Prüfungsberichtes von der Existenz eines "Geheimdossiers" wisse und deshalb um Offenlegung aller Fakten bitte[1192], ohne die Kreditvergabe gleichzeitig zu gefährden[1193].

Sinnvoller ist es deshalb, brisante Sachverhalte frühzeitig dem Vorstand und vor allem auch dem Aufsichtsrat mitzuteilen, um so eine Klärung herbeizuführen, ohne sich dem Vorwurf der „Mauschelei“ auszusetzen. Die Berufspflichten sehen solche Mitteilungspflichten bisher nur gegenüber dem Vorstand vor[1194]. Diese Regelung ist aber nicht mehr mit dem vom KonTraG erstrebten Ziel vereinbar, dass auf mehr Publizität und eine verstärkte Zusammenarbeit zwischen Aufsichtsrat und Abschlussprüfer setzt. Stellt der Abschlussprüfer während der Prüfung Unregelmäßigkeiten fest, so sollte er in Zukunft den Aufsichtsrat sofort konsultieren oder zumindest den Aufsichtsratsvorsitzenden unterrichten müssen[1195]. In diesem Zusammenhang erscheint das Vorhandensein eines Audit Committees sinnvoll. Ihm kann ein Verdacht frühzeitig im Rahmen der Prüfung mitgeteilt werden, so dass Unregelmäßigkeiten gemeinsam aufgeklärt werden könnten[1196].

Abschließend ist noch hinzuzufügen, dass Beschränkungen des Informationsflusses auf den Aufsichtsrat wenig Sinn machen, da dort neben den Vertretern der Arbeitnehmer auch Vertreter von Banken sitzen und ein mittelbarer Informationsfluss somit zumindest nicht auszuschließen ist. Gleiches gilt allgemein für Lösungen, die tendenziell versuchen, die Informationsrechte der externen Kapitalgeber zu beschneiden. Sie sind nicht mehr zeitgemäß, denn die Zeichen der Zeit stehen nicht auf weniger, sondern mehr Transparenz und Einblick für die Öffentlichkeit. Allerdings gilt es, durch behutsame Schritte einen Ausgleich zwischen den betroffenen Interessen zu finden.

VII. *Vorschläge für eine Ausweitung der Publizität*

In der Literatur existieren einige Vorschläge zur Verbesserung der Publizität des Prüfungsberichts.

1192 *Hauser*, S. 216.

1193 *Hauser*, S. 216.

1194 Vgl. IDW, HFA 7/1997, Ziff. 8 Tz. 32, WPg 1998, 29, 30. Der Aufsichtsrat ist danach nur ausnahmsweise zu verständigen, etwa wenn der Verdacht besteht, dass der Vorstand in kriminelle Handlungen mit verwickelt ist.

1195 *Langenbucher/Blaum*, DB 1997, 437, 443.

1196 Siehe hierzu ausführlich Seite 374 ff.

1. Publizität des Darstellungsteils nach 321 Abs. 1 Satz 2 und 3 HGB

Hellwig schlägt vor, die im Prüfungsbericht nach 321 Abs. 1 Satz 2 und 3 HGB enthaltene Stellungnahme des Abschlussprüfers zu veröffentlichen[1197]. Nach seiner Ansicht stelle dies für die Gesellschaft keinen Nachteil dar, sofern der Vorstand die Lage des Unternehmens zutreffend dargestellt habe. Andersherum sei es aus Sicht der Öffentlichkeit "irreführend", einen nach dem Urteil des Prüfers unzutreffenden Lagebericht ohne Stellungnahme des Prüfers zu veröffentlichen. Zumindest für börsennotierte Gesellschaften bestünde bei Vorliegen von Feststellungen, die die Berichtspflichten nach § 321 Abs. 1 Satz 2 und 3 HGB auslösten, kein "berechtigtes Vertraulichkeitsinteresse" gegenüber der Öffentlichkeit mehr[1198]. Als Wege zur Veröffentlichung schlägt er die Einreichung beim Handelsregister, die Zuleitung des Prüfungsberichts an die Aktionäre oder eine Pflicht des Abschlussprüfers zur Mitteilung von Redepflicht auslösenden Feststellungen im Rahmen der Ad-hoc-Publizität vor[1199].

2. Offenlegung des Prüfungsberichts im Insolvenzfall

Eine Anregung für eine vorsichtigere Ausweitung der Transparenz des Prüfungsberichts ist demgegenüber durch das Institut der Wirtschaftsprüfer (IDW) in seiner Stellungnahme zum Fragekatalog der Regierungskommission „Corporate Governance: Unternehmensführung – Unternehmenskontrolle – Modernisierung des Aktienrechts" gemacht worden[1200]. Sein Vorschlag, der von der Regierungskommission in ihren Bericht aufgenommen wurde, sieht vor, dass der Prüfungsbericht im Fall der Insolvenz einer Gesellschaft den Verfahrensbeteiligten auf Antrag des Insolvenzverwalters offengelegt werden soll. Als geeigneten Zeitpunkt hierfür sieht es die Eröffnung des Insolvenzverfahrens gemäß § 27 InsO an[1201]. Der Einblick soll die Prüfungsberichte der letzten drei Geschäftsjahre umfassen und auf die Berichtsteile beschränkt sein, die nach § 321 HGB vorgeschrieben sind[1202].

3. Würdigung

Gegen den Vorschlag Hellwigs, den Prüfungsbericht den Aktionären zuzuleiten, sprechen schon insiderrechtliche Bedenken wegen des damit verbundenen Infor-

---

[1197] *Hellwig*, S. 95, 124. Zuvor schon *Hachmeister*, DStR 1999, 1453, 1459.
[1198] *Hellwig*, S. 95, 124.
[1199] *Hellwig*, S. 95, 126.
[1200] *IDW*, WPg 2000, 1027.
[1201] *IDW*, WPg 2000, 1027, 1032.
[1202] *IDW*, WPg 2000, 1027, 1032.

mationsvorsprungs[1203]. Ebenso sind die übrigen Überlegungen, mittels handelsrechtlicher oder Ad-hoc-Publizität mehr Transparenz zu erreichen, abzulehnen. Denn sie gefährden den Sinn und Zweck einer abgestuften Berichterstattung, wie sie mit dem Prüfungsbericht verfolgt werden soll. Eine zu weit gehende Publizität, die die Unterschiede zum Bestätigungsvermerk einebnet, kann hier zu Verschleierungen führen und damit eine kritische und informative Berichterstattung im Prüfungsbericht verhindern. Hinzu kommt eine Gefahr für Unternehmens- und Betriebsgeheimnissen, deren Vertraulichkeit unter Umständen nicht mehr gewährleistet werden kann.

Dem Vorschlag des IDW ist dagegen zuzustimmen. Neben einer besseren Akzeptanz des Insolvenzplans verspricht er eine bessere Überwachung des Abschlussprüfers[1204]. Denn nicht nur der Aufsichtsrat sondern auch Außenstehende können dadurch besser nachvollziehen, ob der Abschlussprüfer seinen gesetzlichen Berichtspflichten, insbesondere der geforderten Stellungnahme zu den in der Lageberichterstattung von den gesetzlichen Vertretern mitgeteilten bestandgefährdenden Entwicklungen (§ 321 Abs. 1 Satz 3 HGB), ausreichend nachgekommen ist. Gleichzeitig wird Geschädigten die Verfolgung eventueller Schadensersatzansprüche gegen den Abschlussprüfer erleichtert, da ihnen der Zugang zu den Beweismitteln vereinfacht wird und sie so die Erfolgsaussichten und das Prozessrisiko einer Klage besser einschätzen können.

Den Abschlussprüfer wiederum hält die bestehende Möglichkeit der Veröffentlichung seiner Prüfungsberichte zu einer klaren Darstellung der Unternehmenslage an und zwar gerade auch - wie das IDW betont- in "kritischen Unternehmenssituationen"[1205]. Darüber hinaus gibt sie ihm die Möglichkeit sich offensiv gegen Kritik von außen im Zusammenhang mit Unternehmenszusammenbrüchen zu verteidigen[1206]. Bisher verbietet ihm eine solche Maßnahme die ihm auferlegte Schweigepflicht. Sie verhindert beispielsweise auch, dass der Abschlussprüfer sich effektiv gegen falsche Mutmaßungen in der Öffentlichkeit zur Wehr setzen kann. Wegen der zuvor bereits erwähnten Unternehmens- und Betriebsgeheimnisse wird aber von *Ebke* zu Recht darauf hingewiesen, dass die Umsetzung des Vorschlags einer gesetzlichen Regelung bedarf[1207]. Denn eine Offenlegung auch von Teilen des Prüfungsberichts betreffe nicht nur die zu prüfende Gesellschaft, sondern auch eine Reihe von Drittinteressen (etwa die von Bankkunden bei der Rechnungslegung eines Kreditinstituts), die es ausreichend zu berücksichtigen gelte[1208]. Abschließend gilt es allerdings zu berücksichtigen, dass nicht jede Unternehmenskrise mit einem Insolvenzverfahren endet. Das heißt,

---

1203 Dieses Problem wird auch von *Hellwig*, S. 95, 126 eingeräumt. Er favorisiert deshalb gegenüber der handels- und aktienrechtlichen Publizität die Veröffentlichung im Wege der Ad-hoc-Publizität.

1204 Vgl. *IDW*, WPg 2000, 1027, 1032.

1205 *IDW*, WPg 2000, 1027, 1032.

1206 Siehe hierzu auch *Niehus*, DB 2000, I.

1207 *Ebke*, MüKo-HGB, § 321 Rn. 67.

1208 Zu groben Details einer möglichen Regelung siehe die Vorschläge der *Regierungskommisssion "Corporate Governance"*, D6.25.

dass für die übrigen Fälle weiter nach anderen Wegen gesucht werden muss, um ein "Mehr" an Transparenz zu ermöglichen[1209].

B. *Der Bestätigungsvermerk*

Im Bestätigungsvermerk hat der Abschlussprüfer gem. § 322 Abs. 1 HGB das Ergebnis der Prüfung des Jahresabschlusses bzw. des Konzernabschlusses zusammenzufassen.

I. *Aufgabe*

Anders als der Prüfungsbericht nach § 321 HGB richtet sich der Bestätigungsvermerk nicht nur an den Auftraggeber, sondern auch an die Allgemeinheit, namentlich an gegenwärtige und potentielle Anleger, Gläubiger, Arbeitnehmer und die interessierte Öffentlichkeit[1210]. Rechtlich liegt die Bedeutung des Bestätigungsvermerks darin, dass die Feststellung des Jahresabschlusses (§ 316 Abs. 1 Satz 2 HGB) neben dem Prüfungsbericht (§ 321 HGB) zwingend einen Bestätigungsvermerk (§ 322 Abs. 1-3 HGB) bzw. einen Vermerk über dessen Versagung (§ 322 Abs. 4 HGB) voraussetzt[1211]. Faktisch kann sich eine Versagung des Bestätigungsvermerks auf die Entlastung der Gesellschaftsorgane sowie im Außenverhältnis bei der Kapitalaufnahme (Fremd- oder Eigenkapital) negativ auswirken[1212]. Denn der Bestätigungsvermerk muss eng in Verbindung mit der Beglaubigungsfunktion der Jahresabschlussprüfung gesehen werden[1213]. Nach Ansicht der Gerichte knüpft sich an ihn das Vertrauen des Rechtsverkehrs[1214]. Aus Sicht der Literatur wird an seiner Wahrheit und Vollständigkeit der Abschlussprüfer gemessen[1215].

II. *Die Situation*

Vor Inkrafttreten des KonTraG war der Wortlaut des Testats für den Abschlussprüfer im Gesetz festgelegt. Danach hatte der Prüfer zu bestätigen, dass die Buchführung und der Jahresabschluss nach seiner pflichtgemäßen Prüfung den gesetzlichen Vorschriften entsprechen, dass der Jahresabschluss unter Beachtung der Grundsätze ordnungsge-

---

1209 So regen *Förschle/Peter*, BeBiKomm., § 317 Rn. 95, eine Berichterstattung über die Ergebnisse der Prüfung des internen Kontrollsystems (§ 317 Abs. 4 HGB), die bisher auf den Prüfungsbericht beschränkt ist, für den Bestätigungsvermerk an.

1210 *A/D/S*, HGB, § 322 Rn. 5.

1211 *Budde/Kunz*, BeBiKomm., § 322 Rn. 11.

1212 *Budde/Kunz*, BeBiKomm., § 322 Rn. 14.

1213 Siehe hierzu schon Seite 99.

1214 Vgl. OLG Düsseldorf, WM 1996, 1777, 1779; LG Hagen, GmbHR 1994, 714, 715.

1215 *Ernst*, WPg 1998, 1025, 1029.

mäßer Buchführung ein den tatsächlichen Verhältnissen entsprechendes Bild von der Vermögens-, Finanz- und Ertragslage der Kapitalgesellschaft vermittelt und der Lagebericht im Einklang mit dem Jahresabschluss steht (§ 322 Abs. 1 HGB a.F.) Wie im Zusammenhang mit der Erwartungslücke bereits erwähnt[1216], war das Testat, insbesondere die Formulierung der Jahresabschluss entspreche den gesetzlichen Vorschriften, häufig Anlass für zahlreiche Missverständnisse und übersteigerte Erwartungen der Öffentlichkeit[1217]. Zurückzuführen ist dies auf die Tatsache, dass der Bestätigungsvermerk als "Gesundheitstestat"[1218], "Gütesiegel"[1219] oder gar "Garantieübernahme"[1220] betrachtet wurde. Ursächlich hierfür war aus Sicht des Gesetzgebers, dass bei dem bisherigen Formeltestat für den Leser "die sich aus der Natur von Jahres- bzw. Konzernabschluss ergebende Begrenztheit der Aussagekraft nicht hinreichend zum Ausdruck" gekommen sei[1221]. Ebenso wurde als Mangel betrachtet, dass in der Vergangenheit "zu wenig deutlich" wurde, dass die Verantwortung für den Jahres- bzw. Konzernabschluss nicht beim Abschlussprüfer, sondern bei den gesetzlichen Vertretern der Gesellschaft, als Bilanzersteller, liege[1222]. Zurückgeführt wurde dies auch auf die im Testat fehlende Beschreibung über die Durchführung der Prüfung[1223].

III. *Die Reformen*

Die Reformen des KonTraG versuchen, den genannten Mängeln der Berichterstattung entgegenzuwirken, um damit die Erwartungslücke gegenüber der Öffentlichkeit zu verringern[1224]. Als wichtigster Schritt gilt dabei die teilweise Abkehr vom sog. "Formeltestat"[1225]. Die neuen gesetzlichen Regelungen zum Bestätigungsvermerk geben dem Abschlussprüfer nicht mehr den genauen Wortlaut seiner Formulierungen vor, sondern legen nur noch einen Grundgehalt für die Kernformulierungen fest[1226]. Sofern keine Einwendungen zu erheben sind, hat der Prüfer danach in seinem Bestätigungsvermerk festzustellen, "dass die von ihm nach § 317 HGB durchgeführte Prüfung zu keinen Einwendungen geführt hat und dass der von den gesetzlichen Vertretern der Gesellschaft aufgestellte Jahres- oder Konzernabschluss aufgrund der bei der Prüfung gewonnen Erkenntnissen des Abschlussprüfers nach seiner Beurteilung unter Beachtung der Grundsätze ordnungsgemäßer Buchführung ein den tatsächlichen

---

1216 Vgl. Seite 116.

1217 *Ernst*, WPg 1998, 1025, 1029; *Dörner*, DB 1998, 1, 4; *Forster*, WPK-Mitt. 1996, 151, 153; *ders.*, FS Ludewig, S. 253.

1218 *Budde/Kunz*, BeBiKomm., § 322 Rn. 9; *Scheffler*, FS Havermann, S. 651, 666.

1219 *A/D/S*, HGB, § 322, Rn. 8; *Budde/Kunz*, BeBiKomm., § 322 Rn. 9; Clemm, WPg 1977, 145, 147.

1220 *Grunewald*, ZGR 1999, 583, 598.

1221 BT-Drucks. 13/9712, S. 29.

1222 BT-Drucks. 13/9712, S. 29.

1223 BT-Drucks. 13/9712, S. 29.

1224 BT-Drucks. 13/9712, S. 29.

1225 *Ebke*, MüKo-HGB, § 322 Rn. 4.

1226 *Ebke*, MüKo-HGB, § 322 Rn. 6.

Verhältnissen entsprechendes Bild von der Vermögens-, Finanz- und Ertragslage des Unternehmens oder des Konzerns vermittelt".

Auf die alte Formulierung, nach der der Abschlussprüfer eine Übereinstimmung mit den gesetzlichen Vorschriften bestätigen soll, wird damit in Zukunft ganz verzichtet. Der neue Bestätigungsvermerk soll vielmehr gem. § 322 Abs. 1 Satz 2 HGB eine Beschreibung von Gegenstand, Art und Umfang der Prüfung auch eine Beurteilung des Prüfungsergebnisses enthalten. Diese Beurteilung soll nach § 322 Abs. 2 Satz 1 HGB "allgemeinverständlich" und "problemorientiert" sein. Sie soll klar zum Ausdruck bringen, dass die gesetzlichen Vertreter der geprüften Gesellschaft den Abschluss zu verantworten haben. In einem gesonderten Teil der Beurteilung soll der Prüfer zu den Risiken, die den Fortbestand des Unternehmens gefährden, Stellung beziehen (§ 322 Abs. 2 Satz 2 HGB). Ebenso ist darauf einzugehen, ob der Lagebericht insgesamt nach der Beurteilung des Prüfers eine zutreffende Vorstellung von der Lage des Unternehmens vermittelt (§ 322 Abs. 3 S. 1 HGB) und die Risiken der künftigen Entwicklung zutreffend dargestellt sind (§ 322 Abs. 3 S. 2 HGB).

IV. *Würdigung*

Mit der Neugestaltung des Bestätigungsvermerks hat der Gesetzgeber einen Mittelweg eingeschlagen. Zu Recht hat er sich gegen eine völlige Freigabe des Wortlauts entschieden. Denn dadurch wäre zum einen die insbesondere für den Kapitalmarkt wichtige Vergleichbarkeit der Testate nicht mehr garantiert gewesen. Zum anderen wäre es dem Abschlussprüfer ermöglicht worden, sich um eine eindeutige Stellungnahme zu drücken und seine Verantwortung hinter gedrechselten Formulierungen zu verbergen[1227].

1. "Self-fulfilling-Prophecy"

Durch den faktischen Ausbau des Bestätigungsvermerks zum Bestätigungsbericht ist die externe Funktion des Abschlussprüfers, die für die Corporate Governance von besonderer Bedeutung ist, wesentlich gestärkt worden[1228]. Gleichzeitig hat sich der Gesetzgeber damit über Bedenken hinweggesetzt, die sich kritisch zu einer gesonderten Darstellung bestandsgefährdender Risiken in der externen Berichterstattung des

---

[1227] Von einer Umbenennung des Bestätigungsvermerks in "Bestätigungsbericht" wurde deshalb auch abgesehen. Siehe hierzu *Seibert* WM 1997, 1, 6.

[1228] Die Aufnahme der bis dato sog. großen Redepflicht in den Bestätigungsvermerk wird in der Literatur teilweise schon als "Paradigmenwechsel" in der deutschen Corporate Governance bezeichnet bzw. als nachhaltige Änderung der Balance der Kontroll- und Informationsrechte zwischen interner und externer Adressaten der Abschlussprüfung bewertet, siehe hierzu *Wüstemann*, S. 25, 52.

Abschlussprüfers geäußert hatten[1229]. Als Folge einer zu weitgehenden externen Berichterstattung wurde dabei immer wieder auf die Gefahr einer "self-fulfilling-prophecy" hingewiesen, d.h. die Öffentlichkeit reagiert negativ auf schlechte Nachrichten über das Unternehmen und verhindert damit die noch mögliche Unternehmensrettung[1230]. Der Prüfer wurde als "Totengräber des Unternehmens" bezeichnet, da man befürchtete, dass "die Alarmglocke des Abschlussprüfers schnell zur Totenglocke des Unternehmens" werden könnte[1231]. Die Frage, ob eine Krisenwarnung, wie sie § 321 Abs. 2 HGB a.F. beinhaltete auch gegenüber der Öffentlichkeit stattfinden sollte, spielte auch in der Diskussion im Rahmen der 5. Richtlinie eine Rolle. Die deutsche Ansicht setzt sich dabei durch, wonach keine Veröffentlichung des „Monitums" in dem für die Öffentlichkeit zu bestimmten Testat stattfinden sollte[1232]. Auch damals wurde damit argumentiert, dass eine öffentliche Bekanntgabe prekärer Details das Unternehmen sofort "in den Hades" hinabreißen könnte und deshalb eine interne Ermahnung und Aufklärung durch den Abschlussprüfer vorzuziehen sei, um dem Unternehmen noch eine Chance zu geben[1233].

Diese Bedenken hat der Gesetzgeber nicht mehr geteilt und bei der Abwägung die Geheimhaltungsinteressen des Unternehmens hinsichtlich seiner prekären Lage gegenüber dem Publizitätsinteresse der Öffentlichkeit als nachrangig betrachtet. Aus Sicht einer Corporate Governance, die auf Transparenz als wesentliches Steuerungselement setzt, ist diese richtungsweisende Entscheidung des Gesetzgebers zu begrüßen. Denn sofern das Unternehmen noch zu retten ist, werden sich die Anleger regelmäßig davon überzeugen lassen; anderenfalls besteht kein Grund, die schlechte Lage weiter zu verheimlichen. Die Erfahrungen in anderen Ländern etwa im angelsächsischen Raum, in dem ein solches „highlighten" von festgestellten Risiken schon länger üblich ist, lehren, dass der Gefahr einer "self-fulfilling-prophecy", durch eine neue Kultur der Transparenz begegnet werden kann. Dort hat sich eine andere Einstellung gegenüber negativen Unternehmensnachrichten herausgebildet, womit die Gefahr einer Fehlinterpretation sinkt. Kritisch muss allerdings der in diesem Zusammenhang gemachte Vorschlag gesehen werden, die Berichterstattung nicht nur auf Risiken zu beschränken, sondern auch auf Chancen auszudehnen, um so eine möglichst ausgeglichene und objektive Darstellung zu gewährleisten[1234]. Denn damit würde dem Abschlussprüfer die Möglichkeit gegeben werden, seine Aussagen zu Risiken im Testat zu Lasten der Klarheit der Berichterstattung zu relativieren.

1229 Vgl. *WPK*, WPK-Mitt. 1997, 100, 104-105; *Dörner*, DB 1998, 1, 4; *Gelhausen*, AG Sonderheft 1997, 73, 82.

1230 *Böcking/Orth*, BFuP 1999, 418, 430.

1231 *Forster*, WPg 1994, 789, 791.

1232 *Goerdeler*, Stellungnahme, S. 29, 31.

1233 *Goerdeler*, Stellungnahme, S. 29, 31.

1234 *Dörner*, DB 1998, 1, 4-5; *Forster*, WPg 1998, S. 41, 53-54.

2. *Haftungsrisiken*

Die neue Berichterstattung bringt aber auch neue Herausforderungen für den Abschlussprüfer. Anders als ein gesetzlich festgelegter Text liegt es nun allein in der Verantwortung des einzelnen Prüfers, durch eine "vorbildliche Formulierung"[1235] die in der Öffentlichkeit bestehenden Erwartungen zu erfüllen. Gleichzeitig muss er dabei dem Druck der Unternehmensleitung standhalten, der durch einen freien Bestätigungsvermerk mehr Möglichkeiten für eine Einflussnahme eröffnet sind. Hilfreich für den Abschlussprüfer können deshalb berufsständische Prüfungs- und Berichtsvorschriften sein, die seine neuen Pflichten konkretisieren. Solche Vorschriften können auch dazu beitragen, die neuen Haftungsrisiken zu minimieren. Denn zu Recht weist *Hommelhoff* darauf hin, dass "die Publizitätsadressaten [....] künftig bei jedem in die Krise oder gar in die Insolvenz gestürzten Unternehmen, das der gesetzlichen Prüfungspflicht unterlag, mit Nachdruck die Frage stellen [werden], ob die Krise- oder insolvenzgenerierenden Risiken in den Vorstands-Lageberichten (§§ 289, 315 HGB) und in den Bestätigungsvermerken des Abschlussprüfers (§ 322 Abs. 1 HGB) klar, allgemeinverständlich und problemorientiert (§ 322 Abs. 2 Satz 1 HGB) genug unter gesonderter Darlegung der Existenzrisiken (§ 322 Abs. 2 Satz 2 HGB) angesprochen waren[1236]." Berufsständische Prüfungs- und Berichtvorschriften werden aber allein nicht ausreichen. Weiter entscheidend wird sein, dass die gesetzgeberische Intention, die Haftung des Abschlussprüfers gegenüber Dritten bei Fahrlässigkeit restriktiv zu handhaben, von den Gerichten beachtet wird. Denn nur so kann der Abschlussprüfer seiner neuen Verantwortung gegenüber der Öffentlichkeit gerecht werden und gleichzeitig die damit verbundenen Risiken beherrschen (und versichern)[1237].

C. *Zusammenfassung*

Die Neugestaltung der Berichtspflichten des Abschlussprüfers durch das KonTraG dient in erster Linie der Verbesserung der Informationen der internen und externen Adressaten der Abschlussprüfung. Der dabei mit Blick auf die Berichtsinhalte feststellbare Trend zu mehr Transparenz ist vor dem Hintergrund der Entwicklungen im Zusammenhang mit der Corporate Governance zu begrüßen. Jedoch dürfen die besprochenen Reformen nicht darüber hinwegtäuschen, dass die Lösung des Problems der notwendigen Transparenz und Publizität in erster Linie von der Informationspolitik der geprüften Gesellschaft, insbesondere den angewandten Rechnungslegungsvorschriften abhängig ist, also nicht vom Abschlussprüfer allein erwartet werden darf[1238]. Die entsprechenden gesetzlichen Hinweise hinsichtlich der Verantwortlichkeit für den

1235 *Dörner*, DB 1998, 1, 4.
1236 *Hommelhoff*, BB 1998, 2625, 2630.
1237 *Ebke*, MüKo-HGB, § 322 Rn. 30.
1238 *Budde/Steuber*, FS Claussen, S. 583, 599.

Jahresabschluss sind deshalb mehr als bloße Aufklärung; sie dienen dem Selbstschutz des Abschlussprüfers vor zu übertriebenen Erwartungen der Öffentlichkeit.

§ 4: Stärkung der Unabhängigkeit des Abschlussprüfers

A. Bedeutung der Unabhängigkeit

Das Ansehen und Vertrauen, das der Prüfer bisher genoss, basierte nicht nur auf seiner ausgewiesenen Expertise sondern vor allem auch auf seiner Unabhängigkeit[1239]. International spricht man auch von einem "Grundstein des Berufsstandes"[1240]. Keiner Eigenschaft wird für die Ausführung der Abschlussprüfung größere Bedeutung beigemessen[1241]. Allgemein gilt der Grundsatz: Nur wenn der Prüfer frei und unabhängig seine Aufgabe ausüben kann, besitzt sein Urteil die erforderlich Objektivität, die notwendig ist, um das Vertrauen der unterschiedlichen Adressaten der Abschlussprüfung zu gewinnen[1242].

B. Unabhängigkeit und Corporate Governance

Für die zentrale Rolle, die der Abschlussprüfer innerhalb der Corporate Governance in Zukunft spielen soll, wird seine Unabhängigkeit allein aber nicht ausreichen. Das öffentliche Interesse an der Abschlussprüfung erfordert, dass neben der Unabhängigkeit des Prüfers der Aspekt der Glaubwürdigkeit stärker betont wird („independence in fact and appearance“[1243]). Um glaubwürdig zu sein[1244], genügt es nicht nur, dass der Abschlussprüfer tatsächlich unabhängig ist bzw. sich nach eigener Einschätzung für unabhängig hält; diese Einschätzung muss vielmehr auch von der Öffentlichkeit geteilt werden[1245]. Unter "Öffentlichkeit" ist dabei in erster Linie der einfache Anleger zu verstehen, der, anders als kundige Fachkreise, nicht unbedingt eine klare Vorstellung vom

---

1239 *Grasso/Sharkansky*, 14 Governance 1, 2 (2001).

1240 *Grasso/Sharkansky*, 14 Governance 1, 2 (2001); *Mednick*, S. 86; *Pendergast*, “Strength through Harmony”, Accountancy, August 2001, S. 144.

1241 *Schindler/Rosin*, S. 179, 181; *Möhle*, WPg 1954, 530.

1242 *Schindler/Rosin, S. 179*, 181

1243 *AICPA* 1996, Code of Professional Conduct, Section 55.03 – Article IV, (*www.aicpa.org/about/code/index.htm*); *Mednick*, S. 86.

1244 Anstatt von Glaubwürdigkeit wird in der Literatur auch häufig von "äußerer Unabhängigkeit gesprochen, die es neben der "inneren" zu verbessern gilt, vgl. *Ebke*, MüKo HGB, § 319 Rn. 12. Andere Autoren unterscheiden zwischen den Begriffspaaren der inneren "Unbefangenheit" und der äußeren "Unabhängigkeit", vgl. *Sieben/Russ*, HRev., Sp. 1973-1975, a.A. *Schulze-Osterloh*, Stellung und Unabhängigkeit, 95, 102.

1245 Vgl. *Bruce*, "“They should be; but are they?”, Accountancy, Juni 1996, 64, 65 ("Independence is a perception, and when things go wrong it is a very public perception").

Beruf des Wirtschaftsprüfers besitzt[1246]. Aus dessen Sicht soll der Abschlussprüfer über jeden Zweifel erhaben sein; es gilt zukünftig noch mehr, bereits den "bösen Schein" zu vermeiden[1247].

So logisch und einsichtig diese Forderung klingt, so schwierig ist doch ihre Umsetzung in der Praxis. Denn im Zusammenhang mit Fragen der Unabhängigkeit und Glaubwürdigkeit spielen nationale Umfeldfaktoren eine große Rolle[1248]. Kultur- und landesspezifisch bestehen sehr unterschiedliche Vorstellungen darüber, welche Sachverhalte und Umstände das Ansehen der Prüfer in der Öffentlichkeit beschädigen können[1249]. International heftig umstritten sind deshalb eine Reihe von Maßnahmen, die darauf abzielen, aus Sicht der Öffentlichkeit bestehende potentielle Konflikte, die die Glaubwürdigkeit gefährden könnten, zu beseitigen. In erster Linie sind das die Einschränkung von gleichzeitiger Prüfung und Beratung durch den Abschlussprüfer, die Pflichtrotation sowie Einnahmegrenzen. Der zukünftige Stellenwert des Abschlussprüfers für die Corporate Governance wird wesentlich davon abhängen, ob zu diesen Punkten befriedigende Lösungen gefunden werden können.

C. *Prüfung und Beratung*

Der Markt für Abschlussprüfungsmandate ist naturgemäß begrenzt. Um dennoch Umsatzzuwächse zu verzeichnen, haben die Wirtschaftsprüfergesellschaften in den letzten Jahren ihr Angebot diversifiziert und ihre Beratungsleistung innerhalb und außerhalb der Abschlussprüfung mehr und mehr ausgebaut[1250].

I. *Situation*

Das Leistungsangebot der Prüfer beschränkt sich dabei heute nicht mehr nur auf die Tätigkeitsschwerpunkte, die zu den gesetzlich geregelten Berufsaufgaben gehören, wie die Rechnungslegung und deren Organisation und das Steuerrecht, sondern umfasst auch die Unternehmensfinanzierung, das Going Public sowie die Nachfolge- und Geschäftsorganisation[1251]. Gefördert wurde der Rollenwechsel vom Prüfer zum Berater

---

1246 Die SEC, final rules, § 210.2-01 (b) sprechen diesbezüglich vom "Reasonable Investor". Demgegenüber konzentriert sich die Europäische Kommission in ihrem Grünbuch auf den "informierten Dritten", vgl. *Europäische Kommission*, Grünbuch der Europäischen Kommission, Rn. 4.8, WPK-Mitt. 1996, 279, 288.

1247 *Europäische Kommission*, Grünbuch der Europäischen Kommission, Rn. 4.8, WPK-Mitt. 1996, 279, 288.

1248 Zum Einfluss kultureller Faktoren auf die Gestaltung von Prüfungsnormen, siehe *Ruhnke*, S. 166-174.

1249 *Pendergast*, "Strength through Harmony", Accountancy, August 2001, S. 144.

1250 Zur Entwicklung der Wirtschaftsprüfungsgesellschaften zu sogenannten "Multi Disciplinary Firms" siehe *Schindler/Rosin*, S. 179, 181-182; *o.V.*, "Audit is dead - long live consulting", Accountancy, Januar 2001, S. 10.

1251 Zum Beratungsangebot siehe *Ballwieser*, S. 147, 156; *Emmerich*, WPg 1988, 637, 642.

durch den beschriebenen Wandel der Prüfungsmethode, die vom Abschlussprüfer mehr und mehr verlangt, die Sicht- und Denkweise der Unternehmensführung einzunehmen. Unterstützung findet er vor allem bei den geprüften Unternehmen. Insbesondere mittelständische Betriebe greifen, mangels ausreichender eigener Sachkunde[1252], gerne auf das Angebot des ihnen vertrauten Abschlussprüfers zurück, nicht zuletzt auch um die zunehmend komplexen Fragen rund um die Abschlussprüfung zu klären[1253]. Dem Abschlussprüfer gibt die Beratung wiederum die Möglichkeit, den Vorwurf zu entkräften, bei der Abschlussprüfung handele es sich nur um "ein kostenpflichtiges Ärgernis", indem er einen Mehrwert in Form von zusätzlichen Dienstleitungen und Informationen ("audit-related-services") zur Verfügung stellt.

II. *Kritik*

Die Kritiker beobachten diese Entwicklung mit Bedenken. Aus ihrer Sicht dient die Abschlussprüfung nur noch als "Türöffner" und "bezahlte Akquisitionsmöglichkeit"[1254] für lukrativere Beratungsdienste. Die Rolle des Abschlussprüfers verkomme zum Kundenbetreuer ("relationsship-manager"), der lediglich den Verkauf von Dienstleistungen zu koordinieren habe. Bestätigung für ihre Kritik sehen sie sowohl in den Zuwachsraten, die das Beratungsgeschäft am Gesamtumsatz der Wirtschaftsprüfungsgesellschaften verzeichnet als auch in den Gewinnanteilen der Beratung, die höher liegen als die des Prüfungsgeschäfts. Die Unabhängigkeit des Abschlussprüfers sehen sie dabei in mehrerlei Hinsicht gefährdet.

1. Finanzielle Abhängigkeit

Steigende Einnahmen aus dem Beratungsgeschäft können dazu führen, dass der Abschlussprüfer finanziell abhängig wird; sie geben damit dem geprüften Unternehmen ein Druckmittel gegen den Abschlussprüfer in die Hand[1255]. Eine Gefahr, die besonders groß sei, wenn die Prüfung unter dem Selbstkostenpreis angeboten würde und das Kalkül des Abschlussprüfers darauf ziele, seine Verluste in Form einer "Quersubventionierung" durch begleitende Beratungsaufträge auszugleichen (sog. "lowballing"[1256]). Ein Phänomen, das in reifen Märkten häufig zu beobachten sei, und dazu diene, unliebsame Konkurrenten zu verdrängen.

1252 *Emmerich*, WPg 1988, 637, 639.

1253 *Haegert*, FS Wysocki, S. 201, 203.

1254 *Schmidt*, Prüfung im 21. Jahrhundert, S. 231, 235.

1255 *Steiner*, WPg 1991, 472.

1256 *Schmidt*, Prüfung im 21. Jahrhundert, S. 231, 236, spricht in diesem Zusammenhang von einem Euphemismus hinter dem sich in der Praxis eine "brutale Preisunterbietung" verbirgt. Aus internationaler Sicht siehe auch *De Angelo*, 3 JoAE 113-127 (1981).

2. Selbstprüfung

Neben möglichen Gefährdungen der finanziellen Unabhängigkeit des Abschlussprüfers tritt bei abschlussnaher Beratung[1257] das Problem einer sogenannten Selbstprüfung hinzu. Je stärker der Abschlussprüfer beratend tätig ist, sei es vor oder während der Prüfung, desto wahrscheinlicher werden Situationen, in denen er auch die Zulässigkeit seiner eigenen Arbeit zu beurteilen hat. Eine solche Konstellation widerspreche laut Kritiker aber dem betriebswirtschaftlichen Gebot der Prozessunabhängigkeit[1258], das von der Abschlussprüfung fordert, ein "Akt der Beurteilung von fremden Leistungen bzw. Tätigkeiten"[1259] zu sein. Juristisch sind Selbstprüfungen verboten, um die Unabhängigkeit der externen Prüfung zu gewährleisten.

III. *Gegenansicht*

Die naheliegende Lösung, einer strikten Trennung von Prüfung und Beratung ist bisher nur in wenigen Rechtsordnungen vollzogen worden. Ausschlaggebend sind hierfür nicht nur praktische Erwägungen, wie etwa, dass die Grenzen zwischen Prüfung und Beratung in der Praxis fließend sind und eine "Einhaltung des Verbots schwer durchzusetzen und zu überwachen wäre"[1260], sondern auch eine Reihe weiterer Gründe.

1. Verbesserung der Abschlussprüfung

Nach Ansicht von Befürwortern[1261] würde eine Beschränkung der Aufgaben des Abschlussprüfers allein auf die Prüfungstätigkeit zu einer "Sterilität“ der Abschlussprüfung führen. Das Potential, das ein freier Berufsstand in sich trage, würde somit verkümmern. Die Stellung des Abschlussprüfers würde sich auf die eines „Gewerbepolizisten“ reduzieren[1262], der einem steuerlichen Betriebsprüfer vergleichbare Aufgaben wahrnimmt. Damit verbunden wäre ein Rollenwandel, der den Charakter der Abschlussprüfung zum Nachteil der Adressaten auf Opposition und Konflikt ausrichte[1263]. Dadurch ginge die für den Erfolg der Tätigkeit des Abschlussprüfers notwendige Unterstützung und Zusammenarbeit mit dem Unternehmen verloren[1264].

1257 *Vogel*, WPg 1988, 633, 633.

1258 Vgl. *Haegert*, FS Wysocki, S. 201, 211-212 m.w. Nachweisen.

1259 Haegert, FS Wysocki, S. 201, 211.

1260 So weist *Ballwieser*, S. 147, 167 auf die Möglichkeit der Umgehung durch Schaffung von Dienstleistergruppen sowie der Erfüllung durch Kreuzverflechtungen hin; ähnlich *Helmrich*, BiRiLiG, S. 272.

1261 *Ballwieser*, S. 147, 167; *Hughes*, “The consultancy contradiction”, Accountancy, Juni 2000, S. 80.

1262 *Clemm*, WPg 1984, 645, 649.

1263 *Clemm*, WPg 1984, 645, 649.

1264 *Clemm*, WPg 1984, 645, 649.

Gleichzeitig würde die Qualität des Rechnungswesens sinken[1265]. Denn Beratung- und Prüfungstätigkeit könnten sich nicht mehr wechselseitig befruchten, da einerseits die hilfreiche Perspektive, die der Abschlussprüfer auf betriebsinterne Probleme und Sachverhalte der Unternehmensführung zur Verfügung stellt, verloren ginge[1266] und andererseits der Abschlussprüfer bei der Lagebeurteilung nicht mehr auf den umfassenden Einblick, den die Beratung gewährt, zurückgreifen könnte[1267].

2. *Stärkung der Unabhängigkeit vom Unternehmen*

Die Befürworter sehen in der Beraterrolle des Abschlussprüfers auch keine Gefährdung der Unabhängigkeit - im Gegenteil stärke sie gerade die Stellung des Abschlussprüfers. Denn ein Abschlussprüfer, der nicht nur die Rolle des Prüfers, sondern auch die eines wichtigen Beraters gegenüber dem Unternehmen wahrnehme, genieße mehr Respekt und könne folglich eher unbequeme Standpunkte bei der Prüfung vertreten[1268]. Daneben verleihe das Beratungsgeschäft allgemein auch eine zusätzliche Einnahmequelle und schaffe als weiteres Standbein auch finanziell mehr Unabhängigkeit[1269].

3. *Kostensteigerung*

Als ein gewichtiges Argument gegen eine strikte Trennung von Prüfung und Beratung wird auch auf den Kostenfaktor verwiesen[1270]. Das Nebeneinander von Prüfung und Beratung senke allgemein die Transaktionskosten[1271]. Anders als bei zwei verschiedenen externen Sachverständigen entfallen Ein- und Bearbeitungszeiten auf Grund von Synergieeffekten. Dadurch verkürze sich der Zeitraum zwischen Abschlussstichtag und Veröffentlichung des Prüfungsergebnisses, was nicht zuletzt auch im Interesse des Kapitalmarkts liege[1272]. Zusätzlich würden Auswahlkosten gesenkt, da die Anforderungen an den Abschlussprüfer und Berater vergleichbar seien und somit von den jeweiligen Tätigkeiten Rückschlüsse auf die Qualität des Abschlussprüfers/Beraters gezogen werden könnten[1273].

1265 *Schindler/Rabenhorst*, BB 1998, 1886.
1266 *Clemm*, WPK-Mitt. 1992, 100, 104.
1267 *Clemm*, WPg 1984, 645, 649.
1268 Denn die Trennung vom Berater falle schwerer als die vom "Nur Prüfer", vgl. *Luik*, Diskussion, S.125-126.
1269 Laut *Ballwieser*, S. 147, 167 macht dies bei rückläufigem Prüfungsgeschäft weniger erpressbar.
1270 Vgl. *Malley*, "The War of Independence", Accountancy, Dezember 2000, S. 70
1271 Siehe hierzu ausführlich *Böcking/Löcke*, DBW 1997, 461, 466-474; *Jacobs*, DB 1975, 2237-2241.
1272 *Böcking/Löcke*, DBW 1997, 461, 467, *Kaminski/Marks*, FS Havermann, S, 247, 277.
1273 Von der Auswahl eines geeigneten Prüfers/Beraters werden vor allem mittelständische Unternehmen stark belastet, da die Kosten nicht proportional zur Unternehmensgröße wachsen, vgl. *Böcking/Löcke*, DBW 1997, 461, 466.

4. *Marktkonzentration*

Daneben wird auf die negativen Auswirkungen verwiesen, die eine strikte Trennung von Prüfung und Beratung auf den Markt für Prüfungsleistungen hätte. Während es den großen Wirtschaftsprüfergesellschaften auf Grund ihrer Kundenstruktur leichter fiele, sich vom Beratungsgeschäft zu trennen und allein auf die Prüfung zu setzen, hingen kleine und mittelständischen Wirtschaftsprüfungsgesellschaften wesentlich von der Beratung als zentrale Einnahmequellen ab, da ihre Mandantenstruktur überwiegend aus kleinen und mittelständischen Betrieben bestehe. Die Folgen einer strikten Trennung würden daher viele kleinere Wirtschaftsprüfergesellschaften nicht verkraften; eine weitere Konzentration auf dem Markt für Prüfungsleistungen wäre das Ergebnis[1274].

5. *Nachwuchs*

Nicht zuletzt würde eine Beschränkung auf die Prüfung den Abschlussprüfer vom Zugang zu wichtigen technologischen Entwicklungen abschneiden. Eine Tatsache, die auch Auswirkungen auf den Nachwuchs hätte. So sehen die Wirtschaftsprüfungsgesellschaften die zukünftige Entwicklung des Berufsstandes gefährdet[1275], wenn es nicht wie bisher gelänge, ausreichend Beschäftigungs- und Entwicklungsmöglichkeiten zu bieten. Denn nur so bliebe der Beruf für die gesuchten Nachwuchskräfte attraktiv. Die Qualität des Nachwuchses, so wird zu bedenken gegeben, sei aber ein entscheidender Faktor, der maßgeblich zur Qualität der Prüfung beitrage.

IV. *Das Verhältnis von Prüfung und Beratung in Deutschland*

In Deutschland hat sich der Gesetzgeber hinsichtlich Regelungen der Unabhängigkeit des Prüfers zurückgehalten. Sein Tätigwerden beschränkt sich auf die gesetzliche Festlegung weniger Prinzipien. Im übrigen überlässt er es dem Berufsstand, der Wissenschaft und den Gerichten, für geeignete Verhaltensanweisungen im Detail zu sorgen[1276].

1274 *Malley*, "The War of Independence", Accountancy, Dezember 2000, S. 70, 71.

1275 Vgl. *o. V.*, "Ernst & Young sucht dringend Nachwuchs", in: FAZ v. 14. Juli 2000, S. 19.

1276 Vorschriften, die die Unabhängigkeit des Abschlussprüfers regeln, finden sich daher hauptsächlich in der Wirtschaftsprüferordnung, der Berufssatzung sowie ergänzenden Stellungnahmen des Berufsstandes vgl. § 43 Abs. 1 WPO und § 49 WPO. Daneben ist die Unabhängigkeit in der Generalklausel des § 43 WPO und in § 2 der Berufssatzung der WP/vBP geregelt. §§ 43a, 45 WPO beschäftigen sich mit der Rechtstellung und Tätigkeit von Wirtschaftsprüfern in Sozietäten. § 2 Abs. 2 der Berufssatzung verbietet einzelne Praktiken der Berufsausübung, die die Unabhängigkeit gefährden können. Unbefangenheit und Unabhängigkeit werden in §§ 20-27 Berufssatzung geregelt.

1. Gesetzliche Regelungen

Einschlägig für die Frage der Zulässigkeit von Prüfung und Beratung sind die Vorschriften des § 319 Abs. 2 Nr. 5 und Nr. 8 HGB. Allgemein kann dabei aus einem Umkehrschluss aus § 319 Abs. 2 Nr. 8 HGB auf eine generelle Zulässigkeit der Beratungstätigkeit des Abschlussprüfers geschlossen werden[1277]. Eine Einschränkung nimmt lediglich die Vorschrift des § 319 Abs. 2 Nr. 5 HGB vor. Sie folgt aus dem Verbot der Selbstprüfung und besagt, dass ein Wirtschaftsprüfer nur dann nicht Abschlussprüfer sein darf, wenn er bei der Führung der Bücher oder Aufstellung des zu prüfenden Jahresabschlusses der Kapitalgesellschaft über die Prüfungstätigkeit hinaus mitgewirkt hat.

2. Berufsrecht

Ähnliche Regelungen finden sich in der Berufsordnung der Wirtschaftsprüfer. Danach wird der Wirtschaftsprüfer aufgefordert, seinen Beruf unabhängig auszuüben (§ 43 Abs. 1 Satz 1 WPO). Insbesondere bei der Erstattung von Prüfungsberichten hat der Abschlussprüfer sich unparteiisch zu verhalten (§ 43 Abs. 1 Satz 2 WPO). Sollte die Besorgnis der Befangenheit bestehen, so hat er die Durchführung des Auftrags abzulehnen (§ 49 WPO). Die Vorschriften der Berufssatzung[1278] konkretisieren die Pflicht zur Unabhängigkeit (§ 2), Unbefangenheit und Unparteilichkeit (§ 20 ff). Hinsichtlich Prüfung und Beratung weist § 24 Abs. 1 darauf hin, dass die Wirtschaftsprüfer von der Beratung ausgeschlossen sind, wenn die Ausschlussgründe des § 319 Abs. 1 und 2 HGB vorliegen. Auch geht die Berufssatzung von der grundsätzlichen Vereinbarkeit von Prüfung und Beratung aus (§ 22 der Berufssatzung), mit der Einschränkung, dass der Abschlussprüfer einen Tatbestand nur beurteilen darf, wenn er an dessen Zustandekommen nicht über die Tätigkeit als Prüfer oder Gutachter hinaus maßgeblich mitgewirkt habe (§ 23 der Berufssatzung). Weitere Konkretisierungen enthält die Gemeinsame Stellungnahme der WPK und des IDW "VO 1/1995 Zur Qualitätssicherung in der Wirtschaftsprüferpraxis"[1279].

1277 Die Gesetzesauslegung am Wortlaut wird durch die Entstehungsgeschichte gestützt. Danach hat sich der Gesetzgeber trotz entsprechender Überlegungen bewusst nicht für eine generelle Trennung von Prüfung und Beratung ausgesprochen. Hintergrund bildete der Kostenfaktor. Ein entsprechender Antrag auf Trennung von Prüfung und Beratung in § 319 Abs. 2 HGB fand sowohl im Ausschuss als auch im Plenum keine Mehrheit. Vgl. *Helmrich*, BiRiLiG-Gesetz, S.272.

1278 Berufssatzung der Wirtschaftsprüfer v. 16.9.1996.

1279 *IDW/WPK*, VO 1/1995 – Zur Qualitätssicherung in der Wirtschaftsprüferpraxis, WPg 1995, 824-839.

3. Rechtsprechung

Die Rechtsprechung unterstützt die Intention des Gesetzgebers. Auch sie hält die Beratungstätigkeit durch den Wirtschaftsprüfer unabhängig davon, ob es sich um eine gesetzlich geschuldete prüfungsbezogene oder eine ergänzende Beratung aufgrund vertraglicher Absprachen handelt, für zulässig, sofern die Grenzen zur Mitwirkung nicht überschritten würden[1280]. Zur Frage, wann eine solche unzulässige Mitwirkung vorliegt, konnte sie bisher jedoch nur wenig beitragen[1281], so dass im Detail noch vieles ungeklärt ist. Ein wenig Licht ins Dunkle konnte in jüngerer Zeit allerdings der "Allweiler-Fall" bringen, den der BGH zum Anlass genommen hat, zu den Abgrenzungskriterien grundlegend Stellung zu beziehen[1282].

a) Allweiler-Entscheidung

In dem den Richtern zur Beurteilung vorgelegten Sachverhalt war der Abschlussprüfer einer mittelgroßen prüfungspflichtigen AG gleichzeitig mit der Steuerberatung des Unternehmens betraut worden. Im Rahmen der Steuerberatung hatte der Prüfer zu entscheiden, ob die von der AG beabsichtigten oder schon vorgenommenen Rückstellungen steuerlich anerkannt würden. Die Kläger sahen hierin eine unzulässige Mitwirkung im Sinne der Vorschrift des § 319 Abs. 2 Nr. 5 HGB, da sich das Ergebnis der Steuerberatung bei der Führung der Bücher und der Aufstellung des Jahresabschlusses niederschlage. Dem stimmte die Berufungsinstanz[1283] zu, nachdem das Gericht erster Instanz[1284] die Klage als unbegründet abwiesen hatte.

b) Begründung

Der BGH hob die Entscheidung der Berufungsinstanz auf und bestätigte damit indirekt das erstinstanzliche Urteil. In der rein steuerlichen Beratung des Wirtschaftsprüfers sahen die Richter keine unzulässige Mitwirkung i.S.d. § 319 Abs. 2 Nr. 5 HGB. Denn nach Ansicht des Senats spiele es für die Feststellung der Befangenheit keine Rolle, dass der Prüfer auf Grund der Maßgeblichkeit faktisch "erheblichen Einfluss" auf die Gestaltung solcher Rückstellungen genommen habe[1285].

Als Ausgangspunkt für seine Begründung dient dem BGH dabei der Begriff der Beratung, den er als "Abgabe oder Erörterung von Empfehlungen durch sachverständige Personen im Hinblick auf künftige Entscheidungen" definierte und für den es kennzeichnend sei, "dass Handlungsmöglichkeiten und ihre Konsequenzen aufgezeigt

---

1280 Vgl. BayOLG, DB 1987, 2400.

1281 BGHZ, 118, 142, 144. Siehe hierzu auch *Claussen* AG 1992, 440.

1282 BGHZ 135, 260;

1283 OLG Karlsruhe DB 1995, 2514 = WPK-Mitt. 1996, 56 mit Anm. *Beckendorff.*

1284 LG Konstanz, WPK-Mitt. 1995, 102.

1285 BGHZ 135, 260, 267.

werden"[1286]. Die Abgrenzung zwischen einer so verstandenen Beratung und einer unerwünschten Mitwirkung nimmt der Senat aber nicht anhand der Unterscheidung zwischen einer zulässigen allgemeinen ("abstrakten") und einer unzulässigen auf den Einzelfall bezogenen Beratung ("konkreten") vor, sondern führt das Kriterium der "funktionalen Entscheidungszuständigkeit" ein[1287]. Eine unzulässige Mitwirkung liege danach immer nur dann vor, wenn der Prüfer sich nicht auf die Darstellung von Alternativen im Sinne einer Entscheidungshilfe beschränke, sondern selbst anstelle seines Mandanten - ganz oder teilweise - eine unternehmerische Entscheidung treffe[1288].

4. *Reaktionen*

In der Literatur hat die Entscheidung des BGH im Allweiler-Fall im Ergebnis weitgehend Zustimmung gefunden[1289]. Auch hier wurde die Absage an "extreme Tendenzen"[1290], die eine strikte Trennung von Prüfung und Beratung gefordert hatten, begrüßt[1291]. Skeptisch wird aber nach wie vor die Ansicht des Senats gesehen, mit seiner Begründung auch für zukünftige Fälle ein hinreichend verallgemeinerungsfähiges Abgrenzungskriterium geschaffen zu haben. Zwar wird den Richtern zugestanden, mit dem herangezogenen Merkmal der "funktionalen Entscheidungszuständigkeit" ein eindeutiges, rechtssicheres und unkompliziertes Kriterium geschaffen zu haben[1292], aber gleichzeitig wird die mittels einer großzügigen Auslegung des Merkmals der "Entscheidungszuständigkeit" mögliche weite Ausdehnung des Beratungsbegriffs, kritisiert[1293]. Denn nach einheitlich vertretener Ansicht kann eine lediglich pro forma erteilte Zustimmung des Vorstands zu einer Beratungsempfehlung des Wirtschaftsprüfers nicht für die Annahme einer zulässigen Beratung ausreichen.

1286 BGHZ 135, 260, 264.

1287 BGHZ 135, 260, 263-264.

1288 Unter der Prämisse, das die unternehmerische Entscheidung dem Mandanten vorbehalten bleibe, seien auch alternativlose Empfehlungen zulässig. Zwar fehle es in solchen Situationen an einer echten Entscheidungsmöglichkeit, da der Prüfervorschlag die einzige zulässige Lösung darstelle. Der Senat beurteile den Rat aber als Teilprüfungsentscheidung im Sinne einer prüfungsvorbereitenden Beratung, vgl. BGHZ 135, 260, 265.

1289 *Ebke*, WPK-Mitt. 1998, 76, 78; *Heni*, DStR 1997, 1210, 1211; *Hommelhoff*, ZGR 1997, 550, 552, *Lanfermann*, FS Sieben, S. 425, 429; *Löcke*, GmbHR 1997, 1052, 1057; *Müller*, LM HGB § 319 Abs. 2 Nr. 5 (Nr. 2); *Röhricht*, WPg 1998, 153; *Schüppen*, WiB 1997, 861, 863.

1290 *A/D/S*, HGB, § 319 Rn. 120; *Röhricht*, WPg 1998, 153, 154.

1291 Vgl. *Schulze-Osterloh*, in Baumbach/Hueck, GmbHR, § 41 Rn. 72.

1292 *Hommelhoff*, ZGR 1997, 550, 554; *Löcke*, GmbHR 1997, 1052?, 1055; *Röhricht*, WPg 1998, 153, 155.

1293 Stellvertretend *Löcke*, GmbHR 1997, 1054.

5. *Konkretisierungsbemühungen der Literatur*

Die Literatur schlägt deshalb zusätzliche oder alternative materielle Kriterien vor, um zu einer befriedigenden Anwendung der vom BGH vorgegebenen Abgrenzungsmerkmale zu gelangen.

a) Die faktische Entscheidungskompetenz

Schüppen und *Heni* wollen darauf abstellen, dass beim Unternehmen auch faktisch die Entscheidungskompetenz liege[1294]. Ausschlaggebend für das Vorliegen einer zulässigen Beratung ist für sie, dass das Unternehmen über ausreichend Kapazität und Sachkompetenz verfüge, um so zumindest theoretisch eine eigene Meinung bilden zu können, die zu einer abweichenden Entscheidung führen könne[1295]. Indizien sollen hierfür nicht nur die Intensität sondern vor allem auch der Umfang der Beratungsleistung sein[1296]. Einen Anhaltspunkt für seine Argumentation sieht *Heni* in der Begründung des BGH. Um zu begründen, dass es sich um ein eigenes Werk des Unternehmens handelt, stützt sich der Senat maßgeblich darauf, dass zum einen das beklagte Unternehmen über eine eigene Abteilung verfügt, die zur Aufstellung des Jahresabschlusses zuständig ist und zum anderen darauf, dass es die gesamten buchhalterischen Grundlagen selbst nach dem Grundsatz der steuerlichen Maximalabschreibung geregelt hat ("eigenes Werk")[1297]. Die Kritik an diesem Vorschlag bezieht sich hauptsächlich auf die Tatsache, dass allein das Versäumnis des Unternehmens hinsichtlich seiner Sachkunde darüber entscheiden soll, ob den Prüfer die Sanktionen einer unzulässigen Mitwirkung treffen[1298]. Zusätzlich befürchten sie Probleme für mittelgroße Gesellschaften, die dadurch gezwungen werden, im Hause eine eigene Steuerabteilung zu errichten[1299]. Darin sehen sie einen Widerspruch zur Intention des Gesetzgebers, der mit § 319 Abs. 2 Nr. 5 HGB nicht verhindern wollte, dass Unternehmen, denen die Sachkompetenz bei einzelnen komplizierten Sachverhalten fehlt, der Prüfer als Berater zur Seite steht[1300]

b) Der "Distanz-Gedanke" und die "praktische Konkordanz"

Dagegen will *Hommelhoff* - anders als der BGH - nicht den Beratungsbegriff und die Entscheidungsfreiheit des Mandanten sondern den gesetzlich vorgegebenen Begriff

---

1294 *Schüppen*, WiB 1997, 861, 863; *Heni*, DStR 1997, 1210, 1213.
1295 *Schüppen*, WiB 1997, 861, 863.
1296 *Heni*, DStR 1997, 1210, 1211.
1297 BGH ZIP 1997, 1162, 1164.
1298 *Neumann*, ZIP 1998, 1338, 1340.
1299 *Neumann*, ZIP 1998, 1338, 1340.
1300 *Röhricht*, WPg 1998, 153, 158.

der "Mitwirkung über die Prüfungstätigkeit hinaus" als Ausgangspunkt wählen[1301]. Um eine Auslegung nach Sinn und Zweck der Norm des § 319 Abs. 2 Nr. 5 HGB zu ermöglichen, entwickelt er zwei Ansätze zur Abgrenzung: Den Distanz-Gedanken und die "praktische Konkordanz". Unter Distanz-Gedanken versteht *Hommelhoff* die Forderung an den Abschlussprüfer, zum Gegenstand der Prüfung, das heißt Jahresabschluss sowie gesamte Buchführung, einen hinreichenden Abstand zu halten, denn nur so sei sichergestellt, dass die Interessen der Öffentlichkeit an der Ordnungsmäßigkeit der Prüfung genügend berücksichtigt werden[1302]. In den Fällen, in denen der Abschlussprüfer anstelle des Mandanten die unternehmerische Entscheidung trifft, kommt sie damit zum gleichen Ergebnis wie die Abgrenzung anhand der funktionalen Entscheidungsverantwortung. Denn in diesen Fällen wird es dem Abschlussprüfer regelmäßig an der notwendigen Distanz zu dem prüfenden Objekt fehlen. Der Vertreter des Distanz-Gedankens räumt selbst ein, dass seine Anwendung in der Praxis Schwierigkeiten bereite und nur bedingt für das Ziel des BGH geeignet sei, hinreichend verallgemeinerungsfähige Abgrenzungskriterien zu finden[1303]. Die Kritiker gehen noch weiter und erklären ihn für überflüssig, da er lediglich den Grundsatz des Selbstprüfungsverbots umschreibe, das hinter der Norm des § 319 Abs. 2 Nr. 5 HGB stehe[1304].

Mehr Zustimmung erntet das Kriterium der "praktischen Konkordanz", das sich unmittelbar an Sinn und Zweck der Vorschrift des § 319 Abs. 2 Nr. 5 HGB orientiert[1305]. Danach ist im Einzelfall zwischen den Synergieeffekten, welche die Beratung durch den Abschlussprüfer bringt und der Gefährdung des öffentlichen Interesses, das durch das Mitwirkungsverbot geschützt werden soll, abzuwägen. Als Maßstab könne dabei gelten, je intensiver die Beratung und deren Auswirkungen auf den Jahresabschluss, desto größer die Gefährdung. Da es sich im Allweiler-Fall um eine reine Steuerberatung handle, überwiege im Rahmen der praktischen Konkordanz das Interesse an der kostensenkenden und qualitätssteigernden Beraterfreiheit gegenüber den minderschweren Gefährdungen des öffentlichen Interesses an der Prüferneutralität[1306].

c) Das Regel/Ausnahmeverhältnis

Ebenfalls mittels einer teleologischen Auslegung versucht *Ebke* zu einer sinnvollen Abgrenzung zu gelangen[1307]. Grundlegend ist danach der Sinn und Zweck der Abschlussprüfung, deren vorrangige Funktion nicht die Selbstkontrolle der Gesellschaft sondern der Schutz der öffentlichen Interessen sei. Die Vorschriften der § 319 Abs. 2 Nr. 5 HGB und § 319 Abs. 2 Nr. 8 HGB sind daher als ein komplexes System des Ge-

---

1301 *Hommelhoff*, ZGR 1997, 550, 555, 557.
1302 *Hommelhoff*, GS Knobbe-Keuk, S. 471, 474.
1303 *Hommelhoff*, ZGR 1997, 550, 561.
1304 *Neumann*, ZIP 1997, 1338, 1341.
1305 *Hommelhoff*, GS Knobbe-Keuk, S. 471, 484.
1306 *Hommelhoff*, ZGR 1997, 550, 561.
1307 *Ebke*, WPK-Mitt. 1997, 76, 78.

setzgebers im Sinne eines Regel/Ausnahmeverhältnisses zu interpretieren. Das Mitwirkungsverbot soll dabei die Regel darstellen, die zulässige Beratung die Ausnahme sein[1308]. Bei bestehenden Zweifeln sei daher eher von einer unzulässigen Mitwirkung als von einer zulässigen Einwirkung auszugehen. Der Vorzug der Lösung liegt darin, dass sie das durch die BGH Entscheidung gewonnene Maß an Rechtssicherheit erhält und gleichzeitig eine Entscheidung ermöglicht, wo weder die Kriterien des BGH noch eine am Einzelfall orientierte Abwägung ein eindeutiges Ergebnis erbringen. Die Problematik des Vorschlags von *Ebke* liegt in seiner Gewichtung. Der Schluss, das Mitwirkungsverbot habe Vorrang, ist laut Kritik nicht zwingend[1309]. Der Wortlaut der Vorschrift des § 319 HGB lasse auch andere Auslegungen zu[1310]. Die Vorschrift des § 319 Abs. 1 Nr. 1 HGB knüpfe an den Begriff des Wirtschaftsprüfers, wie er in § 2 WPO definiert ist. Dort wird die Beratung in steuerlichen Angelegenheiten als Funktion und Aufgabe eines Wirtschaftsprüfers genannt. Daraus könne der Schluss gezogen werden, dass jeder Wirtschaftsprüfer, der beratend tätig sei, auch Abschlussprüfer sein könne, solange nicht eine unzulässige Mitwirkung am Jahresabschluss vorliege[1311]. Anderslautende Interpretationen hätten einen Eingriff in die Berufsauffassung des Wirtschaftsprüfers bedeutet, der jedoch laut Gesetzesmaterialien nicht geplant war. Getragen werde diese Sichtweise auch von der Begründung des Senats in der Allweiler–Entscheidung. Sie lege den Schluss nahe, dass von der grundsätzlichen Vereinbarkeit von Prüfung und Beratung auszugehen sei und die unzulässig Mitwirkung eine im Einzelfall auftretende Überschreitung der zulässigen Beratung nach Art und Umfang darstelle. Nicht zuletzt entspricht sie der herrschenden Sichtweise des Berufsstandes.

6. *Würdigung*

Dem BGH ist im Allweiler-Fall, der eine Steuerberatung betraf, mit dem Kriterium der "funktionellen Entscheidungszuständigkeit" die Abgrenzung mittels eines rechtssicheren und zuverlässigen Kriteriums geglückt. Doch damit dieses Kriterium auch für andere Fallkonstellationen fruchtbar gemacht werden kann, muss die "offene Flanke"[1312], die sich auf Grund einer streng formalen Interpretationsmöglichkeit ergibt, geschlossen werden. In der Literatur konnte – trotz einiger überzeugender Ansätze - über entsprechende materielle Ergänzungen oder Alternativen bisher noch keine generelle Einigung erzielt werden. Es ist daher nach wie vor notwendig, sich mit den weiteren Fallgruppen der Beratung durch den Abschlussprüfer im einzelnen zu beschäftigen, um sich ein abschließendes Bild über den Stand der Anforderungen an seine Unabhängigkeit machen zu können.

[1308] *Ebke*, WPK-Mitt. 1997, 76, 78.
[1309] *Neumann*, ZIP 1997, 1338, 1343.
[1310] Vgl. *Moxter*, BB 1996, 683, 686; *Röhricht*, WPg 1998, 153, 163.
[1311] *Neumann*, ZIP 1997, 1338, 1343.
[1312] *Röhricht*, WPg 1998, 153, 155.

a) *Lückenschließung und Mängelbeseitigung*

Am ehesten kann dabei eine Einigung darüber erzielt werden, in welchem Umfang der Abschlussprüfer durch seine Beratung Mängel und Lücken im Jahresabschluss beseitigen darf. So besteht Einigkeit darüber, dass umfangreiche Vorschläge, deren Auslöser ein größtenteils lückenhafter und unvollständiger Jahresabschluss ist, zum Ausschluss des Prüfers führen[1313]. An diesem Ergebnis ändert auch eine pro forma-Absegnung der Vorschläge durch die zuständige Unternehmensleitung nichts. Denn hier wird das Prüfungsobjekt erst durch die Beratung des Prüfers geschaffen; folglich liegt ein Verstoß gegen das Selbstprüfungsverbot vor[1314]. Anders ist die Sicht bei fachlichen Mängeln des Jahresabschlusses, etwa hinsichtlich der zulässigen Bilanzierung. Hier sind auch umfangreiche Verbesserungsvorschläge zulässig, beispielsweise in Form einer Umbuchungsliste, da dies "Ausfluss der korrektiven Funktion" der Abschlussprüfung ist[1315]. Denn der Abschlussprüfer hat im Rahmen seiner Prüfung ein Ermessen, ob er auf Mängel des Jahresabschlusses mit der Einschränkung oder Versagung des Bestätigungsvermerks reagiert oder sich um eine Korrektur der Bilanzierung bemüht[1316].

Strittig sind hingegen Lücken im Jahresabschluss, die von Seiten der Unternehmensleitung bewusst offen gelassen wurden, um sie durch Abstimmung mit dem Abschlussprüfer zu schließen[1317]. Zum Teil wird hier ein Initiativvorschlag durch die Unternehmensleitung verlangt[1318]. Andere Autoren lehnen dies aber als bloßen Formalismus ab[1319]. Nach ihrer Ansicht können hier nur dieselben Grenzen gelten, die auch für eine Beratung vor der Prüfung angewandt würden[1320]. Danach liege eine unzulässige Mitwirkung des Abschlussprüfers nur dann vor, wenn er eine Verantwortung übernehme, die eigentlich dem Unternehmen zustehe. Als Richtschnur gilt: Je wichtiger und umfangreicher die von ihm zu korrigierenden und zu ergänzenden Teile sind, desto weniger darf die Korrektur selbständig durch den Prüfer vorgenommen werden, sondern muss nach Rücksprache und nach eigenverantwortlicher Entscheidung des Mandanten ergehen[1321].

1313 *Neumann*, ZIP 1998, 1338, 1348.

1314 OLG Köln v. 1.7.1992, BB 1992, 2108; *A/D/S*, HGB, § 319 Rn. 124; *Ebke*, WPK-Mitt. 1998, 76, 80; *Röhricht* WPg 1998, 153, 157.

1315 *Röhricht*, WPg 1998, 153, 156.

1316 *WPK*, WPK-Mitt. 1996, 196, 197; *A/D/S*, HGB, § 319 Rn. 125.

1317 *Röhricht*, WPg 1998, 153, 156.

1318 *Hommelhoff*, GS Knobbe-Keuk, S. 471, 477; *ders.*, ZGR 1997, 550.

1319 *A/D/S*, HGB, § 319 Rn. 126 m.w. Nachw.

1320 Ratschläge des Prüfers hinsichtlich einer den gesetzlichen Vorgaben entsprechenden Rechnungslegung werden überwiegend als zulässig erachtet, da es sich um eine Vorwegnahme der entsprechenden Prüfungshandlung ("antizipierte Prüfung") handelt, vgl. *Röhricht*, WPg 1998, 153, 158.

1321 *Neumann*, ZIP 1998, 1338, 1348.

b) Aufstellen der Steuerbilanz durch den Abschlussprüfer

Hinsichtlich der Steuerbilanz werden Ratschläge des Abschlussprüfers nach der Allweiler-Entscheidung generell für zulässig erachtet, solange das bilanzierende Unternehmen selbständig über deren Übernahme entscheidet. Dabei kann das Unternehmen auch die Beratung zur Höhe von Rückstellungen in Anspruch nehmen, sofern dem Prüfer kein Spielraum verbleibt, die Werte bilanzpolitisch zu gestalten und die Ausgangsgrößen vom Unternehmen vorgegeben sind[1322]. Umstritten ist hier aber, ob eine Beratung die Aufstellung der gesamten Steuerbilanz umfassen darf, wenn deren Ansätze und Bewertungen unverändert in den handelsrechtlichen Jahresabschluss übernommen werden.

Zum Teil wird dies abgelehnt, da auf Grund der Einwirkungsbreite die Distanz des Abschlussprüfers zum Prüfungsstoff verloren ginge und er in Konflikt mit dem Selbstprüfungsgebot gelange[1323]. Demgegenüber sehen andere seit der Allweiler-Entscheidung die Möglichkeit, auch die gesamte Steuerbilanz durch den Abschlussprüfer erstellen zu lassen[1324]. Sie stützten sich dabei auf das obiter dictum des BGH, wonach der Unternehmer immer die Möglichkeit habe, im Rahmen von § 5 Abs. 1 Satz 2 EStG über die Gültigkeit der vom Steuerberater/Abschlussprüfer zu erstellenden Bilanz zu entscheiden. Allerdings wird eingeräumt, dass das Maß des gesetzlich Zulässigen wohl dann überschritten sei, wenn die Steuerbilanz in Form einer sog. Einheitsbilanz auch ganz oder in wesentlichen Teilen als Handelsbilanz gelte[1325].

c) Beratung in Fragen der Rechnungslegung und Buchführung

Eine Beratung, die der Verbesserung der Aussagekraft der Rechnungslegung dient oder die Organisation der Buchhaltung verbessert, wird allgemein als zulässig betrachtet. Solche Vorschläge dienen zwar nicht mehr unmittelbar der Ordnungs- und Gesetzesmäßigkeit des Jahresabschlusses, aber sie sind in einem weiteren Sinne ebenfalls von dem Prüfungsauftrag mit umfasst[1326]. Ratschläge des Abschlussprüfers können sich folglich auf eine optimale Ausübung der Wahlrechte und die Rückstellungspolitik der Gesellschaft beziehen. Voraussetzung ist auch hier, dass der Prüfer sich an die ihm vom BGH zugewiesene Beraterrolle hält und die Entscheidungszuständigkeit beim Unternehmen bleibt. Eine zusätzliche Pflicht, die Beratungsleitung

---

1322 *Ebke*, WPK-Mitt. 1997, 76, 79. Im Fall von Körperschaftssteuerrückstellungen heißt das, dass der Abschlussprüfer sich auf die Erstellung der erforderlichen steuerlichen Nebenrechnung beschränkt. Keinesfalls darf er unternehmerische Entscheidungen wie die Ausgangs- und Einsatzgrößen treffen. Bei Pensionsrückstellungen muss sich die Beratertätigkeit auf die Berechnung nach versicherungsmathematischen Grundsätzen beschränken, deren Auswahl dem Unternehmen unterliegt, vgl. *Röhricht*, WPg 1998, 153, 161.

1323 *Hommelhoff*, ZGR 1997, 550, 560; *Löcke*, GmbHR 1997, 1052, 1056; *Harder*, DB 1996, 717, 720; *Moxter*, BB 1996, 684.

1324 *Röhricht*, WPg 1998, 153, 161.

1325 *Heni*, DStR 1997, 1213?.

1326 *Röhricht*, WPg 1998, 153, 157; *WPK*, WPK-Mitt., 1996, 196.

ausdrücklich und konkret im Prüfungsbericht und Testat offen zu legen[1327], wird mehrheitlich abgelehnt[1328]. Die Grenzen einer solchen Beratung sollen dann überschritten sein, wenn der Prüfer nicht nur einzelne schwierige bilanzielle Sonderfragen klärt, sondern seine Hilfe auch flächendeckend bei der Erstellung des Jahresabschlusses in Anspruch genommen wird.

Ein besonderes Probleme wirft hier aber die Frage auf, inwieweit auch Erstellungstätigkeiten beim Jahresabschluss als zulässige Beratungstätigkeiten zu werten sind. Unstreitig ist die Grenze überschritten, wenn der Prüfer die gesamte Buchhaltung des Mandanten erledigt oder die Entwicklung des Jahresabschlusses aus den Rohzahlen des Mandanten übernimmt[1329]. Gleiches gilt für Teilleistungen, die der Aufstellung von Bilanz, Gewinn- und Verlustrechnung dienen oder sich wesentlich auf die Führung der Buchhaltung auswirken. Demgegenüber problematisch sind sogenannte Eingabefälle, in denen der Wirtschaftsprüfer lediglich seine "Rechnerkapazität" zur Verfügung stellt[1330]. Zum Teil wird vertreten, dass auch solche Mitwirkungshandlungen zum Ausschluss führen[1331]. Denn sie würden nicht dem Merkmal der Beratung genügen, wie es der BGH in der Allweiler-Entscheidung definiert habe[1332]. Es fehle am Aufzeigen von Entscheidungsalternativen, da dem Abschlussprüfer insbesondere bei mechanischen Tätigkeiten im Rahmen der Ausführung kein Ermessen zukomme. Andere wollen eine Ausnahme zulassen, da eine Beeinträchtigung der Unabhängigkeit nicht gegeben sei, wenn sich der Abschlussprüfer jeglicher unternehmerischer Entscheidung enthalte und die Verantwortung ausschließlich beim Unternehmen liege. Voraussetzung sei allerdings, dass der Wirtschaftsprüfer nicht in das Datenmaterial eingreife und das Unternehmen alle erforderlichen unternehmerischen Entscheidungen in Form von Abschreibungssätzen und Bewertungsmaßnahmen vorher treffe[1333].

V. *Zusammenfassung*

Die Übersicht zur Zulässigkeit von gleichzeitiger Prüfung und Beratung zeigt anschaulich Vor- und Nachteile des vom deutschen Gesetzgeber gewählten Ansatzes zur Regelung der Unabhängigkeit. Durch die Beschränkung auf allgemeine Prinzipien bestehen zwar flexible und entwicklungsfähige Regeln, die auf alle Fallgestaltungen angewandt werden können, aber diese bedürfen im Einzelfall häufig einer Konkretisierung durch Wissenschaft, Berufsstand und nicht zuletzt der Rechtsprechung. Die Darstellung der vom BGH noch nicht entschiedenen Fallkonstellationen zeigt dabei, dass in Deutschland tendenziell wohl von einer sehr weitgehenden Vereinbarkeit von Prüfungs- und Beratungstätigkeit des Abschlussprüfers ausgegangen

1327 *Hommelhoff*, GS Knobbe-Keuk, S. 471, 484.
1328 *Röhricht*, WPg 1998, 153, 158.
1329 *Ebke*, MüKo-HGB, § 319 Rn. 35.
1330 *Neumann*, ZIP 1998, 1338, 1347.
1331 OLG Hamburg, BB 1992, 1533. Siehe hierzu *Dörner*, FS Stehle, S. 81, 89.
1332 *Neumann*, ZIP 1998, 1338, 1347.
1333 Vgl. *Heni*, DStR 1997, 1210, 1211.

werden kann. Die Begründung liefern auch hier die Synergieeffekte, die aus der Beratungstätigkeit resultieren, auf die auch vor dem Hintergrund einer zukünftig verstärkten gesellschaftsübergreifenden Funktion des Abschlussprüfers innerhalb der Corporate Governance nicht verzichtet werden soll[1334]. Inwieweit dieser Standpunkt im Einklang mit internationalen Vorgaben steht, soll nachfolgend geklärt werden.

VI. *Blick über die Grenzen*

1. USA

Als Hüterin des weltweit wichtigsten Kapitalmarkts hat die Sichtweise der SEC in Fragen der Unabhängigkeit des Abschlussprüfers eine entscheidende Bedeutung[1335]. Von ihren Regelungen sind nicht nur die Abschlussprüfungen amerikanischer Firmen betroffen, sondern auch die aller nicht-amerikanischen Firmen, die an der NYSE gelistet sind, sowie die amerikanischer Tochterfirmen im Ausland[1336].

a) Der Standpunkt der SEC

Die SEC hat die Unabhängigkeit und Glaubwürdigkeit des Abschlussprüfers zu einem ihrer zentralen Anliegen gemacht, wobei sie besonders für die Interessen der Anleger eintritt. Um deren Vertrauen in die Kapitalmärkte zu stärken[1337], soll ihr Band zum Abschlussprüfer ("renewing the convenant with investors") gestärkt werden, wie es A. Levitt, damaliger Präsident der SEC, bildhaft ausdrückte[1338]. Die SEC forderte deshalb schon vor geraumer Zeit den Berufsstand auf, sich Gedanken über die Qualität der Abschlussprüfung zu machen. Zusammen mit dem AICPA wurden mehrere Kommissionen eingerichtet, die sich mit der Frage der rechtlichen Selbstverwaltung, den Prüfungsgrundsätzen und der Unabhängigkeit beschäftigten[1339]. Dabei schien es lange fraglich, ob die Wirtschaftsprüfergesellschaften mit ihren Argumenten für eine Beibe-

---

1334 *Ebke*, WPK-Mitt. 1998, 76, 77.

1335 Siehe zu den neuen Unabhängigkeitsregeln der SEC *McLucas/Eckert*, 56 Bus. Lawyer 877-915 [2001]; *Lenz*, BB 2001, 299.

1336 Vgl. SEC, final rules, § 210.2-01 (f) 2 regulation S-X; siehe hierzu auch *Hommelhoff*, ZGR 2001, 238, 259; *Schindler/Rosin, S. 179*, 192.

1337 *O.V.*, "Wirtschaftsprüfer werden in Amerika zu Reorganisation gedrängt", in: FAZ v. 10.7.2000, S. 23.

1338 *Levitt*, http://www.sec.gov/news/speeches/spch370.htm.

1339 Zu nennen sind hier vor allem das zusammen mit der AICPA gegründete Independence Standard Board (ISB) sowie das Public Oversight Board (POB), das ein Panel on Audit Effectiveness errichtete, *vgl. o.V.*, "New independence rules", Worldaccounting, Juni 2000, S. 12.

haltung von Prüfung und Beratung Gehör finden würden. Denn ursprünglich vertrat die SEC die Vorstellung, dass die Glaubwürdigkeit des Abschlussprüfers zukünftig nur durch eine strikte Trennung von Prüfung und Beratung zu gewährleisten sei[1340]. Nach ihrer Ansicht hatten sich organisatorische Regelungen innerhalb der Prüfungsgesellschaften wie bsp. sogenannte "fire walls" als zu schwach erwiesen[1341], um ausreichend Vorsorge gegen mögliche Konflikte zu schaffen. Das Panel on Audit Effectiveness konnte sich dem aber nicht anschließen und sich in seiner Stellungnahme zu einem Verbot von Prüfung und Beratung durchringen[1342]. Ausschlaggebend dürfte hierfür vor allem die Tatsache gewesen sein, dass in empirischen Untersuchungen keinerlei Beweise für eine Beeinträchtigung der tatsächlichen Unabhängigkeit gefunden werden konnten. Die SEC sah sich folglich im Laufe des Verfahrens veranlasst, Stück für Stück von ihrem extremen Standpunkt abzurücken und den Argumenten der Wirtschaftsprüfer zu folgen. Eine erneute Wende brachten jedoch die spektakulären Unternehmenszusammenbrüche von Enron und Worldcom. Die in diesem Zusammenhang nicht aufgedeckten Bilanzmanipulationen wurden zu einem Großteil auch den daran beteiligten Abschlussprüfern angelastet. Als Reaktion hierauf hat der US-amerikanische Kongress am 25.07.2002 den Sarbanes-Oxley Act erlassen. Die darin vorgesehenene Regelungen sollen u.a. die Unabhängigkeit des Abschlussprüfers stärken und damit das Vertrauen der Anleger in die Kapitalmärkte wieder herstellen.

b) Der Regelungsansatz

Anders als der Ansatz des deutschen Gesetzgebers, der sich wie beschrieben auf den Erlass von allgemeinen Prinzipien beschränkt, und die Konkretisierung dem Berufsstand sowie Gerichten und der Wissenschaft überlässt (“principle-based-framework“), versuchte man in den USA bisher durch Detailregelungen (“rule-based-framework“) die notwendige Unabhängigkeit des Abschlussprüfers sicherzustellen[1343]. Zwar sind Detailregelungen leichter zu handhaben, da sie weniger auslegungsbedürftig sind, aber es ist praktisch ausgeschlossen, damit allen Einzelfällen gerecht zu werden. Des Weiteren fördern sie die Suche nach Umgehungsmöglichkeiten und lassen dem Abschlussprüfer wenig Raum, eine eigene Verhaltenskultur zu bilden. Die SEC hatte deshalb in ihren Vorschriften zur Unabhängigkeit des Abschlussprüfers vom Februar 2002 bereits versucht, die Vielzahl der Einzelfallregelungen auf einige wenige Grundregeln zurückzuführen, aus denen Lösungen für zukünftige Sachverhalte abgeleitet

1340 Siehe *SEC*, Proposed Rule "Revision on the Commission´s Auditor Independence Requirements", www.sec.gov/rules/proposed/34-42994.htm

1341 *O.V.*, “New independence rules”, Worldaccounting, Juni 2000, S. 12.

1342 Vgl. *Schmidt*, WPg 2000, 793, 806.

1343 *Schindler/Rosin*, S. 179, 191.

werden sollten[1344]. Da daneben jedoch eine große Zahl an Ausnahme- und Detailregelung beibehalten wurde, bestanden Zweifel an einem nachhaltigen Wandel des SEC-Unabhängigkeitsrecht[1345]. Der Sarbanes-Oxley Act hat nun zumindest die zahlreichen Ausnahme- und Auflagenregelungen abgeschafft.

c) *Die Zulässigkeit von Beratungsleistungen*

Nach bisheriger Regelung der SEC waren Beratungsleistungen durch den Prüfer grundsätzlich nicht verboten[1346]. Einschränkungen bzw. Verbote bestanden lediglich hinsichtlich der aufgezählten Dienstleistungsbereiche. Dazu zählten Buchführungstätigkeiten oder andere Dienstleistungen, die mit der Buchhaltung oder dem Jahresabschluss verbunden sind, der Entwurf oder die Implementierung von IT-Systemen, Bewertungsgutachten, versicherungsmathematische Dienstleistungen, Übernahmen von Funktionen der internen Revision, Übernahme von Management- bzw. Angestelltenfunktion für den Mandanten, Personalberatung (Human Resources), Finanzdienstleistungen und Rechtsberatung und –vertretung. Gänzlich verboten sollten nur die Buchführung für den Mandanten und das Übernehmen von Managementfunktionen sein[1347]. Fasste man die Vorschriften, die von der SEC gemeinsam mit den AICPA[1348] für die übrigen Fallgruppen entwickelt wurden, zusammen, dann ergab sich auch hier das Ergebnis, dass das Kriterium der funktionalen Entscheidungszuständigkeit im Vordergrund stehen sollte[1349]. Ähnlich wie in Deutschland war danach für die Zulässigkeit entscheidend, ob sich das Management nur im üblichen Umfang beraten ließ oder im starken Maß vom Know-how und dem Urteilsvermögen des Abschlussprüfers abhing.

Demgegenüber soll nach dem Sarbanes-Oxley Act der Abschlussprüfer für den Prüfungsmandanten zukünftig bestimmte Dienstleistungen ausnahmslos nicht erbringen dürfen. Zu diesen verbotenen Dienstleistungen zählen die Mitwirkung an der Buchführung; die Entwicklung und Implementierung von Rechnungslegungs-Informationssystemen; Bewertungsgutachten, Sacheinlageprüfungen, versicherungsmathematische Leistungen; Übernahme von Tätigkeiten der Internen Revision, Übernahme von Managementfunktionen oder Personalberatung; Finanzdienstleistungen oder ähnliche Leistungen (broker or dealer, investment adviser, or investment banking services), Rechtsberatungs- und Gutachtertätigkeiten, die nicht mit der Prüfung im Zusammenhang stehen, sowie sonstige Dienstleistungen, die von der

---

1344 Die neuen Prinzipien sind deshalb lediglich in der Präambel enthalten, da sie aus Sicht des Berufsstandes zu weitgehend und vage waren und deshalb Rechtsunsicherheit befürchtet wurde, vgl. *Lenz*, BB 2001, 299, 300.

1345 *Schindler/Rosin*, S. 179, 193.

1346 Vgl. § 210.2-01 (c) (4) Regulation S-X.

1347 Vgl. *Lenz*, BB 2001, 299, 300.

1348 Dies entspricht auch den 1996 und 1999 verabschiedeten Berufsgrundsätzen des AICPA. Vgl. *AICPA*, Code of Professional Conduct, ET § 101.15 (Interpretation 101-13); ET § 191 206-207 (Interpretation 101-103).

1349 *Lenz*, BB 2001, 299, 301.

Berufsaufsicht für unzulässig erklärt werden.[1350] Alle übrigen Nicht-Prüfungsleistungen, wie etwa die Steuerberatung sollen nur zulässig sein, wenn sie vorab durch das Audit Committee[1351] des Emittenten[1352] genehmigt worden sind.[1353] Es bleibt abzuwarten wie die SEC die Vorgaben umsetzt.

d) *Offenlegung des Honorars*

Flankiert werden die Regelungen der Prüfungs- und Beratungsleistungen von weitgehenden Publizitätspflichten. Sie verpflichten das geprüfte Unternehmen, im Rahmen der an die SEC einzureichenden Unterlagen ("proxy statements")[1354], die an den Abschlussprüfer gezahlten Honorare für die Abschlussprüfung sowie andere Dienstleitungen offenzulegen[1355]. Dabei ist eine Aufschlüsselung der Dienstleitungen in IT-Dienste und übrige Beratungsdienstleistungen vorzunehmen. Zusätzlich ist ein Bericht darüber beizulegen, ob das Board of Directors oder das Audit Committee die Auswirkungen des Gesamthonorars auf die Unabhängigkeit des Abschlussprüfers bedacht haben[1356]. Sinn und Zweck der Regelungen ist es, den Aktionären zu ermöglichen, sich selbst ein Bild von der "Kundenabhängigkeit" des Abschlussprüfers zu machen[1357]. Gleichzeitig soll auf Grund der zu erwartenden Marktreaktionen das Verhalten von Abschlussprüfer und zu prüfendem Unternehmen gesteuert werden[1358].

2. *IFAC*

Die IFAC missbilligt in ihren Ethics for Professional Accountants eine Beteiligung des Abschlussprüfers an der Erstellung der Jahresabschlüsse, wie es häufig bei kleineren Unternehmen vorkommt, nicht generell. Ebenso für unbedenklich werden Beratungstätigkeiten gehalten, solange Beratungs- und Leitungsfunktionen getrennt bleiben[1359].

1350 Vgl. SEC. 201

1351 zum Audit Committee siehe Seite 374.

1352 Zum Begriff des Emittenten siehe Sec. 3 Securities Act 1934.

1353 Vgl. SEC. 201

1354 Proxy Statements gehen auf die Regulation X-14 der SEC zurück. Im amerikanischen Gesellschaftsrecht ist es möglich, dass der Aktionär sein Stimmrecht an die Unternehmensleitung abtritt. Die Stimmrechtsvollmacht, die der Aktionär ausstellt, wird als Proxy (engl. Vollmacht) bezeichnet. Vgl. *Lück*, ZfbF 1990, 995, 998.

1355 Siehe hierzu *Schindler/Rosin*, S. 179, 203, die darauf hinweisen, dass deutsche Unternehmen von dieser Verpflichtung nicht betroffen sind.

1356 *Lenz*, BB 2001, 299, 303.

1357 *Lenz*, BB 2001, 299, 303.

1358 So zitiert *Lenz*, BB 2001, 299, 304 eine britische Studie, wonach Unternehmen mit hohem Anteil an Streubesitzaktionären tendentiell weniger Beratungsaufträge an ihren Abschlussprüfer erteilen. Zurückgeführt wird dies auf den hohen Stellnwert, den eine unabhängige Prüfung für Kleinaktionäre besitze.

1359 Vgl. *Kuhner*, WPK-Mitt. 1999, 7, 13; *Hagemeister*, DB 2002, 333, 335.

Entscheidend ist auch hier, ob der Abschlussprüfer die funktionale Entscheidungszuständigkeit anstelle des Mandanten übernimmt[1360].

3. Europa

In Europa fehlen bisher gemeinsame verbindliche Regelungen zur Unabhängigkeit des Wirtschaftsprüfers.

a) Richtlinien

In den Beratungen zur 8. Richtlinie konnte hierüber keine Einigung erzielt werden. Zu unterschiedlich waren die Positionen, die die einzelnen Ländern – gerade auch in der Frage der Vereinbarkeit von Prüfung und Beratung - vertraten. Es wurde deshalb schließlich den einzelnen Mitgliedstaaten überlassen, durch geeignete Maßnahmen die Unabhängigkeit des Abschlussprüfers zu gewährleisten (Art. 24).

b) Mitgliedstaaten

Danach ist es in Belgien, Frankreich und Italien für einen Abschlussprüfer explizit verboten, weitere Dienstleistungen neben der Abschlussprüfung anzubieten[1361]. Ein Gesetzesverstoß kann mit Geld oder Freiheitsstrafe geahndet werden. In Italien wacht die Börsenaufsichtsbehörde (CONSOB) darüber, dass die bei ihr registrierten Wirtschaftsprüfergesellschaften keine weiteren Dienste anbieten[1362]. Die CONSOB überprüft bei Abschlussprüferbestellungen, ob Interessenskonflikte bestehen, welche die Unabhängigkeit des Abschlussprüfers gefährden können; dabei kommt den Firmen eine Aufklärungspflicht zu[1363]. Demgegenüber bestehen in Großbritannien, Schweden, den Niederlanden und Luxemburg keine bestimmten Verbote für zusätzliche Dienstleistungen[1364]. Allerdings muss der Prüfer allgemein darauf achten, dass durch die Erbringung der Dienstleistungen nicht seine Glaubwürdigkeit und Unabhängigkeit leidet[1365]. In den übrigen Ländern bestehen einzelne Verbote hinsichtlich unterschiedlicher Dienstleistungen[1366].

c) Kommission

1360 *Lanfermann*, FS Sieben, S. 425, 436.

1361 *Stevenson*, Dodging the rules, Accountancy, April 2000, S. 148.

1362 *Stevenson*, Dodging the rules, Accountancy, April 2000, S. 148.

1363 Die *Regierungskommission "Corporate Governance"* D6.29 plant demgegenüber dem Abschlusspüfer eine entsprechende Aufklärungspflicht ("Unabhängigkeitserklärung") gegenüber dem Aufsichtsrat aufzuerlegen.

1364 *Buijink/Maijoor/Meuwissen/Witteloostuijn*, The Role, Position and Liability, S. 74.

1365 *Buijink/Maijoor/Meuwissen/Witteloostuijn*, The Role, Position and Liability, S. 74.

1366 *Buijink/Maijoor/Meuwissen/Witteloostuijn*, The Role, Position and Liability, S. 74.

Angesichts dieser Sachlage erscheint die Möglichkeit, - insbesondere zwischen den Extrempositionen – eine Einigung hinsichtlich der Unabhängigkeitsfrage in Europa zu erzielen, sehr unwahrscheinlich[1367].

aa) Grünbuch

Die EU-Kommission war laut Grünbuch selbst unentschlossen bzgl. der Frage der Vereinbarkeit von Prüfung und Beratung. Einerseits ließ sie sich dahingehend ein, dass sie auf Grund der Erfahrungen in der Praxis ein Verbot für „keine tragfähige Alternative“ hielt[1368], andererseits betonte sie jedoch, dass aus Gründen der Glaubwürdigkeit des Abschlussprüfers den Bedenken der Gegner der Vereinbarkeit Rechnung getragen werden müsse. Die Kommission schlug deshalb im Grünbuch vor, die Zulässigkeit der Erbringung weiterer Leistungen davon abhängig zu machen, ob sie nach Art und Anspruch mit dem Berufsbild des Abschlussprüfers vereinbar seien. Alternativ solle die Vergütung offengelegt werden[1369]. In jedem Falle dürfe laut Grünbuch aber in den Bemühungen um eine einheitliche Regelung nicht nachgelassen werden. Denn die fehlenden einheitlichen Unabhängigkeitsvorschriften seien ein wesentliches Hindernis auf dem Weg zur Öffnung des europäischen Prüfungsmarktes[1370].

bb) Empfehlungen zur Unabhängigkeit

Die Kommission hat in der Folge als eine Art "Minimalziel"[1371] den Versuch unternommen, zusammen mit dem Berufsstand ("monitored self-regulation"), zumindest einen Kern von Regeln zur Unabhängigkeit auf EU-Ebene zu erarbeiten[1372]. Das Ergebnis stellen die "Empfehlungen der Kommission vom 16. Mai 2002 zur

---

1367 Vgl. *Europäische Kommission,* Grünbuch der Europäischen Kommission 4.16, WPK-Mitt. 1996, 279, 289; sowie v. Hulle zitiert nach *o.V.*, "Independence proposals get qualified approval", Accountancy, April 2001, S. 11 ("To my great disappointment, the conclusion was that people were not ready to accept common rules there will be a continuation of disharmony").

1368 *Europäische Kommission*, Grünbuch der Europäischen Kommission 4.13, WPK-Mitt. 1996, 279, 289.

1369 *Europäische Kommission*, Grünbuch der Europäischen Kommission 4.13, WPK-Mitt. 1996, 279, 289.

1370 *Stevenson*, “Dodging the rules”, Accountancy, April 2000, S. 148.

1371 Den Ausgangspunkt bildet dabei eine Studie der FEE von 1998 „Common Core Principles on independence issues”, siehe hierzu *Ellerton*, "FEE – Independence Paper“, World Accounting Report, Mai 2001, S. 4.

1372 Siehe *Europäische Kommission*, Grünbuch der Europäischen Kommission, Rn. 4.16, WPK-Mitt. 1996, 279, 289. Ein erster Vorschlag für die „European set of fundamental principles for the statutory independence in the EU“, hat das von der Kommission errichte Committeee on Auditing im Dezember zur Diskussion veröffentlicht. Die Beratungsphase ist am 2. März beendet worden.

Unabhängigkeit des Abschlussprüfers in der EU" dar[1373]. Die Kommission verfolgte dabei den Ansatz Grundprinzipien festzulegen[1374], die rechtlich nicht verbindlich sein sollen, sondern von den Mitgliedstaaten freiwillig in deren bestehende Regelungen aufgenommen werden können[1375]. Diese Grundprinzipien sind mit Erläuterungen und Definitionen versehen, die eine "zusätzliche Hilfestellung für die Interpretation der in der Empfehlung aufgeführten Grundprinzipien" darstellen[1376]. Zusätzlich setzt die Kommission auf entsprechende begleitende Maßnahmen (sog. "safeguards") zur indirekten Qualitätssicherung bei der Abschlussprüfung[1377].

Nichtprüfungsleistungen sind danach nur zulässig, wenn sichergestellt ist, dass der Abschlussprüfer weder Entscheidungen des Management treffe noch an den Entscheidungen des Management teilnehme und verbleibende Unabhängigkeitsrisiken, die durch die Art der Nichtprüfungsleistung bedingt sind, "auf ein akzeptables Maß reduziert werden"[1378]. Dies solle durch entsprechende Sicherungssysteme gewährleistet werden[1379]. Dazu zählt auch, dass der Abschlussprüfer die Erbringung von Nichtprüfungsleistungen für einen Prüfungsmandanten mit dem Kontrollorgan des Mandanten erörtert[1380]. Besondere Zurückhaltung des Abschlussprüfers wird angemahnt, wenn es sich um ein Unternehmen von "öffentlichem Interesse" handelt[1381]. Dort wird die Erstellung von Buchungsunterlagen und Jahresabschlüssen durch den Abschlussprüfer auf Grund des hohen Risikos für die Unabhängigkeit als inakzeptabel angesehen und ein Verbot befürwortet[1382].

D. *Pflichtrotation*

Eine der Prüfung und Beratung vergleichbare Gefährdung der Unabhängigkeit des Abschlussprüfers wird in einer langjährigen ununterbrochenen Zusammenarbeit zwischen Abschlussprüfer und geprüften Unternehmen gesehen. Denn in der Praxis ist zu beobachten, dass die Abschlussprüfer langjährig wiedergewählt werden und ein Wechsel

1373 Empfehlungen der Kommission v. 16. Mai 2002, Abl. L 126, S. 22.

1374 Vgl. *Ellerton*, "FEE – Independence Paper", World Accounting Report, Mai 2001, S. 4.

1375 O.V., "Independence proposals get qualified approval", Accountancy, April 2001, S. 11.

1376 Empfehlungen der Kommission v. 16. Mai 2002, Abl. L 126, S. 34. Eingehend zum Aufbau *Hagemeister*, DB 2002, 333, 334.

1377 Empfehlungen der Kommission v. 16. Mai 2002, Abl. L 126, S. 22, 24. So schon *Europäische Kommission*, Grünbuch der Europäischen Kommission, Rn. 4.16, WPK-Mitt. 1996, 279, 289 ("die Verabschiedung von Vorschriften zum Thema Unabhängigkeit bewirkt noch keine Unabhängigkeit in der Praxis").

1378 Empfehlungen der Kommission v. 16. Mai 2002, Abl. L 126, S. 29-30.

1379 Empfehlungen der Kommission v. 16. Mai 2002, Abl. L 126, S. 30.

1380 Empfehlungen der Kommission v. 16. Mai 2002, Abl. L 126, S. 30.

1381 Hierzu zählt die Kommission insbesondere Kreditinsitute, Versicherungsunternehmen, Wertpapierfirmen, Pensionsfonds, und börsennotierte Unternehmen. Siehe zur Defiinition Empfehlungen der Kommission v. 16. Mai 2002 (Glossar), Abl. L 126, S. 56.

1382 Empfehlungen der Kommission v. 16. Mai 2002, Abl. L 126, S. 30.

des Abschlussprüfers eher die Ausnahme bildet[1383]. Zur Verbesserung der Glaubwürdigkeit des Abschlussprüfers wird daher schon seit vielen Jahren die Einführung obligatorischer Prüferwechsel diskutiert[1384].

I. *Situation*

Hintergrund sind in der Öffentlichkeit geäußerte Befürchtungen, dass durch zu lange Vertragsbeziehungen die Qualität der Prüfungen sinke.

1. Befürworter

Ausschlaggebend sei hierfür nach Ansicht der Befürworter einer Pflichtrotation, dass der Abschlussprüfer im Laufe der Zeit seine kritische Distanz zum geprüften Unternehmen verliere und betriebsblind werden würde[1385]. Ferner bestehe die Gefahr der Kumpanei, da finanzielle Abhängigkeiten des Abschlussprüfers zu dem von ihm zu prüfenden Unternehmen entstehen können. Denn durch die Aussicht auf Wiederbestellung könne der Wirtschaftsprüfer ähnlich wie bei den Beratungsmandaten versucht sein, bei der ersten Prüfung Angebote abzugeben, die unter seinem Selbstkostenpreis liegen, um so Wettbewerber aus dem Markt zu drängen. Die Kalkulation, mit nachfolgenden Prüfungen den Verlust auszugleichen, mache ihn aber für Erpressungen der Unternehmensführung anfällig, da er hierdurch finanziell abhängig werde[1386].

2. Gegner

Die Gegner einer Pflichtrotation[1387], vor allem der Berufsstand, weisen auf den möglichen Qualitätsverlust hin, den ein Prüferwechsel mit sich bringen könne. Aus ihrer Sicht wird die Qualität der Abschlussprüfung durch Kontinuität seitens des Prüfenden nicht gefährdet, sondern eher gefördert. Jeder Prüferwechsel bedeute eine neue Einarbeitungsphase, welche die Qualität der Abschlussprüfung mangels firmenspezifischer Kenntnisse der jeweiligen Organisations- und Risikostruktur tendenziell beeinträchtige und die Kosten für die Unternehmen erhöhe. Nur durch lange Prüfungsdauer könne der Abschlussprüfer ein Gespür dafür bekommen, wo die Pro-

---

1383 Hauptanlässe für Prüferwechsel sind danach hauptsächlich Eigentümerwechsel oder Konzernierung, vgl. *Marten*, ZfB 1995, 703, *Coeneberg/Marten*, DB 1993, S. 101-110.

1384 *Herzig/Watrin*, ZfbF 1995, 775, 781; *Bühler*, AG 1957, 135; *Jäckel* S. 198; *Knief*, BFuP 1976, 114; *Dürrhammer*, S. 65-66, *Westrick*, S. 87.

1385 *Kleekämper/Goth/Scmitz*, Interne Rotation, S. 594, 596; *Langenbucher*, S. 88; *Dörner/Oser*, DB 1995, 1085.

1386 *Herzig/Watrin*, ZfbF 1995, 775, 792-793.

1387 *Herzig/Watrin*, ZfbF 1995, 775; *Moxter*, WPK-Mitt. 1995, 135; *Dörner/Oser*, DB 1995, 1085, 1092-1093.

bleme und Risiken im Unternehmen liegen. Ebenso verweisen sie auf Studien, die belegen, dass die Bereitschaft von Mitarbeitern, dem Abschlussprüfer Unregelmäßigkeiten mitzuteilen, mit zunehmender Mandatsdauer steige, was gerade für die von der Öffentlichkeit geforderte Aufdeckung von Unterschlagungen von Bedeutung sei. Darüber hinaus ließen sich Kosten und der Zeitaufwand für eine Prüfung nur dann in einem vertretbaren Maß halten, wenn die Möglichkeit bestünde, die Prüfungspläne auf mehrere Jahre anzulegen. Schließlich bezweifeln die Gegner, ob eine Pflichtrotation zu der gewünschten Stärkung der Unabhängigkeit führe, da in der Praxis zu viele Umgehungsmöglichkeiten bestünden ("Ringtausch"). Abschließend verweisen sie auf die Nachteile, die für mittelständische und kleine Wirtschaftsprüfergesellschaften mit einer Pflichtrotation verbunden seien und die zu einer weiteren Konzentration auf dem Markt für Prüfungsleistungen führen würden.

II. *Reformen*

Die Diskussion um die Einführung einer Prüferrotation hat in Deutschland im Rahmen der Reform des KonTraG eine große Rolle gespielt[1388]. Der Vorschlag einer externen Pflichtrotation, der vorsah, dass der Abschlussprüfer von der Prüfung ausgeschlossen sei, wenn er in den letzten fünf Jahren in ununterbrochener Reihenfolge eine Aktiengesellschaft oder ein mit ihr verbundenes Unternehmen geprüft habe, konnte sich nicht durchsetzten[1389]. Vielmehr einigte man sich auf einen Kompromiss, der eine sogenannte "interne Rotation" vorsieht. Danach darf eine Prüfungsgesellschaft nicht Abschlussprüfer sein, wenn sie bei der Prüfung einer börsennotierten Aktiengesellschaft einen Wirtschaftsprüfer beschäftigt, der in den dem zu prüfenden Geschäftsjahr vorgehenden zehn Jahren den Bestätigungsvermerk (§ 322 HGB) über die Prüfung der Jahres- oder Konzernabschlüsse der Aktiengesellschaft in mehr als sechs Fällen (mit-)gezeichnet hat (§ 319 Abs. 3 Nr. 6 HGB). Der Vorteil der Regelung soll darin liegen, dass die Unabhängigkeit des Abschlussprüfers nach außen hin deutlich gemacht werden kann, aber gleichzeitig die Effizienz- und Qualitätsprobleme einer externen Rotation vermieden werden[1390].

1388 *Forster*, AG 1995, 1, 2; *Kaminski/Marks*, FS Havermann, S. 247, 273; *Marten*, Der Wechsel des Abschlussprüfers, Düsseldorf 1994.

1389 Vgl. BT-Drucks. 13/367, S.3 zu § 319 Abs. 2 Nr. 9 HGB. Siehe auch *IDW*, WPg 1995, 213-214; *Lenz/Ostrowski*, BB 1997, 1523, 1525; *Luik*, BB 1976, 237, 239; *Moxter*, WPK-Mitt. 1995, 134-135.

1390 Vgl. Referentenentwurf zur Änderung des Aktiengesetzes, Teil 2 ZIP 1996, 2193-2198, 2194.

Die gefundene Lösung vermag dennoch nicht restlos zu überzeugen. Sowohl die Wirtschaft[1391] als auch der Berufsstand[1392] lehnen sie ab. Nach Ansicht der Wirtschaftsprüfer handelt es sich um einen unnötigen und störenden Eingriff in die Eigenverantwortung eines freien Berufs. Nach ihrer Meinung gibt die gesetzliche Regelung nur die längst gängige Praxis wieder, denn von großen Prüfungsgesellschaften werden Prüferwechsel bereits seit Jahren praktiziert[1393]. Ferner fördere die Neuregelung bei kleinen und mittelständischen Prüfungsunternehmen, die keine Möglichkeit haben, das Mandat innerhalb der Kanzlei weiterzugeben, den Trend zum Zusammenschluss und damit zur Konzentration auf dem Prüfungsmarkt[1394]. Hierzu ist vorweg anzumerken, dass ähnlich wie bei den Prüfungsvorschriften gesetzliche Regelungen einen höheren Verbindlichkeitsgrad als berufsständische Vorschriften besitzen und daher in der Öffentlichkeit mehr Vertrauen genießen[1395].

Im Schrifttum[1396] hat die Neuregelung ein zwiespältiges Echo hervorgerufen und nur eingeschränkt Zustimmung erhalten[1397]. *Ruhnke* geht der gefundene Kompromiss nicht weit genug, da er die öffentlichen Interessen nicht ausreichend berücksichtige[1398]. Er fordert deshalb weiterhin die Einführung einer externen Pflichtrotation[1399]. Nach seiner Ansicht, sei es möglich, die Qualitätsverluste, die durch den Wechsel entstehen, durch verstärkte Dokumentationspflichten zu entschärfen[1400]. Demgegenüber ist für andere Autoren, die eine gesetzlich vorgeschriebene Rotation generell ablehnen, auch diese Alternative keine befriedigende Lösung des Problems[1401]. Ebenso wie bei der externen Rotation sei bei der gefundenen Lösung für eine präventive Wirkung zur Verhinderung von Gefährdungen der Unabhängigkeit der falsche Anknüpfungspunkt gewählt worden. Denn Abhängigkeit schlage sich in einer mangelnden Prüfungsqualität nieder. Daraus erwachse aber nur eine Gefahr, wenn dies vom Unternehmen - insbesondere dessen Organen - toleriert und das Mandatsverhältnis zum Abschlussprüfer nicht beendet werde. Der Grund für Toleranz könnten etwa eigene Fehlleistungen sein, die im Verborgenen bleiben sollten. Als Lösung schlagen die Autoren daher vor, nicht den Prüfer, sondern den Vorstand hinsichtlich seines rechtlichen und tatsächlichen Einflusses auf die Wahl und Bestellung des Prüfers zu

---

1391 So sprach sich eine Mehrheit von befragten Führungskräften gegen die Einführung einer Pflichtrotation aus, vgl. *Förschle/Glaum/Mandler* DB 1998, 889, 894.

1392 Vgl. *IDW*, WPg 1995, 214; *Kleekämper/Goth/Schmitz*, Interne Rotation, S. 594, 602.

1393 *Forster*, AG 1995, 1; *Herzig/Watrin*, ZfbF 1995, 775, 797.

1394 *WPK*, WPK-Mitt. 1997, 100, 103.

1395 *Forster*, AG 1995, 1, 3.

1396 *Baums*, AG Sonderheft, 1997, 26, 31; *Kleekämper/Goth/Schmitz*, Interne Rotation, S. 593, 597.

1397 Siehe ausführlich *Kleekämper/Goth/Scmitz*, Interne Rotation, S. 594, 599.

1398 *Ruhnke*, S. 376-377.

1399 *Ruhnke*, S. 91.

1400 *Ruhnke*, S. 376-377. Siehe dazu auch frühere Vorschläge, die die Wahl von zwei Wirtschaftsprüfern für eine Übergangszeit anregten, um so die Nachteile einer Pflichtrotation auszugleichen, *Claussen*, WPg 1979, 167, 178.

1401 Unentschieden *Baums*, AG Sonderheft 1997, 26, 31; *Hopt*, AG Sonderheft 1997, 42, 46.

beschränken[1402]. Ferner wollen sie den Eigentümern, die ein großes Interesse an einer mangelfreien Prüfungsleistung haben, mehr Einfluss im Hinblick auf die Bestellung und Abberufung des Abschlussprüfers einräumen[1403]. Von Bedeutung sei deshalb aus ihrer Sicht eine jährliche erneute Wahl des Abschlussprüfers[1404].

IV. *Würdigung*

Gefahren für die Unabhängigkeit des Abschlussprüfers drohen freilich nicht nur vom Vorstand. Auch beim Aufsichtsrat kann der Wille vorhanden sein, an einem unfähigen Abschlussprüfer weiter festzuhalten, um eigenes Versagen zu vertuschen. Ebenso können Eigentümer ein Interesse besitzen, den Abschlussprüfer nicht auszuwechseln, um so aus ihrer Sicht unnötige negative Signale an den Kapitalmarkt zu vermeiden. Deshalb stellt die Verlagerung der Bestellungs- und Abberufungskompetenz vom Vorstand auf Aufsichtsrat und Hauptversammlung allein keine ausreichende Sicherung der Unabhängigkeit und Glaubwürdigkeit des Abschlussprüfers dar.

In der Tendenz ist dem Berufsstand und Teilen der Literatur in ihrer Ablehnung der Pflichtrotation aber zuzustimmen. Denn Sinn und Zweck eines obligaten Prüferwechsels kann allein in einem positiven Signal an die Öffentlichkeit hinsichtlich der Unabhängigkeit des Prüfers gesehen werden[1405]. Objektiv besteht dagegen kein Grund, einen sorgfältig arbeitenden Abschlussprüfer nach Ablauf eines beliebig festgelegten Zeitrahmens abzuberufen[1406]. Vertrauensbildend aus öffentlicher Sicht können aber ebenso auch andere, weniger nachteilhafte Maßnahmen sein. Neben der bereits erwähnten Veränderung der Bestellungs- und Abberufungskompetenz stellt beispielsweise ein effizientes Haftungssystem einen wichtigen Baustein dar[1407]. Weiter zu erwähnen sind berufständische Maßnahmen, wie eine funktionierende Qualitätskontrolle, etwa in Form eines Peer Review. Hauptsächlich ist aber auf mehr Transparenz zu setzen. So könnte im Zusammenhang mit der Pflichtrotation, ebenso wie bei der Beratung, die Offenlegung der Prüfervergütung hilfreich sein, finanzielle Abhängigkeiten des Prüfers rechtzeitig zu entdecken. Zuzustimmen ist der Literatur schließlich in ihrer Betonung der Notwendigkeit der jährlichen Neuwahl des Abschlussprüfers, da sie eine regelmäßige Kontrolle und Rechenschaftspflicht ermöglicht. Zusammen können die erwähnten Maßnahmen eine sinnvolle Gewähr für die Unabhängigkeit des Abschlussprüfers darstellen und so seine Glaubwürdigkeit in der Öffentlichkeit stärken. Wegen der möglichen Auswirkungen auf den Markt für Prüfungsleistungen

---

1402 Vgl. *Hauser*, S. 226; *Kaminski/Marks*, FS Havermann, S. 247, 272.

1403 Ein gesetzlich vorgeschriebener turnusgemäßer Prüferwechsel wird demgegenüber als ein Eingriff in deren Privatautonomie betrachtet, vgl. *Langenbucher*, S. 92.

1404 *Kaminski/Marks*, FS Havermann, S. 247, 272.

1405 *Ballwieser*, S. 147, 170; *Langenbucher*, S. 92.

1406 So auch *Weißenberger*, BB 1997, 2315, 2321.

1407 Vgl. *Hopt*, AG Sonderheft 1997, 42, 46, der eine "zupackendere Haftung" für sicherer als gesetzliche Regeln zur Rotation hält. Ebenso *Weißenberger*, S. 617, 647.

lassen sich dauerhafte Lösungen aber nur mit einem internationalen oder zumindest europäischen Konsens erreichen.

V. *Blick über die Grenzen*

1. USA

In den USA forderte die SEC bisher von den Prüfungsgesellschaften, spätestens nach sieben Jahren den Audit Partner auszuwechseln[1408]. Eine Pflicht zum turnusgemäßen Prüferwechsel im Sinne des Austausches der Prüfungsgesellschaft besteht demgegenüber nicht[1409]. Eine entsprechende Pflicht zur externen Rotation wurde zwar diskutiert, aber empirische Studien führten zu deren Ablehnung. Aus den Untersuchungen ging zum einen hervor, dass Erst- und Zweitprüfungen wesentlich häufiger zu Haftungsfällen wegen Prüfungsfehlern geführt hatten und zum anderen, dass eine beträchtliche Zahl von Unternehmen, bei denen Betrugsfälle aufgetreten waren, erst kurz zuvor den Prüfer gewechselt hatten[1410]. Laut Sarbanes-Oxley Act ist für den für die Prüfung verantwortlichen Partner (lead partner) und den Review-Partner zukünftig eine interne Rotation bereits nach fünf Geschäftsjahren vorgesehen. Eine Entscheidung über die Einführung einer externen Rotation soll von dem Ergebnis einer erneuten Studie abhängig gemacht werden[1411].

2. EU

a) Richtlinien

Eine einheitliche europäische Regelung hinsichtlich der Rotation des Abschlussprüfers findet sich bisher lediglich in der nicht verabschiedeten Richtlinie über die Struktur der Aktiengesellschaft. Sie sieht in Art. 56 einen Mindestbestellraum von 3 Jahren sowie einen obligatorischen Prüferwechsel nach mindestens zwölf Jahren vor[1412]. Demgegenüber enthält die 8. Richtlinie ("Prüferbefähigungsrichtlinie")[1413] keine Angaben zur

---

1408 *Niehus*, DB 2000, 1133, 1134.

1409 *Langenbucher*, S. 90.

1410 Vgl. *AICPA*, Statement of position regarding mandatory rotation of audit firms of publicly held companies, New York 1992, S. 2. Kritisch hierzu allerdings *Ruhnke*, S. 376-377 m.w.N.

1411 Vgl. SEC. 207.

1412 Dritter geänderter Entwurf einer 5. EG-Richtlinie, ABl. EG Nr. C 321 v. 12.12.1991, S. 9, siehe auch *Lutter*, Europäisches Unternehmensrecht, S. 193.

1413 Siehe hierzu *Lutter*, Europäisches Unternehmensrecht, S. 229.

Auslegung des 319 Abs. 2 Nr. 5, Abs. 3 Nr. 4 HGB. Wie bereits beschrieben ist dort weder das Verfahren noch der Inhalt der Prüfung geregelt[1414]. In den Art. 23 und 24 ist nur vorgegeben, dass die Prüfung mit beruflicher Sorgfalt und von unabhängigen Personen durchzuführen sei. Die Festlegung von Details bleibt dem Recht der Mitgliedstaaten überlassen.

b) Mitgliedstaaten

In den Mitgliedstaaten ist keine einheitliche Regelung zu finden. Generell besteht in allen Staaten die Möglichkeit der Wiederwahl[1415]. Gesetzliche Bestimmungen zu einer Rotation finden sich nur in Deutschland[1416]. In Spanien und Italien wurde eine allgemeine gesetzliche Pflicht zum Prüferwechsel nur wenige Jahre nach der Einführung wieder abgeschafft, da sie offenbar nachweislich zu einem Nachlassen der Prüfungsqualität geführt hatte[1417]. Demgegenüber hat in England jüngst der Maxwell-Report des Department of Trade and Industry (DTI), der die Ereignisse um den Zusammenbruch der Mirror Group des Robert Maxwell und die Verstrickung von Coopers & Lybrand, zu untersuchen hatte, die Einführung einer Pflichtrotation wieder für dringlich gehalten[1418].

c) FEE

Die EU-Kommission hat die Frage der Rotation in ihre Reformüberlegungen mit einbezogen. Zu diesem Zweck hatte sie die FEE um eine Stellungnahme gebeten. In ihrem Gutachten lehnt die FEE eine Pflichtrotation ab. Sie sieht in einer gesetzlichen Regelung keine zusätzliche Garantie für die Unabhängigkeit des Abschlussprüfers, welche die mit der Einführung verbundenen Nachteile rechtfertigen würde[1419]. Sinnvolleren Schutz gewährt nach ihrer Ansicht die jährlichen Bestellung des Abschlussprüfers durch die Eigentümer, die dabei auch über die Notwendigkeit eines Prüferwechsels entscheiden können[1420]. Zusätzlich plädiert die FEE für die Schaffung

---

1414 Vgl. Seite 237 ff.

1415 In Irland gilt der Abschlussprüfer nach Ablauf des Geschäftsjahres automatisch als wiedergewählt, sofern keine Absicht geäußert wird, in zu ersetzen. Siehe dazu *Buijink/Maijoor/Meuwissen/Witteloostuijn*, The Role, Position and Liability, S. 48.

1416 Eine Einschränkung der Wiederwahlmöglichkeiten gilt in Italien für börsennotierte Gesellschaften, die unter der Aufsicht der CONSOB stehen. Nach einer zweimaligen Wiederwahl auf drei Jahre, also insgesamt neun Jahren wird verlangt, dass der Wirtschaftsprüfer für fünf Jahre pausiert, bevor er erneut ein Mandat bei der prüfungspflichtigen Gesellschaft annehmen kann, siehe *Buijink/Maijoor/Meuwissen/Witteloostuijn*, The Role, Position and Liability, S. 48.

1417 *Langenbucher*, S. 90.; *Klaas*, WPg 1996, 453, 456.

1418 *Malvern*, "Still learning lessons from Maxwell", Accountancy, Mai 2001, S. 21; sowie o.*V.*; "Maxwell report critizises auditors", World Accounting Report, Mai 2001, S. 8.

1419 *FEE*, The Role, Position and Liability of the Statutory Auditor, S. 4.

1420 *FEE*, The Role, Position and Liability of the Statutory Auditor, S. 22.

von Systemen zur Qualitätskontrolle, deren Vorhandensein gesetzlich vorgeschrieben werden soll.

d) Grünbuch der EU-Kommission

Das Grünbuch teilt die Bedenken der Öffentlichkeit hinsichtlich zu langer Mandatsverhältnisse mit demselben Prüfer. Anders als das Gutachten der FEE setzt es aber auf die Einführung einer Pflichtrotation. Aus seiner Sicht sei dabei die Einführung einer internen Rotation gegenüber einer externen Rotation vorzugswürdig, da dadurch die Unabhängigkeit des Abschlussprüfers demonstriert und gleichzeitig die Qualitätsnachteile einer externen Rotation, wie sie sich kürzlich in einem Mitgliedsstaat ergeben habe, vermieden werden können[1421]. Wie weit diese Sichtweise auch von den Mitgliedstaaten geteilt werden wird, bleibt abzuwarten.

E. Einnahmegrenzen

Vergleichbar den zu langen Mandatsbeziehungen, werden auch zu hohe Einnahmen aus einzelnen Mandatsbeziehungen als negativ für die Glaubwürdigkeit des Abschlussprüfers betrachtet.

I. *Situation*

Hohe Einnahmen aus einzelnen Mandatsbeziehungen können den Verdacht nahe legen, dass der Abschlussprüfer auf Grund seiner wirtschaftlichen Abhängigkeit vom Mandanten in seinen Entscheidungen nicht mehr objektiv und unabhängig ist. Schwierigkeiten bereitet allerdings, festzulegen, wo die Einnahmegrenze liegt, ab der von einer wirtschaftlichen Abhängigkeit auszugehen ist, welche die Glaubwürdigkeit des Prüfers gefährdet. In Deutschland lag die Grenze bisher bei 50 %. Diese Zahl wurde allgemein als zu hoch betrachtet.

II. *Reformen*

Im Rahmen der Reformen des KonTraG wurde die Einnahmegrenze des § 319 Abs. 2 Nr. 8 HGB heruntergesetzt. Danach darf ein Wirtschaftsprüfer nicht Abschlussprüfer sein, wenn er oder eine Person, mit der er seinen Beruf gemeinsam ausübt, in den letzten fünf Jahren jeweils mehr als 30 v.H. der Gesamteinnahmen aus seiner beruflichen Tätigkeit aus der Prüfung und Beratung der zu prüfenden Gesellschaft erhalten

---

[1421] *Europäische Kommission*, Grünbuch der Europäischen Kommission, Rn. 4.16, WPK-Mitt. 1996, 279, 289.

hat und dies auch im laufenden Geschäftsjahr zu erwarten ist. Eine weitere Absenkung der Einnahmegrenzen ist mit Rücksicht auf kleinere Wirtschaftsprüfergesellschaften unterlassen worden.

III. *Würdigung*

Die neue 30 %-Hürde erscheint aus Sicht der Kritiker aber immer noch zu hoch. Sie verweisen darauf, dass andere Länder wesentlich niedrigere Grenzwerte besitzen[1422]. So liegt die Grenze in Großbritannien bei 10 % für börsennotierte Gesellschaften. In den USA geht die SEC von einer Aufgriffsgrenze von 15 % aus[1423]. Auch die FEE schlägt niedrigere Begrenzungen des Honorarvolumens vor[1424]. Der Sichtweise der Literatur, mit der aktuellen Grenze sei das "letzte Wort noch nicht gesprochen"[1425], ist daher zuzustimmen[1426]. Unabhängig davon besteht weiter Kritik, die sich generell gegen starre Honorarbegrenzungen wendet[1427]. Sie sieht darin eine eindeutige Benachteiligung von kleinen und mittleren Wirtschaftsprüfergesellschaften, da eine Honorarbegrenzung Konzentrationsbestrebungen Vorschub leiste. Diese könnten nämlich anders als große Wirtschaftsprüfergesellschaften die Wirksamkeit solcher Beschränkungen nicht unterlaufen, indem sie Niederlassungen zusammenlegen, im internationalen Verbund Prüfungsmandate tauschen oder an ausländische Partnergesellschaften abgeben[1428]. Vorzugswürdig gegenüber einer weiteren Absenkung erscheint daher eine Neuregelung, die eine Pflicht zur Offenlegung des Abschlussprüferhonorars beinhaltet[1429]. Sie würde es je nach Veröffentlichungsart den informierten Aktionäre, Gläubigern bzw. dem Markt selbst überlassen, darüber zu entscheiden, ob sie dem Abschlussprüfer weiter ihr Vertrauen schenken wollen[1430]. Gleichzeitig würden sich damit ständige Debatten um Anpassungen der Honorargrenzen erübrigen.

1422 *Dörner/Schwegler*, DB 1997, 285, 289.

1423 Nach *Niehus*, FS Sieben, S. 483, 504 besteht in den USA zwar kein Gesetz oder eine Verordnung jedoch lasse die SEC in einer Verlautbarung ("staff report on auditors independence") wissen, dass bei einem Anteil von mehr als 15 % aus ihrer Sicht ernste Bedenken hinsichtlich der Unabhängigkeit des Prüfers bestehen

1424 Siehe *Gelhausen*, AG Sonderheft 1997, 73, 76.

1425 *Ebke*, MüKo-HGB, § 319 Rn. 41; *Dörner/Schwegler*, DB 1997, 285, 288.

1426 Erstes Anzeichen ist der Vorschlag der Regierungskommission „"Corporate Governace", D6.31 die Einnahmen sonstigen Beratungsleistungen auf einen bestimmten Anteil der Gesamthonorarsumme zu beschränken,

1427 *Lange*, S. 159.

1428 Vgl. *Schulze-Osterloh*, Stellung und Unabhängigkeit, S.95, 111-112.

1429 Siehe hierzu Seite 304.

1430 *Arrunada*, "Non-audit services: Let an informed market decide", Accountancy, April 1998, S. 63

F. Zusammenfassung

Weltweit wird die Bedeutung der Unabhängigkeit und insbesondere der Glaubwürdigkeit für die zukünftige Erfüllung der Aufgaben und Funktionen des Abschlussprüfers in der Corporate Governance hervorgehoben. Jedoch fehlen bisher gemeinsame verbindliche Vorschriften, welche die Anforderungen an die Unabhängigkeit definieren. Deutschland hat mit dem KonTraG den Versuch unternommen Anschluß an international übliche Standards zu finden. Auf europäischer Ebene ist Vergleichbares noch nicht gelungen, da hier in wichtigen Einzelfragen, wie der Vereinbarkeit von Prüfung und Beratung, Uneinigkeit zwischen den Mitgliedstaaten besteht. Wegen der allgemeinen Bedeutung der Abschlussprüfung für die Finanzmärkte hat die EU-Kommission jedoch eine neue Initiative gestartet. Dabei verfolgt sie ähnlich wie der deutsche Gesetzgeber die Strategie, Fragen der Unabhängigkeit nicht bis ins Detail zu regeln, sondern sich mit der Festlegung möglichst allgemein gefasster Prinzipien zu begnügen. Dieser sog. "conceptual approach" hat den Vorteil, dass diese Prinzipien für die Öffentlichkeit übersichtlich und klar sind. Zudem sind sie flexibel und erfassen damit auch neue Entwicklungen. Allerdings bedürfen diese allgemeinen Prinzipien zusätzlich flankierender Maßnahmen ("safeguards"), die für die notwendige Disziplinierung des Abschlussprüfers im Einzelfall sorgen und so die Qualität der Abschlussprüfung sicherstellen. Zu solchen Maßnahmen zählen u.a. Sanktionen, wie z.B. die zivilrechtliche Haftung, berufsrechtliche Standards, und Qualitätskontrollen. Daneben können Regelungen zur Aus- und Weiterbildung, dem Berufszugang und nicht zuletzt eine geeignete Struktur der internen Corporate Governance hilfreich sein, den Prüfer in seinem Streben nach Unabhängigkeit zu unterstützen.

§ 5: Sicherung der Unabhängigkeit und Qualität der Abschlussprüfung

Unabhängig von der Ausgestaltung der einzelnen Maßnahmen stellt sich vorab im Zusammenhang mit Reformen zur Sicherung der Qualität und Unabhängigkeit der Abschlussprüfung allgemein die Frage nach der Notwendigkeit von staatlicher Regulierung.

A. Staatliche Regulierung versus Selbstkontrolle

Die Qualifikation der Tätigkeit des Wirtschaftsprüfers als freier Beruf legt es nahe, die gesetzliche Regulierung auf ein Mindestmaß zu beschränken und vielmehr auf die Selbsteinsicht des Berufsstandes zu setzen und es ihm selbst zu überlassen, die für notwendig erachteten Regelungen zur Sicherung der Unabhängigkeit zu treffen. Für diese Strategie spricht, dass sich innerhalb des Berufsstandes mittlerweile herumgesprochen hat, dass die Frage der Unabhängigkeit und Glaubwürdigkeit für die Auftragsvergabe mit entscheidend sein kann. So versuchen große Wirtschaftsprüfergesellschaften durch organisatorische Maßnahmen ("fire walls") eine Trennung zwischen beratenden und prüfenden Abteilungen herbeizuführen, um so den Anschein der Befangenheit gegenüber den Mandanten zu verhindern[1431]. Teilweise werden auch schon auf freiwilliger Basis Qualitätskontrollen innerhalb sowie auch zwischen verschiedenen Wirtschaftsprüfergesellschaften durchgeführt. Dabei spielt nicht nur das eigene Interesse an der Vermeidung von unnötigen Haftungsrisiken eine Rolle, sondern auch die Erkenntnis, dass sich mit der Abschlussprüfung durch die Ausdehnung sowohl der Zahl der prüfungspflichtigen Unternehmen[1432] als auch des tatsächlichen Umfangs der Prüfung wieder gutes Geld verdienen lässt[1433].

Als weitere Anzeichen für einen Sinneswandel können schließlich die zahlreichen Reorganisationen gewertet werden. Insbesondere die großen Wirtschaftsprüfergesellschaften trennen sich von ihrem Beratungsgeschäft oder bringen es als selbständiges Unternehmen an die Börse[1434]. Beschleunigt werden derartige Maßnahmen dabei durch Veränderungen im Charakter des Beratungsgeschäfts. Eine wettbewerbsfähige Beratungsleistung kann heute immer weniger unter den Bedingungen durchgeführt werden, denen ein Wirtschaftsprüfer bei all seinen Tätigkeiten unterliegt[1435]. Die Zukunft der Beratung erfordert noch stärkere Parteinahme. Der Berater muss sein Potential vollständig für seinen Mandanten einbringen können. Er muss ein Interesse an dessen Erfolg haben dürfen, das bis zur strategischen Partnerschaft führt, etwa dergestalt, dass sich das Beratungsunternehmen insbesondere bei jungen Unternehmen beteiligt, sei es mit Know-how oder Kapital. Unternehmensbeteiligungen in Form von Aktienoptionsprogrammen werden aber auch für das beratende Unternehmen selbst an Bedeutung gewinnen. Geeigneter Nachwuchs und Fachkräfte sind auf Feldern wie dem IT-Bereich nur noch zu bekommen, wenn entsprechende Aktienoptionsprogramme als variabler Teil des Gehalts vereinbart werden.

Gegen den Verzicht auf öffentlichen Druck und Einflussnahme spricht allerdings, dass der Berufsstand es lange an der notwendigen Einsicht sowie Bereitschaft und Wille zu entsprechenden Veränderungen hat mangeln lassen. So hat in den USA erst massiver Druck der SEC zu mehr Sensibilität des Berufsstandes in Fragen der Un-

---

1431 *O. V.*, „Audit-consulting crossover diminished", Accountancy, Mai 2001, S. 17.

1432 Das Kapitalgesellschaften & Co-Richtlinie-Gesetz (KapCoRiLiG) vom 24.2.2000 erstreckt die Prüfungspflicht auf oHG und die KG bei denen nicht mindestens ein persönlich haftender Gesellschafter (§ 264 a Abs. 1 Nr. 2 HGB) eine natürliche Person oder eine oHG, KG oder eine andere Personengesellschaft mit einer natürlichen Person als persönlich haftender Gesellschafter ist oder sich in Verbindungen von Gesellschaften fortsetzt. Besonderns betroffen von dieser Neuregelung ist vor allem die in Deutschland weit verbreitete GmbH & Co. KG. Zu den Einzelheiten siehe *Ebke*, MüKo-HGB, § 316 Rn. 3.

1433 Siehe hierzu auch die Stellungnahme eines Partners von PWC in *o. V.*, "'Proxies don't prove a thing' says Andersen", Accountancy, August 2001, S. 8 ("You always get this allegation that audit is a loss leader. But it's not. Our audit practice is a thriving franchise – we would't be splitting it off from other services if it wasn't").

1434 *O. V.*, Wirtschaftsprüfer werden in Amerika zur Reorganisation gedrängt, in: FAZ v. 10.7.2000, S. 23.

1435 *O. V.*,"Big Five plan strategic changes", Accountancy, Mai 2001, S. 7.

abhängigkeit geführt[1436]. Dennoch sollte diese Tatsache nicht zum Anlass genommen, das Heil zukünftig allein in überbordender gesetzlicher Regulierung zu suchen. Denn staatliche Bürokratie würde das Potential, das in einem freien Berufsstand steckt, verkümmern lassen. Dieses Potential ist jedoch notwendig, um mit den weltweiten Entwicklungen Schritt zu halten. Denn nationale Gesetzgeber stoßen mit ihren Ressourcen hier sehr schnell an ihre Grenzen. Bei der Sicherung der Qualität ist die Öffentlichkeit und der Gesetzgeber daher mehr denn je auf die Zusammenarbeit mit dem Berufsstand angewiesen. Die Schaffung einheitlicher Prüfungsstandards (ISA) durch das IFAC sind Zeichen für den dort bestehenden Reformwillen und die Reformfähigkeit. Gesetzgeberische Maßnahmen sollten daher einer genauen Prüfung unterzogen werden, wobei die einzelnen Interessen der Beteiligten sorgfältig abzuwägen sind. Maßstab können dabei eine stärkere Einbeziehung der Öffentlichkeit in die Arbeit der Fachgremien und eine verbesserte Transparenz des Berufsstandes sein.

B. Straf- und bußgeldrechtliche Sanktionen

Das schärfste Schwert in der Hand des Gesetzgebers zur Sicherung der Qualität der Abschlussprüfung sind der Erlass von straf- und bußgeldrechtlichen Sanktionen. Hinsichtlich der strafrechtlichen Sanktionen besteht jedoch allgemein Einigkeit, ihren Anwendungsbereich nicht weiter auszudehnen, sondern wie bisher auf Fälle krassen Fehlverhaltens des Abschlussprüfers zu beschränken[1437] und alternativ auf berufsrechtliche, börsen- und aufsichtsrechtliche sowie haftungsrechtliche Maßnahmen zu setzen[1438]. Diese Ansicht wird auch von den EU-Mitgliedstaaten geteilt, die sich ebenfalls darüber einig sind, dass es nicht primär Aufgabe des Strafrechts sei, die berufliche Sorgfalt des Abschlussprüfers im Sinne des Art. 23 der Prüferbefähigungsrichtlinie zu gewährleisten[1439]. Auch die bußgeldrechtlichen Vorschriften, die ebenfalls unter Berücksichtigung der Vorschriften der 8. Richtlinie, insbesondere Art. 26 ins HGB aufgenommen wurden[1440], scheinen zu ihrem Zweck angemessen. Dabei mag zwar die Geldbuße in Höhe von bis zu 25 000 Euro, die § 334 Abs. 3 HGB bei Erteilung eines Bestätigungsvermerks trotz Verstoßes gegen die Vorschriften des § 319 Abs. 2 und 3 HGB vorsieht, auf den ersten Blick eine geringe Abschreckungswirkung zu entfalten, es gilt aber zu beachten, dass bei einem solchen Verstoß die Vorschrift des § 241 Nr. 3 AktG gleichzeitig auch die Wahl des Abschlussprüfers für nichtig erklärt. Daraus resultiert die ex tunc Nichtigkeit des Prüfungsvertrages (§ 134 BGB) und somit der Verlust des Honorars[1441].

1436 Besonders die Veröffentlichung von Untersuchungsergebnissen, die zahlreiche Verstöße gegen Unabhängigkeitsvorschriften ans Tageslicht gebracht hatten, haben zu einem Umdenken geführt, vgl. *o. V.*, "Independence under the microscope", Accountancy, Februar 2000, S. 5.

1437 *Ebke*, MüKo-HGB, § 323 Rn. 180; *Steinberg*, 30 Int'l Law. 715, 723-725 [1996].

1438 *Ebke*, MüKo § 323 Rn. 180. Zur Frage, ob Haftungsregeln durch Strafe ersetzt werden sollen aus ökonomischer Sicht *Schmitz*, Jb. Wirtschaftswissenschaften 1997, 351-360.

1439 *Ebke*, ZVglRWiss 2001, 62, 80-81.

1440 Vgl. *Quedenfeld*, MüKo-HGB, Vor § 331 Rn. 3.

1441 *Röhricht*, WPg 1998, 153, 155; *Heni*, DStR 1997, 1210, 1214.

C. *Die Haftung des Abschlussprüfers*

Wichtiger als strafrechtliche Sanktionen ist die zivilrechtliche Haftung. Ihr kommt große Bedeutung bei der Sicherung der Qualität der Abschlussprüfung zu[1442]. Darüber hinaus spielt die zivilrechtliche Verantwortlichkeit auch für die Ausgestaltung der zukünftigen Corporate Governance eine tragende Rolle. Denn vor dem Hintergrund von mehr Gestaltungsfreiheit und weniger zwingenden gesellschaftsrechtlichen Schutzvorschriften wird die persönliche Verantwortlichkeit einzelner Träger von Funktionen innerhalb der Corporate Governance zum wichtigen Kontrollmechanismus[1443]. Deshalb soll vorweg etwas ausführlicher auf die einzelnen Funktionen des Haftungsrechts eingegangen werden[1444].

I. *Die Funktion*

1. *Schadensausgleich*

Das Haftungsregime kann die Effizienz der Kapitalmärkte in vielerlei Hinsicht unterstützen. Seine vorrangige Aufgabe ist es, einen Ausgleich für erlittene Schäden herzustellen. Ein solcher Ausgleich kommt auf dem Kapitalmarkt vor allem für Vermögensschäden in Betracht, die den Anlegern entstanden sind, weil sie auf unrichtige Informationen des Unternehmens vertraut haben. Als Anspruchsgegner kommt hierfür nicht nur das Unternehmen sowie die intern für die Berichterstattung verantwortlichen Personen in Betracht, sondern auch der Abschlussprüfer. Denn als Prüfer der veröffentlichten Informationen übernimmt er im Rahmen seiner Berufspflichten die Verantwortung für eine gewissenhafte und unparteiische Prüfung der publizierten Daten und Fakten (vgl. § 323 Abs. 1 S. 1 HGB). Anspruchsberechtigt ist ihm gegenüber das Unternehmen als formaler Auftraggeber der Prüfung (§ 323 Abs. 1 S. 3 HGB) sowie unter bestimmten Voraussetzungen auch der geschädigte Anleger (§§ 823 Abs. 2, 826 BGB). Die Haftung dient dadurch nicht nur dem Ausgleich des Vermögensschadens, den die Geschädigten erlitten haben, sondern mittelbar wird damit auch das Vertrauen der übrigen Anleger und Unternehmen in die Funktionsfähigkeit des Kapitalmarkts insgesamt wieder hergestellt[1445].

1442 Siehe *Ebke/Struckmeier*, The Civil Liability of Corporate Auditors: An international Perspective, 1994.

1443 Vgl. *Hopt*, ZGR-Sonderheft 13, 1998, 123, 128.

1444 Allgemein zu den ökonomischen Grundlagen des Haftungsrechts siehe *Endres*, Ökonomische Grundlagen des Haftungsrechts; *Schäfer/Ott*, Lehrbuch der ökonomischen Analyse des Zivilrechts.

1445 Vgl. *Ebke*, BFuP 2000, 549, 550.

2. *Präventionsfunktion*

Neben der Ausgleichsfunktion kommt dem zivilrechtlichen Haftungsregime eine Präventionswirkung zu. Gemeinsam mit straf- und berufsrechtlichen Sanktionsandrohungen beeinflusst sie das Verhalten der Normadressaten[1446]. Im Fall des Prüfers sorgt die Haftung für die Einhaltung seiner Berufspflichten[1447] und erbringt damit einen wesentlichen Beitrag zur Sicherung der Qualität der Abschlussprüfung. Insbesondere gibt die Haftung dem Pflichtprüfer ein starkes Argument, gesetzeswidrige Ansinnen, die von den Mandanten an ihn herangetragen werden, abzulehnen und stärkt somit seine Unabhängigkeit, was mittelbar die Prüfungsqualität verbessert[1448].

3. *Substitutionsfunktion*

Schließlich können durch die Haftung auch fehlende Normen und gesetzliche Regelungen geschaffen werden (Substitutionsfunktion). Denn anlässlich von Haftungsprozessen kann die Rechtsprechung in ihren Urteilen Anweisungen für ein ordnungsmäßiges Handeln formulieren und dadurch nicht vorhandene Standards entwickeln, bestehende konkretisieren oder ergänzen und veraltete weiterentwickeln oder ersetzen[1449]. Im Fall des Prüfers erbringt die Haftung damit einen entscheidenden Beitrag zur Weiterentwicklung des Berufsstandes. So haben die Gerichte in den USA wesentlich dazu beigetragen, Berufsstandards herauszubilden als die dafür zuständigen Institutionen versagten. Eine ähnliche Situation stellt sich auch heute. Trotz zunehmender Globalisierung der Kapitalmärkte fehlt es an weltweit anerkannten verbindlichen Standards für Rechnungslegung und Prüfung. Ebenso fehlt es an internationalen Gremien, die über deren Einhaltung wachen. Es ist daher zu erwarten, dass auch hier die Gerichte mit dem Mittel des Haftungsrechts in die Rolle des Standard-Setter schlüpfen werden, um so ihren Beitrag zu einer global einheitlichen Abschlussprüfung zu erbringen.

1446 Siehe hierzu allgemein *Ott/Schäfer*, Die Präventionswirkung zivil- und strafrechtlicher Sanktionen.

1447 *Black*, 55 The Bus. Law. 1565, 1573-1574 (2000); *Ebke*, FS Buxbaum, S. 113, 133.

1448 *Black*, 55 The Bus. Law. 1565, 1573-1574 (2000).

1449 Allgemein zum Verhältnis von Haftungsrecht und Regulierung *siehe Schwarze*, Jb. für Wirtschaftswissenschaften 1995, 306-326; *Kolstad*, C.D./*Ulen*, T./*Johnson*, G.V., 80 American Economic Review, 888-901 [1990]; *Rose-Ackerman*, S., 81 American Economic Review, 54-58 [1991]; *Shavell*, S., 15 R. J. Econ. 271-280 [1984].

II. *Die gesetzliche Grundlage*

Grundlegende Vorschrift für die Haftung des Abschlussprüfers in Deutschland ist § 323 HGB[1450]. Die Regelung verdrängt für die gesetzlich angeordnete Pflichtprüfung die §§ 631 ff. BGB[1451]. Gemäß dem Wortlaut des § 323 HGB werden der Abschlussprüfer, seine Gehilfen und die bei der Prüfung mitwirkenden gesetzlichen Vertreter einer Prüfungsgesellschaft zu einer gewissenhaften und unparteiischen Prüfung sowie zur Verschwiegenheit verpflichtet. Verletzt der Abschlussprüfer diese Pflichten vorsätzlich oder fahrlässig, so ist er der geprüften Gesellschaft und wenn eine verbundene Gesellschaft geschädigt worden ist, auch dieser zum Ersatz des daraus entstehenden Schadens verpflichtet. Der Begriff der "Pflichten" ist dabei weit auszulegen. Er umfasst nicht nur die Pflichten, die in § 323 Abs. 1 Satz 1 und 2 HGB genannt sind[1452], sondern alle Berufspflichten, denen der Prüfer bei der Abschlussprüfung zu entsprechen hat[1453]. Das bedeutet, der Abschlussprüfer haftet auch für unberechtigte Verzögerungen bei der Erstellung des Prüfungsberichts, unbegründete Versagungen des Bestätigungsvermerks, fehlerhafter Berichterstattung sowie Erteilung falscher Auskünfte[1454]. Zur näheren Konkretisierung der vom Gesetzgeber gewählten unbestimmten Rechtsbegriffe[1455], wie "gewissenhafte", "sorgfältige" und "unparteiische", denen der Abschlussprüfer bei der Durchführung der Prüfung zu genügen hat, können die von der WPK festgestellten Berufspflichten und die vom Institut der Wirtschaftsprüfer (IDW) erstellten "Prüfungsstandards" (IDW-PS) herangezogen werden[1456]. Allerdings fehlt diesen mangels gesetzlicher Grundlagen die Qualität von Normen[1457], so dass es den Gerichten überlassen bleibt, das normgemäße Verhalten des Abschlussprüfer im konkreten Fall endgültig zu bestimmen.

III. *Die Höhe*

Für vorsätzliches Handeln lässt der Gesetzgeber den Abschlussprüfer unbegrenzt haften[1458]. Für fahrlässige Pflichtverletzungen im Sinne von § 323 Abs. 1 HGB hat er die

---

1450 Zur historischen Entwicklung der gesetzlichen Haftung des Wirtschaftsprüfers in Deutschland vgl. *Ebke*, Dritthaftung, S. 38-44.

1451 *Hirte*, Berufshaftung, S. 57.

1452 Nur auf die eigentliche Prüfungshandlungen (§ 317 HGB) beschränkt BGH, JZ 1998, 1013, 1013-1014; *Budde/Hense*, BeBiKomm., § 323 Rn. 10 und 101.

1453 *A/D/S*, HGB, § 323 Rn. 27; *Baumbach/Hopt*, HGB § 323 Rn. 1; KK-*Claussen/Korth*, HGB, § 323 Rn. 15; *Ebke*, JZ 1998, 991, 994; *Quick*, BB 1992, 1675; *ders.*, DBW 2000, 60, 62.

1454 Siehe *Baumbach/Hopt*, HGB § 323 Rn. 2; KK-*Claussen/Korth*, HGB, § 323 Rn. 15; *Ebke*, JZ 1998, 991, 995.

1455 Zur Intention des Gesetzgebers siehe *Ebke*, MüKo-HGB, § 323 Rn. 21.

1456 *Hirte*, Berufshaftung, S. 58.

1457 *A/D/S*, HGB, § 323 Rn. 10; *Geuer*, Haftungsrisiko, S. 34; *Hopt*, FS Pleyer, S. 341, 351, 363; *Poll*, DZWir 1995, 95.

1458 Vgl. *Budde/Hense*, BeBiKomm., § 323 Rn. 131. Eine weitere Konsequenz ist der Wegfall des Versicherungsschutzes vgl. § 4 Abs. 1 Nr. 1 WPBHV.

Gesamthaftungssumme nach oben begrenzt[1459]. Die Beschränkung war schon damals bei Einführung der Pflichtprüfung angeordnet und ist im Laufe der Reformen beibehalten worden[1460]. Die Beschränkung der Haftung beruht auf dem grundlegenden Gedanken, dass der Abschlussprüfer bei der Durchführung von Pflichtprüfungen ein Risiko auf sich nimmt, das mit wenigen Berufszweigen vergleichbar ist. Denn schon geringfügige Versehen können ungewöhnlich große Schäden anrichten. Die daraus resultierenden Ersatzforderungen können schnell seine Existenz gefährden[1461]. Ziel des Haftungshöchstbetrages sollte nach der Intention des Gesetzgebers daher sein, den Abschlussprüfer von dieser "drückenden Besorgnis" zu befreien[1462].

IV. *Reformen*

Die Reformer des KonTraG haben dieser Begründung noch einen weiteren Gesichtspunkt hinzugefügt. Nach ihrer Ansicht vermittle eine unbegrenzte Haftung den irreführenden Eindruck einer Art Garantiehaftung[1463]. Deshalb haben sie ihm KonTraG die Institution der Haftungsobergrenze beibehalten und lediglich die maximale Haftungssumme zur Diskussion gestellt. Vor Verabschiedung des KonTraG betrug die gemäß § 323 Abs. 2 HGB festgelegte maximale Haftungssumme 500.000 DM.[1464]. Nicht nur in der Öffentlichkeit, sondern auch auf Seiten der Wirtschaftsprüfer[1465] bestand Einigkeit, dass diese Summe nicht mehr zeitgemäß sei[1466] und folglich erhöht werden müsse[1467]. Uneinigkeit bestand allerdings darüber, wie und in welchem Umfang. Verschiedene Vorschläge wurden diskutiert.

Erste Entwürfe der SPD sahen eine neue Regelung vor, die eine variable Koppelung der Haftungssumme an die Vergütung beinhaltete[1468]. Der Abschlussprüfer sollte danach im Schadensfall bis zur Höhe des Hundertfachen seiner Vergütung haf-

---

1459 Zur Einführung einer Haftungshöchstgrenze von Organmitgliedern bei einfacher Fahrlässigkeit siehe *Regierungskommission "Corporate Governance"*, D2.34.

1460 Ein historischer Rückblick findet sich bei *Budde/Hense*, BeBiKomm., § 323 Rn. 130.

1461 Vgl. *Ebke*, Dritthaftung, S. 41; *Quick*, BB 1992, 1675; *A/D/S*, HGB, § 323 Rn. 47.

1462 *Ebke*, Dritthaftung, S. 41. Ausführlich zur Haftungssummenbegrenzung auch *Havermann*, FS Ludewig, S. 385, 403; *Kaminski/Marks*, FS Havermann, S. 247, 280.

1463 Vgl. RegE-Begr. zu § 323 HGB, BT-Drucks. 13/9712, S. 29.

1464 Die Vorschrift des § 323 Abs. 2 HGB a.F. geht auf die Transformation der Vierten EG-Richtlinie durch das Bilanzrichtlinien-Gesetz vom 19.12.1985 zurück und stellt eine Übernahme von § 168 AktG a.F dar. Im Hinblick auf die 5. Richtlinie, die eine Harmonisierung der Haftung bringen sollte, war sie ursprünglich nur als Übergangsvorschrift gedacht vgl. *Biener/Berneke*, BiRiLiG, S. 432.

1465 *WPK*, WPK-Mitt. 1997, 100, 105; Ebenso BT-Drucks. 13/9712.

1466 Vgl. *Goerdeler*, Stellungnahme, S. 29, 32.

1467 *Kaminski/Marks*, FS Havermann, S. 281; *Dörner*, DB 1998, 1, 7; *Pohl*, WPK-Mitt. 1996, 2, 3.

1468 SPD Entwurf eines Transparenz und Wettbewerbsgesetzes, BT-Drucksache 13/367 vom 30.1.1995, S. 1, 4; zustimmend *Baums*, AG-Sonderheft 1997, 26, 31; *Hauser*, S. 236. Kritisch zu solchen Koppelungen dagegen *Ebke*, Dritthaftung, S. 290-291.

ten[1469]. Der Vorschlag wurde aber abgelehnt, da befürchtet wurde, dass er mittelständische Prüferpraxen benachteilige. So wurde vorgerechnet, dass bei einer Auftragsvergütung von beispielsweise 500.000 DM das Haftungsvolumen 50 Mio. betragen hätte. Die hierfür erforderlichen Versicherungsprämien wären aber nur von großen Wirtschaftsprüfergesellschaften finanzierbar gewesen[1470]. Den ohnehin schon vorhandenen Konzentrationsbestrebungen auf dem Markt für Prüfungsleistungen wäre damit weiter Vorschub geleistet worden. So blieb es letztlich bei einer bloßen Erhöhung der Mindesthaftungssumme in § 323 Absatz 2 HGB. Dabei wurde nach langen Beratungen ein Kompromiss gefunden. Er sieht vor, die Haftungsobergrenze des Abschlussprüfers für fahrlässig verursachte Schäden bei nicht börsennotierten Gesellschaften auf 2 Mio. DM[1471] bzw. bei börsennotierten Gesellschaften auf 8 Mio. DM anzuheben[1472]. Entsprechend wurden die Mindestversicherungssummen gemäß § 54 a WPO angepasst[1473].

V. *Kritik*

Im Schrifttum ist die Beibehaltung der Haftungshöchstgrenze überwiegend auf Zustimmung gestoßen[1474]. Hinsichtlich der Höhe wird von Seiten der Wirtschaftsprüfer allerdings die Meinung vertreten, dass mit diesen Summen für die meisten Berufsträger in Deutschland die Schmerzgrenze erreicht sei[1475]. Aus internationaler Sicht sind Haftungsgrenzen aber unüblich[1476]. Es ist folglich nicht unwahrscheinlich, dass ange-

---

1469 Einen ähnlichen Vorschlag hatte bereits die Stellungnahme der Groupe d'Etudes zur 2., 3. und 5. Richtlinie zur Frage der Haftung des Abschlussprüfers, Dokument GEEC-5DSA-19674-F (veröffentlicht im Journal UEC Nr. 4, 1.10.1974) enthalten. Er sah vor, den Umfang des Schadensersatzes ins Verhältnis zum vereinnahmten Honorar zu setzen und zusätzlich eine Mindesthaftungssumme und eine Höchsthaftungssumme einzuführen. Im Hintergrund stand allerdings die Intention, eine geplante unbeschränkte Dritthaftung einzugrenzen.

1470 Alle selbstständig tätigen Wirtschaftsprüfer und alle Wirtschaftsprüfergesellschaften sind verpflichtet, eine Berufshaftpflichtversicherung abzuschließen und aufrechtzuerhalten, die die aus ihrer Berufstätigkeit (§ 2 WPO) sich ergebenden Haftpflichtgefahren für Vermögensschäden deckt (vgl. § 1 Wirtschaftsprüfer-Berufshaftpflichtversicherungsordnung – WPBHV, abgedruckt in WPK-Mitt. 1999, 36-37).

1471 Notwendig ist hierfür eine Individualvereinbarung zwischen den Parteien für den Einzelfall, vgl. § 54 a Abs. 1 Nr. 1 WPO. Ist die Haftungsbegrenzung lediglich in Allgemeinen Geschäftsbedingungen enthalten, so beträgt die Mindesthaftungssumme 4 Mio. Euro, vgl. § 54 a Abs. 1 Nr. 2 WPO . Zur Problematik der Abgrenzung von Individualvereinbarung zu Allgemeinen Geschäftsbedingungen siehe im einzelnen *Wolf*, WPK-Mitt. 1998, 197-200.

1472 Nach der Umstellung auf Euro jetzt eine Million bzw. vier Millionen Euro (Art. 1 EurobilG v. 10.12.2001).

1473 Zu versicherungsrechtlichen Konsequenzen eines erhöhten Haftungsrisikos als Folge nationaler und internationaler Tendenzen in der Rechtsprechung zur Ausdehnung der Haftung siehe *Ebke*, MüKo-HGB, § 323 Rn. 11.

1474 *Baums*, AG-Sonderheft 1997, 26, 31; *Dörner*, DB 1998, 1, 7; *Forster*, WPg 1998, 41, 55.

1475 *Oehler*, "Allzu großes Vertrauen ist schädlich", in: Stuttgarter Zeitung v. 26.02.2000, S. 16.

1476 Eine vergleichbare Regelung findet sich lediglich in Österreich und Griechenland, vgl. MARC-Studie, S. 92. In den USA gilt nach den Vorschriften der SEC ein Abschlussprüfer, der eine

sichts der Schäden in Milliardenhöhe, wie sie bei den jüngsten Unternehmenszusammenbrüchen wieder entstanden sind, in der Öffentlichkeit sehr schnell die Forderung nach noch höheren Deckungssummen, - insbesondere für große Wirtschaftsprüfergesellschaften - erneut auftauchen[1477]. Die Wirtschaftsprüfer wären dann, zumindest bis zur nächsten Gesetzesanpassung, wieder in die Defensive gedrängt, zumal die genaue Festlegung der Summen sachlich nur schwer zu begründen ist[1478].

Neuere Vorschläge regen daher an, dem Abschlussprüfer zu ermöglichen, über die gesetzliche vorgeschriebene Summe hinaus, freiwillig ein höheres Risiko zu übernehmen[1479]. Starre Grenzen seien wettbewerbsfeindlich. Sie würden verhindern, dass die Haftung ihre steuernde Wirkung voll entfalte. Denn dem überdurchschnittlich sorgfältig und gewissenhaft arbeitenden Abschlussprüfer werde es unmöglich gemacht, die Früchte seiner Bemühungen zu ernten, weil er die Qualität seiner Arbeit nicht durch das Eingehen höherer Risiken dem Markt signalisieren könne[1480].

VI. *Würdigung*

Das Gesetz selbst schließt eine solche freiwillige Erhöhung der Haftungssumme nicht aus[1481], vielmehr sind es berufsrechtliche Regelungen der WPK, die einer Erweiterung entgegenstehen[1482]. Die Standesvertretung begründet das berufsrechtliche Verbot mit dem Argument, dass es der Berufsauffassung widerspreche, wenn "einzelne Kollegen sich über die Haftungserweiterung einen Wettbewerbsvorteil verschaffen"[1483]. Denn Wettbewerbsvorteile, die auf dem Angebot höherer Haftungssummen beruhen, würden "letztlich zu erheblichen Verwerfungen innerhalb des Berufsstandes führen, weil nur noch große Einheiten mit entsprechenden Haftungssummen größere Mandate übernehmen könnten". Dagegen kann allerdings eingewandt werden, dass solche Wettbewerbsvorteile nur von kurzer Dauer wären, wenn sie nicht durch entsprechende

Haftungsbegrenzung vereinbart, als nicht unabhängig (FRR 602.02.i.i.). Vgl. *Budde/Hense*, BeBiKomm., § 323 Rn. 130.

1477 In England hat es der High Court in einer kürzlich ergangenen Entscheidung (*Killick v. PricewaterhouseCoopers* [2001] 1 BCLC 65) dem unterinstanzlichen Gericht überlassen, festzustellen, ob eine vertragliche Haftungsbegrenzung auf 10 Millionen Pfund, wie von den Klägern behauptet gegen die Vorschriften des Unfair Contract Terms Act 1977 verstößt.

1478 Vgl. *Baums*, AG-Sonderheft 1997, 26, 31 ("Jeder Begrenzung haftet [...] eine gewisse Willkür an"). Die *Regierungskommission "Corporate Governance"*, D6.27 lehnt in ihrem Bericht den Vorschlag einer erneuten Anhebung der Haftungsobergrenze des § 323 Abs. 2 HGB mangels "dringendem Bedarf" ab.

1479 *Lenz/Ostrowski*, BB 1997, 1523, 1528.

1480 Das setzt bei börsennotierten Unternehmen natürlich voraus, dass entsprechende Vereinbarungen den Aktionären offengelegt werden.

1481 Vgl. KK-*Claussen/Korth*, HGB, § 323 Rn. 25; *Budde/Hense*, BeBiKomm., § 323 Rn. 136.

1482 Nach § 16 der Berufssatzung der WPK darf eine gesetzliche Haftungsbegrenzung nicht abbedungen werden. Die Vorschrift beruht auf § 57 Abs. 3 Nr. 1 e WPO, nach der die WPK "Haftungsausschlüsse und Haftungsbegrenzungen" in einer Berufssatzung regeln darf., vgl. *Ebke*, MüKo-HGB, § 323 Rn. 61.

1483 *Budde/Henze*, BeBiKomm., § 323 Rn. 136.

Qualitätsbemühungen bei der Ausführung der Prüfung begleitet würden. Zudem führt die gesetzliche Regelung bereits eine gewisse Trennung der Märkte herbei, indem sie für börsennotierte Gesellschaften eine höhere Haftungsobergrenze verlangt, deren Versicherungsprämien in der Regel von großen Prüfungsgesellschaften leichter aufgebracht werden können. Zu überlegen wäre daher, ob ein Aufheben des berufsrechtlichen Verbots zumindest für börsennotierte Gesellschaften nicht sinnvoll ist. Um die Haftungssumme dadurch zum Qualitätsindikator zu machen, müssten allerdings auch die Bedingungen der Haftpflichtversicherung entsprechend umgestaltet werden. Denn die Bereitschaft die Haftungssummen individuell zu erhöhen, wird bei den Wirtschaftsprüfern nur vorhanden sein, wenn das neue Risiko zumindest überwiegend abgesichert werden kann.

An einer solchen Möglichkeit fehlt es aber im Moment. Die "Allgemeinen Auftragsbedingungen für die Vermögensschaden-Haftpflichtversicherung von Rechtsanwälten und von Angehörigen der wirtschaftsprüfenden Berufe" (AVB-RWB) schließen bei freiwilliger Erhöhung der Versicherungssumme den Schutz aus[1484]. Will man hier eine Veränderung, so müssten zuerst Regelungen geschaffen werden, die eine gerechte Staffelung der Beiträge bzw. Prämien nach Schadenshäufigkeit bzw. Umfang vorsehen, wobei prohibitiv hohe Einstiegsgebühren zu vermeiden wären[1485]. Aus Sicht der Versicherungswirtschaft macht eine solche Staffelung der Versicherungsprämien nach Schadenshäufigkeit aber nur bei den Massenversicherungen mit hoher Schadenshäufigkeit Sinn[1486]. Denn nur dort können die Prämiensteigerungen sinnvoller Ausdruck und Ausgleich für die Höhe des konkreten Haftpflichtrisikos sein. Diese Voraussetzungen liegen aber beim Wirtschaftsprüfer gerade nicht vor, vielmehr ist dort das Auftreten von vereinzelten großen Schäden nach längerer Versicherungsdauer charakteristisch[1487]. Eine individuelle Vereinbarung von Haftungshöchstgrenzen scheint daher nicht erfolgversprechend.

D. Dritthaftung

Neben der Frage der Haftungshöhe ist es vor allem die gesetzliche Entscheidung zur Dritthaftung, die aus Sicht der Corporate Governance im Rahmen der Haftung von besonderem Interesse ist. Der Begriff "Dritthaftung", der auf *Ebke* zurückgeht[1488], steht dabei für die Problematik, inwieweit der Abschlussprüfer neben der geprüften Gesellschaft weiteren Dritten für erlittene Schäden aufkommen soll[1489]. Mit Dritten sind

---

1484 Siehe KK-*Claussen/Korth*, HGB, § 323 Rn. 25, der darin auch den Grund für das mangelnde Bedürfnis der Praxis nach höheren Haftungssummen sieht.

1485 Vergleichbar ist der Ansatz, mittels Einführung einer höheren Selbstbeteiligung zu einer Anreizwirkung zu kommen, siehe hierzu *Hopt*, AG-Sonderheft 1997, 42.

1486 Zu den Einzelheiten mit weiteren Nachweisen *Ebke*, Dritthaftung, S. 277; sowie *Koch*, S. 253.

1487 *Ebke*, Dritthaftung, S. 277.

1488 *Ebke*, Wirtschaftsprüfer und Drittthaftung, Bielefeld 1983.

1489 Allgemein zur Expertenhaftung gegenüber Dritten *Canaris*, ZHR 1999, 206-245; *Schneider*, ZHR 1999, 246-273; *Bosch*, ZHR 1999, 274-285; *Hirte*, Berufshaftung. Zum Problem der

dabei Personen wie Anleger, Kreditgeber und Arbeitnehmer gemeint, die nicht Partei des Prüfungsvertrages sind und die im Vertrauen auf einen uneingeschränkten testierten aber fehlerhaften Jahresabschlusses eine für sie nachteilige vermögenswirksame Entscheidung getroffen haben[1490].

I. *Gesetzliche Ansprüche*

1. § 323 HGB

Nach dem Wortlaut des § 323 Absatz 1 HGB haftet der Abschlussprüfer für vorsätzliches und fahrlässiges Verhalten im Rahmen der Pflichtprüfung ausschließlich der geprüften Kapitalgesellschaft. Ein weitergehender Anspruch zugunsten Dritter ist deshalb nach § 323 Absatz 1 HGB ausgeschlossen[1491]. Eine Ausnahme sieht § 323 Abs. 1 Satz 3 HGB wie erwähnt lediglich für verbundene Unternehmen vor. Sie bezweckt allerdings keine vorsichtige Ausdehnung der Schadensersatzmöglichkeiten für Dritte, sondern ist ein notwendiges Korrelat der Vorlage- und Auskunftspflichten, die § 320 Abs. 3 S. HGB diesen Unternehmen gegenüber dem Konzernabschlussprüfer auferlegt[1492]. Folglich haftet der Abschlussprüfer auch nur, wenn er eine unmittelbar diesen gegenüber bestehende Pflicht im Zusammenhang mit dem Auskunftsrecht verletzt[1493]. Anderen Personen wie etwa Aktionären oder Gläubigern haftet der Abschlussprüfer aus § 323 HGB nicht[1494]. Hintergrund ist wie bei der Beschränkung der Haftungssumme der Gedanke des Gesetzgeber für eine angemessenen Risikoverteilung zu sorgen. Einerseits soll das Haftungsrisiko des Abschlussprüfers überschaubar und damit vor allem versicherbar bleiben, andererseits soll die geprüfte Gesellschaft ihre ohnehin schon beschränkten Schadensersatzansprüche nicht mit Dritten teilen müssen[1495].

Dritthaftung des Wirtschaftsprüfers im Fall der Prospektprüfung siehe *Hopt*, WPg 1986, 498, 499.

1490 Vgl. *Ebke*, MüKo-HGB, § 323 Rn 70; *ders.*, BB 1997, 1731.

1491 *A/D/S*, HGB, § 323 Rn. 77; *Baumbach/Hopt*; HGB § 323 Rn. 9; *Budde/Hense*, BeBiKomm., § 323 Rn. 120; *Ebke*, MüKo-HGB, Rn. 71.

1492 Siehe *A/D/S*, HGB, § 323 Rn. 66; *Budde/Hense*, BeBiKomm., § 323 Rn. 119.

1493 *A/D/S*, HGB § 323 Rn. 66; *Budde/Hense*, BeBiKomm., § 323 Rn. 119; *Quick*, BB 1992, 1675.

1494 *A/D/S*, HGB, § 323 Rn. 11; *Baumbach/Hopt*, HGB § 323 Rn. 9; *Budde/Hense*, BeBiKomm., § 323 Rn. 171.

1495 *Budde/Hense*, BeBiKomm., § 323 Rn. 171.

Das bedeutet nicht, dass Dritte grundsätzlich keine Ersatzmöglichkeit bei Pflichtverletzungen des Abschlussprüfers haben. Ansprüche Dritter gegenüber dem Abschlussprüfer sollen vor allem durch das Deliktsrecht geregelt werden. Denn die Anwendbarkeit der Vorschriften des BGB über unerlaubte Handlungen soll durch die Vorschrift des § 323 BGB nicht ausgeschlossen werden[1496]. Insbesondere sollen sie ohne Haftungsbegrenzung geltend gemacht werden können[1497].

a) § 823 Abs. 1 BGB

Dabei scheidet § 823 Abs. 1 jedoch als Anspruchsgrundlage von vornherein aus, da es sich bei den von Dritten geltend gemachten Schäden regelmäßig um reine Vermögensschäden handelt. Das Vermögen als solches zählt aber nicht zu den von § 823 Abs. 1 BGB geschützten Rechten. Auch stellt es kein sonstiges Recht im Sinne der Vorschrift dar. Des Weiteren stellen die Pflichtverstöße des Abschlussprüfers in der Regel keinen Eingriff in den eingerichteten und ausgeübten Gewerbebetrieb als sonstiges Recht dar[1498]. Übrig bleiben die Vorschriften der §§ 823 Abs. 2, 826, 824[1499] und § 831 BGB[1500]. In der Praxis der Rechtsprechung relevant sind vor allem die beiden erstgenannten Vorschriften.

b) § 823 Abs. 2 BGB

Für einen Anspruch nach § 823 Abs. 2 BGB muss der Geschädigte nachweisen, dass der Abschlussprüfer gegen eine Rechtsnorm verstoßen hat, die neben anderen Zwecken zumindest auch dem Schutz des Einzelnen und seines Vermögens dienen soll. Solche sogenannten "Schutzgesetze" sind vor allem Strafvorschriften. Sie finden sich im Handelsgesetzbuch, im Publizitätsgesetz, Genossenschaftsgesetz und vor allem auch im Strafgesetzbuch. Sie dienen der Erteilung eines „richtigen" Bestätigungsvermerks und Prüfungsberichtes und schützen damit die Interessen der Gesellschafter und

---

1496 *A/D/S*, HGB, § 323 Rn. 78; *Baumbach/Hopt*, HGB § 323 Rn. 8.

1497 Vgl. *Budde/Hense*, BeBiKomm., § 323 Rn. 173.

1498 Vgl. *Ebke*, MüKo-HGB, § 323 Rn. 76; speziell zum Fall der Verletzung des eingerichteten und ausgeübten Gewerbebetriebs, *ders.*, Dritthaftung, S. 44.

1499 Eine Haftung des Abschlussprüfers nach § 824 Abs. 1 BGB für fahrlässige Pflichtverletzungen ist zumindest theoretisch möglich. Zu überlegen wäre dann aber, inwieweit der Haftungsausschluss § 824 Abs. 2 BGB Anwendung finden würde. In der Praxis der Haftungsfälle hat die Vorschrift bis dato keine Rolle gespielt. Siehe dazu *Budde/Hense*, BeBiKomm., § 323 Rn. 181-182.

1500 Ein Anspruch nach § 831 BGB setzt voraus, dass der Gehilfe des Prüfers eine unerlaubte Handlung begeht. Der Abschlussprüfer kann sich allerdings entlasten, wenn er nachweist, dass ihn kein Auswahl- oder Überwachungsverschulden trifft. Siehe dazu LG Frankfurt a.M., BB 1997, 1682, 1684; LG Mönchengladbach, NJW-RR 1991, 415, 418.

der Gläubiger[1501] oder sie sichern die Geheimhaltungspflicht und das Verwertungsverbots von Betriebsgeheimnissen, dann bezieht sich der Schutz auf die in der Norm genannten Unternehmen[1502]. Allgemein dienen sie dem Schutz fremder Vermögensinteressen[1503] Allen Vorschriften gemeinsam ist, dass sie vorsätzliches Handeln voraussetzen[1504]. Demgegenüber vermitteln die Vorschriften des § 323 Abs. 1 Satz 1 HGB[1505], §§ 2, 43, 49 WPO[1506] und § 18 KWG[1507] keine individualschützende Wirkung. Gleiches gilt für die Vorschriften der Rechnungslegung[1508] sowie Verkehrspflichten zum Schutze fremden Vermögens, die von der Rechtsprechung nicht anerkannt werden[1509].

c) § 826 BGB

Wichtigste Norm im Rahmen der deliktsrechtlichen Haftung ist § 826 BGB. Danach haftet der Abschlussprüfer, wenn er mit dem Vorsatz Dritte zu schädigen sittenwidrig seine Prüfungs- oder Bestätigungspflichten verletzt hat. Sittenwidriges Verhalten liegt vor, wenn der Abschlussprüfer bewusst gegen seine Pflichten verstößt. Dabei hat die Rechtsprechung die Anforderungen an den Vorsatz erheblich heruntergesetzt. Aus ihrer Sicht geht der Geschäftsverkehr auf Grund der beruflichen Stellung des Abschlussprüfers von einem hohen Maß an Kenntnissen und Erfahrung aus, so dass es für die Sittenwidrigkeit bereits ausreiche, wenn der Abschlussprüfer leichtfertig und gewissenlos handle[1510], das heißt in grober Weise gegen seine Berufspflichten verstoße.[1511]. Dabei reiche es aus, wenn der Abschlussprüfer Kenntnis von den

---

1501 Vgl. §§ 332 HGB, § 18 PublG, § 137 VAG, 150 GenG. Siehe hierzu *A/D/S*, HGB, § 323 Rn. 81; *Budde/Hense*, BeBiKomm., § 323 Rn. 175. Bei der Pflichtprüfung treten die §§ 403, 404 AktG hinter diese Vorschriften zurück.

1502 § 333 HGB; § 19 PublG; § 138 VAG, § 151 GenG. Vgl. *A/D/S*, HGB, § 323 Rn. 81; *Baumbach/Hopt*, HGB § 323 Rn. 8; *Budde/Hense*, BeBiKomm., § 323 Rn. 175.

1503 Siehe insbesondere §§ 263 (Betrug), 264 (Subventionsbetrug); 264a (Kapitalanlagebetrug), 266 (Untreue), 267 (Urkundenfälschung), 283 bis 283d (Konkursvergehen). Zu anderen Strafvorschriften siehe *Budde/Hense*, BeBiKomm., § 323 Rn. 179; *Ebke*, MüKo-HGB, § 323 Rn. 78.

1504 *Ebke*, BFuB 2000, 549.

1505 Eine andere Ansicht würde nach herrschender Meinung den Schutzzweck der Vorschrift, die Haftung für Fahrlässigkeit auf eine versicherbare Summe zu begrenzen, unterlaufen, vgl. *A/D/S*, HGB, § 323 Rn. 83; *Baumbach/Hopt*, HGB § 323 Rn. 8; *Quick*, BB 1992, 1675.

1506 Die Vorschriften statuieren nur allgemeine Berufspflichten, die nicht den Schutz bestimmter Personen bezwecken, vgl. OLG Saarbrücken, BB 1978, 1434 mit Hinweis auf BGH NJW 1973, 321; *A/D/S*, HGB, § 323 Rn. 84. Gleiches gilt auch für die übrigen Vorschriften der WPO, vgl. *Budde/Hense*, BeBiKomm., § 323 Rn. 180 m. Hinweis auf *Ebke/Bert*, EWS 1993, 229.

1507 BGH, NJW 1973, 321; *Budde/Hense*, BeBiKomm., § 323 Rn. 178.

1508 BGH, BB 1964, 1273 (l. Sp.); RGZ 73, 30, 31.

1509 *Ebke*, Verantwortlichkeit, S. 47; *ders*., MüKo-HGB, § 323 Rn. 86 m. w. Nachw.

1510 Vgl. OLG Celle, WPK-Mitt. 2000, 258, 259; OLG Düsseldorf, WPK-Mitt. 1999, 258, 260 mit Anm. *Ebke/Paal*; OLG Düsseldorf, WPK-Mitt. 1996, 342, 346; BGH WM 1986, 904; BGH WM 1995, 882, 885; BGHZ 10, 228.

1511 Ein solcher grober Verstoß liegt dann vor, wenn der falsche Bestätigungsvermerk darauf beruht, dass der Abschlussprüfer überhaupt keine Prüfung durchgeführt hat. Die Durchführung der Ab-

Umständen habe, die die Annahme der Leichtfertigkeit oder Gewissenlosigkeit rechtfertige. Nicht notwendig sei es, dass der Abschlussprüfer sein Verhalten selbst als leichtfertig oder gewissenlos einordne[1512]. Denn sonst würde der rechtsblinde gegenüber dem reflektierenden Prüfer privilegiert, das "gröbere Moralempfinden prämiert"[1513].

Für den Vorsatz bezüglich der Schädigung eines Dritten lassen die Richter dolus eventualis genügen. Der Abschlussprüfer muss keine konkrete Vorstellung von der Person des Dritten haben[1514]. Es reicht aus, dass er auf Grund seiner Berufserfahrung mit der Möglichkeit rechnet, ein Dritter könne auf sein Testat oder seine Auskünfte vertrauen und dadurch Schaden erleiden[1515]. Auch hier hat die Rechtsprechung die Anforderungen herabgesetzt. Sie folgert aus einem grob leichtfertigen Verhalten des Abschlussprüfers, dass dieser den Schaden beim Dritten billigend in Kauf genommen haben muss[1516]. Die Rechtsprechung begründet die Erleichterungen hinsichtlich des Vorsatzes mit den Beweisschwierigkeiten der geschädigten Dritten[1517]. Sie schafft dadurch einen "Auffangtatbestand" für die Fälle, in denen sich der notwendige Vorsatz für § 823 Abs. 2 BGB nicht nachweisen lässt[1518]. Diese Entwicklung ist nicht ganz ungefährlich für den Abschlussprüfer. Denn bei einer allzu "leichtfüßigen" Überwindung der subjektiven Haftungsvoraussetzungen des § 826 BGB besteht die Gefahr, dass de facto aus der Vorsatzhaftung des § 826 BGB eine Haftung für grobe Fahrlässigkeit wird[1519]. Die Ableitung einer Fahrlässigkeitshaftung aus einem Vorsatzdelikt hätte für den Abschlussprüfer aber weitreichende und fatale Folgen. Nicht nur die Zahl der Haftungsfälle würde anstiegen[1520], sondern er würde auch seinen Versicherungsschutz nach § 152 VVG verlieren[1521].

---

schlussprüfung in vollem Umfang einem anderen überlassen und dessen Prüfungsergebnisse unbesehen übernommen hat (BGH, NJW 1973, 321; OLG Karlsruhe ZIP 1985, 409) oder wichtige Angaben des Unternehmens ungeprüft übernommen hat (BGH, NJW 1986, 180). Demgegenüber reicht die bloße Fehlerhaftigkeit des Jahresabschlusses nicht aus, um den Abschlussprüfer ein sittenwidriges Verhalten zu unterstellen, sofern der Abschlussprüfer auf die Richtigkeit der Zahlen berechtigterweise vertraut hat und objektiv keine Anhaltspunkte für ein kriminelles Verhalten des Bilanzerstellers zu erkennen waren, vgl. *Budde/Hense*, BeBiKomm., § 323 Rn. 183.

1512 RGZ 79, 17, 23; BGH NJW 1951, 596.

1513 *Honsell*, FS Medicus, 211, 216.

1514 BGH WM 1966, 1150, 1152.

1515 BGH NJW 1987, 1758, 1759. Nach OLG Frankfurt WM 1989, 1618, 1620. obliegt es dem Abschlussprüfer den Beweis zu erbringen, dass die Bilanz nur zu eigenen Zwecken und nicht für Dritte verwendet werden sollte.

1516 BGH WM 1986, 904; OLG-Köln, NJW-RR 1992, 1184.

1517 BGH WM 1975, 559, WM 1986, 904.

1518 *Honsell*, FS Medicus, S. 211, 216.

1519 Zur Praxis der Gerichte siehe *Ebke*, BB 1997, 1731, 1733; *Ebke/Scheel*, WM 1991, 389, 389-390.

1520 *Ebke/Scheel*, WM 1991, 389, 390.

1521 *Grunewald*, ZGR 1999, 583, 592; *Honsell*, FS Medicus, S. 211, 217; *Ebke/Scheel*, WM 1991, 389, 390.

II. *Würdigung*

Die Zusammenschau zeigt, dass der Gesetzgeber die vorangestellten verschiedenen Funktionen der Haftung bei der Ausgestaltung der Dritthaftung durchaus in seine Überlegungen mit aufgenommen hat. So hat er die Haftung des Abschlussprüfers gegenüber prüfungsvertragsfremden Dritten nicht ausgeschlossen, sondern sie lediglich nach dem Grad des Prüferverschuldens abgestuft. Eine unbeschränkte Haftung des Abschlussprüfers soll danach nur dann stattfinden, wenn der Abschlussprüfer vorsätzlich gegen seine Pflichten verstoßen hat. Demgegenüber soll im Fall bloßer Fahrlässigkeit seine Haftung nach § 323 HGB begrenzt bleiben. Um in verbleibenden Grenzfällen zu einer gerechten Lösung zu kommen, haben die Gerichte die Haftung nach § 826 BGB erweitert. Diese Lösung ist vor allem auf Grund der genannten versicherungsrechtlichen Folgen nicht unproblematisch[1522]. Solange dieses Instrument allerdings nicht dazu benutzt wird, eine umfassende Fahrlässigkeitshaftung des Prüfers praeter legem zu installieren, ist sie vertretbar.

III. *Tendenz zur Ausdehnung der Haftung auf Dritte*

Aus Sicht von Kritikern ist das gegenwärtige Haftungsregime aber dennoch nicht angemessen[1523]. Für sie geht die Ersatzpflicht des Abschlussprüfers aus Sicht der geschädigten Dritten nicht weit genug[1524]. Da sie juristisch keine Hindernisse sehen, fordern sie, die Haftung des Abschlussprüfers auch auf fahrlässig verursachte Drittschäden auszudehnen[1525]. Unterstützung für ihre Forderung erhalten sie von einzelnen Gerichten, die trotz der eindeutig erkennbaren gesetzlichen Intention, anhand von vertraglichen bzw. vertragsähnlichen Ansprüchen versuchen, die gesetzlichen Wertungen zu unterlaufen, um geschädigten Anlegern und Gläubigern noch weitergehende Ansprüche zu gewähren[1526].

1. Ursachen und Motive

Die Bestrebungen um eine Verschärfung der Haftung werden nicht nur von dem Wunsch getragen, die verhaltenssteuernde Wirkung von Haftpflichtdrohungen in Bezug auf den Abschlussprüfer zu verbessern. Dahinter stehen vielmehr eine Reihe weiterer Motive und Ursachen auf die näher einzugehen ist.

1522 Siehe oben

1523 Vgl. *Grunewald*, ZGR 1999, 583, 587-588, die angesichts der bestehenden Rechtslage mit Verweis auf *Otto/Mittag*, WM 1996, 325, 331 und *Sieger/Gätsch*, BB 1998, 1408 von einem kaum zu rechtfertigenden "Sonderrecht" für Wirtschaftsprüfer spricht.

1524 *Westrick*, S. 91; *Land*, S. 81; *Stahl*, S. 199; *Otto/Mittag*, WM 1996, 325, 331.

1525 Vgl. *Land*, S. 81.

1526 OLG Stuttgart, WPK-Mitt. 1995, 222, OLG Hamm, BB 1996, 218; LG Passau, BB 1998, 2052 (nicht rechtskräftig).

a) Mangelnder Anlegerschutz

Eine große Rolle spielt der unterentwickelte Anlegerschutzgedanke im bestehenden System der Corporate Governance[1527]. Zwar finden sich im Gesellschafts-[1528] und Kapitalmarktrecht[1529] zahlreiche anlegerschützende Vorschriften, aber die Anspruchsmöglichkeiten sind bisher dünn gesät, wenn es darum geht, einen Schaden geltend zu machen, den der Anleger durch Fehlverhalten oder Betrügereien des Vorstands oder Aufsichtsrates erlitten hat[1530].

So spielt die Prospekthaftung[1531] nach § 45 BörsG, abgesehen von wenigen spektakulären Fällen, in der Rechtspraxis eine geringe Rolle[1532]. Sie greift nur bei nachweislich unrichtigen oder unvollständigen Angaben in den Verkaufspapieren. Dabei müssen die unrichtigen Angaben wesentlich sein[1533]. Die Verjährungsfrist (§ 46 BörsG) ist mit einem Jahr ab erstmaliger Einführung der Wertpapiere kurz gehalten[1534]. Ebenso ist die Höhe des Ersatzanspruchs begrenzt. Sie umfasst lediglich die

---

1527 Siehe dazu auch die Vorbemerkungen zur Begründung des Diskussionsentwurfs eines 4. Finanzmarktförderungsgesetzes (Art. 1-3), ZBB 2001, 398.

1528 Anlegerschützende Funktion haben im Aktienrecht beispielsweise die Vorschriften über das Gründungsverfahren § 23 ff. AktG mit der Haftung der Gründer und Organe nach §§ 46 ff.; sowie die §§ 76, 93 und 148 AktG. Ebenso das Konzernrecht, das dem Anlegerschutz von Minderheiten dient, § 291 ff AktG. Sowie § 128 Abs. 2 S. 5 und 6 AktG.

1529 Zu nennen sind hier die Prospekthaftung, das Verbot von Insidergeschäften, die Rechtspflichten der Kreditinstitute nach WpHG bezüglich der Beratung von Kunden und die ad-hoc Publizität, vgl. *Claussen*, S. 486. Weiter erwähnenswert sind die Informationspflichten der Emittenten. Dazu gehören die Zwischenberichte nach § 44b BörsG, 53-62 BörsZulVO aber auch die Mitteilungen über wesentliche Beteiligungen an einer börsennotierten Gesellschaft (21-29 WpHG). Des Weiteren die Rechtspflichten der Makler- und Kreditinstitute, die dazu verpflichtet sind die bei Gefährdung des Börsenhandelns die Kurse auszusetzen oder notfalls sogar die Notierung einzustellen, sowie die Bußgeldvorschriften der §§ 88-90 BörsG für unrichtige Angaben über bewertungserhebliche Umstände.

1530 Siehe hierzu LG München I ("Infomatec I"), Urt. v. 28.6.2001 – 12 O 10157/01 = ZIP 2001, 1814 sowie LG Augsburg ("Infomatec II"), Urt. v. 24.9.2001 – 3 O 4995/00.

1531 Die Prospekthaftung ist rechtsdogmatisch eine kraft Gesetzes eintretende Vertrauenshaftung. Für einen Anspruch ist es nicht erforderlich, dass der Anleger das Wertpapier noch in Besitz hält. Siehe hierzu ausführlich *Schwark*, BörsG, §§ 45, 46 Rn. 2; *Claussen*, S. 487-493; *Grimme/Ritz*, WM 1998, 2091.

1532 So *Claussen*, S. 488 mit Hinweis auf OLG Düsseldorf, ZIP 1981, 847, 849, BGH, AG 1982, 278 („Beton- und Monier-AG"); LG Frankfurt a.M., WM 1992, 1768; OLG Frankfurt a.M., AG 1994, 184 („Bond"); BGH AG 1998, 520, LG Frankfurt a.M., AG 1998, 488 („Elsflether Werft").

1533 Zu Beispielen siehe *Schwark*, BörsG §§ 45, 46 Rn. 11-19.

1534 Bis zu den Reformen des Vierten Finanzmarktförderungsgesetz belief sich die Frist auf nur 6 Monate. Siehe hierzu die Probleme der Klage einiger Aktionäre gegen die Telekom, *o.V.*, "Aktionärsklage gegen Telekom stößt auf Hindernisse", FTD v. 12.6.2001, S. 6. Mangels ausreichender eigener Erkenntnisse, sind sie auf die Ergebnisse des von der Staatsanwaltschaft angestrengten Strafverfahrens angewiesen. Durch die Langwierigkeit dieser Ermittlungen drohen aber ihre Ansprüche zwischenzeitlich zu verjähren.

Rücknahme der Wertpapiere gegen Zahlung des Erwerbspreises sowie die mit dem Erwerb verbundenen, üblichen Kosten[1535].

Für unrichtige Ad-hoc-Mitteilungen hat der Gesetzgeber Schadensersatzansprüche nach § 15 Abs. 6 WpHG ganz ausgeschlossen[1536]. Denn die Norm soll hauptsächlich dem Institutionenschutz dienen und die Funktionsfähigkeit des Kapitalmarkts sicher stellen[1537]. Folglich gilt die Vorschrift nicht als Schutzgesetz im Sinne des § 823 Abs. 2 BGB[1538]. Zwar schließt § 15 Abs. 6 WpHG Ansprüche nach anderen Rechtsgrundlagen nicht aus[1539], deren Nachweis ist aber schwierig. Denn für einen Verstoß gegen § 400 AktG oder §§ 263, 264a StGB muss dem Management ein entsprechender Vorsatz nachgewiesen werden. Ähnlich schwer ist der Nachweis der sittenwidrigen vorsätzlichen Schädigung gemäß § 826 BGB sowie einer unerlaubten Handlung wegen eines Verstoßes gegen Treuepflichten, insbesondere auch deshalb, weil es an entsprechenden Konkretisierungen z.B. in der Rechtsprechung fehlt.

Nicht zuletzt bereitet die Durchsetzung bestehender Ansprüche Schwierigkeiten. So räumt das Aktiengesetz nur der Hauptversammlung bzw. einem Quorum von Aktionären in § 147 AktG die Möglichkeit ein, einen Schadensersatzanspruch gegen den Vorstand und Aufsichtsrat für die Gesellschaft geltend zu machen. Dabei tragen die klagenden Aktionäre ein nicht unerhebliches Prozessrisiko[1540]. Etwaige Zahlungen bei erfolgreichem Prozessergebnis fließen aber in die Kassen des Unternehmens.

Auf Grund dieser Situation wird generell nach Möglichkeiten gesucht, den Schutz des Anlegers in der Corporate Governance durch verbesserte Schadensersatzmöglichkeiten zu stärken[1541]. Dabei bestehen allerdings Skrupel, vermehrt Klagen gegen das Unternehmen und dessen Organe zuzulassen[1542]. Denn man befürchtet, dass durch das Herabsetzen der Prozesshürden sogenannten "erpresserischen Klagen“ die Tür geöffnet wird. Darüber hinaus sollen die Manager auch nicht risikoscheu gemacht werden bzw. das Unternehmen nicht durch zu hohe Schadensersatzansprüche gefährdet werden, gerade wenn es sich in der Sanierung befindet[1543]. Die Haftung des Abschlussprüfers zu erweitern, scheint hier der bequemere Weg zu sein.

1535 Siehe hierzu *Groß*, Kapitalmarktrecht, BörsG § 45 Rn. 53-54.

1536 *Kümpel*, WpHG § 15 Rn. 188.

1537 Bericht des Finanzausschusses des Deutschen Bundestages, BT-Drucks. 12/7918, S. 102; sowie *Pellens*; AG 1991, 62, 68; *Schwark*, NJW 1987, 2041, 2045.

1538 *Kümpel*; WpHG § 15 Rn. 187; *Assmann*, ZGR 1994, 494, 529 Fn. 136.

1539 Ein solcher Ausschluss hätte eine ungerechtfertigte Bevorzugung der Emittentin gegenüber anderen Unternehmen bedeutet und wäre auch nicht mit den Grundsätzen der Rechtsordnung vereinbar. Vgl. Bericht des Finanzausschusses des Deutschen Bundestages, BT-Drucks. 12/7918, S. 102.

1540 Sofern die Gesellschaft im Rechtsstreit unterliegt, muss die klagende Minderheit gem. § 147 Abs. 4 AktG S. 1 die Kosten tragen, ebenso, wenn sie teilweise unterliegt und die Kosten den Klageerfolg übersteigen, vgl. *Hüffer*, AktG, § 147 Rn. 10.

1541 Siehe auch *o.V.*: "Die Bundesregierung prüft weitere Rechte für geschädigte Anleger", in: FAZ v. 30.1.2001, S. 30.

1542 Vgl. *Sünner*, ZHR 1999, 364, 370; *Lutter*, ZHR 1995, 287, 306; *Krieger*, ZHR 1999, 343, 358 (bzgl. Anfechtungsklage).

1543 Siehe hierzu auch die Begründung zu § 15 Abs. 6 S. 1 WpHG des Finanzausschusses des Deutschen Bundestages, BT-Drucks. 12/7918, S. 102, sowie *Kümpel*, WpHG § 15 Rn. 189.

b) Sozialisierung von Risiken und Schäden

Eng verbunden mit dem Anlegerschutz ist der Gedanke, mittels Dritthaftung des Abschlussprüfers Schäden und Risiken zu "sozialisieren". Globale Märkte bieten heute nicht nur neue Chancen, sondern bergen auch zahlreiche Risiken. Will man die Aktie als Anlagemedium populär und zu einer wesentlichen Säule der privaten Altersvorsorge machen, stellt sich die Frage, was mit möglichen Vermögensschäden geschehen soll, die insbesondere unerfahrene Kleinanleger erleiden können[1544]. Die Antwort wird darin gesehen, ähnlich wie in den USA[1545], das Haftungsrecht mehr und mehr als Mittel zur Sicherung von privatem Kapital einzusetzen[1546]. Schäden Dritter müssten danach als Sozialkosten begriffen werden, die es optimal zu verteilen gelte[1547]. Dem Abschlussprüfer soll dabei die Rolle des "cheapest cost provider" zukommen. Er kann am besten Vorsorge gegen die Risiken treffen und verfügt zudem über ausreichend finanzielle Ressourcen (sog. "deep pocket theory"[1548]). Insbesondere besitzt er eine Haftpflichtversicherung, die es ihm ermöglicht, den Schaden auf eine größere Gemeinschaft zu verteilen ("loss spreading"[1549]). Der geschädigte Kleinanleger erhält dadurch vollen Schadensersatz ohne den Verantwortlichen mit einer ruinösen Ersatzpflichten zu belasten.

2. Die Anspruchsgrundlagen einer erweiterten Dritthaftung

Die Ausdehnung der Haftung des gesetzlichen Abschlussprüfers wird vor allem mittels vertraglicher bzw. vertragsähnlicher Ansprüche betrieben, da sie gegenüber den deliktsrechtlichen Ansprüchen eine Reihe von Vorteilen bieten[1550]. Beispielsweise stehen dem Anspruchssteller im Prozess günstigere Beweislastregeln zur Verfügung[1551], die Verjährungsfristen sind länger und die Entlastungsmöglichkeiten geringer. Allerdings wirft die Strategie zahlreiche Probleme auf. Sie reichen von dogmatischen Fragen des zivilrechtlichen Vermögensschutzes bis hin zum verfassungsrechtlichen Problem, inwieweit die Rechtsprechung die Fortentwicklung des Haftungsrechts des Abschlussprüfers betreiben darf[1552]. Sie sollen nachfolgend anhand der einzelnen Anspruchsgrundlagen vertieft und einer Bewertung unterzogen werden.

1544 *Claussen*, S. 487; *ders.* AG 1995, 163.
1545 Vgl. hierzu kritisch *Ebke*, Dritthaftung, S. 258.
1546 Vgl. *Ebke*, Dritthaftung, S. 251
1547 Siehe hierzu kritisch *Ebke*, 79 Nw.U.L.Rev, 663, 682 (1984), *ders.*, FS Buxbaum, S. 113, 129; sowie *Ebke/Mößle*, JZ 1997, 1179, 1181 (Für den Fall der Haftung eines Steuerberaters).
1548 Siehe hierzu *Ebke*, Dritthaftung, S. 251 Fn. 9.
1549 Vgl. *Ebke*, Dritthaftung, S. 251, *Ebke/Mößle*, JZ 1997, 1179, 1181.
1550 Kritisch zur Tendenz der Ausdehnung des Vermögensschutzes durch Umgehung der gesetzlichen Wertungen des §§ 676 und 823, 826 äußert sich *Honsell*, FS Medicus, 211, 213.
1551 Vgl. *Palandt/Heinrichs*, § 282 Rn.24.
1552 *Ebke*, MüKo-HGB, § 323 Rn. 97.

a) *Auskunftsvertrag*

aa) *Ausdrücklicher Vertragsschluss*

In der Vergangenheit ist immer wieder versucht worden, die Haftung des Abschlussprüfers mittels eines Auskunftsvertrages in Fälle einfacher Pflichtprüfung auf prüfungsvertragsfremde Dritte auszudehnen[1553]. Dessen Anwendbarkeit neben den gesetzlichen Haftungsvorschriften wird auch von der herrschenden Meinung generell für zulässig erachtet[1554]. Allerdings verlangt sie, dass ein solcher Vertrag neben dem eigentlichen Prüfungsvertrag mit dem "Dritten" ausdrücklich geschlossen wird. Das setzt nach ihrer Ansicht voraus, dass es zwischen den Parteien zu einem unmittelbaren Kontakt gekommen ist und der Abschlussprüfer ausdrücklich eine weitergehende Verantwortung für sein Testat übernehmen wollte. Aus ihrer Sicht wird es in den Fällen der Pflichtprüfung regelmäßig an diesen Voraussetzungen fehlen, da in der Praxis zwischen Prüfer und Dritten selten ein unmittelbarer Kontakt besteht, bei dem entsprechende Willenserklärungen abgegeben werden[1555].

bb) *Stillschweigender Vertragsschluss*

Demgegenüber wollten die Befürworter einer Dritthaftung es ausreichen lassen, dass ein solcher Auskunftsvertrag stillschweigend geschlossen wurde[1556]. Dabei verwiesen sie auf die Rechtsprechung, nach der ein solch stillschweigender Vertragsschluss immer dann anzunehmen sei, wenn Auskünfte erteilt werden, die für den Empfänger erkennbar von Bedeutung seien und die dieser zur Grundlage wesentlicher Entschlüsse oder Maßnahmen machen wolle[1557]. Dabei sollte es keine Rolle spielen, ob zwischen dem Auskunftserteilenden und dem Dritten ein unmittelbarer Kontakt zustande gekommen ist[1558], vielmehr solle allein die Tatsache entscheidend sein, dass der

1553 Vgl. *Ebke*, Dritthaftung S. 66-69; *BGH*, WM 1985, 1531.

1554 OLG Düsseldorf, WPK-Mitt. 1999, 258, 259; LG Frankfurt a.M., BB 1997, 1682, 1683; LG Hamburg WM 1999, 139, 140; LG Mönchengladbach NJW-RR 1991, 415, 415 (r. Sp.). Auch der BGH, JZ 1998, 1013, 1015 geht in seinen Erwägungen vom eventuellen Vorliegen eines Auskunftsvertrages aus und gibt der Vorinstanz, an die er die Sache zurückverweist, einen entsprechenden Prüfungshinweis.

1555 OLG Düsseldorf WPK-Mitt. 1999, 258, 259; LG Frankfurt a. M., BB 1997, 1682, 1683 (r. Sp.); LG Hamburg, WM 1999, 139, 140; LG Mönchengladbach, NJW-RR 1991, 415 (l.Sp.).

1556 *BGH*, NJW 1973, 321, 323; *OLG Hamburg*, WPK.-Mitt. 1992, 49, 54; *Schmitz* DB 1989, 1909, 1914; dagegen *Hopt*, FS Pleyer, S. 341, 353, *Wiegand*, Sachwalterhaftung, S. 272. Zu den Voraussetzungen eines Auskunftsvertrages siehe *Geuer*, Haftungsrisiko, S. 68; *Lang* WPg 1989, 57, 61.

1557 Beispielsweise BGH, NJW 1970, 1737; BGH WM 1972, 466; BGH WM 1979, 530; sowie *Hopt*, WPg 1986, 461; *Quick* BB 1992, 1675.

1558 Vgl. *Budde/Hense*, BeBiKomm., § 323 Rn. 210 m.w. Nachw.

Auskunftserteilende besonders sachkundig ist oder bei ihm ein eigenes wirtschaftliches Interesse besteht[1559]. Diese Argumentation ist in der Literatur aber heftig kritisiert worden. Ihr wurde vorgeworfen, allein aus dem Gedanken der Risikobeherrschung und Zurechnung heraus, einen rechtsgeschäftlichen Willen zu unterstellen, der so nicht vorhanden sei. Damit würden die Grenzen zur Fiktion überschritten und die vertraglichen Verpflichtungen des Auskunftsgebers unüberschaubar ausgeweitet[1560]. Zusätzlich würden die Grenzen dessen, was als zulässige Rechtsfortbildung betrachtet werden könnte, überschritten[1561].

cc) Der BGH

Der BGH hat deshalb in jüngeren Entscheidungen versucht, seine weitgehende Rechtsprechung einzuschränken. In mehreren Urteilen hat er klargestellt, dass die Bedeutung der Auskunft und die Sachkunde des Auskunftsgebers allein nicht ausschlaggebend für die Annahme eines stillschweigend geschlossenen Auskunftsvertrages sein können[1562]. Vielmehr handele es sich bei den genannten Kriterien lediglich um Indizien. Diese gehen in eine Gesamtbetrachtung ein, bei der unter Berücksichtigung der Verkehrsauffassung und der Verkehrsbedürfnisse festzustellen sei, ob die Umstände den Schluss zuließen, dass die Auskunft zum Gegenstand vertraglicher Rechte und Pflichten gemacht werden sollte[1563]. Nach dieser Rechtsprechung kommt die Anwendung eines vertraglichen Auskunftsverhältnisses nur dann in Betracht, wenn der Abschlussprüfer auf Verlangen des Pflichtprüfungsmandanten oder des Dritten hinzugezogen werde und er dann unmittelbar gegenüber dem Dritten unter Bezugnahme auf seine Abschlussprüfertätigkeit Erklärungen und Zusicherungen abgebe, für deren Wahrheit und Vollständigkeit er erkennbar einstehen wolle[1564]. Demgegenüber fehlt es an einem Rechtsbindungswillen, wenn lediglich eine mittelbare Kontaktaufnahme vorliegt. So zum Beispiel, wenn der Abschlussprüfer den Prüfungsbericht aus praktischen Gründen gleich an den Dritten sendet oder das Unternehmen den Prüfungsbericht ohne Wissen und Wollen des Abschlussprüfers an Dritte weiter gibt[1565]. Auch das bloße Wissen, dass der Jahresabschluss im Rahmen

---

1559 Vgl. BGH, WM 1972, 466; BGH WM 1979, 530; BGH WM 1985, 450, 451.

1560 *Canaris*, ZHR 1999, 206, 213, *Ebke*, Dritthaftung, S. 66-69.

1561 *Ebke*, MüKo-HGB, § 323 Rn. 103 und 115;

1562 BGH NJW 1986, 180, 181.

1563 BGH, NJW 1986, 180, 181.

1564 BGH, NJW 1995, 392; BGH, NJW 1992, 2080, 2082; BGH, NJW 1973, 321, 323; OLG Düsseldorf, WPK-Mitt. 1999, 258, 259; LG Hamburg WM 1999, 139, 140.

1565 Vgl. *Budde/Hense*, BeBiKomm., § 323 Rn. 213. Das OLG Düsseldorf, WPK-Mitt. 1999, 258, 260 weist darüber hinaus darauf hin, dass die Allgemeinen Auftragsbedingungen für Wirtschaftsprüfer und Wirtschaftsprüfergesellschaften (Nr. 1, Nr. 7 Abs. 2 i.V.m. Abs. 1 und Nr. 9) eine Haftung des WP nur dann vorsehen, wenn die Weitergabe der Unterlagen an Dritte mit schriftlicher Zustimmung des Wirtschaftsprüfers erfolgt ist oder die Einwilligung zur Weitergabe an einen bestimmten Dritten sich aus dem Auftrag ergibt.

von Kreditverhandlungen mit Banken benutzt werden könnte (vgl. § 18 KWG), reiche nicht aus, einen entsprechenden Willen zum Vertragsschluss anzunehmen[1566].

dd) Würdigung

Folgt man der Rechtsprechung des BGH, dann kann es im Rahmen der Pflichtprüfung keine Indizien geben, die mit hinreichender Sicherheit auf einen Willen des Prüfers schließen lassen, gegenüber Dritten die Gewähr für erteilte Informationen übernehmen zu wollen[1567]. Es wird regelmäßig an der erforderlichen "unmittelbaren Fühlungsnahme"[1568] zwischen Prüfer und prüfungsvertragsfremden Dritten fehlen. Als zusätzliches Argument kann auf die Verschwiegenheitspflicht (§323 Abs. 1 S. 1 HGB; § 43 Abs. 1 S. 1 WPO) verwiesen werden, die dem Abschlussprüfer obliegt. Sie verbietet ihm gerade, mit Dritten unmittelbar in Kontakt zu treten und ihnen die Ergebnisse der Prüfung zukommen zu lassen[1569]. Gegen die Annahme eines eigenständigen vertraglichen Rechtsverhältnisse mit entsprechender vertraglicher Haftung spricht aber noch ein weiterer Grund. Aus Sicht der Mehrheit der Instanzgerichte würde es zu einer unangemessen weiten Ausdehnung der Vertragshaftung führen[1570], welche die vom Gesetzgeber geschaffene angemessene Risikoverteilung zwischen Prüfer, Gesellschaft und Dritten empfindlich stört. Insbesondere dann, wenn - wie vom BGH vertreten - sich die Haftungsbeschränkungen des § 323 Abs. 2 HGB nicht auf Ansprüche aus einem Auskunftsvertrag erstrecken.[1571].

b) Sonstige vertragliche Ansprüche

Neben dem Versuch, einen Anspruch Dritter mittels eines stillschweigenden Auskunftsvertrages zu konstruieren, gibt es in der Literatur eine Reihe von weiteren Ansätzen, eine Haftung von sog."Experten"[1572] gegenüber vertragsfremden Dritten zu konstruieren. Zu erwähnen sind u.a. die auf den Rechtsinstituten der Vertrauenshaftung und der culpa in contrahendo basierende Expertenhaftung[1573] und die Haftung aus Garantieübernahme[1574]. Zumindest theoretisch ist es möglich, dass diese Konstruktionen[1575], die hauptsächlich für Fälle unrichtiger Auskünfte, fragwürdiger

---

1566 OLG Düsseldorf, WPK-Mitt. 1999, 258, 259 mit Anm. *Ebke/Paal*.

1567 LG Mönchengladbach, NJW RR 1991, 415; LG Frankfurt a.M., BB 1997, 1682, 1683; *Ebke/Scheel*, WM 1991, 389, 390; *Quick*, BB 1992, 1675, 1683.

1568 BGH; NJW 1973, 321; LG Mönchengladbach, NJW-RR 1991, 415, 415 (r. Sp.).

1569 *Ebke*, BFuP 2000, 549, 553.

1570 LG Mönchengladbach, NJW-RR 1991, 415, 416.

1571 Vgl. BGH, JZ 1998, 1013, 1015.

1572 Neben den Wirtschaftsprüfern zählen hierzu u.a. auch die Anwälte, Architekten und Steuerberater. Siehe hierzu detailliert *Hirte*, Berufshaftung, S. 11 ff.

1573 *Canaris*, ZHR 1999, 206, 220-242; *ders*. JZ 1998, 603.

1574 *Grunewald*, ZGR 1999, 583, 598-600.

1575 Zu weiteren Ansätzen siehe *Ebke*, MüKo-HGB, § 323 Rn. 143.

Gutachten geschaffen wurden[1576], auf die Pflichtprüfung Anwendung finden können. Da die Rechtsprechung und die herrschende Meinung in der Literatur bisher davon aber zu Recht abgesehen haben[1577], sei an dieser Stelle auf das weiterführende Schrifttum verwiesen[1578].

c) Vertrag mit Schutzwirkung für Dritte

Zunehmend an Bedeutung gewinnt in jüngerer Zeit jedoch ein Ansatz, der eine Haftung für Schadensersatzansprüche Dritter gegen den Abschlussprüfer auf Grund der Rechtsfigur des Vertrages mit Schutzwirkung für Dritte annimmt.[1579].

aa) Allgemein

Der Vertrag mit Schutzwirkung für Dritte ist eine Rechtsfigur, die auf Treu und Glauben beruht[1580] und in Anlehnung an § 328 BGB entwickelt wurde[1581]. Da die Haftung nicht uferlos ausgedehnt werden kann[1582], setzt ein Ersatzanspruch nicht unmittelbar am Vertrag beteiligter Dritter das Vorliegen bestimmter Voraussetzungen voraus. Der Dritte muss sich erstens in Leistungsnähe befinden, d.h. er muss den Gefahren einer Leistungsstörung in gleicher Weise ausgesetzt sein, wie der Gläubiger selbst[1583]. Zweitens muss der Gläubiger ein besonderes Interesse am Schutz des Dritten besitzen[1584]. Ein solches Schutzinteresse wird in Fällen der Berufshaftung selbst dann angenommen, wenn die Interessen des Dritten zu denen des Gläubigers gegenläufig sind, so dass dem Gläubiger an dem Schutz des Dritten an sich nichts gelegen ist[1585].

1576 Vgl. *Ebke*, MüKo-HGB, § 323 Rn. 144, der darauf hinweist, dass sich der Fall der Pflichtprüfung durch den Abschlussprüfer wegen der großen Anzahl von möglicherweise Geschädigten grundlegend von den Haftungsfällen anderer Experten unterscheidet.

1577 Nach *Ebke*, MüKo-HGB, § 323 Rn. 144 ist ausschlaggebend hierfür, dass eine Anwendung die vom Gesetzgeber im Sonderprivatrecht (§ 323 Abs. 1 S. 3 HGB) und im allgemeinen Deliktsrecht (§§ 823, 826, 831 BGB) bewusst angelegten Haftungsgrenzen unterlaufen würde.

1578 Als Einstieg eignet sich *Ebke*, MüKo-HGB, § 323 Rn. 142-144.

1579 *Ebke*, BFuP 2000, 549, 551; *ders*., Zivilrechtliche Verantwortlichkeit der wirtschaftsprüfenden, steuer- und rechtsberatenden Berufe im internationalen Vergleich, S. 41-45; *Grunewald*, ZGR 1999, 583, 585.

1580 OLG Düsseldorf NJW-RR 1986, 522.

1581 BGH NJW 1987, 1758, 1759.

1582 Vgl. BGHZ 51, 91, 96.

1583 BGHZ 49, 350, 354; BGHZ 70, 327, 329; BGHZ 129, 136, 168.

1584 Ursprünglich hat die Rechtsprechung (BGHZ 51, 91, 96) diese Leistungsnähe nur bejaht, wenn der Gläubiger für das "Wohl und Wehe" des Dritten mitverantwortlich ist, d.h. ein personenrechtlicher Einschlag in der Rechtsbeiehung zwischen ihm und dem Dritten besteht. Später wurde eine drittschützende Wirkung auch dann anerkannt, wenn der Gläubige daran ein besonderes Interesse habe und der Vertrag dahingehend ausgelegt werden könne, dass der Dritte in den Schutzbereich miteinbezogen sein sollte (BGHZ 127, 378; BGHZ 128, 168, 173).

1585 Zum Merkmal der "Gegenläufigkeit" siehe *Canaris*, ZHR 1999, 206, 215.

Drittens müssen aus Gründen der Zumutbarkeit die zuvor genannten Erfordernisse dem Schuldner bei Abschluss des Vertrages erkennbar gewesen sein[1586]. Schließlich muss der Dritte schutzbedürftig sein[1587]. An der Schutzbedürftigkeit fehlt es, wenn der Dritte für den erlittenen Schaden anderweitig ein Ersatzanspruch zusteht und dieser Anspruch dem Anspruch aus dem Vertrag mit Schutzwirkung für Dritte zumindest gleichwertig ist[1588].

bb) Anwendbarkeit auf die Pflichtprüfung

Die herrschende Meinung in der Literatur lehnt - anders als beim Auskunftsvertrag - eine Anwendung der Rechtsfigur des Vertrages mit Schutzwirkung für Dritte schon dem Grunde nach ab[1589]. Sie beruft sich dabei auf die bereits dargestellte Intention des Gesetzgebers, eine gerechte Risikoverteilung zwischen den an der Abschlussprüfung Beteiligten zu schaffen, die durch die Anwendung eines vertragsähnlichen Haftungsgrundes unterlaufen würde. Daneben verweist sie auf ökonomische Nachteile, die mit einer solchen Ausdehnung der Haftung zum Zwecke der Einzelfallgerechtigkeit verbunden sind.

Diese Ansicht wurde bisher auch von den meisten Instanzgerichten geteilt[1590]. Auch sie begründeten ihre Urteile mit dem Argument, dass die Anwendung der Rechtsfigur des Vertrages zugunsten Dritter neben § 323 Abs. 1 S. 3 HGB die Wertungen des Gesetzgebers missachte und die "Grenzen zulässiger Rechtsfortbildung" überschreite[1591]. Dagegen hat allerdings das OLG Stuttgart eine Haftung des Abschlussprüfers auf Grund der Rechtsfigur des Vertrages mit Schutzwirkung zugunsten Dritter für zulässig erachtet[1592]. Nach Ansicht der Richter war in dem von ihnen zu beurteilenden Fall von einer "vertraglichen Erweiterung der Schutzpflichten" des

---

1586 BGHZ 49, 350, 354; BGHZ 75, 321, 323. Zum Erfordernis der "Erkennbarkeit" und seiner Herleitung siehe auch *Ebke*, MüKo-HGB, § 323 Rn. 110.

1587 BGHZ 70, 327, 330; BGHZ 129, 169.

1588 BGHZ 70, 327, 329-330; BGHZ 133, 168, 176. Zustimmend LG Mönchengladbach, NJW-RR 1991, 415, 417; differenzierend *Martiny*, JZ 1996, 19, 25. Das Problem der Schutzbdürftigkeit wurde in der Entscheidung des OLG Stuttgart, nicht angesprochen, kritisch hierzu *Ebke*, Verantwortlichkeit, S. 27-28. Als Hinweis auf die Frage der Schutzbedürftigkeit muss auch die Anweisung des BGH, JZ 1998, 1013, 1015 verstanden werden. Dort weist er die Vorinstanz an, zu prüfen, ob sich Ansprüche aus einem Auskunftsvertrag oder Delikt ergeben.

1589 *Ebke*, Dritthaftung, S. 38-43; *ders*, JZ 1998, 991, 992-994; *ders.*, MüKo-HGB, § 323 Rn. 113; *Budde/Hense*, BeBiKomm., § 323 Rn. 191; *Ebke/Scheel*; WM 1991, 389, 395; *Feddersen*, WM 1999, 105, 113, *Lang*, WPg 1989, 57, 58; KK-*Claussen/Korth*, HGB, § 323 Rn. 21.

1590 LG Frankfurt a.M., BB 1997, 1682, 1683; OLG Düsseldorf, WPK-Mitt. 1999, 258, 259; sowie OLG Düsseldorf, BB 1996, 2614, 2616; OLG Karlsruhe, WPK-Mitt. 1999, 231, 233 (Bericht), LG Hamburg, WM 1999, 139, 141 mit Bespr.-Aufsatz *Feddersen*, WM 1999, 105 = WPK-Mitt. 1999, 110 mit Anm. *Ebke*; OLG Saarbrücken, BB 1978, 1434, 1435; LG Mönchengaldbach, NJW-RR 1991, 415, 416; im Ergebnis zustimmend OLG Celle, WPK-Mitt. 2000, 258, 261.

1591 LG Hamburg, WM 1999, 139, 142.

1592 OLG Stuttgart, WPK-Mitt. 1995, 222 mit Anm. *Siebert*, WPK-Mitt. 1996, 235 und *Ebke*, Verantwortlichkeit, S. 23-28.

Prüfungsauftrages auf die klagende Gesellschaft auszugehen, da "zeitlich parallel mit dem von den Klägern in ihrer Funktion als Geschäftsführer der [geprüften GmbH] veranlassten Prüfarbeiten die Beklagte aufgrund des von den Klägern im eigenen Namen erteilten Auftrages diese bei der beabsichtigten Veräußerung ihrer Geschäftsanteile an die [Erwerberin] zu beraten hatte"[1593]. Die Feststellungen der Richter, die von "Auftrag" sprechen, legen die Annahme nahe, dass in dem zu entscheidenden Fall zwischen dem beklagten Wirtschaftsprüfer und den geschädigten Klägern ein Vertrag geschlossen wurde[1594]. Die Kritiker der Entscheidung vermissen deshalb in dem Urteil eine Stellungnahme der Richter zur Schutzbedürftigkeit der geschädigten Gesellschafter[1595]. Denn eigene, inhaltlich vergleichbare Ersatzansprüche lassen laut BGH[1596] die Schutzbedürftigkeit des Geschädigten und damit eine wichtige Voraussetzung für einen Anspruch aus Vertrag mit Schutzwirkung für Dritte entfallen[1597].

Trotz der Einwände ist das Urteil nicht folgenlos geblieben[1598]. Mit Hinweis auf die Entscheidung des OLG Stuttgart hat auch das OLG Hamm die Ansicht vertreten, dass die Regelung des § 323 HGB die Erweiterung der Schutzpflichten aus dem Prüfungsvertrag auf Dritte nicht ausschließe[1599]. Im konkreten Fall scheiterte aber eine Haftung daran, dass die Ursächlichkeit der Pflichtverletzung für den Vermögensschaden vom Kläger nicht nachgewiesen werden konnte[1600]. Zuletzt hat das LG Passau eine Haftung des Abschlussprüfers "aus positiver Vertragsverletzung in Verbindung mit den Grundsätzen der Schutzwirkung zugunsten Dritter bejaht[1601].

cc) BGH

Diese Situation zeigt, wie dringend notwendig ein klärendes Wort des BGH ist. In seinen bisherigen Entscheidungen hat das oberste Zivilgericht aber noch nicht verbindlich und abschließend zu dem Problem Stellung bezogen[1602]. Die Revision im Urteil des OLG Stuttgart wurde abgelehnt[1603]. Nach Ansicht des BGH war das Prozessergebnis nicht zu beanstanden. Der BGH hat offengelassen, ob der Kläger in den Schutzbereich der Beklagen mit einbezogen sei - wie das OLG Stuttgart angenommen hatte - oder der

---

1593 OLG Stuttgart, WPK-Mitt. 1995, 222, 223.
1594 Vgl. auch BGH, BB 1997, 1685.
1595 *Ebke*, Verantwortlichkeit, S. 27-28; *ders.*, MüKo-HGB § 323 Rn. 111; *Siebert*, WPK-Mitt. 1996, 235, 238.
1596 BGHZ 70, 327, 329-330; BGHZ 133, 168, 176; siehe weitere Nachweise bei *Ebke*, MüKo-HGB, § 323 Rn. 111.
1597 *Ebke*, MüKo-HGB, § 323 Rn. 111; *Siebert*, WPK-Mitt. 1996, 235, 238.
1598 Siehe *Ebke*, MüKo-HGB, § 323 Rn. 116.
1599 OLG Hamm, BB 1996, 2295, 2297 (l. Sp.)
1600 OLG Hamm, BB 1996, 2295, 2297
1601 LG Passau, BB 1998, 2052, 2053 (n.rkr.) m. Anm. *Muth*, EWir 1999, 365.
1602 *Ebke*, WPK-Mitt. 1997, 196; *ders.*, BB 1997, 1731.
1603 BGH, BB 1997, 1685; hierzu *Ebke*, BB 1997, 1731.

Anspruch auf den separaten Beratungsvertrag zu stützen sei, wie die Gegenansicht meinte[1604].

Im Fall der Rechtssache OLG Hamm stimmte der 3. Zivilsenat des BGH "im Grundsatz" der herrschenden Meinung in der Literatur zu, dass sich eine Ausdehnung der Schadensersatzpflicht des gesetzlichen Abschlussprüfers über die in § 323 Abs. 1 S. 3 HGB genannten Anspruchsberechtigten hinaus "im Wege der Auslegung oder Analogie“ verbiete[1605]. Ebenso stellte es fest, dass “eine Ausdehnung der Haftung des gesetzlichen Abschlussprüfers auch gegenüber Aktionären/Gesellschaftern oder Gläubigern der Kapitalgesellschaft dem Ziel [zuwiderlaufe], das Haftungsrisiko des Abschlussprüfers in Fällen fahrlässiger Pflichtverletzung zu begrenzen (§ 323 Abs. 2 HGB)“[1606]. Dennoch hält das Gericht im Anwendungsbereich des § 323 HGB eine Dritthaftung des gesetzlichen Abschlussprüfers für möglich, "die wesentlich darauf beruht, dass es Sache der Vertragsparteien ist, zu bestimmen, gegenüber welchen Personen eine Schutzpflicht begründet werden soll“[1607]. Dabei teilt das Gericht die Meinung des OLG Hamm, das die Grundsätze der Dritthaftung von Personen, die über besondere, vom Staat anerkannte Sachkunde verfügen (z.B. öffentlich bestellte Sachverständige, Wirtschaftsprüfer und Steuerberater), für anwendbar gehalten hatte[1608].

Das Gericht hat in der Sache selbst nicht entschieden, da es hierfür weitere tatrichterliche Feststellungen für notwendig hielt[1609]. Der Senat wies das OLG Hamm, an das die Sache zurückverwiesen wurde, an, festzustellen, ob sich ein Anspruch auf Auskunftsvertrag oder Delikt stützen lässt[1610]. Nach Ansicht der Literatur sprach in dem Fall einiges für das Vorliegen eines Auskunftsvertrages zwischen Prüfer und Kreditgeberin[1611]. Mangels Schutzbedürftigkeit hätte aber ein solcher Anspruch den Ersatzanspruch des Klägers aus Vertrag mit Schutzwirkung zugunsten Dritter erlöschen lassen[1612]. Der Fall hat sich inzwischen durch Vergleich erledigt[1613].

IV. *Würdigung*

Die Frage der Anwendbarkeit des Vertrages mit Schutzwirkung für Dritte ist nach dem Urteil des BGH damit weiterhin höchstrichterlich nicht geklärt. Gegen die weitere Anwendung der Rechtsfigur auf Fälle der Pflichtprüfung sprechen aber eine Reihe von Gründen.

1604 *Ebke*, MüKo-HGB, Rn. 117; *ders.*, JZ 1998, 991, 993.

1605 BGH, JZ 1998, 1013 (r. Sp.). Siehe zum Urteil auch die Besprechung von *Ebke*, JZ 1998, 991; sowie *Canaris*, ZHR 1999, 206.

1606 BGH, JZ 1998, 1013 (r. Sp.).

1607 BGH, JZ, 1998, 1013, 1014.

1608 BGH, JZ 1998, 1013, 1013-1014.

1609 BGH, JZ 1998, 1013, 1015.

1610 BGH, JZ 1998, 1013, 1015.

1611 *Ebke*, MüKo-HGB, § 323 Rn. 119 m.w.Nachw.

1612 Vgl. *Ebke*, BFuP 2000, 549, 559.

1613 Vgl. *Ebke*, WPK-Mitt. 1999, 114, 114 Fn.5.

1. Rechtsunsicherheit

Die Darstellung der Rechtsprechung offenbart, dass der Versuch, das vom Gesetzgeber geschaffene Haftungssystem mit seiner klaren Risikoverteilung um vertragliche Ansprüche zu erweitern, in der Praxis zu einer Situation geführt hat, die auf Grund der unterschiedlichen Standpunkte der Gerichte mit erheblichen Rechtsunsicherheiten behaftet ist. Zwar mögen die Richter durch die Anwendung der Rechtsfigur des Vertrages zugunsten Dritter dabei im Einzelfall für "praktische Gerechtigkeit"[1614] gesorgt haben. Fragwürdig bleibt aber, ob die damit verbundenen "Verrenkungen"[1615] geeignet sind, dauerhaftes Vertrauen zu schaffen. Ein solches Vertrauen ist aus Sicht der Corporate Governance aber wichtig. Denn für einen funktionierenden Kapitalmarkt zählen Rechts- und Planungssicherheit im Zweifel mehr als die vage Aussicht auf Schadensersatzansprüche.

2. Verfassungsbruch

Schwerer als die mangelnde Rechtsicherheit wiegt der Vorwurf von Teilen der Literatur sowie einiger Instanzgerichte, dass eine Ausdehnung der Dritthaftung, wie sie von manchen Richtern mittels vertraglicher oder quasivertraglicher Rechtsinstitute betrieben wird, eine verfassungswidrige Rechtsfortbildung praeter legem darstelle.

a) Wortlaut

Dem Wortlaut der Vorschrift des § 323 HGB lässt sich, wie von den Gegnern immer wieder betont, der behauptete Ausschluss der Dritthaftung nicht direkt entnehmen[1616]. Eine ausschließlich auf den Wortlaut fixierte Gesetzesinterpretation ist dem deutschen Recht aber fremd. Der Wortlaut dient vielmehr nur als primärer Anknüpfungspunkt für eine Auslegung, die andere Gesichtspunkte mit einbezieht[1617]

1614 Vgl. Lord Goff of Chievley in: *White v. Jones* (1995) 1 All E. R. 691, 706, 707, zitiert nach *Ebke*, MüKo-HGB, § 323 Rn. 121. Zu den Einzelheiten des Urteils siehe *Ebke*, S. 12-16; *Lorenz*, JZ 1995, 317; *Witting*, Oxford J. Leg. Stud. 20 (2000) 615, 623.

1615 *Kiss*, WM 1999, 117, 118. Vergleichbar äußert sich *Honsell*, FS Medicus, S. 211, 215-219, zur Annahme eines stillschweigend geschlossenen Auskunftsvertrages, wenn er von einer "blutleere[n] Fiktion" spricht.

1616 Vgl. *Land*, S. 81; *Westrick*. S. 1963.

1617 *Larenz*, S. 320 ff., *Zippelius*, S. 39ff.

b) *Gesetzessystematische Auslegung*

Ein solcher Gesichtspunkt ist die gesetzessystematische Auslegung[1618]. Dabei ist auf den Kontext einzelner Sätze und Textstellen sowie auf den Regelungszusammenhang mit anderen Vorschriften zu achten[1619]. In der Vorschrift des § 323 Abs. 1 Satz 3 HGB wird verbundenen Unternehmen als prüfungsvertragsfremden Dritten ausdrücklich ein Schadensersatzanspruch gegen den Abschlussprüfer gewährt. Daraus kann e contrario geschlossen werden, dass weiteren, nicht genannten prüfungsvertragsfremden Dritten ein vergleichbarer Anspruch nicht gewährt werden soll[1620]. Als Argument für eine solche Auslegung kann die Vorschrift des § 11 Abs. 2 UmwG herangezogen werden[1621]. Sie erklärt für die Haftung des Verschmelzungsprüfers den § 323 HGB für entsprechend anwendbar. Entscheidend ist dabei Satz 2, wonach die Haftungsansprüche ausdrücklich auch den Anteilsinhaber der an der Verschmelzung beteiligten Rechtsträger eingeräumt werden. Die Einfügung einer solchen Vorschrift macht nur Sinn, wenn der Gesetzgeber davon ausgeht, dass die Anteilseigner keine eigenen vertraglichen oder vertragsähnlichen Ansprüche gegen den Verschmelzungsprüfer besitzen[1622]. Das bedeutet, dass § 323 HGB weder im Wege einer weiten Auslegung noch durch eine Analogie[1623] Dritten Schadensersatzansprüche gewährt. Die Vorschrift zeigt auch, dass trotz drittschützender Wirkung der Verschmelzungsprüfung und dem eng begrenzten Personenkreis – hier beteiligte Anteilseigner – neben den gesetzlichen keine weiteren, insbesondere vertraglichen Schadensersatzansprüche bestehen, sondern es vielmehr einer Entscheidung des Gesetzgebers bedarf, um prüfungsvertragsfremden Dritten einen Anspruch auf Schadensersatz zu gewähren.

c) *Historische Auslegung*

Das Ergebnis von Wortlautinterpretation in Verbindung mit der Gesetzessystematik wird durch die historische Betrachtung der Entwicklung der Abschlussprüferhaftung gestützt[1624]. Schon früheste Materialien belegen, dass es dem Gesetzgeber von Anfang an darum ging, die Haftung des Abschlussprüfers für fahrlässige Pflichtverletzungen zu begrenzen[1625]. Zuletzt ist dieses Ergebnis durch die Beratungen des KonTraG bestätigt worden[1626]. Dort wurde im Verfahren das Ansinnen des Rechtsausschusses des Bundesrates abgelehnt, die Vorschrift des § 323 Abs. 1 HGB um eine Passage zu er-

---

1618 Vgl. *Larenz/Canaris*, S. 145.
1619 *Larenz/Canaris*, S. 145.
1620 LG Hamburg, WM 1999, 139, 141.
1621 Siehe hierzu auch *Ebke/Scheel*, WM 1991, 389, 395.
1622 *Ebke*, BFuP 2000, 549, 562, *ders.*, MüKo-HGB, § 323 Rn. 127.
1623 So ausdrücklich der BGH, JZ 1998, 1013 (r. Sp.).
1624 Zur Gesetzesauslegung mittels historischer Kriterien siehe *Larenz/Canaris*, S. 149; *Larenz*, S. 328.
1625 Siehe hierzu *Ebke*, Dritthaftung, S. 35-43 und 56-60; *Ebke/Scheel*, WM 1999, 389, 394.
1626 Vgl. LG Hamburg, WM 1999, 139, 141. Zu den Beratungen zur Haftung des Abschlussprüfers im Rahmen des KonTraG siehe *Ebke*, JZ 1998, 991, 992; *Feddersen*, WM 1999, 105, 114-116.

gänzen, wonach weitergehende Ansprüche Dritter ausgeschlossen sein sollten[1627]. Denn der Rechtsausschuss des Bundestages hielt eine solche Regelung für „derzeit nicht erforderlich“[1628]. Zur Begründung verwies er auf die bestehende Gesetzeslage, die „nur der geprüften Kapitalgesellschaft oder einem verbundenen Unternehmen einen Schadensersatzanspruch [gewährt]“ und “den Anspruch eines Dritten schon vom Wortlaut her [ausschließt]“. Zusätzlich verwies der Rechtsausschuss des Deutschen Bundestages auf die Rechtsprechung, die dieses Rechtsverständnis teile[1629].

Zwar ist die Sicht des Rechtsausschusses des Deutschen Bundestages für die Gerichte "nicht bindend"[1630], aber *Ebke* weist zu Recht darauf hin, dass die Auffassung der Parlamentarier als “wichtiger Hinweis“ von den Gerichten bei der Auslegung der Norm nicht außer Acht gelassen werden darf[1631]. Als “Richtschnur“ für die Gerichte lässt sich folglich feststellen, dass nach dem historisch nachvollziehbaren Willen des Gesetzgebers der Abschlussprüfer ausschließlich der geprüften Gesellschaft (und seit 1965 auch verbundenen Unternehmen) für fahrlässige Pflichtverletzungen bei Wahrnehmung seiner gesetzlichen Prüfungsaufgaben haften soll[1632]. Über diese Regelungsabsicht und die daraus resultierenden Wertentscheidungen darf sich der Richter nicht hinwegsetzen, wenn er das Gesetz im Wege teleologischer Auslegung oder Rechtsfortbildung an neue, vom Gesetzgeber nicht vorhergesehene Umstände anpasst oder es ergänzt[1633].

d) Teleologische Auslegung

Auch eine Interpretation, die nach Sinn und Zweck des § 323 HGB fragt, muss zu dem Ergebnis kommen, dass der Vorschrift gegenüber vertraglichen und quasivertraglichen Ansprüchen eine Sperrwirkung zukommt. Nach der dargestellten Intention des Gesetzgebers sollte mit der spezialgesetzlichen Regelung die Haftung sachgerecht ausgestaltet werden. Insbesondere sollten die aus der Prüfung resultierenden Haftungsrisiken des Abschlussprüfers sinnvoll begrenzt werden[1634]. Diese gesetzgeberische

---

1627 BR-Drucks. 872/1/97, S. 8-9.

1628 BT-Drucks. 13/10038 v. 4.3.1998, S. 22.

1629 Zitiert wurde dabei das Urteil des LG Frankfurt a. M., WPK-Mitt. 1997, 236, vgl. BT-Drucks. 13/10038 v. 4.3.1998, S. 22.

1630 Vgl. *Grunewald*, ZGR 1999, 583, 595. Zur Bindungswirkung von Normvorstellungen des Gesetzgebers siehe *Larenz/Canaris*, S. 150.

1631 Nach *Ebke*, MüKo-HGB, § 323 Rn. 131 erhalten die Aussagen des Rechtsausschusses ihre besondere Bedeutung aus dem Umstand, dass das „darin zum Ausdruck kommende “geltungszeitliche“ Verständnis des § 323 Abs. 1 Satz 3 die “entstehungszeitliche Interpretation der Norm (und ihrer Vorläufer) durch die weitaus überwiegende Zahl der Gerichte und die ganz h.L. bestätigt“.

1632 Ausnahmen sollen nur für die seltenen Fälle gelten, dass der Abschlussprüfer mit dem geschädigten Dritten ausdrücklich einen Auskunftsvertrag geschlossen hat oder die geprüfte Gesellschaft und der Abschlussprüfer den Schutzbereich des Prüfungsvertrages ausdrücklich auf bestimmte Dritte erstrecken, vgl. *Ebke*, MüKo-HGB, § 323 Rn. 131.

1633 Vgl. *Larenz/Canaris*, S. 139.

1634 Vgl. Seite Seite 253.

Intention würde aber ausgehebelt, wenn man neben der gesetzlichen Vorschrift den Abschlussprüfer weiterhin auch auf vertraglicher oder vertragsähnlicher Grundlage haften lässt. Denn eine Haftung etwa auf Grund eines Vertrages mit Schutzwirkung zugunsten Dritter beinhaltet zahlreiche Gefahren für den Abschlussprüfer.

aa) Nicht überschaubare Zahl von Anspruchsberechtigten

Bei einer Haftung auf Grund Vertrages mit Schutzwirkung für Dritte drohen unkalkulierbare Risiken, da sich der Kreis der Ersatzberechtigten nicht klar genug eingrenzen lässt[1635]. Diese Ansicht teilt auch der BGH. In seinem Urteil zur Dritthaftung des Abschlussprüfers weist er deshalb wiederholt darauf hin, dass der Kreis der Anspruchsberechtigten eng zu umgrenzen sei[1636]. Diesem Bekenntnis stehen aber Urteile des III. und anderer Senate des BGH zum Vertrag mit Schutzwirkung für Dritte aus früheren Zeiten entgegen, in denen die Richter bei der Bejahung der Schutzpflicht gegenüber Dritten sehr großzügig verfahren sind. So hat der III. Senat des BGH in seinem Urteil gegen einen Bausachverständigen aus dem Jahre 1994 festgestellt, dass die Bejahung einer Schutzpflicht nicht notwendigerweise voraussetzt, "dass der Schutzpflichtige die Zahl oder den Namen der zu schützenden Personen kennt", sondern es vielmehr genüge, "dass dem Beklagten bekannt war, dass sein Wertgutachten für einen (potentiellen) Käufer bestimmt war"[1637]. Ebenso beteuert der X. Zivilsenat des BGH zwar, dass die Schutzpflicht "auf eine überschaubare klar abgegrenzte Personengruppe" zu beschränken sei[1638]; sofern mehrere Darlehensgeber in Betracht kämen, bestünden rechtlich aber keine Bedenken, sie alle in den Schutzbereich einzubeziehen, auch wenn die Darlehensgeber selbst von der Einbeziehung in den Schutzbereich des Vertrages keine Kenntnis hätten[1639].

Angesichts dieser Rechtsprechung können sich die Beteuerungen der Richter des III. Zivilsenats in ihrem Urteil vom 2.4.1998 schnell als Lippenbekenntnisse herausstellen. Denn angewandt auf die Pflichtprüfung würde es für die Begründung eines Anspruchs ausreichend sein, wenn der schutzbedürftige Dritte zu dem Kreis von Personen zählt, die typischerweise auf den Bestätigungsvermerk des Wirtschaftsprüfers vertrauen, ihn zur Grundlage vermögenswirksamer Entscheidungen machen und entsprechende Maßnahmen ergreifen[1640]. Namentlich oder zahlenmäßig müssten sie den Parteien des Prüfungsvertrags weder bei Vertragsschluss noch später bekannt sein. Eine so weit gehende Fahrlässigkeitshaftung wäre aber nicht mehr versicherbar und würde folglich den Abschlussprüfer in seiner Existenz gefährden. Abhilfe könnte allein eine Haftungssummenbegrenzung bieten, die eine Obergrenze für alle Ansprüche

---

1635 Vgl. *Ebke*, JZ 1998, 991, 995-996; *Schüppen*, DB 1998, 1317, 1319.

1636 BGH, JZ 1998, 1013, 1013-1014.

1637 BGH, WM 1995, 204, 205. Ähnlich großzügig BGH GI 1997, 81, 82.

1638 BGH, JZ 1998, 624, 627.

1639 BGH, JZ 1998, 624, 626.

1640 So *Ebke*, BFuP 2000, 549, 567.

festsetzt. Deren Anwendung ist aber, wie die bisherige Erfahrung zeigt, im Rahmen des Vertrages zugunsten Dritter nicht gesichert.

bb) Mangelnde Haftungssummenbegrenzung

Nach bisherigem Stand ist die Anwendung der Haftungssummenbegrenzung des §323 Abs. 2 S. 1 und 2 HGB im Rahmen des Vertrages mit Schutzwirkung zugunsten Dritter umstritten[1641]. Zwar hat der III. Zivilsenat des BHG die Ansicht vertreten, dass die Haftungssummenbegrenzung gemäß § 323 Abs. 2 HGB auch im Rahmen des Vertrages mit Schutzwirkung für Dritte "zu berücksichtigen" sei; seine Begründung wird aber als zumindest fragwürdig betrachtet[1642]. Instanzgerichte haben die Geltung des § 323 Abs. 2 Satz 1 und 2 HGB bereits verneint[1643] bzw. offengelassen[1644]. Andere Gerichte gehen davon aus, dass die Haftungsbegrenzung stillschweigend abgedungen werden kann[1645].

cc) Mitverschulden

Unsicherheiten bestehen bei der Frage des Mitverschuldens. Zwar muss sich der in den Prüfungsvertrag mit einbezogene Dritte sein eigenes Verschulden anspruchsmindernd anrechnen lassen[1646], fraglich ist aber, ob gleiches auch für das Verschulden der Gesellschaft gilt. Ein Teil der Gerichte bejaht eine Anspruchsminderung[1647]. Sie stützt sich dabei auf eine analoge Anwendung des § 334 BGB[1648]. Die Richter folgen dabei dem Prinzip, dass dem Dritten keine weitergehenden Rechte als dem Vertragspartner des Prüfers zustehen sollen. Denn der geschädigte Dritte leite seine Ansprüche aus dem Vertrag des Prüfers mit der geprüften Gesellschaft ab, folglich soll der Dritte nicht nur von den Vorteilen seiner Rechtskreiserweiterung profitieren, sondern auch die damit verbundenen Nachteile mit in Kauf nehmen müssen[1649]. Dagegen gehen andere Gerichte bei Vorliegen eines Interessensgegensatzes zwischen Vertragspartner und Dritten, wie er auch für den Prüfungsvertrag typisch ist, regelmäßig davon aus,

---

1641 Zu den Einzelheiten siehe *Ebke*, JZ, 1998, 991, 996; *Canaris*, ZHR 1999, 206, 234; *Grunewald*, ZGR 1999, 583, 589.

1642 BGH JZ 1998, 1013, 1015; zustimmend *Schüppen*, DB 1998, 1317, 1319; kritisch zur Begründung *Canaris*, 1999, 206, 234; *Ebke*, JZ 1998, 991, 996.

1643 LG Passau, BB 1998, 2052, 2053 (n. rkr.) mit ablehnender Anm. *Muth* EwiR § 323 HGB 1/99, 365, 366.

1644 LG Frankfurt a.M., BB 1997, 1682, 1683.

1645 OLG München, WM 1997, 613 einen Steuerberater betreffend.

1646 *Gernhuber/Grunewald*, Bürgerliches Recht, S. 94

1647 OLG Düsseldorf, WPK-Mitt. 1999, 258, 260 m. Anm. *Ebke/Paal*.

1648 Vgl. BGH, GI 1997, 291, 293 (betr. Anwalt); OLG München, WM 1997, 613 (betr. Steuerberater).

1649 BGH, GI 1997, 291, 293.

dass stillschweigend[1650] eine anderslautende Vereinbarung zwischen den Vertragspartnern getroffen wurde[1651].

V. *Zusammenfassung*

Die Darstellung zeigt, dass die richterlichen Versuche, die Dritthaftung des Abschlussprüfers mittels vertraglicher oder quasivertraglicher Ansprüche auszudehnen, nicht nur für erhebliche Rechtsunsicherheit sorgen, sondern auch gegen den Willen und die vorrangige Wertungen des Gesetzgebers verstoßen, der durch eine ausgewogene Risikoverteilung den Abschlussprüfer vor einem unangemessenen Haftungsrisiko schützen will[1652]. Ein Eingriff in die Risikoverteilung betrifft die Prüfer, die prüfungspflichtigen Unternehmen, die Versicherungswirtschaft sowie die Volkswirtschaft insgesamt[1653]. Eine so wichtige Entscheidung kann folglich nur vom Gesetzgeber selbst und nicht von den Gerichten mittels richterlicher Rechtsfortbildung getroffen werden[1654]. Ob für eine gesetzliche Ausdehnung der Dritthaftung eine Notwendigkeit besteht, soll nachfolgend geklärt werden.

VI. *Gesetzliche Regelung einer weitergehenden Dritthaftung sinnvoll?*

1. Qualitätssicherung in der Abschlussprüfung

Die Befürworter einer weitgehenden Dritthaftung argumentieren, dass ein strenges Haftungsregime wesentlich zur Qualität der Abschlussprüfung beitragen kann und damit den Anlegerschutz innerhalb der Corporate Governance verbessert. Nach ihrer Ansicht ist ohne ausreichende Sanktionen der Abschlussprüfer als Element der Unter-

---

1650 Kritisch dazu *Canaris*, JZ 1998, 603, 604; *ders.* JZ 1995, 442, 444; *Schlechtriem*, FS Medicus, 529, 540.

1651 BGH, JZ 1998, 626, 626 (betr. Bausachverständigen); BGHZ 127, 378, 384-385; OLG München, WM 1997, 613 (betr. Steuerberater).

1652 Siehe nur OLG Frankfurt, BB 1682, 1683, dass "von einer Missachtung des Vorranges der Wertungen des Gesetzgebers" spricht, die "die Grenzen zulässiger Rechtsfortbildung überschreitet".

1653 *Ebke*, BB 1997, 1731, 1732.

1654 Siehe in dem Zusammenhang auch die berühmte Aussage des Richters Benjamin N. Cardozo in *Ultramares Corp. v. Touche*, 174 N. E. 441, 447 [1931] ("A change so revolutionary, if expedient, must be wrought by legislation"), mit der er zur Zurückhaltung bei der richterlichen Rechtsfortbildung im Rahmen der Wirtschaftsprüferhaftung in den USA mahnte. Zur Entscheidung selbst siehe *Ebke*, Dritthaftung, S. 156 ff.

nehmenskontrolle entwertet[1655]. Empirisch liegen zur individual-psychologischen Wirkung einer Verschärfung der Dritthaftung durch Einbeziehung von Fällen mit bloß fahrlässigem Pflichtverstoß allerdings wenig Erkenntnisse vor[1656]. Gegen einen solchen Wirkungszusammenhang spricht jedoch, dass sich die Haftung nur bedingt zur Disziplinierung von Abschlussprüfern eignet. Eine weitergehende Haftung etwa auch für Fahrlässigkeit ist nämlich nur unter der Prämisse der Versicherbarkeit sinnvoll. Denn ohne Versicherungsschutz würde der Abschlussprüfer in seiner Existenz gefährdet, was letztlich auch für das Funktionieren der Kapitalmärkte schädlich wäre. Das Vorhandensein von Versicherungsschutz begrenzt aber gleichzeitig die disziplinierende Wirkung, welche die Haftung auf den Abschlussprüfer ausüben kann[1657]. Hinzu kommen Einschränkungen der disziplinierenden Wirkung, die in der Natur der Abschlussprüfung und dem Prüfungsgegenstand ("audit is an art not a science") begründet sind[1658]. Der Gesetzgeber hat deshalb bewusst eine unbegrenzte Dritthaftung lediglich bei vorsätzlichen Pflichtverstößen vorgesehen[1659]. Alternativ zum "schweren Geschütz des Haftungsrechts"[1660] sollten daher die Bemühungen um eine Steigerung der Qualität der Abschlussprüfung mittels Aus- und Weiterbildung, unabhängiger Qualitätskontrollen und der Berufsgerichtsbarkeit intensiviert werden.

2. *Schadensausgleich*

Ähnlich wie die Disziplinierung kann auch eine Ausgleichsfunktion, die der Vertrauensbildung am Kapitalmarkt dienen soll, nur bedingt durch eine erweiterte Dritthaftung des Abschlussprüfers gefördert werden. Denn unabhängig davon, ob man der Ansicht ist, dass eine Dritthaftung versicherbar sein muss und daher eine Haftungssummenbegrenzung voraussetzt, ist es eher unwahrscheinlich, dass eine Prüfungsgesellschaft vollständig für die Massenschäden aufkommen kann, die in Haftungsfällen von großen Publikumsgesellschaften entstehen. In der Regel werden sich die geschädigten Dritten daher mit einer quotenmäßigen Befriedigung ihrer Ansprüche zufrieden geben müssen[1661]. Hinzu kommt, dass bestehende Ansprüche mit denen der geprüften Gesellschaft geteilt werden müssen[1662]. Insbesondere bei Bestehen

---

1655 Nach *Lang*, WM 1988, 1001, 1006 werden Wirtschaftsprüfer "am Markt nur dann ernstgenommen" und können ihre Dienste nur dann anbieten, wenn sie dafür gegenüber Dritten für die Richtigkeit ihrer Äußerungen haften; a.A. *Ebke/Scheel*, WM 1991, 389, 396.

1656 *Ebke*, 79 NW. U. L. Rev. 663, 682-683 (1984).

1657 *Ebke*, Dritthaftung, S. 279, 281; *ders.* 79 Nw. U. L. Rev. 663, 683-685 (1984). Zum Problem des Zielkonfliktes zwischen Versicherbarkeit und Prävention aus ökonomischr Sicht, *Scheel*, Versicherbarkeit und Prävention. Ökonomische Analyse eines Zielkonflikts, 1999.

1658 *Ebke*, Dritthaftung, S. 279.

1659 Vgl. Seite 253.

1660 *Ebke/Scheel*, WM 1991, 389, 397.

1661 *Ebke*, BFuP 2000, 549, 565.

1662 Die Haftungssummenbegrenzung des § 323 Abs. 2 Satz 1 und 2 HGB umfasst *eine* Pflichtprüfung. Keine Rolle soll dabei die Zahl der Handlungen spielen, die den den Schadensersatz begründen, vgl. *Ebke*, MüKo-HGB, § 323 Rn. 60.

einer Haftungssummenbegrenzung kann es zusätzlich zu dem sogenannten "Windhundproblem" kommen: Wer zuerst klagt, bekommt zuerst Ersatz zugesprochen und kann sich aus der Masse befriedigen, die späteren gehen leer aus[1663].

3. *Nachteile für den Abschlussprüfer*

Den vagen Verbesserungen hinsichtlich der Disziplinierung der Abschlussprüfer und des Schadensausgleichs für Dritte einerseits stehen andererseits erhebliche Nachteile gegenüber, die mit der Einführung einer umfassenden gesetzlichen Dritthaftung verbunden sind. Auf die Tatsache, dass eine unangemessene, insbesondere unbegrenzte Haftung den Berufsstand des Wirtschaftsprüfers gefährden und damit die Stabilität der Finanzmärkte insgesamt bedrohen kann, ist dabei schon mehrfach hingewiesen worden[1664]. Darüber hinaus gibt es aber noch eine Reihe weiterer Belastungen für den Berufsstand und die Allgemeinheit, die selbst dann noch bestehen würden, wenn es gelingen sollte, das Haftungsrisiko des Abschlussprüfers durch Einführung von Höchsthaftungssummen angemessen auszugestalten.

a) *Prozessrisiko*

Eine Haftung für einfache Fahrlässigkeit gegenüber Dritten würde "Tür und Tor" für Schadensersatzklagen der unterschiedlichsten Art öffnen[1665]. Selbst wenn die Rechtsprechung entsprechend strenge Anforderungen an den Nachweis der Kausalität des unrichtigen Bilanzausweises für den geltend gemachten Schaden bzw. an den Nachweis der Höhe des Schadens stellen würde, blieben für den Abschlussprüfer immer noch die erhebliche finanzielle und zeitliche Belastung, die mit einem Prozess verbunden ist[1666]. Nicht auszuschließen ist auch, dass die Prüfer durch das bloße Androhen einer Klage erpressbar würden. Denn die andauernde negative Publizität eines Prozesses könnte viele veranlassen, trotz mangelndem Verschulden einem Vergleich zuzustimmen und die Streitsache nicht durch die Instanzen durchzufechten (sog. "strike suits"). Nicht zuletzt auch, um eine Verunsicherung der eigenen Mitarbeiter sowie eine Belastung der Geschäftsbeziehung zu anderen Mandanten zu vermeiden[1667].

1663 Siehe hierzu *Ebke*, WPK-Mitt. 1997, 108, 112, der darauf hinweist, dass eine Hinterlegung der gesetzlich festgelegten Haftungssumme nicht geeignet ist, das Problem zu lösen.

1664 *Liggio*, WPK-Mitt., Sonderheft Juni 1997, S.139, 142-143.

1665 *Zilias*, WPg 1974, 69, 72.

1666 *Zilias*, WPg 1974, 69, 72.

1667 So hat die KPMG erst jüngst aus diesen Gründen einem Vergleich zugestimmt, der sie zur Zahlung von 100 Mio. DM verpflichtet. Zwar ist dies nur ein Bruchteil der ursprünglich geforderten Schadensersatzsumme von 2 Mrd. DM, aber es stellt die mit Abstand höchste Summe dar, die bisher von einer Wirtschaftsprüfergesellschaft zur Abwendung einer Klage wegen angeblichen Fehlern bei der Jahresabschlussprüfung bezahlt worden ist, siehe dazu *Schwarz*, "Flowtex: Prüfer zahlen 100 Millionen DM", SZ v. 17.5.2001, S. 23.

b) Konzentration

Eine Erweiterung der Haftung würde kapitalschwache Prüfer benachteiligen. Denn nur kapitalstarke Wirtschaftsprüfergesellschaften sind in der Lage, sich gegen die drohenden Schäden zu versichern. Diese würden dann auch bevorzugt von den Gesellschaftern ausgewählt werden, da sie bei Prüfungsschäden eine bessere Ersatzmöglichkeit böten[1668]. Insgesamt würde damit der bestehenden Konzentration bei den Prüfungsgesellschaften weiter Vorschub geleistet[1669]. Daneben würden die Kosten für die Pflichtprüfung allgemein steigen, da die Kosten der zu zahlenden Versicherungsprämien auf die Unternehmen abgewälzt würden[1670].

c) Nachwuchs

Die Einführung einer zu weitgehenden Haftung würde auch zu einem Verlust an Prüfungskompetenz führen. Denn eine existenzbedrohende Haftung wirkt abschreckend, so dass der Nachwuchs ausbleibt oder Prüfer den Berufsstand verlassen[1671]. Die gegenwärtig schon bestehende Personalknappheit am Prüfungsmarkt, die unter anderem auch auf die umfangreicheren Prüfungspflichten und die gestiegene Anzahl der zu prüfenden Unternehmen zurückzuführen ist, würde damit noch einmal verstärkt und sich mit Sicherheit auch zu Lasten der Qualität der Abschlussprüfung auswirken.

4. Nachteile für die Allgemeinheit

Die negativen Auswirkungen einer ausgedehnten Dritthaftung würden aber nicht nur den Abschlussprüfer bzw. der Berufsstand der Wirtschaftsprüfer treffen, sondern auch die Allgemeinheit müsste mit gravierenden Nachteilen rechnen.

a) Corporate Governance

Aus Sicht einer funktionierenden Corporate Governance ist der Gedanke, mittels Schadensverlagerung für optimalen Schutz der Anleger zu sorgen, abzulehnen. Denn eine unbegrenzte Haftung des Abschlussprüfers schafft für die anderen Beteiligten der Corporate Governance weniger Anreize, eigene Überwachungsanstrengungen zu un-

---

1668 Aus Sicht des Aufsichtsrates bestünde auf Grund seiner Verantwortlichkeit für die Gesellschaft geradezu eine Pflicht das Vermögen des Wirtschaftsprüfers bei seinem Vorschlag mit zu berücksichtigen.

1669 Eine Übersicht über den Markt von Abschlussprüfermandaten siehe *Gloßner*, WPg 1998, 216; *Helmenstein*, DBW 1996, 41; *Hüllweck/Ostrowski*, WPK-Mitt 2000, 2; *Lenz*, WPg 1996, 269 und 313; *ders.*, WPK-Mitt. 1998, 189.

1670 Vgl. *Schlegelberger/Quassowski/Schmölder*, VO über Aktienrecht, § 262 g HGB Anm. 1, 7.

1671 *Ruhnke*, S. 344-345.

ternehmen[1672]. Die Anteilseigner brauchen sich um ihre Investition keine Gedanken mehr machen, da bei wirtschaftlichem Schiffbruch der Abschlussprüfer einspringt. Der Abschlussprüfer wird dadurch zum alleinigen Träger des wirtschaftlichen Risikos. Ein umsichtiger und optimaler Kapitaleinsatz durch den Investor, der ein wesentliches Steuerungselement der Corporate Governance darstellt, entfällt. Die Folge sind Überinvestitionen und riskante spekulative Geschäfte, die der gesamten Volkswirtschaft sowie der Reputation des Kapitalmarkts schaden können. Hinzu kommt, dass Dritte auf solche "out of pocket measures" [1673] gar nicht angewiesen sind. Zu Recht hat der Oberste Gerichtshof im US-Bundestaat Kalifornien in seiner Bily-Entscheidung darauf hingewiesen, dass es den Dritten offen steht, selbst privatautonom Vorsorge zu treffen ("private ordering")[1674]. Sei es mittels eigener Prüfungen, der Zuhilfenahme von Experten oder durch Einsatz von sog. "privity letters", in denen sich der Dritte vom Abschlussprüfer bestätigen lässt, dass er sich für eine bestimmte vermögenswirksame Entscheidung oder Maßnahme auf dessen Testat verlassen wird[1675]. Anders als im Fall der Schadensverlagerung wird dadurch unnützer Aufwand und Aktionismus sowie unnötige Eingriffe[1676] vermieden, die den Prüfer zum "cheapest cost provider" degradieren[1677].

b) Wachstum und Arbeitsplätze

Die unbegrenzte Haftung wirkt auch hinsichtlich der Schaffung von wirtschaftlichem Wachstum und Arbeitsplätzen kontraproduktiv. Gegenwärtig sind es vor allem junge dynamische Unternehmen der High-Tech oder Bio-Tech Branche, die in Zukunft Innovation, Wachstum und Arbeitsplätze versprechen. Ihre Entwicklung und die damit verbundenen Risiken sind heute aber noch schwer abzuschätzen. Durch die Einführung einer verschärften Haftung des Abschlussprüfers wird es in Zukunft für sie noch schwieriger, die dringend notwendigen fachlich qualifizierten Wirtschaftsprüfer oder Wirtschaftsprüfergesellschaften zu finden. Denn der Abschlussprüfer wird im Zweifel deren Auftragsbegehren ablehnen oder überproportional hohe Gebühren verlangen, um seine damit verbundenen Risiken absichern zu können[1678]. Die Folgen für diese Unternehmen sind daher Kostennachteile und Schwierigkeiten bei der Kapitalaufbringung. So fällt es schon heute Unternehmen aus der Bio- und Hightechbrache schwer, für ihre

---

1672 Siehe hierzu auch die Studie von *Schwartz*, 72 Acc. Rev. 385-406 (1997); sowie *King/Schwartz*, 75 Acc. Rev. 429-451 (2000).

1673 Vgl. *Ebke*, FS Trinkner S. 493, 494.

1674 *Bily v. Arthur Young & Co.*; 11 Cal. Reptr.2d 51, 67 (Cal. 1992). Siehe hierzu *Ebke*, WPK-Mitt. Sonderheft April 1996, 17, 26-27; zum Einfluss der deutschen Wissenschaft auf das Bily-Urteil siehe *Großfeld*, in: FS Havermann, S. 183, 195.

1675 Siehe dazu *Ebke/Bert*, EWS 1993, 229, 235-236.

1676 *Hopt*, FS zum 30jährigen Bestehen der Münch. Jur. Gesellschaft, S. 27, 32.

1677 *Ebke*, FS Trinkner S. 493, 507.

1678 Vgl. zu den Untersuchungen in den USA: *Krishnan/Krishnan*, Acc. Rev., October 1997, S. 539, 542.

Börsengänge Wirtschaftsprüfer zu finden, die bereit sind, den Prospekt zu zeichnen[1679].

5. Alternativen

Die Alternative zu einer Ausdehnung der Dritthaftung besteht darin, nach anderen Möglichkeiten zu suchen, die es erlauben, die notwendige Qualität der Abschlussprüfung zu sichern sowie dem Drittschutz ausreichend Rechnung zu tragen.

a) Qualitätskontrollen und Standards

Dazu zählen eine verstärkte Kontrolle, die es ermöglicht, Fehlverhalten besser aufzudecken sowie eine effektivere Ahndung von Pflichtverstößen. Weiter zu erwähnen sind in diesem Zusammenhang die Festlegung von allgemeinen Qualitätsstandards, die eine bessere öffentliche Kontrolle der Abschlussprüfung ermöglichen, die Einführung einer wirksamen Qualitätskontrolle der Tätigkeit des Prüfers in Form eines "Peer Review" sowie eine effektivere Berufsaufsicht und -gerichtsbarkeit. Auf all dies ist nachfolgend noch gesondert einzugehen.

b) Aktionärsklage

Nicht nur durch die Schaffung neuer materieller Anspruchsgrundlagen sondern auch durch die Verbesserung der Durchsetzungsmöglichkeiten für bestehende Ersatzansprüche lässt sich der Rechtsschutz verbessern. In Deutschland ist die Verfolgung von Schadensersatzansprüchen der Gesellschaft gegen Dritte durch ihre Aktionäre nur in Ausnahmefällen möglich[1680]. In der Regel haben die Aktionäre im Innenverhältnis darauf hinzuwirken, dass der Ersatzanspruch der Gesellschaft verfolgt wird; die intern zuständigen Organe haben sich in der Praxis aber überwiegend sehr zurückhaltend bei der Geltendmachung von Ersatzansprüchen gezeigt[1681]. Zurückzuführen ist die Zurückhaltung auf Interessenskonflikte[1682]. Diese sind u.a. darin begründet, dass der Geltendmachung der Ersatzansprüche die negative Publizität eines Haftungsprozesses mit seinen dauerhaft nachteiligen Auswirkungen für den Ruf der Gesellschaft entgegenstehen kann[1683]. Besonders stark sind die Interessenskonflikte dann, wenn andere

---

1679 Vgl. *o.V.*, "Call for liability cap", Accountancy, Mai 1998, S. 9. Ähnlich ist die Situation für Jahresabschlüsse, *Marcus*, WPK-Mitt. 1996, 93, 94 mit Hinweis auf kleinere Technologieunternehmen im Silicon Valley.

1680 Vgl. LG Hamburg, WM 1998, 497; BGH, ZIP 1995, 819.

1681 Vgl. *Ulmer*, ZHR 1999, 290, 292; *Lutter*, ZGR 1998, 191, 207, *Hommelhoff/Mattheus*, AG 1998, 249, 258 m.w.Nachw.

1682 Vgl. LG Hamburg, WM 1999, 497, 501.

1683 Vgl. *Sünner*, ZHR 1999, 364, 367 u. 376.

Organe der Gesellschaft an den schädigenden Handlungen (mit-) beteiligt sind oder/und eigene nachlässige Kontrollen den Schadenseintritt begünstigt haben. Die Möglichkeit der Aktionäre, notfalls unter Inanspruchnahme der Gerichte die Ansprüche der Gesellschaft durchzusetzen, scheiterte bisher regelmäßig an den hohen Hürden, die § 147 AktG an die Geltendmachung von Ersatzansprüchen der Gesellschaft durch Gesellschafter knüpft[1684]. Anders ist die Situation in den USA[1685]. Dort verfügen die Aktionäre über die Möglichkeit, Ansprüche der Gesellschaft selbständig mittels der "shareholder derivative action" geltend zu machen[1686]. Andere Staaten verfügen über ähnliche Rechtsinstitute[1687]. In Großbritannien, Portugal, Spanien und der Schweiz ist es den Aktionären unter bestimmten Bedingungen sogar möglich, Schadensersatzansprüche der Gesellschaft gegenüber dem gesetzlichen Abschlussprüfer mittels einer Derivativklage durchzusetzen[1688]. In Deutschland wird über die Einführung einer Aktionärsklage diskutiert[1689]. Die Einführung einer "shareholder derivative action" nach amerikanischem Vorbild scheiterte bisher aber an Bedenken des Gesetzgebers, der die Möglichkeit des Missbrauchs befürchtet[1690]. Dagegen besteht in der Wissenschaft überwiegend Einigkeit, dass den Missbrauchsbedenken durch Einführung von Sicherungsmechanismen ausreichend Rechnung getragen werden kann[1691]. Uneinig sind sich die Autoren allerdings in der Ausgestaltung der Sicherungsmechanismen[1692]. Ohne in die Details der Diskussion zu gehen ist dem Urteil zuzustimmen, dass die Aktionärsklage einen wesentlichen Beitrag zu einer guten Corporate Governance leisten kann[1693]. Indem die Aktionärsklage Fehler in der Leitung und Überwachung von Unternehmen sanktioniert, dient sie nicht nur der betroffenen Gesellschaft, sondern auch dem öffentlichen Interesse an einem funktionierenden Aktienwesen und Kapitalmarkt[1694]. Durch die effizientere Ahndung von Fehlverhalten übt die Aktionärsklage präventive Wirkung aus. Darüber hinaus dienen Aktionärsklagen dazu, den Gerichten die Möglichkeit zu geben, Verhaltensstandards aufzustellen, die allen Beteiligten als Orientierung dienen[1695]. Abschließend wird zu Recht darauf hingewiesen, dass der Erfolg einer Aktionärsklage in der Praxis maßgeblich von der

---

1684 Vgl. *Götz*, AG-Sonderheft 1997, 38.

1685 Siehe hierzu *Ulmer*, ZHR 1999, 290, 302.

1686 Ausführliche Darstellung bei *Merkt*, S. 473 ff; *Abeltshauser*, S. 408.

1687 Siehe *Ulmer*, ZHR 1999, 290, 301 m.w.Nachw.

1688 *Ebke*, ZVglRWiss 2001, 62, 74; *ders.*, WPK-Mitt. 1997, 108, 113, Lutter, ZGR 1998, 191, 207.

1689 Siehe *Krieger*, ZHR 1999, 343; *Sünner*, ZHR 1999, 364; *Ulmer*, ZHR 1999, 290, sowie die Beschlüsse des 63. DJT 2000, Abt. Wirtschaftsrecht zu III.3.

1690 Zu den Befürchtungen des Gesetzgebers siehe *Seibert*, WM 1997, 1, 4; *Ernst*, KonTraG, S. 70.

1691 Siehe *Krieger*, ZHR 1999, 343, 345 ff. m.w.Nachw.

1692 Zum Teil wird für die Klage die Einschaltung eines Sondervertreters verlangt, wie es § 147 AktG schon bisher vorsieht, vgl. *Krieger*, ZHR 1999, 343; andere Autoren lehnen dies als "Entmüdigung" des Aktionärs ab. Sie halten die Durchführung eines Vorverfahrens beim Prozessgericht für ausreichend, um Missbrauch vorzubeugen, siehe hierzu den Vorschlag *Ulmers*, ZHR 1999, 290, 341.

1693 Vgl. *Ulmer*, ZHR 1999, 290, 306; *Krieger*, ZHR 1999, 343, 345 ("allein auf den Kapitalmarkt kann man in diesem Punkt nicht setzen").

1694 Vgl. *Ulmer*, ZHR 1999, 290, 306 u. 330.

1695 *Ulmer*, ZHR 1999, 290, 306; *Lutter*, ZGR 1998, 191, 204.

Verteilung des Kostenrisikos abhängen wird, das der einzelne Aktionär zu tragen hat[1696]. Vorzugswürdig ist in der Kostenfrage die Lösung *Ulmers*[1697]. Aus seiner Sicht dient die Aktionärsklage in erster Linie den Interessen der Gesellschaft. Folglich ist das Kostenrisiko nicht dem Aktionär aufzubürden („fremdnütziger Charakter der Aktionärsklage"), sondern auf die Gesellschaft zu übertragen[1698]. Voraussetzung ist allerdings, dass eine positive Entscheidung zur Klageerhebung durch die Gerichte im Zulassungsverfahren vorliegt[1699].

c) "Class action"

Mit Blick auf die Kosten eines Prozesses ist die Einführung einer Sammelklage ein weiterer Schritt, die effektive Durchsetzung von Schadensersatzansprüchen zu erleichtern. Denn eine Sammelklage ist hilfreich, wenn der einzelne Geschädigte zwar relativ gesehen einen geringen Verlust erlitten hat, auf Grund der Masse der Geschädigten aber ein sehr hoher Gesamtschaden besteht[1700]. In solchen Fallkonstellationen lohnt es sich für den einzelnen Kläger regelmäßig nicht, das Prozessrisiko sowie den nichterstattungsfähigen Privataufwand alleine auf sich zu nehmen. In den U.S.A. besteht die Möglichkeit für eine Sammelklagen in Form der "class action". Einzelne oder eine Gruppe von Geschädigten haben dort die Möglichkeit, ihre Ansprüche für alle Betroffenen geltend zu machen, sofern sie auf einem, im Wesentlichen gleichen Sachverhalt beruhen. Eine vergleichbare Klagemöglichkeit besteht in Europa lediglich in Portugal[1701] und Großbritannien ("representative action")[1702]. In Frankreich existiert zumindest für Aktionärsvereinigungen die Möglichkeit Schadensersatzklagen geltend zu machen. In Deutschland fehlt es bisher an einer Möglichkeit, die Ansprüche der Geschädigten kollektiv durchzusetzen. Die bestehenden Möglichkeiten, wie Verknüpfung von Ansprüchen durch Abtretung oder Einzugsermächtigung (§ 185 BGB) an eine Aktionärs- oder Interessensvereinigung[1703], die Bildung von Streitgenossenschaften nach §§ 59, 60 ZPO, die Prozessverbindung (§ 147 ZPO)[1704] oder die Verfahrensaussetzung (§ 148 ZPO)[1705] sowie der Abschluss von Musterprozessver-

1696 *Ebke*, WPK-Mitt. 1997, 108, 113, *Ulmer*, ZHR 1999, 290, 301.

1697 *Ulmer*, ZHR 290, 338.

1698 Danach soll der klagende Aktionär bei Prozesverlust einen Erstattungsanspruch gegen die Gesellschaft besitzen. Die Kosten der erfolglosen Antragsstellung im Zulassungverfahren soll demgegenüber ausschließlich der Aktionär tragen, vgl. *Ulmer*, ZHR 290, 339.

1699 *Ulmer*, ZHR 290, 329-330.

1700 Zum Begriff des "Massenschadens" siehe *v. Bar*, Gutachten zum 62. DJT 1998, Bd. I, S. A 9.

1701 Laut *Ebke*, ZVglRWiss 2001, 62, 74 hat die Klagemöglichkeit aber in Dritthaftungsfällen bisher noch keine entscheidende Rolle gespielt.

1702 Siehe hierzu *v. Bar*, Gutachten zum 62. DJT 1998, Bd. I, S. A 99.

1703 *V. Bar*, Gutachten zum 62. DJT 1998, Bd. I, S. A 84.

1704 Vgl. *v. Bar*, Gutachten zum 62. DJT 1998, Bd. I, S. A 95-A 96.

1705 Vgl. *v. Bar*, Gutachten zum 62. DJT 1998, Bd. I, S. A 92-A 94..

einbarungen stoßen entweder auf rechtliche Bedenken[1706] oder stellen keinen adäquaten Ersatz dar[1707]. Die *Regierungskommission "Corporate Governance"* spricht deshalb insofern von einem "gravierenden Defizit"[1708].

Die Konsequenz in Form der Einführung einer "class action" nach amerikanischem Vorbild wird aber dennoch überwiegend abgelehnt[1709]. Zum einen wird dabei auf die Besonderheiten des US-amerikanischen Zivilprozessrechts verwiesen, die auf deutsche Verhältnisse nicht übertragbar seien[1710]. Zum anderen werden rechtspolitische Gründe angeführt[1711]. Auf der Suche nach Alternativmodellen wird auf das in der Verwaltungsgerichtsordnung bestehende Musterverfahren nach § 93a VwGO verwiesen, das beispielsweise bei Planfeststellungsbeschlüssen Anwendung findet[1712]. Allerdings stehen dessen Übertragbarkeit ins Zivilprozessrecht eine Reihe von Hindernissen entgegen. Anders als im Verwaltungsprozessrecht gilt im Zivilprozess nämlich nicht das Amtsermittlungsverfahren, so dass dessen Ergebnisse nicht ohne Weiteres auf ausgesetzte Verfahren übertragen werden können[1713]. Weitere Probleme stellen die Kostenregelung, die Klagepflicht sowie die allgemeine Ungeeignetheit des Musterprozesses für Massenschäden mit unterschiedlichem Schadensverlauf und Schadenshöhe dar[1714].

Bessere Chancen auf Verwirklichung sind daher dem Vorschlag einzuräumen, der auch von der *Regierungskommission „"Corporate Governance"* favorisiert wird[1715]. Er versucht die im deutschen Recht bestehenden Vertretungsmodelle (§§ 26, 206 UmwG sowie § 305 UmwG) weiterzuentwickeln. Diese ermöglichen einem gemeinsamen besonderen Vertreter, der vom Gericht bestellt wird, die Durchsetzung und Verteilung der Ansprüche. Neben einer freiwilligen Beteiligung nach dem sog. "Opt-in Verfahren" spricht für diesen Vorschlag der Vorteil, einen Wettlauf der Beteiligten untereinander bei der Geltendmachung der Ansprüche zu verhindern[1716].

1706 Zu Problemen der Bildung von Interessensgemeinschaften in Bezug auf Art. 1 § 1 Abs. 1 Rechtsberatungsgesetz (RBerG) siehe *v. Bar*, Gutachten zum 62. DJT 1998, Bd. I, S. A 85.

1707 Siehe *Regierungskommission "Corporate Governance", D3.80-3.81.*

1708 *Regierungskommission "Corporate Governance"*, D3.84.

1709 Beschlüsse des 62. DJT Bremen, Bd. II/1 1998, S. A 184; ebenso *v. Bar*, Gutachten zum 62. DJT 1998, Bd. I, S. A 97.

1710 Siehe hierzu *Gottwald* ZZP 91 (1978), 1; *Greiner*, Die Class Action im amerikanischen Recht und deutscher Ordre Public 1998.

1711 Siehe dazu die Nachweise bei *Ebke*, Dritthaftung, S. 295 Fn. 237.

1712 Siehe *v. Bar*, Gutachten zum 62. DJT 1998, Bd. I, S. A 94-A95 und A 101. Zustimmend *Müller*, Referat zum 62. DJT 1998, Bd. II/1, S. I 28-I 29.

1713 Skeptisch insbesondere mit Blick auf die Gewährleistung des Anspruchs auf rechtliches Gehör *Braun*, NJW 1998, 2318, 2323.

1714 Ausführlich zur Kritik siehe auch *Stadler*, Referat zum 62. DJT 1998, Bd. II/1, S. I 42-I 44.

1715 *Regierungskommission "Corporate Governance"*, D3.77, dort § 84 der vorgeschlagenen Neuregelung zum Börsengesetz.

1716 Zum sog. "Windhundproblem" im Rahmen der Dritthaftung des Abschlussprüfers siehe *Ebke*, MüKo-HGB, § 323 Rn. 134.

d) *Verstärkte Haftung der Leitungs- und Aufsichtsorgane*

Ein weiterer möglicher Baustein für einen gesteigerten Anlegerschutz bildet eine maßvolle Verschärfung der Haftung von Vorstand und Aufsichtsrat für Pflichtverletzungen, insbesondere in Form von Falschdarstellungen gegenüber dem Kapitalmarkt. Denn Haftungsfälle von Aufsichträten und Vorständen bilden im Gegensatz zum Abschlussprüfer immer noch die Ausnahme. Das KonTraG hat es versäumt, hier entsprechende Akzente zu setzen.

Demgegenüber will die *Regierungskommission "Corporate Governance*" dieser Forderung zwar nicht mit einer Verschärfung der bestehenden Haftungsgrundlagen nachkommen, sie schlägt aber die Einführung eines grundsätzlich neuen Haftungstatbestandes vor. Nach diesen ins Börsengesetz einzuführenden Vorschriften[1717] sollen Vorstand und Aufsichtsrat einer Gesellschaft, deren Aktien entweder an einer inländischen Börse zugelassen sind oder im Freiverkehr mit deren Zustimmung gehandelt werden, haften, wenn sie falsche Angaben über die Verhältnisse der Gesellschaft einschließlich ihrer Beziehungen zu den verbundenen Unternehmen machen. Entscheidend ist dabei, dass anders als bisher die Organe nicht nur vorsätzliches, sondern auch grobfahrlässiges Handeln zu verantworten haben. Um eine Überforderung der Organe durch eine unbegrenzte Haftung zu vermeiden, regt sie an, für Fälle grober Fahrlässigkeit eine Haftungsbegrenzung analog der des Abschlussprüfers nach § 323 Abs. 2 HGB einzuführen. Als flankierende Maßnahmen sollen allerdings die Versicherungsprämienzahlung, mit denen Vorstände sich auf Firmenkosten vor solchen Regressforderungen schützen, offengelegt werden und ein Selbstbehalt eingeführt werden[1718].

Der Gesetzgeber hat diesen Vorschlag im Vierten Finanzmarktförderungsgesetz nur bedingt aufgegriffen. Zwar hat er Ansprüche wegen unterlassener bzw. Veröffentlichung falscher kursbeeinflussender Tatsachen eingeführt[1719], aber diese richten sich nicht gegen die Organe sondern den Emittenten. Dem Anleger nutzen Ansprüche gegen die Gesellschaft aber wenig, wenn gegen diese bereits ein Insolvenzverfahren eröffnet wurde[1720].

6. *Zusammenfassung*

Das vom deutschen Gesetzgeber bisher praktizierte Haftungsregime des Abschlussprüfers kann als gerechter Kompromiss zwischen den unterschiedlichen Interessen der

---

1717 Die *Regierungskommission "Corporate Governance"* schlägt vor einen neuen Abschnitt VI. ins Börsengesetz einzuführen, der den Titel "Haftung wegen falscher Angaben" trägt. Er soll aus den Vorschriften §§79-87 BörsG bestehen. Der bisherige Abschnitt VI. soll zu Abschnitt VII. werden. Hinsichtlich des genauen Wortlauts des Vorschlags siehe *Regierungskommission "Corporate Governance"*, D3.75-3.78.

1718 Vgl. *Regierungskommission "Corporate Governance"*, D2.48-2.49.

1719 Siehe hierzu §§ 37b und 37c WpHG n.F.

1720 Siehe zum ganzen *Riekers*, BB 2002, 1213, 1220.

an der Abschlussprüfung beteiligten Gruppen betrachtet werden. Denn einerseits trägt es den Anforderungen der Corporate Governance an eine disziplinierende Wirkung der Haftung sowie dem Interesse an einem Schadensausgleich Rechnung, andererseits wird der Abschlussprüfer nicht durch eine maßlose und unausgeglichene Haftung überfordert. Für eine Verschärfung der Haftung des Abschlussprüfers besteht daher in Deutschland derzeit kein Bedürfnis, zumal die mit einer gesetzlichen Regelung zu erwartenden Vorteile die damit verbundenen Nachteile nicht überwiegen können. Zu überlegen ist aber, ob der mangelnde Aktionärs- und Anlegerschutz innerhalb der Corporate Governance nicht durch verbesserte Durchsetzungsmöglichkeiten für bestehende Ansprüche gesteigert werden kann. Mittel hierzu sind die Einführung einer Aktionärsklage und die Zulassung von Sammelklagen. Des Weiteren ist die Haftung der Leitungs- und Aufsichtsorgane maßvoll zu verschärfen, ohne sie zu überfordern. In Bezug auf den Abschlussprüfer wäre es abschließend wünschenswert, wenn der Gesetzgeber sich doch noch dazu durchringen könnte, den bereits im Rahmen der Beratungen zum KonTraG vorgeschlagenen Passus ins Gesetz aufzunehmen, wonach eine Haftung des Abschlussprüfers gegenüber Dritten nach vertraglichen, vorvertraglichen oder vertragsähnlichen Haftungsgrundsätzen ausgeschlossen ist[1721]. Denn das damals vorgetragene Gegenargument, es bestehe hierzu auf Grund der bestehenden Gesetzeslage und Rechtsprechung keine Notwendigkeit[1722], ist durch die nachfolgende Entscheidung des BGH[1723] zumindest ein Stück weit wieder in Frage gestellt worden[1724]. Unabhängig davon wäre mit der Ergänzung auch ein Stück Rechtssicherheit gewonnen, das allen Beteiligten der Corporate Governance zugute kommt.

Wahrscheinlich ist aber davon auszugehen, dass ein weiteres gesetzgeberisches Tätigwerden hier nicht zu erwarten ist, bevor nicht international und vor allem in Europa mehr Klarheit hinsichtlich der Verantwortlichkeit des Abschlussprüfers besteht. Denn in Fragen der Haftung des Abschlussprüfers spielen mehr und mehr auch internationale Gesichtspunkte eine Rolle[1725]. Nicht zuletzt deshalb ist es notwendig, sich einen ausführlichen Überblick über internationale Tendenzen in Bezug auf die Regelung der Haftung des Abschlussprüfers zu verschaffen.

[1721] *Ebke*, WPK-Mitt. 1997, 108, 112; ihm folgend die Stellungnahme des Bundesrates, BR-Drucks. 872/97, S. 7.

[1722] Der Rechtsausschuss des Deutschen Bundestages bezog sich dabei ausdrücklich auf die Entscheidung des LG Frankfurt a. M., WPK-Mitt. 1997, 236, vgl. BT-Drucks. 13/10038.

[1723] *BGH*, WPK-Mitt. 1998, 255. Ihm folgen die Entscheidungen des LG Hamburg, WM 1999, 139 m. Anm. *Ebke*, WPK-Mitt. 1999, 110 und *Feddersen*, WM 1999, 105 sowie OLG Düsseldorf, WPK-Mitt. 1999, 258 m. Anm. von *Ebke/Paal*, WPK-Mitt. 1999, 262, die im Ergebnis jedoch eine Dritthaftung des Abschlussprüfers ablehnen.

[1724] Vgl. *Ebke*, WPK-Mitt. 1998, 258, 260 u. 263 ("Erosion der begrenzten Dritthaftung für Fahrlässigkeit des Abschlussprüfers in Pflichtprüfungsfällen").

[1725] Zurückzuführen ist dies auf die zunehmenden internationalen Kooperationen und Verflechtungen der Wirtschaftsprüfergesellschaften sowie der Durchführung von Prüfungen großer Kapitalgesellschaften, die oft grenzüberschreitende Sachverhalte behandeln. Siehe eingehend zur Haftung des Abschlussprüfers im Internationalem Privatrecht, *Ebke*, MüKo-HGB, § 323 Rn. 145-168; *ders.*, FS Sandrock, S. 243.

VII. *Blick über die Grenzen*

Von zentraler Bedeutung für die weitere Entwicklung der Dritthaftung des Abschlussprüfers ist das Haftungsregime der Länder des Common Law Rechtskreises. Dort haben die Gerichte ursprünglich mit ihrer Rechtsprechung maßgeblich zu dem Trend beigetragen, die Haftung des Abschlussprüfers auf Vermögensschäden Dritter auszudehnen[1726].

1. USA

a) Ausdehnung der Haftung

Da in den USA kein einheitliches Zivilrecht besteht ist das Haftungsrecht des Abschlussprüfers hauptsächlich durch das Recht der einzelnen Bundesstaaten geregelt und entwickelt worden. Ansprüche basieren auf Vertrags- oder Deliktsrecht[1727]. Danach haftet der Abschlussprüfer anfangs für Fahrlässigkeit nur gegenüber seinem Mandanten sowie anderer im Prüfungsvertrag zu berücksichtigender Personen (Prinzip der Privity of Contract)[1728]. Einen Schaden anderer Dritter hatte er nur dann zu ersetzen, wenn ihm grobe Fahrlässigkeit oder Vorsatz nachgewiesen werden konnte. In verschiedenen Bundesstaaten wurde dieser Haftungsumfang als nicht weitreichend genug empfunden und deshalb die Haftung des Abschlussprüfers allmählich ausgedehnt[1729].

Von zentraler Bedeutung war hierbei die Entscheidung *Ultramares v. Touche*[1730]. Darin stellten die Richter fest, dass nicht nur die Vertragsparteien selbst anspruchsberechtigt seien, sondern auch andere Dritte, sofern sie ein ähnlich enges Verhältnis zum Abschlussprüfer besitzen. Hierfür entscheidend sollte sein, ob zwischen Dritten und Abschlussprüfer ein unmittelbarer Kontakt stattgefunden hatte und der Abschlussprüfer den Dritten sowie den Benutzungszweck des Dritten kannte. Gleichzeitig sollte jedoch - laut des für das Urteil mitverantwortlichen Richters *Cardozo* - eine unbegrenzte Haftung, für eine unbegrenzte Zeit und gegen eine unbestimmte Personengruppe verhindert werden[1731]. Dennoch gingen andere Gerichte einen Schritt weiter

1726 Vgl. *Ebke*, Dritthaftung, S. 142-156; *ders.*, ZVglRWiss 2001, 62.

1727 *Quick*, BFuP 2000, 525, 540.

1728 Das Prinzip der Privity of Contract besagt, dass nur den Vertragsparteien ein Schadensersatz gewährt werden soll, da nur sie anders als vertragsfremde Dritte eine Gegenleistung erbringen. "Leading Case" hierfür ist die Entscheidung *Landell v. Lybrand*, 264 Pa. 406, 107 A. 783, 8 A.L.R. 461 (1919).

1729 *Ebke/Struckmeier*, S. 11.

1730 *Ultramares Corp. v. Touche & Co.* 255 N.Y. 170, 174 N.E: 441, 74 A.L.R. 1139 (1931). Siehe zu dem Urteil ausführlich *Ebke*, Dritthaftung, S. 156-160.

1731 *Ultramares Corp. v. Touche & Co.*, 174 N.E. 441, 444 (1931).

und weiteten die Haftung auch auf solche Dritte aus, die vom Abschlussprüfer als Nutzer vorhergesehen werden konnten ("forseen parties")[1732]. Hierzu zählten beispielsweise Banken bei geplanter Kreditvergabe des Mandanten. Eine Kenntnis von der Identität des Dritten wurde von Seiten des Abschlussprüfers damit nicht mehr verlangt. Ausreichend war, dass der Abschlussprüfer die abgegrenzte und identifizierbare Gruppe kannte, der der Geschädigte angehörte. Eine bedeutende Rolle spielte hierbei auch der Gedanke der sozialen Schadensverteilung, wonach das Schadensrisiko von demjenigen getragen werden soll, der es am ehesten kontrollieren kann[1733]. Dies ist in der Regel derjenige, der es versichern und über einen höheren Preis an die Allgemeinheit weiterleiten kann[1734]. Den Abschluss in dieser Entwicklung bildeten schließlich Urteile, die auf das Merkmal der abgrenzbaren Gruppe verzichteten und auch Ansprüche solcher Geschädigten anerkannten, die grundsätzlich als Benutzer der geprüften Jahresabschlüsse vorhersehbar sind. Dazu zählen beispielsweise Aktionäre und potentielle Kreditgeber. So entschied dass Gericht im Fall *Rosenblum v. Adler*, dass der Abschlussprüfer allen vorhersehbaren Nutzern gegenüber schadensersatzpflichtig sei, wenn er in seinem Testat nicht entsprechende Einschränkungen vorgenommen habe und die betroffenen Personen auf den Jahresabschluss vertrauten[1735].

Neben der Haftung aus Contract und Tort konnten Anteilseigner des Mandanten ihre Klagen auch auf bundesrechtliche Vorschriften aus dem Kapitalmarktrecht stützen[1736]. Nach Section 11 des Securities Act von 1933, der hauptsächlich die Emissionspublizität regelt, kann ein Anteilseigner den Abschlussprüfer dann verklagen, wenn dieser Jahresabschlüsse testiert hat, die in Bezug auf wesentliche Tatsachen falsch oder irreführend sind[1737]. Des Weiteren können Ansprüche aus Section 10 (b) des Securities Exchange Act 1934 in Verbindung mit Rule 10 b-5 der Securities and Exchange Commission abgeleitet werden[1738]. Danach können Personen, die Gesellschaftsanteile oder sonstige Wertpapiere gekauft haben, Ansprüche gelten machen, wenn im Jahresabschluss wesentliche Teile falsch oder irreführend dargestellt sind. Anspruchsgegner dieser Norm sind zwar in erster Linie Wertpapierhändler, sie wurden von den Gerichten aber auch gegen den Abschlussprüfer angewandt, sofern sein Pflichtverstoß als wesentliche Unterstützung der betrügerischen Tätigkeit der Wertpapierhändler gewertet werden konnte (sog. “aider and abettor“)[1739].

1732 Bloße Anlageinteressenten zählten allerdings nicht zu den abgrenzbaren Gruppen.

1733 Basis bildet hier Section 552 des Restatement (Second) of Torts.

1734 *Rusch Factors, Inc. v. Levin*, 284 F. Supp. 85 (District of Rhode Island 1968).

1735 *Rosenblum v. Adler*, 93 N.J. 324, 461 A. 2d 138 (1983) zitiert nach *Quick*, BFuP 2000, 525, 546.

1736 Siehe hierzu die ausführliche Darstellung bei *Ebke*, Dritthaftung, S. 179-217.

1737 Siehe hierzu *Ebke*, Dritthaftung, S. 181; *Quick*, BFuP 2000, 525, 543; *Quick/Baker*. RIW 1995, 474, 483.

1738 Ebke, Dritthaftung, S. 184 ff.

1739 Zu den Einzelheiten siehe *Ebke*, Dritthaftung, S. 192, *Quick/Baker*, RIW 1995, 474, 483.

b) Begrenzung der Haftung

Der Effekt der sehr weitreichenden Abschlussprüferhaftung war eine Flutwelle von Haftungsklagen. Diese gefährdeten durch hohe Schadens- und Gerichtskosten nicht nur den Berufsstand der Wirtschaftsprüfer in seiner Existenz, sondern belasteten mehr und mehr die Wirtschaft und die Öffentlichkeit. Denn allgemein stiegen die Versicherungsprämien für die Abschlussprüfungen an, ohne gleichzeitig weiterhin ausreichend Deckung im Schadensfall gewähren zu können. Als Folge setzte eine Konzentration auf dem Prüfermarkt ein und die Prüferkosten für die prüfungspflichtigen Unternehmen stiegen rapide an[1740].

Angesichts dieser negativen Konsequenzen sah sich der Oberste Gerichtshof des Bundesstaates Kalifornien in der Bily-Entscheidung veranlasst, der zu scharfen Haftung des Abschlussprüfers - insbesondere gegenüber Dritten - entgegenzutreten[1741]. Gestützt auf kritische Stimmen in der Wissenschaft[1742] lehnten die Richter die Forseeability-Rule als zu weitgehend ab. Mit Blick auf die komplexen Urteile, die der Abschlussprüfer im Rahmen des Prüfungsberichts zu treffen habe und der schwierigen Kausalbeziehungen, die zwischen solchen Berichten und den eingetretenen wirtschaftlichen Schäden bestünden, betrachteten sie eine generelle Haftung für alle vorhersehbaren Drittschäden als unverhältnismäßig. Denn - so die Richter - vorrangig sei es die Aufgabe der Unternehmensleitung, zuverlässige Bilanzen zu veröffentlichen. Dagegen würde die Praxis zeigen, dass der Abschlussprüfer als einzig verbleibender solventer Schuldner in der Regel den gesamten Schaden zu tragen habe. Dies entspreche aber nicht dem Grad seiner Verantwortung, den er mit der Prüfung übernehme. Des Weiteren verwiesen die Richter - wie schon erwähnt - darauf, dass es den betroffenen Dritten möglich sei, durch Verträge oder eigene Nachforschungen privatautonom Fürsorge zu treffen. Auch bezweifelten sie die positiven Wirkungen, die einer Haftungsverschärfung zugeschrieben wurden. Dabei konnten sie zwar nicht auf empirisches Material zurückgreifen, sie hielten aber einen Kostenanstieg und eine defensivere Auftragsannahmepolitk der Wirtschaftsprüfer gegenüber einem verstärkten Bemühen um Qualität für die wahrscheinlichere Reaktion. Als Begründung dieser Annahme diente dabei die Tatsache, dass selbst bei sorgfältiger Anwendung der bestehenden Prüfungsstandards durch den Abschlussprüfer ein Restrisiko für eine Haftung verbleibe.

Die dargestellte Argumentation des Gerichts überzeugte die Gesetzgeber anderer Bundesstaaten. Sie folgten dem Beispiel der kalifornischen Richter und erließen Gesetze, die eine zu weitgehende Haftung des Abschlussprüfers verhinderten[1743]. Der

---

1740 *Quick/Baker*, RIW 1995, 474, 484-485.

1741 *Bily v. Arthur Young & Co*, 11 Cal.Rptr. 2d 51, 67 (Cal. 1992). Siehe hierzu *Ebke*, WPK-Mitt. Sonderheft April 1996, 17, 26-27.

1742 Zu den vom Supreme Court of California als "substantial" bewerteten Stimmen in der Literatur zählen vor allem *Ebke*, 79 Nw.L.Rev. 663 (1984); *Silicano*, 86 Mich.L.Rev. 1429.

1743 *Quick/Baker*, RIW 1995, 474, 481 erwähnen die Bundesstaaten Arkansas, Illinois, Kansas und Utah, die gesetzliche Regelungen erlassen haben, die eine Ausdehnung der Haftung verhindern sollen.

Bundesgesetzgeber folgte, indem er Regelungen erließ, welche die Folgen der verschärften Haftung des Abschlussprüfers zu mildern versuchten[1744]. Zuvor hatte bereits das Oberste Bundesgericht in einer Entscheidung, die zwar keinen Prüfer betraf, aber für dessen Fallgestaltungen einschlägig war, festgestellt, dass "aidding and abetting" bei Klagen nach Section 10 (b) des Securitites Exchange Act von 1934 kein Haftungsgrund mehr sei.

2. *England, Kanada*

Der Rechtsentwicklung den USA vergleichbar verlief die Entwicklung in den übrigen Common Law Staaten. Die englische Rechtsprechung hatte ausgehend vom Grundsatz der Privity im Laufe der Jahre ebenfalls den Kreis der Anspruchsberechtigten immer weiter gezogen. So wurde eine Haftung des Abschlussprüfers gegenüber Dritten für bloße Fahrlässigkeit bejaht, sofern das Vertrauen des Geschädigten auf den testierten Jahresabschluss für den Prüfer vorhersehbar war[1745]. Das Kriterium der Vorhersehbarkeit wurde sehr großzügig gehandhabt und für Klagen von Aktionären und Gesellschaftsgläubigern, Unternehmenserwerbern und sogar Anlageinteressenten bejaht[1746]. Die Haftung des Abschlussprüfers drohte uferlos zu werden. Die notwendige Eingrenzung der Haftung brachte der Caparo-Fall[1747]. Darin verwarf das *House of Lords* die bisherige Rechtsprechung und grenzte den Kreis der Anspruchsberechtigten Dritten auf Grund des gesetzlichen Zwecks der Abschlussprüfung erheblich ein. Sie hielten die Möglichkeit, dass das Prüfungstestat Grundlage für das Urteil eines Investors oder Unternehmenskäufers sei, für nicht ausreichend, um ein Näheverhältnis zu begründen, aus dem sich Sorgfaltspflichten für den Abschlussprüfer ergeben sollten. Die Folgen der Entscheidung blieben nicht auf England begrenzt, sondern zeigten auch Wirkung in Jursidiktion anderer Common-Law Staaten. So entschied der Oberste Gerichtshof in Kanada, dass der Abschlussprüfer bei einer Fahrlässigkeitshaftung keinem unbegrenzten Haftungsrisiko auszusetzen sei, weil dies sozial unerwünschte Folgen ("socially undesireable consequences") habe[1748].

1744 Unter anderem gehört hierzu, dass im Bundesrecht die Gesamthaftung des Abschlussprüfers ("joint and several liability rule") durch eine Haftung nach Verschuldensanteilen ("seperate and proportional liability rule") ersetzt wurde. Zu den Reformen des Securities Litigation Reform Act, Pub.L. 104-67, 109 Stat. 737 (Dec. 22, 1995) siehe *Markus*, WPK-Mitt. 1996, 93.

1745 In *Hedley Byrne v. Heller* ([1964] AC 465, 514 House of Lords) stellte Lord Hodson fest, dass "if in a sphere where a person is so placed that others could reasonably rely upon his judgment or his skill or upon his ability to make careful inquiriy such person takes it upon himself to give information or advice to, or allow his information or advice t o be passed on to another person who, as he knows or should know, will place reliance upon it, then a duty of care will arise."

1746 Danach ist für die Annahme einer Pflichtverletzung ("tortious duty of care") notwendig, dass "proximity, foreseeability and reasonabless" vorliegt. Zu Veränderungen der vertraglichen Haftung gegenüber Dritten durch den Contracts (Right of Third Parties) Act 1999, siehe *Howard*, "Defend your Privity", Accountancy, Juni 2000, S. 116.

1747 *Caparo Industries plc. v. Dickman*, [1990], 1 All E. R. 568 (H. L.).

1748 *Hercules Managment Ltd. v. Ernst & Young*, [1997] 2 S. C. R. 165 zitiert nach *Ebke*, MüKo-HGB, § 323 Rn. 140.

Neben der Rechtsprechung gibt es auch im Bereich der Gesetzgebung in jüngerer Zeit Bestrebungen die Haftung des Abschlussprüfers zu mildern. Nachdem sich die vom Department of Fair Trade and Industry eingesetzte Law Commission noch 1996 gegen die Einführung einer anteiligen Haftung ausgesprochen hatte[1749], scheint jetzt wieder Bewegung in die Diskussion gekommen zu sein. So soll den Wirtschaftsprüfergesellschaften Schutz durch Umwandlung in eine Gesellschaft mit beschränkter Haftung gewährt werden[1750]. Neue Vorschläge der *Company Law Review Steering Group* wollen vor dem Hintergrund der Einführung einer Prüfung der Lageberichterstattung die Caparo-Entscheidung zwar aufheben und eine Haftung des Abschlussprüfers gegenüber Gläubigern und Aktionären zulassen; gleichzeitig - so wird betont - soll aber dem Abschlussprüfer die Möglichkeit eingeräumt werden, die Haftung gegenüber Dritten innerhalb vernünftiger Grenzen ("reasonable bounds") zu beschränken. Diese sollen vom Secretary of State festgelegt werden. Darüber hinaus soll die bisherige Gesamthaftung durch eine anteilige Haftung („proportionate liability") gemäß dem Verschulden des Abschlussprüfers ersetzt werden[1751].

3. *Haftung des Abschlussprüfers in Europa*

In Europa lässt sich in Fragen der Haftung des Abschlussprüfers noch kein eindeutiger Trend feststellen. Zurückzuführen ist dies auf die mangelnden einheitlichen Vorschriften zur Haftung des Abschlussprüfers in der EU[1752]. Die Regelung der Verantwortlichkeit des Abschlussprüfers gegenüber der Gesellschaft sowie Dritten ist bisher Sache der einzelnen Mitgliedstaaten. Auf Grund der getrennten Rechtsentwicklung haben sich dabei im Laufe der Zeit unterschiedliche Regelungen herausgebildet[1753].

1749 Siehe *Markus*, WPK-Mitt. 1996, 93, 94.

1750 *O.V.*, "Big firms say 'Yes' to LLP status", Accountancy, April 2001, S. 10.

1751 *Davis*, "Into the 21st century", Accountancy, August 2001, S. 118.

1752 Vgl. *Ebke/Struckmeier*, The Civil Liability of Corporate Auditors: An International Perspective, 1994.

1753 Einen umfassenden Überblick gibt die von der Kommission veröffentlichte Studie "A study on systems of civil liability of statutory auditors in the context of a Single Market for auditing services in the European Union", erhältlich unter http: europa.eu.int/comm/internal-market/en/company/audit/docs/auditliability.pdf.

4. Die Haftung in den einzelnen Mitgliedstaaten der EU

a) Grundlagen

Unter den Mitgliedstaaten in Europa ist die Haftung des Abschlussprüfers einzig in Italien durch gesetzliche Regelungen abschließend geregelt[1754]. Andere Mitgliedstaaten wie Großbritannien[1755], die Niederlande, Irland[1756], Luxemburg oder Dänemark verzichten auf spezialgesetzliche Regelungen und überlassen die Klärung von Haftungsfragen allein den allgemeinen vertraglichen und außervertraglichen Regeln des Zivilrechts[1757]. In der Mehrzahl der Mitgliedstaaten (nämlich Belgien, Deutschland[1758], Finnland[1759], Frankreich[1760], Griechenland, Österreich, Portugal, Spanien und Schweden) bestehen neben den allgemeinen Regeln zur vertraglichen und außervertraglichen Haftung des Abschlussprüfers besondere gesetzliche Haftungstatbestände, die zur Ergänzung dienen[1761].

Die Haftung gegenüber der geprüften Gesellschaft wird dabei überwiegend als vertragliche Haftung gesehen[1762], was aber deliktische Ansprüche nicht ausschließt[1763]. Die Haftung gegenüber Dritten wird hauptsächlich mittels deliktischer Ansprüche gel-

1754 Vgl. *Jungen*, WPg 1996, 751; *Mauri*, RIW 1996, 306.

1755 *Quick/Niemann*, RIW 1992, 836.

1756 *Scholtissek*, RIW 1993, 738.

1757 *Buijink/Maijoor/Meuwissen/van Witteloostuijn*, Role, Position, Liability, S. 95; *Europäische Kommission*, Civil liability of statutory auditors, S. 6.

1758 *Ebke*, MüKo-HGB, § 323 Rn. 1-144.

1759 *Quick/Hemeier/Parthe*, WPK-Mitt. 1999, 224.

1760 *Quick/Leimgruber*, WPK-Mitt. 1995, 18; *Quick/Renault*, RIW 1993, 305.

1761 *Europäische Kommission*, Civil liability of statutory auditors, S. 6.

1762 In Frankreich wird darauf verwiesen, dass die Pflichten des Abschlussprüfers wesentlich durch seinen öffentlichen Auftrag geprägt sind. Deshalb sei es auch gerechtfertigt die Haftung ausschließlich auf deliktische Anspruchsgrundlagen zu stützen und nicht auf den Vertrag mit der geprüften Gesellschaft, *Europäische Kommission*, Civil liability of statutory auditors, S. 6. In Finnland besteht neben der sehr weitgehenden Haftung auf Grund der gesetzlichen Vorschriften im Deliktsrecht ("TTL), keine praktische Bedeutung für einen vertraglichen Anspruch, *Europäische Kommission*, Civil liability of statutory auditors, S. 8.

1763 In Deutschland, Irland Portugal und dem Vereinigten Königreich sind sowohl deliktische als auch vertragliche Ansprüche nebeneinander möglich. In Belgien hat der Cour de Cassation für spezielle Fälle eine Ausnahme von der allgemeinen Regel, die das nebeneinander von deliktischer und vertraglicher Haftung verbietet, zugelassen, vgl. *Europäische Kommission*, Civil liability of statutory auditors, S. 8; *Buijink/Maijoor/Meuwissen/van Witteloostuijn*, Role, Position, Liability, S. 95.

tend gemacht[1764]. Nur in Deutschland, Österreich und Portugal sind daneben auch vertragliche, beziehungsweise vorvertragliche Ansprüche möglich[1765].

b) Anforderungen und Umfang

Eine Haftung des Abschlussprüfers für vorsätzliche und fahrlässige Pflichtverstöße gegenüber der Gesellschaft besteht in allen Mitgliedstaaten. Uneinigkeit besteht allerdings über die Anforderungen an die erforderliche berufliche Sorgfalt des Pflichtprüfers. Die 8. Richtlinie ("Prüferbefähigungsrichtlinie")[1766] schreibt den Mitgliedstaaten in Art. 23 lediglich vor, Vorschriften zu erlassen, die dafür sorgen, dass die Personen, die zur Prüfung zugelassen worden sind, diese Prüfung "mit beruflicher Sorgfalt" durchführen[1767]. Eine Konkretisierung des Begriffs der beruflichen Sorgfalt findet sich dort nicht; vielmehr bleibt diese Aufgabe den Mitgliedstaaten überlassen. Die Gesetzgeber der Mitgliedstaaten begnügen sich mit Generalklauseln, die den Abschlussprüfern zur sorgfältigen Prüfungsdurchführung verpflichten und statten ihn deshalb mit weitreichenden Einblicks- und Auskunftsrechten aus. Die endgültige Festlegung obliegt dabei den Gerichten, wodurch der Umfang der Pflichten von Mitgliedsstaat zu Mitgliedsstaat variiert[1768].

Ebenso besteht Uneinigkeit in der zentralen Frage inwieweit der Abschlussprüfer prüfungsvertragsfremden Dritten für fahrlässige Pflichtverstöße bei Ausführung seiner Tätigkeit haftet. Die Mehrheit der Staaten sieht eine Haftung gegenüber allen prüfungsvertragsfremden Dritten (einschließlich der Gesellschafter der prüfungspflichtigen Gesellschaft) vor[1769]. Voraussetzung ist, dass diese im berechtigten Vertrauen auf die Wahrheit und Vollständigkeit des geprüften Abschlusses vermögenswirksame Leistungen getroffen und dadurch einen Vermögensschaden erlitten haben[1770]. Darüber hinaus fordern Länder wie Spanien ähnlich wie Großbritannien oder Irland, dass der geschädigte Dritte zusätzlich nachweist, dass die verletzte Sorgfaltspflicht gerade ihm gegenüber bestand. In Österreich kommt demgegenüber eine Haftung vergleichbar wie in Deutschland nur dann in Frage, wenn zwischen Prüfer und Drittem eine direkte Kontaktaufnahme („unmittelbare Fühlungsnahme“[1771]) zum Abschluss eines sogenannten Auskunftsvertrages stattfand (§ 675 Abs. 2 BGB) oder die Parteien sich ausdrücklich darauf geeinigt haben, dass sich der Schutzbereich ihres Vertrages auch auf Dritte erstrecken soll, was in Pflichtprüfungs-

---

1764 Vgl. *Europäische Kommission*, Civil liability of statutory auditors, S. 8 ("...the general trend vis-á-vis third parties is to ground liability action in tort").

1765 Es handelt sich hierbei hauptsächlich um die Institute des Vertrags mit Schutzwirkung für Dritte und der "culpa in contrahendo", *Europäische Kommission*, Civil liability of statutory auditors, S. 8.

1766 Siehe hierzu *Lutter*, Europäisches Unternehmensrecht, S. 229.

1767 Abl.EG L 126 v. 12.5.1984, S. 20. Siehe dazu auch

1768 Siehe hierzu *Ebke/Struckmeier*.

1769 *Europäische Kommission*, Civil liability of the statutory auditor, S. 22.

1770 *Buijink/Maijoor/Meuwissen/van Witteloostuijn*, Role, Position, Liability, S. 95.

1771 LG Mönchengladbach, NJW-RR 1991, 415, 415 (r. Sp.).

fällen so gut wie nie der Fall sein wird[1772]. Ungeklärt ist die Frage der Dritthaftung in den Niederlanden[1773].

Eine gesetzliche Begrenzung der Haftung des Abschlussprüfers findet sich neben Deutschland lediglich in zwei weiteren Mitgliedstaaten, nämlich in Österreich[1774] und in Griechenland[1775]. Ihre Anwendung auf vertragliche und quasivertragliche Ansprüche Dritter gegen den Abschlussprüfer ist umstritten[1776]. Keinesfalls finden die Haftungsbegrenzungen bei deliktischen Ansprüche gegen den Abschlussprüfer Anwendung. In den übrigen Mitgliedstaaten haftet der Abschlussprüfer unbegrenzt[1777]. Dabei ist es dem Abschlussprüfer in den meisten Mitgliedstaaten auch verboten, seine Haftung gegenüber seinem Vertragspartner mittels einer individuellen Vereinbarung zu beschränken[1778]. Andere Mitgliedstaaten, wie beispielsweise Dänemark, die Niederlande und Spanien lassen solche Vereinbarungen zu, sind aber der Auffassung, dass sie auf die Ansprüche Dritter keinen Einfluss besitzen[1779].

VIII. *Bestrebungen nach einer Vereinheitlichung*

Angesichts der erheblichen Unterschiede in der zivilrechtlichen Haftung des Abschlussprüfers zwischen den Mitgliedstaaten hat die EU-Kommission mehrere Versuche unternommen, die Haftung des Abschlussprüfers einheitlich zu regeln. Hintergrund spielt die Überlegung, dass neben der Rechnungslegung die Abschlussprüfung einen wichtigen Beitrag zur Förderung des Binnenmarkts erbringt, da sie die Verlässlichkeit der veröffentlichten Unternehmensdaten fördert[1780]. Ziel der EU-Kommission ist es, durch einheitliche Rechnungslegungs- und Prüfungsvorschriften grenzüberschreitendes Vertrauen zu schaffen. Nicht zuletzt soll damit auch den europäischen Unternehmen der Zugang zum internationalen Kapitalmarkt erleichtert werden[1781]. Die mangelnden einheitlichen Vorschriften zur Haftung begründen laut EU-Kommission aber das Risiko, dass die Funktion des Abschlussprüfers durch "un-

---

1772 *Ebke*, ZVglRWiss 2001, 62, 70.

1773 Dort wird zwar die Tatsache, dass der Abschlussprüfer gegenüber Dritten haftet, nicht bestritten, aber unklar ist, wer zu dem Kreis der nach Art. 6:162 des Zivilgesetzbuchs schutzwürdigen Dritten zählt und ob weitere spezielle Voraussetzungen erfüllt sein müssen, vgl. *Europäische Kommission*, Civil liability of the statutory auditor, S.24; sowie *Heukamp*, S. 309-315.

1774 Vgl. § 275 HGB

1775 Dort ist die Haftungssumme an das Jahresgehalt des Präsidenten des Obersten Gerichtshofs von Griechenland bzw. an das Honoraraufkommen des Abschlussprüfers aus der Abschlussprüfung gekoppelt, *Europäische Kommission*, Civil liability of the statutory auditor, S. 13.

1776 Siehe *Ebke*, MüKo-HGB, § 323 Rn. 133 m.w.Nachw.

1777 Siehe *Europäische Kommission*, Civil liability of the statutory auditor, S. 8-19 ("Liability cap").

1778 *Ebke*, ZVglRWiss 2001, 62, 73.

1779 *Europäische Kommission*, Civil liability of the statutory auditor, S. 10, 16, 18 ("Such an agreement has no effect on third parties").

1780 Vgl. Mitt. der Kommission: Die Abschlussprüfung in der Europäischen Union: künftiges Vorgehen, C 143 v. 8.5.1998, S. 2.

1781 Vgl. Mitt. der Kommission: Die Abschlussprüfung in der Europäischen Union: künftiges Vorgehen, C 143 v. 8.5.1998, S. 2.

begründete Ansprüche" gefährdet wird[1782]. Zusätzlich kann nicht ausgeschlossen werden, dass die uneinheitlichen Haftungsvorschriften zwischen den Mitgliedstaaten ein Hindernis auf dem Weg zur Schaffung eines einheitlichen Binnenmarktes für Prüfungsdienstleistungen darstellen, sowie Nachteile für die geprüften Unternehmen beinhalten.

Dabei wird nicht so sehr die Freizügigkeit (Art. 39 EGV) und Niederlassungsfreiheit (Art. 43, 48 EGV)[1783] als vielmehr die Dienstleistungsfreiheit (Art. 49 EGV) als beeinträchtigt gesehen. Denn die kollisionsrechtliche Lage in Europa garantiert dem Abschlussprüfer bei Fällen mit Auslandsberührung weder die Anwendung eines für ihn günstigen Haftungsrechts am Ort seiner (Haupt-)Niederlassung noch am Ort der Gründung oder des Sitzes der prüfungspflichtigen Gesellschaft[1784]. Genauso wenig lässt sich die Zuständigkeit eines bestimmten Gerichts vorhersagen[1785]. Demgegenüber kann nicht ausgeschlossen werden, dass Inhalt und Umfang der Haftung des Abschlussprüfers für die Anlagenentscheidung der Anleger eine ausschlaggebende Rolle spielt. So ist durchaus denkbar, dass Anleger ihr Kapital vorzugsweise in Mitgliedstaaten investieren, die eine der Höhe nach unbegrenzte und unbegrenzbare Dritthaftung des Abschlussprüfers auch für einfache Fahrlässigkeit vorsehen und damit prüfungspflichtige Gesellschaften in Staaten mit restriktiveren Haftungsvorschriften das Nachsehen geben[1786].

1. Strukturrichtlinie

Einen ersten Ansatz zur Regelung der Abschlussprüfung hat die Kommission mit der bereits vorgestellten 5. Richtlinie ("Strukturrichtlinie")[1787] unternommen. Die Art. 51-63 des Vorschlags sahen eine Rechnungsprüfung durch unabhängige Sachverständige vor[1788]. Deren zivilrechtliche Verantwortlichkeit sollte entsprechend der strengen Haftung der Mitglieder der Leitungs- und Aufsichtsorgane geregelt werden[1789]. Danach sollte von den Mitgliedstaaten die grundsätzlich verschuldensabhängige Haftung so ausgestaltet werden, dass sie sich nicht nur auf die Gesellschaft sondern auch auf Dritte und Aktionäre bezog[1790]. Nicht vorgesehen war eine Begrenzung der Haftung

---

1782 Vgl. Mitt. der Kommission: Die Abschlussprüfung in der Europäischen Union: künftiges Vorgehen, C 143 v. 8.5.1998, S. 8.

1783 Zur Bedeutung der Niederlassungsfreiheit für Wirtschaftsprüfer siehe *Ramarath v. Ministre de la Justice*, EuGH Urt. v. 20.5.1992 – Rs. C-106/91, Slg. 1992, I-3351.

1784 *Ebke*, FS Sandrock, S. 243, 248-257; *F. Immenga*, S. 325-345.

1785 *Quick*, DBW 2000, 60, 70.

1786 Allerdings wird ein entsprechender Nachweis schwierig zu führen sein, siehe *Ebke*, ZVglRWiss 2001, 62, 84.

1787 Vgl. Seite 50.

1788 Vgl. *Kaminski*, WPg 1972, 633, 637-638.

1789 Zur Kritik an dieser Regelung, die den Abschlussprüfer haftungsrechtlich einem Organ der Gesellschaft gleichstellt, siehe *Zilias*, WPg 1974, 69-77.

1790 Art. 62 i.V.m. 14-21 des Vorschlags einer 5. Richtlinie.

nach der Höhe[1791]. Als Ausgleich für die weitgehende Haftung sollte allein eine relativ kurze Mindestverjährungsfrist dienen[1792].

2. *Statut für eine Europäische Aktiengesellschaft vom April 1975*

Auf vergleichbare Weise wurde die Haftung im geänderten Verordnungsvorschlag eines Status der Europäischen Aktiengesellschaft[1793] vom April 1975 geregelt. Nach Art. 209 Abs. 1 des Verordnungsvorschlags sollte der Abschlussprüfer der geprüften Gesellschaft, den Aktionären der geprüften Gesellschaft und sonstigen Dritten unbeschränkt für Schäden haften, die diese Personen infolge einer schuldhaften Verletzung der Bestimmungen des Status durch den Prüfer oder infolge der Verletzung der dem Prüfer bei der Erfüllung seiner Aufgaben obliegenden Pflichten entstanden sind. Zusätzlich kam eine Umkehr der Beweislast hinzu[1794]. Der Abschlussprüfer sollte sich von seiner Haftung nur dann befreien können, wenn er nachweisen konnte, dass ihn kein Verschulden traf (vgl. Art. 209 Abs. 1 S. 3 des Verordnungsvorschlags eines Status für die Europäische Aktiengesellschaft)[1795].

3. *Reaktion*

Die Vorschläge der Kommission ernteten sowohl vom Berufsstand[1796] als auch von den Mitgliedstaaten erhebliche Kritik[1797]. Ursächlich hierfür war nicht nur die Tatsache, dass die Haftungsregelungen sachlich weit über das hinausgingen, was das Recht der Mitgliedstaaten, namentlich Deutschland vorsah, sondern es wurde vor allem auch die Kompetenz der Kommission für solch umfassende Regelungen bezweifelt[1798]. Denn nach Art. 54 Abs. 3 lit. g) des damals gültigen EWG-Vertrags erstrecke sich die Angleichungskompetenz der Gemeinschaft lediglich auf die "Koordinierung der Schutzbestimmungen, die [...] den Gesellschaften im Interesse der Gesellschafter sowie Dritter vorgeschrieben sind". Nicht davon umfasst sei die Angleichung der zivilrechtlichen Haftung der mit der Rechnungslegung beauftragten Personen gegenüber den Aktionären und sonstigen Dritten[1799]. Ebenso abgelehnt wurde eine

---

1791 Vgl. *Zilias*, WPg 1974, 69, 71.

1792 Art. 21 des Vorschlags einer Fünften Richtlinie. Siehe dazu *Ebke/Bert*, EWS 1993, 229, 230.

1793 Geänderter Vorschlag eines Status für Europäische Aktiengesellschaften v. 30.04.1975, Bulletin der EG, Beilage 4/75.

1794 *Ebke*, WPK-Mitt. Sonderheft April 1996, 17, 28; *Zilias*, WPg 1974, 69, 72-73.

1795 Siehe hierzu *Zilias*, WPg 1974, 69, 72.

1796 *Harbers*, WPg 1978, 313, 316-317; *Geisendörfer*, WPg 1989, 667, 671; *Zilias*, WPg 1974, 69.

1797 *Sonneberger/Coester*, AG 1974, 177, 183; *Ebke*, 79 Nw.U.L.Rev. 663, 666-667 [1984].

1798 Siehe *Ebke*, MüKo-HGB, § 323 Rn. 172 m.w.Nachw.

1799 *Ebke*, FS Trinkner, S. 493, 516.

Kompetenzzuweisung mittels der Vorschriften des Art. 100 Abs. 1 EWGV sowie Art. 235 EWGV[1800].

4. *Geänderter Vorschlag*

Die geäußerte Kritik blieb nicht ohne Folgen. Im geänderten Vorschlag der 5. gesellschaftsrechtlichen Richtlinie aus dem Jahr 1983 war der ursprüngliche Auftrag an die Mitgliedstaaten, die zivilrechtliche Haftung des Abschlussprüfers gegenüber Aktionären und sonstigen Dritten gesetzlich zu regeln, nicht mehr enthalten. Nach dem Willen der Kommission sollten die Mitgliedstaaten danach nur noch verpflichtet werden, die Haftung des Abschlussprüfers gegenüber der geprüften Gesellschaft zu regeln. Ausdrücklich wurde jedoch in Art. 62 i.V.m. Art. 19 klargestellt, dass die Regelungen zur Haftung des Abschlussprüfers gegenüber der prüfungspflichtigen Gesellschaft "keine Einschränkung der persönlichen Haftung des Abschlussprüfers gegenüber Aktionären und Dritten nach den Grundsätzen des bürgerlichen Rechts der Mitgliedstaaten" bedeuten sollten. Diese Regelung fand unverändert Eingang in die Fassung des Vorschlags einer 5. Richtlinie vom Dezember 1990[1801].

Der zweite geänderte Vorschlag für eine Verordnung über das Statut der Europäischen Aktiengesellschaft vom August 1989 enthielt bezüglich der Haftung des Jahresabschlussprüfers überhaupt keine Regelung mehr[1802]. Entsprechendes gilt für den geänderten Statusentwurf vom Mai 1991[1803]. Nach diesem Entwurf soll letztlich das im Sitzstaat der Europäischen Aktiengesellschaft für Aktiengesellschaften geltende Recht eingreifen. Ebenso zurückhaltend sind die Regelungen in der 8. Richtlinie ("Prüferbefähigungsrichtlinie"). Danach bleibt es den Mitgliedstaaten nach Art. 26 überlassen, sicherzustellen, dass „die zugelassenen Personen angemessenen Sanktionen unterliegen", wenn sie eine Prüfung nicht mit der von Art. 23 geforderten beruflichen Sorgfalt durchführen. Dabei enthält die Richtlinie keine Vorgaben, ob die Sanktionen zivil-, straf-, verwaltungs- oder berufsrechtlich sein sollen. Das Statut zur Europäischen Aktiengesellschaft, das 2001 verabschiedet worden ist, enthält ebenfalls keine Regelungen zum Abschlussprüfer und seiner Haftung[1804].

5. *Grünbuch der Europäischen Union*

Ein neuer Versuch, die Vorschriften zur Haftung des Abschlussprüfers zu vereinheitlichen, wurde im Rahmen des Grünbuchs über die "Rolle, Stellung und Haftung des

---

1800 *Ebke*, FS Trinkner, S. 493, 517.

1801 Abl.EG C 7 v. 11.1.1991, S. 4. Siehe dazu *Kaminski/Marks*, FS Havermann, S. 247, 281-282.

1802 *Ebke/Bert*, EWS 1993, 229, 230.

1803 ABl.EG C 176 v. 8.7.1991, S. 1.

1804 Siehe hierzu Seite 53.

Abschlussprüfers in der Europäischen Union" unternommen[1805]. Darin äußert die Kommission zwar die Ansicht, dass "kein offensichtlicher Grund [besteht], die Haftung des Abschlussprüfers auf das geprüfte Unternehmen zu beschränken, zumal die Pflichtprüfung im öffentlichen Interesse erfolgt", aber dennoch tritt sie für eine sinnvolle Beschränkung der Haftung ein, die sich am Ausmaß der Pflichtverletzung orientiert. Auf Grund der unterschiedlichen kulturellen und historischen Rechtstraditionen im Bereich der zivilrechtlichen Haftung, die Maßnahmen auf Ebene der EU schwierig machen, sollte auch überdacht werden, „ob die negativen Auswirkungen der fortdauernden Unterschiede bei den Bestimmungen über die Haftung von Abschlussprüfern wichtig genug sind, ein Tätigwerden der EU zu rechtfertigen".

Das Grünbuch wurde am 5./6. Dezember 1996 zum Gegenstand einer Konferenz in Brüssel gemacht, an der Vertreter privater und öffentlicher Wirtschaftsprüferorganisationen teilnahmen. Hinsichtlich der Haftung ergab die Konferenz aus Sicht der Kommission das Ergebnis, dass auf Grund der komplexen Sach- und Rechtlage weitere unabhängige Untersuchungen notwendig seien, die insbesondere klären sollen, ob eine Notwendigkeit für Maßnahmen auf EU Ebene bestehe. Ein nachfolgend von der Kommission in Auftrag gegebenes Gutachten konnte aber keine wesentlich neuen Erkenntnisse darüber liefern, ob die unterschiedlichen Haftungssysteme in den Mitgliedstaaten ein Hindernis für die Errichtung eines gemeinsamen Marktes für Prüfungsdienstleistungen darstellen[1806]. Experten sind deshalb der Auffassung, dass kaum damit zu rechnen sei, „dass sich die EU-Mitgliedstaaten in absehbarer Zeit auf eine europäische Regelung zur Haftung des gesetzlichen Abschlussprüfers einigen werden"[1807].

6. *Zukünftige gesetzliche Regelung*

a) *Notwendigkeit*

Unabhängig davon bleibt die Frage, ob eine solche Einigung wünschenswert ist. Wie bereits beschrieben, wird die Kompetenz der EU zur Angleichung der zivilrechtlichen Verantwortlichkeit des Abschlussprüfers in vielen Mitgliedstaaten angezweifelt[1808]. Darüber hinaus bestehen Bedenken, dass durch eine Regelung, die sich auf die Verantwortlichkeit des gesetzlichen Abschlussprüfers beschränkt, Störungen für das gesamte jeweilige Haftungssystem der Mitgliedstaaten zu befürchten sind. Denn die

---

1805 Eine Initiative, die auch vom Europäischen Parlament und dem Wirtschafts- und Sozialausschuss unterstützt wird.

1806 Vgl. *EU-Kommission*, "A study on systems of civil liability of statutory auditors in the context of a Single Market for auditing services in the European Union", S. 111-112.

1807 Vgl. *Ebke*, ZVglRWiss 2001, 62, 81. So auch *Ernst*, WPg 1998, 1025, 1034; *Grunewald*, ZGR 1999, 583, 595.

1808 Vgl. Seite 298.

Haftung des gesetzlichen Abschlussprüfers ist Teil eines Systems zur Berufshaftung der Angehörigen herausgehobener (freier) Berufe, welches sich auf Grund der unterschiedlichen sozioökonomischen Umstände historisch in den Mitgliedstaaten unterschiedlich entwickelt hat. Einzelne Eingriffe von Seiten der EU zugunsten oder zulasten gewisser Berufsgruppen sind deshalb geeignet, das gesamte System der Berufshaftung des Mitgliedsstaats zu beeinträchtigen[1809]. Dagegen zeigt das oben besprochene Beispiel der USA, dass in multijurisdiktionalen Rechtsordnungen eine zentrale Regelbildung bezüglich der Haftung des Abschlussprüfers keinesfalls zwingend notwendig ist[1810].

b) Inhalt

Sollte wider Erwarten dennoch die Bereitschaft für eine Einigung vorhanden sein, so ist mit Blick auf die Bedeutung der Rechtssicherheit für die Kapitalmärkte wichtig, dass eine zukünftige gesetzliche Norm zu den zentralen Fragen der Haftung des gesetzlichen Abschlussprüfers eindeutige und abschließende Regelungen trifft. Nur so kann eine einheitliche Anwendung durch die Gerichte in den Mitgliedstaaten erreicht werden[1811]. Sollte dabei eine Dritthaftung trotz der gezeigten negativen Auswirkungen von den Mitgliedstaaten gewünscht werden, so ist zumindest darauf zu achten, dass der Kreis der Dritten genau umschrieben ist. Weiter ist exakt festzulegen, ob der Abschlussprüfer diesen Dritten nur für vorsätzliches oder auch für fahrlässiges Verhalten haften soll. Unabhängig davon muss die Regelung in jedem Fall eine ausdrückliche Haftungssummenbegrenzung in angemessener Höhe enthalten, die auch die Ansprüche prüfungsvertragsfremder Dritter mitumfasst. Denn nur solange das Haftungsrisiko des Abschlussprüfers in versicherbaren Grenzen bleibt, kann er seine Funktion sinnvoll wahrnehmen[1812].

E. Zusammenfassung

Zusammenfassend kann festgestellt werden, dass dem Haftungsregime große Bedeutung bei der Gestaltung der Rolle und Funktion des Abschlussprüfers in der Corporate Governance zukommt. Das vom Gesetzgeber entworfene gegenwärtige System der Haftung des gesetzlichen Abschlussprüfers in Deutschland wird den gestellten Anforderungen gerecht. Das Bestehen einer gesetzlichen Haftungsbeschränkung und einer nach dem Grad des Verschuldens des Abschlussprüfers abgestufte Dritthaftung tragen hierzu wesentlich bei. Denn sie sorgen für eine gerechte und angemessene Risi-

---

1809 *Ebke*, ZVglRWiss 2001, 62, 86.

1810 *Ebke*, ZVglRWiss 2001, 62, 86.

1811 Zum Gedanken der Rechtssicherheit siehe Seite 273.

1812 Des Weiteren sind Regeln erforderlich, die die Verteilung der Haftungssumme zwischen der prüfungspflichtigen Gesellschaft und den ersatzberechtigten Dritten regeln, um das sog. „Windhundproblem“ zu vermeiden, siehe hierzu *Ebke*, WPK-Mitt. 1997, 108, 112.

koallokation. Versuche, diese gesetzlichen Wertungen mittels vertraglicher oder vertragsähnlicher Haftungskonstrukte zu umgehen, um eine erweiterte Dritthaftung zu erreichen, sind abzulehnen. Sie dienen weder einem verbesserten Drittschutz noch steigern sie die Qualität der Abschlussprüfung entscheidend, vielmehr gefährden sie die Existenz des Prüfers und damit auch die Stabilität der Kapitalmärkte insgesamt. Gleiches gilt für den Ruf nach einer gesetzlichen Regelung zur Verschärfung der Dritthaftung. Erfahrungen mit einer extensiven Haftung des Abschlussprüfers in anderen Ländern belegen diesen Standpunkt. Sollte dennoch aus Gründen einheitlicher Qualitäts- und Wettbewerbsverhältnisse eine gesetzliche Regelung auf europäischer Ebene notwendig werden, ist aus den genannten Gründen zwingend darauf zu achten, dass die Haftungsgrundlagen eindeutig umschrieben sind und insbesondere eine angemessene Haftungssummenbegrenzung enthalten ist. Denn nur so kann die Haftung für den Abschlussprüfer in berechenbaren und versicherbaren Grenzen gehalten werden.

F. *Einführung einer Gebührenordnung*

Neben zivil- und strafrechtlichen Sanktionen sind mehr Rechenschaft und Transparenz Mittel, um die Unabhängigkeit des Abschlussprüfers und damit dessen Glaubwürdigkeit in der Öffentlichkeit zu stärken. Ein Vorschlag, der in diesem Zusammenhang häufig gemacht wird, ist die Einführung einer Gebührenordnung für Wirtschaftsprüfer.

I. *Situation*

Bisher obliegt es den Vertragsparteien des Prüfungsvertrags, die Vergütung festzulegen[1813]. Aus Sicht von Stellungnahmen in der Literatur ist daran besorgniserregend, dass es im Vorfeld der Vergabe von Abschlussprüfungsaufträgen immer häufiger zu öffentlichen Ausschreibungen („beauty contests") kommt[1814]. Dabei versuchen nicht nur große und internationale Wirtschaftsprüfergesellschaften sich gegenseitig die Mandate streitig zu machen, sondern auch immer mehr mittlere und kleine Wirtschaftsprüfergesellschaften sind von den Preiskämpfen betroffen. Die Folge dieses Wettbewerbs seien sinkende Gewinnmargen, die wiederum – so die Befürchtung - zu Abstrichen bei der Prüfungsqualität führen können, da die Prüfer, um wirtschaftlich überleben zu können, an Umfang und Tiefe der Prüfungen sparen würden[1815].

[1813] Vgl. *A/D/S*, HGB, § 318 Rn. 224; KK-*Claussen/Korth*, HGB, § 316 Rn. 25.
[1814] Zur berufsrechtlichen Zulässigkeit dieser Praxis siehe *Römermann* Inf. 2000, 374.
[1815] *Marten*, WPK-Mitt. 1996, 9.

II. *Reformen*

Um hier gegenzusteuern, fordern verschiedene Stimmen auch für Wirtschaftsprüfer die Einführung einer Gebührenordnung[1816], wie sie für die Tätigkeit anderer Freiberufler (Rechtsanwälten etc.) in Deutschland bereits besteht[1817]. Gebührenordnungen für Abschlussprüfungen existieren in Europa in einigen Ländern[1818]. In Österreich, Frankreich, Griechenland, Italien, Portugal sind sie verbindlich festgelegt, in der Schweiz und in Spanien kommen sie fakultativ zur Anwendung[1819]. In Deutschland existiert bisher lediglich die Gebührenordnung des Reichswirtschaftsministeriums vom 11.4.1939[1820], die für die damalige Zeit Mindestgebühren festlegte. Sie kann auf Grund ihres Alters aber allenfalls noch eine grobe Orientierung hinsichtlich der Aufschlüsselung liefern. Gleiches gilt für spätere Anpassungsversuche des IDW[1821]. Auch die WPK hat ein Projekt zur Einführung einer Gebührenordnung verfolgt. Sie ist dabei aber zu dem Ergebnis gekommen, dass der Berufsstand davon Abstand nehmen sollte. Nach herrschender Meinung in der Literatur ist auch nicht zu erwarten, dass das Wirtschaftsministerium, das gem. § 55 WPO mit Zustimmung des Bundesrats eine Gebührenordnung erlassen könnte, von seiner Ermächtigung Gebrauch machen wird[1822].

III. *Würdigung*

Gegen die Einführung einer Gebührenordnung spricht hauptsächlich, dass sich die Prüfer damit teilweise dem freien Wettbewerb entziehen und damit dem Kartellverdacht aussetzen würden[1823]. Nicht zuletzt deshalb hat das IDW auf Intervention des Bundeskartellamtes hin seit 1971 keine Gebührenfeststellungen mehr veröffentlicht. Entsprechende Bestrebungen sind folglich als unnötiger Regulierungseingriff abzulehnen, zumal die Veröffentlichung der Honorare, die Schaffung eindeutige

---

1816 *Braun*, BB 1996, 999-1001; *Mattheus*, in: *Petry*, Diskussionsbericht, S. 61, 67; *Hauser*, S. 232. Danach wir die Einführung einer Gebührenordnung in Form von gesetzlichen Mindestgebühren für die Fälle der gesetzlichen Pflichtprüfung verlangt. Für die Beratungsmandate und andere Fälle soll diese um eine § 3 Abs. 1 und 5 BRAGO vergleichbare Öffnungsklausel ergänzt werden, die es den Wirtschaftsprüfern ermöglicht, die gesetzlich vorgesehenen Gebühren durch ein höheres, schriftlich vereinbartes Honorar zu ersetzen.

1817 *Braun*, BB 1996, 999, 999.

1818 Vgl. *Klaas*, WPg 1996, 453, 455; MARC-Studie, S. 75.

1819 *FEE*, The Role, Position and Liability of the Statutory Auditor, Appendix 5, S. 79.

1820 MinBl des Reichswirtschaftsministers 1939, S. 399. Siehe hierzu *Kaminski*, WP-Handbuch Bd. I, Abschnitt A, Rn. 331.

1821 Der letzte Versuch einer Anpassung datiert aus dem Jahre 1971, siehe dazu *Kaminski*, WP-Handbuch Bd. I, Abschnitt A, Rn. 332.

1822 KK-*Claussen/Korth*, HGB, § 318 Rn. 26.

1823 Vgl. *Tiemann*, WPK-Mitt. 2001, 2, 4 mit Hinweis auf eine Rede des EU-Kommissar Monti. In England hat das Office of Fair Trading (OFT) damit begonnen, die berufsrechtlichen Vorschriften der Wirtschaftsprüfer zu überprüfen, siehe hierzu *Swinson*, "Who's afraid of the OFT", Accountancy, April 2001, S. 76.

Verhaltensstandards und die Einführung von Qualitätskontrollen (Peer Review) bessere Alternativen zur Verhinderung von Preisdumping darstellen.

G. *Veröffentlichung der Honorare des Wirtschaftsprüfers*

Nicht nur um der Gefahr der Vereinbarung von unangemessen niedrigen Honoraren zu begegnen, sondern auch, um zu hohe Einnahmen des Abschlussprüfers aus derselben Mandantenbeziehung publik zu machen, wird eine Pflicht zur Veröffentlichung des Prüfungs- und Beratungshonorars des Abschlussprüfers vorgeschlagen[1824].

I. *Situation und Reformen*

Eine Pflicht zur Offenlegung der Vergütung sieht der Gesetzgeber in Deutschland hinsichtlich der Gesamtbezüge des Geschäftsführungsorgans sowie des Aufsichtsrats im Anhang vor[1825]. Ein entsprechender Zwang für den Abschlussprüfer besteht trotz gegenteiliger Ansicht bisher aber nicht[1826]. Ein Teil der Literatur will eine Pflicht zur Veröffentlichung des Honorars auf die Hauptversammlung beschränken. Sie allein könne einen Anspruch auf Information geltend machen[1827], da die Ausübung der Rechte der Hauptversammlung, wie das Bestellungsrecht und die Abberufung wegen der Besorgnis der Befangenheit nach § 318 Abs. 3 HGB, eine ausreichende Informationsgrundlage benötigt[1828]. Dagegen sieht dieselbe Meinung in der Veröffentlichungspflicht in Anhang oder Bestätigungsvermerk eine Verletzung des Rechts auf informationelle Selbstbestimmung des Unternehmens und des Abschlussprüfers[1829].

Noch restriktiver ist der Vorschlag der *Regierungskommission "Corporate Governance"*. Sie weist darauf hin, dass eine Offenlegung lediglich gegenüber dem Aufsichtsrat sinnvoll sei, da er den Prüfungsauftrag erteile und die Vergütung aushandele. Auch sei es vornehmlich seine Aufgabe, die Unabhängigkeit des Prüfers zu beurteilen[1830]. Der Hauptversammlung will die *Regierungskommission "Corporate Governance"* folglich Informationen nur in Form einer Mitteilung des Aufsichtsrats nach § 171 Abs. 2 AktG zukommen lassen. Darin soll neben einer Einschätzung des

---

1824 *Lenz/Ostrowski*, BB 1997, 1523, 1524; *Hellwig*, S. 95, 118; *Herzig/Watrin*, ZfbF 1995, 775, 799.

1825 Vgl. § 285 S. 1 Nr. 9 lit a) HGB; § 28 Abs. 2 BörsZulVO und § 10 Abs. 2 VerkProspVO. Zum Vorschlag das Honorar der Organmitglieder detailierter offenzulegen siehe Regierungskommission "Corporate Governance", D5.14-5.17.

1826 Allein *Hellwig*, ZIP 1999, 2117, 2127-2129 sieht eine entsprechende Pflicht mit Hinweis auf die Veröffentlichungspflicht der Honorare der Geschäftsführungsorgane und des Aufsichtsrats in Anhang und Börsenprospekt (s.o.) schon de lege lata als gegeben an.

1827 *Hauser*, S. 234.

1828 *Hellwig*, ZIP 1999, 2117, 2128.

1829 *Hauser*, S. 235

1830 *Regierungskommission "Corporate Governance"*, D6.33.

Aufsichtsrates zur Unabhängigkeit des Abschlussprüfers lediglich über das Verhältnis der Vergütung von Nichtprüfungsleistungen und Prüfungsleistungen aufgeklärt werden. Die Offenlegung der absoluten Vergütung soll demgegenüber dem Aufsichtsrat vorbehalten sein[1831]. Als zusätzliches Argument für ihren Standpunkt weist die *Regierungskommission "Corporate Governance"* darauf hin, dass gegen eine zu weite Ausdehnung der Publizität deren belegte preissenkende Wirkung spreche, die Nachteile für die Prüfungsqualität befürchten lässt[1832].

II. *Würdigung*

Im Vergleich zu rigorosen Honorarbeschränkungen bzw. dem Verbot von zusätzlichen Dienstleistungen, die zur Sicherung der Unabhängigkeit gefordert werden, scheint das Verlangen nach mehr Transparenz bei der Prüfervergütung die mildere Maßnahme zu sein. Zumal der Blick in andere Länder[1833]- insbesondere die USA[1834] - zeigt, dass es sich hierbei schon heute um eine international durchaus übliche Maßnahme handelt[1835]. Folglich dreht sich die Diskussion nicht mehr so sehr um das "ob" als vielmehr um das "wie" der Veröffentlichung[1836].

Hierzu ist anzumerken, dass die gemachten Vorschläge hinreichende aber keine ausreichende Lösung des Glaubwürdigkeitsproblems des Prüfers darstellen[1837]. Die Frage, inwieweit den vom Unternehmen vorgelegten und geprüften Zahlen vertraut werden kann, ist nicht nur für den Aufsichtsrat und die gegenwärtigen Aktionäre von Bedeutung, sondern sie beschäftigt auch potentielle Anleger am Markt sowie Gläubiger. Deshalb muss auch ihnen Einblick in die an den Prüfer gezahlten Honorare gewährt werden. Nur eine umfassende Publizität kann hier das Vertrauen in die Unabhängigkeit und Unvoreingenommenheit des Abschlussprüfers nachhaltig stärken[1838].

1831 *Regierungskommission "Corporate Governance"*, D6.33.

1832 *Regierungskommission "Corporate Governance"*, D6.32.

1833 Eine Pflicht zur Veröffentlichung des Prüferhonorars besteht in Belgien, Dänemark, Irland, Norwegen und Großbritannien. Siehe hierzu MARC-Studie, S. 79; sowie *Kaminski/Marks*, FS Havermann, S. 247, 277; *Klaas*, WPg 1996, 453, 455. Zu entsprechenden Überlegungen in der Schweiz *Canepa*, ST 1999, 15, 18.

1834 In den USA besteht eine Pflicht Einnahmen aus "non audit-services" in den Proxy Statements anzugeben, siehe hierzu *Ruhnke*, S. 353-354.

1835 Gerade in den USA haben die veröffentlichten Zahlen für erheblichen öffentlichen Druck auf die Prüfungsgesellschaften gesorgt, siehe *o.V.*, "The proof is in the proxies", Accountancy, September 2001, S. 22; zuvor schon *o.V.*, "Proxies don't prove a thing" says Andersen", Accountancy, August 2001, S. 8.

1836 Wichtig im Detail ist dabei der Umfang der Aufschlüsselung des Honorars. Möglich sind dabei in einem weltweit operierenden Konzern Aufschlüsselungen nach sachlichen oder regionalen Gesichtspunkten. Siehe hierzu *Lenz*, BB 2001, 299, 304.

1837 Zu anderen Alternativen wie etwa den Aufsichtsrat stärker bei Honorarvereinbarungen des Abschlussprüfers zu beteiligen oder die Honorarvereinbarungen verstärkt in das Peer Review Prüfungsverfahren mit einzubeziehen, vgl. *IDW*, WPg 2000, 1027, 1031.

1838 Die Empfehlung der EU sieht deshalb eine Offenlegung der Vergütung gegenüber dem Kapitalmarkt vor ("public disclosure"). Diskussionswürdig ist allerdings der Vorschlag der

Mehr Rechenschaft und Transparenz ist insofern der Preis, den ein freier Beruf, dem auch Bedeutung für die Öffentlichkeit zukommt, zahlen muss[1839]. Befürchtungen hinsichtlich einer damit verbundenen sinkenden Qualität der Prüfung kann gegebenenfalls durch Haftung und berufsaufsichtsrechtliche Maßnahmen hinreichend begegnet werden.

H. Prüfungsvorschriften

Auf die Notwendigkeit einheitlicher Prüfungsvorschriften wurde schon im Zusammenhang mit der Internationalisierung der Rechnungslegung hingewiesen. Prüfungsvorschriften oder sogenannte Grundsätze ordnungsmäßiger Abschlussprüfung (GoA) spielen darüber hinaus aber auch allgemein eine große Rolle, wenn es darum geht, die Transparenz und Qualität der Abschlussprüfung zu verbessern.

I. *Situation*

1. Begriff und Inhalt

Zu den Grundsätzen ordnungsmäßiger Abschlussprüfung zählt man nicht nur verbindliche Normen, wie etwa Gesetze, sondern alle Regeln, die unter bestimmten Umständen zu beachten sind, auch wenn sie lediglich empfehlenden Charakter haben[1840]. Ihr Regelungsgehalt bezieht sich dabei nicht unmittelbar nur auf die Abschlussprüfung, sondern auf die gesamte Tätigkeit des Wirtschaftsprüfers von der Auftragsannahme bis hin zu sämtlichen Teilprozessen der Prüfung[1841].

2. Funktion und Bedeutung

Die Funktion und Bedeutung der Grundsätze ordnungsmäßiger Abschlussprüfung liegt darin, dem Abschlussprüfer als Handlungsanweisungen zu dienen (präskriptive Funktion)[1842]. Den Adressaten der Abschlussprüfung geben sie Aufschluss über Art,

---

Regierungskommission "Corporate Governance", D6.32 nicht börsennotierte Unternehmen von dieser Pflicht zu befreien.

1839 Vgl. *Maurice*, "The price of the ticket", Accountancy, April 2001, S. 148.

1840 *Rückle*, HRev., Sp. 752; *ders.*, BFuP 1980, 54, 56. Nach *Kuhner*, WPK-Mitt. 1999, 7, 9 kann eine Einteilung auch nach dem Kriterium der Sanktionsbewehrheit und des Konkretisierungsgrat vorgenommen werden.

1841 *Rückle*, WISU 1994, 138, 138; *ders.*; HRev., Sp. 753-754.

1842 *Buchner*, S. 74; *Ebke*, MüKo-HGB, § 317 Rn. 14; *Rückle*, HRev., Sp. 755.

Umfang und (Mindest-)Qualität der Prüfung[1843]. Damit schaffen sie zum einen eine generalisierte Vertrauensbasis[1844] und beugen zum anderen auch übertriebenen Erwartungen vor, was hilft, die Erwartungslücke zu verringern (Deskriptionsfunktion)[1845]. Zusätzlich können sie die Überwachung des Abschlussprüfers und die Geltendmachung von Ersatzansprüchen erleichtern, sofern es Aufgabe des Abschlussprüfers ist, im Schadensfall Rechenschaft darüber abzulegen, warum er gewisse Standards nicht eingehalten hat[1846]. Den Abschlussprüfer andererseits kann GoA konformes Verhalten allein zwar nicht exkulpieren - denn die Festlegung der konkreten Verhaltenspflicht obliegt in letzter Instanz den Gerichten[1847] - aber GoA können ihm helfen, den Nachweis seiner Unschuld zu erbringen (Risikobegrenzungsfunktion)[1848]. Des Weiteren stärken die GoA die Unabhängigkeit des Abschlussprüfers[1849]. So kann er sich im Fall von Meinungsverschiedenheiten mit dem Vorstand, etwa über Umfang und Art der Prüfung, auf die für ihn geltenden GoA berufen.

3. *Ermittlung*

Der Gesetzgeber in Deutschland hat sich damit begnügt, die Anforderungen an die Abschlussprüfung nur sehr allgemein festzulegen[1850]. Um auf den konkreten Einzelfall angewandt werden zu können, bedürfen seine Anweisungen deshalb der Konkretisierung. Die Ermittlung von gesetzlich nicht konkretisierten Grundsätzen ordnungsmäßiger Abschlussprüfung bereitet allerdings Probleme. Zurückzuführen ist dies darauf, dass es sich um ein sich ständig weiterentwickelndes System handelt[1851].

1843 *Rückle*, ZfbF Sonderheft 36, 1996, 107, 112; *Rückle/Klatte*, WISU 1994, 138.

1844 *Rückle*, ZfbF 1975, 517, 521.

1845 *Jacob*, S. 157, 164; *Niehus*, FS Forster, S. 489, 492; *Buchner*, S. 74.

1846 Im Falle eines Schadens hat die geschädigte Gesellschaft in der Regel nachzuweisen, dass sie einen Schaden erlitten hat und dass dieser ursächlich auf dem pflichtwidrigen Verhalten des Abschlussprüfers beruht. Hierbei sind die Regeln des Anscheinsbeweises anwendbar. Wen die Darlegungs- und Beweislast hinsichtlich des Verschuldens trifft, ist streitig. Hinsichtlich § 168 AktG a.F. wurde vertreten, dass der Abschlussprüfer seine Unschuld gemäß § 282 BGB nachzuweisen hat, siehe *Kropff*, Komm. AktG § 168 Rn. 20. In neuerer Zeit wird dies mit dem Hinweis auf § 93 Abs. 2 S. 2 AktG, der Vorstandsmitgliedern ausdrücklich die Beweislast für ihr Nicht-Verschulden auferlegt, abgelehnt, siehe dazu KK-*Claussen/Korth*, HGB, § 323 Rn. 18. Eine vermittelnde Position will eine Beweislastumkehr nur für Fahrlässigkeit gelten lassen, da ansonsten die mit der Haftungsbegrenzung für Fahrlässigkeit verfolgten Zwecke vereitelt würden, wenn der Abschlussprüfer seinen fehlenden Vorsatz nicht beweisen kann, vgl. *A/D/S*, HGB, § 323 Rn. 104; *Budde/Hense*, BeBiKomm., § 323 Rn. 111; *Quick*, BB 1992, 1675.

1847 Siehe dazu *Buchner*, S. 75; *Ebke*, MüKo-HGB, § 317 Rn. 20.

1848 *Rückle*, BFuP 1980, 54, 58; *ders.*, HRev., Sp. 755.

1849 *Richter*, DBW 1978, 18, 30.

1850 *Ebke*, MüKo-HGB, § 317 Rn. 14 nennt exemplarisch die Pflicht zur "gewissenhaften" und "unparteiischen" (§§ 317 Abs. 1 Satz 3; 323 Abs. 1 Satz 1 HGB) sowie "sorgfältigen" (§ 320 Abs. 2 Satz 1 und 3 HGB; § 276 Abs. 1 Satz 1 BGB) Prüfung. Zur näheren Konkretisierung der Begriffe siehe *ders.*, MüKo-HGB, § 323 Rn. 34-43.

1851 *Ebke*, MüKo-HGB, § 317 Rn. 16.

Ursächlich hierfür sind neue Erkenntnisse der Revisionswissenschaft, verbesserte Prüfungsmethoden und -verfahren sowie veränderte Erwartungen der Adressaten der Rechnungslegung und Prüfungsberichterstattung[1852], die zusammen für einen beständigen Wandel in den Anforderungen an die GoA sorgen. Um dennoch zu einer Konkretisierung des Gebots der gewissenhaften, unparteiischen und sorgfältigen Prüfung zu gelangen, werden drei verschiedene Methoden genannt.

a) Induktive Methode

Die induktive Methode zur Ermittlung von GoA, auf der auch alte Fachgutachten des IDW basieren[1853], stellt auf die Verkehrsanschauung ab[1854]. Sie fragt mit Blick auf die tatsächlich praktizierte Abschlussprüferpraxis, wie sich ein "ordentlicher und ehrenwerter" Abschlussprüfer zu verhalten habe[1855]. Gegen diese Methode werden aber Bedenken geäußert. Es wird kritisiert, dass sie dazu führe, dass die Abschlussprüfer die Maßstäbe nach denen sie beurteilt würden, in der Praxis selbst setzen könnten und somit "zu Richtern über sich selbst" würden[1856]. Darüber hinaus ließe sich nur schwer bestimmen, welches Verhalten in der Praxis den Anforderungen eines Ideal-Wirtschaftsprüfers entspreche und worin Abweichungen des zu beurteilenden Verhaltens liegen[1857]. Schließlich wird zu bedenken gegeben, dass die induktive Methode die Weiterentwicklung der Abschlussprüfung schwierig mache, da hierfür notwendig sei, dass sich zu neuen Problemen oder Entwicklungen in der Praxis zügig einheitliche Ansichten herausbilden[1858].

b) Deduktive Methode

Aufgrund der genannten Schwächen der induktiven Methode tendiert die Mehrheit in der revisionswissenschaftlichen Literatur heute dazu, die GoA deduktiv zu ermitteln[1859]. Unter "deduktiv" wird dabei eine Methode verstanden, die im Einzelfall aus den Zielen der Abschlussprüfung durch logisches Nachdenken die richtigen Handlungs- und Verhaltensanleitungen ableitet[1860]. Probleme bereitet hier allerdings, dass es häufig an geeigneten Oberprinzipien fehlt, die als Deduktionsgrundlage dienen können[1861]. Ausschlaggebend hierfür sei die unterentwickelte Prüfungslehre, der es bisher

---

1852 *Ebke*, MüKo-HGB, § 317 Rn. 16.
1853 Siehe *v. Wysocki*, Entwicklung oder Reform, S. 175, 177.
1854 *Schulze zur Wiesch*, S. 17.
1855 *Rückle*, HRev., Sp. 758.
1856 *Ebke*, MüKo-HGB, § 317 Rn. 17 m.w.Nachw.
1857 Vgl. *v. Wysocki*, Entwicklung oder Reform, S. 175, 179 ("Es kommt eben nicht darauf an, was die Praxis tut, sondern was sie tun sollte").
1858 *Ebke*, MüKo-HGB, § 317 Rn. 17; *Rückle*, HRev., Sp. 758.
1859 Vgl. Rückle, HRev., Sp. 757-758; *Kicherer*.
1860 *Rückle*, HRev., Sp. 757-758; *Schade*.
1861 *Ebke*, MüKo-HGB, § 317 Rn. 18.

noch nicht gelungen sei, eindeutige Prüfungsziele sowie Zusammenhänge zwischen den einzelnen Prüfungszielen und einzelnen Prüfungshandlungen eindeutig zu formulieren[1862]. Zurückzuführen sei dies u.a. auf die Zielkonflikte sowie die große Bedeutung des Ermessens und der subjektiven Überzeugungsbildung des Abschlussprüfers bei der Urteilsbildung in komplexen Abschlussprüfungen ("audit is an art not a science")[1863].

c) Teleologische Methode

Aus juristischer Sicht wird deshalb die teleologische Methode bevorzugt[1864]. Danach werden die GoA ausgehend von den unbestimmten Rechtsbegriffen der Gewissenhaftigkeit und der Sorgfalt unter Anwendung der anerkannten Auslegungsregeln der Rechtswissenschaft ermittelt. Ähnlich wie bei der deduktiven Methode fehlt aber auch hier ausreichendes Material, das als Grundlage für die Auslegung dienen kann. Denn die bisher vorhandenen gesetzlichen Vorschriften und Materialien sind zu unbestimmt, um damit ein eindeutiges und allgemein anerkanntes und geschlossenes System von GoA zu entwickeln[1865]. Deshalb bedarf auch die teleologische Methode weiterhin der Unterstützung durch Erkenntnisse der revisionswissenschaftlichen Forschung, durch Prüfungsstandards und andere Verlautbarungen der verschiedenen Berufsorganisationen[1866].

4. Würdigung

Die Schwierigkeiten und Schwächen der verschiedenen Methoden zeigen, dass nur eine Kombination der unterschiedlichen Strategien insgesamt zu einem befriedigenden Ergebnis führen kann. *Ebke* bezeichnet deshalb zu Recht das Konzept zur Gewinnung von GoA als einen "mehrstufigen Erkenntnisprozess", der neben dem Rückgriff auf rechtswissenschaftliche Auslegungsgrundsätze und –methoden gleichzeitig Elemente der deduktiven und der induktiven Methode enthalten müsse[1867]. Dabei stellt sich nach seiner Ansicht die Konkretisierung als ein "ständiger Auslegungsprozess" dar, bei dem der Abschlussprüfer selbst gefestigte Abschlussprüfergrundsätze immer wieder in Frage stelle und erforderlichenfalls abändern müsse, um den Zielen der Abschlussprüfung im Einzelfall gerecht zu werden[1868]. Unabhängig davon obliege es schließlich den

---

1862 *Ebke*, MüKo-HGB, § 317 Rn. 18.
1863 *V. Wysocki*, Entwicklung oder Reform, S. 175, 179-180.
1864 *Ebke*, MüKo-HGB, § 317 Rn. 19.
1865 *Ebke*, MüKo-HGB, § 317 Rn. 19.
1866 *Ebke*, MüKo-HGB, § 317 Rn. 19.
1867 *Rückle*, HRev., Sp. 758-759.
1868 *Ebke*, MüKo-HGB, § 317 Rn. 20.

Gerichten, in Streitfällen zwischen den Beteiligten das richtige Verhalten des Abschlussprüfers in einer konkreten Situation abschließend festzulegen[1869].

5. *Kodifizierung*

Um den Standpunkt des Berufstandes deutlich zu machen und eine Konkretisierung der Pflichten zu erleichtern, haben nationale und vor allem auch internationale Berufsorganisationen versucht, die Anforderungen an eine ordnungsgemäße Abschlussprüfung zu kodifizieren.

a) Deutschland

In Deutschland haben diese Aufgabe die Wirtschaftsprüferkammer (WPK) und das Institut der Wirtschaftsprüfer (IDW) übernommen.

aa) WPK

Die WPK ist eine Körperschaft des öffentlichen Rechts, in der Wirtschaftsprüfer und Wirtschaftsprüfergesellschaften als Pflichtmitglieder organisiert sind (§ 58 WPO)[1870]. Die Aufgaben der WPK sind in § 57 WPO bestimmt und beschrieben. Danach obliegt es ihr, die beruflichen Belange der Mitglieder zu wahren und die Erfüllung der beruflichen Pflichten zu überwachen[1871]. Hierzu gehört, für das wirtschaftliche Prüfungswesen nach Anhörung der Arbeitsgemeinschaften[1872], eine Berufsatzung zu erlassen (§ 57 Abs. 3 WPO). Die Form der Satzung war notwendig geworden, nachdem das BVerfG entschieden hatte, dass statusbildende Berufspflichten unter dem Gesetzesvorbehalt nach Art. 12 GG stehen[1873]. Die WPK hat von dieser Ermächtigung durch die am 15.9.1996 in Kraft getretene Berufssatzung Gebrauch gemacht, indem sie umfangreiche Regelungen zur Gewissenhaftigkeit (§ 4), zur Unparteilichkeit (§ 20) und zur Verschwiegenheit (§ 9) erlassen hat. Gegenüber den Berufsrichtlinien, die durch die Satzung ersetzt wurden, haben die neuen Regelungen den Vorteil, dass es sich um Rechtsnormen handelt[1874]. Als unbestimmte Rechtsbegriffe unterliegen sie folglich im Streitfall der verbindlichen Festlegung durch die Gerichte. Da es sich hierbei um eine Rechtsfrage handelt, ist deren Entscheidung auch revisibel[1875].

1869 *Buchner*, S. 75; *Ebke*, MüKo-HGB, § 317 Rn. 20.
1870 Zur Geschichte der WPK siehe *Marcus*; *Kaminski*, HRev., Sp. 2222-2223.
1871 Vgl. *Kaminski*, in: WP-Handbuch Bd. 1, Abschn. B, Rn. 34.
1872 Siehe dazu *Kaminski*, in: WP-Handbuch Bd. 1, Abschn. B, Rn. 52.
1873 BVerfGE, 76, 171ff. und 196 ff.
1874 *Biener*, FS Baetge, 639, 647.
1875 *Biener*, FS Baetge, 639, 646 u. 647.

bb) IDW

Das IDW ist die Fachorganisation der Wirtschaftsprüfer und als eingetragener Verein privatrechtlich organisiert[1876]. Die Mitgliedschaft ist freiwillig[1877]. Seine Aufgaben bestehen darin, für die Interessen der Wirtschaftsprüfer einzutreten und deren Fachgebiete zu fördern[1878]. Neben Maßnahmen der Aus- und Weiterbildung gehört hierzu auch, für die Schaffung einheitlicher Grundsätze der unabhängigen, eigenverantwortlichen und gewissenhaften Berufsausübung einzutreten und deren Einhaltung durch die Mitglieder sicherzustellen[1879]. Das IDW entwickelt deshalb fachliche Regeln und Arbeitshilfen für die Prüfung und füllt damit die vom Gesetzgeber belassene Freiräume mittels fachgerechter Interpretationen aus. Bedeutsame Facharbeit vollzieht sich vor allem im Hauptfachausschuss (HFA)[1880], den Fachausschüssen sowie Arbeitskreisen. Veröffentlicht wurden deren Arbeitsergebnisse früher in Fachgutachten[1881], Stellungnahmen des Hauptfachausschusses, Stellungnahmen von Fachausschüssen und sonstigen Verlautbarungen[1882]. Im Zuge der Anpassungen der Prüfungsvorschriften an internationale Standards wurde der Inhalt, die Form und Struktur der Fachgutachten an internationale Prüfungsstandards angeglichen. Die Bezeichnung "Fachgutachten" wurde aufgegeben und durch den Begriff der "Prüfungsstandards" (PS) ersetzt. Damit soll die Gleichwertigkeit der deutschen Berufsgrundsätze gegenüber den internationalen Maßstäben signalisiert und deren Anerkennung gefördert werden[1883].

Umstritten ist in Rechtsprechung und Literatur allerdings die rechtliche Bedeutung, die den Verlautbarungen des IDW zukommen soll. Hinsichtlich der Fachgutachten hat das LG Frankfurt in einem zivilrechtlichen Haftungsfall entschieden, dass die darin enthaltenen Berufsgrundsätze und Berufsauffassungen "den Pflichtenkreis [des Abschlussprüfers und seiner Gehilfen] bestimmen und ausfüllen"[1884]. In dieselbe Richtung gingen Meinungsäußerungen, die in den Verlautbarungen des IDW Mindestanforderungen sahen, die vom Abschlussprüfer im Einzelfall (wenn auch nicht sklavisch) eingehalten werden müssen[1885]. Andere sahen darin lediglich eine Stellungnahme sachkundiger Wirtschaftsprüfer, die den Abschlussprüfer als „Entscheidungshilfe" unterstützen sollten, um im konkreten Einzelfall sein normgerechtes Verhalten aus den Zielen der Abschlussprüfung (§ 317 HGB) und den der Konkretisierung der gesetzlichen Gebote der Gewissenhaftigkeit und Unparteilichkeit (§§ 323 Abs. 1 Satz

---

1876 Zur Entstehungsgeschichte des IDW siehe *Kaminski*, HRev., Sp. 2223-2224; *Markus*, S. 105.

1877 Zu den Voraussetzungen der Mitgliedschaft *Kaminski*, HRev., Sp. 2223-2224.

1878 Vgl. § 2 Abs. 1 der Satzung des IDW.

1879 *Kaminski*, in: WP-Handbuch Bd. 1, Abschn. B, Rn. 20.

1880 Vgl. § 12 Abs. 1 der Satzung des IDW

1881 Früher FG 1/1988 Grundsätze ordnungsgemäßer Durchführung von Abschlussprüfungen, WPg 1989, 9. Jetzt IDW PS 200: Ziele und allgemeine Grundsätze der Durchführung von Abschlussprüfungen, WPg 2000, 706 und IDW PS 201: Rechnungslegungs- und Prüfungsgrundsätze für die Abschlussprüfung, WPg 2000, 710.

1882 Vgl. *Ruhnke*, S. 48-49.

1883 *Zitzelsberger*, WPg 1998, 129, 131.

1884 LG Frankfurt a.M. BB 1997, 1682, 1684.

1885 *Baumbach/Hopt* HGB § 323 Anm. 1; *Hopt*, WPg 1986, 503.

1, 317 Abs. 1 Satz 3) sowie der sorgfältigen Prüfung (§ 320 Abs. 2 Satz 1 und 3 HGB) zu bestimmen[1886]. Entsprechend wurde von den Gerichten vertreten, dass eine Stellungnahme des IDW nicht kraft besonderer Autorität die gerichtliche Auslegung einer gesetzlichen Vorschrift verdrängen kann[1887].

Letzterer Ansicht ist zuzustimmen. Das IDW besitzt weder eine originäre noch eine abgeleitete Normsetzungsbefugnis[1888]. Seine Verlautbarungen und Stellungnahmen haben folglich keine Rechtsnormqualität noch sind sie Gewohnheitsrecht[1889]. Als verbandsinterne Regeln binden sie allein die Mitglieder des IDW (§ 4 Abs. 9 Satz 2 IDW-Satzung) nicht jedoch andere außenstehende Dritte. Für die Gerichte stellen sie deshalb keine verbindlichen gesetzlichen Normen dar, sondern dienen lediglich als wichtige Entscheidungshilfen, wenn es darum geht, die Pflichten des Abschlussprüfers im Einzelfall zu konkretisieren. Gleiches gilt auch für die gemeinsame Stellungnahme der WPK und des IDW, VO 17/1995, "Zur Qualitätssicherung in der Wirtschaftsprüferpraxis". Denn die Mitwirkung der Wirtschaftsprüferkammer ändert nichts an dem Charakter einer "Meinungsäußerung berufsständischer Organisationen"[1890].

b) International

Für die Rolle des Abschlussprüfers in der Corporate Governance zunehmend wichtiger sind aber die Bemühungen um eine Vereinheitlichung der Abschlussprüfung auf internationaler Ebene. Anders als bei der Vereinheitlichung der Rechnungslegung verläuft die Anpassung der Grundsätze ordnungsmäßiger Abschlussprüfung ruhiger[1891]. Das Konfliktpotential ist wesentlich geringer, da keine verschiedenen Bilanzkulturen bestehen. Nationale Fachverbände arbeiten schon lange in entsprechenden Organisationen zusammen, die bei der Fortschreibung der Standards die bestehenden Auffassungen des Berufsstandes berücksichtigen. Unterstützung finden sie bei den großen Wirtschaftsprüfergesellschaften, die ebenfalls ein Interesse an internationalen Prüfungsstandards besitzen[1892]. Als Konsens über einen einheitlichen internationalen Standard für Abschlussprüfungen werden zunehmend die International Standards on

1886 *Ebke*, MüKo-HGB, § 323, Rn. 26; *Fliess*, WPK-Mitt. Sonderheft Juni 1997, 126, 129-130.

1887 AG Duisburg, DB 1994, 466, 467. Ähnlich LG Stuttgart Urt. v. 8.12.1975 – 14 O 504/73 (unveröffentlicht): "Zur Auslegung eines Sorgfaltspflichtmaßstabes ist aufgrund der gesetzlichen Vorschriften das Gericht berufen, nicht aber ein Institut des betroffenen Berufsstandes", zitiert nach *Buchner*, S. 75.

1888 *Biener*, FS Goerdeler S. 45.

1889 *Ebke*, MüKo-HGB, § 323 Rn. 26.

1890 Vgl. *Biener*, FS Ballwieser S. 639, 650. Die Ermächtigung des § 57 Absatz 3 WPO kann insoweit nicht herangezogen werden, weil deren Gebrauch den Erlass von Regelungen voraussetzt, die in die Berufssatzung aufgenommen werden. Ebenso handelt es sich nicht um fachliche Regeln im Sinne des § 4 Absatz 1 Satz 1 der Berufssatzung.

1891 *Ruhnke*, S. 111.

1892 Vgl. KPMG Audit Service Manual (KASM), 1993. Siehe hierzu auch *Wiedmann*, FS KPMG, S. 287; *Schindler/Rosin*, S. 154-166.

Auditing (ISA) anerkannt[1893], die von der International Federation of Accountants (IFAC) herausgegeben werden.

c) *IFAC*

Das IFAC wurde 1977 anlässlich des XI. Internationalen Accountants-Kongresses in München mit dem Ziel gegründet, weltweit eine Harmonisierung des Accountancy Berufes herbeizuführen[1894]. Seine Mitglieder sind die verschiedenen Berufsorganisationen der einzelnen Länder darunter für Deutschland das IDW und die WPK[1895]. Zu den konkreten Aufgaben, die sich das IFAC gestellt hat, zählen u.a. die Entwicklung und Veröffentlichung von Verlautbarungen zu berufsethischen Fragen sowie internationaler Standards zur Durchführung von Abschlussprüfungen[1896].

Die letztgenannten sog. International Standards On Auditing (ISA) werden von einem als International Auditing Practices Committee (IAPC) bezeichneten Fachausschuss herausgegeben. Die Standards sollen wie die IAS´s durch die Anerkennung der IOSCO für die Prüfung der Abschlüsse börsennotierter Gesellschaften weltweit Verpflichtungscharakter erhalten[1897]. Die IFAC kann sich dabei breiter Unterstützung sicher sein. Ihre Position als Standard-Setter wird u.a. von der Welthandelsorganisation (World Trade Organization, WTO), der Weltbank sowie den Vereinten Nationen anerkannt und unterstützt[1898]. In der Praxis werden die ISA gegenwärtig schon regelmäßig von Abschlüssen globaler Unternehmen verwandt und auch in den entsprechenden Bestätigungsvermerken als zugrunde liegende Normbasis erwähnt[1899]. Um hierbei international eine möglichst homogene Auslegung und Anwendung der Standards zu gewährleisten, werden zur Erläuterung der ISA ebenfalls vom IAPC sog. International Auditing Practice Statements (IAPS) herausgegeben[1900]. Sie sollen in Form von erklärenden Materialien als Interpretationshilfen für die Praxis dienen ("to provide practical assistance")[1901].

Zusätzlich besteht neben dem IAPC beim IFAC ein Forum on Ethics. Es dient für Diskussionen berufsethischer Fragestellungen, deren Ergebnis in Form von Leit-

---

1893 Die Änderungen, die der deutsche Gesetzgeber im KonTraG bei Prüfungsumfang und Bestätigungsvermerk des Abschlussprüfers vorgenommen hat, lehnen sich stark an die in den ISAs enthaltenen Anorderungen an. Auch die EU orientiert sich bei der Entwicklung von europäischen Prüfungsgrundsätzen an den ISAs, vgl. *o. V.*, WPK-Mitt. 1998, 235; *Ruhnke*, DB 1999, 237.

1894 Siehe hierzu *Kaminski*, in: WP-Handbuch Bd. 1, Abschn. B, Rn. 57, *Ruhnke*, WPK-Mitt. 1997, 78-79.

1895 Zur Zusammensetzung des IFAC siehe *Fliess*, WPK-Mitt. Sonderheft Juni 1997, 126.

1896 *Rückle*, HRev., Sp. 765-766; *Ruhnke*, DB 1999, 237.

1897 *O. V.*, "IAPC wants OK from IOSCO", Accountancy, April 2001, S. 10; *Ruhnke*, S. 104.

1898 Siehe hierzu *Fliess*, WPK-Mitt. Sonderheft Juni 1997, 126; *Ruhnke*, S. 104.

1899 *Böcking/Orth/Brinkmann*, WPg 2000, 216, 222.

1900 *Ruhnke*, WPK-Mitt. 1997, 78, 80.

1901 Vgl. ISA 100.12.

sätzen veröffentlicht werden[1902]. Darin sind die berufsständischen Wertvorstellungen, etwa in Bezug auf das Verhalten gegenüber den Mandanten, den eigenen Standesgenossen sowie der Öffentlichkeit angesprochen. Schließlich obliegt es dem Education Committee, das ebenfalls beim IFAC angesiedelt ist, Standards, Leitsätze, Diskussionspapiere und andere Informationsdokumente zu entwickeln, die dem Ausbildungs- und Weiterbildungsniveau der Wirtschaftsprüfer dienen sollen[1903]. Alle Regelungen und Verlautbarungen der IFAC wenden sich an die einzelnen Mitgliedsorganisationen. Für den Wirtschaftsprüfer haben sie keine unmittelbare Bedeutung, d.h. es besteht keine Verpflichtung sie zu beachten, solange sie nicht von den Berufsverbänden in nationales Recht umgesetzt sind[1904]. Gleiches gilt für die Gerichte[1905].

II. *Kritik*

Die Kritik an der gegenwärtigen Situation richtet sich vor allem gegen den rudimentären Charakter der bestehenden gesetzlichen Regelungen zur Prüfung[1906] sowie deren mangelnden Grad an Verbindlichkeit[1907]. Da der deutsche Gesetzgeber mit der Schaffung von verbindlichen Regelungen mangels Ressourcen und notwendiger Flexibilität aber überfordert wäre und ein umfangreicher Gebrauch der Satzungsermächtigung der WPK keine wünschenswerte Alternative darstellt[1908], wird als Reformmaßnahme die Einführung eines nationalen Standardsetters verlangt.

Als Vorbild wird dabei auf das System der USA verwiesen[1909]. Dort obliegt die Entwicklung von Prüfungsstandards generell dem Berufsstand[1910]; jedoch hat sich die SEC vorbehalten, diese einer Kontrolle zu unterziehen und notfalls ergänzende Vorschriften zu erlassen[1911]. In Deutschland soll – so der Vorschlag – der Standardsetter ähnlich wie das DRSC privatrechtlich organisiert sein und unter öffentlich rechtlicher

---

1902 *Kuhner*, WPK-Mitt. 1999, 7, 8.

1903 *Ruhnke*, WPK-Mitt. 1997, 78, 79.

1904 *Budde/Hense*, BeBiKomm., § 323 Rn. 19; *Ruhnke*, WPK-Mitt. 1997, 78, 81; a. A. jedoch *ders.*, DB 1999, 237, 238 für den Fall, dass die ISA ganz oder teilweise nicht in nationales Recht umgesetzt sind.

1905 *Ebke*, MüKo-HGB, § 323 Rn. 28.

1906 *Biener*, FS Baetge, S. 639, 660.

1907 Laut *Rückle*, BFuP 1980, 54, 62 sind die GoA ohne Verbindlichkeit als Handlungsanweisung "minderwertig". Kritisch auch *Buchner*, S. 74-75.

1908 So der Vorschlag von *Rückle*, HRev., Sp. 763; ablehnend dagegen *Biener*, FS Baetge, S. 639, 661.

1909 *Biener*, FS Baetge, S. 639, 660.

1910 Zuständig hierfür ist der Senior Technical Body des American Institute of Certified Public Accountants (AICPA).

1911 Siehe hierzu ausführlich *Ebke*, Dritthaftung, S. 129-134; *Rückle*, HRev., Sp. 763-764.

Aufsicht stehen[1912]. Zusätzlich wird über gesetzliche Regelungen nachgedacht, die - ähnlich den GoB – den Abschlussprüfer zur Beachtung der GoA anhalten[1913].

Allgemein verspricht man sich von den Maßnahmen eine Stabilisierung des internationalen Vertrauens in die deutsche Abschlussprüfung[1914]. Denn – so wird argumentiert – ein unabhängiger Standardsetter sorge dafür, dass die Berufsvorschriften von den Berufsangehörigen ernster genommen würden. Zusätzlich verspricht man sich eine eingehendere Diskussion von Prüfungsstandards in Wissenschaft und Forschung[1915].

III. *Würdigung*

Gegen die Einführung eines unter öffentlicher Kontrolle stehenden Standardsetters für die Normierung von nationalen Prüfungsstandards spricht die Tatsache, dass sich zukünftig Prüfungsstandards zunehmend international bewähren müssen und folglich nationale Sonderlösungen immer weniger Sinn machen. Auf internationaler Ebene besteht aber mit dem IFAC bereits ein Gremium, das mit den ISA allgemein anerkannte Prüfungsstandards geschaffen hat und betreut. Zu deren Umsetzung sind ausschließlich die Mitglieder verpflichtet und berufen, in Deutschland also die WPK und der IDW. Diesen Gremien kann mangelnde Aktivität bisher nicht zum Vorwurf gemacht werden, was beispielsweise die Stellungnahme HFA 7/1997 „Zur Aufdeckung von Unregelmäßigkeiten und Unterschlagungen im Rahmen der Abschlussprüfung"[1916], mit der bestehende Prüfungsgrundsätze weiterentwickelt wurden, belegt. Darüber hinaus hat das IDW – wie erwähnt - seine Fachgutachten sowohl äußerlich als auch inhaltlich an die internationalen Anforderungen angepasst[1917]. Sollte in Zukunft das Ziel der IFAC einer möglichst wörtlichen Übernahme der ISA in nationale Vorschriften erreicht werden, so ließe dies noch weniger Raum für die Arbeit nationaler Standardsetter[1918].

Die Einflussnahme wird sich daher auf die Arbeit im IFAC verlagern. Um den gestiegenen Anforderungen an die Abschlussprüfung im Rahmen der Corporate Governance gerecht zu werden, kann es erforderlich werden, dort den Prozess der Entwicklung und Entstehung der Prüfungsgrundsätze neu zu gestalten. So ist zu überlegen, ob dem gestiegenen öffentlichen Interesse an der Funktion des Abschluss-

---

1912 *Biener*, FS Baetge, S. 639, 661, für ein staatliches Aufsichtsamt zuvor schon *Kicherer*; *Richter*, Aktienamt.

1913 *Biener*, FS Baetge, S. 639, 646. Kritisch hierzu allerdings *Pohl*, WPK-Mitt. Sonderheft April 1996, 2, 6.

1914 *Biener*, FS Baetge, S. 639, 661.

1915 *Biener*, FS Baetge, S. 639, 648.

1916 WPg 1998, 29-33.

1917 Siehe hierzu *Zitzelsberger*, WPg 1998, 129, 131. Ein Vergleich der ISA mit den deutschen Prüfungsgrundsätzen findet sich bei *Böcking/Orth/Brinkmann*, WPg 2000, 216, 218-234 und IDW (Hrsg.), Abschlussprüfung und International Standards on Auditing, 1998.

1918 Siehe hierzu auch die autorisierte Übersetzung der ISA, in: *WPK* (Hrsg.), International Standards on Auditing, 1999.

prüfers durch mehr Transparenz Rechnung getragen werden kann. Ebenso sollten Überlegungen angestellt werden, ob das öffentliche Interesse im Rahmen der Arbeitsweise ausreichend Berücksichtigung findet. Im Mittelpunkt wird dabei die Besetzung der Gremien stehen. Der Einfluss von Nicht-Wirtschaftsprüfern im IFAC ist bisher gering. Ebenso entscheidend wird die Gewährleistung einer unabhängigen Finanzierung sein. Eine entsprechende Arbeitsgruppe, die sich mit diesen Fragen beschäftigt, ist bereits eingerichtet worden[1919].

Die Notwendigkeit eines Standardsetters mit dem Argument, einen höheren Grad an Verbindlichkeit zu schaffen, belegen zu wollen, überzeugt ebenfalls nicht. Denn für die Prüfungsstandards eines solchen Gremiums gilt ebenso, dass im Streitfall nur die Gerichte über den genauen Inhalt abschließend entscheiden können. Des Weiteren spricht gegen eine stärkere Normierung, dass der Wirtschaftsprüfer selbst und eigenverantwortlich darüber entscheiden muss, welches Verhalten in der konkreten Situation angemessen und geeignet ist (§ 43 Abs. 1 WPO. Zu starke Regulierung widerspricht seinem Charakter als freien Beruf[1920]. Denn letztlich ist doch das Werteverständnis des einzelnen Berufsangehörigen entscheidend. Sein Gespür für das Vorhandensein von Interessenskonflikten und die Notwendigkeit ihrer Bewältigung muss sensibilisiert werden. Geeignet hierfür sind die Einführung flexibler Standards, die flankiert werden von einer obligatorischen externen Qualitätskontrollen, einer effektiven Berufsaufsicht und der Gewährleistung eines hohen Aus- und Weiterbildungsstandards

I. Externe Qualitätskontrolle[1921]

Die Einführung einheitlicher Qualitätsstandards für die Abschlussprüfung reicht aus Sicht der Öffentlichkeit allein nicht aus, um die notwendige Qualität und damit das Vertrauen in die Abschlussprüfung sicherzustellen. Sie fordert zusätzlich eine Kontrolle, die über die Einhaltung wacht. Dazu bietet sich die Einführung eines Peer Review an. Peer Review bedeutet allgemein gesprochen die "Prüfung der Prüfer durch den Prüfer"[1922]. Bezogen auf den Wirtschaftsprüfer handelt es sich um "ein berufsständisches Verfahren zur Sicherung der Qualität aller durch Wirtschaftsprüfer durchgeführter Aufgaben im weitesten Sinne"[1923]. Im Gegensatz zu einer bloßen internen Qualitätskontrolle (Quality Review) sind beim Peer Review die Anforderungen höher. Das Peer Review ist extern und die Ergebnisse werden der Öffentlichkeit mitgeteilt.

1919 *Plainstowe*, "Our global goal", Accountancy Mai 2001, S. 1.

1920 *Budde/Hense*, BeBiKomm., § 323 Rn. 17; *Kaminski*, in: WP-Handbuch Bd. 1, Abschn. A, Rn. 205.

1921 *Lück/Holzer*, DB 1993, S. 237-242. *Niehus*, Die Qualitätskontrolle in der Abschlußprüfung, Düsseldorf 1993.

1922 *Niehus*, HRev., Sp. 1339.

1923 *Theisen*, WPg 1994, 809, 820.

I. *Amerikanisches Vorbild*

1. Geschichte

Seine Wurzeln hat der Gedanke der externen Qualitätskontrolle im anglo-amerikanischen Raum[1924]. Peer Reviews werden dort nicht nur zur Sicherung und Verbesserung des Qualitätsniveaus im Rahmen der freien Berufen praktiziert, sondern finden auch bei der akademischen Forschung oder in der Industrie- und dem Dienstleistungsbereich Anwendung[1925]. Die Einführung des Peer Review für Wirtschaftsprüfer war eine Reaktion des Berufsstandes auf das sinkende Vertrauen der amerikanischen Öffentlichkeit in seine Tätigkeit. Vorausgegangen waren zahlreiche Unternehmenszusammenbrüche trotz Testatserteilung, die zu massiver Kritik am Abschlussprüfer geführt hatten[1926]. Um in dieser Situation einer vollständigen Übernahme der Aufgabe der Wirtschaftsprüfer durch den Staat oder zumindest einer staatlichen Kontrolle zu entgehen, wurde eine regelmäßige Überprüfung der Berufsausübung der Wirtschaftsprüfer und Wirtschaftsprüfergesellschaften durch andere Wirtschaftsprüfer eingeführt[1927].

2. Ausgestaltung

Die Prüfungspflicht wurde auf solche Wirtschaftsprüfer und Wirtschaftsprüfergesellschaften beschränkt, die eine börsennotierte Gesellschaft als Mandanten betreuen[1928]. Gegenstand des Review-Verfahrens sind die Einhaltung der Mitgliedschaftsbedingungen und das interne Qualitätskontrollsystem der Gesellschaft. Dabei wird geprüft, ob das interne Qualitätskontrollsystem der Gesellschaft in Bezug auf Umfang, Organisation und Struktur angemessen ist. Das Ergebnis der Prüfung wird in einem Bestätigungsvermerk an die Gesellschaft zusammengefasst[1929]. Die Berichte des Peer

---

1924 Vgl. *Albach*, FS Forster S. 1, 4.

1925 Vgl. *Lindgens-Strache*, BFuP 1997, 266, 268 m.w.N.

1926 *Lück/Holzer*, DB 1993, 237, 237.

1927 Überblick über das amerikanische System der externen Qualitätskontrolle gewährt *Niehus*, Die Qualitätskontrolle der Abschlussprüfung, Düsseldorf 1993 sowie *Havermann*, S. 123, 1129-131.

1928 Die AICPA Division of CPA Firms ist unterteilt in Firmen, die börsennotierte Gesellschaften prüfen (SEC-Practice-Section) und solche die nicht börsennotierte Gesellschaften prüfen (Private-Company-Section). Dem Peer Review unterliegen nur die Mitglieder der SEC-Practice-Section. Die Mitgliedschaft in der SECPS ist verpflichtend, wenn der Wirtschaftsprüfer oder die Gesellschaft einer börsennotiertes Unternehmen prüft. Durchgeführt wird das Peer Review von einer anderen Prüfungsgesellschaft oder einem von der SEC Practice Section zusammengestellten Team.

1929 Dabei wird zwischen uneingeschränktem, eingeschränktem und negativem Bestätigungsvermerk unterschieden. Ein eingeschränkter Bestätigungsvermerk kann mit einem Kommentar versehen werden, ohne seinen positiven Charakter zu verlieren. Der Kommentar bestätigt die

Reviewer sowie die Stellungnahme der geprüften Gesellschaft werden der Öffentlichkeit zugänglich gemacht. Über die ordnungsgemäße Durchführung der Peer Review Verfahren wacht das Public-Oversight-Board (POB). Dessen Mitglieder sind erfahrene, kompetente und unabhängige Personen, die nicht Mitglieder des Berufsstandes sind. Dadurch soll das Vertrauen der Öffentlichkeit gestärkt und die Qualität der Abschlussprüfung verbessert werden[1930].

II. *Entwicklungsstand in Europa*

In Europa existiert keine Pflicht zur Einführung eines Peer Review; ebenso fehlten ursprünglich einheitliche Standards. Deshalb bestanden bis vor kurzem nur in wenigen Staaten externe Qualitätskontrollen für den Wirtschaftsprüfer[1931]. Im Zusammenhang mit den Reformen der Rolle und Stellung des Abschlussprüfers wurde von der Kommission auf dieses Defizit hingewiesen. Angeregt durch eine Studie[1932] schlug sie im Grünbuch deshalb die Einführung einer einheitlichen externen Qualitätskontrolle vor. Des Weiteren hat sie am 21.9.2000 eine Empfehlung erlassen, die "Mindestanforderungen an Qualitätssicherungssysteme für die Abschlussprüfung in der EU" beinhaltet. Hintergrund der Entwicklung ist neben den in der Öffentlichkeit gestiegenen Anforderungen an die Glaubwürdigkeit des Prüfers der konkrete Druck, der von den Entwicklungen auf den Kapitalmärkten ausgeht. International bedeutende Börsen wie die NASDAQ anerkennen nämlich nur noch Unternehmensabschlüsse, die von Abschlussprüfern geprüft werden, die sich regelmäßig einem Peer Review unterziehen[1933]. Auch die International Federation of Accountants (IFAC) hat deshalb ihren Mitgliedsorganisationen zur Einführung einer externen Qualitätskontrolle geraten[1934]. Als Reaktion sind zwischenzeitlich in den meisten europäischen Ländern Qualitätskontrollen eingeführt worden – so erst kürzlich auch in Deutschland.

III. *Deutschland*

Obwohl die Bedeutung der Qualitätserhaltung für die Berufsausübung der Wirtschaftsprüfer auch in Deutschland seit je her anerkannt ist[1935], fand eine allgemeine Prüfung der internen Qualitätssicherungsmaßnahmen durch Dritte bisher nicht statt. Berufs-

---

grundsätzliche Übereinstimmung, weist aber auf gefundene Schwachstellen hin und gibt Verbesserungsvorschläge.

1930 *Bertl*, S. 39.

1931 Österreich und Griechenland besitzen keine externe Qualitätskontrolle. Italien fordert sie für Gesellschaften, die börsennotierte Unternehmen prüfen.

1932 *FEE*, Continuos Quality Assurance, Statutory Audit in Europe, Brüssel 1998.

1933 Siehe "Call for an open audit profession", Accountancy, Juni 1998, S. 13. Zu den Anforderungen der NASDAQ an das Peer Review siehe *Dörner*, FS Brönner, S. 93, 95.

1934 Zu den Einzelheiten siehe *IFAC*, International Professional Practice Statement 1 "Assuring the Quality of Professional Services", Juni 1999.

1935 *Dörner*, FS Brönner S. 93, 94.

ständische Maßnahmen zur Qualitätssicherung beschränkten sich darauf, die allgemeinen Berufspflichten, wie Unabhängigkeit, Gewissenhaftigkeit, Verschwiegenheit und Eigenverantwortung mittels Satzung und Stellungnahmen zu konkretisieren[1936], im Übrigen es aber den Berufsträgern selbst zu überlassen, durch geeignete Überwachungsmaßnahmen deren Gewährleistung in der Praxis sicher zu stellen. Die Einführung einer externen Qualitätskontrolle wurde als unvereinbar mit der Rolle und Stellung des Wirtschaftsprüfers angesehen. Die Idee eines Peer Review als Exzess einer "Societe de méfiance" bezeichnet und der Wirtschaftsprüfer vor einer Ausweitung des allgemeinen Argwohns gewarnt[1937]. Durch die beschriebenen Entwicklungen war aber auch hier der Berufsstand gezwungen, eine Initiative[1938] zu starten, die schließlich zur Einführung einer externen Qualitätskontrolle nach dem Vorbild des amerikanischen Peer Reviews in Deutschland führte[1939].

I. Einführung einer externen Qualitätskontrolle

a) Durchführung der Qualitätskontrolle

Die deutsche Version des Peer Review sieht laut Satzung der WPK[1940] vor, dass sich zuerst Wirtschaftsprüfer, die Prüfungen bei amtlich notierten Aktiengesellschaften vornehmen, später dann alle übrigen, die eine amtliche Pflichtprüfung durchführen, alle drei Jahre einer externen Qualitätskontrolle durch einen selbst gewählten Wirtschaftsprüfer[1941] unterziehen (§ 57a Abs. 1 S. 1 WPO)[1942]. Gegenstand der Kontrolle ist nach § 57a Abs. 2 S. 1 WPO das Interne Qualitätssicherungssystem, das den gesetzlichen Anforderungen und den Grundsätzen ordnungsmäßiger Berufsausübung zu entsprechen hat[1943]. Der Reviewer hat festzustellen, ob die betreffenden Regelungen

---

1936 Vgl. Stellungnahme VO 1/1995 "Zur Qualitätssicherung der Wirtschaftsprüferpraxis".

1937 Vgl. *Moxter*, WPg 1981, 579, 580 ("Ein solcher Prozess zerstört den Stand der Wirtschaftsprüfer auf Dauer. Ein Wirtschaftsprüfer dem kein Vertrauen mehr entgegengebracht wird, entspricht dem Priester, dessen Glaube bezweifelt werden muss: Mostren.")

1938 Zum Vorschlag des IDW siehe *Marks/Schmid*, WPg 1998, 975 bzw. der *WPK*, WPK-Mitt. 1999, 94.

1939 Möglicherweise hat auch hier der Gedanke einem staatlichem Eingriff zuvorzukommen eine Rolle gespielt, so *Niehus*, DB 2000, 1133, 1134; *Sahner/Schulte-Groß/Clauß*, WPg Sonderheft-April 2001, 5, 6.

1940 Eine gesetzliche Regelung war notwendig, da die Normen berufsregelnde Tendenz haben. Zur Neuregelung ausführlich *Niehus*, DB 2000, 1133-1142.

1941 Prüfer können alle Berufsangehörigen sein. Sie müssen drei Jahre Berufserfahrung und die notwendigen Kenntnisse für die Durchführung einer Qualitätskontrolle, insbesondere Kenntnisse der Berufsgrundsätze, haben. Zu weiteren Details siehe *Dörner*, FS Brönner, S. 93, 100.

1942 Allen übrigen soll eine freiwillige Durchführung möglich sein. Dadurch soll eine Zweiteilung des Berufsstandes vermieden werden, vgl. *Niehus*, DB 2000, 1133, 1135.

1943 *WPK/IDW*, Gemeinsame Stellungnahme, VO 1/1995 Zur Qualitätssicherung in der Wirtschaftsprüferpraxis, WPg 1995, 824.

angemessen umgesetzt sind und in der täglichen Arbeit auch eingehalten werden[1944]. Die Prüfung stellt damit keine „zweite Abschlussprüfung" dar, sondern soll einer "verlängerten Selbstkontrolle" dienen[1945]. Das Ergebnis der Prüfung ist neben einer Beschreibung von Gegenstand, Art und Umfang der Prüfung in einem Qualitätskontrollbericht zusammenzufassen (§ 57a Abs. 5 S. 1 WPO). Dabei kann das Prüfungsurteil versagt werden, wenn wesentliche Mängel vorliegen. Wird das Urteil eingeschränkt, so sind Empfehlungen auszusprechen, die als Grundlage zur Beseitigung der Mängel dienen können.

b) Kommission für Qualitätskontrolle

Empfänger des Qualitätskontrollberichts ist die bei der WPK angesiedelte Kommission für Qualitätskontrolle (KfQK). Bei ihr liegt die administrative Kontrolle über das Verfahren der Qualitätskontrolle. So erteilt sie die Bescheinigungen über die Teilnahme an der Qualitätskontrolle oder widerruft sie. Ebenso bescheidet sie Widersprüche, die gegen Entscheidungen im Zusammenhang mit der Qualitätskontrolle eingelegt wurden und trifft Entscheidungen hinsichtlich notwendiger Sanktionen nach § 57e Abs. 2 und 3 WPO. Darüber hinaus führt sie die Liste der Peer Reviewer und entscheidet über die Teilnahme (§ 57a Abs. 3 WPO). Besetzt ist das selbständige Organ mit Berufsangehörigen, die auf Vorschlag des Vorstandes vom Beirat der WPK für die Dauer von drei Jahren gewählt werden (§ 57e Abs. 1 S. 2 WPO). Wegen der bei der WPK angesiedelten Berufsaufsicht, war es notwendig, ein eigenständiges Organ zu schaffen, das innerhalb der WPK organisatorisch und personell selbständig ist. Nur so ist die Mitwirkung und Akzeptanz der Wirtschaftsprüfer beim Verfahren der Qualitätskontrolle zu gewährleisten.

c) Qualitätskontrollbeirat

Der so wichtigen Sicherung der Glaubwürdigkeit des Verfahrens in der Öffentlichkeit dient der Qualitätskontrollbeirat. Seine Mitglieder sind anerkannte Personen des öffentlichen Lebens, die nicht Mitglieder der WPK sind, jedoch über Kenntnisse in den Bereichen Rechnungslegung und Finanzen aus Wissenschaft und Rechtsprechung verfügen (§ 57f Abs. 1 S. 2 WPO). Ihre Amtszeit beträgt vier Jahre. Gewählt werden sie auf Vorschlag des Vorstands der WPK, der der Zustimmung des Bundesministeriums für Wirtschaft und Technologie bedarf, durch den Beirat der WPK. Sie sind unabhängig und an keine Weisung gebunden. Zu ihren Aufgaben zählt einerseits die Überwachung der Angemessenheit und Funktionsfähigkeit des Systems der QK (§ 57f Abs. 2 WPO) andererseits soll das Gremium Vorschläge zur Fortentwicklung und Verbesserung des Systems aussprechen. Dazu verfügen die Mitglieder über umfang-

---

1944 *Dörner*, FS Brönner, S. 93, 98.
1945 *Niehus*, DB 2000, 1133, 1138.

reiche Einsichts- und Informationsrechte - so können sie beispielsweise an einer Qualitätskontrolle vor Ort teilnehmen - unterliegen aber auch nach dem Ausscheiden aus dem Amt der Pflicht zur Verschwiegenheit. Um die notwendige Transparenz des Verfahrens sicherzustellen, legt der Qualitätskontrollbeirat jährlich gegenüber der Öffentlichkeit Rechenschaft in einem Bericht über seine Tätigkeit ab. Dem gleichen Ziel dient die Berichterstattung der Kommission für Qualitätskontrolle. Sie soll ebenfalls die Öffentlichkeit in anonymisierter Weise in einem Bericht über die Ergebnisse der durchgeführten Qualitätskontrollen aufklären. Darin soll zur Zahl der durchgeführten Kontrollen sowie den festgestellten Mängeln berichtet werden.

2. *Kritik*

Aus Sicht des Berufsstandes wird das eingeführte Qualitätskontrollsystem als Erfolg gewertet. Da es die Zuständigkeit dem Berufsstand überlässt, anerkennt es dessen bisherige Praxis und bestätigt das Prinzip der freiberuflichen Selbstverwaltung[1946]. Von Seiten der Wirtschaftsprüfer wird die Einführung der externen Qualitätskontrolle folglich auch als "Schlussstein in dem Gebäude der prüferischen Qualitätsarbeit" betrachtet[1947]. In der Praxis stellt die Einführung der Qualitätskontrolle für internationale Prüfungsgesellschaften und die ihnen angeschlossenen Praxen keine gravierende Veränderung dar. Sofern ihre Mandanten der Aufsicht der SEC unterliegen, waren sie schon bisher verpflichtet, ein Peer Review durchzuführen. In der Regel wird diese Pflicht im Rahmen von internationalen Kooperationsverträgen auch auf andere angeschlossene Abschlussprüfungsgesellschaften übertragen[1948].

In der Literatur ist die Einführung der Qualitätskontrolle zumindest im Grundsatz begrüßt worden[1949]. Kritik entzündet sich neben untergeordneten organisatorischen Fragen[1950] jedoch an einigen Teilaspekten der Konzeption. Es wird beispielsweise gefordert, die Qualitätskontrolle, die sich bis jetzt auf die Durchführung von Pflichtprüfung beschränkte, auch auf die übrigen Tätigkeiten des Wirtschaftsprüfers auszudehnen. Denn organisatorisch seien die Aufgabenbereiche nicht trennbar; zumindest treffe die öffentliche Wahrnehmung keine Unterscheidung. Auch die Prüfungsinhalte werden kritisiert. So könne es sich als nachteilhaft herausstellen, dass sich das Peer Review nicht auf die Kontrolle umstrittener Mandate selbst richte. So würde statt dem Umgang mit schwierigen Bewertungen, dem möglichen Einfluss des Vorstands auf den Ausgang der Prüfung von den Reviewern die Qualität der Arbeitsabläufe, die Zuverlässigkeit der Dokumentation und die Qualität der internen Fortbildung geprüft. Besonders kritisch wird aber das Fehlen "flankierender Maßnahmen" angemerkt[1951].

1946 Vgl. *Niehus*, DB 2000, 1133, 1135.

1947 *Hammers-Strizek*, WPg 1999, 911.

1948 *Heydkamp/Dyck*, FS Luik, S. 217; *Niehus*, DB 2000, 1133, 1135.

1949 *Marten*, WPK-Mitt. Sonderheft April 2001, 23, 26; *Niehus*, DB 2000, 1133, 1141.

1950 Zu einer möglicherweise notwendigen Rotation des Peer Reviewers sowie zu Mängeln der Nominierung der Mitglieder des Qualitätskontrollbeirats, siehe *Niehus*, DB 2000, 1133.

1951 *Niehus*, DB 2000, 1133, 1141.

Anders als beim amerikanischen Vorbild fehle in Deutschland eine der SEC vergleichbare Behörde[1952]. Dem Wirken der amerikanischen Aufsichtsbehörde wird aber ein maßgeblicher Anteil am Erfolg des "Peer Reviews" zugeschrieben. Es wird daher zumindest angezweifelt, ob das neue Verfahren in der Öffentlichkeit ausreichend akzeptiert werden wird[1953].

Erste Reaktionen in der Öffentlichkeit sind z.T. kritisch. Skeptiker halten die Maßnahme für einen geschickten "Marketing-Gag"[1954]. Es wird befürchtet, dass die Wirtschaftsprüfergesellschaften die Prüfung nicht mit der notwendigen Schärfe und Gründlichkeit durchführen, getreu dem Motto "decimus non decimat"; sei doch wegen der geringen Zahl an Prüfungsgesellschaften, die auf Grund ihrer Größe imstande sind, ein Peer Review durchzuführen, mit einem Wiedersehen unter umgekehrten Vorzeichen zu rechnen. Darüber hinaus würde allzu heftige Kritik nicht nur dem geprüften Kandidaten, sondern der gesamten Branche schaden. Erste Erfahrungen in der Praxis zeigen, dass sich die Gesellschaften schwer dabei tun, Konkurrenten Einblick in die jeweiligen Prüfungsunterlagen zu geben[1955].

3. Würdigung

Die Stellungnahmen offenbaren, dass, entgegen der Behauptung des Berufsstandes, mit der Einführung der externen Qualitätskontrolle keinesfalls der "Schlussstein im Gebäude der Qualitätssicherung" des Abschlussprüfers gesetzt worden ist. Ein Blick über die Grenzen zeigt, dass man dort schon einen Schritt weiter ist, insbesondere was die Beteiligung der Öffentlichkeit und die Transparenz des Verfahrens betrifft[1956].

a) England

In England hat man mit der Accountancy Foundation (AC) ein vom Berufsstand unabhängiges Gremium geschaffen[1957], das als Bindeglied zwischen Berufsstand und Öffentlichkeit dienen soll[1958]. Ihm untergliedert sind das Review Board, das Ehtics and

---

1952 So hält *Küting* eine Prüfungsinstanz nach amerikanischem Muster für unverzichtbar. Sie soll wie die SEC mit erheblichen Sanktionen ausgestattet sein und sowohl die Bilanzierung als auch die sachgerechte Prüfung überwachen, vgl. *Schmergal*, „Wer prüft die Prüfer", in: Die Welt v. 10.6.2001, S. 48.

1953 *Niehus*, DB 2000, 1133, 1142.

1954 *Rössing*, "In Zukunft wird genau hingeschaut", FTD v. 23.3.2001, S. 33.

1955 So kritisiert *Dörner* die "mangelnde Kooperationsbereitschaft" der geprüften Gesellschaften, die ein stichhaltiges Urteil erschweren, vgl. *Rössing*, "In Zukunft wird genau hingeschaut", FTD v. 23.3.2001, S. 33.

1956 Siehe auch *Gloeck*, WPK-Mitt. 1997, 275-292.

1957 *O.V.*, "Meet the regulators", Accountancy, Juli 2001, S. 22.

1958 Daneben besteht eine Diskussion um ein vom Berufssstand unabhängiges Gremium, dem die Überwachung, Disziplinierung sowie die Herausgabe von Standards für die Abschlussprüfung übertragen werden sollte. Im Raum stehen verschiedene Lösungen. Zum einen wird an ein

Standards Board, das Auditing Practices Board und das Investigation and Discipline Board. Die Funktion der Accountancy Foundation ist es, dafür zu sorgen, dass der Berufsstand dem öffentlichen Interesse ausreichend Rechnung trägt. Dazu gehört, dass die Unabhängigkeit und Effizienz des Berufsstandes gestärkt wird. Zu den konkreten Aufgaben des Review Board zählt die Aufsicht über die Arbeit des Berufsstandes hinsichtlich der Aus- und Fortbildung der Wirtschaftsprüfer, der Zulassung zum Berufsstand und der Berufsausübung. Ebenso soll es Studien, die Aufschluss über das öffentliche Interesse geben, durchführen. Im Ethics and Standards Board sollen die maßgeblichen Richtlinien entwickelt werden, während die Ausarbeitung der Standards im Detail weiterhin dem Berufsstand überlassen bleibt. Das Investigation and Discipline Board, das die Arbeit von Joint Disciplinary Scheme (JDS) übernimmt, das bisher von dem Institute of Chartered Accountants of England and Wales (ICAEW) und dem Institute of Chartered Accountants of Scotland (ICAS) geleitet wurde, hat die Aufgabe, Fälle, die in der Öffentlichkeit für Aufregung gesorgt haben, zu untersuchen. Darüber hinaus kann es auch - anders als das JDS - Fälle an sich ziehen und muss nicht warten bis es vom Berufsstand angerufen wird.

b) USA

Nachdem das Panel on Audit Effectiveness bereits auf Mängel der bestehenden Berufsaufsicht hingewiesen hatte[1959] sieht der Sarbanes-Oxley Act nun eine vollständige Neuregelung der Kontrolle über die Prüfer vor. Danach ist beabsichtigt anstelle des existierenden Peer-Review Systems ein neues privatrechtliches Aufsichtsorgan das "Public Company Accounting Oversight Board" (PCAOB) zu schaffen, das von der SEC überwacht wird und bei dem sich die Prüfungsgesellschaften registrieren lassen müssen[1960]. Das PCAOB kann bestehende Prüfungs-, Unabhängigkeits- und Qualitätskontrollstandards von Berufsvereinigungen übernehmen, ändern oder ergänzen oder komplett neu fassen. Gleichzeitig obliegt ihm die Kontrolle über die Einhaltung der berufsrechtlichen Vorschriften durch die Prüfungsunternehmen[1961] Dazu kann das PCAOB neben den turnusgemäßen Qualitätskontrollen auch Kontrollen aus eigenem Antrieb oder im Auftrag der SEC vornehmen. Festgestellte Verstöße können den staatlichen Stellen bzw. der SEC mitgeteilt werden. Als Sanktionsmöglichkeiten stehen Rüge, Geldstrafe oder der Entzug der Registrierung zur Verfügung. Insgesamt wird befürchtet, daß durch die vorgenannten Maßnahmen die betroffenen Prüfungsunternehmen "faktisch unter Staatsaufsicht" gestellt werden[1962].

Audit Council gedacht, dass privatrechtlich organisisiert wäre, zum anderen an eine staatliche Kommission, dem Audit Commission oder einer UKSEC.

1959 *Schmidt*, WPg 2000, 793, 806.

1960 Sec. 101-109. Siehe hierzu ausführlich *Lenz*, BB 2002, 2270.

1961 Sec. 104.

1962 Vgl. *Lenz*, BB 2002, 2270, 2273 m.w.Nachw.

c) Zusammenfassung

Die Entwicklungen in den USA und die Diskussion um ein "Review der Reviewer"[1963] zeigen: Solange die Qualitätskontrolle von den Wirtschaftsprüfern als Selbstverwaltungsaufgabe wahrgenommen wird, bleibt ein letzter Rest an Misstrauen von Seiten der Öffentlichkeit bestehen[1964]. Daraus sollte aber nicht gefolgert werden, dass es sinnvoller wäre, die Kontrolle in Zukunft ausschließlich von staatlichen Gremien durchführen zu lassen. Dazu fehlt dort das notwendige Know-how und die Kapazität[1965]. Vielmehr ist ein tragfähiger Kompromiss zwischen dem öffentlichen Interesse an der Sicherstellung einer unabhängigen Abschlussprüfung und dem Interesse des Berufsstandes an der Selbstverwaltung zu finden; zumal sich diese Interessen nicht nicht zwangsläufig entgegenstehen. Ein Schlüssel hierzu ist die Transparenz. Um ihr zu genügen, ist es notwendig, dass der Qualitätskontrollbeirat als Organ der öffentlichen Kontrolle zukünftig eine noch aktivere Rolle übernimmt als ihm bisher zugedacht worden ist[1966]. Ein wichtiges Element in einem solchen System kann dabei die Zusammenarbeit mit dem bereits erwähnten "deutschen FRRP" spielen[1967]. Gemeinsam könnten diese Gremien für eine bessere öffentliche Kontrolle der Qualität und damit für mehr Vertrauen in die Abschlussprüfung sorgen.

J. Berufsaufsicht und Berufsgerichtsbarkeit

Neben der obligatorischen externen Qualitätskontrolle stellt die Berufsaufsicht ein weiteres wichtiges Mittel zur Förderung der Qualität der Abschlussprüfung dar. Sie überwacht die Einhaltung der Berufspflichten der Wirtschaftsprüfer und trägt damit zur Steigerung des Vertrauens der Öffentlichkeit in die Arbeit des Prüfers bei.

I. *Situation*

Nach § 57 Abs. 1 WPO obliegt der Wirtschaftsprüferkammer die Aufgabe, "die beruflichen Belange der Gesamtheit der Mitglieder zu wahren und die Erfüllung der beruflichen Pflichten zu überwachen". Diese Pflicht wird in § 57 Abs. 2 WPO näher ausgestaltet. Zu erwähnen sind sowohl die Beratung und Belehrung von Mitgliedern in Fragen der Berufspflichten (§ 57 Abs. 2 Nr. 1 WPO)[1968] als auch die Überwachung der Erfüllung der den Mitgliedern obliegenden Pflichten in Verbindung mit dem Rügerecht (§ 57 Abs. 2 Nr. 4 WPO)[1969]. In der Regel stützt sich die Überwachung der

---

1963 Siehe hierzu schon *Emmerich*, Kontrolle, S. 215.
1964 *Land*, "The future of audit regulation", Accountancy, Juli 1995, S.92.
1965 *O.V.*, "Auditing the Auditors", in:FT v. 10.01.2000, S. 14.
1966 Niehus, DB 2000, 1133, 1141
1967 Siehe hierzu Seite 157.
1968 Siehe hierzu *Quick*, BuW 1997, 241, 242.
1969 Siehe hierzu *Tempelhoff*, WPK-Mitt. 1997, 275, 277.

Einhaltung der Berufspflichten auf allgemein zugängliche Zeugnisse (Presse oder sonstige Mitteilungen). Ferner nimmt die WPK eine Durchsicht der im Bundesanzeiger veröffentlichten Jahresabschlüsse vor. Stellt die Rüge kein ausreichendes Mittel dar, um dabei festgestellte Pflichtverletzungen zu ahnden, so kann die WPK beim Staatsanwalt Antrag auf Einleitung eines berufsgerichtlichen Verfahrens stellen (§ 63 Abs. 2 Satz 1 WPO)[1970]. Zuständig für das Verfahren sind besondere Kammern und Senate für Wirtschaftsprüfer bei den ordentlichen Gerichten[1971]. Sie sind in der Regel mit Wirtschaftsprüfern, die einer Vorschlagsliste der Wirtschaftsprüferkammer entstammen, als Beisitzer besetzt[1972]. Diese Beteiligung des Berufsstandes soll dazu dienen, dass das notwendige Wissen um die Berufspraxis und die Sachkunde in die richterliche Beurteilung mit einfließt[1973]. Stellen die Gerichte fest, dass der Prüfer seine Pflichten schuldhaft verletzt, so können sie abgestuft folgende Sanktionen verhängen: Warnung, Verweis[1974], Geldbuße bis zu 50 000 Euro (§ 68 Abs. 2 WPO) sowie Ausschluss aus dem Beruf[1975]. Die Verhandlung findet dabei grundsätzlich unter Ausschluss der Öffentlichkeit statt (§ 99 Abs. 1 Satz 1 WPO)[1976].

II. *Kritik*

Aus Sicht der Gegner des bestehenden Verfahrens der Berufsaufsicht existieren eine Reihe von Schwächen. Bemängelt wird die Verschwiegenheitspflicht des Prüfers (§ 62 Satz 2 WPO)[1977], welche die Ermittlungen der Berufsaufsicht behindert. Ebenso wird die mangelnde Auskunftspflicht der Unternehmen als nachteilhaft gesehen[1978]. Denn zusammen sorgen beide Umstände dafür, dass die Aufdeckung von Verstößen durch die WPK zu sehr von Zufällen abhängt[1979]. Hauptsächlich kritisiert wird aber die mangelnde Transparenz des Verfahrens der Berufsaufsicht, die dazu führe, dass nur schwer Aussagen über dessen Effizienz möglich sind. Denn an dieser Effizienz bestünden er-

---

1970 Zu anderen Möglichkeiten der Verfahrenseinletung sowie zum Verfahrensablauf selbst siehe *Tempelhoff*, WPK-Mitt. 1997, 275, 278.

1971 Der Rechtszug beinhaltet drei Instanzen. Zuständig für das Verfahren in 1. Instanz ist die Kammer für Wirtschaftsprüfersachen beim Landgericht Berlin (§ 72 Abs. 1 WPO). Die Berufung geht zum Senat für WP-Sachen beim Kammergericht (§ 73 Abs. 1 WPO). In letzter Instanz entscheidet der Senat für WP-Sachen beim BGH (§ 74 Abs. 1 WPO).

1972 Siehe. §§ 72 Abs. 2, 73 Abs. 2 und 74 Abs. 2 WPO. Siehe hierzu *Tempelhoff*, WPK-Mitt. 1997, 275, 278.

1973 *Tempelhoff*, WPK-Mitt. 1997, 275, 278.

1974 Warnung und Verweis unterscheiden sich hauptsächlich durch die Frist zur Tilgung in den über den Wirtschaftsprüfer geführten Akten (§ 126 Abs. 1 Satz 1 WPO). Siehe hierzu ausführlich *Quick*, BuW 1997, 241, 245-246.

1975 Siehe hierzu sowie zur Möglichkeit des vorläufigen Berufsverbots (§ 111 WPO) *Quick*, BuW 1997, 241, 245.

1976 Zu den Ausnahmen siehe § 99 Abs. 1 und Abs. 2 WPO.

1977 Siehe hierzu *Quick*, BuW 1997, 241, 242.

1978 *Schulze-Osterloh*, Stellung und Unabhängigkeit, S. 94, 114-115.

1979 Vgl. *Quick*, BuW 1997, 321, 324 m. w. Nachw.

hebliche Zweifel, zumindest wenn man die Zahlen für sich sprechen lasse[1980]. Danach wurden in einem Zeitraum von 30 Jahren (1961-1992) im Durchschnitt lediglich 6 Mitglieder jährlich von der WPK mit einer Rüge belegt[1981]. Ähnlich sind die Statistiken für die Verfahren vor den Berufsgerichten. In den Jahren 1961 bis 1978 wurden von der Kammer für Wirtschaftsprüfersachen bei dem LG Düsseldorf 31 Urteile erlassen. Diese beinhalteten in den meisten Fällen Verwarnungen und Verweise. Nur in seltenen Fällen wurde eine Geldbuße oder gar ein Berufsverbot ausgesprochen. In diesem Zusammenhang wird auch allgemein Kritik an der Einrichtung der Berufsgerichte[1982]geübt. Insbesondere wird aber die maßgebliche Beteiligung des Berufsstandes an den Berufsgerichten – wie beispielsweise die Majorität der Berufsangehörigen in der 1. Instanz – als nicht vertrauensfördernd moniert[1983]. Ebenso wird die selektive und nicht ausreichend zeitnahe Veröffentlichung der behandelten Fälle durch die WPK bemängelt[1984].

III. *Würdigung*

Die mangelnde Transparenz der Berufsaufsicht und der Berufsgerichtsbarkeit wird zu Recht kritisiert. Denn nur der Nachweis einer funktionierenden Berufsaufsicht kann bestehendes Misstrauen gegen den Berufsstand beseitigen. Die bereits angedeutete stärkere Einbindung des FRRP und des Qualitätskontrollbeirats in das Verfahren der Berufsaufsicht könnte hier einen Beitrag zum Abbau von Schwächen und zum Aufbau von Vertrauen leisten[1985]. Zusätzliche Transparenz kann durch Veröffentlichung aller berufsgerichtlichen Entscheidungen erlangt werden. Des Weiteren ist zu überlegen, die Namen von Prüfern bzw. Prüfungsgesellschaften, die den Qualitätsanforderungen nicht genügen, zum Schutz der Öffentlichkeit und aus generalpräventiven Gründen öffentlich bekannt zu geben[1986]. Möglicher Bedenken hinsichtlich des Persönlichkeitsschutzes ist mit dem Argument der Notwendigkeit der Schaffung einer neuen “Kultur der Transparenz“ zu begegnen. Als Beispiel kann dabei auf Staaten wie USA, England oder Dänemark verwiesen werden, in denen schon länger das Prinzip des "naming and shaming"[1987] praktiziert wird[1988]. Darüber hinaus stellt “naming and shaming“ eine

---

1980 Statistisches Material findet sich bei *Quick*, BuW 1997, 321; *Tempelhoff*, WPK-Mitt. 1997, 275, 279 und *Emmerich*, S. 215, 220.

1981 *Tempelhoff*, WPK-Mitt. 1997, 275, 279.

1982 *Kornblum*, ZRP 1988, 465, 467-468.

1983 *Hönle*, S. 187.

1984 Die WPK veröffentlicht nur eine begrenzte Zahl der Fälle. Entscheidungskriterium ist dabei das allgemeine öffentliche Interesse. Die Entscheidungen werden anonym sowohl in einem Sammelband als auch zeitnah in den WPK-Mitteilungen veröffentlicht. *Mertens*, Erwartung und Wirklichkeit, S. 15, 26-27.

1985 Die Alternative die staatlichen Aufsicht (§ 66 WPO) zu intensivieren, stößt auf die bereits im Zusammenhang mit dem Aktienamt vorgebrachten Bedenken.

1986 Vgl. auch *Hunger*, S. 209.

1987 *Dewing/Russell*, Accountancy, August 2001, S. 94.

effiziente Methode zur Bestrafung von juristischen Personen dar[1989]. Denn die herkömmlichen Sanktionen werden dem Gedanken der Spezialprävention zumeist nur unzureichend gerecht, da sie in der Regel bei den für die Unternehmensorganen handelnden natürlichen Personen ansetzen[1990].

Eine weitere Überlegung in diese Richtung wäre - wie in England üblich - zumindest nach spektakulären Unternehmenszusammenbrüchen öffentliche Kommissionen einzusetzen, die für Aufklärung sorgen und die Schuldfrage klären. Denn in Deutschland bleiben selbst bei spektakulären Unternehmenszusammenbrüchen die Ursachen meist im Dunkeln, da die Fälle in der Regel durch Vergleich beendet werden, so dass die Schuldfrage und ein mögliches Versagen der Wirtschaftsprüfer oft nicht geklärt wird[1991]. Demgegenüber werden in England die Ergebnisse der Untersuchungen veröffentlicht, wobei in den "reports" ausführlich Stellung zur Rolle der Abschlussprüfer und Vorstände genommen wird[1992]. Eine solche Vorgehensweise würde nicht zuletzt auch dem Interesse der Abschlussprüfer an einer Rehabilitierung dienen. Denn bisher bleibt den Prüfern nach Vergleichen in der Regel nur die von der Öffentlichkeit eher misstrauisch beäugte Beteuerung, unschuldig zu sein[1993]. Nicht zuletzt würde mit dieser Maßnahme auch den Schadensersatzklagen von geschädigten Anlegern das erpresserische Potential genommen werden, das Wirtschaftsprüfer oft in für sie zweifelhafte Vergleiche drängt.

Des Weiteren spricht nichts dagegen, die Verschwiegenheitspflicht des Prüfers gegenüber der Berufsaufsicht aufzuheben, um das Verfahren effizienter zu machen. Denn die Mitglieder der WPK unterliegen ebenfalls einer Pflicht zur Verschwiegenheit (§ 64 WPO), so dass ein Geheimnisverrat oder ein Vertrauensverlust nicht zu befürchten ist. Ebenso ist zu überlegen, die Auskunftsrechte der WPK gegenüber dem geprüften Unternehmen zu erweitern, etwa was Prüfungsbericht und –unterlagen be-

---

1988 Zur Bedeutung des sozio-kulturellen Umfeldes für die unterschiedliche Wirkung von Maßnahmen, die auf die persönliche Betroffenheit des Abschlussprüfers abzielen, siehe *Ebke*, Dritthaftung, S. 280-281.

1989 Zur Anwendung von "administrative proceedings" nach Rule 2(e) der SEC Rules of Practice auf Wirtschaftsprüfergesellschaften siehe *Ebke*, Dritthaftung, S. 136-139.

1990 Laut *Fearnsley/Brandt*, "When the rules don't quite fit", Accountancy, März 2000, S.65 hat sich die Effizienz des Prinzips "name and shame" erst jüngst wieder im PwC-Fall gezeigt. Dort hatte die Bekanntgabe von zahlreichen Verstössen gegen Unabhängigkeitsvorschriften durch die SEC zu massivem öffentlichen Druck auf die Prüfungsgesellschaft geführt. Siehe hierzu auch *o.V.*, "SEC deals another blow to PwC", Accountancy, März 2000, S.12.

1991 So wurden die Fälle Balsam/Procedo, Holzmann und jetzt Flowtex alle durch Vergleich mit den Gläubigerbanken beendet, vgl. *o.V.*, „Für KPMG wird der Flowtex-Skandal teuer", in HB v. 17.5.2001, S.18.

1992 Ein Beispiel aus jüngerer Vergangenheit ist der des Maxwell-Report. Siehe dazu *Malvern*, "Still learning lessons from Maxwell", Accountancy, Mai 2001, S. 21; sowie *o.V.*; "Maxwell report critizises auditors", World Accounting Report, Mai 2001, S. 8.

1993 Repräsentativ der Kommentar von *Gregor*, "Prozess erspart", Stuttgarter Zeitung v. 17.5.2001, S. 9: „Wäre die KPMG von ihrer Unschuld überzeugt, sie hätte kaum dem jetzt ausgehandelten Vergleich zugestimmt" und *o.V.*, "Noch'n Schnaps", Frankfurter Rundschau v. 17.5.2001, S. 11.

trifft[1994]. Dies würde die Suche nach Anhaltspunkten für eine unsachgemäße Beeinflussung erheblich vereinfachen. Dabei ist jedoch - wie *Schulze-Osterloh* treffend anmerkt – darauf zu achten, dass die Überwachung hauptsächlich auf die Einhaltung der Berufspflichten gerichtet ist und nicht auf eine inhaltliche Kontrolle der Prüfungsentscheidung des Abschlussprüfers hinausläuft[1995].

Die geforderte gänzliche Abschaffung der Berufsgerichtsbarkeit ist demgegenüber abzulehnen, da sie ein wesentlicher Bestandteil der Selbstverwaltung ist und wesentlich zum Berufsethos beiträgt[1996]. Nicht zu folgen ist auch dem Vorschlag, das Berufsgerichtsverfahren grundsätzlich öffentlich zu gestalten, da hierdurch Konflikte mit dem Gebot zur Verschwiegenheit entstehen, die eine sinnvolle Sachverhaltsaufklärung verhindern. Zudem würde zu pauschal in die Rechte Dritter eingegriffen. Erstrebenswert sind jedoch einige Modifikationen des Verfahrens. So ist eine zeitnahe Veröffentlichung der Entscheidungen nicht nur für die Öffentlichkeit wünschenswert, sondern stellt auch einen wichtigen Beitrag für die Professionalisierung des Berufsstandes dar, dem die Fälle als Richtschnur dienen können. Ebenso sollte eine veränderte Besetzung der Kammern in die Überlegungen miteinbezogen werden. Die Majorität der Wirtschaftsprüfer erster Instanz ist zumindest durch eine paritätische Besetzung mit Berufsrichtern zu beseitigen. Des Weiteren scheint eine Besetzung der Kammern und Senate mit Vertretern von Empfängern des Jahresabschlusses – wie sie in anderen Ländern praktiziert wird - zumindest überlegenswert[1997]. Ebenso ist die Einführung einer zeitlich befristeten Suspendierung eine sinnvolle Maßnahme, da sie eine differenziertere Ahndung von Pflichtverstößen zulässt[1998]. Bei ausreichender öffentlicher Kontrolle und Rechenschaft der Berufsaufsicht bedarf es dagegen keiner zusätzlichen Möglichkeit für Dritte, unabhängig von der WPK ein berufsgerichtliches Verfahren einzuleiten. Vielmehr dient die Anzeige bei der WPK oder der Staatsanwaltschaft als wichtiger Filter, um unnötige Prozesse, welche die Berufsträger belasten, zu vermeiden.

K. Ausbildung und Berufszugang

Eine ausreichend hohe Qualität der Ausbildung ist nicht nur bedeutsam um das Ansehen des Berufsstandes und die Unabhängigkeit des Prüfers zu gewährleisten, sondern sie schützt gleichzeitig auch vor den Gefahren der Haftung[1999].

1994 Siehe *Schulze-Osterloh*, Stellung und Unabhängigkeit, S. 94, 115-116; *Tempelhoff*, WPK-Mitt. 1997, 275, 285.

1995 *Schulze-Osterloh*, Stellung und Unabhängigkeit, S. 94, 116.

1996 *Tempelhoff*, WPK-Mitt. 1997, 275, 286.

1997 Zum Beispiel Dänemark siehe *Quick/Warming-Rasmussen*, WPK-Mitt. 1999, 132, 139.

1998 Vgl. *Quick/Warming-Rasmussen*, WPK-Mitt. 1999, 132, 139. Zur Rule 2(e) der SEC Rule of Practice, die ebenfalls einen zeitweiligen Ausschluss vom Tätigwerden im Geltungsbereich der securities laws anerkennt, siehe *Ebke*, Dritthaftung, S. 136-138.

1999 *Black*, 55 The Bus. Law. 1565, 1586 (2000).

I. *Situation*

Die Zulassung zum Wirtschaftsprüfer setzt in Deutschland in der Regel[2000] ein Universitätsstudium bestimmter Art (§ 8 WPO), ausreichende Berufserfahrung (§ 9 WPO) sowie das erfolgreiche Bestehen einer schriftlichen und mündlichen Prüfung (§ 12 WPO) voraus[2001]. Die gegenwärtige Prüfungsordnung geht auf das Jahr 1962 zurück. Die letzte wesentliche Änderung des Berufsexamens datiert aus dem Jahre 1975. Zwischenzeitlich haben sich aber die Rahmenbedingungen für den Abschlussprüfer wesentlich verändert. Die Globalisierung, die Einführung neuer Technologien insbesondere im IT-Bereich sowie die Bedeutung des Kapitalmarkts haben die Anforderungen an das Berufsbild des Abschlussprüfers wesentlich verändert[2002]. Die WPK hat deshalb einen Ausschuss "Berufsbild und Examen" eingesetzt und ein wissenschaftliches Gutachten beauftragt, das sich mit den erforderlich gewordenen Anpassungen bei den Zugangsvoraussetzungen zum WP Beruf beschäftigen soll[2003]. Die Ergebnisse sollen im Rahmen der 5. WPO-Novelle umgesetzt werden. Erste Veränderungen sind bereits durch die 4. WPO-Novelle eingeführt worden. So sind die Anforderungen an die praktische Berufserfahrung von vier auf drei Jahre verkürzt worden[2004]. Dies entspricht den Empfehlungen der 8. Richtlinie, die allgemein für die EU-Mitgliedstaaten die Kriterien für die Befähigung zum Prüfungsamt festlegt[2005]. Weiter ist geplant, die Durchführung des Berufsexamens von den Ländern auf die WPK zu übertragen[2006]. Auch in anderen Staaten sind entsprechende Aktivitäten zu beobachten. So hat die Schweiz erst kürzlich ihre Ausbildungs- und Prüfungsinhalte grundsätzlich reformiert[2007]. Die USA haben mit dem Gremium "Content Oversight Task" Force ein Gremium eingerichtet, das eine zeitnahe Aktualisierung der Prüfungsinhalte sicherstellen soll[2008].

II. *Kritik und Reformen*

International wird das Ausbildungsniveau des deutschen Wirtschaftsprüfers als sehr hoch eingeschätzt, so dass es Kritikern nicht vorrangig um eine Verbesserung der Qualifikation geht[2009]. Hinsichtlich der Inhalte des Examens (§ 5 PrüfOWP) fordern

---

2000 Einen erleichterten Zugang sehen die Vorschriften des § 131ff. WPO vor.

2001 Siehe hierzu *Kaminski*, in: WP-Handbuch, Bd. I, Abschnitt A, Rn. 44 ff; *Scherrrer*, HRev., Sp. 2180-2188.

2002 *Wiedmann*, WPg 1998, 338.

2003 Siehe hierzu *Gebler*, WPK-Mitt. 2000, 166.

2004 Siehe hierzu *Bahr/Richter*, WPK-Mitt. 2001, 6, 20.

2005 Siehe dort Art. 8 Abs. 1. Zur Richtlinie siehe *Lutter*, Europäisches Unternehmensrecht, S. 229.

2006 Nach *Wahl*, WPK-Mitt. 2001, 93 soll die WPK ab 1. Januar 2004 die Durchführung des Examens übernehmen.

2007 *Bahr/Richter*, WPK-Mitt. 2000, 214 m. w. Nachw.

2008 *Bahr/Richter*, WPK-Mitt. 2000, 214 m. w. Nachw.

2009 *Biener*, FS Havermann, S. 37, 44-45.

sie lediglich, dass dem Einfluss der neuen Technologien[2010] und internationaler Rechnungslegungsvorschriften (IAS, US-GAAP) stärker Rechnung zu tragen sei[2011]. Nach Ansicht des Berufsstandes droht in Deutschland die Gefahr, dass durch zu strenge und zu lange Ausbildungszeiten die Attraktivität des Berufsstandes verloren gehe[2012]. Eine Verkürzung der Ausbildung stellt sich aber als schwierig heraus. Die Verkürzung der praktischen Berufserfahrung (§ 9 WPO) wird kritisch gesehen, da die entsprechende Prüfungsforschung noch nicht so weit sei, das notwendige Wissen im Rahmen einer formalen Ausbildung zu vermitteln[2013]. Gleiches gelte für die universitäre Ausbildung. Sie sei nur ansatzweise imstande, Prüfungsrealität und die Anwendung von prüfungsspezifischem Wissen und Methoden zu vermitteln. Fallstudien würden danach nur sehr unzureichend den Informationsreichtum und die Komplexität von Prüfungen widerspiegeln[2014]. Eine Verkürzung der praktischen Ausbildungszeit ohne Ausgleich sei damit nach Ansicht der Experten zwangsläufig mit einem Qualitätsverlust verbunden. Ausgehend von dem Grundgedanke, dass die Ausbildungszeiten nach dem Berufsexamen wertvoller sind, da entsprechendes Fachwissen vorhanden ist, schlagen sie deshalb die Einführung sog. "Lehrjahre" nach dem Examen vor. Sie verweisen dabei auf Modelle - wie sie beispielsweise in Großbritannien praktiziert werden, wo nach Abschluss des Examens zwei weitere Jahre Prüfungstätigkeit nachzuweisen seien, um die Testierreife zu erhalten[2015]. Andere Überlegungen bevorzugen eine Differenzierung der Testierfähigkeit abhängig von den Anforderungen des Prüfungsmandats[2016]. Schon länger existieren Vorschläge, den Einheitswirtschaftsprüfer aufzugeben und speziellen Fachwirtschaftsprüfer, vergleichbar der Spezialisierung in anderen Berufsfeldern[2017], einzuführen. Dabei wird auf die zunehmende Spezialisierung und Konzentration der Unternehmen auf ihr Kerngeschäft verwiesen[2018].

III. *Würdigung*

In großen Wirtschaftsprüfergesellschaften findet bereits heute eine Spezialisierung der Prüfer statt. Eine entsprechende Beschränkung in der Ausbildung oder später in der Praxis würde daher für die übrigen Prüfer eine unnötige Beschränkung darstellen. Zudem kann das Spezialwissen, das etwa für ein Benchmarking notwendig ist, nur durch längere Tätigkeit auf diesem Gebiet und nicht in der universitären Ausbildung erworben werden. Eine Überarbeitung der Prüfungsordnungen zur Gewährleistung einer

---

2010 Zur Rolle moderner Informations- und Komunikationsmittel in der Praxis der Wirtschaftsprüfers siehe *Meisel*, WPK-Mitt. 1997, 113.

2011 *Schmidt*, WPg 1998, 319, 324; *Bahr/Richter*, WPK-Mitt. 2000, 214, 218.

2012 Vgl. *Wiedmann*, "Bei den Wirtschaftsprüfern bleiben zwei von drei Stellen offen", in FAZ v. 14.5.2001, S. 22

2013 *Bahr/Richter*, WPK-Mitt. 2000, 214, 217.

2014 *Bahr/Richter*, WPK-Mitt. 2000, 214, 217.

2015 *Gebler*, WPK-Mitt. 2000, 166, 167.

2016 *Gebler*, WPK-Mitt. 2000, 166, 167.

2017 *Jenkis*, S. 160.

2018 *Theisen*, WPg 1994, 809, 818.

zeitgemäßen Ausbildung des Wirtschaftsprüfers hat demgegenüber behutsam vorzugehen. Die Sicherstellung ausreichender Attraktivität des Berufsstandes ist dabei ein wichtiger Gesichtspunkt. Denn nur so können ausreichend qualifizierte Hochschulabsolventen gewonnen werden. Gleichzeitig muss aber nach wie vor die Qualität der Prüfung gesichert sein. Denn nur so ist die Autorität und Unabhängigkeit und damit die öffentliche Akzeptanz des Abschlussprüfers gewährleistet. Die Übertragung der Durchführung der Prüfung auf die WPK unter Beibehaltung des Charakters einer staatlichen Prüfung ist hierzu ein wichtiger Schritt. Er bürgt für die ausreichende Berücksichtigung der öffentlichen Interessen und sorgt für eine einheitliche Qualität. Gleichzeitig hilft er dem Prüfer, ein moderates Haftungssystem zu rechtfertigen, wie das Beispiel USA zeigt. Denn dort wird die Zulassung zum Berufsstand hauptsächlich von dem AICPA geregelt[2019]. Ein gesetzlich vorgeschriebenes Berufsexamen besteht nicht. Gerichte und Gesetzgeber haben deshalb bewusst das Dritthaftungsrisiko als Gegengewicht eingesetzt, um eine den Zielen der Abschlussprüfung entsprechende berufliche Qualifikation der Prüfer schon im Zeitpunkt der Bestellung sicherzustellen[2020]

§ 6: Reform der Position des Abschlussprüfers innerhalb der Aktiengesellschaft

Um den Abschlussprüfer und seine Tätigkeit an die Bedürfnisse der Öffentlichkeit, insbesondere des Kapitalmarkts („externen Corporate Governance") anzupassen, reicht es nicht aus, lediglich seine externen Aufgaben und Funktionen zu verändern, sondern es muss auch seine interne Position innerhalb der Unternehmensverfassung ("interne Corporate Governance") für die neuen Anforderungen gestärkt werden. Denn nur im sinnvollen Zusammenspiel mit den internen Überwachungsträgern, namentlich dem Aufsichtsrat, kann es dem Abschlussprüfer gelingen, die an ihn gerichteten komplexen Aufgaben und Erwartungen zu erfüllen und sein eigenes Haftungsrisiko zu begrenzen.

A. Allgemein

Sowohl die Reformen des KonTraG als auch die Ergebnisse der Regierungskommission Corporate Governance zeigen, dass die „interne Corporate Governance" in ihrer bisherigen Grundstruktur in Deutschland nicht zur Debatte steht[2021]. Eine Totalrevision, etwa im Sinne der Abschaffung des Aufsichtsrates und der Einführung eines amerikanischen Board-Systems, wie sie schon oft angedacht wurde, ist trotz heftiger Kritik für absehbare Zeit nicht geplant. Zumal eine Änderung auch die heikle Frage der Mitbestimmung, die an den Aufsichtsrat angeknüpft, klären müsste. Der Gesetzge-

---

[2019] *Ebke*, Dritthaftung, S. 131-132.

[2020] *Ebke*, Dritthaftung, S. 262.

[2021] *Mattheus*, ZGR 1999, 682, 687; *Regierungskommission "Corporate Governance"*, D2.1.

ber scheint mehr den je entschlossen, an der bisherigen Aufgabenverteilung festzuhalten und allenfalls Akzentuierungen vorzunehmen. Davon betroffen ist in erster Linie das Verhältnis des Abschlussprüfers zum Aufsichtsrat sowie zum Vorstand, weshalb nachfolgend auf das Verhältnis des Prüfers zu den einzelnen Organen der Gesellschaft näher eingegangen werden soll.

B. Bestellung und Abberufung des Abschlussprüfers

Den Anfang bilden aber Bestellung und Abberufung des Abschlussprüfers.

I. *Bestellung*

Das Verfahren zur Bestellung des Abschlussprüfers ist in § 318 HGB zentral geregelt. Die Vorschrift ist auf alle prüfungspflichtigen Kapitalgesellschaften anzuwenden. Bei der Aktiengesellschaft erfolgt die Wahl durch Beschluss der Hauptversammlung auf Vorschlag des Aufsichtsrates (§§ 119 Abs. 1 Nr. 4 AktG i.V.m. § 124 Abs. 3 Satz 1 AktG)[2022]. In der Vergangenheit ist dieses Verfahren aus Sicht der Öffentlichkeit immer wieder kritisiert worden.

1. Kritik

Es wurde befürchtet, dass damit die „Auftragsabhängigkeit" des Abschlussprüfers gefördert wird, da er damit rechnen muss, dass seine Wiederwahl wesentlich von den Vorschlägen der Unternehmensleitung abhängt[2023]. Denn in der Praxis falle in der Regel die Entscheidung über die Auswahl des Abschlussprüfers im Aufsichtsrat, da die Hauptversammlung, insbesondere bei breiter Streuung der Aktien, nicht in der Lage sei, sich auf einen eigenen gemeinsamen Vorschlag zu einigen. Der Aufsichtsrat vertraue aber mangels eigener Sachkunde regelmäßig auf die Anregungen des Vorstands, so dass dieser sich letztlich seinen eigenen Kontrolleur aussuchen könne[2024].

2. Reformen

Die in der Vergangenheit gemachten Vorschläge hinsichtlich einer Veränderung der Bestellkompetenzen konnten aber allesamt bisher nicht überzeugen und fanden folg-

---

[2022] Neben dem Aufsichtsrat besitzen auch die Aktionäre das Recht, einen Vorschlag zur Wahl des Abschlussprüfer zu unterbreiten (§ 127 AktG).

[2023] Siehe *Forster*, FS Werner, S. 131, 132; *Kropff*, in: Geßler/Hefermehl, AktG § 163 Rn. 3-4.

[2024] *Kropff*, in: Geßler/Hefermehl, AktG AktG § 163 Rn. 3.

lich beim Gesetzgeber kein Echo[2025]. Insbesondere galt dies für den Vorschlag zur Errichtung eines Aktienamtes[2026], das als unabhängige externe Stelle die Bestellung des Abschlussprüfers selbst vornehmen oder zumindest überprüfen und genehmigen sollte[2027]. Neben den bereits erwähnten Bedenken, die gegen die Errichtung einer solchen Behörde sprachen, wurde darin aus Sicht der Aktionäre ein wirtschaftsverfassungsrechtlich bedenklicher Eingriff in das System der sich selbst verwaltenden Akteingesellschaft gesehen[2028]. Nicht zuletzt um diese Rechte der Anteilseigner zu betonen, wurde deshalb vom Gesetzgeber festgelegt, dass das Recht zur Wahl des Abschlussprüfers durch die Hauptversammlung nicht übertragen oder eingeschränkt werden kann[2029].

Das KonTraG hat an der Bestellungskompetenz direkt ebenfalls keine Veränderungen vorgenommen, sondern versucht durch eine Reihe von anderen Verbesserungen dafür zu sorgen, dass die Abhängigkeit der anderen Organe vom Einfluss des Vorstandes reduziert wird. Hierzu zählen u.a. die Teilnahmepflicht des Abschlussprüfers an den Bilanzsitzungen des Aufsichtsrates (§ 171 Abs. 1 Satz 2 AktG), die Anregung zur Bildung von Bilanzausschüssen (§ 171 Abs. 2 AktG) und die Auftragserteilung durch den Aufsichtsrat (§ 318 Abs. 1 Satz 4 HGB). Zusammen sollen die Veränderungen für eine engere Zusammenarbeit zwischen Abschlussprüfer und Aufsichtsrat sorgen. Dadurch soll der Aufsichtsrat ein besseres Bild von der Arbeit des Abschlussprüfers bekommen und somit bei seinem Vorschlagsrecht weniger von den Eindrücken und Anregungen des Vorstandes abhängig sein.

Die *Regierungskommission "Corporate Governance"* hat schließlich Überlegungen angestellt, bei Konzernen die Wahl des Abschlussprüfers, der den Abhängigkeitsbericht nach § 313 AktG prüfen soll, künftig auf außenstehende Aktionäre zu übertragen, um so Zweifeln an seiner Unabhängigkeit zu begegnen[2030]. Der Vorschlag wurde jedoch letztlich verworfen, da dies in der Tendenz unterschiedliche Prüfer bei Konzernabschlussprüfung und Prüfung des Abhängigkeitsberichts nach § 313 AktG bedeutet hätte. Die Personenidentität der Prüfer berge aber nicht nur große Vorteile hinsichtlich Zeit und Kosten der Prüfung, sondern auch mit Blick auf die Analyse des Abhängigkeitsberichts, da der Konzernabschluss wichtige Zusatzinformationen enthalte[2031]. Die bessere Lösung zur Stärkung der Unabhängigkeit des Abschlussprüfers sieht die *Regierungskommission "Corporate Governance"* daher in dem bereits im Rahmen der Besprechung des Prüfungsberichts gemachten Vorschlags, die Abhängig-

---

2025 Siehe hierzu *Ebke*, Dritthaftung, S. 309; *Forster*, FS Werner, S. 131, 132.

2026 *Richter*, S. 272; *Dürrhammer*, S. 35; *Geßler*, WPg 1956, 464, *Hönle*, S. 196; *Kicherer*, S. 123; *Westrick*, S. 83. Ablehnend KK-*Claussen/Korth*, HGB, § 318 Rn. 6; *Kropff*, in: Geßler/Hefermehl, AktG § 163 Rn. 5.

2027 Als Vorbild dient dabei die Mitwirkung der Aufsichtsbehörden bei der Bestellung des Prüfers von Versicherungsgesellschaften und Kreditinstituten (vgl. § 58 VAG und § 28 KWG), siehe dazu *Cronsbuch*, BB 1966, 105; *Simitis*, FS Reinhardt, S. 329, 330.

2028 Vgl. *Kropff*, in: Geßler/Hefermehl, AktG § 163 Rn. 5. Ausführlich zur Frage der Zulässigkeit der Übertragung der Bestellungskompetenz auf externe Gremien *Mai*, S. 17-20.

2029 Vgl. KK-*Claussen/Korth*, HGB, § 318 Rn. 6.

2030 *Regierungskommission "Corporate Governance"*, D3.71.

2031 *Regierungskommission "Corporate Governance"*, D3.72.

keits- und Prüfungsberichte der letzten fünf Jahre vor Insolvenzeintritt offenzulegen[2032].

3. *Blick über die Grenzen*

a) USA

In den USA gibt es keine den HGB vergleichbaren gesetzlichen Vorschriften oder Verlautbarungen der SEC ("SEC Accounting Rules") zur Bestellung des Abschlussprüfers[2033]. Nach überkommenem Recht oblag daher die Auswahl und Bestellung des Abschlussprüfers den gesetzlichen Vertretern der Gesellschaft (Board of Directors). Trotz massiver Bedenken[2034] ist eine Änderung dieser Praxis erst 1978 mit der Pflicht zur Einführung eines Audit Committee für börsennotierte Unternehmen durch die NYSE eingetreten. Zu den Aufgaben dieses mit "outside directors" besetzten Gremiums zählt die Auswahl und Bestellung des Abschlussprüfers[2035]. Ziel war und ist es, die Abhängigkeit des Abschlussprüfers von der Unternehmensleitung zu verringern. Eine funktional vergleichbare Regelung der Bestellungskompetenz ist möglicherweise auch für Deutschland möglich. Die Errichtung eines Audit Committee in Form eines Ausschusses des Aufsichtsrats würde insofern an die Strategie der Reformer des KonTraG anknüpfen, deren Ziel es ist, den Kontakt des Abschlussprüfers zum Aufsichtsrat zu verbessern und gleichzeitig die Unabhängigkeit zum Vorstand zu stärken.

b) Europa

Vergleichbar der deutschen Regelung wird auch in allen übrigen europäischen Staaten der Abschlussprüfer auf Vorschlag der gesetzlichen Vertreter der Gesellschaft (Board of Directors) durch Mehrheitsbeschluss von der Hauptversammlung der Aktionäre ernannt[2036]. Ausnahmen gelten ähnlich wie in Deutschland lediglich für Unternehmen der Bank-, Finanz- und Versicherungsbranche. Dort ist vereinzelt die Zustimmung der jeweiligen Aufsichtsbehörde zur Ernennung des Abschlussprüfers notwendig[2037]. Die Regelungen der Mitgliedstaaten weichen damit auch nicht von der in der 5. EU-Richtlinie vorgesehenen Kompetenzverteilung ab. Auch dort wurde die Bestellungskompetenz der Hauptversammlung zugewiesen (Art. 55). Eine erwähnenswerte Besonderheit besteht darüber hinaus in Luxemburg. Dort ist das Arbeitnehmergre-

---

2032 *Regierungskommission "Corporate Governance"*, D3.72.
2033 *Marten*, RIW 1994, 749, 751-752.
2034 Siehe dazu die Nachweise bei *Ebke*, Dritthaftung, S. 309.
2035 Vgl. auch Sec. 301 des Sarbanes-Oxley Acts.
2036 *Buijink/Maijoor/Meuwissen/Witteloostuijn*, The Role, Position and Liability, S. 43.
2037 *Buijink/Maijoor/Meuwissen/Witteloostuijn*, The Role, Position and Liability, S. 44.

mium ("workers' council"), dem die Nominierung des Abschlussprüfers obliegt, verpflichtet, mehr als einen Abschlussprüfer zur Wahl vorzuschlagen, um so eine "echte Wahl" zu ermöglichen[2038].

4. Würdigung

Die Übersicht zeigt, dass zumindest theoretisch die Verteilung der Kompetenzen zur Bestellung des Abschlussprüfers in der deutschen Aktiengesellschaft grundsätzlich internationalen Anforderungen an die Sicherung der Unabhängigkeit genügt. Im Detail sind aber noch Verbesserungen möglich, um den Einfluss der gesetzlichen Vertreter auf die Auswahl des Prüfers zu minimieren. Das KonTraG hat diesbezüglich den Weg aufgezeigt, indem es den Kontakt zwischen Abschlussprüfer und Aufsichtsrat verbessert hat. Weitere Fortschritte versprechen hier möglicherweise die Einführung eines Audit Committee. Auch die von der Regierungskommission vorgeschlagene Erweiterung der Publizität des Abhängigkeits- und Prüfungsberichts sind zu begrüßen, tragen sie doch zumindest dazu bei, den nachträglichen Schutz der Aktionäre zu verbessern.

Demgegenüber ist fraglich, ob eine ähnliche Regelung wie in Luxemburg für den deutschen Abschlussprüfer sinnvoll wäre. Eine Pflicht des Aufsichtsrates, der Hauptversammlung mindestens eine Alternative zum bisher tätigen Wirtschaftsprüfer als Abschlussprüfer zur Wahl vorzuschlagen, würde nicht nur wegen der Konzentration auf dem Prüfermarkt schon auf praktische Probleme stoßen, sondern zwangsläufig auch zu einer öffentlichen Diskussion über die unterschiedlichen Qualitäten der zur Wahl gestellten Abschlussprüfer führen. Eine solche Diskussion würde sich aber zum einen wegen der Geheimhaltungspflichten des bisherigen Prüfers als schwierig gestalten, zum anderen droht dadurch das öffentliche Ansehen des schließlich gewählten Prüfers beschädigt zu werden. Sinnvoller erscheint es demgegenüber, wenn der Aufsichtsrat als Vertreter der Aktionäre nach wie vor eine Vorauswahl trifft. Gegenüber den einzelnen Aktionären besitzt er mehr Hintergrundwissen und Erfahrung. Wünschenswert wäre allerdings, wenn sich dabei die Auswahl nicht nur im Rahmen von Gesprächen zwischen Aufsichtsrat- und Vorstandsvorsitzenden, wie bisher teilweise zu beobachten, vollzieht, sondern zumindest - wenn nicht im Plenum - so doch in einem Ausschuss aktiver als bisher Leistung und mögliche Alternativen zum bisherigen Abschlussprüfer diskutiert werden[2039].

2038 Vgl. *Buijink/Maijoor/Meuwissen/Witteloostuijn*, The Role, Position and Liability, S. 49.

2039 Anschaulich zur gegenwärtigen Praxis LG München I, Urteil v. 21.10.1999, AG 2000, 235, 236.

II. *Bestellungszeitraum*

1. Situation

Die Wahl des Abschlussprüfers muss auch nach den Reformen des KonTraG weiterhin jährlich erfolgen (§ 318 Abs. 1 S. 3 HGB). Zwar darf sie sich nur auf die Prüfung eines einzelnen und bestimmten Jahresabschlusses beziehen[2040], eine Wiederwahl des Abschlussprüfers ist aber erlaubt[2041]. Eine Wahl für mehrere Geschäftsjahre ist demgegenüber unzulässig[2042]. Der Gesetzgeber ist damit weder im Rahmen des BiRiLiG noch des KonTraG näher auf Forderungen eingegangen, die eine Verlängerung des Bestellungszeitraumes des Abschlussprüfers verlangen[2043].

2. Kritik

Kritiker des status quo sahen und sehen in dem kurzen Bestellungszeitraum aus den bereits zuvor genannten Gründen ("Auftragsabhängigkeit") eine Gefahr für die Unabhängigkeit des Abschlussprüfers[2044]. Es wurde und wird deshalb vorgeschlagen, den Bestellungszeitraum des Abschlussprüfers auf mehrere Jahre zu verlängern (teilweise in Verbindung mit einer Pflichtrotation nach Ablauf des Zeitraumes)[2045]. Als jüngstes Argument wird dabei zusätzlich auf die Ausdehnung der Prüfungspflichten des Abschlussprüfers durch das KonTraG sowie weitere möglicherweise anstehende Aufgaben verwiesen, zu deren sinnvoller Durchführung ein entsprechender Zeitrahmen notwendig sei[2046].

3. Blick über die Grenzen

Innerhalb der Europäischen Union existiert bisher keine einheitliche Regelung, was die Dauer der Bestellung des Abschlussprüfers betrifft[2047].

2040 *Ebke*, MüKo-HGB, § 318 Rn. 9.

2041 Zu den Diskussionen um eine Pflichtrotation siehe bereits oben

2042 KK-*Claussen/Korth*, HGB, § 318 Rn. 9; *Ebke*, MüKo-HGB, § 318 Rn. 9.

2043 Vgl. *Forster*, FS Werner, S. 131, 134.

2044 *Knief*, BFuP 1976, 114, 129; *Kropff*, in: Geßler/Hefermehl, AktG § 163 Rn. 5.

2045 Vgl. *Kropff*, in: Geßler/Hefermehl, AktG § 163 Rn. 5; *Forster*, FS Werner, S. 131, 133; *ders*., FS Leffson, S. 325.

2046 Nach *Mattheus*, S. 5, 24 ist eine Verlängerung des Bestellungszeitraums zwingend notwendig, um "eine Unterschlagungs-Prüfung nach internationalen Vorstellungen" in die Abschlussprüfung zu integrieren.

2047 Vgl. *Klaas* WPg 1996, 453-457, 455.

a) Europa

In Belgien und Italien wird der Abschlussprüfer jeweils für einen Prüfungszeitraum von drei Jahren gewählt, in Frankreich für sechs, in Griechenland, Deutschland und Großbritannien demgegenüber jeweils nur für ein Jahr. In Portugal muss der Abschlussprüfer für mindestens ein Jahr gewählt werden. Seine maximale Amtszeit beträgt vier Jahre[2048]. In Spanien ist der Mindestbestellzeitraum drei Jahre und das Maximum neun Jahre[2049]. Während in der 5. EU-Richtlinie über die Struktur der Aktiengesellschaft[2050] in Art. 56 noch ein Mindestbestellraum von 3 Jahren sowie einen obligatorischen Prüferwechsel nach mindestens zwölf Jahren vorgesehen war[2051], beschäftigt sich die Kommission im Grünbuch nicht mehr mit der Bestelldauer und ihrer Auswirkung auf die Unabhängigkeit, sondern geht lediglich auf die Gefahren einer zu langen Verbindung zum Mandanten ein, denen möglicherweise durch eine Pflichtrotation Rechnung zu tragen sei[2052].

b) USA

Auch in den Vereinigten Staaten ist keine Bestellung des Abschlussprüfers für mehrere aufeinanderfolgende Geschäftsjahre möglich (vgl. SAS No. 7). Jedoch kann die Gesellschaft den Abschlussprüfer für mehrere Geschäftsjahre hintereinander wiederwählen.

4. Würdigung

Das Argument der verbesserten Prüfungsplanung und Durchführung erscheint durchaus überlegenswert, zumal die Kapitalmärkte auf eine immer schnellere Veröffentlichung des Jahresabschlusses drängen[2053]. Ein akuter Bedarf für eine Veränderung des Bestellungszeitraums besteht auf Grund der gegenwärtigen Situation dennoch nicht[2054]. Denn in der Praxis sind dauerhafte Mandantenbeziehungen trotz des Erfordernisses der Wiederwahl die Regel. Darin sieht die Öffentlichkeit derzeit die größere Gefahr für die Unabhängigkeit des Abschlussprüfers. Entsprechend hat der

---

2048 *Quick/Pereira*, WPK-Mitt. 1999, 16, 25.

2049 Siehe hierzu die Übersicht bei *Buijink/Maijoor/Meuwissen/Witteloostuijn*, The Role, Position and Liability, S. 70.

2050 Dritter geänderter Entwurf einer 5. EG-Richtlinie, ABl. EG Nr. C 321 v. 12.12.1991, S. 9. Siehe auch *Lutter*, Europäisches Unternehmensrecht, S. 176-195.

2051 Siehe dazu *Kaminski*, WPg 1972, 633, 637.

2052 *Europäische Kommission*, Grünbuch der Europäischen Kommission, Rn. 4.15, WPK-Mitt. 1996, 279, 289.

2053 Siehe in diesem Zusammenhang auch den Vorschlag der Regierungskommission „"Corporate Governance", D6.9, die Veröffentlichungsfrist für den Jahresabschluss auf 90 Tage ("fast close") festzulegen.

2054 So im Ergebnis auch die *Regierungskommission "Corporate Governance"*, D6.12.

Gesetzgeber durch Einführung der internen Pflichtrotation reagiert. Hintergrund für die Beibehaltung der jährlichen Bestellung bildet möglicherweise die Überlegung, dass die Aktionäre innerhalb der Corporate Governance das größte Interesse an einer unabhängigen und objektiven Prüfung besitzen[2055]. Mit einer Bestellung des Prüfers auf mehrere Jahre würde ihnen aber eines ihrer wenigen wichtigen Kontrollrechte gegenüber dem Abschlussprüfer genommen werden[2056]; insbesondere, da die von *Mattheus* im Gegenzug als Kompensation vorgeschlagene Maßnahme nicht überzeugen kann. Ihre Anregung, die Möglichkeiten für qualifizierte Aktionärsminderheiten, Aufsichtsrat und Vorstand den gewählten Abschlussprüfer durch Gestaltungsurteile abzuberufen, auszudehnen[2057], schwächt die Unabhängigkeit des Abschlussprüfers. Denn der gewählte Prüfer müsste dann - anders als bisher - auch während des eigentlichen Bestellungszeitraums häufiger mit der Drohung einer vorzeitigen Abberufung rechnen[2058]. Folglich sollte, bevor weitere Überlegungen in diese Richtung angestellt werden, abgewartet werden, wie sich die Vorschriften zur internen Pflichtrotation bewähren.

III. *Erteilung des Prüfungsauftrages*

1. Situation

Die gesetzlichen Vertreter haben unverzüglich nach der Wahl den Prüfungsauftrag zu erteilen (§ 318 Abs. 1 Satz 4). Vor den Reformen des KonTraG lag die Zuständigkeit für die Erteilung des Prüfungsauftrages beim Vorstand (§ 78 AktG). Aus Sicht der Öffentlichkeit bestand auf Grund dieser Regelung nicht nur der Eindruck, dass der Vorstand sich de facto seinen Prüfer selbst aussuchen konnte[2059], sondern es wurde auch eine für eine objektive Prüfung unerwünschte Abhängigkeit des Prüfers von der Unternehmensleitung befürchtet. Denn nach Meinung der Öffentlichkeit besaß der Vorstand - zumindest theoretisch aufgrund seiner Beteiligung an den Vertragsverhandlungen - die Möglichkeit, die Prüfung zu beeinflussen (z.B. gemeinsame Festlegung von Prüfungsschwerpunkten) und Druck (Aushandeln des Prüfungshonorars) auf den Prüfer auszuüben[2060].

2055 Vgl. *Brönner*, in: Großkomm. AktG, § 163 Anm. 1; KK-*Claussen/Korth*, HGB, § 318 Rn. 6.

2056 *Herzig/Watrin*, ZfbF 1995, 796.

2057 *Mattheus*, S. 5, 23.

2058 Zu den historischen Erfahrungen aus der Praxis, die den Gesetzgeber bewogen haben, dass Abberufungsrecht restriktiv zu handhaben siehe Seite 96.

2059 *Clemm*, FS Havermann, S. 83, 98; *Forster*, AG 1995, 1, 2; *Götz*, AG 1995, 337, 343; *Theisen*, WPg 1994, 809, 818-819.

2060 *Funke*, ZIP 1996, 1602, 1603; *Theisen*, WPg 1994, 809, 819.

2. *Reform*

Das KonTraG hat deshalb die Auftragserteilung dem Aufsichtsrat übertragen[2061]. Damit soll zum einen für die Öffentlichkeit signalisiert werden, dass der Abschlussprüfer zur Kontrolle des Vorstands dient und von diesem unabhängig ist[2062]. Zum anderen soll der Kontakt des Abschlussprüfers zum Aufsichtsrat verbessert werden[2063]. Weiter dient es dazu, dass der Aufsichtsrat sich ein eigenes Bild von der Arbeitsweise und der Leistung des Abschlussprüfers machen kann und so der Hauptversammlung aus eigener Anschauung einen fundierten Vorschlag hinsichtlich des zu wählenden Prüfers unterbreiten kann. Des Weiteren soll der Aufsichtsrat angeregt werden, gemeinsam mit dem Abschlussprüfer die Prüfungsbemühungen zu koordinieren, beispielsweise indem Prüfungsschwerpunkte (Derivatenhandel, Auslandsgeschäft, Immobilienbewertung) vereinbart werden[2064]. Denn die bisher anlässlich des Prüfungsauftrages zwischen Abschlussprüfer und Vorstand getroffenen Absprachen beschränkten sich auf die Vereinbarung des Prüfungshonorars und der Prüfungstermine.

3. *Kritik*

Die Reform der Kompetenz zur Auftragsvergabe ist überwiegend positiv bewertet worden[2065]. Kritik hat sich allerdings an Details des neuen Verfahrens entzündet, die im Rahmen des Gesetzgebungsverfahrens nicht ausreichend thematisiert wurden[2066]. So wird die in der Regierungsbegründung erwähnte Möglichkeit, die "vorbereitenden Arbeiten" der Auftragserteilung an einen Ausschuss oder den Vorstand zu übertragen[2067], im Schrifttum heftig kritisiert. Gleiches gilt für die in der Literatur erwähnte Praxis, Dritte – insbesondere den Vorstand oder eine zentrale Konzernstelle[2068] - zur Abgabe der Erklärung gegenüber dem Prüfer zu ermächtigen. Es wird befürchtet, dass damit der Einfluss des Vorstands de facto weiter erhalten bleibe und der Aufsichtsrat

---

2061 Zu den Details siehe *Theisen*, DB 1999, 341-346.

2062 Vgl. Begründung zum Regierungsentwurf KonTraG, BT-Drucks. 13/9712, S. 16. Siehe dazu auch *Clemm*, FS Havermann, S. 83, 98.

2063 *Mattheus*, ZGR 1999, 682, 710.

2064 Solche Vereinbarung sind zulässig, solange die zusätzlichen Prüfungshandlungen des Abschlussprüfers im Rahmen des gesetzlichen Auftrags verbleiben und die Pflicht des Abschlussprüfers, die Prüfung in eigener Verantwortung durchzuführen, nicht beeinträchtigt wird. *Ebke*, MüKo-HGB, § 323 Rn. 14; *Bezzenberger*, FS Brönner, S. 35, 51; *Forster*, WPg 1998, 41, 43; Siehe auch *Gelhausen*, BFuP 1999, 390, 392 ("Spezielle Vertiefungswünsche des Aufsichtsrats").

2065 *Forster*, AG 1999, 193, 194. Kritisch zur neuen Regelung *Lenz*, Meinungsspiegel, BFuP 1999, 444 ("formale[s] Procedere")

2066 Vgl. *Theisen*, DB 1999, 341, 342.

2067 *Ernst*, KonTraG, S. 58.

2068 Vgl. *Gelhausen*, BFuP 1999, 390, 396; ebenso die *Regierungskommission "Corporate Governance"*, D6.27.

trotz Neuregelung nur dessen Entscheidung formal vollziehe[2069]. Die Gründe des Gesetzgebers, eine Beteiligung des Vorstands an der Prüferauswahl und –bestellung weiterhin zuzulassen, werden von einem Teil der Literatur in den mangelnden Markt- und Wettbewerbskenntnissen des Aufsichtsrats vermutet[2070]. Die Mitwirkung des Vorstandes soll gewährleisten, dass einerseits die marktpolitische Tragweite, die eine Prüferwahl besitzt, ausreichend berücksichtigt wird und das aus der Zusammenarbeit mit dem Prüfer resultierende Erfahrungswissen über den bisherigen Prüfer in die Auswahl mit einfließt[2071]. Hiergegen wird allerdings eingewandt, dass von den Aufsichtsräten verlangt werden könne, das nötige Fachwissen selbständig zu erwerben und den Markt für Abschlussprüfungen zu beobachten; zumal zu den Aufgaben des Aufsichtsrats auch die Auswahl von geeigneten Vorstandsmitgliedern zählt, die vergleichbare Anforderungen stelle[2072].

4. *Würdigung*

Letzterer Argumentation ist zuzustimmen. Eine Beteiligung personeller oder materieller Art des Vorstandes an der Wahl und Bestellung des Abschlussprüfers ist dazu geeignet, die gesetzgeberischen Intentionen der Reform zu "konterkarieren". Eine Mitarbeit des Vorstandes kann daher allenfalls insoweit geduldet werden, als sie dazu dient, dem Aufsichtsrat bei der Beschlussfindung (noch) fehlendes notwendiges Wissen in Form von unterstützenden Informationen zu liefern[2073]. Keinesfalls darf der Vorstand aber zur Auftragserteilung ermächtigt werden, denn damit würde die neugewonnene Glaubwürdigkeit aufs Spiel gesetzt werden[2074]. Die Bedenken gegen eine Übertragung der Aufgaben auf einen Ausschuss, z.B. in Form eines Audit Committee können dagegen weder aus rechtlichen noch tatsächlichen Gründen geteilt werden[2075]. Die Unabhängigkeit und Glaubwürdigkeit des Abschlussprüfers wird damit nicht gefährdet. Denn ein solcher Ausschuss ist ähnlich wie der Aufsichtsrat besetzt und dient

---

[2069] Vgl. *Hauser*, S. 138-139; *Götz*, AG 1995, 337, 343.

[2070] *Forster*, AG 1999, 193, 194. Zu weiteren Gründen siehe *Theisen*, DB 1999, 341, 345.

[2071] Vgl. *Claussen*, AG 1996, 481, 488; *Servatius*, AG 1995, 223, 225. Zur Bedeutung der Abschlussprüfung als Mittel der Unternehmenswerbung siehe Seite 109.

[2072] *Seibert*, WM 1997, 1, 6; *Hauser*, S. 138-139.

[2073] *Gelhausen*, BFuP 1999, 390, 392; *Theisen*, DB 1999, 341, 346.

[2074] So auch *Gelhausen*, BFuP 1999, 390, 396.

[2075] Nach *Hommelhoff/Mattheus*, AG 1998, 249, 258 liegt die Zuständigkeit zur Erteilung des Prüfungsauftrages zwingend beim Gesamtaufsichtsrat. Sie entnehmen dies aus der Einfügung der Vorschrift in § 111 Abs. 1 AktG anstelle von 112 AktG. Dagegen verweisen die Befürworter einer Übertragbarkeit auf § 107 Abs. 3 Satz 2 AktG, der keine entgegenstehende Regelung enthält. Nach ihrer Ansicht lasse die Regierungsbegründung (*Ernst*, KonTraG, S. 58), die einer Mitwirkung für „vorbereitende Arbeiten" zulässt, insofern keinen Umkehrschluss zu, vgl. *A/D/S*, HGB, § 318 Rn. 169; *Dörner*, DB 1998, 1, 5; *Gelhausen*, BFuP 1999, 390, 394. Zur Zulässigkeit der Übertragung des Wahlvorschlags nach § 124 Abs. 3 Satz 1 AktG auf eine Ausschuss siehe *Hüffer*, AktG, § 124 Rn. 13. Ablehnend *Mattheus*, ZGR 1999, 682, 708; *Hommelhoff*, Corporate Governance, S. 19, *Hauser*, S. 136; *Ziemons*, DB 2000, 77, 78, die auch für vorbereitende Aufgaben in diesem Fall eine Zuständigkeit des Gesamtaufsichtsrates sehen.

den gleichen Zielen wie das Hauptorgan. Anders als das Gesamtplenum lässt ein Ausschuss aber eine intensivere Beschäftigung mit den gestellten Aufgaben zu. Gerade auf Grund des intensiveren Kontakts eines prüfungsbegleitenden Audit Committees wäre es beispielsweise daher auch besser geeignet, im Rahmen der Auftragserteilung gemeinsam Prüfungsschwerpunkte festzulegen und die Leistung des Abschlussprüfers zu beurteilen, um so der Hauptversammlung einen geeigneten Wahlvorschlag zu unterbreiten.

IV. *Bestellung mehrerer Abschlussprüfer*

Eine weitere Anregung zur Sicherung der Unabhängigkeit ist die Bestellung von mehreren Abschlussprüfern oder Prüfungsgesellschaften[2076]. Argument für das Tätigwerden mehrerer Abschlussprüfer ist das "Vier-Augen-Prinzip"[2077], das ein Mehr an Qualität und Prüfungssicherheit verspricht. Eine Pflicht zur Durchführung der Prüfung durch mehrere Abschlussprüfer besteht in verschiedenen Ausgestaltungen in Frankreich, Italien sowie in Schweden, Finnland und Dänemark[2078]. In der Regel betrifft sie die Jahresabschlüsse von öffentlichen Unternehmen, Banken und Versicherungen[2079]. In Deutschland ist das Tätigwerden mehrerer Prüfer nur beim Jahresabschluss der Bundesbank vorgesehen[2080]. Allgemein wird die Wahl von mehreren Abschlussprüfern durch das Gesetz aber nicht verboten, denn das Wort "einen" in § 316 Abs. 1 S. 1 HGB ist nicht im Sinne einer zahlenmäßigen Begrenzung zu verstehen[2081]. Voraussetzung ist allerdings, dass das Verhältnis der Prüfer schon im Wahlbeschluss eindeutig festgelegt ist, um dem Bestimmtheitsgrundsatz zu genügen[2082]. Dabei sind mehrere Varianten möglich.

2076 Vgl. *Dürrhammer*, S. 66: Zuletzt auch *o. V.*: "Wir müssen noch kritischer rangehen" - Interview mit Dietrich Dörner, in Stuttgarter Zeitung v. 26.02.2000, S. 16.

2077 *Lutter*, FS Semler, S. 835, 836.

2078 Zu den Einzelheiten siehe *Buijink, Maijoor/Meuwissen/Witteloostuijn*, Role, Position and Liability, S. 41-42.

2079 In Frankreich sind neben Banken und börsennotierten Unternehmen, auch diejenigen Gesellschaften der Form der Société Anonyme zur Prüfung ihrer Jahresabschlüsse durch zumindest zwei Abschlussprüfer (Comissaires aux Comptes) verschiedener Prüfungsunternehmen verpflichtet, die konsolidierte Jahresabschlüsse aufstellen. Gleiches gilt für Gesellschaften, die bestimmte Größenmerkmale überschreiten. Vgl. *Schneider*, Unternehmensüberwachung, S. 58, *Buijink, Maijoor/Meuwissen/Witteloostuijn*, Role, Position and Liability, S. 42.

2080 § 26 Abs. 3 S. 2 BBankG.

2081 Vgl. BT-Drucks. 10/4268, S. 117 zu § 316 idF des BiRiLi; ebenso die Lit., vgl. *A/D/S*; HGB, § 318 Rn. 65; *Ebke* ZSR 119 (2000), 39, 74; *IDW*, PS 208.4; WPg 1999, 707, 708.

2082 *A/D/S*; HGB, § 318 Rn. 66; *IDW*, PS 208.5, WPg 1999, 707, 708.

1. *Gemeinsame Abschlussprüfung*

Zum einen können mehrere Abschlussprüfer oder Abschlussprüfergesellschaften bestellt werden, die dann die praktische Durchführung der Prüfung bsp. nach Prüfungsfelder untereinander aufteilen und getrennt bearbeiten. Allerdings ist zu beachten, dass beide Prüfer nach wie vor die volle Verantwortung für die gesamte Prüfung und das Prüfungsergebnis tragen[2083]. Dem entspricht die Pflicht, einen gemeinsamen Prüfungsbericht vorzulegen und den Bestätigungsvermerk gemeinsam zu unterzeichen. Deshalb ist die Prüfung so zu organisieren, dass sich jeder Abschlussprüfer ein Urteil über den gesamten Prüfungsstoff bilden kann.

2. *Getrennte Abschlussprüfung*

Die andere denkbare Möglichkeit besteht darin, dass die bestellten Abschlussprüfer die Prüfung getrennt voneinander vornehmen[2084]. Auch hier sind mehrere Konstellationen zu unterscheiden. Keine rechtlichen Bedenken bereitet die Variante, bei der neben dem gesetzlichen Abschlussprüfer ein weiterer Prüfer mit einer freiwilligen Abschlussprüfung beauftragt wird[2085]. Umstritten ist die Konstellation, in der beide Prüfer zum gesetzlichen Abschlussprüfer bestellt werden, jedoch jeder selbständig die Prüfung vornimmt. Zum Teil wird diese Variante für unzulässig erachtet[2086]. Teilweise wird die Zulässigkeit von der Zustimmung des Vorstandes zur Prüfung abhängig gemacht[2087]. Nicht eindeutig geklärt sind die Probleme die sich dann aus unterschiedlichen Bestätigungsvermerken ergeben. Denn die Rechtsfolgen, wie etwa die des § 173 Abs. 3 AktG, können nur eintreten, wenn die Bestätigungsvermerke inhaltlich übereinstimmen (d.h. z.B. uneingeschränkt erteilt werden).

3. *Würdigung*

Fraglich ist, ob sich der zusätzliche Aufwand, den die Bestellung mehrerer Abschlussprüfer verursacht, lohnt. Denn dem Qualitätsvorteil eines Einsatzes unterschiedlicher Prüfer bzw. Prüfungsgesellschaften stünde ein drastischer Anstieg der Prüfungskosten gegenüber, insbesondere wenn von einer getrennten Prüfung ausgegangen wird. In Anbetracht des enormen Zeitdrucks unter dem Abschlussprüfungen stehen, wären bei einer Prüfung durch mehrere Abschlussprüfer unabhängig ob gemeinsam oder getrennt auch erhebliche organisatorische Probleme zu lösen, etwa der Zugang zu wichtigen Dokumenten. Zusätzlich müssten sich die Prüfer im Fall der gemeinsamen Prüfung

---

2083 KK-*Clausen/Korth*, HGB, § 318 Rn. 16.
2084 *A/D/S*; HGB, § 318 Rn. 84; *Lutter*, FS Semler, S. 835, 836.
2085 *A/D/S*; HGB, § 318 Rn. 84.
2086 KK-*Claussen/Korth*, HGB, § 318 Rn. 17; *Ebke*, MüKo-HGB, § 318 Rn. 13.
2087 *Baumbach/Hueck*, AktG, § 163 Rn. 2; *Brönner*, GroßKomm. AktG, § 163 Anm. 5; *Godin/Wilhelmi*, AktG, § 163 Anm. 2.

ständig gegenseitig informieren und verständigen, um zu gemeinsamen Ergebnissen zu gelangen. Denn unabhängig von der gesetzlichen Lage wirft die Möglichkeit von widersprüchlichen Ergebnissen etwa beim Bestätigungsvermerk, bei getrennten Prüfungen zwangsläufig die Frage auf, ob dadurch der Kapitalmarkt nicht verunsichert wird und möglicherweise nach einer dritten Prüfung ("Obergutachten") verlangt. Bei getrennten Prüfungen mit einem gemeinsamen Ergebnis müssten demgegenüber die rechtlichen Probleme hinsichtlich der Verantwortung des jeweiligen Prüfers geklärt werden.

Bedenkt man demgegenüber die Tatsache, dass bei der Prüfung großer Unternehmen schon heute die Prüfung von mehreren Abschlussprüfern, die allerdings derselben Gesellschaft angehören, durchgeführt wird und dass die Prüfungsgesellschaft einer externen Qualitätskontrolle unterliegt, dann wird klar, dass eine derartige Regelung nicht entscheidend zur Verbesserung der Qualität der Abschlussprüfung beitragen kann. Ihre Anwendung sollte folglich weiter auf Ausnahmefälle beschränkt bleiben[2088].

V. *Prüfung von Konzern- und Einzelabschluss durch denselben Abschlussprüfer*

Ein Vorschlag, der in die entgegengesetzte Richtung geht, ist von der Regierungskommission Corporate Governance gemacht worden.

1. Vorschlag

Die Regierungskommission regt in ihrem Bericht an, vorzuschreiben, dass Konzern- und Einzelabschlüsse in Zukunft nicht von unterschiedlichen, sondern vom selben Prüfer bzw. Prüfergesellschaft geprüft werden sollen[2089]. Sie verspricht sich davon insofern eine Steigerung der Qualität der Abschlussprüfung, als der Prüfer bzw. die Prüfergesellschaft einen besseren Einblick in das gesamte Unternehmensgeschehen erhält. Wichtig sei dies zum Beispiel in Konzernen, in denen umfangreicher Liefer- oder Leistungsverkehr zwischen Konzernunternehmen stattfindet oder wichtige Funktionen für den Gesamtkonzern in eine Tochtergesellschaft ausgelagert worden sind. Denn damit sei garantiert, dass sowohl in Konzern- als auch im Einzelabschluss dieselben Prüfungsmethoden angewandt werden und Jahresabschlüsse der Tochterunternehmen rechtzeitig vorliegen[2090].

[2088] Beispielsweise wurde im Fall Holzmann, nach dem Auftauchen von Ungereimtheiten auf Vorschlag des Aufsichtsrats für das Geschäftsjahr 1999 von der Hauptversammlung ein weiterer Prüfer zum Zweck einer zusätzlichen und selbstständigen Prüfung des Jahres- und Konzernabschluss bestellt. vgl. *Julitz*, "Wie die KPMG im Sog der Holzmann-Krise ihr Mandat verlor", in: FAZ v. 15.8.2000, S. 24.

[2089] *Regierungskommission "Corporate Governance"*, D6.13.

[2090] Nach dem Bericht der *Regierungskommission "Corporate Governance"*, D6.13 soll es hier in der Vergangenheit immer wieder zu Problemen gekommen sein.

2. *Würdigung*

Die Argumentation der Regierungskommission ist nachvollziehbar. Allerdings wäre ein solcher Schritt - selbst wenn er sich lediglich auf eine Regelung im Corporate Governance Kodex beschränkt, mit einer erheblichen Konzentrationswirkung auf dem Markt für Prüfungsleistungen verbunden; dies wird auch von der Regierungskommission eingeräumt[2091]. Zwar ist zuzugestehen, dass es in großen internationalen Unternehmen mit ausländischen Tochtergesellschaften schon heute üblich ist, die Prüfung weltweit von derselben Wirtschaftsprüfergesellschaft durchführen zu lassen ("one-stop-service")[2092], um so mehr stellt sich aber die Frage, ob angesichts dieser bestehenden Marktsituation noch zusätzliche Barrieren für den Markteintritt errichtet werden müssen. Alternativ ist zu überlegen, ob dasselbe Ziel nicht mittels Angleichung von Prüfungsvorschriften und Ausbildungsstandards der Prüfer erreicht werden kann. Weiter ist in Betracht zu ziehen, dass der Konzernabschlussprüfer schon heute mit § 320 Abs. 1 S. 2, Abs. 2 HGB über ein umfangreiches Einsichts-, Prüfungs- und Auskunftsrecht sowohl bei dem Mutterunternehmen als auch dem Tochterunternehmen verfügt[2093]. Dieses Recht nach Abs. 1 Satz 2 steht dem Abschlussprüfer auch gegenüber den Abschlussprüfern des Mutterunternehmens und der Tochterunternehmen zu (§ 320 Abs. 3 S. 2). Verbesserungen sind hier allerdings noch insofern möglich, als das Auskunftsrecht des Abschlussprüfers wie beim Sonderprüfer (§ 145 Abs. 3 AktG) auch auf Schwesterunternehmen ausgedehnt werden sollte[2094]. Des Weiteren sollte darüber nachgedacht werden, wie beim Einzelabschluss in § 320 Abs. 1 Satz 1 HGB so auch beim Konzernabschluss in § 320 Abs. 3 Satz 1 HGB das Wort "unverzüglich" aufzunehmen. Bisher ist dort keine Frist für die Vorlage der Unterlagen an den Konzernabschlussprüfer enthalten[2095]. Die Ergänzung könnte so für Klarheit sorgen und zukünftige Verzögerungen vermeiden.

2091 *Regierungskommission "Corporate Governance"*, D6.13.

2092 Siehe hierzu auch die Fiktion des § 318 Abs. 2 Satz 1 HGB. Danach gilt, sofern kein Konzernabschlussprüfer bestellt ist, der Prüfer der Konzernmuttergesellschaft als bestellt, *A/D/S*, HGB, § 318 Rn. 26.

2093 *A/D/S*, HGB, § 320 Rn. 62.

2094 Das Auskunftsrecht des Sonderprüfers erstreckt sich nach § 145 Abs. 3 AktG u.a. auf "Konzernunternehmen" und umfasst daher nach h. M. auch Schwesterunternehmen. Ebenfalls von "Konzernunternehmen" sprach auch die Vorgängerregelung § 165 Abs. 4 AktG. Siehe hierzu *A/D/S*, HGB, § 320 Rn. 41.

2095 *A/D/S*, HGB, § 320 Rn. 61; *Ebke*, MüKo-HGB, § 320 Rn. 25.

VI. *Abberufung*

1. Situation

Abgesehen von den gesetzlich eindeutig geregelten Ausnahmefällen (§ 318 Abs. 1 S. 5 i.V.m. Abs. 3 HGB) soll nach dem Willen des Gesetzgebers nach einer einmal vollzogenen Wahl und dem Abschluss des Prüfungsvertrages für die zu prüfende Gesellschaft keine Möglichkeit mehr bestehen, den Prüfer abzusetzen, etwa indem die Wahl widerrufen und der Prüfungsauftrag gekündigt wird[2096]. Ebenso soll sich der Abschlussprüfer von dem einmal angenommenen Prüfungsauftrag nur lösen können, wenn ein wichtiger Grund vorliegt (§ 318 Abs. 6 S. 1 HGB). Bloße Meinungsverschiedenheiten mit der Gesellschaft über den Inhalt des Bestätigungsvermerks, seine Einschränkung oder Versagung zählen nicht hierzu (§ 318 Abs. 6 S. 2 HGB)[2097], sondern es muss hier ein strenger Maßstab angelegt und die Zumutbarkeit möglicher Kündigungsgründe für den Abschlussprüfer extensiv beurteilt werden[2098]. Damit soll einerseits die Stellung und Unabhängigkeit des Abschlussprüfers im Verhältnis zur prüfungspflichtigen Gesellschaft gestärkt und andererseits die Gesellschaft, ihre Aktionäre sowie die Allgemeinheit vor den Folgen eines übereilten Rücktritts des Prüfers geschützt werden.

2. Kritik

Den Kritikern reichen die bestehenden gesetzlichen Regelungen aber nicht aus. Sie fordern zusätzliche Sicherheiten, insbesondere mehr Transparenz für die Öffentlichkeit hinsichtlich der Gründe, die zu einer Abberufung, Kündigung oder schlicht einem Wechsel des Prüfers geführt haben. Als vorbildhaft verweisen sie dabei auf die amerikanischen Regelungen, die sowohl dem Unternehmen als auch dem bisherigen Prüfer bei einer Abwahl oder einem Wechsel weitgehende Berichtspflichten gegenüber der SEC und den Aktionären auferlegen. Beispielsweise hat dort das Unternehmen neben allgemeinen Mitteilungspflichten über den Prüfungswechsel und dessen Gründe gegenüber der SEC auch Angaben darüber zu machen, ob innerhalb der letzen zwei Jahre Meinungsverschiedenheiten mit dem Abschlussprüfer stattgefunden haben, unabhängig davon, ob den Beanstandungen des Abschlussprüfers gefolgt wurde (SEC, Reg

---

2096 *A/D/S*, HGB, § 318 Rn. 260.

2097 *A/D/S*, HGB, § 318 Rn.437-438; *Ebke*, MüKo-HGB, § 318 Rn. 81; *Marten*, RIW 1994, 749, 753;

2098 So *A/D/S*, HGB § 318 Rn. 436. Allerdings müssen auch die Belange des Prüfers ausreichend berücksichtigt werden. Keinesfalls darf eine Kündigung nur bei Vorliegen der Ersetzungsgründe des Abs. 3 zulässig sein. Zu möglichen Kündigungsgründen siehe *A/D/S*, HGB § 318 Rn. 437-443; *Ebke*, MüKo-HGB, § 318 Rn. 71-81.

S-K § 229 Item 100 bis 900)[2099]. Zusätzlich hat der bisherige Abschlussprüfer hierzu in einem Begleitbrief Stellung zu nehmen. Ebenso muss das Unternehmen gegenüber den Aktionären und der Öffentlichkeit in den sog. "proxy statements" sowie den "notes", die dem deutschen Anhang entsprechen, über die Abberufung des Prüfers berichten. Die Proxy Statements sollen dabei - wie die Berichtserstattung an die SEC - eine Stellungnahme von Seiten des Audit Committee oder dem Board of Directors enthalten. Demgegenüber sind in den Notes Angaben zu den Auswirkungen der Meinungsverschiedenheiten auf den Jahresabschluss zu machen. Ziel all dieser Vorschriften ist es, die Hintergründe eines Prüferwechsels für die Öffentlichkeit möglichst transparent zu machen.

Für Deutschland wird vorgeschlagen, den Abschlussprüfer zumindest zu einer Stellungnahme gegenüber der Wirtschaftsprüferkammer über die Gründe, die zur Abwahl geführt haben, zu verpflichten. Diese soll dann entscheiden, ob ein anderer Wirtschaftsprüfer die Position übernehmen darf. Ihr Verbot soll sie notfalls mit berufsrechtlichen Sanktionen durchsetzen können. Zusätzlich soll ihr ein Verfolgungsrecht zustehen, auf Grund dessen sie nachverfolgen kann, wie unter dem Vorprüfer aufgetretene Meinungsstreits in den folgenden zwei Jahren gelöst wurden[2100].

3. *Blick über die Grenzen*

In den EU-Mitgliedstaaten bedarf der Rücktritt des Abschlussprüfers wie in Deutschland überwiegend des Vorliegens wichtiger Gründe[2101]. In Belgien, Griechenland und Italien ist zusätzlich die Zustimmung einer Behörde oder eines Gremiums notwendig, damit die Beendigung/ Kündigung wirksam wird[2102]. Teilweise ist dabei die Kündigung auch mit Gründen zu versehen[2103]. Andere begnügen sich mit einer bloßen Mitteilung[2104]. In den meisten Ländern besteht darüber hinaus für die prüfungspflichtige Gesellschaft die Pflicht, die Beendigung des Mandatsverhältnisses (sei es auf Grund von Kündigung, Entlassung oder Wahl eines neuen Abschlussprüfers) im Handelsregister oder in überregionalen Zeitungen zu veröffentlichen[2105]. Begründet wird dies mit dem Verweis auf die 1. Richtlinie ("Publizitätsrichtlinie"), die auch auf den

2099 *Fülbier/Pellens*, MüKo-HGB, § 315 Rn. 56 m. w. Nachw.

2100 *Uhlig*, Diskussion, S. 37, 38.

2101 Ein Rücktritt des Abschlussprüfers ist ohne Vorliegen wichtiger Gründe in Dänemark, Finnland, Irland, Italien, Portugal und dem Vereinigten Königreich möglich. Siehe *Buijink/Maijoor/Meuwissen/Witteloostuijin*, Role, Position and Liability, S. 61.

2102 Zu den Einzelheiten siehe *Buijink/Maijoor/Meuwissen/Witteloostuijin*, Role, Position and Liability, S. 61.

2103 Spezielle Mitteilungspflichten für den Abschlussprüfer bestehen in Dänemark, Irland, den Niederlanden, Spanien und Finnland, siehe *Buijink/Maijoor/Meuwissen/Witteloostuijin*, Role, Position and Liability, S. 69.

2104 *Buijink/Maijoor/Meuwissen/Witteloostuijin*, Role, Position and Liability, S. 69.

2105 Keine Veröffentlichungspflichten kennen Deutschland, Frankreich, Finnland, Griechenland und Österreich, siehe *Buijink/Maijoor/Meuwissen/Witteloostuijin*, Role, Position and Liability, S. 67-68.

Abschlussprüfer Anwendung finden soll[2106]. Demgegenüber schlägt die FEE vor, dem Abschlussprüfer bei einem Prüferwechsel die Möglichkeit zur Stellungnahme gegenüber der Hauptversammlung zu geben[2107].

4. *Würdigung*

a) Gerichtliche Abberufung

Die Kritik an der mangelnden Transparenz des Prüferwechsels trifft auf die gerichtliche Abberufung des Prüfers nicht zu. Wird die Ungültigkeit der Bestellung des Abschlussprüfers durch die Nichtigkeitsfeststellungs- bzw. relative Ausschlussgründe durch die Anfechtungsklage gelten gemacht, so handelt es sich um ein Verfahren nach dem Zivilprozessrecht, für das generell das Öffentlichkeitsprinzip nach § 169 GVG gilt, so dass ausreichend Transparenz gewährleistet ist. Gleiches gilt für das gerichtliche Ersetzungsverfahren nach § 318 Abs. 3 HGB. Zwar richtet sich dessen Verfahren nach den Vorschriften des FGG und ist damit nichtöffentlich[2108], es besteht aber insofern ein Ausgleich für die mangelnde Transparenz, als das Gericht wegen des Grundsatzes der Amtsermittlung (§ 12 FGG) verpflichtet ist, sich selbst ein Bild von der objektiven Wahrheit zu machen und deshalb die Hintergründe zu erforschen hat. Defizite hinsichtlich der öffentlichen Transparenz bestehen allerdings bei der Kündigung sowie allgemein beim Prüferwechsel.

b) Kündigung

Bei der Kündigung besteht für den Prüfer lediglich die Pflicht, die Kündigung (die auch mündlich erfolgen kann) gegenüber der Gesellschaft schriftlich zu begründen sowie dem Aufsichtsrat über das bisherige Ergebnis der Prüfung analog der Vorschriften des Prüfungsberichts zu berichten (§ 321 Abs. 5 S. 2 1. HS HGB analog). Erfolgt die Kündigung gegenüber den gesetzlichen Vertretern, so haben diese den Aufsichtsrat hiervon zu unterrichten. Die Berichtspflicht der gesetzlichen Vertreter umfasst nach dem eindeutigen Gesetzeswortlaut allerdings nicht die schriftliche Begründung der Kündigungserklärung[2109], obwohl eine solche Mitteilung nach Ansicht der Literatur schon auf Grund der Aufsichts- und Informationsrechte des Aufsichtsrates sinnvoll wäre[2110]. Eine Gesetzesänderung dahingehend, die Kündigungserklärung

2106 *Buijink/Maijoor/Meuwissen/Witteloostuijin*, Role, Position and Liability, S. 67.
2107 *FEE*: „Stellungnahme zum geänderten Vorschlag der 5. EG-Richtlinie“, Brüssel 1990, S. 4.
2108 Vgl. § 8 FGG, der nicht auf die Vorschrift des § 169 GVG verweist, siehe hierzu B/W § 9 Rn. 5.
2109 *A/D/S*, HGB, § 318 Rn. 458; *Budde/Steuber*, BeBiKomm., § 318 Rn. 36.
2110 *Budde/Steuber*, BeBiKomm., § 318 Rn. 36.

sowie ihre schriftliche Begründung nur noch gegenüber dem Aufsichtsrat zuzulassen, ist wohl aus organisatorischen Gründen nicht praktikabel. Eine entsprechende gesetzliche Klarstellung der Informationspflichten des Vorstandes wäre deshalb wünschenswert. Zusätzlich sollte der Aufsichtsrat, der wiederum die Hauptversammlung von der Kündigung in Kenntnis zu setzen hat (§ 316 Abs. 6 S. 1 i.V.m. S. 6 HGB), verpflichtet werden, den Aktionären die vom Abschlussprüfer angegebenen Kündigungsgründe mitzuteilen, sofern der Abschlussprüfer keine Einwände dagegen geltend macht. Nur so kann für ausreichend Transparenz gesorgt werden.

Eine Beteiligung der Wirtschaftsprüferkammer bei Abberufung (und Bestellung) des Prüfers erscheint demgegenüber nicht zwingend notwendig. Sachgerechter ist es, den Informationsaustausch zwischen scheidendem und neuem Prüfer zu intensivieren. Nach bisheriger Rechtslage kann der neue Prüfer nach Bestellung zum Abschlussprüfer aufgrund seiner Informationspflichten auf den Bericht des bisherigen Prüfers zurückgreifen, da ihm dieser Bericht als Bestandteil der Schriften der Gesellschaft (§ 320 HGB) zugänglich ist und die Berichterstattungspflicht nach § 318 Abs. 6 Satz 4 1. Hs. HGB auch diese Information bezweckt. Laut Literatur besteht für den neuen Prüfer geradezu ein Zwang, sich diesen Bericht aushändigen zu lassen, um davon Kenntnis zu nehmen, da er ansonsten seine Pflicht zur gewissenhaften Prüfung (§ 323 Abs. 1 S. 1 HGB) verletzen würde.

Vor Auftragsannahme ist der alte Prüfer nach berufsständischen Vorschriften (§ 26 Abs. 3 der Berufssatzung) verpflichtet, dem potentiellen neuen Abschlussprüfer den Kündigungsgrund sowie das Ergebnis der bisherigen Prüfung zu erläutern, sofern dem die Verschwiegenheitspflicht, andere gesetzliche Bestimmungen oder eigene berechtigte Interessen (vgl. § 193 StGB) nicht entgegenstehen[2111]. Entbindet die Gesellschaft den bisherigen Abschlussprüfer nicht von seiner Verschwiegenheitspflicht, so hat der neue Prüfer den Auftrag abzulehnen, sofern er sich nicht auf andere Art und Weise davon überzeugen kann, dass gegen die Annahme des Prüfungsauftrags keine Bedenken bestehen (§ 26 Abs. 3 Satz 2 der Berufssatzung). Denn nach den berufsrechtlichen Grundsätzen darf der neue Prüfer den Prüfungsauftrag nur annehmen, wenn er sich über den Grund der Kündigung und das Ergebnis der bisherigen Prüfung unterrichtet hat (§ 26 Abs. 3 Satz der Berufssatzung). Nach Ansicht von *Adler/Düring/Schmaltz* soll schon wegen des Zwecks, der mit § 318 Abs. 6 Satz 4 verknüpft ist, keine Verschwiegenheitspflicht für den alten Prüfer bestehen[2112]. Dies ist jedoch nicht herrschende Meinung. Zumindest hinsichtlich der Gründe der Kündigungserklärung ist daher darüber nachzudenken, den bisherigen Prüfer gesetzlich von einer etwaigen Verschwiegenheitspflicht zu befreien[2113]. Darüber hinaus ist die Auskunfts- und Kontaktpflicht nach § 26 der Berufssatzung der WPK auf alle Prüferwechsel auszudehnen.

2111 Zu den Einzelheiten siehe *Ebke*, MüKo-HGB, § 318 Rn. 88-89.

2112 *A/D/S*, HGB, § 318 Rn. 455.

2113 Die *Regierungskommission „Corporate Governance“*, D6.23 verweist in diesem Zusammenhang auf einen gleichlautenden Vorschlag der britischen Gesellschaftsrechts-Reformkommission, dessen Übernahme sie empfiehlt. Zusätzlich fordert sie auch, den Prüfer der Zwischenberichte des letzten Geschäftsjahres und den Konzernabschlussprüfer von seiner Prüfungspflicht gegenüber seinem Nachfolger zu befreien.

Sollte allerdings die Einführung eines deutschen FRRP beschlossen werden, so ist zu überlegen, ob in Zukunft bei einem Prüferwechsel nicht zusätzlich eine Stellungnahme sowohl des Unternehmens als auch des Prüfers gegenüber diesem Gremium verlangt werden sollte. Darin müsste dann zu den Gründen sowie zu zurückliegenden Meinungsverschiedenheiten Stellung bezogen werden[2114]. Das FRRP könnte wiederum anhand dieser Mitteilungen entscheiden, ob aus seiner Sicht Anlass besteht, die Jahresabschlüsse der Gesellschaft in Zukunft einer Kontrolle zu unterziehen. Jedoch ist auch hier Voraussetzung, dass das Problem der Verschwiegenheitspflicht geklärt wird.

VII. *Abberufungsverfahren*

Im Zusammenhang mit der Abberufung des Abschlussprüfers ist ein Streit bedeutsam, bei dem es weniger um notwendige gesetzliche Neuregelungen als vielmehr um die Auslegung bestehender Vorschriften geht. Es handelt sich dabei um das Verhältnis von richterlichem Ersetzungsverfahren nach § 318 Abs. 3 HGB zur aktienrechtlichen Anfechtungs- und zur Nichtigkeitsfeststellungsklage[2115].

1. Situation

Allgemein besteht Einigkeit darüber, dass - sofern im Zeitpunkt der Wahl des Prüfers durch die Hauptversammlung ein absoluter Ausschlussgrund nach § 319 Abs. 2, 3 HGB vorliegt - der Wahlbeschluss der Hauptversammlung gemäß § 241 Nr. 3 AktG nichtig[2116] und der angenommene Prüfungsauftrag unwirksam (§ 134 BGB) ist[2117]. Nach h. M. kann diese Nichtigkeit mit der Nichtigkeitsfeststellungsklage oder wegen des gleichen materiellen Zieles auch mit der Anfechtungsklage nach § 243 AktG geltend gemacht werden[2118]. Ebenso besteht kein Streit darüber, dass ein Ersetzungsverfahren nach § 318 Abs. 3 HGB in dieser Fallkonstellation nicht in Betracht kommt, da es hierfür an einer wirksamen Bestellung fehlt[2119]. Möglich soll aber die Bestellung eines Ersatzprüfers sein, der bereits zuvor bei der Hauptwahl nach § 318 Abs. 1 S. 1 HGB oder später vorsorglich gewählt wurde sowie die Bestellung durch ein Gericht nach § 318 Abs. 4 HGB wegen „Wegfalls“ des bestellten Prüfers[2120].

2114 Sollten hiergegen Bedenken wegen der Verschwiegenheitspflicht bestehen, so ist alternativ die WPK als Berufsaufsichtsbehörde einzuschalten, die dann die Mitteilung übernimmt.

2115 Zur historischen Entwicklung der Systematik der genannten Rechtsbehelfe siehe ausführlich *Ebke/Jurisch*, AG 2000, 208, 209-213.

2116 BGHZ 118, 142, 144 mit Anm. *Claussen*, AG 1992, 440; BGHZ 135, 260, 262.

2117 BGHZ 118, 142, 144; OLG Düsseldorf BB 1991, 321; ferner *Ebke*, MüKo-HGB, § 318 Rn. 52 m. w. Nachw.

2118 Vgl. *Ebke*, MüKo-HGB, § 318 Rn. 52.

2119 OLG Düsseldorf BB 1991, 108 (sub 5.b) mit Anm. *Claussen* AG 1991, 321; *Ebke/Jurisch*, AG 2000, 208, 213; a. A. *Schulze-Osterloh*, in: Baumbach/Hueck, GmbHG § 41 Rn. 63.

2120 Vgl. *Ebke*, MüKo-HGB, § 318 Rn. 52.

Liegen bei dem bestellten Prüfer demgegenüber keine absoluten Ausschlussgründe nach § 319 Abs. 2, 3 HGB vor, bestehen in seiner Person aber Gründe, die einer Bestellung entgegenstehen, (insbesondere die Besorgnis der Befangenheit, § 318 Abs. 3 Satz 1 HGB), dann scheidet die Geltendmachung einer Nichtigkeitsfeststellungsklage nach § 249 AktG aus. Nach bisher herrschender Meinung war und ist in diesen Fallgestaltungen sowohl ein Ersetzungsverfahren nach § 318 Abs. 3 HGB als auch eine aktienrechtliche Anfechtungsklage nach § 243 AktG nebeneinander statthaft[2121].

2. *Kritik*

In der jüngeren Literatur[2122] und Rechtsprechung[2123] wird diese Sichtweise jedoch in Frage gestellt. Mit Blick auf die Bedeutung des Abschlussprüfers für eine funktionierende Corporate Governance wird vertreten, dass bei Vorliegen von Gründen in der Person des Prüfers, die nicht zu einem Ausschluss nach § 319 Abs. 2, 3 HGB führen, ausschließlich das gerichtliche Ersetzungsverfahren nach § 318 Abs. 3 HGB statthaft sein soll. Während die herrschende Meinung ihre Vorgehensweise nicht näher begründet[2124], führen die Gegner eine Reihe von gewichtigen Argumenten ins Feld.

a) Strengere Voraussetzungen des Ersetzungsverfahrens

Grundsätzlich verweisen sie darauf, dass das Zulassen der Anfechtungsklage neben dem Ersetzungsverfahren dazu führe, dass die strengeren Voraussetzungen, die § 318 Abs. 3 HGB fordert, umgangen werden können[2125]. Denn nach § 318 Abs. 3 HGB seien Aktionäre nicht befugt, das gerichtliche Abberufungs- und Ersetzungsverfahren in Gang zu setzen, wenn sie nicht über ein bestimmtes Quorum verfügen[2126]. Demgegenüber kann die Anfechtungsklage von jedem einzelnen Aktionär erhoben werden (§§ 243 Abs. 1; 245 AktG). Dem Aktionär steht dabei eine längere Frist zur Geltend-

---

2121 *A/D/S*; HGB, § 318 Rn. 318; *Budde/Steuber*, BeBiKomm., § 318 Rn. 17; *Lutter*, FS Semler, S. 833, 839.

2122 *Ebke*, MüKo-HGB, § 318 Rn. 53; *Ebke/Jurisch*, AG 2000, 208, 213-216, *Hoffmann-Becking*, MünchHdB AG § 44 Rn. 7.

2123 LG Köln; WM 1997, 920 m. Anm. v. *Wittkowski* WuB II A. § 243 AktG 1.97; LG München, AG 2000, 235; anderer Ansicht jedoch die Berufungsinstanz OLG München, DB 2001, 258 (n.rkr.).

2124 Vgl. *A/D/S*; HGB, § 318 Rn. 318; *Budde/Steuber*, BeBiKomm., § 318 Rn. 17; *Lutter*, FS Semler, S. 833, 839.

2125 LG München, AG 2000, 235, 236; *Ebke*, MüKo-HGB, § 318 Rn. 54.

2126 Um ein Verfahren nach § 318 Abs. 3 HGB in Gang zu setzen müssen die Anteile der Aktionäre den zehnten Teil des Grundkapitals (§ 16 Abs. 2 AktG) oder einen anteiligen Betrag in Höhe von einer Million Euro erreichen (§ 318 Abs. 3 Satz 1 HGB).

machung offen[2127]. Es sei nicht zwingend erforderlich, dass er zuvor bei der Wahl des Abschlussprüfers gegen die Beschlussfassung Widerspruch eingelegt habe (§ 318 Abs. 3 Satz 2 2. Halbs. HGB)[2128]. Ebenso brauche er nicht glaubhaft zu machen, dass er seit mindestens drei Monaten vor dem Tage der Hauptversammlung (§ 70 AktG) Inhaber der Aktien gewesen sei, wie dies von den antragstellenden Aktionären in § 318 Abs. 3 Satz 3, 4 verlangt werde. Unterstützung findet diese Argumentation in der Rechtsprechung. In ihren Urteilen weisen sowohl das LG Köln[2129] als auch das LG München[2130] darauf hin, dass die Zulassung der Anfechtungsklage neben dem Ersetzungsverfahren die Gefahr der Umgehung der strengeren Voraussetzungen des § 318 Abs. 3 HGB in sich berge.

b) Bedeutung für die Corporate Governance

Bedeutung kommt den restriktiven Antragsvoraussetzungen des § 318 Abs. 3 HGB vor allem in Anbetracht der Funktion der Abschlussprüfung für die Corporate Governance zu[2131]. Denn die Abschlussprüfung soll nicht nur der prüfungspflichtigen Gesellschaft und ihren Organen, sondern verstärkt auch der Allgemeinheit dienen, weshalb nach dem Willen des Gesetzgebers „nicht jeder einzelne Aktionär befugt sein [soll], die Abschlussprüfung durch den vom Aufsichtsrat vorgeschlagenen und von der Hauptversammlung mehrheitlich gewählten Abschlussprüfer durch Einleitung eines gerichtlichen Verfahrens zu verzögern“[2132]. Des Weiteren vermeidet nur die Anwendung des Ersetzungsverfahrens, die für die prüfungspflichtige Gesellschaft prekäre Situation, ohne Abschlussprüfer dazustehen. Denn die Durchführung einer Anfechtungsklage führt nicht zur gerichtlichen Bestellung eines anderen Abschlussprüfers[2133].

c) Sachgerechtes Verfahren

Hinzu kommt, dass das Verfahren nach § 318 Abs. 3. HGB sachgerechter als eine Anfechtungsklage nach § 243 AktG ist. Denn es dient dazu, Fragen der Unabhängigkeit des Abschlussprüfers schnell und einfach zu klären[2134]. Als Verfahren der freiwilligen

---

2127 Die Anfechtungsklage kann innerhalb eines Monats nach der Beschlussfassung geltend gemacht werden (§ 246 Abs. 1 AktG), während der Antrag nach § 318 Abs. 3 HGB innerhalb von zwei Wochen nach dem Tage der Wahl des Prüfers zu stellen ist.

2128 Vgl. BayObLGZ 1987, 297, 301; Zum Widerspruch gegen die Bestellung des Abschlussprüfers siehe *Noack*, AG 1989, 78.

2129 LG Köln, WM 1997, 920, 921.

2130 LG München I AG 2000, 235, 236. Siehe hierzu *Ebke/Jurisch*, AG 2000, 208, 213-216; *Hoffmann*, DB 2000, 485.

2131 *Ebke*, MüKo-HGB, § 318 Rn. 55; *Ebke/Jurisch*, AG 2000, 208, 215.

2132 *Ebke*, MüKo-HGB, § 318 Rn. 55.

2133 *Ebke*, MüKo-HGB, § 318 Rn. 59 mit Hinweis auf *Gadow/Heinchen/Schmidt/Schmidt/Weipert*, AktG (1939), § 136 Anm. 13.

2134 *Ebke*, MüKo-HGB, § 318 Rn. 55.

Gerichtsbarkeit könne es vor dem Amtsgericht (§ 145 Abs. 1 FGG) geltend gemacht werden, was eine kostengünstige (§ 13a FGG) und rasche Entscheidung gewährleiste. Zusätzlich – so die Ansicht des LG Münchens – sei das FGG Verfahren „geeigneter als der Zivilprozess Befangenheitsgründe aufzuklären, da dort das Amtsermittlungsprinzip gilt"[2135]. Daneben sei die Beteiligung des abgelehnten Abschlussprüfers im Ersetzungsverfahren gewährleistet[2136]. Eine Tatsache, die insofern von Vorteil ist, als der Prüfer als persönlich Betroffener, anders als die in einem Anfechtungsverfahren beklagte Gesellschaft, in der Regel mehr zu den angeblichen Befangenheitsgründen beitragen kann[2137].

3. *Würdigung*

Die vorgetragenen Argumente überzeugen. Der Auffassung, die außerhalb des Anwendungsbereichs des § 319 Abs. 2,3 bestehende Ausschlussgründe ausschließlich mit Hilfe des Ersetzungsverfahrens nach § 318 Abs. 3 HGB geltend machen will, ist daher zuzustimmen. Nur sie garantiert ein sinnvolles Zusammenspiel zwischen aktienrechtlicher Individualklage nach § 243 Abs. 1 AktG einerseits und dem richterlichen Ersetzungsverfahren andererseits[2138]. Denn sie räumt bei der Wahl des Abschlussprüfers den Interessen der Gesellschaft und ihrer Organe, des Prüfers und der restlichen Allgemeinheit an einer schnellen und beständigen Wahl des Prüfers den Vorrang ein[2139]. Die damit verknüpfte Einschränkung des Anfechtungsrechts einzelner Aktionäre, das auf dem verbandsrechtlichen Grundrecht auf gesetzes- und statutenkonforme Verwaltung der Gesellschaft gründet, ist insoweit hinzunehmen. Denn dieses Grundrecht gilt nicht grenzenlos, sondern wird nach dem Willen des Gesetzgebers durch die übergeordneten Prinzipien der Klarheit und Rechtssicherheit eingeschränkt[2140], sofern kein Rechtsmissbrauch vorliegt[2141]. Die abweichende Ansicht des OLG München[2142], das an der bisher vorherrschenden Literaturmeinung weiter festhalten will, überzeugt demgegenüber nicht. Das Urteil, das sich nicht mit den Argumenten der Gegenansicht auseinandersetzt, scheint erkennbar von dem Wunsch getragen, die Klage nicht schon an der Zulässigkeit scheitern zu lassen, um die Kläger davon zu überzeugen, dass ihre Klage unbegründet ist. Das letzte Wort liegt nun beim BGH, der in dem Streitfall abschließend zu entscheiden hat[2143].

2135 LG München I AG 2000, 235, 236.

2136 LG München I AG 2000, 235, 236; vgl. BayObIGZ 1987, 297, 304.

2137 *Ebke*, MüKo-HGB, § 318 Rn. 56.

2138 Siehe *Ebke/Jurisch*, AG 2000, 208, 214.

2139 *Ebke/Jurisch*, AG 2000, 208, 215. Zu den Interessen der Gesellschaft und des Prüfers an der Gültigkeit der Prüfungsberechtigung siehe *Röhricht*, WPg 1998, 153, 155.

2140 *Ebke*, MüKo-HGB, § 318 Rn. 57.

2141 Vgl. LG Köln, WM 1997, 920, 921; KK-*Claussen/Korth*, HGB, § 318 Rn. 39.

2142 OLG München, DB 2001, 258.

2143 Vgl. BGH Az. II ZR 49/01.

I. *Situation*

Aus Sicht einer modernen Corporate Governance muss es das Ziel sein, die Position des Abschlussprüfers möglichst unabhängig von der Unternehmensführung auszugestalten. Bereits die bestehende Gesetzeslage unterstützte diese Intention und billigte dem Vorstand eine eher "passive Rolle"[2144] gegenüber der Position des Abschlussprüfers zu; beispielsweise indem der Aufsichtsrat (§ 124 Abs. 3 S. 1 AktG) und nicht der Vorstand der Hauptversammlung den Abschlussprüfer vorzuschlagen hatte. Dennoch kam in der Praxis dem Vorstand häufig ein stärkeres Gewicht zu, als es die gesetzlichen Regelungen vermuten ließen. So besaß sein Vorschlag trotz mangelndem formellen Recht bezüglich des zu bestellenden Wirtschaftsprüfers beim Aufsichtsrat maßgebliches Gewicht[2145], so dass er indirekt die Wahl des Abschlussprüfers in der Hauptversammlung beeinflussen konnte. Hinzu kommt, dass der Prüfer während der Durchführung der Abschlussprüfung faktisch auf die Kooperation der Unternehmensführung angewiesen ist. Denn der Vorstand und seine Mitarbeiter stellen die Hauptansprechpartner des Abschlussprüfers dar. Der Abschlussprüfer weist in der Regel den Vorstand auf Unregelmäßigkeiten hin, die im Zuge der Prüfung aufgetaucht sind, um diese gemeinsam zu klären. Diese Zusammenarbeit war und ist nicht unbedingt unerwünscht, solange sie einer effizienteren Gestaltung der Abschlussprüfung dient[2146]. Sie birgt allerdings auch Konfliktstoff, weil die Gefahr besteht, dass der Vorstand versucht, die Berichterstattung des Abschlussprüfers direkt zu beeinflussen, bevor das Ergebnis in Form des Prüfungsberichts dem Aufsichtsrat zugeleitet wird[2147].

II. *Reformen*

Das KonTraG hat im Rahmen eines sogenannten "Distanzierungsprogramms"[2148] eine Reihe von Maßnahmen eingeführt, um die Unabhängigkeit des Abschlussprüfers vom Vorstand zu verbessern.

2144 *Richter*, DBW 1978, 21, 27.
2145 *Forster*, AG 1995, 1, 2.
2146 *Schwegler*, BB 1995, 1683, 1684.
2147 *Schwegler*, BB 1995, 1683, 1684.
2148 *Hommelhoff*, BB 1998, 2625, 2627; *Mattheus*, ZGR 1999, 682, 710.

1. Übermittlung des Prüfungsberichts

Als Folge der Erteilung des Prüfungsauftrages durch den Aufsichtsrat ist der Prüfungsbericht nicht mehr dem Vorstand, sondern dem Aufsichtsrat zu übergeben (§ 321 Abs. 5 S. 2 HGB). Damit ist der Gesetzgeber zu der ursprünglich bei der Einführung der Pflichtprüfung im Jahre 1931 bestehenden Regelung zurückgekehrt[2149]. Diese war durch die Aktienrechtsreformen von 1937 und 1965 geändert worden, wonach der Abschlussprüfer den Prüfungsbericht allein dem Vorstand zu übermitteln hatte[2150]. Damals war die Regelung mit organisatorischen Gesichtspunkten gerechtfertigt worden[2151]. Die neue Regelung hat damit diese die „historische Funktion" der Abschlussprüfung verkennende Gesetzesentwicklung revidiert[2152] und trägt gleichzeitig der Tatsache Rechnung, dass der Prüfungsbericht in erster Linie ein Informations- und Hilfsmittel des Aufsichtsrates ist.

2. Kritik

Unklarheiten bestehen hinsichtlich der Gesetzespassage, die vom Abschlussprüfer verlangt, dem Vorstand den Prüfungsbericht vorweg zuzuleiten und Gelegenheit zur Stellungnahme zu geben, bevor dieser dem Aufsichtsrat vorgelegt wird. Strittig ist, ob dem Vorstand die endgültige Fassung des Prüfungsberichts zuzuleiten ist oder ob – wie vor in Kraft treten des KonTraG gängige Praxis - der Vorstand ein Entwurfexemplar erhalten soll[2153]. Die Gesetzesmaterialien enthalten insofern nichts Erhellendes[2154]. Die Befürworter eines Entwurfexemplars sind für die Beibehaltung der bisherigen Praxis aus Praktikabilitätsgründen[2155]. Sie sprechen von einem "letzten Auskunftsersuchen" des Abschlussprüfers an den Vorstand[2156]. Damit sollen eventuell noch bestehende letzte Unrichtigkeiten ausgeräumt werden, um Missverständnissen

---

2149 *Mattheus*, ZGR 1999, 682, 710.

2150 Vgl. *Forster*, ZfB 1988, 789, 795.

2151 Die Änderung war damals damit begründet worden, dass die Weitergabe des Prüfungsberichts durch den Abschlussprüfer an den Aufsichtsrat technische Schwierigkeiten bereitet hätte, da teilweise die Adressen der einzelnen Aufsichträte nicht bekannt waren, vgl. *Theisen*, WPg 1994, 809, 811.

2152 *Theisen*, WPK-Mitt. 1995, 185, 194; *ders.*, WPg 1994, 809, 819; *Mattheus*, ZGR 1999, 682, 711.

2153 Vgl. einerseits *Forster*, WPg 1998, 41, 53, der in § 321 Abs. 5 Satz 2 zweiter Halbsatz die bisherige Berufsausübung gesetzlich festgeschrieben sieht, andererseits ablehnend *Theisen*, S. 203, 231.

2154 *Dörner*, DB 1998, 1, 6; *Hommelhoff*, BB 1998, 2625, 2638.

2155 *Gelhausen*, AG-Sonderheft August 1997, 73, 78; *Dörner*, DB 2000, 101, 104; *ders.* DB 1998, 1, 5; *Peemöller/Keller*, DStR 1997, 1986, 1988; *Schindler/Rabenhorst*, BB 1998, 1886, 1888.

2156 *A/D/S*, HGB § 321 Rn. 156; *Ebke*, MüKo-HGB, § 321 Rn. 60; *Dörner*, DB 2000, 101, 104.

vorzubeugen[2157]. Bedenken gegen diese Praxis trage der Gesetzgeber durch Sanktionierung der Pflichtverstöße ausreichend Rechnung[2158].

Dagegen wird eingewandt, dass es Ziel des KonTraG sei, zu große Nähe zwischen Vorstand und Abschlussprüfer zu beseitigen[2159]. Aus Sicht der Öffentlichkeit berge das bisherige Verfahren aber den Verdacht "einer Art Vorzensur durch das geprüfte Unternehmen" zu sein[2160]. Denn es biete dem Vorstand die Möglichkeit, bei unangenehmen Feststellungen auf den Abschlussprüfer Einfluss zu nehmen und auf "Glättungen" bei den Formulierungen hinzuwirken[2161]. Daher sollte es Aufgabe des Abschlussprüfers sein, bereits im Rahmen der Prüfung zusammen mit dem Vorstand möglichst alle Unklarheiten und offene Fragen mit Hilfe des dafür vorgesehenen Auskunftsverfahrens (§ 320 Abs. 2 HGB) zu beseitigen[2162]. Danach sollte dem Vorstand nur noch die Möglichkeit zu einer separaten Stellungnahme gewährt werden, die gemeinsam mit dem bereits unterschriebenen Prüfungsbericht dem Aufsichtrat zuzuleiten ist. Nur so könne sich der Aufsichtsrat ein objektives Bild machen.

3. *Würdigung*

Der Wunsch nach vorheriger Durchsicht des Prüfungsberichts ist aus Sicht der gesetzlichen Vertreter und der Wirtschaftsprüfer verständlich. Denn für das geprüfte Unternehmen dient der Prüfungsbericht auch zur Kreditaufnahme. Missverständnisse und Ungereimtheiten innerhalb der Berichterstattung können dabei erhebliche nachteilige Folgen haben. Für den Abschlussprüfer bringt eine zusätzliche Klärung durch den Vorstand ein Mehr an Sicherheit hinsichtlich seiner Haftung. Denn die gesetzlichen Vertreter trifft die Pflicht zum sorgfältigen Studium des Vorwegexemplars[2163]. Andererseits kann aber auch die Forderung der Öffentlichkeit nach weniger Möglichkeiten zur Einflussnahme des Vorstands nicht ignoriert werden, indem die bisher bestehende Praxis einfach fortgesetzt wird. Ziel muss es sein, die Zusammenarbeit transparenter zu gestalten. Ein Kompromissvorschlag wäre daher, die vom Vorstand angeregten Änderungen des Vorwegexemplars zu protokollieren und dem Aufsichtsrat zur Einsicht mit vorzulegen. Alternativ dazu bietet sich eine Lösung mittels des Audit Committee an. Dort können in einer Schlussbesprechung im Beisein von Aufsichtrats-

---

2157 *Budde/Steuber*, BeBiKomm., § 320 Rn. 13; *Schmidt*, BFuP 1996, 52, 63; *Dörner*, DB 1998, 1, 5;

2158 *Ebke*, MüKo-HGB, § 321 Rn. 60; *Forster*, AG 1999, 194, 197.

2159 *Hommelhoff*, BB 1998, 2625, 2638; *ders.*, Corporate Governance, S. 1, 15; *Lenz/Ostrowski*, BB 1997, 1523, 1524;

2160 *A/D/S*, HGB, § 321 Rn. 156.

2161 Vgl. *Hommelhoff*, BB 1998, 2625, 2628.

2162 Zu weitgehend ist deshalb die Forderung nach Einsicht des Aufsichtsrats in den "Management Letter", der dazu dient den Vorstand über Mängel aufzuklären. Siehe hierzu *Peemöller/Finsterer/Mahler*, DB 1999, 1565, 1566; *Hommelhoff*, BB 1998, 2625, 2629.

2163 So soll sich der Vorstand auf Fehler, die er während der Durchsicht des Vorwegexemplars entdecken hätte können, später nicht mehr berufen können, vgl. *A/D/S*, HGB, § 321 Rn. 156 m. Hinweis auf *Glade*, BiRiLiG, § 321 HGB Tz. 19.

mitglieder zusammen mit dem Vorstand bestehende letzte Unklarheiten ausgeräumt werden, ohne dass man sich dem Vorwurf der "Mauschelei" oder "Glättung" aussetzt.

4. *Auskunftsrecht*

Damit der Abschlussprüfer als "Garant der Publizität" gewachsenen Prüfungs- und Berichterstattungspflichten nachkommen kann, benötigt er umfangreiche Informations-, Vorlage- und Auskunftsrechte. In Deutschland sind diese Rechte in § 320 HGB geregelt[2164]. Sie verpflichten das zu prüfende Unternehmen, dem Abschlussprüfer den Jahresabschluss und den Lagebericht unverzüglich nach der Aufstellung vorzulegen (§ 320 Abs. 1 S. 1 HGB) und die Einsichtnahme und Prüfung zu gestatten (§ 320 Abs. 1 S. 2)[2165]. Mit den Pflichten des Unternehmens korrespondiert auf Seiten des Abschlussprüfers ein Recht auf Vorlage, Einsichtnahme und Prüfung. Darüber hinaus räumt ihm das Gesetz weitreichende Auskunftsrechte ein (§ 320 Abs. 2 Satz 1 HGB)[2166]. Die Vorschrift des § 320 Abs. 2 Satz 3 erweitert diese Rechte und Pflichten explizit auch auf Mutter- und Tochterunternehmen[2167]. Das Auskunfts- und Prüfungsbegehren des Abschlussprüfers und die dementsprechende Verpflichtung des Unternehmens findet seine Grenze am Prüfungszweck[2168]. Mögliche Geheimhaltungsinteressen der Gesellschaft berechtigen nicht zu Einschränkungen[2169], da nach h.M. durch die Verschwiegenheitspflicht[2170] und dem Verwertungsverbot[2171] des Abschlussprüfers ein ausreichender Schutz der Unternehmensinteressen gewährleistet sei[2172]. Die Rechte des Prüfers und die Pflichten der Gesellschaft können folglich weder durch den Prüfungsvertrag noch durch sonstige Vereinbarungen zwischen dem Prüfer und der prüfungspflichtigen Gesellschaft aufgehoben oder eingeschränkt werden. Sie können auch nicht im Gesellschaftsvertrag oder in der Satzung zu Lasten des Prüfers verändert werden[2173].

2164 Zur Konzernabschlussprüfung siehe § 320 Abs. 3 HGB.

2165 Siehe dazu *A/D/S*, HGB § 320 Rn. 12-27; *Budde/Steuber*, BeBiKomm., § 320 Rn. 5-8;

2166 *Ebke*, MüKo-HGB, § 320 Rn. 14-17; KK-*Claussen/Korth*, HGB, § 320 Rn. 10-12.

2167 So *Ebke*, MüKo-HGB, § 320 Rn. 18 mit Hinweis auf den Wortlaut von § 320 Abs. 2 Satz 3 und den Zielen der Abschlussprüfung; ablehnend hinsichtlich eines Einsichts- und Prüfungsrecht dagegen *A/D/S*, HGB, § 320 Rn. 46; KK-*Claussen/Korth*, HGB, § 320 Rn. 15 m.w.N.

2168 KK-*Claussen/Korth*, HGB, § 320 Rn. 13. Zu den einzelnen Grenzen wie Treu und Glauben (§ 242 BGB, Schikaneverbot (§ 226 BGB) sowie dem Gebot der Wirtschaftlichkeit der Abschlussprüfung siehe *Ebke*, MüKo-HGB, § 320 Rn. 19.

2169 Plakativ *Ebke*, MüKo-HGB, § 320 Rn. 22 ("Vor dem Abschlussprüfer gibt es kein Geheimnis bezüglich der Gegenstände der Prüfung").

2170 Vgl. § 323 Abs. 1 Satz 1 HGB; §§ 43 Abs. 1 Satz 1; 50 WPO.

2171 § 323 Abs. 1 Satz 2; § 57 Abs. 3 Nr. 1 k WPO i.V.m. § 10 der Berufssatzung der WPK.

2172 *A/D/S*, HGB, § 320 Rn. 81; *Budde/Steuber*, BeBiKomm., § 320 Rn. 30.

2173 *Ebke*, MüKo-HGB, § 320 Rn. 3.

5. *Kritik*

Kritiker bemängeln aber, dass der Abschlussprüfer seinen Informations- und Prüfungsanspruch aus § 320 HGB bislang nicht selbständig durchsetzen kann[2174]. Daran hat auch das KonTraG nichts geändert. Kommt der Vorstand dem Auskunftsverlangen des Abschlussprüfers nicht nach, so besteht für den Prüfer die Möglichkeit, sich an den Aufsichtsrat zu wenden, damit dieser auf die gesetzlichen Vertreter der Aktiengesellschaft einwirkt. Alternativ kann der Prüfer den Bestätigungsvermerk einschränken oder versagen. Ein einklagbarer Anspruch auf Auskunftserteilung wird ihm nicht zugestanden. Denn mit der Redepflicht, dem Prüfungsbericht und dem Testat stehen dem Abschlussprüfer nach Ansicht der Vertreter dieser Ansicht andere Möglichkeiten offen, so dass ihm das unmittelbare Rechtsschutzbedürfnis fehle[2175]. Ein Zwangsgeld wegen Nicht-Befolgung der Pflichten aus § 320 HGB kann vom Registergericht gegen die gesetzlichen Vertreter nur auf Antrag nach § 335 Nr. 5 HGB festgelegt werden[2176]. Der Abschlussprüfer zählt aber nicht zu den antragsberechtigten Personen[2177]. Darüber hinaus begründet die Tatsache, dass die gesetzlichen Vertreter ihren Vorlage- und Auskunftsrechten nur mangelhaft oder unvollständig nachkommen, auch kein außerordentliches Kündigungsrecht nach § 318 Abs. 6 HGB[2178]. Denn aus der Vorschrift des § 321 Abs. 2 Satz 1 HGB, die durch das KonTraG ebenfalls nicht verändert wurde, kann geschlossen werden, dass eine Auskunftsverweigerung durch das prüfungspflichtige Unternehmen grundsätzlich kein Prüfungshindernis darstellt[2179], sondern lediglich entsprechende Informationspflichten im Prüfungsbericht auslöst[2180].

6. *Würdigung*

Fraglich ist aber, ob mit der Gewährung eines eigenen einklagbaren Anspruchs auf Auskunft und Einsicht für den Abschlussprüfer viel gewonnen ist. Es ist kaum vorstellbar, dass der Abschlussprüfer sich darauf einlassen wird, mit dem Unternehmen langwierige Prozesse um die Erteilung einer Auskunft zu führen und gleichzeitig dabei das Kostenrisiko zu tragen, wenn er mit der Möglichkeit der Einschränkung des Bestätigungsvermerks eine effizientere, risikoärmere Alternative besitzt. Vorzugswürdiger ist allenfalls eine Klärung im Verfahren nach § 324 HGB[2181], wie es

---

2174 *Hauser*, S. 223-224; *Mattheus*, S. 13.

2175 *Budde/Hense*, BeBiKomm., § 320 Rn. 33, KK-*Claussen/Korth*, HGB, § 320 Rn. 28.

2176 *A/D/S*, HGB, § 320 Rn. 84; *Budde/Hense*, BeBiKomm., § 320 Rn. 33.

2177 *Budde/Hense*, BeBiKomm., § 320 Rn. 33.

2178 *Ebke*, MüKo-HGB, § 320 Rn. 20.

2179 Vgl. *Ebke*, MüKo-HGB, § 320 Rn. 80.

2180 Nach der h.M. liegt ein Kündigungsgrund nur dann vor, wenn zusätzlich noch andere erschwerende Umstände vorliegen. Dazu zählen schwerwiegende persönliche Differenzen des Prüfers mit Aufsichtsrat oder Vorstand, massive Behinderungen oder Nötigungen des Prüfers bei der Durchführung der Prüfung oder Zweifel an der Vertrauenswürdigkeit der prüfungspflichtigen Gesellschaft, vgl. *Ebke*, MüKo-HGB, § 318 Rn. 79-80.

2181 *Hauser*, S. 124.

teilweise in der Literatur bereits jetzt schon für zulässig erachtet wird[2182]. Allerdings haben die Abschlussprüfer von diesem Verfahren in der Praxis bisher so gut wie keinen Gebrauch gemacht[2183]. Der bisher einzig bekannte Fall liegt schon über dreißig Jahre zurück und bezog sich auf das AktG 1937![2184]

Denkbar ist auch, dem Abschlussprüfer ein eigenes Antragsrecht hinsichtlich des Zwangsgeldverfahrens beim Registergericht einzuräumen. Bei Gesellschaften, die dem PublG unterfallen, besteht bereits die Möglichkeit, dass das Registergericht auf Anregung des Abschlussprüfers von Amts wegen tätig wird (§ 21 Satz 1 Nr. 5 PublG)[2185]. Allerdings muss bezweifelt werden, ob sich mittels eines Zwangsgeldes in jedem Fall eine ausreichend motivierende Wirkung auf die gesetzlichen Vertreter erzielen lässt. Denn dessen Höhe beträgt maximal Euro 5.000 (§ 335 Satz 2 u. 3 HGB i.V.m. § 140 a Abs. 1 FGG, Art. 6 Abs. 1 EStGB).

Vorrangig sollten die Bemühungen daher darauf abzielen, die Bereitschaft des Abschlussprüfers darin zu stärken, über die mangelhafte Auskunftsbereitschaft im Prüfungsbericht oder notfalls im Bestätigungsvermerk zu berichten. Denn nur so kann der Aufsichtsrat entsprechende Schritte einleiten oder die Anleger am Kapitalmarkt ihre Kontrollfunktion wahrnehmen. Dazu gehören die bereits erwähnten flankierenden Maßnahmen, die den Abschlussprüfer zu einer sorgfältigen gewissenhaften und objektiven Abschlussprüfung anhalten sollen. Aber auch das schon mehrfach erwähnte Audit Committee kann hier einen Beitrag leisten, indem es dem Abschlussprüfer bei der Prüfung einen ständigen Ansprechpartner zur Verfügung stellt, an den er sich bei eventuellen Schwierigkeiten wenden und der ihn unterstützen kann. Demgegenüber ist die Einräumung eines Kündigungsrechts abzulehnen, da es sich nicht mit der gesellschaftsübergreifenden Schutzwirkung der Prüfung des Jahresabschlusses verträgt[2186]. Denn Probleme zwischen Prüfer und prüfungspflichtiger Gesellschaft sollen nicht zulasten der Allgemeinheit durch die Kündigung des Prüfungsauftrages verdeckt werden können[2187]. Schließlich ist es besser, alternativ darüber nachzudenken, wie man die Informationsbereitschaft des Vorstandes verbessern kann. Seine Verantwortung und Pflicht, dem Abschlussprüfer wichtige Informationen freiwillig zur Verfügung zu stellen, muss noch deutlicher herausgestellt werden. Des Weiteren ist über geeignete Sanktionen bei Verstößen nachzudenken. Jedoch sollen strafrechtliche Sanktionen auf bewusste Verstöße beschränkt bleiben[2188].

2182 KK-*Claussen/Korth*, HGB, § 320 Rn. 26; *Lutter/Hommelhoff*, GmbHG, Anh. § 42 Rn. 37; *Mai*, S. 116; a. A. allerdings *A/D/S*, HGB, § 320 Rn. 28.

2183 *Budde/Hense*, BeBiKomm., § 324 Rn. 2-3 führen dies darauf zurück, dass Meinungsverschiedenheiten zwischen Abschlussprüfer und der prüfungspflichtigen Gesellschaft in der Regel auf andere Weise gelöst werden.

2184 OLG Celle, BB 1965, 563.

2185 *A/D/S*, HGB, § 320 Rn. 84.

2186 Vgl. *Budde/Kunz*, BeBiKomm., § 320 Rn. 34.

2187 *Ebke*, MüKo-HGB, § 318 Rn. 81.

2188 Siehe hierzu auch die Vorschläge der *Company Law Review Steering Group*, Final Report, Chapter 8, S. 105.

D. *Hauptversammlung und Abschlussprüfer*

Die Hauptversammlung bildet das gesetzlich vorgesehene Mitgliedsorgan der Aktionäre der Gesellschaft.

I. *Situation*

Der einzelne Aktionär kann in der Hauptversammlung seine Rechte in Gesellschaftsangelegenheiten geltend machen (§ 118 Abs. 1; § 133 Abs. 1 AktG). Da die Hauptversammlung aus praktischen Gründen nicht über jede Angelegenheit der Gesellschaft befinden kann[2189], hat der Gesetzgeber ihre Mitwirkungs- und Kontrollrechte auf grundlegende Entscheidungen in der Gesellschaft beschränkt. So ist ihre Mitwirkung beispielsweise bei Satzungsänderungen, Kapitalmaßnahmen sowie wichtigen Strukturveränderungen (Verschmelzung, Spaltung, Unternehmensverträge etc.) erforderlich. Darüber hinaus – so hat die Rechtsprechung entschieden - ist ihre Zustimmung auch bei Geschäftsführungsentscheidungen notwendig, die einschneidend sind und die Vermögensinteressen, die durch das Anteilseigentum verkörpert sind, in starkem Maße betreffen[2190]. Die Überwachung der laufenden Geschäftsführung hat sie demgegenüber dem Aufsichtsrat übertragen, dessen Vertreter von ihr gewählt werden[2191].

1. *Überwachungsaufgaben*

Zu den wenigen unmittelbaren Überwachungsaufgaben der Hauptversammlung zählt die Entlastung gem. § 119 Absatz 1 Nr. 3 und § 120 AktG. Entlastung bedeutet gemäß § 120 Absatz 2 AktG Billigung der Verwaltung der Gesellschaft[2192]. Durch die Entlastung kontrolliert die Hauptversammlung nicht nur den Vorstand, sondern auch das Hauptüberwachungsorgan, den Aufsichtsrat[2193]. Um diese Aufgabe sinnvoll ausüben zu können, bedarf die Hauptversammlung detaillierter Informationen über die Aufgabenerfüllung des Vorstands[2194]. Voraussetzung für die Entlastung der Unternehmensführung ist daher das Vorliegen des Jahresabschluss einschließlich des Lageberichts und der Berichterstattung des Aufsichtsrats gem. § 171 Absatz 2 S. 3 AktG, die der

---

2189 Gesetzliche Ausnahmen bilden insoweit § 111 Abs. 4 Satz 3-5 und § 119 Abs. 2 AktG. Siehe auch die von BGHZ 83, 122 (Holzmüller) angenommene Zuständigkeit aufgrund von gesetzlich nicht geregelter Strukturmaßnahmen von herausragender Bedeutung.

2190 BGHZ 83, 122, 131, siehe hierzu auch *Joost*, ZHR 1999, 164; *Lutter/Leinekugel*, ZIP 1998, 225; *Priester*, ZHR 1999, 187.

2191 Vgl. §§ 101 Abs. 1, 103 Abs. 1 AktG.

2192 Sie bezieht sich in der Regel auf das vergangene Geschäftsjahr, bedeutet aber auch gleichzeitig eine Vertrauenskundgabe für das zukünftige Geschäftsjahr *Hüffer*, AktG, § 120 Rn. 2.

2193 Durch diese Funktion der Hauptversammlung als Überwachungsträger des Aufsichtsrats wird die grundlegende Forderung erfüllt, dass jedes Überwachungssystem seinerseits einer Kontrolle unterliegen muss, vgl. *Theisen*, Überwachung, S. 68.

2194 *Schlömer*, S. 72.

Hauptversammlung als wesentliche Entscheidungsgrundlage dienen. Ein ohne Vorliegen dieser Informationsquellen gefasster Entlastungsbeschluss ist gesetzwidrig[2195]. Im Detail ungeklärt ist allerdings, inwieweit der Abschlussprüfer, der von der Hauptversammlung gewählt wird, als Informant und diese ihm als Informationsquelle dienen darf und kann.

2. *Zusammenwirken mit dem Abschlussprüfer*

a) *Teilnahmepflicht des Abschlussprüfers an der Hauptversammlung*

Eine gesetzliche *Pflicht zur Teilnahme* des Abschlussprüfers an der Hauptversammlung ist in § 176 Absatz 2 S. 1 AktG vorgesehen, wenn die Hauptversammlung den Jahresabschluss festzustellen hat[2196]. Sinn und Zweck der Vorschrift ist es, dem Abschlussprüfer die Möglichkeit zu gewähren, zu prüfen, ob im Rahmen der Feststellung des Jahresabschlusses durch die Hauptversammlung eine Änderung vorgenommen worden ist, die eine Nachtragsprüfung erforderlich macht[2197]. Der Abschlussprüfer kann so gegebenenfalls seine rechtlichen Bedenken gegenüber der beabsichtigten Änderung äußern; abhängig von Art und Umfang der Änderungen kann der Abschlussprüfer die Nachtragsprüfung noch in der Hauptversammlung vornehmen und einen uneingeschränkten Bestätigungsvermerk für die Änderungen unmittelbar erteilen[2198]. Zumindest wird der Abschlussprüfer aber vor Ort und frühzeitig über den Umfang der erforderlichen Nachtragsprüfungen unterrichtet, so dass er bei größeren Änderungen sogleich eine fristgerechte Nachtragsprüfung beginnen kann[2199].

Die Feststellung des Jahresabschlusses durch die Hauptversammlung bildet jedoch die Ausnahme. Im Regelfall obliegt diese Tätigkeit dem Vorstand und dem Aufsichtsrat (§ 172 AktG)[2200]. Trotz mangelnder Pflicht ist eine Teilnahme des Abschlussprüfers an der Hauptversammlung auch in diesem Fall üblich und sinnvoll.

2195 *Hüffer*, AktG, § 120 Rn. 1.

2196 Der Jahresabschluss wird durch die Hauptversammlung festgestellt, wenn Vorstand und Aufsichtsrat ihr die Feststellung überlassen haben oder der Aufsichtsrat den Jahresabschluss nicht gebilligt hat (§ 173 Abs. 1 AktG, wenn die Aktiengesellschaft aufgelöst ist (§ 270 Abs. 2 AktG), wenn eine vereinfachte Kapitalherabsetzung mit Rückwirkung beschlossen werden soll (§ 234 Abs. 2 AktG) oder wenn es sich um eine KGaA handelt (§ 286 Abs. 1 AktG), vgl. *A/D/S*, AktG, § 176 Rn. 26.

2197 *A/D/S*, AktG, § 176 Rn. 26; KK-*Claussen/Korth*, AktG, § 176 Rn. 13.

2198 Ob eine Nachtragsprüfung an Ort und Stelle durchgeführt werden kann, hängt allein von der fachlichen Beurteilung des Abschlussprüfers ab. Eine Pflicht zur Nachtragsprüfung wird sich nur bejahen lassen, wenn wegen völliger Überschaubarkeit der Sach- und Rechtslage im konkreten Fall nur die sofortige Durchführung der Prüfung vertretbar ist. Vgl. *Hüffer*, AktG, § 176 Rn. 9; *A/D/S*, AktG, § 176 Rn. 27.

2199 *A/D/S*, AktG, § 176 Rn. 27.

2200 *A/D/S*, AktG, § 172 Rn. 1, KK-*Claussen/Korth*, AktG, § 172 Rn. 6; *Hüffer*, AktG, § 172, Rn. 1.

Insbesondere gilt dies auch für die Tagesordnungspunkte Entgegennahme des festgestellten Jahresabschlusses und Gewinnverwendung[2201]. Aber auch darüber hinaus (z.B. bei der Diskussion und Beschlussfassung über die Entlastung) kann die Anwesenheit für den Abschlussprüfer zur Abrundung des Bildes der Aktiengesellschaft förderlich sein. Den Abschlussprüfer insoweit auf das Hauptversammlungsprotokoll, Informationen Dritter oder die Presse zu verweisen, erscheint nicht sachgerecht[2202]. Im Schrifttum wird deshalb teilweise sogar von einem allgemeinen Recht des Abschlussprüfers auf Teilnahme an der Hauptversammlung ausgegangen[2203]. Die h. M. lehnt einen solch weitgehenden Anspruch jedoch wegen mangelnder gesetzlicher Grundlage und einem Widerspruch zum Wortlaut des § 118 AktG ab[2204]. Aus ihrer Sicht besteht aber die Möglichkeit, dass der Versammlungsleiter die Teilnahme des Abschlussprüfers zulasse und einen Hauptversammlungsbeschluss über die Teilnahme im Streitfall herbeiführe[2205]. Zusätzlich könne der Aufsichtsrat mit dem Abschlussprüfer eine Teilnahmepflicht vereinbaren (§ 111 Abs. 2 S. 3 AktG).

b) Auskunftspflicht des Abschlussprüfers

Von der Frage der Präsenz ist die Frage zu trennen, inwieweit der Abschlussprüfer in der Hauptversammlung Auskunft erteilen soll und darf. Eine solche *Auskunftspflicht* kann z.B. von Bedeutung sein, wenn der Abschlussprüfer den Bestätigungsvermerk versagt hat. Nach § 176 Absatz 2 S. 2 AktG ist der Abschlussprüfer nicht verpflichtet, Fragen von einzelnen Aktionären zu beantworten ("Schweigerecht")[2206]. Begründet wird dies damit, dass die Unterrichtung der Aktionäre nicht im Rahmen der Prüfungsaufgabe des Abschlussprüfers liege[2207]. Der Abschlussprüfer soll als objektive Instanz aus einer möglicherweise kontroversen Diskussion zwischen Vorstand und dem einzelnen Aktionär herausgehalten werden[2208]. Gleichzeitig wird damit betont, dass ein Auskunftsrecht der Aktionäre nur gegenüber dem Vorstand besteht (§ 131 Abs. 1 AktG). Dieser allein steht als Informant, was Fragen des Jahresabschlusses betrifft, zur

---

2201 *A/D/S*, AktG, § 176 Rn. 7; *Kropff*, in: Geßler/Hefermehl, AktG § 176 Rn. 15.

2202 KK-*Claussen/Korth*, AktG, § 176 Rn. 15.

2203 Für ein Teilnahmerecht auch ohne Beschluss der Hauptversammlung zumindest für den Tagesordnungspunkt der Entgegennahme des Jahresabschlusses nebst Lagebericht *A/D/S*, AktG, § 176 Rn. 32; *Brönner*, Großkomm. AktG, § 176 Anm.. 12. Weitergehend *Kropff*, in: Geßler/Hefermehl, AktG § 176 Rn. 15, der ein Teilnahmerecht auch für Gewinnverwendung und Entlastung annimmt.

2204 Vgl. *Hüffer*, AktG, § 176 Rn.8. m.w. Nachw.

2205 *Baumbach/Hueck*, AktG § 118 Rn. 11; *Brönner*, in: Großkomm. AktG, § 176 Anm. 14; *Obermüller/Werner/Winden*, Hauptversammlung, S. 70.

2206 *A/D/S*, AktG, § 176 Rn. 36; KK-*Claussen/Korth*, AktG, § 176 Rn. 16.

2207 *Kropff*, Begr. RegE zum Aktiengesetz, S. 285.

2208 KK-*Claussen/Korth*, AktG, § 176 Rn. 16.

Verfügung. Er entscheidet, wieviel Publizität für das Unternehmen verträglich ist und kann sich notfalls auf sein Schweigerecht gemäß § 131 Absatz 3 AktG berufen[2209].

c) *Redepflicht des Abschlussprüfers*

Umstritten ist, ob der Abschlussprüfer Aktionärsfragen verweigern darf, die über den Vorstand an ihn gerichtet wurden. Gegenüber dem Vorstand ist der Abschlussprüfer zur Auskunftserteilung verpflichtet[2210]. Diese *Redepflicht* wird zum Teil aus dem Prüfungsvertrag oder dem Gesetzeswortlaut des § 176 Absatz 2 S. 1 AktG hergeleitet[2211]. Ermächtigt allerdings der Vorstand den Abschlussprüfer, Auskunft direkt auf Fragen der Aktionäre zu erteilen, so liegt es nach dem überwiegenden Teil der Literatur im Ermessen des Abschlussprüfers, ob er von dieser Erlaubnis Gebrauch macht[2212]. Diese Ansicht stützt sich auf den Gesetzeswortlaut bzw. den Prüfungsauftrag. Die Gegenansicht kritisiert diese formale Betrachtungsweise und lehnt ein Ermessen des Abschlussprüfers ab[2213]. Nach ihrer Ansicht kann es keine Rolle spielen, ob der Vorstand direkt Auskunft verlangt oder den Aktionären Auskunft zugesteht. Das Ziel des Gesetzgebers liegt ihrer Ansicht nach nicht darin, einen "schweigenden Abschlussprüfer" an den Verhandlungen teilnehmen zu lassen"[2214].

d) *Rederecht des Abschlussprüfers*

Davon zu unterscheiden ist die Frage, ob der Abschlussprüfer *das Recht* hat, von sich aus das Wort zu ergreifen, um Fragen der Aktionäre zu beantworten oder falsche Angaben und Auskünfte des Vorstands zu berichtigen[2215]. So zum Beispiel, wenn der Vorstand, trotz gewissenhafter Vorbereitung, eine Frage mit speziellem Charakter nicht beantworten kann. Den Vorstand trifft keine Pflicht, die Antwort später nachzureichen. Problematisch ist ein solches Rederecht für den Abschlussprüfer schon auf

---

2209 Die tatbestandlichen Voraussetzungen, die an das Schweigerecht des Vorstands gemäß § 131 Abs. 3 Nr.1 AktG geknüpft sind, sind nicht allzu hoch gesetzt. Die Rechtsprechung verlangt keinen konkreten Nachweis der Nachteilseignung, vielmehr soll nach ihrem Standpunkt "Plausibilität" ausreichen. Ebenso braucht der Vorstand gemäß § 131 Abs. 3 Nr. 4 AktG keine Auskünfte über Bilanzierungs- und Bewertungsmethoden zu machen, was ihm das Verbergen stiller Reserven in der Jahresbilanz erleichtert. Siehe hierzu OlG Düsseldorf WM 91, 2148, 2152; *Hüffer*, AktG, § 131 Rn. 25.

2210 KK-*Claussen/Korth*, AktG, § 176 Rn. 16; *Hüffer*, AktG, § 176 Rn. 9.

2211 Für eine Herleitung der Auskunftspflicht aus dem Prüfungsvertrag: *A/D/S*, AktG, § 176 Rn. 39, Für eine gesetzliche Herleitung aus § 176 Abs. 2 AktG *Brönner*, in: Großkomm. AktG, § 176 Anm. 15.

2212 *A/D/S*, AktG, § 176 Rn. 39, *Kropff*, in: Geßler/Hefermehl, AktG, § 176 Rn. 20; *Godin/Wilhelmi*, § 176 Rn. 3; *Brönner*, in: Großkomm. AktG, § 176 Anm. 17.

2213 KK-*Claussen/Korth*, AktG, § 176 Rn. 17.

2214 KK-*Claussen/Korth*, AktG, § 176 Rn. 17.

2215 Der Gesetzestext schließt lediglich die *Verpflichtung* aus. Vgl. *A/D/S*, AktG, § 176 AktG Rn. 38.

Grund seiner Pflicht zur Verschwiegenheit[2216]. Aber auch für den Fall, dass die Verschwiegenheitspflicht durch die Äußerung nicht berührt wird, ist ein solches Recht nach h.M. aus der Funktion und Stellung des Abschlussprüfers nicht ableitbar[2217]. Nach dieser Ansicht fehlt dem Abschlussprüfer die hierfür notwendige Organstellung in der Aktiengesellschaft[2218]. Von einer Mindermeinung wird ihm zumindest dann ein Rederecht eingeräumt, wenn "eigene persönliche Belange die Wahrnehmung schutzwürdiger Interessen erfordern"[2219]. In diesem Fall habe der Abschlussprüfer eine allgemeine Interessensabwägung vorzunehmen. Diese Abwägung könne mit der Abwägung bei der Verschwiegenheitspflicht verglichen werden, die Inhalt und Umfang seiner Äußerung begrenzt[2220]. Eine solche Differenzierung wird jedoch von der h.M. als undurchführbar abgelehnt[2221]. Einhellig wird ein Recht oder eine Pflicht zum Einschreiten des Abschlussprüfers bei korrekturbedürftigen Äußerungen des Vorstands oder Aufsichtsrats abgelehnt[2222]. Vielmehr solle der Abschlussprüfer durch interne Hinweise gegenüber dem betreffenden Organ diesem selbst die Möglichkeit zur Berichtigung geben[2223].

II. *Kritik*

Die Übersicht zeigt, dass ein direkter Kontakt zwischen Abschlussprüfer und Hauptversammlung im Rahmen des bestehenden Corporate Governance Systems nur im Ausnahmefall vorgesehen ist. Die vom Gesetzgeber bestimmten Ansprechpartner des Abschlussprüfers sind Aufsichtsrat und Vorstand. Der Hauptversammlung verbleiben als Information über die Abschlussprüfung regelmäßig allein der Bestätigungsvermerk sowie die Stellungnahme des Aufsichtsrats zu den Ergebnissen der Pflichtprüfung (§ 176 Abs. 2 S. 2)[2224]; darüber hinausgehende Informationen unterliegen dagegen der "Filterwirkung" durch den Vorstand. Kritiker bezeichnen den Abschlussprüfer deshalb als "steinernen Gast"[2225] der Hauptversammlung. Um die Überwachungsaktivitäten der Hauptversammlung zu aktivieren, fordern sie deshalb eine Reihe von Veränderungen.

2216 § 323 Abs. 1 Satz 1 und Abs. 3, § 43 Abs. 1 Satz 1 WPO und § 9 der Berufssatzung der WPK v. 11.6.1996.

2217 KK-*Claussen/Korth*, AktG, § 176 Rn. 17 m. w. Nachw.

2218 KK-*Claussen/Korth*, AktG, § 176 Rn. 17.

2219 *A/D/S*, AktG, § 176 Rn. 38; *Kropff*, in: Geßler/Hefermehl, AktG, § 176 Rn. 21.

2220 *A/D/S*, AktG, § 176 Rn. 38; *Ebke*; MüKo-HGB, § 323 Rn. 52 (zur Abwägung bei der Verschwiegenheitspflicht).

2221 KK-*Claussen/Korth*, AktG, § 176 Rn. 17.

2222 *A/D/S*, AktG, § 176 AktG Rn. 39; KK-*Claussen/Korth*, AktG, § 176 Rn. 17.

2223 *A/D/S*, AktG, § 176 Rn. 32.

2224 Nach *Richter*, Stellung des Abschlussprüfers, S. 6-7, sind diese Informationen aber „inhaltsleer" und „prognostizierbar". Denn der Bericht des Aufsichtsrats ist „stereotyp" und weicht regelmäßig nicht von den Vorjahresberichten ab. Der Bestätigungsvermerk wird fast ausnahmslos uneingeschränkt erteilt.

2225 *Hommelhoff*, Corporate Governance, S. 19.

1. Teilnahmepflicht/-recht

Eine Forderung besteht darin, den Abschlussprüfer generell zur Teilnahme an der Hauptversammlung zu verpflichten. Eine solche Teilnahmepflicht des Abschlussprüfers sah bereits der Entwurf zur 5. EG Richtlinie in Artikel 59a vor. Auch im Rahmen der Reform des Aktienrechts von 1965 wurde eine weitergehende an den Gewinnverwendungsbeschluss anknüpfende Teilnahmepflicht zunächst in Betracht gezogen. Allerdings strich man später den Passus, da man befürchtete, damit den Abschlussprüfer zu überlasten[2226]. Nach Ansicht der Befürworter dient eine Teilnahmepflicht des Abschlussprüfers dazu, die Aufmerksamkeit des Prüfers auf Vorgänge zu richten, die für ihn von Bedeutung sein können und die er in der Prüfung möglicherweise bisher noch nicht beachtet hat. Des Weiteren fördere sie den Aufbau einer soliden Vertrauensbasis zwischen Abschlussprüfer und Hauptversammlung[2227]. Eine solche Basis wäre aber auch hinsichtlich der Wahl des Abschlussprüfers (§ 119 Abs. 1 Nr. 4 AktG) als Beurteilungsgrundlage wünschenswert. Denn die Wahl des Abschlussprüfers durch die Hauptversammlung, die nicht an den Vorschlag des Aufsichtsrats gebunden ist, soll eine unabhängige Prüfung sichern. In der Praxis ist daraus ein "formaler vorprogrammierter Ritus"[2228] geworden.

2. Würdigung

Für eine Teilnahmepflicht des Abschlussprüfers an der Hauptversammlung spricht neben den bereits erwähnten Argumenten die Tatsache, dass damit ein gewisser Gleichlauf mit dem Aufsichtsrat erreicht würde, bei dessen Beratungen seit dem KonTraG ebenfalls eine Anwesenheitspflicht für den Abschlussprüfers besteht (§ 171 Abs. 1 Satz 2 AktG). Dagegen kann eingewandt werden, dass die Überwachungsaufgaben von Hauptversammlung und Aufsichtsrat in Umfang und Tiefe keineswegs vergleichbar sind. Des Weiteren ist zu beachten, dass der Schwerpunkt einer bloßen Teilnahmepflicht in der Informationsversorgung des Abschlussprüfers und nicht der Hauptversammlung liegt. Deshalb sollte es auch allein im Ermessen des Abschlussprüfers liegen, darüber zu entscheiden, ob er eine Teilnahme für notwendig hält. Eine solche generelle Entscheidungsfreiheit, die gegebenenfalls durch vertragliche Vereinbarung eingeschränkt werden kann, entspricht nicht zuletzt auch besser der Rechtsstellung des Abschlussprüfers, der eben kein Organ der Gesellschaft ist, sondern ein unabhängiger externer Sachverständiger[2229].

2226 Siehe *Hüffer*, AktG, § 176 Rn. 7 m. w. Nachw.

2227 Dies hat nach *Richter*, Stellung des Abschlussprüfers, S. 7, bedeutsame Folgen. Der Abschlussprüfer wird nicht als Person wahrgenommen, sondern als Institution. Diese Wahrnehmung hat Einfluß auf die Vertrauensfunktion der Abschlußprüfung. Fehlleistungen werden nicht einzelnen „schwarzen Schafen“ angelastet, sondern der Institution Abschlußprüfung.

2228 *Richter*, Stellung des Abschlussprüfers, S. 6.

2229 Siehe oben

Damit der Abschlussprüfer ein solches Ermessen ausüben kann, ist es aber wichtig, dass er ein umfassendes Präsenzrecht besitzt. Die herrschende Meinung will ihm dies bisher nicht zubilligen. Sein Teilnahmerecht soll sich lediglich auf die "Feststellung des Jahresabschlusses" beziehen. Im übrigen – insbesondere wenn die Hauptversammlung den Abschluss lediglich entgegennimmt - soll die Teilnahme von der Zulassung durch den Versammlungsleiter abhängen, der notfalls bei Meinungsverschiedenheiten einen Beschluss der Hauptversammlung herbeizuführen hat[2230]. Für den Abschlussprüfer kann es aber - wie oben beschrieben – durchaus interessant sein, die Erläuterungen des Vorstandes zu hören, insbesondere auch, wenn es um seine Wiederwahl geht. Ein Ausschluss des Abschlussprüfers würde insoweit im Widerspruch zum umfassenden Einsichts-, Auskunfts- und Prüfungsrecht stehen (vgl. § 320 HGB), das dem Prüfer zugebilligt wird. Des Weiteren ist zu bedenken, dass anderen Personen mit ähnlichen Aufgaben ein uneingeschränktes Teilnahmerecht zugestanden wird[2231]. Deshalb sollte auch dem Abschlussprüfer als "Vertreter der Anleger am Kapitalmarkt" die Teilnahme nicht verweigert werden dürfen.

3. *Redepflicht*

Hinsichtlich des Rederechts bzw. der -pflicht wollen Stimmen im Schrifttum dem Abschlussprüfer ermöglichen, den Aktionären in der Hauptversammlung Auskunft zu erteilen, soweit ihre Fragen die Rechnungslegung der Gesellschaft betreffen[2232]. Die Kompetenz zur direkten Auskunft würde – so die Befürworter – dafür sorgen, dass der Kontakt der Aktionäre mit dem Abschlussprüfer zu einer realistischeren Erwartung und Einschätzung der Prüfung führt und damit einen Beitrag zur Verringerung der Erwartungslücke leisten. Zum Schutz vor Missbrauch könnte dem Abschlussprüfer entsprechend § 131 Abs. 3 AktG ein Auskunftsverweigerungsrecht zugestanden werden[2233]. Auch sollte das Auskunftsrecht nicht jedem einzelnen Aktionär eingeräumt werden, sondern von dem Erreichen eines Mindestprozentsatzes von anwesenden Aktionären abhängig gemacht werden[2234]. Ein anderer Vorschlag will keine umfassende Auskunftspflicht des Abschlussprüfers gegenüber der Hauptversammlung, sondern lediglich eine Art Warnpflicht, wie sie in der alten Fassung von § 166 Abs. 2 AktG 1965 und später in § 321 HGB a.F. enthalten war[2235]. Im Detail dürfte der Abschlussprüfer danach der Hauptversammlung aus eigenem Recht Bericht erstatten, wenn er

[2230] *A/D/S*, AktG, § 176 Rn. 18; KK-*Clausen/Korth*, AktG, § 176 Rn. 15; a. A. *Baumbach/Hueck*, AktG § 178 Rn. 11.

[2231] So sind u. a. der Gläubigervertreter für die Inhaber von Obligationen sowie diverse Aufsichtsämter berechtigt, an der Hauptversammlung teilzunehmen. Siehe hierzu *Obermüller/Werner/Winden*, S. 71.

[2232] *Hellwig*; S. 95, 129; *Hommelhoff*, Corporate Governance, S. 19; *Mattheus*, S. 5, 24.

[2233] Die Konsequenz einer verweigerten Auskunft wäre das FGG-Verfahren nach § 132 AktG und eventuell die Anfechtung des Ergebnisbeschlusses (§ 254 AktG), siehe *Hommelhoff*, Corporate Governance, S. 19.

[2234] *Hommelhoff*, Corporate Governance, S. 20.

[2235] *Schlömer*, S. 252. Damals noch § 166 Abs. 2 AktG a.F.

bei seiner Prüfungsdurchführung bemerkenswerte Tatsachen feststelle, sie dem Aufsichtsrat mitteile, dieser aber aus seiner Sicht nicht ausreichend reagiere.[2236]. Wie beim vorangegangenen Vorschlag soll auch mit dieser Maßnahme die "Garantiefunktion des Abschlussprüfers gegenüber den externen Adressaten" gestärkt und seine Unabhängigkeit gegenüber Vorstand und Aufsichtsrat betont werden[2237]. Darüber hinaus wird teilweise sogar eine Erweiterung der Tätigkeiten des Abschlussprüfers um eine Beratungsfunktion gegenüber der Hauptversammlung als Ergänzung zur Redepflicht gefordert[2238]. Als Begründung hierfür wird angeführt, der Abschlussprüfer als eine neutrale Instanz, könne das Für und Wider einer Entscheidung am besten abschätzen und daher den Aktionären eine bestimmte Entscheidungsalternative anraten[2239].

4. *Würdigung*

Hinter der Zurückhaltung des Gesetzgebers in punkto Auskunftspflicht des Prüfers steckt zu Recht die Überlegung, die Neutralität des Abschlussprüfers schützen zu müssen. Sein Interesse, nicht an den Streitgesprächen zwischen Verwaltung und Aktionären in der Hauptversammlung beteiligt zu werden, ist berechtigt. Denn dadurch wird die für seine Tätigkeit so wichtige Glaubwürdigkeit und Unabhängigkeit gesichert. Gleichzeitig signalisiert die eingeschränkte Auskunftspflicht die Informationsverantwortung innerhalb der Corporate Governance, die in erster Linie bei der geprüften Gesellschaft bzw. ihren gesetzlichen Vertretern liegt. Eine generelle Auskunftspflicht des Abschlussprüfers gegenüber der Hauptversammlung ist aber auch deshalb abzulehnen, weil sie den Abschlussprüfer mit zu hohen Risiken belastet, bzw. einer grundsätzlichen Befreiung von der Verschwiegenheitspflicht bedarf, die jedoch für die Ausübung und das Vertrauen der Mandanten in seine Tätigkeit von zentraler Bedeutung ist. Selbst bei einer eingeschränkten Auskunftspflicht bleibt fraglich, ob die Diskussion von Prüfungsdetails in der Hauptversammlung sinnvoll ist[2240]. Nach im Schrifttum vertretener Ansicht bedürfe die Hauptversammlung keiner Detailkenntnisse der Prüfung, da sie zu konkreten Maßnahmen der Geschäftsführung nur in begründeten Ausnahmefällen befugt sei und die Überwachung der laufenden Geschäftsführung dem Aufsichtsrat übertragen sei[2241]. Dem ist zuzustimmen. Zusätzlich sei darauf hingewiesen, dass die Mitteilung wirklich neuer Tatsachen durch den Abschlussprüfer auch wegen § 15 Abs. 3 WpHG problematisch wäre. Nach dieser Vorschrift darf aus Sicht des Kapitalmarkts nichts wirklich Neues in der Hauptversammlung verkündet

---

2236 *Schlömer*, S. 252.

2237 *Mertens*, Erwartung und Wirklichkeit, S. 13, 27.

2238 *Schlömer*, S. 252-253.

2239 Probleme werden hier aber zu Recht hinsichtlich der Verschwiegenheitspflicht gesehen, die die Möglichkeit zur Beratung erheblich einschränkt.

2240 *Schlömer*, S. 251.

2241 *Potthoff*, Diskussion, S. 37, 46; *Landwehrmann*, Diskussion, 37, 38.

werden, weil in der Hauptversammlung nicht die für die Ad-hoc-Publizität notwendige Bereichsöffentlichkeit besteht[2242].

III. *Kompromissvorschlag*

Als systemkonforme Kompromisslösung bietet es sich an, die Berichterstattung des Aufsichtsrates gegenüber der Hauptversammlung zu verbessern. Der Gesetzgeber hat sich im KonTraG darauf beschränkt, die Berichterstattung im Verhältnis zwischen Aufsichtsrat und Abschlussprüfer zu verbessern, indem er die Anforderungen an den Prüfungsbericht eindeutig geregelt hat. Eine Regelung, die für eine klare und problemorientierte Berichterstattung sorgt, wäre aber auch im Verhältnis von Aufsichtsrat zu Hauptversammlung notwendig gewesen. Denn bisher beschränken sich die Berichte des Aufsichtsrates nach § 171 Abs. 2 AktG auf formelhafte nichtssagende Äußerungen[2243].

Nicht die Forderung nach Qualität aber zumindest nach Ausdehnung des Umfangs der Berichterstattung hat das TransPuG erfüllt, indem es den Aufsichtsrat verpflichtet nicht nur über die Ergebnisse der Prüfung des Einzelabschlusses durch den Abschlussprüfer zu berichten, sondern auch über Ergebnisse der Prüfung des Konzernabschlusses (§ 171 Abs. 2 S. 5 AktG). Dies ist zu begrüßen, denn bisher war der Aufsichtsrat nicht verpflichtet, über die Prüfung des Konzernabschlusses nebst Konzerngeschäftsbericht und dem Prüfungsbericht des Konzernabschlussprüfers an die Hauptversammlung zu berichten[2244]. Abschließend sei in diesem Zusammenhang aber erwähnt, dass auch das Auskunftsverweigerungsrecht des Vorstandes gegenüber dem Aktionär in der Hauptversammlung nach § 131 Abs. 3 AktG, insbesondere was sog. "stille Reserven" (§ 131 Abs. 3 Nr. 3 AktG) oder Bilanzierungs- und Bewertungsmethoden (§ 131 Abs. 3 Nr. 4 AktG) betrifft, überdacht werden sollte[2245]. Die Gerichte haben sich bei dessen Auslegung bisher als wenig transparenzfreundlich gezeigt[2246]. Zusammen ließe sich mit diesen Maßnahmen das Ziel einer verbesserten Information der Hauptversammlung erreichen, ohne die Neutralität und Unabhängigkeit des Abschlussprüfers zu gefährden oder die Informationsverantwortung innerhalb der Corporate Governance gravierend zu verändern.

[2242] *Kümpel*, Komm WpHG § 15 Rd. 163; Hopt, ZGR 1991, 17, 30

[2243] *Hüffer*, AktG, § 171 Rn. 13. Die *Regierungskommission* "Corporate Governance", D2.36. plant hier keine konkreten Änderungen.

[2244] *Barz*, in: GroßKomm. AktG, § 337 Anm. 2. Zur Möglichkeit den Konzernabschluss in Zukunft durch den Aufsichtsrat und die Hauptversammlung feststellen zu lassen, siehe *IDW*, WPg 2000, 1027, 1031.

[2245] Vgl. *Hüffer*, AktG, § 131 Rn. 29-30, der zu Recht darauf hinweist, dass dieses Problem eng mit dem allgemeinen Problem der Zulässigkeit der Bildung von stillen Reserven zusammenhängt.

[2246] Vgl. zuletzt BVerfG, AG 2000, 72.

E. *Aufsichtsrat und Abschlussprüfer*

Kein Organ stand im Rahmen der Corporate Governance-Diskussion mehr im Mittelpunkt der Kritik als der Aufsichtsrat.

I. *Situation*

Ähnlich wie beim Abschlussprüfer haben die Einflüsse der Globalisierung auch das Anforderungsprofil des Aufsichtsrates wesentlich verändert. Die Notwendigkeit weltweiter Präsenz führt zu einer zunehmenden Zahl internationaler Verflechtungen und Kooperationen der Unternehmen und sorgt dafür, dass der Konzernaspekt bei der Überwachung an Bedeutung gewinnt. Der Einfluss der internationalen Kapitalmärkte verlangt eine stärkere Ausrichtung der Überwachungsaufgabe an zukünftige Entwicklungs-, Planungs- und Strategieentscheidungen des Vorstandes, um so rechtzeitig negative Entwicklungen zu entdecken. Der Aufsichtsrat scheint für diese neuen Aufgaben denkbar schlecht gerüstet zu sein – zumindest wenn man den Stellungnahmen in der Literatur glauben darf[2247]. Deshalb werden eine Reihe von Reformen gefordert, um die Arbeit des Gremiums effizienter zu gestalten[2248]. Angemahnt werden eine Verkleinerung des Gremiums[2249], eine nachhaltige Reduzierung der zulässigen Gesamtzahl von Mandaten[2250], eine Erhöhung der Sitzungsfrequenz[2251] sowie eine Professionalisierung der Mitglieder[2252].

2247 Vgl. *Scheffler*, ZGR 1993, 63; *Lutter*, ZHR 1995, 287.

2248 Zu den Vorschlägen der Regierungskommission „Corporate Governance" zur Reform des Aufsichtsrats siehe *Berrar*, NZG 2001, 1113.

2249 Hinsichtlich der Größe des Aufsichtsrates konnte sich die *Regierungskommission "Corporate Governance*" nicht zu einer Empfehlung entschließen, das Aufsichtsratsgremium zu verkleinern, vgl. D2.27.

2250 Die *Regierungskommission "Corporate Governance*" schlägt vor, die Höchstzahl der Mandate in anderen konzernexternen Gesellschaften auf fünf zu beschränken, vgl. D2.30.

2251 Der deutsche Aufsichtsrat traff sich bisher in der Regel bis zu 4 Mal pro Jahr. Dabei muss er sich auf eine Plausibilitätskontrolle und Personalentscheidungen konzentrieren. Er muss sich ein Bild darüber machen, ob die richtigen Leute am Ruder sind. Keinesfalls kann er Managemententscheidungen im Detail nachvollziehen. Anders in Amerika; dort finden im Durchschnitt zwischen 6 und zwölf Sitzungen pro Jahr statt. Dabei befassen sich die Kontrolleure auch mit Detailfragen, für die in Deutschland der Vorstand zuständig ist. Die *Regierungskommission "Corporate Governance*" schlug deshalb vor, die Sitzungsfrequenz nach § 110 Abs. 3 AktG auf zwei Treffen pro Kalenderhalbjahr zu erhöhen. Das TransPuG hat diesen Vorschlag übernommen.

2252 Die geringe Zeit macht es notwendig, dass die Aufsichtsräte über eine ausreichende Qualifikation verfügen. Wünschenswert wären daher Berufsaufsichtsräte, zumindest der Vorstandsvorsitzende sollte seine Funktion hauptamtlich wahrnehmen, da von seiner Tätigkeit wesentlich die Effizienz der Überwachung abhängt. Hierfür wird unter anderem eine Verbesserung der Vergütung notwendig sein. Umstritten ist, ob dies mittels Aktienoptionen geschehen darf oder ein Anknüpfung an die Dividende zu wählen ist. Siehe dazu die Vorschläge der *Regierungskommission "Corporate Governance*" D2.39; ebenso *Lutter*, ZGR 2001, 224, 231; *Berrar*, NZG 2001, 1113, 1121.

Die Verwirklichung all dieser Maßnahmen ist jedoch mit erheblichen Schwierigkeiten und Widerständen verbunden, da sie, wie oben bereits angedeutet, zum Teil den sensiblen Bereich der Mitbestimmung mehr oder minder stark berühren[2253]. Umso bedeutender ist es daher, die Zusammenarbeit des Aufsichtsrates mit dem Abschlussprüfer zu verbessern. Denn der Abschlussprüfer kann durch seine Arbeit zumindest teilweise beim Aufsichtsrat bestehende Defizite kompensieren.

II. *Reformen*

1. Alleinvertretung der Gesellschaft gegenüber dem Abschlussprüfer

Das KonTraG hat durch eine Reihe von Maßnahmen die Zusammenarbeit zu verbessern versucht. Unter anderem hat es die Kompetenz zum Abschluss des Prüfungsvertrages auf den Aufsichtsrat übertragen. Für Kritiker in der Literatur ist dies aber noch zu wenig[2254]. Sie fordern zusätzlich, die gesamte gerichtliche und außergerichtliche Vertretung der Gesellschaft gegenüber dem Prüfer dem Aufsichtsrat zuzuordnen[2255]. Zumindest sollen aber weitere Beratungsaufträge an den Prüfer von der Zustimmung des Aufsichtsrates abhängig gemacht werden[2256].

2. Würdigung

Der Vorschlag, die Alleinvertretung der Gesellschaft gegenüber dem Abschlussprüfer dem Aufsichtsrat zu übertragen, setzt konsequent die vom KonTraG eingeschlagene Linie der Distanzierung des Abschlussprüfers vom Vorstand fort. Gefahren für die Unabhängigkeit und Glaubwürdigkeit des Abschlussprüfers durch Beeinflussung durch den Vorstand bestehen nicht nur im Rahmen der Erteilung des Auftrages für die Prüfung des Jahresabschlusses, sondern insbesondere auch und gerade bei der Vergabe der in der Regel für den Abschlussprüfer lukrativeren Beratungsaufträge. Die Einschaltung des Aufsichtsrats bei der Vergabe solcher Zusatzdienstleistungen eröffnet ihm die Möglichkeit, Verstöße gegen die Regelungen des § 319 Abs. 2 S. 1 Nr. 8 HGB besser und frühzeitiger zu erkennen[2257]. Ob dazu die Erteilung des Auftrags durch den Aufsichtsrat notwendig ist oder ob es ausreicht, wenn der Aufsichtrat insoweit von seinem Zustimmungsvorbehalt in § 111 Abs. 4 Satz 2 AktG Gebrauch macht, mag

2253 Siehe Seite 331.
2254 *Hauser*, S. 232; Hellwig, ZIP 1999, 2117, 2122.
2255 *Götz*, AG-Sonderheft 1997, 38, 40; *ders.*, AG 1995, 337, 341; *Hauser*, S. 232-233.
2256 *Götz*, AG-Sonderheft 1997, 38.
2257 Vgl. *Hellwig*, ZIP 1999, 2117, 2126.

diskussionswürdig sein[2258]. Gleiches gilt für den rechtlich möglichen und sinnvollen Umfang der Vertretungsmacht anstelle des Vorstandes. Für den Vorschlag einer umfassenden Vertretung spricht in jedem Fall aber die für die öffentliche Wahrnehmung bedeutsame Klarheit der Aufgabenverteilung und Distanzierung des Abschlussprüfers vom Vorstand.

3. Billigung des Konzernabschlusses

Das TransPuG hat die Pflicht des Aufsichtsrats eingeführt, den Konzernabschluss zu billigen und in seinem Bericht zu dem Ergebnis seiner Prüfung des Konzerabschlusses Stellung zu nehmen[2259]. Bisher sah das Aktiengesetz - anders als beim Einzelabschluss (§§ 171 Abs. 2 S. 4, 172, 173 AktG) - beim Konzernabschluss keine Billigung und Feststellung vor[2260]. Nach der alten Fassung des § 337 AktG war sogar zweifelhaft, ob der Aufsichtsrat überhaupt zu einer Prüfung verpflichtet war, da der Gesetzeswortlaut lediglich besagte, dass dem Aufsichtsrat nach Eingang des Prüfungsberichts des Abschlussprüfers der Konzernabschluss, der Konzernlagebericht und der Prüfungsbericht "zur Kenntnisnahme" vorzulegen sei[2261]. Zumindest hier hat das KonTraG zuvor schon durch die Neufassung des § 171 Abs. 1 AktG für Klarheit gesorgt, indem die Pflicht des Aufsichtsrats den Konzernabschluss zu prüfen, ausdrücklich festgelegt wurde[2262]. Unklarheiten existierten dagegen weiterhin über den Inhalt der Prüfungspflicht. Nach *Kropff* geht es bei der Prüfung um eine Überwachung des Gesamtkonzerns[2263]. Dem widerspricht die h.M. mit dem Hinweis, dass § 111 Abs. 1 AktG konzernrechtliche Fragen bei der Überwachung entsprechend den Geschäftsführungspflichten des Vorstands nach § 76 AktG ausklammert[2264]. Nach dieser Ansicht stellt die Konzernrechnungslegung lediglich ein weiteres Instrument zur Überwachung der Obergesellschaft dar[2265].

2258 Siehe hierzu *Götz*, AG-Sonderheft 1997, 38, 40; *Hellwig*, ZIP 1999, 2117, 2126. Ebenso auch die *Regierungskommission "Corporate Governance"*, D6.31.

2259 Vgl. § 171 Abs. 2 S. 5 AktG. So zuvor schon die Forderung von *Hoffmann-Becking*, ZHR 1995, 325, 338; *Kropff*, FS Claussen, S. 659, 674. Zuletzt die *Regierungskommission "Corporate Governance"*, D6.8.

2260 Vgl. *Hüffer*, AktG, § 171 Rn. 2 sowie § 337 Rn. 5.

2261 Vgl. *Hoffmann-Becking*, MünchHdb AG § 44 Rn. 5.

2262 Siehe dazu *Ernst*, KonTraG, S. 76-77. Zur Kritik aus gesetzessystematischer Sicht vgl. *Hüffer*, AktG, § 171 Rn. 2.

2263 *Kropff*, in: Geßler/Hefermehl, AktG § 337 Rn. 45, *ders.*, FS Claussen, S. 659, 668.

2264 KK-*Mertens*, AktG, § 111 Rn. 23; *Hoffmann-Becking*, ZHR 1995, 325, 337, *Hüffer*, AktG, § 337 Rn. 5. A.a. allerdings *Schneider*, FS Kropff, S. 271, 279. Ebenso *Kropff*, ZGR 1984, 112, 116, der eine spezifische Konzernleitungspflicht annimmt. Siehe dazu auch *Hommelhoff*, Konzernleitungspflicht; *Götz*, ZGR 1998, 524.

2265 *Hüffer*, AktG, § 337 Rn. 5.

4. Würdigung

Inwieweit durch die Pflicht zur förmlichen Billigung des Konzernabschlusses die bestehenden Unklarheiten ausgeräumt werden, kann noch nicht abschließend gesagt werden. Sie trägt aber in jedem Falle dazu bei, die Qualität der Prüfung unabhängig von ihren Zielen zu verbessern. Denn eine Billigungserklärung des Aufsichtsrates setzt eine intensivere Beschäftigung des Aufsichtsrates mit der Konzernrechnungslegung voraus, da einer Sache nur zugestimmt werden kann, wenn sie zuvor gründlich in Augenschein genommen worden ist. Eine entsprechende Pflicht steigert auch die Neigung des Aufsichtsrats, sich des Rats des Abschlussprüfer zu bedienen, insbesondere um nachfolgende Anfechtungsklagen zu vermeiden[2266]. Der Prüfer kann ebenso wie beim Einzelabschluss wertvolle Hilfestellung geben. Darüber hinaus sind positive Effekte auf die Qualität der Prüfung des Konzernabschlusses und des Lageberichts bei der Arbeit des Prüfers nicht auszuschließen. Schließlich wird durch die Verknüpfung von Prüfung und Billigung der gestiegenen Bedeutung, die der Konzernabschluss in den letzten Jahren erlangt hat, Rechnung tragen. Denn für den Kapitalmarkt stellt der Konzernabschluss gegenüber dem Einzelabschluss das wichtigere Informationsinstrument dar.

5. Teilnahme des Abschlussprüfers an den Bilanzsitzungen des Aufsichtsrats

Als eine der wichtigsten Veränderungen hinsichtlich der Zusammenarbeit zwischen Abschlussprüfer und Aufsichtsrat hat das KonTraG eine Teilnahmepflicht des Abschlussprüfers an den Bilanzsitzungen des Aufsichtsrats (§ 171 Abs. 1 Satz 2 AktG) eingeführt[2267]. Eine solche Pflicht war schon einmal im Rahmen des Bilanzrichtliniengesetzes vorgesehen[2268]. Der Vorschlag scheiterte aber an der „deutlichen Zurückhaltung“ der Vorstände und Wirtschaftsprüfer[2269]. Ziel der Regelung ist es, dem Abschlussprüfer die Möglichkeit zu geben, dem Aufsichtsrat noch einmal die wichtigen Bestandteile seines Prüfungsergebnisses vorzutragen. Dabei soll er sich auf "wesentliche Ergebnisse“ der Prüfung konzentrieren und eindeutige Aussagen treffen[2270]. Die Berichterstattung gegenüber dem Aufsichtsrat soll sich aber nicht nur auf

---

2266 Zu der Frage, ob durch eine Billigungserklärung Nichtigkeitsgründe und Anfechtungsmöglichkeiten geschaffen werden, die von den Aktionären mit Feststellungs- oder Anfechtungsklage angreifbar sind, siehe *Regierungskommission "Corporate Governance"*, D6.9. Allgemein zum Problem der Anfechtbarkeit von Aufsichtsratsbeschlüssen *Hüffer*, AktG, § 108 Rn. 18-19.

2267 Durch das TransPuG ist die Teilnahmepflicht des Abschlussprüfers auf den Konzernabschluss ausgedehnt worden.

2268 *A/D/S*, AktG, § 171 a.F. Rn. 2 m. w. Nachw.

2269 *Forster*, ZfB 1988, S. 789, 797.

2270 *A/D/S*, AktG § 171 Rn. 30; vgl. *Forster*, AG 1995, 1, 3 („Wichtiges in Kürze“).

ein Wiederholen der Feststellungen des Prüfungsberichts beschränken[2271], sondern über diese hinausgehen[2272]. Der Abschlussprüfer soll die Mitglieder des Aufsichtsrates auf Risiken der künftigen Entwicklung sowie wichtige Tendenzen in der Bilanzierung des Unternehmens hinweisen[2273], um so dem Aufsichtsrat eine zusätzliche Hilfe zur Lagebeurteilung zu geben[2274]. Dem einzelnen Aufsichtsratsmitglied wird durch die Anwesenheit des Abschlussprüfers wiederum Gelegenheit gegeben, dem Abschlussprüfer gezielte Fragen zu stellen[2275], um so die anhand des Prüfungsberichts oder der Bilanz bestehenden Unklarheiten auszuräumen[2276], sowie weitere Anregungen für seine Überwachungstätigkeit zu erhalten[2277]. Wichtig für die gesellschaftsübergreifende Funktion des Abschlussprüfers[2278] ist schließlich die Tatsache, dass mit der Teilnahmepflicht gleichzeitig gegenüber der Öffentlichkeit die Verbindung des Abschlussprüfers mit dem Aufsichtsrat und seine Unabhängigkeit von der Unternehmensleitung signalisiert wird, was seine Glaubwürdigkeit stärkt.

a) Kritik

Die Pflicht des Abschlussprüfers zur Teilnahme an den Bilanzsitzungen des Aufsichtsrates ist von der Literatur, dem Berufsstand sowie der interessierten Öffentlichkeit schon lange gefordert, die Einführung deshalb allseits begrüßt worden[2279]. Sie entspricht im Vergleich mit anderen Vorschriften modernem Standard im Gesellschaftsrecht[2280] und stellt eine wichtige Maßnahme zur Förderung der Zusammenarbeit der beiden Überwachungsorgane zur Stärkung der Corporate Covernance dar. Uneinigkeit besteht in der Literatur allerdings hinsichtlich einer nicht unbedeutenden Detailfrage. Strittig ist nämlich, ob die Teilnahmepflicht des Abschlussprüfers aus

---

2271 Unzulässig ist allerdings, kritische Feststellungen im Prüfungsbericht unerwähnt zu lassen und sie lediglich einer mündlichen Berichterstattung in der Bilanzsitzung vorzubehalten, so *A/D/S*, AktG § 171 Rn. 32, *Forster*, FS Sieben, S. 375, 382; *Gelhausen*, BFuP 1999, 390, 404.

2272 *Forster*, AG 1999, 193, 197; *Gelhausen*, BFuP 1999, 390, 404; a. A. *Hommelhoff*, BB 1998, 2625, 2626. Beispielsweise hat der Abschlussprüfer auch über nachträgliche Erkenntnisse zu berichten, siehe *A/D/S*, AktG, § 171 Rn. 32.

2273 Beispielsweise in welcher Weise Bilanzierungs- und Bewertungsspielräume vom Vorstand genutzt wurden. Denn dies ist von Bedeutung hinsichtlich der Zweckmäßigkeitserwägungen, die der Aufsichtsrat hinsichtlich der Bilanzpolitik vorzunehmen hat. Ausführlich zum Inhalt der Berichterstattung *Gelhausen*, BFuP 1999, 390, 404.

2274 Abhängig von der Struktur des Unternehmens kann auch über Bilanzposten und Kennzahlen berichtet werden, die für die Einschätzung der wirtschaftlichen Lage des Unternehmens durch den Aufsichtsrat wesentlich sind, vgl. *A/D/S*, AktG, § 171 Rn. 30.

2275 Dem Abschlussprüfer steht insoweit kein Schweigerecht zu, vielmehr ist er zur umfassenden und wahrheitsgemäßen Auskunft verpflichtet, siehe *Forster*, AG 1999, 193, 197; *Gelhausen*, BFuP 1999, 390, 405.

2276 Vgl. *Ernst*, KonTraG, S. 77; *Forster*, FS Sieben, S. 375, 380; *Gelhausen*, BFuP 1999, 390, 405.

2277 *Hommelhoff*, BB 1998, 2625, 2626.

2278 Vgl. *Ebke*, MüKo-HGB, § 316 Rn. 24.

2279 Siehe nur *Dörner/Oser*, DB 1995, 1085, 1093; *Götz*, AG 1995, 337, 343; *Lutter*, ZHR 1995, 299?; *IDW*, WPg 1995, 213.

2280 Vgl. §§ 176 S. 2, 293 g Abs. 2 AktG, §§ 64 Abs. 1, 232 Abs. 2 UmwG

Sicht des Aufsichtsrats dispositiv ist, d.h. der Aufsichtsrat ausdrücklich eine Nichtteilnahme beschließen kann. Ein Teil der Literatur bejaht dies[2281]. Sie verweist dabei auf die im Regierungsentwurf enthaltene Aussage, wonach die Gesetzesmaterialien besagen, dass die Teilnahmeverpflichtung soweit besteht, wie der Aufsichtsrat nicht ausdrücklich anders entscheidet[2282]. Daraus wird gefolgert, dass der Aufsichtsrat den Abschlussprüfer durch eine ausdrückliche Entscheidung von der Teilnahme an der Sitzung ausschließen kann[2283]. Es ist allerdings unklar, ob hierfür ein einheitlicher Beschluss notwendig ist[2284] oder ein Mehrheitsentscheid ausreichend sein kann[2285].

Die Gegenansicht hält die Vorschrift für zwingend und unabdingbar[2286]. Sie vermutet in den Gesetzesmaterialien einen Begründungsfehler des Gesetzgebers[2287]. Gestützt sieht sie ihre Argumentation durch die Vorschrift des § 52 Abs. 1 GmbHG, der die Teilnahme des Abschlussprüfers an Bilanzsitzungen des Aufsichtsrats in der GmbH für ausdrücklich dispositiv erklärt. Des Weiteren verweisen sie auf den vom Gesetzgeber mit dem KonTraG verfolgten Sinn und Zweck. Danach solle die Regelung dazu dienen, die Zusammenarbeit zwischen den Überwachungsorganen zu stärken, um so die Unternehmensüberwachung durch den Aufsichtsrat zu verbessern[2288]. Eine Dritte Ansicht sieht nach dem Gesetzeswortlaut zwar die Möglichkeit, den Abschlussprüfer von der Teilnahme an den Sitzungen des Aufsichtsrates auszuschließen, sie nimmt aber in diesem Fall stets eine Sorgfaltspflichtverletzung (§§ 116, 93 AktG) der Aufsichtsratsmitglieder an, die unter Umständen eine Schadensersatzpflicht begründet[2289].

b) *Würdigung*

Der Ansicht, die eine zwingende Teilnahmepflicht des Abschlussprüfers an den Bilanzsitzungen des Aufsichtsrats vorsieht, ist zuzustimmen. Sie entspricht am besten der Zielsetzung des KonTraG, die nicht nur darin besteht, die Informationsbasis der

---

2281 *Brebeck/Förschle*, S. 172, 192; *Bremer*, GmbHR 1999, 116, 117; *Gelhausen*, BFuP 1999, 390, 403; *Hachmeister*, DStR 1999, 1453, 1454; *Lingemann/Wasmann*, BB 1998, 853, 858; *Peemöller/Keller*, DStR 1997, 1986, 1988.

2282 *Ernst*, KontraG, S. 77.

2283 *Ernst*, KonTraG, S. 77.

2284 Ein Mehrheitsbeschluss ist nicht möglich, da es sich um ein individuelles Recht der Aufsichtsratsmitglieder auf Information handelt, vgl. *Gelhausen*, BFuP 1999, 390, 403; *Schindler/Rabenhorst*, BB 1998, 1886, 1889.

2285 *A/D/S*, AktG, n. F. § 171 Rn. 18 räumen ein, dass durch die Vorschrift ein individuelles Informationsrecht geschaffen wurde, das grundsätzlich jedem einzelnen Aufsichtsratsmitglied zusteht, gleichzeitig verweisen sie aber auf die Vorschrift des § 170 Abs. 3 HGB, die eine Regelung über die Aushändigung des Prüfungsberichts mittels Mehrheitsbeschluss zulässt.

2286 *Baums*, AG-Sonderheft 1997, 26, 32; *Bischof/Oser*, WPg 1998, 539, 542; *Böcking/Orth*, WPg 1998, 351, 361; *Hommelhoff*, BB 1998, 2625, 2626; *Schulze-Osterloh*, ZIP 1998, 2129, 2133 sowie *Dörner*, DB 2000, 101, 102 aber anders noch *ders.*, DB 1998, 1, 6.

2287 *Böcking/Orth*, WPg 1998, 351, 361.

2288 *Bischof/Oser*, WPg 1998, 539, 542; *Forster*, FS Sieben, S. 375, 377.

2289 *Hüffer*, AktG, § 171 Rn. 11a.

einzelnen Aufsichtsratsmitglieder zu verbessern, sondern auch die Stellung des Abschlussprüfers innerhalb der Corporate Governance zu stärken. Danach kann für den Prüfer ein Interesse bestehen, an den Sitzungen des Aufsichtsrats teilzunehmen. Denn die Teilnahme an den Sitzungen des Aufsichtsrates eröffnet dem Abschlussprüfer neben dem Prüfungsbericht eine zusätzliche wichtige Möglichkeit, sich bei den einzelnen Aufsichtsratsmitgliedern Gehör zu verschaffen und so anstehende Entscheidungen zu beeinflussen[2290]. Des Weiteren kann es für den Abschlussprüfer durchaus von Interesse und Bedeutung sein, sich bei dieser Gelegenheit ein Bild von der Situation des Aufsichtsrats zu machen, um so die Gesamtlage des Unternehmens richtig einschätzen zu können. Demgegenüber sprechen für ein Dispositionsrecht des Aufsichtsrats lediglich praktische Erwägungen, die etwa für bestimmte Konstellationen doppelten Aufwand zu vermeiden suchen[2291]. Fragwürdig ist aber auch in diesen Fällen wegen des damit verbundenen hohen Haftungsrisikos, das nicht bestritten wird[2292], ob ein Teilnahmeverzicht sachgerecht ist[2293].

6. *Audit Committee*

Vielen Kritikern ist aber die Teilnahme des Abschlussprüfers an den Bilanzsitzungen des Aufsichtsrates zuwenig. Sie fordern, die Kontakte zwischen Abschlussprüfer und Aufsichtsrat über die Bilanzsitzung hinaus weiter auszubauen und zu intensivieren. Denn es bestünden im Rahmen der Durchführung einer Abschlussprüfung eine Reihe von Situationen in denen eine engere Zusammenarbeit ebenfalls sinnvoll sei. Sachgerecht erscheint ihnen die Einrichtung eines Audit Committee nach amerikanischem Vorbild[2294].

a) Geschichte

Das Audit Committee stellt im amerikanischen Rechtskreis einen ständigen Ausschuss des Board of Directors dar[2295]. Seine Entstehung geht auf eine Empfehlung der New York Stock Exchange (NYSE) und einem vergleichbaren Vorschlag der Securities und

---

2290 Der Abschlussprüfer verfügt, wie auf Seite 98 dargestellt, über keine eigenen Sanktionsmittel. Vielmehr ist er auf die Wirkung seiner Information bei den Adressaten der Prüfungsergebnisse angewiesen.

2291 *A/D/S*, n.F. AktG, § 171 Rn. 19 verweist als Beispiel auf Konzerngesellschaften unterer Stufe, bei denen der Aufsichtsrat mit den Organmitgliedern und Mitarbeitern der Obergesellschaft besetzt ist, die sich im Rahmen ihrer Funktion für die Muttergesellschaft ohnehin mit dem Jahresabschluss beschäftigen müssen. Allgemein zur Frage der Teilnahmepflicht bei Bilanzsitzungen zum Konzernabschluss *Bischof/Oser*, WPg 1998, 539- 540.

2292 *Bremer*, GmbHR 1999, 116, 117; *Gelhausen*, BFuP 1999, 390, 403.

2293 *A/D/S*, AktG, § 171 Rn. 19.

2294 *Forster*, ZfB 1988, 789; *Langenbucher/Blaum*, DB 1994, 2197; *Arbeitskreis SG*, DB 2000, 2281, 2285.

2295 *Richter*, HRev., Sp. 75.

Exchange Comisssion (SEC) zurück, die wiederum Reaktionen auf eine Reihe von Betrugsfällen Ende der 30er Jahre sind[2296]. Die Intention der Behörden damals war es, die Unabhängigkeit des Abschlussprüfers zu stärken. Dazu sollte die Wahl des Abschlussprüfers und die Festlegung des Prüfungsauftrages auf ein neutrales und unabhängiges Gremium übertragen werden, um so die Abhängigkeit des Abschlussprüfers von der Geschäftsführung zu reduzieren. Der Vorschlag konnte sich zunächst jedoch mangels gesetzlicher Verbindlichkeit nicht durchsetzen[2297]. Es vergingen vielmehr annähernd 30 Jahre, bis die SEC den Gedanken wieder aufgriff. Seit Ende 1974 verlangte die SEC von den bei ihr registrierten Unternehmen Angaben in den Proxies darüber zu machen, ob ein Audit Committee eingerichtet ist und wie es sich zusammensetzt[2298]. Unterstützung in ihrem Kurs erhielt diese dabei von den Wirtschaftsprüfern, die zuvor schon die Errichtung von Audit Committees als sachverständigen Partner zur Erörterung von Bilanz- und Finanzproblemen empfahl[2299]. Endgültig zum Durchbruch verhalf dem Audit Committee aber erst eine Regelung der NYSE, welche die Errichtung eines solchen Gremiums zur Voraussetzung einer Börsennotierung machte. Dem Beispiel der NYSE folgten später andere Börsen[2300].

Für die plötzliche Bereitschaft der Beteiligten, die Idee des Audit Committee zu fördern, waren unterschiedliche Sachverhalte ausschlaggebend[2301]. Der Börse ging es darum, durch mehr Glaubwürdigkeit der Jahresabschlussinformationen das durch Skandale und Unternehmenszusammenbrüche[2302] verlorene Vertrauen der Anleger zurückzugewinnen[2303]. Der Berufsstand der Wirtschaftsprüfer sah in der Bildung von Audit Committees eine vielversprechende Möglichkeit, der öffentlichen Forderung nach mehr Objektivität der Prüfung nachkommen zu können und gleichzeitig drohender staatlicher Regulierung zu entgehen[2304]. Für die Mitglieder des Board stellte das Audit Committee schließlich eine willkommene Hilfe dar, den neuen, an sie gestellten

---

2296 Die Äußerungen der Behörden wurden dabei maßgeblich von den Erkenntnissen des Falles "McKesson & Robbins" aus dem Jahre 1938 beeinflußt. Im Fall *Mc Kesson & Robins* hatte das Management mit Hilfe von gefälschten Jahresabschlüssen Investoren um größere Geldbeträge betrogen. Die Jahresabschlüsse waren von Seiten des Abschlussprüfers uneingeschränkt testiert worden, obwohl die im Jahresabschluß ausgewiesenen Forderungen und Vorräte zu einem Großteil nicht vorhanden waren. Der Fall war nicht nur für die Institution des Audit Committee von Bedeutung, sondern hat auch die Praxis der Wirtschaftsprüfung verändert. So hatte fortan der Wirtschaftsprüfer persönlich an der Inventur teilzunehmen und unabhängige Saldenbestätigungen einzuholen. Siehe hierzu *Lück*, ZfbF 1990, 995, 997; *Bleicher/Leberl/Paul*, S. 162.

2297 *Langenbucher/Blaum*, DB 1994, 2197, 2198.

2298 *Goerdeler*, ZGR 1987, 219, 220-221; *Langenbucher/Blaum*, DB 1994, 2197, 2198.

2299 Siehe hierzu m.w.Nachw. *Goerdeler*, ZGR 1987, 219, 222.

2300 So empfahl im Jahre 1980 die American Stock Exchange die Einführung von Audit Committees für ihren Zuständigkeitsbereich. Seit dem 1. Februar 1987 sind Audit Committees auch bei allen Gesellschaften vorgeschrieben, deren Aktien im NASDAQ National Market System gehandelt werden, vgl. *Bacon*, S. 8.

2301 *Lück*, ZfbF 1990, 995, 999.

2302 Erwähnenswert ist vor allem der Zusammenbruch der *Eisenbahn-Gesellschaft Penn Central*, vgl. *Bleicher/Leberl/Paul*, S. 162.

2303 *Lück/van Hall*, DB 1984, 1941.

2304 *Lück*, ZfbF 1990, 995, 999.

Anforderungen gerecht werden zu können. Durch diverse Gerichtsentscheidungen[2305] sowie gesetzliche Regelungen[2306] war deren Verantwortlichkeit nämlich erheblich erweitert bzw. verschärft worden, so dass de facto für sie eine Pflicht zur Einführung eines Audit Committee bestand[2307].

Spätere Impulse, insbesondere was Ausgestaltung und den Umfang der Aufgaben betraf, hat die Entwicklung der Audit Committees durch die Ergebnisse der National Comission on Fraudulent Reporting, die nach dem Namen ihres Vorsitzenden auch Treadaway Comission genannt wird, und den vom American Law Institute (ALI) veröffentlichten Grundsätzen zur Corporate Governance erhalten. Die Treadaway Comission misst den Audit Commmittees eine gesteigerte Bedeutung bei der Bekämpfung von betrügerischer und absichtlich falscher Berichterstattung (Fraudulent Reporting) der externen Rechnungslegung bei[2308]. Sie fordert daher ihre Einrichtung für alle Gesellschaften[2309]. Das ALI hat in seinem Entwurf über die Grundsätze der Corporate Governance die Empfehlung ausgesprochen, die Audit Committees nur mit Outside Directors zu besetzen und in allen großen Gesellschaften einzurichten[2310].

b) Aufgaben des Audit Committee in den USA

Da in den USA kein staatenübergreifendes einheitliches Gesellschaftsrecht existiert, besteht auch kein einheitlich verbindlicher Katalog von Aufgaben für ein Audit Committee, sondern nur eine Vielzahl von Regelungen, Verlautbarungen und Stellungnahmen. Den Rahmen stecken dabei wegen ihrer Bedeutung die Vorschriften der SEC, die Zulassungsbestimmungen der großen Börsen, insbesondere der NYSE, die Stellungnahmen des amerikanischen Wirtschaftsprüferstandes (AICPA) und der internen Revisoren (IIA) sowie die Empfehlungen der Treadaway Comission und des (ALI) ab.

Ursprünglich beinhalteten die Tätigkeiten, die dem Audit Committee danach zugewiesen wurden, lediglich die Auswahl des Abschlussprüfers und die Mitwirkung bei

---

2305 Insbesondere der Fall *Escott v. Bar Chris* 283 F. Supp. 643 (S.D.N.Y. 1968) hatte für Unruhe gesorgt, siehe hierzu *Richter*, HwRev, Sp. 75-76. Darin hatte das Gericht festgestellt, dass es den Board Mitgliedern, die für die Überwachung verantwortlich sind, verwehrt sei, sich bei unrichtigen Financial Statements zur Entlastung auf das Urteil des Wirtschaftsprüfers bzw. der für das operative Geschäft zuständigen Board Mitglieder zu berufen. Vielmehr müßten sie sich um die Gesellschaft mit der gleichen Sorgfalt kümmern, wie sie das in eigenen Angelegenheiten zu tun pflegen (sog. "Prudent Man"-Test). Siehe hierzu *Lück*, ZfbF 1988, 370, 371.

2306 Siehe Foreign Corrupt Practice Act von 1977, der in den Securities and Exchange Act of 1934 eingegliedert wurde; vgl. §§ 13 (b), 30a, 104.

2307 *Kindler*, Funktionswandel, S. 75-76.

2308 *Lück*, ZfbF 1990, 995, 999-1000.

2309 Report of the National Comission on Fraudulent Financial Reporting, Journal of Accountancy, Vol. 170, November 1987, S. 39-48.

2310 Diese und zahlreiche andere Stellungnahmen haben wesentlich zur Verbreitung von Audit Committees beigetragen. Während 1970 nur rund 30 % der befragten Gesellschaften Audit Committees besaßen, finden sich heute derartige Ausschüsse nahezu in allen großen Unternehmen in den USA, vgl. *Bleicherl/Leberl/Paul*, S. 162-163 m. w. Nachw.

seiner Bestellung[2311]. Die Aufgaben wurden jedoch im Laufe der Zeit ergänzt und erheblich erweitert[2312]. Anders als bei den in deutschen AGs vereinzelt anzutreffenden Bilanzausschüssen beschränkt sich ihre Tätigkeit nicht nur auf eine vorbereitende Prüfung des Jahresabschlusses und des Prüfungsberichtes für das Gesamtgremium. Kennzeichnend für das Audit Committee ist vielmehr eine kontinuierliche, intensive und umfassende Zusammenarbeit mit den einzelnen Überwachungsträgern des Unternehmens.

Das Audit Committee bespricht mit dem Abschlussprüfer als dem externen Prüfungsträger nicht nur die Ergebnisse seiner Prüfung, sondern auch die Prüfungsplanung. Gemeinsam werden Umfang, Zeitpunkt und Schwerpunkte der Prüfung erörtert[2313]. Das Audit Committee soll dabei dem Abschlussprüfer eine spontane Anlaufstelle sein und als Gesprächsforum dienen. Der Abschlussprüfer soll seine Prüfungseindrücke und Probleme frei schildern können. Beispielsweise soll er mitteilen, ob das Management ihm alle gewünschten Informationen und Unterlagen überlassen hat oder ob es im Rahmen der Prüfung zu Behinderungen gekommen ist[2314]. Ebenso soll der Abschlussprüfer dem Audit Committee Hinweise auf Schwachstellen des internen Kontrollsystems geben und gleichzeitig Vorschläge zu deren Verbesserung unterbreiten[2315]. Schließlich trägt das Audit Committee auch Verantwortung für die Funktionsfähigkeit des internen Kontrollsystems. Die Verantwortung hierfür setzt eine intensive Auseinandersetzung mit der Arbeit der internen Revision voraus. Sie ermöglicht andererseits aber auch die Koordination von interner und externer Prüfung der Rechnungslegung[2316].

In immer stärkerem Maße werden dem Audit Committee darüber hinaus auch allgemeine Aufgabe im Rahmen der Corporate Governance übertragen, die über den Finanz- und Rechnungsbereich hinausgehen. Die am Potenzial gemessen bedeutendste Aufgabe ist die Überwachung der Einhaltung des "Code of Conduct". Eine Entwicklung, die auf den Foreign Corrupt Practices Act zurückgeht[2317]. Der "Code of Conduct" stellt vereinfacht ausgedrückt den Verhaltenskodex eines Unternehmens und seiner Mitarbeiter dar. Zu seinem Inhalt gehören in aller Regel Aussagen zu grundlegenden ethisch-moralischen aber auch qualitativen Standards des Unternehmens, (z.B. in Bezug auf Produkte, Umweltschutz oder Einhaltung von Gesetzen). Daneben regelt der Code of Conduct auch diverse Treuepflichten des Managements und der Mitarbeiter, so zum Beispiel Verschwiegenheitspflichten, Unterschlagung und Gesundheitsschutz am Arbeitsplatz. Die Überwachung der Leistung der Unternehmensführung (i.S. eines "performance audit") wird zunehmend diskutiert, konnte sich bisher aber nicht durchsetzen. Die Befürchtungen, dass dadurch zu sehr in den Verantwortungsbereich der Unternehmensführung eingegriffen wird, sind (noch)

2311 *Wüstemann*, WPg 1971, 37
2312 *Bleicher/Leberl/Paul*, S. 165.
2313 *Lück/van Hall*, DB 1941, 1942; *Bleicher/Leberl/Paul*, S. 165.
2314 *Langenbucher/Blaum*, DB 1994, 2197, 2199.
2315 *Langenbucher/Blaum*, DB 1994, 2197, 2199.
2316 *Bleicher/Leberl/Paul*, S.167-168.
2317 *Bleicher/Leberl/Paul*, S. 165.

zu stark, zumal vereinzelt bereits die Kritik geäußert wird, beim Audit Committee handele es sich um ein "Super Committee", dessen Machtfülle zu umfassend sei[2318].

c) *Organisation und Struktur*

Schwächen zeigte die Institution des Audit Committee aus Sicht der SEC in jüngerer Zeit hinsichtlich ihrer Struktur und Organisation. Die Aufsichtsbehörde setzte deshalb im September 1998 mit dem Blue Ribbon Committee (BRC) eine Sonderkommission ein, die Reformvorschläge ausarbeiten sollte. Das BRC legte die Ergebnisse seiner Untersuchungen im Februar 1999 vor. Konkret wurde empfohlen, die Zusammensetzung und die Arbeitsabläufe des Gremiums sowie Rechte und Pflichten der Mitglieder in einer Satzung schriftlich zu fixieren. Dabei sollte besonderen Wert auf die genaue Festlegung der Verantwortlichkeit der Mitglieder in Bezug auf Abschlussprüfer und Unternehmensführung gelegt werden. Ebenso wurden Mindestkriterien für die Unabhängigkeit und fachliche Qualifikation der Mitglieder festgelegt. Diese Vorschläge bildeten in etwas abgeänderter Form die Grundlage für die am 15.12.1999 erlassenen Regelungen der SEC zum Audit Committee. Ebenso fanden sie Eingang in die Regelung des Auditing Standards Boards und den Zulassungsvoraussetzungen der Börsen.

d) *Übertragbarkeit der Audit Committee ins deutsche System?*

Die dargestellten Gründe, die in den USA zur Einführung des Audit Committee geführt haben, besitzen gewisse Parallelen zur gegenwärtigen deutschen Situation; insbesondere da sich auch hier in jüngerer Zeit eine Verschärfung der Haftungssituation für die Mitglieder des Aufsichtsrats abzeichnet[2319]. Für die Befürworter erscheint eine Übernahme des Instituts des Audit Committee in das deutsche System daher zumindest überlegenswert[2320]. Kritische Stimmen weisen allerdings darauf hin, dass bei diesen Überlegungen die Besonderheiten der gesellschaftsrechtlichen Struktur amerikanischer Kapitalgesellschaften nicht außer Betracht bleiben dürfe[2321].

Anders als dem dualisitschen Modell fehlt dem monistischen Board eine strikte Trennung von Geschäftsführung und Überwachung. Eine solche Funktionstrennung wird aber als theoretische Grundvoraussetzung einer sinnvollen Überwachung betrachtet und deshalb vielfach als schwerwiegender Nachteil des Board - Modells empfunden. Die Einrichtung eines Audit Committees stellte daher eine Möglichkeit zur Korrektur struktureller Defizite des bestehenden monistischen Systems dar, ohne

---

2318 *Bleicher/Leberl/Paul*, S. 164.

2319 *O.V.*, "Manager und Aufsichtsräte sollen künftig für Fehler zur Kasse gebeten werden", in: HB v. 15.12.1999, S. 2; *o.V.*, "Die Aufgaben des Aufsichtsrats lassen sich nicht länger mit links erledigen", in: FAZ v. 13.12.1999 S. 33.

2320 *Theisen*, WPg 1994, 809, 818.

2321 Siehe hierzu *Ranzinger/Blies*, AG 2001, 455, 458.

es grundsätzlich in Frage stellen zu müssen[2322]. Denn die Besetzung des Audit Committee mit Outside-Directors knüpft an eine in der Praxis bereits existierende Trennung des Boards in Inside- und Outside Directors an. Demgegenüber besitzt das deutsche Modell der Aktiengesellschaft bereits die strikte Trennung von Aufsichts- und Überwachungsfunktion[2323]. Die Einführung eines Audit Committee erscheint daher aus formalen Gründen nicht zwingend notwendig. In der Praxis hat sich jedoch gezeigt, dass die Trennung mit dem Nachteil eines erheblichen Informationsgefälles zwischen den Organen verbunden ist[2324]. Die Funktion des Audit Committees in Deutschland könnte somit hauptsächlich darin liegen, ein integratives Element zwischen den verschiedenen Überwachungselementen im Unternehmen zu bilden[2325].

Die Tätigkeit des Audit Committee könnte dazu dienen, die Effektivität und Effizienz der Überwachungsfunktion des Aufsichtsrats zu stärken, indem es das Plenum entlastet und eine zeitnahe, kontinuierliche und flexible Überwachung, die zunehmend vom Aufsichtsrat gefordert wird, unterstützt. Noch wichtiger wäre aber - wie eingangs erwähnt - die verbesserte Zusammenarbeit mit dem Abschlussprüfer. Denn dessen interne Funktion besteht gerade darin, den Aufsichtsrat zu unterstützen ("kompetenter Helfer"), um so die strukturell bestehende Informationslücke zu schließen[2326]. Gemeinsam könnte die Durchführung der Abschlussprüfung geplant werden. Für die Mitglieder des Audit Committee bestünde dabei die Möglichkeit, spezielle Wünsche hinsichtlich einer Erweiterung oder Konzentrierung des Prüfungsumfangs zu äußern[2327]. Der Abschlussprüfer hätte den Vorteil, seine generelle Risikoeinschätzung des Unternehmens sowie Erkenntnisse zu unternehmensspezifischen Risiken mitzuteilen und mit kompetenten Ansprechpartnern des Unternehmens zu erörtern. Während der Prüfungsdurchführung könnte das Audit Committee dem Abschlussprüfer als eine von der Unternehmensführung unabhängige, kompetente Anlaufstelle bei Auftreten von Schwierigkeiten und Ungereimtheiten dienen. Wichtig wäre eine solche Stelle vor allem für die Besprechung des vorläufigen Entwurfs des Prüfungsberichts. Eine Einflussnahme von Seiten der Unternehmensführung - wie sie bisher immer wieder befürchtet wurde - die zu nicht gewollten "Glättungen" und "Entschärfungen" führt, wäre damit praktisch ausgeschlossen. Problematische Sachverhalte im Prüfungsbericht könnten vielmehr ausführlich erörtert werden und müssten gegebenenfalls zusätzlich begründet werden. Insgesamt würde damit die Unabhängigkeit des Abschlussprüfers gegenüber der Unternehmensleitung wesentlich gestärkt werden.

Schließlich könnte ein Audit Committee die Arbeit von interner und externer Unternehmenskontrolle koordinieren[2328]. Voraussetzung hierfür wäre neben der regelmäßigen Versorgung des Gremiums mit Berichten der internen Revision eine Teil-

---

2322 *Lück*, ZfbF 1990, 995, 1005; *Richter*, HRev., Sp. 75.

2323 Vgl. *Bleicher/Leberl/Paul*, S. 44.

2324 *Lück*, "Audit Committees – ein sinnvoller Bestandteil des betrieblichen Überwachungssystems", in: FAZ v. 12.10.1998, S. 35.

2325 *Lück*, DB 1999, 441, 442.

2326 Vgl. *Ranzinger/Blies*, AG 2001, 455, 458-459.

2327 Eine Beschränkung des Umfangs der Abschlussprüfung durch das Audit Committee ist nicht möglich, vgl. *A/D/S*, § 171 AktG, Rdn. 16 ff.

2328 Vgl. *Ranzinger/Blies*, AG 2001, 455, 459. m.w.Nachw.

nahme des Leiters der internen Revision an den Ausschusssitzungen. Dadurch wäre es möglich, die Prüfungstätigkeit der Überwachungsträger besser aufeinander abzustimmen. So könnte der Leiter der internen Revision dem Abschlussprüfer beispielsweise Hinweise auf aus seiner Sicht bestehende Risikobereiche geben. Dem Abschlussprüfer würde diese Zusammenarbeit die von ihm geforderte Beurteilung des internen Kontrollsystems erleichtern.

e) Gesetzliche Regelungen notwendig?

Unklar ist, inwieweit die Einführung eines Audit Committee in Deutschland einer gesetzlichen Regelung bedarf. Im Schrifttum wird vertreten, dass rechtlich die Voraussetzungen für die Errichtung eines Audit Committee in Deutschland bereits vorhanden seien, so das es keiner weiteren Aktionen des Gesetzgebers mehr bedürfe[2329]. Bei größeren Unternehmen sei die Errichtung von Prüfungs-, Finanz- und Bilanzausschusses schon heute üblich. Denn es stehe dem Aufsichtsrat rechtlich frei, gewisse Aufgaben einem Ausschuss zur vorbereitenden Bearbeitung zu übertragen (§ 107 Abs. 3 Satz 1 AktG). Allerdings ist die Verantwortung für die Überwachung der Geschäftsführung gemäß § 111 AktG unteilbar dem gesamten Aufsichtsrat übertragen[2330]. Dies geht jedoch nicht aus der gesetzlichen Regelung des § 107 Abs. 3 Satz 2 AktG hervor, denn dort ist die Überwachungsaufgabe nicht ausdrücklich als Aufgabe aufgelistet, die nicht vom Gesamtaufsichtsrat auf einen Ausschuss übertragen werden kann. Dennoch ist die „Plenarkompetenz“[2331] des Aufsichtsrats unstreitig. Begründet wird dies mit dem tatsächlichen Charakter der Tätigkeit[2332]. Da sich die Überwachung nicht primär in Beschlüssen vollzieht, war vom Gesetzgeber eine Klarstellung in § 107 III S. 2 AktG nicht für notwendig erachtet worden[2333].

Das Verbot der Überwachungsdelegation schließt jedoch nicht aus, dass der Aufsichtsrat vorbereitende Tätigkeiten dem Ausschuss überträgt[2334]. Durch die Ausgestaltung des Informations-, Konsultations- und Entscheidungsverfahrens ist dann aber sicherzustellen, dass diese Hilfstätigkeiten der Kontrolle und Prüfung des Plenums unterliegen[2335]. Denn die Gesamtverantwortung des Aufsichtsrats, insbesondere die haftungsrechtliche Verantwortung seiner einzelnen Mitglieder (§ 116 AktG), bleibt

---

2329 *Langenbucher*, S. 94.

2330 So die h. M., vgl. *Baumbach/Hueck*, AktG, § 107 AktG Rn. 13; *Geßler*, in: Geßler/Hefermehl, AktG § 107 AktG Rn. 78; *Godin/Wilhelmi*, AktG, § 107 Rn. 11; *Hüffer*, AktG, § 111 Rn. 9.; KK-*Mertens*, AktG, § 107 Rn. 89.

2331 *Hommelhoff*, Corporate Governance, S. 4.

2332 *Kropff*, Begr. RegE zum AktG, S. 149.

2333 *Kropff*, Begr. RegE zum AktG, S. 149.

2334 *Lutter/Krieger*, Rn. 259. Strittig ist dabei lediglich die Übertragung der Bestellungskompetenz für den Abschlussprüfer nach § 318 Absatz 1 S. 2 HGB. Vgl. *A/D/S*, HGB, § 318 Rn. 83; *Hommelhoff/Priester*, ZGR 1986, 463, 484 (zustimmend)

2335 *Hommelhoff*, Corporate Governance, S. 5.

in jedem Fall bestehen, auch wenn das einzelne Ratsmitglied nicht dem Ausschuss angehört[2336].

Da gesetzliche Vorgaben der Vielfalt der Unternehmenspraxis nie gerecht werden können, sollte der Gesetzgeber die Struktur dieser Ausschüsse weiter der Selbstorganisation der Unternehmen, d.h. der Organisationspflicht des Aufsichtsrats überlassen[2337]. Dadurch würde verhindert, dass der Öffentlichkeit eine so nicht vorhandene Sicherheit vorgetäuscht werde[2338]. Andere sind jedoch der Meinung, dass nur eine allgemeingültige gesetzliche Regelung verlorenes Vertrauen in der Öffentlichkeit zurückgewinnen kann. Zudem zeige das amerikanische Beispiel, dass sich die Einrichtung des Audit Committee auf freiwilliger Basis nicht zwangsläufig durchsetze. Zurückzuführen sei dies möglicherweise auf die erhöhten Kosten, zum Beispiel für häufigere Tagungen, die von den Unternehmen gescheut werden. Laut *Hommelhoff* besteht zumindest schon ein faktischer Zwang zur Ausschussbildung durch die mit dem KonTraG eingeführte Vorschrift des § 171 Abs. 2 AktG. Nach dieser von ihm als "Anregungsnorm" bezeichneten Regelung habe der Aufsichtsrat eine erweiterte Berichtspflicht gegenüber der Hauptversammlung für die Ausschussbildung und somit eine indirekte Rechtfertigungslast für nicht gebildete Ausschüsse[2339].

f) Würdigung

Im Rahmen der Reformen des KonTraG ist die Kompetenz zur Vergabe des Prüfungsauftrages dem Aufsichtsrat übertragen und der Abschlussprüfer zur Teilnahme an den Bilanzsitzungen des Aufsichtsrates verpflichtet worden. Die Einführung eines Audit Committees wäre eine weitere, sinnvolle Maßnahme, um diese neu geknüpften Kontakte zwischen Abschlussprüfer und Aufsichtsrat auszubauen und zu vertiefen. Dadurch würde nicht nur die Unabhängigkeit des Abschlussprüfers gestärkt und das Urteilsvermögen des Aufsichtsrates hinsichtlich der Leistung des Abschlussprüfers verbessert, sondern auch die Leistungsfähigkeit des gesamten Überwachungssystems des Unternehmens gesteigert, wovon letztlich auch die Öffentlichkeit profitiert[2340].

Die Erfahrungen in den USA lehren, dass ein gewisser Zwang zur Einführung notwendig ist, weil die Unternehmen möglicherweise die zusätzlichen Kosten eines Audit Committee scheuen. Dabei bieten sich verschiedene Möglichkeiten an. In den USA ist die Pflicht zur Einführung eines Audit Committee nicht im Gesellschaftsrecht, sondern durch Vorschriften des Kapitalmarktrechts sichergestellt worden. Sollten in Deutschland die Vorschriften des KonTraG die diesbezüglich nachgesagte Anregungswirkung nicht entfalten, so ist über ähnliche Regelungen nachzudenken.

2336 RGZ 93, 338, 340; *Hüffer*, AktG, § 111 Rn. 9; *Hommelhoff*, Corporate Governance, S. 5.

2337 *Hommelhoff*, Corporate Governance, S. 5.

2338 *Hommelhoff*, Corporate Governance, S. 5.

2339 *Hommelhoff/Mattheus*, AG 1998, 249, 255.

2340 *Ranzinger/Blies*, AG 2001, 455, 462 verweisen daneben auch auf die Signalwirkung, die von der Errichtung von Audit Committees auf den Kapitalmarkt ausgeht und die hilft Vertrauen zu den Anlegern aufzubauen.

Vorzugswürdig wäre eine Rahmenregelung in einem Kodex, dessen Einhaltung im Sinne eines "comply or explain" von der Börse überwacht wird[2341]. Wichtig wegen Fragen der Haftung ist aber in jedem Falle, dass verbindliche Normen hinsichtlich der allgemeinen Zuständigkeit und Verantwortung bestehen. Darüber hinaus hilfreich sind Regelungen, die sicherstellen, dass die für ein solches Gremium ausgewählten Personen die hierfür notwendige Qualifikation besitzen[2342]. Denn für die Arbeit des Audit Committee gilt dasselbe wie für den Aufsichtsrat: Die Qualität der Besetzung ist entscheidend. Nur wenn es gelingt, die Tätigkeit der Mitglieder - zumindest in Ansätzen - ähnlich der Arbeit des Abschlussprüfers zu professionalisieren, wird das gesamte deutsche Modell der Corporate Governance eine Zukunft besitzen. Hierzu sind in der Vergangenheit zahlreiche Vorschläge gemacht worden[2343]. Die entsprechenden Reformen dürfen nicht mehr länger aufgeschoben werden.

F. Zusammenfassung

Die Darstellung hat gezeigt, dass die Optimierung der Position des Abschlussprüfers innerhalb der Unternehmensverfassung ("interne Corporate Governance") einen gewichtigen Beitrag dazu leisten kann, dass der Abschlussprüfer den gestiegenen Erwartungen gerecht wird, die insbesondere an seine externe Rolle und Funktion zukünftig gestellt werden. Im Mittelpunkt stehen Maßnahmen, die der Stärkung seiner Unabhängigkeit dienen. In der Vergangenheit hat der deutsche Gesetzgeber hierzu - insbesondere was die Bestellung und Abberufung des Abschlussprüfers betrifft - schon richtungsweisende gesetzliche Regelungen erlassen, die - wie die Vorschriften des Abberufungsverfahrens (§§ 318 ff. HGB) zeigen - lediglich der sachgerechten Auslegung bedürfen.

Die Reformer des KontraG haben an diese Zielsetzung angeknüpft und mit der Übertragung der Auftragsvergabe vom Vorstand auf den Aufsichtsrat eine weitere wichtige Regelung getroffen. Sie sorgt für mehr Unabhängigkeit des Abschlussprüfers von der Unternehmensführung und stärkt damit nicht zuletzt seine Glaubwürdigkeit in der Öffentlichkeit. Des Weiteren führt die Kompetenzverlagerung hinsichtlich der Auftragsvergabe auf den Aufsichtsrat zur Verbesserung des Kontakts zum Abschlussprüfer; sie dient damit neben der Unabhängigkeit einem zweiten wichtigen Gesichtspunkt der Reformen - nämlich der Verbesserung der Kommunikation und Zusammen-

---

2341 So müssen an der London Stock Exchange notierte Unternehmen, die von den Empfehlungen des Cadbury-Committee zum Audit Committee abweichen wollen, eine entsprechende Begründung im Geschäftsbericht mitteilen. Siehe *Ranzinger/Blies*, AG 2001, 455, 457. Siehe hierzu auch *Lück*, Audit Committees – ein sinnvoller Bestandteil des betrieblichen Überwachungssystems, in: FAZ v. 12.10.1998, S. 35.

2342 Siehe hierzu die Vorschläge des *Blue Ribbon-Committee*, Report and Recommendations on Improving the Effectiveness of Corporate Audit Committees, www.amex.com/about/Audit_rec.pdf.

2343 Vgl. *Bernhardt*, ZHR 1995, 310; *Hoffmann-Becking*, FS Havermann, S. 231-246 nennt neben den Ausschüssen die Auswahl und Qualifikation sowie die Vergütung der Mitglieder. Siehe hierzu auch *Lutter*, ZHR 1995, 287.

arbeit zwischen Abschlussprüfer und Aufsichtsrat. Andere Reformmaßnahmen verfolgen eine ähnliche Zielsetzung. Zu erwähnen sind die direkte Zuleitung des Prüfungsberichts an den Aufsichtsrat und die verpflichtende Teilnahme des Abschlussprüfers an den Bilanzsitzungen des Aufsichtsorgans. Die Untersuchung hat gezeigt, dass eine entsprechende Auslegung der neuen Vorschriften sowie weitere punktuelle Reformmaßnahmen den Erfolg dieser gesetzgeberischen Zielsetzungen noch steigern können. Hervorzuheben ist insbesondere der Vorschlag zur Einführung eines Audit Committee.

Vierter Teil: Schlussbetrachtung

Die Untersuchung hat gezeigt, dass durch die Globalisierung und dem daraus resultierenden Einfluss der internationalen Kapitalmärkte auf die Aktiengesellschaft Bewegung in die Diskussion um die richtige Corporate Governance gekommen ist. Nationale Sonderwege sind nicht mehr gefragt; es werden vielmehr flexible Lösungen gesucht, die grenzüberschreitend Gültigkeit besitzen. Hierzu zählen kapitalmarktrechtliche Regulierungsansätze und die Einbindung privater Gremien. Rechnungslegung und Publizität sind danach zukunftsweisende Mechanismen, die eine externe Steuerung und Kontrolle großer international tätiger Aktiengesellschaften gewährleisten sollen.

Der Abschlussprüfer kann auf Grund seiner Stellung als unabhängiger externer Sachverständiger einen wesentlichen Beitrag zur Glaubwürdigkeit dieser Unternehmensinformation leisten. Allerdings ist es notwendig, dass seine Aufgaben den gestiegenen Erwartungen an seine externe Rolle und Funktion weiter angepasst werden. Wobei international möglichst einheitliche Regelungen zu finden sind, denn nur so kann die Abschlussprüfung der ihr zugedachten Funktion in einem global anerkanntem System der Corporate Governance gerecht werden. Dabei ist – wie die Untersuchung ebenfalls gezeigt hat - auf Grund des komplizierten Wirkungs- und Beziehungsgeflecht in das der Abschlussprüfer eingebettet ist eine sorgfältige Prüfung und Abwägung der Reformvorschläge notwendig. Verschiedene Bausteine sind notwendig, um zu einer befriedigenden Lösung zu kommen[2344].

Grundstein ist die Rechnungslegung, die das Substrat der Prüfung darstellt. Mit der Hinwendung zu internationalen Rechnungslegungsvorschriften (IAS, US-GAAP), die von privaten Standardsettern verabschiedet werden und deren zentrales Anliegen der Anlegerschutz ist, ist hier bereits ein entscheidender Schritt gegangen worden, der so manche Entwicklung beim Abschlussprüfer vorzeichnet. Doch sind weitere Reformen wie beispielsweise die Ausdehnung der Anwendung der IAS auf den Einzelabschluss und die Abschaffung des Prinzips der Maßgeblichkeit notwendig. Ziel all dieser Bemühungen muss es sein, mit dem IAS-Regelwerk einen international einheitlichen und im Sinne der Anleger aussagefähigen Bilanzierungsstandard zu schaffen.

Mit Blick auf die Reformen der Abschlussprüfung gilt es ausgehend von der bestehenden rechtlichen Stellung des Abschlussprüfers die gesetzlich vorgeschriebenen Prüfungs- und Berichtspflichten behutsam in Richtung auf eine stärker zukunftsorientierte Prüfung materieller Sachverhalte weiterzuentwickeln, ohne den Prüfer jedoch in seinen Möglichkeiten zu überfordern oder seine Glaubwürdigkeit zu gefährden. Dabei kann ihn ein privates Gremium, das stichprobenartig materielle Prüfungen des Jahresabschlusses vornimmt, unterstützen. Des Weiteren muss die Unabhängigkeit des Abschlussprüfers gesichert werden, die für seine Glaubwürdigkeit bei den verschiedenen Adressaten des Prüfungsergebnisses ausschlaggebend ist. Hinsichtlich der Unabhängigkeit eindeutige Festlegungen zu treffen, gestaltet sich wegen

2344 Vgl. *Ebke*, FS Trinkner, S. 493, 523.

der aufgezeigten unterschiedlichen Vorstellungen über seine Funktion und vor dem Hintergrund kultureller Unterschiede als schwierig. Vorzugwürdig ist deshalb ein Konzept, dass sich auf die Festlegung allgemeiner Prinzipien beschränkt. Diese benötigen zwar im Einzelfall, wie die Untersuchung am Beispiel der Vereinbarkeit von Prüfung und Beratung zeigt, der Konkretisierung durch Literatur und Rechtsprechung, aber nur sie allein besitzen auch die notwendige Flexibilität um zukünftigen Entwicklungen gerecht zu werden.

Unterstützt wird das Konzept durch sogenannte flankierende Maßnahmen ("safeguards"). Hier bieten sich unterschiedliche Ansatzpunkte mit verschiedenem Wirkungsgrad an. Verführerisch sind eindimensionale Konzepte, wie etwa eine bloße Verschärfung und Ausdehnung der zivilrechtlichen Haftung. Die Untersuchung zeigt jedoch, dass eine derart einseitige Lösung, wie eine umfangreiche Dritthaftung des Abschlussprüfers, nicht zur Zufriedenheit aller an der Corporate Governance beteiligter Interessengruppen führen kann und die Stabilität des Kapitalmarkts gefährdet. Notwendig ist vielmehr ein Bündel von Maßnahmen, die aufeinander abgestimmt sind. Mit Blick auf die Abschlussprüfung ist dabei auf Mittel zu setzen, die zu mehr Qualität der Prüfung und Transparenz und öffentliche Rechenschaft des Prüfers führen. Hierzu zählt die Untersuchung die Einführung international einheitlicher Grundsätze ordnungsmäßiger Abschlussprüfung, wie sie die ISA darstellen, eine obligatorische externe Qualitätskontrolle unter öffentlicher Beteiligung, die über die Einhaltung der Grundsätze wacht, die Veröffentlichung des Prüferhonorars, sowie ein aktives System der Berufsaufsicht und die Intensivierung der Aus- und Weiterbildung.

Daneben darf die interne Rolle des Abschlussprüfers nicht vernachlässigt werden. Auch sie ist an die veränderten äußeren Rahmenbedingungen anzupassen. Die Stärkung der Unabhängigkeit und Glaubwürdigkeit des Abschlussprüfers ist dabei das vorrangige Ziel. Dazu ist seine Position innerhalb der Unternehmensverfassung möglichst unabhängig vom geprüften Unternehmen und dessen Organen auszugestalten, ohne jedoch die für die Qualität der Rechnungslegung und Prüfung notwendige Zusammenarbeit zu behindern. Des Weiteren ist die historisch bedingte Zusammenarbeit mit dem zentralen Überwachungsorgan der AG, dem Aufsichtsrat, der eine Besonderheit des deutschen Systems der Corporate Governance darstellt, zu intensivieren. Dadurch wird die Überwachungsleistung des gesamten Systems verbessert, was auch dem Interesse der Öffentlichkeit dient. Das KonTraG hat hierzu zahlreiche wichtige Anstöße gegeben. Die Einführung eines Audit Committee – wie sie im amerikanischen Rechtskreis üblich ist – wäre eine weitere sinnvolle Ergänzung. Denn die Lösung der gegenwärtigen Corporate Governance-Problematik kann nicht allein vom Abschlussprüfer erwartet werden. Für den Fortbestand des deutschen Modells ist letztlich auch die Entwicklung des Aufsichtsrats entscheidend. Nur wenn es gelingt, seine Überwachungsleitung durch zusätzliche Maßnahmen zu steigern, kann im Zusammenhang mit der Abschlussprüfung zu Recht von einem spezifisch deutschen Beitrag zur Corporate Governance-Diskussion gesprochen werden[2345].

[2345] So *Hommelhoff*, BB 1998, 2567.

Literaturverzeichnis

Abeltshauser, Thomas E.: Leitungshaftung, im Kapitalgesellschaftsrecht. Zu den Sorgfalts- und Loyalitätspflichten von Unternehmensleitern im deutschen und im US-amerikanischen Kapitalgesellschaftsrecht, Köln u.a. 1998

Acher, Gerry: "Accounting principles - is judgement dead?", Accountancy, Mai 1998, S. 65

Achleitner, Ann-Kristin: Meinungsspiegel – Ergänzende Rechnungslegungsinstrumente zum Jahresabschluss, BFuP 2001, 54-66

Achleitner, Paul M.: "Die Fusion von Daimler und Chrysler gibt die Richtung vor", FAZ v. 18.05.1998, S. 25

A/D/S: Rechnungslegung und Prüfung der Aktiengesellschaft, Teilband 2, 4. Aufl., Stuttgart 1971

A/D/S: Rechnungslegung und Prüfung der Unternehmen, Teilband 1-7, Stuttgart 1995-2000

Adler, Michael: Die Rechnungslegung der Kapitalgesellschaften und öffentlich-rechtlichen Unternehmen nach dem Publizitätsgesetz, München 1976

Afhüppe, Sven/*Hoffmann*, Michaela: "Teures Monster", WW Nr.9 22.2.2001, S. 28-29

AICPA: Statement of Position Regarding Mandatory Rotation of Audit Firms of Publicly Held Companies, New York 1992

AICPA: Improving Business Reporting – A Customer Focus: Meeting the Information Needs of Investors and Creditors, Comprehensive Report of the Special Committee on Financial Reporting, New York 1994

AICPA: Codification of Statements on Auditing Standards, New York 1995

Albach, Horst: Qualitätsmanagement in der Wirtschaftsprüfungsgesellschaft, Festschrift für Karl-Heinz Forster, Düsseldorf 1992, S. 1-26

Alsheimer, Herbert: Das den tatsächlichen Verhältnissen entsprechende Bild der Vermögens-, Finanz- und Ertragslage, RIW 1992, 645-647

Altenburger, Otto A.: Inwieweit sind die deutschen Rechnungslegungsvorschriften EU – konform?, BFuP 1997, 721-736

Altenburger, Otto/*Busse v. Colbe*, Walther/*Küpper*, Hans-Ulrich: Vorschläge zur Weiterentwicklung des internen und externen Rechnungswesens, BFuP 2001, 67-76

Alvarez, Manuel/*Wotschowsky*, Stefan: Zwischenberichterstattung in der Praxis, WPg 2000, 310-319

Alvarez, Manuel/*Wotschofsky*, Stefan: Quartalspublizität nach US-Generally Accepted Accounting Principles, IStR 2000, 474-480

American Law Institute, Principles of Corporate Governance, 61 Geo.Wash.L.Rev. 871-1293 (1993)

American Law Institute: Principles of Corporate Governance: Analysis and Recommendations, 1994

Arbeitskreis "Externe und interne Überwachung der Unternehmung" der Schmalenbach-Gesellschaft/Deutsche Gesellschaft für Betriebswirtschaft e. V.: DB 1995, S. 1-4.

Arbeitskreis "Externe und interne Überwachung der Unternehmung" der Schmalenbach-Gesellschaft/Deutsche Gesellschaft für Betriebswirtschaft e. V.: Prüfungsausschüsse in deutschen Aktiengesellschaften, DB 2000, 2281-2285

Arrunada, Benito: "Non-audit services: Let an informed market decide", Accountancy, April 1998, S. 63

Assmann, Heinz-Dieter: Das künftige deutsche Insiderrecht, AG 1994, 196-206

Assmann, Heinz-Dieter : Das neue deutsche Insiderrecht, ZGR 1994, 494-529

Assmann, Heinz-Dieter: Corporate Governance, AG 1995, 289-290

Assmann, Heinz-Dieter/*Schneider*, Uwe H.: Wertpapierhandelsgesetz; Köln 1995

Auer, Kurt V.: Meinungsspiegel – Ergänzende Rechnungslegungsinstrumente zum Jahresabschluss, BFuP 2001, 54-66

Bacon, Jeremy: The Audit Committee: A Boarder Mandate, Research Report No. 914 from The Conference Board, New York 1988

Baetge, Jörg: Der risikoorientierte Prüfungsansatz im internationalen Vergleich, Festschrift für Anton Egger Wien 1997, S. 437-456

Baetge, Jörg: Bilanzanalyse, Düsseldorf 1998

Baetge, Jörg: Rechnungslegungszwecke des aktienrechtlichen Jahresabschlusses, Festschrift für Ulrich Leffson, Düsseldorf 1976, S. 11-30

Baetge, Jörg/*Beermann*, Thomas: Vergleichende Bilanzanalyse von Abschlüssen nach IAS/US-GAAP und HGB, BB 2000, 2088-2094

Baetge, Jörg/Schulze, Thomas: Möglichkeiten der Objektivierung der Lageberichterstattung über "Risiken der künftigen Entwicklung - Ein Vorschlag zur praktischen Umsetzung der vom KonTraG verlangten Berichtspflichten, DB 1998, 937-948

Baetge, Jörg/*Thiele*, Stefan/*Plock*, Marcus: Die Restrukturierung des International Accounting Standards Committee – Das IASC auf dem Weg zum globalen Standardsetter?, DB 2000, 1033-1038

Bahr, Andreas/*Richter*, Martin: Ist das Wirtschaftsprüfer-Examen noch zeitgemäß? – Alternativen und empirische Ergebnisse,WPK-Mitt. 2000, 214-220 (Teil 1) und WPK-Mitt. 2001, 6-20 (Teil 2)

Ballwieser, Wolfgang: Zur Berichterstattung des Abschlussprüfers nach neuem Recht, in: BFuP 1988, S. 313-329

Ballwieser, Wolfgang: Das Verhältnis von Aussagegehalt und Nachprüfbarkeit amerikanischer Rechnungslegung, WPK-Mitt. Sonderheft Juni 1997, 51-56

Ballwieser, Wolfgang (Hrsg.): US-amerikanische Rechnungslegung, 4. Aufl., Stuttgart 2000

Ballwieser, Wolfgang: Die Lageberichte der DAX-Gesellschaften im Lichte der Grundsätze ordnungsmäßiger Lageberichterstattung, Festschrift für Jörg Baetge, Düsseldorf 1997, S. 153-187

Ballwieser, Wolfgang: Chancen und Gefahren einer Übernahme amerikanischer Rechnungslegung, Festschrift für Heinrich Beisse, Düsseldorf 1997, S. 25-43

Ballwieser, Wolfgang: Grenzen des Vergleichs von Rechnungslegungssystemen – dargestellt anhand von HGB, US-GAAP und IAS, Festschrift für Bruno Kropff, Düsseldorf 1997, S. 371-391

Balzer, Arno/*Nölting*, Andreas: "Die schiere Macht", manager magazin August 1997, 73-89

Bärmann, Johannes: Einheitliche Gesellschaftsform für die Europäische Wirtschaftsgemeinschaft, AcP 160 (1961), 97-134

Bauchowitz, Hans: Die Lageberichtspublizität der deutschen Aktiengesellschaften, Frankfurt a.M 1979

Bauer, Hartmut: Privatisierung von Verwaltungsaufgaben, VVDStRL 54 (1995), 243-286

Baum, Harald: Globalizing Capital Markets and Possible Regulatory Responses, in: Basedow, J./Koro, Toshiyuki (Hrsg.): Legal Aspects of Globalization, Den Haag 2000, S. 77-132

Baumbach, Adolph/*Hopt*, Klaus J.: Kommentar zum HGB, 30. Aufl., München 2000

Baumbach, Adolph/*Hueck*, Alfred: Kommentar zum GmbHG, 17. Aufl., München 2000

Baumbach, Alfred/*Hueck*, Götz: Kommentar zum AktG, 13. Aufl., München 1968

Baums, Theodor: Der Aufsichtsrat – Aufgaben und Reformfragen, ZIP 1995, 11-18

Baums, Theodor: Stellungnahme zur Aktienrechtsreform 1997, AG Sonderheft, 1997, 26-38

Baums, Theodor: Empfiehlt sich eine Neuregelung des aktienrechtlichen Anfechtungs- und Organhaftungsrechts, insbesondere der Klagemöglichkeiten von Aktionären? Gutachten F für den 63. Deutschen Juristentag, Bd. 1 F 1 – F 263, in: Ständige Deputation des Deutschen Juristentages (Hrsg.): Verhandlungen des 63. Deutschen Juristentages, Leipzig 2000

Baums, Theodor/*Buxbaum*, Richard/*Hopt*, Klaus (Hrsg.): Institutional Investors and Corporate Governance, Berlin/New York 1994

Beck'scher Bilanzkommentar: Handels- und Steuerrecht, §§ 238 bis 339 HGB, 4. Aufl., München 1999

Becker, Verwaltungskontrolle durch Gesellschafterrechte: eine vergleichende Studie nach deutschem Verbandsrecht und dem amerikanischen Recht der Corporation, Tübingen 1997

Beham, Peter: Das deutsche Pflichtprüfungswesen, Berlin 1940

Behrens, Peter: Krisensymptome in der Gesellschaftsrechtsangleichung, Festschrift für Ernst-Joachim Mestmäcker, Baden-Baden 1996, S. 831-861

Behrens, Peter: Krisensymptome in der Gesellschaftsrechtsangleichung, EuZW 1996, 193

Behrens: Peter: Editorial – EuGH entscheidet über die Sitzverlegung von Gesellschaften, EuZW 2000, 385

Behrens, Peter: Das internationale Gesellschaftsrecht nach dem Centros-Urteil des EuGH, IPRax 1999, 323-331

Behrens, Peter: Zu den Folgen der gesellschaftsrechtlichen Sitzverlegung ins Ausland, EuZW 1992, 550-551

Beine, Frank: Scheinkonflikte mit dem True and Fair View, WPg 1995, 467-475
Beisse, Heinrich: Grundsatzfragen der Auslegung des neuen Bilanzrechts, BB 1990, 2007-2012
Beisse, Heinrich: Die Generalnorm des neuen Bilanzrechts, Festschrift für Georg Döllerer, Düsseldorf 1988, S. 25-44
Bellinwout, J. W.: Die internationale Sitzverlegung juristischer Personen in Bewegung, RIW 1997, 550-556
Benckendorff, Andreas: Anm. Zur Entscheidung des OLG Karlsruhe v. 23.11.1995, WPK-Mitt. 1996, 122-124
Benckendorff, Andreas: Erwerb eigener Aktien im deutschen und US-amerikanischen Recht, Baden-Baden 1998
Bender, Bernd: Staatshaftungsrecht, 3. Aufl., Karlsruhe 1981
Bernhardt, Wolfgang: Aufsichtsrat - die schönste Nebensache der Welt?, ZHR 1995, 310-321
Bernhardt, Wolfgang/v. *Werder*, Axel: Der German Code of Corporate Governance (GCCG): Konzeption und Kernaussagen, ZfB 2000, 1269-1279
Berrar, Carsten: Zur Reform des AR nach den Vorschlägen der Regierungskommission "Corporate Governance", NZG 2001, 1113-1122
Beuthien, Volker: Genossenschaftsgesetz mit Umwandlungsrecht, 13. Aufl., München 2000
Bezzenberger, Gerold: Die Überwachungsaufgabe des Aufsichtsrats und die Durchführung besonderer Prüfungshandlungen unter Einschaltung des Abschlussprüfers, Festschrift für Herbert Brönner, Stuttgart 2000, S.35-52
Biener, Herbert: Das DRSC: Auftrag und Perspektiven, in: Kleindiek, Detlef/Oehler, Wolfgang (Hrsg.): Die Zukunft des deutschen Bilanzrechts im Zeichen internationaler Rechnungslegung und privater Standardsetzung, Köln 2000, S. 177-191
Biener, Herbert: Die Erwartungslücke eine endlose Geschichte, Festschrift für Hans Havermann, Düsseldorf 1995, S. 37-63
Biener, Herbert: Die Internationalisierung der deutschen Rechnungslegung - Eine Geschichte ohne Ende?, in: Küting, Karlheinz/ Weber, Claus-Peter (Hrsg.): Das Rechnungswesen auf dem Prüfstand, Frankfurt am Main 1997, S. 11-23
Biener, Herbert: Fachnormen statt Rechtsnormen - Ein Beitrag zur Deregulierung der Rechnungslegung, Festschrift für Herrmann Clemm, München 1996, S. 59-79
Biener, Herbert: Die Möglichkeiten und Grenzen berufsständischer Empfehlungen zur Rechnungslegung, Festschrift für Reinhard Goerdeler, Düsseldorf 1987, S. 45-60
Biener, Herbert: Wäre die Übernahme der Prüfungsgrundsätze der IFAC oder anderer Berufsorganisationen geeignet, die Qualität der Abschlussprüfung in Deutschland zu verbessern?, Festschrift für Jörg Baetge, Düsseldorf 1997, S. 637-666
Biener Herbert/*Bernecke*, Wilhelm: Bilanzrichtliniengesetz, Düsseldorf 1986
Bierwirth, Siegfried: Die erweiterte Prüfung und Berichterstattung nach § 53 Haushaltsgrundsätzegesetz, Festschrift für Rainer Ludewig, Düsseldorf 1996, S. 123-142

Bitz, Horst: Abgrenzung des Risiko-Frühwarnsystems i.e.S. nach KonTraG zu einem umfassenden Risiko-Managementsystem im betriebswirtschaftlichen Sinn, BFuP 2000, 231-241

Black, Bernard: The Core Institutions that Support Strong Securities Markets, 55 Bus. Law. 1565-1607 (2000)

Blair, Margaret M.: Ownership and Control, Washington D.C. 1995

Blaurock, Uwe: Europäisches und deutsches Gesellschaftsrecht – Bilanz und Perspektiven eines Anpassungsprozesses, ZEuP 1998, 460-483

Bleicher, Knut: Der Aufsichtsrat im Wandel: Eine repräsentative Studie über Aufsichtsräte in bundesdeutschen Aktiengesellschaften im Auftrag der Bertelsmann Stiftung, Gütersloh 1987

Bleicher, Knut/*Paul*, Herbert: Das amerikanische Board-Modell im Vergleich zur deutschen Vorstands-/Aufsichtsratsverfassung – Stand und Entwicklungstendenzen, DBW 1986, 263-288

Bleicher, Knut/*Leberl* Diethard/*Paul*, Herbert: Unternehmensverfassung und Spitzenorganisation: Führung und Überwachung von Aktiengesellschaften im internationalen Vergleich, Wiesbaden 1989

Böckem, Hanne: Die Durchsetzung von Rechnungslegungsstandards in Deutschland, DB 2000, 1185-1191

Böcking, Hans-Joachim: Zum Verhältnis von Rechnungslegung und Kapitalmarkt: Vom "financial accounting" zum "business reporting", ZfbF Sonderheft 40, 1998, 17-53

Böcking, Hans Joachim: Reform des Aktienrechts, in: Dörner, Dietrich/Menold, Dieter/Pfitzer, Norbert (Hrsg.): Reform des Aktienrechts, der Rechnungslegung und Prüfung, KonTraG-KapAEG-EuroEG-StückAG, Stuttgart 1999, S. 509-539

Böcking, Hans-Joachim/*Benecke* Birka: Neue Vorschriften zur Segmentberichterstattung nach IAS und US-GAAP unter dem Aspekt des Business Reporting, WPg 1998, 92-107

Böcking, Hans-Joachim/*Löcke*, Jürgen: Abschlussprüfung und Beratung - eine ökonomische Analyse, DBW 1997, 461-474

Böcking, Hans-Joachim/*Orth*, Christian: Neue Vorschriften zur Rechnungslegung und Prüfung durch das KonTraG und das KapAEG, DB 1998, 1241-1246

Böcking, Hans-Joachim/*Orth*, Christian: Kann das "Gesetz zur Kontrolle und Transparenz im Unternehmensbereich (KonTraG)" einen Beitrag zur Verringerung der Erwartungslücke leisten? – Eine Würdigung auf Basis von Rechnungslegung und Kapitalmarkt, WPg 1998, 351-365

Böcking, Hans-Joachim/*Orth*, Christian: Mehr Kontrolle und Transparenz im Unternehmensbereich durch eine Verbesserung der Qualität der Abschlussprüfung, BFuP 1999, 418-436

Böcking, Hans-Joachim/*Orth*, Christian/*Brinkmann*, Ralph: Die Anwendung der International Standards in Auditing (ISA) im Rahmen der handelsrechtlichen Konzernabschlussprüfung und deren Berücksichtigung im Bestätigungsvermerk, WPg 2000, 216-233

Boehringer, Simone: Rechenprobleme am Neuen Markt – Unternehmen halten Bilanzen zurück, SZ v. 31.3.2001, S. 21

Bolsenkötter, Heinz: Prüfung der wirtschaftlichen Verhältnisse und der Ordnungsmäßigkeit der Geschäftsführung bei öffentlichen Unternehmen, WPg 1981, 505-515.

Bömelburg, Peter/*Köbrich*, Michael: Aufdeckung von Unregelmäßigkeiten – ein Beitrag zur Abgrenzung und/oder Verknüpfung von Jahresabschluss- und Sonderprüfung Teil (I), in: BuW 1998, 121-129 und Teil(II), in: BuW 1998, 161-164

Born, Karl Erich: Die Weltwirtschaftskrise als zeitgeschichtlicher Hintergrund der Einführung der gesetzlichen Pflichtprüfung, in: v. Muthesius, Volkmar (Hrsg.): 75 Jahre Deutsche Treuhand-Gesellschaft 1890-1965, Frankfurt 1965, S. 53-97

Born, Karl: Rechnungslegung International, 2.Aufl., Stuttgart 1999

Bosch, Ulrich: Expertenhaftung gegenüber Dritten – Überlegungen aus der Sicht der Bankpraxis, ZHR 1999, 274-285

Boucourechliev, Jeanne: Die Harmonisierung des Gesellschaftsrechts in der Europäischen Union: Erreichtes und Perspektiven, RIW 1999, 1-6

Bradley, Caroline: Corporate Control: Markets and Rules, 53 M.L.R. 170-186 (1990)

Bradley, Michael, et al.: The Purposes and Accountability of the Cooperation in Contemporary Society: Corporate Governance at the Crossroads, 62 Law & Contemp. Probs. 9, 33-47 (1999)

Braun, Frank: Gebührendruck und Prüfungsqualität bei Pflichtprüfungen mittelständischer Unternehmen, BB 1996, 999-1001

Braun, Johann: Haftung für Massenschäden, NJW 1998, 2318-2324

Braunberger, Gerald: Die Wende zur privaten Altersvorsorge, FAZ v. 24.5.2000, S. 17

Braunschweig, Christoph/*Zdrowomyslaw*, Norbert/*Saß*, Cornelia/*Kasch*, Robert: Kreditwürdigkeitsprüfung - Teil II: Instrumente, BuW 1998, 201-206

Baur, Jürgen F./Hopt/Mailänder (Hrsg.):Festschrift für Ernst Steindorff, Berlin, New York 1990

Bredt, Otto: Der Wirtschaftsprüfer als Mandat, Programm und Verpflichtung, WPg 1956, 446-450

Breker, Norbert/*Naumann*, Klaus-Peter/*Tielmann*, Sandra: Die Wirtschaftsprüfer als Begleiter der Internationalisierung der Rechnungslegung, WPg 1999, 140-154 (Teil 1) und 185-195 (Teil 2)

Bremer, Jürgen: Auswirkungen des "KonTraG" auf Aufsichtsräte und vergleichbare Gremien in einer GmbH, GmbHR, 1999, 116-117

Broer, Daniel, Frank: Maßgeblichkeitsprinzip und Harmonisierung der Rechnungslegung, Baden-Baden, 2001

Bruce, Alistair /*Buck*, Trevor: Executive Reward and Corporate Governance, in: Keasey, Kevin/Thompson Steve/Wright, Mike (Hrsg.): Corporate Governance – Economics, Management, And Financial Issues, S. 80-102

Bruce, Robert: "They should be; but are they? External auditors must be seen to be independent if they're going to do the internal audit as well", Accountancy, Juni 1996, 64-65

Bruns, Hans-Georg: Der Gang an die New York Stock Exchange: Das Beispiel der Daimler-Benz AG, WPK-Mitt. Sonderheft Juni 1997, 31-36

Bruns, Hans-Georg/*Renner*, Wolfgang: Finanzanalytische SEC-Berichterstattung in der Form 20-F-"Operating and Financial Review and Prospects" (OFR), BFuP 2001, 7-26

Buchner, Robert: Wirtschaftliches Prüfungswesen, 2. Aufl., München 1997

Budde, Wolfgang Dieter/ *Förschle*, Gerhart: Ausgewählte Fragen zum Inhalt des Anhangs, DB 1988, 1457-1465

Budde, Wolfgang Dieter/*Steuber*, Elgin C.: Jahresabschluß - Was soll die Veranstaltung?, Festschrift für Carsten Peter Claussen, Köln u.a. 1997, S. 583-604.

Budde, Wolfgang Dieter/*Steuber*, Elgin C.: Rechnungslegung nach HGB und der verfassungsrechtliche Grundsatz der Gleichbehandlung, Festschrift für Jörg Baetge, Düsseldorf 1997, S. 3-35.

Budde, Wolfgang Dieter/*Steuber*, Elgin C.: Normsetzungsbefugnis eines deutschen Standard Setting Body, DStR 1998, 1181-1187

Budde, Wolfgang Dieter/*Steuber*, Elgin C.: Rückwirkung des Konzernabschlusses auf den Einzelabschluss, BB 2000, 971-977

Budde, Wolfgang Dieter : Konzernrechnungslegung nach IAS und US-GAAP und ihre Rückwirkungen auf den handelsrechtlichen Einzelabschluss, Festschrift für Heinrich Beisse, Düsseldorf 1997, S. 105-121

Bühler, O.: Aktienrechtsreform dringlich geworden, AG 1957, S. 135-138

Buijink, Willem/*Maijoor*, Steven/*Meuwissen*, Roger/*van Witteloostuijn*, Arjen: Final Report of a Study on Role, Position and Liability of the Statutory Auditor within the European Union, Brüssel, Luxemburg 1996

Burger, Anton: Zwischenberichterstattung für Gläubiger?, WPg 1997, 359-366

Burgi, Martin: Kernfragen der Europarechts in der Rechtsprechung von EuGH und EuG im Jahre 1999, JZ 2000, 979-990

Busse v. Colbe, Walther: Zwischenberichterstattung nach dem E-DRS 6, BB 2000, 2194-2200

Busse von Colbe, Walther: Das Rechungswesen im Dienste einer kapitalmarktorientierten Unternehmensführung, WPg 1995, 713-720

Busse von Colbe, Walther: Die Equitymethode zur Bewertung von Beteiligungen im Konzernabschluß, in: Gaugler E.v./Meissner H.G./Thom N. (Hrsg.): Festschrift für Grochla, Stuttgart 1986, S. 249-266

Busse von Colbe, Walther: Unternehmenskontrolle durch Rechnungslegung, in: Sandrock, Otto/Jäger, Wilhelm (Hrsg.): Internationale Unternehmenskontrolle und Unternehmenskultur, Tübingen 1994, S. 37-57

Busse von Colbe, Walther: Was ist und was bedeutet Shareholder Value aus betriebswirtschaftlicher Sicht?, ZGR 1997, 271-290

Busse von Colbe, Walther: Zur Anpassung der Rechnungslegung von Kapitalgesellschaften an internationale Normen, BFuP 1995, S. 373-391

Busse von Colbe, Walther: Internationalisierung der Konzernrechnungslegung börsennotierter Mutterunternehmen durch das KapAEG, Festschrift für Claus-Peter Weber, Stuttgart 1999, S. 463-479

Busse von Colbe, Walther: Zur Internationalisierung der Konzernrechnungslegung deutscher Unternehmen, WPK-Mitt. 1996, 137-143

Busse von Colbe, Walther: Vorschlag der EG-Kommission zur anpassung der Bilanzrichtlinien an die IAS - Abschied von der Harmonisierung?, BB 2002, 1530-1536

Butler, Susan-Jacqueline: Models of Modern Corporations: A Comparative Analysis of German and U.S: Corporate Structures, 17 Ariz. J. Int'l Comp. L. 554-603 (2000).

Buxbaum, Richard M./Hertig, Gérard/Hirsch, Alain/Hopt, Klaus J. (Hrsg.): European Economic and Business Law, Berlin u.a. 1996.

Buxbaum, Richard M./*Hopt*, Klaus J.: Legal Harmonization and the Business Enterprise, Corporate and Capital Market Law Harmonization Policy in Europe and the U.S.A., in: Cappeletti, Mauro/Secombe, Monica/Weiler, Joseph (Hrsg.): Integration through Law, Europe and the American Federal Experience, Volume 4, Berlin New York 1988

Cadbury Report, The Cadbury Committee Report: Financial Aspects of Corporate Governance, London 1992

Cairns, David: "IAS lite is alive and well", Accountancy, Mai 2001, S. 98-99

Cairns, David: "New Patures", Accountancy, Juli 2000, S. 110-111

Canaris, Claus-Wilhelm: die Reichweite der Expertenhaftung gegenüber Dritten, ZHR 1999, 206-245

Canaris, Claus-Wilhelm/Schilling, Wolfgang/Ulmer, Peter (Hrsg.): HGB Staub Großkommentar, 4. Aufl., 11. Lieferung: §§ 238-245 und §§ 257-263

Canepa, Ancillo: Die Unabhängigkeit der Revisionsstelle im neuen RRG, ST 1999, 15-18

Cappeletti, Mauro/*Secombe*, Monica/*Weiler*, Joseph (Hrsg.): Integration through Law, Europe and the American Federal Experience, Volume 4, Berlin New York 1988

Charkham, Jonathan: Keeping Good Company: A Study of Corporate Governance in Five Countries, Oxford 1994.

Chew, Donald H. u.a. (Hrsg.): Studies in International Corporate Finance and Governance Systems, New York u.a. 1998.

Chiemlewicz; Klaus: Unternehmensverfassung, DBW 1981, 484-486.

Clarke, Frank/*Dean*, Graeme/*Oliver*, Kyle: Corporate Collapse – Regulatory, Accounting and Ethical Failure, Cambridge 1997.

Clark, Thomas/*Bostock*, Richard: Governance in Germany: The Foundations of Corporate Governance, in: Keasey, Kevin/Thompson, Steve/Wright, Mike (Hrsg.): Corporate Governance – Economic, Management, and Financial Issues, Oxford 1997, S. 233-251

Claussen, Carsten Peter: Sind die Rechnungslegungsvorschriften des AktG 1965 gelungen oder brauchen wir ein staatliches Aktienamt? AG 1979, 169-189

Claussen, Carsten Peter : Anmerkung zu BGH, Urteil v. 30.4.1992 – III ZR 151/91, AG 1992, 440

Claussen, Carsten Peter: Die vier aktienrechtlichen Änderungsgesetze des 12. Deutschen Bundestags – Reform oder Aktionismus, AG 1995, 163-172

Claussen, Carsten Peter: Anstöße für die nächste Aktienrechtsreform, AG Sonderheft 1997, 108-115
Claussen, Carsten Peter: „Die Rechnungslegung sollte nicht weiter gesetzlich geregelt werden“, FAZ v. 10.4.2000, S. 22
Claussen, Carsten Peter: Bank- und Börsenrecht, 2. Aufl., München 2000
Claussen, Carsten Peter: Neues zur kommenden Insidergesetzgebung, ZBB 1992, 267-283
Claussen, Carsten Peter: Zum Stellenwert des § 264 Absatz 2 HGB, Festschrift für Reinhard Goerdeler, Düsseldorf 1987, S. 79-92
Claussen, Carsten Peter : Aktienrechtsreform, AG 1996, 481-494
Claussen, Carsten Peter/*Bröcker*, Norbert,: Corporate-Governance-Grundsätze in Deutschland – nützliche Orientierungshilfe oder regulatorisches Übermaß, AG 2000, 481-491
Clemm, Herrmann: Rechenschaftslegung im Wandel, Festschrift für Wolf-Dieter Budde, München 1997, S. 135-156
Clemm, Hermann: Der Abschlussprüfer als Krisenwarner und der Aufsichtsrat, Festschrift für Hans Havermann, Düsseldorf 1995, S. 83-107.
Clemm, Hermann: Abschlussprüfer und Aufsichtsrat, ZGR 1980, 455-465.
Clemm, Hermann: Der Abschlussprüfer als Krisenwarner, WPK-Mitt. 1995, 65-78.
Clemm, Hermann: Der Abschlussprüfer ein Garant für notwendige Informationen an berechtigte Interessenten?, in: Baetge, Jörg (Hrsg.): Rechnungslegung und Prüfung nach neuem Recht, Düsseldorf 1987, S. 57-74
Clemm, Hermann: Erwartungen an die Abschlussprüfung, WPg 1984, 645-655
Clemm, Hermann: Bilanzpolitik und Ehrlichkeits-(“true and fair view“-) Gebot, WPg 1989, 357-366
Clemm, Hermann: Gedanken zur Ethik und Verantwortung im Prüferberuf, WPK-Mitt. 1992, 100, 108
Clemm, Hermann: Macht, Verantwortung, Information und Kontrolle in der Wirtschaft, Festschrift für Karl-Heinz Forster, Düsseldorf 1992, S. 155-171
Clemm, Hermann: Die Bedeutung des Bestätigungsvermerks des Abschlussprüfrs einer Aktiengesellschaft nach derzeitiger gesetzlicher Regelung und nach dem Verständnis der Allgemeinheit, WPg 1977, 145-158
Coase, Ronald: The Nature of the Firm, 4 Economica 386-405 (1937)
Coeneberg, Adolf G./*v. Wysocki*, Klaus (Hrsg.): Handwörterbuch der Revision, 2. Aufl., Stuttgart 1991
Coeneberg, Adolph G.: Meinungsspiegel, BFuP 1987, 71
Coeneberg, Adolph G.: Meinungsspiegel, BFuP 1997, 538
Coeneberg, Adolph G.: Jahresabschluß und Jahresabschlußanalyse, 10. Aufl., Landsberg am Lech 1988
Coeneberg, Adolph/*Marten*, Kai-Uwe: Der Wechsel des Abschlussprüfers, DB 1993, 101-110
Coffee, John C.: Regulating the Market for Corporate Control: A Critical Assesment of the Tender Offer's Role in Corporate Governace, 84 Colum. L. Rev., 1145-1296 (1984)

Company Law Review Steering Group, Modern Company Law – For a Competitive Economy – Final Report, Vol. I, Juni 2000
Conrad, Alfred: Die Überwachung des Unternehmensmanagements, ZGR 1987, 180-218
Corning, Beth: "The anti-fraud fraternity", Accountancy, Juni 2000, S. 70-71
Cronsbuch, Johannes: Registerrechtliche Funktionen bei der Bankenaufsicht nach dem Kreditwesengesetz, BB 1966, 102-105
Conyon, , Martin J.: Institutional Arrangements for Setting Directors´ Compensation in UK Companies, in: Keasey, Kevin/Thompson Steve/Wright, Mike (Hrsg.): Corporate Governance – Economics, Management, And Financial Issues, S. 103-121

Davies, Paul: Struktur der Unternehmensführung in Großbritannien und Deutschland: Konvergenz oder fortbestehende Divergenz?, ZGR 2001, 268-293
Davis, Roger: "Into the 21st century", Accountancy, August 2001, S. 118-119
Deckert, Martina: Europäisches Gesellschaftsrecht eine Zwischenbilanz, DStR 1997, 874-879
Deckert, Martina: Effektive Überwachung der AG-Geschäftsführung durch Ausschüsse des Aufsichtsrates, ZIP 1996, 985-994
Deckert, Martina: Zu Harmonisierungsbedarf und Harmonisierungsgrenzen im Europäischen Gesellschaftsrecht, RabelsZ 2000, 478-496
Deutsche Vereinigung für Wertpapierbesitz e.V. (Hrsg.): Aufsichtsräte in Deutschland, Düsseldorf 1995
Deutschmann, Kevin: Vergütungshalber gewährte Aktienoptionen im deutschen und US-amerikanischen Steuerrecht, Baden-Baden 2000
Dewing, Ian/*Russell*, Peter: "Bridging the expectation gap", Teil 1 und 2, Accountancy, Juli 2001, S. 98 und August 2001, S. 94
Diehl, Carl-Ulrich: Risikoorientierte Abschlussprüfung - Gedanken zur Umsetzung in der Praxis, in: Baetge, Jörg (Hrsg.): Rechnungslegung und Prüfung 1994, Düsseldorf 1994, S. 1-30
Dietl, Helmut M.: Capital Markets and Corporate Governance in Japan, Germany and the United States, London u.a.1998
Döllerer, Georg: Steuerbilanz und Beutesymbol, BB 1988, 238-241
Dörner, Dietrich: Von der Wirtschaftsprüfung zur Unternehmensberatung, WPg 1998, 302-318
Dörner, Dietrich: Zusammenarbeit von Aufsichtsrat und Wirtschaftsprüfer, DB 2000, 101-105
Dörner, Dietrich: Ändert das KonTraG die Anforderungen an den Abschlussprüfer?, DB 1998, 1-8
Dörner, Dietrich: Aus der fachlichen und beruflichen Arbeit des IDW, WPg 1995, 113-119
Dörner, Dietrich: Berichterstattung durch den Abschlussprüfer und Auswirkung auf die Abschlussprüfung, in: Baetge, Jörg: Aktuelle Entwicklungen in Rechnungslegung und Wirtschaftsprüfung, Düsseldorf 1997, S. 13-59

Dörner, Dietrich: Die Einführung der externen Qualitätskontrolle für Wirtschaftsprüfer in Deutschland, Festschrift für Herbert Brönner, Stuttgart 2000, S. 93-107

Dörner, Dietrich: Grundfragen für den WP-Beruf, WPg 1995, S. 785-794

Dörner, Dietrich: Reform des Aktienrechts, Stuttgart 1999

Dörner, Dietrich/*Horvath*, Péter/*Kagermann*, Henning (Hrsg.): Praxis des Risikomanagments – Grundlagen, Kategorien, branchenspezifische und strukturelle Aspekte, Stuttgart 2000

Dörner, Dietrich/*Menold*, Dieter/*Pfitzer*, Norbert (Hrsg.): Reform des Aktienrechts, der Rechnungslegung und Prüfung, KonTraG-KapAEG-EuroEG-StückAG, Stuttgart 1999

Dörner, Dietrich/Oser, Peter: Erfüllen Aufsichtsrat und Wirtschaftsprüfer ihre Aufgaben?, DB 1995, 1085-1093

Dörner, Dietrich/*Schwegler*, Iren: Anstehende Änderungen der externe Rechnungslegung sowie deren Prüfung durch den Wirtschaftsprüfer, DB 1997, 285-289

Dreissig, Hildegard: Verlegung der Geschäftsleitung einer deutschen Kapitalgesellschaft ins Ausland, DB 2000, 893-899

Drygala, Tim: Die Vorschläge der SLIM-Arbeitsgruppe zur Vereinfachung des Europäischen Gesellschaftsrechts, AG 2001, 291-299

Du Plessis, Jean J.: German System of Supervisory Codetermination by Employees, Festschrift für Bernhard Großfeld, Heidelberg 1999, S. 875-888

Dürrhammer, Willi Walter: Unabhängigkeit des Abschlussprüfers im Aktiengesetz und in der Praxis, Düsseldorf 1971

Dziadkowski, Dieter: Die Diskussion über das Verhältnis von Handels- und Steuerbilanz – Alter Wein in neuen Schläuchen, DStZ 2001, 9-16

Easterbrook, Frank H./Fischel, Daniel R.: Takeover Bids, Defensive Tactics, and Shareholders` Welfare, 36 Bus.Law. 1733-1750 (1981)

Ebeling, Ralf Michael/*Böhme*, Carsten: Methoden gerichtsrelevanter Unterschlagungsprüfungen, WPg 2000, 467-477

Ebenroth, Carsten Thomas/*Auer*, Thomas: Die Vereinbarkeit der Sitztheorie mit europäischem Recht - Zivil- und Steuerrechtliche Aspekte im deutschen Recht, GmbHR 1994, 16-27

Ebke, Werner F: Der Deutsche Standardisierungsrat und das Deutsche Rechnungslegungs Standards Committee – Aussichten für eine professionelle Entwicklung von Rechnungslegungsgrundsätzen, ZIP 1999, 1193-1203

Ebke, Werner F.: Die Haftung des gesetzlichen Abschlussprüfers im Internationalen Privatrecht, Festschrift für Otto Sandrock, Heidelberg 2000, S. 243-263

Ebke, Werner F.: Zur Haftung des gesetzlichen Abschlussprüfers gegenüber Dritten, WPK-Mitt. 1998, 258-263

Ebke, Werner F.: Zum Ausschluss der Dritthaftung im Rahmen des Entwurfs eines Gesetzes zur Kontrolle und Transparenz im Unternehmensbereich (KontraG), WPK-Mitt. 1997, 108-113

Ebke, Werner F.: Zur Dritthaftung des Wirtschaftsprüfers für eine Pflichtprüfung, WPK-Mitt. 1999, 114-117

Ebke, Werner F.: In Search of Alternatives: Comparative Reflections on Corporate Governance and the Independent Auditor's Responsibilities, 79 Nw.U.L.Rev, 663-720 (1984)

Ebke, Werner. F.: Keine Dritthaftung des Pflichtprüfers für Fahrlässigkeit nach den Grundsätzen des Vertrages mit Schutzwirkung für Dritte, BB 1997, 1731-1734

Ebke, Werner F.: Der Ruf unserer Zeit nach einer Ordnung der Dritthaftung des gesetzlichen Jahresabschlussprüfers, BFuP 2000, 549-571

Ebke, Werner F.: Die Internationalisierung der Rechnungslegung, Revision und Publizität in der Schweiz, ZSR 119 (2000), 39-93

Ebke, Werner F.: Zur Vereinbarkeit von Beratung und Prüfung durch denselben Abschlussprüfer, WPK-Mitt. 1998, 76-81

Ebke, Werner F.: Urteilsanmerkung zu OLG Düsseldorf, Urt. v. 10.9.1998 – 5 U 1/98, JZ 2000, 203-205

Ebke, Werner F. : Accounting, Auditing and Global Capital Markets, Festschrift für Richard M. Buxbaum, London u.a. 2000, S. 113-136

Ebke, Werner F.: Buchbesprechung v. Abeltshausen, Thomas E.: Leitungshaftung im Kapitalgesellschaftsrecht, RabelsZ 2000, 789-797

Ebke, Werner F.: Revision und Revisionshaftung im neuen schweizerischen Aktienrecht, RIW 1992, 823-837

Ebke, Werner F./*Gockel*, Marcus: European Corporate Law, 24 Int'l Law 239-250 (1990)

Ebke, Werner. F., Urteilsanmerkungen zu der Entscheidung des BayObLG v. 7.5.1992, WuB II C. §3 GmbHG 1.92

Ebke, Werner. F.: Company Law and the European Union: Centralized versus Dezentralized Lawmaking, 31 Int. Law. 961- 986 (1997)

Ebke, Werner. F.: Die Haftung des gesetzlichen Abschlussprüfers in der Europäischen Union, ZVglRWiss 2001, 62-89

Ebke, Werner. F.: Märkte machen Recht – auch Gesellschafts- und Unternehmensrecht!, Festschrift für Marcus Lutter, Köln 2000, S. 17-30

Ebke, Werner. F.: Neuere Entwicklungen im US-amerikanischen Handels- und Wirtschaftsrecht, RIW 1995, 64-70.

Ebke, Werner. F.: Rechnungslegung und Abschlussprüfung im Umbruch, WPK-Mitt. Sonderheft Juni 1997, 12-24

Ebke, Werner. F.: Risikoeinschätzung und Haftung des Wirtschaftsprüfers und vereidigten Buchprüfers -international-, WPK-Mitt. Sonderheft April 1996, 17-40

Ebke, Werner. F.: Unternehmenskontrolle durch Gesellschafter und Markt, in: Sandrock, Otto /Jäger, Wilhelm (Hrsg.): Internationale Unternehmenskontrolle und Unternehmenskultur, Tübingen 1994, S. 7-35.

Ebke, Werner. F.: Unternehmensrecht und Binnenmarkt – E pluribus unum?, RabelsZ 1998, 195-242.

Ebke, Werner. F.: Unternehmensrechtsangleichung in der Europäischen Union: Brauchen wir ein European Law Institute?, Festschrift für Bernhard Großfeld, Heidelberg 1999, S. 189-217

Ebke, Werner. F.: Das Schicksal der Sitztheorie nach Centros, JZ 1999, 656-661

Ebke, Werner. F.: Wirtschaftsprüfer und Dritthaftung, Bielefeld, 1983
Ebke, Werner. F.: Das Internationale Gesellschaftsrecht und der Bundesgerichtshof, Festgabe aus der Wissenschaft zum 50-jährigem Bestehen des Bundesgerichtshofs, S. 799-824
Ebke, Werner F.: Centros – Some Realities and Some Mysteries, 48 Am. J. Comp. L. 623-660 (2000)
Ebke, Werner F.: Die Europäische Aktiengesellschaft ist da – und jetzt?, EWS 2002 Heft 1 S. I.
Ebke, Werner F./Bert, Peter: Vereinheitlichung der Abschlussprüferhaftung in Europa durch Rechtsprechung. Die Abschlussprüferhaftung gegenüber Dritten nach der Caparo-Entscheidung des House of Lords, EWS 1993, 229-237.
Ebke, Werner F./Fechtrup, Benedikt: Anmerkungen zur Entscheidung des BGH, Urt. v. 19.3.1986, JZ 1986, 1111-1116.
Ebke, Werner F./Paal, Boris: Anmerkungen zu der Entscheidung des OLG Düsseldorf, Urt. v. 15.12.1998, WPK-Mitt. 1999, 258-264.
Ebke, Werner F./Jurisch, Ann-Veruschka: Der unerwünschte Abschlussprüfer: Ersetzungsverfahren (§ 318 Abs. 3 HGB) versus Anfechtungsklage (§ 243 Abs. 1 AktG), AG 2000, 208-216
Ebke, Werner F./Mößle, Bernd: Urteilsanmerkung zu der Entscheidung des BGH, Urt. v. 14.11.1996, JZ 1997, 1179-1181
Ebke, Werner F./Scheel, Hansjörg: Die Haftung des Abschlussprüfers für fahrlässig verursachte Vermögensschäden Dritter, WM 1991, 389-398
Ebke, Werner F./Struckmeier: The Civil Liability of Corporate Auditors: An international Perspective, London 1994
Ehricke, Ulrich: Zur Überwindung von Akzeptanzdefiziten als Grundlage zur Schaffung neuer supranationaler Gesellschaftsformen, RabelsZ 2000, 497-516
Eibelshäuser, Manfred: Aufsichtsrat und Abschlussprüfer – Kann die erweiterte Berichterstattung des Abschlussprüfers nach § 53 HGrG zu einer Verbesserung der Aufsichtsinformation beitragen, WPg 1997, 166-174
Eibelshäuser, Manfred: Die Aufgabe des Abschlussprüfers nach § 53 Haushaltsgrundsätzegesetz, Festschrift für Adolf Moxter, Düsseldorf 1994, S. 919-950
Eisfeld, Curt: Zur Entstehungsgeschichte des Wirtschaftsprüferberufs, WPg 1956, 450-452
Ekkenga, Jens/*Rödder*, Thomas/Röhricht, Volker/Seibt, Christoph (Hrsg.): Gesellschaftsrecht in der Diskussion 2000, Köln 2001
Ekkenga, Jens: Kapitalmarktrechtliche Aspekte der "Investor Relations", NZG 2001, 1-8
Ellerton, Amanda: "FEE – Independence Paper", World Accounting Report, Mai 2001, S. 4
Ellerton, Amanda: "European Enforcement", World Accounting Report, Juni 2001, S. 9
Emmerich, Gerhard: Die Beratung auf der Grundlage der Abschlussprüfung, WPg 1988, 637-645

Emmerich, Gerhard: Neue Anforderungen an Abschlussprüfung und Abschlussprüfer, in: Weltweite Rechnungslegung und Prüfung – Risiken, Chancen und Konsequenzen einer unaufhaltsamen Entwicklung - Bericht über die IDW - Fachtagung 1. und 2. Oktober 1997 in Hannover, Düsseldorf 1998
Emmerich, Gerhard/*Künnemann*, Martin: Zum Lagebericht der Kapitalgesellschaft, WPg 1986, 145-152
Emmerich, Volker: Die Kontrolle der Kontrolleure, in: Busse v. Colbe, Walther/Lutter, Marcus (Hrsg.): Wirtschaftsprüfung heute: Entwicklung oder Reform? Ein Bochumer Symposion, Wiesbaden 1977, S. 215-232
Endbrügger, Andreas: Die Auswirkungen des Einklangerfordernisses auf die praktische Umsetzbarkeit des § 292 a HGB, DStR 2000, 99-104
Endres, Michael: Organisation der Unternehmensleitung aus der Sicht der Praxis, ZHR 1999, 441-460
Enevoldsen, Stig: "How Shall We Regulate This?", Accountancy, August 1998, S. 19-22
Enzweiler, Tasso: "Wunder dauern etwas länger", FTD v. 26.9.2001
Epstein, Marc J./*Geiger*, Marshall A.: Investor View of Audit Assurance: Recent Evidence of the Expectation Gap, 177 JoA, 60-66 (1994)
Erichsen, Hans-Uwe/v. *Mutius*, Albert: Höchstrichterliche Rechtsprechung zum Verwaltungsrecht, VerwArch 62 (1971), 291-309
Erle, Bernd: Das Maßgeblichkeitsprinzip – ein Phantom?, in: Kleindiek, Detlef/Oehler, Wolfgang (Hrsg.): Die Zukunft des deutschen Bilanzrechts im Zeichen internationaler Rechnungslegung und privater Standardsetzung, Köln 2000, S. 177-191
Ernst&Young, The Simplification of the Operating Regulations for Public Limited Companies in the European Union – Final Report, 1995
Ernst, Christian: Die Aktionärsstruktur deutscher und amerikanischer Unternehmen – ein internationaler Vergleich, Ulm 2001
Ernst, Christoph: KonTraG und KapAEG sowie aktuelle Entwicklungen zur Rechnungslegung und Prüfung in der EU, WPg 1998, 1025-1035
Ernst; Christoph: KonTaG, KapAEG, StückAG, EuroEG: (Gesellschafts- und Bilanzrecht), Düsseldorf 1998
Escher-Weingart, Christina: Corporate Governance Strukturen – ein deutsch-U.S.-amerikanischer Rechtsvergleich, ZVglRWiss 2000, 387-409.
Escher-Weingart, Christina: Die gewandelte Rolle des Wirtschaftsprüfers als Partner des Aufsichtsrats nach den Vorschriften des KonTraG, NZG 1999, 909-964
Escher-Weingart, Christina: Reform durch Deregulierung im Kapitalgesellschaftsrecht, Tübingen 2001
Europäische Kommission: A Study on systems of civil liability of statutory auditors in the context of a Single Market for auditing services in the European Union, http: europa.eu.int/comm/internal_market/en/company/audit/docs/auditliability.pdf.
Ewert, Ralf: Abschlussprüfung, Dritthaftung und Prüfungsgrundsätze – Ergebnisse einer ökonomischen Analyse, BFuP 1999, 94-106
Ewert, Ralf: Wirtschaftsprüfung und asymmetrische Information, Berlin u.a. 1990

Fama, E.: Agency Problems and the Theory of the Firm, 88 J.Pol.Econ. 288-306 (1980)
Fearnsley, Stella/*Brandt*, Richard: "When the rules don't quite fit", Accountancy, März 2000, S.65
Feddersen, Christoph: Die Dritthaftung des Wirtschaftsprüfers nach § 323 HGB, WM 1999, 105-116
Feddersen, Dieter/*Hommelhoff*, Peter/*Schneider*, Uwe H.: Corporate Governance – eine Einführung, in: Feddersen, Dieter/Hommelhoff, Peter/Schneider, Uwe H. (Hrsg.): Corporate Governance – Optimierung der Unternehmensführung und der Unternehmenskontrolle im deutschen und amerikanischen Aktienrecht, Köln 1996. S. 1-8
FEE: Stellungnahme zum geänderten Vorschlag der 5. EG-Richtlinie, Brüssel 1990
FEE: The Role, Position and Liability of the Statutory Auditor in the European Union., Brüssel, 1996 und The Role, Position and Liability of the Statutory Auditor in the European Union, Appendices, Brüssel 1996
FEE: Continous Quality Assurance, Statutory Audit in Europe, Brüssel 1998
Ferran, Eilis: Company Law and Corporate Finance, Oxford 1999
Fischer, Klemens H.: Der Vertrag von Nizza – Text und Kommentar, Baden-Baden 2001
Fischer, Norbert: Spanien – Rechnungslegung und Jahresabschluss, Frankfurt 1985
Fischer, Robert/Gessler/Schilling/Serick/Ulmer (Hrsg.): Strukturen und Entwicklungen im Handels-, Gesellschafts- und Wirtschaftsrecht - Festschrift für Wolfgang Hefermehl, München 1976
Fliess, Wolfgang: Die Fortentwicklung der Abschlussprüfungsgrundsätze und die IFAC-Standards, WPK-Mitt. Sonderheft Juni 1997, 126-131
Fock, Till Henning: Sitztheorie im deutschen internationalen Steuerrecht nach der Centros-Entscheidung, RIW 2000, 42-53
Fockenbrock, Dieter/*Zdral*, Wolfgang: Die Tricks der Finanzjongleure, in Capital/Heft 20 v. 21.9-4.10.2000, S.66-89
Förschle, Gerhart/*Glaum*, Martin/*Mandler*, Udo: Gesetz zur Kontrolle und Transparenz im Unternehmensbereich: Umfrage unter Führungskräften börsennotierter Unternehmungen DB 1998, 889-895
Förschle, Gerhart/*Hermann*, Silke: Umwelt-Audits, DB 1994, 1093-1100
Forster, Karl-Heinz: Zur Lagebeurteilung im Prüfungsbericht nach dem Referentenentwurf zum KonTraG, Festschrift für Jörg Baetge, Düsseldorf 1997, S. 936-953
Forster, Karl-Heinz: Zur Teilnahme des Abschlussprüfers an den Bilanzsitzungen des Aufsichtsrats und zur Berichterstattung in der Sitzung, Festschrift für Günter Sieben, Stuttgart 1998, S. 375-401
Forster, Karl-Heinz: Aufsichtsrat und Abschlussprüfung, ZfB 1988, S. 789-811
Forster, Karl-Heinz: Die durch § 53 des Haushaltegrundsätzegesetzes erweiterte Abschlussprüfung von privatrechtlichen Unternehmen, WPg 1975, 393-402
Forster, Karl-Heinz: Zur "Erwartungslücke" bei der Abschlussprüfung, WPg 1994, 789-795

Forster, Karl-Heinz: Fragen der Prüfung des Jahresabschlusses durch den Abschlussprüfer, Festschrift für Bruno Kropff, Düsseldorf 1997, S. 71-88

Forster, Karl-Heinz: Vom Gläubigerschutz zum Aktionärschutz – der Wandel in den Bewertungsbestimmungen des Aktienrechts, WPg 1964, 422-429

Forster, Karl-Heinz: Die Jahresabschlussprüfung im Spiegel der Erörterungen der Unternehmensrechtskommission sowie des Regierungsentwurfs eines Bilanzrichtlinie-Gesetzes und des Entwurfs einer 5. EG Richtlinie, Festschrift für Winfried Werner, Berlin 1984, S. 131-151

Forster, Karl-Heinz: Die Jahresabschlussprüfung nach dem Aktiengesetz von 1965, WPg 1965, 389-397

Forster, Karl-Heinz: Gedanken zur passiven Sicherung der Unabhängigkeit des Abschlussprüfers, Festschrift für Ulrich Leffson, Düsseldorf 1976, S. 325-337

Forster, Karl-Heinz: Gedanken zu einer Runderneuerung des Bestätigungsvermerks - Nationale oder internationale Grundsätze? -, Festschrift für Rainer Ludewig, Düsseldorf 1996, S. 253-273

Forster, Karl-Heinz: MG, Schneider, Balsam und die Folgen - was können Aufsichtsräte und Abschlussprüfer gemeinsam tun? AG 1995, 1-7

Forster, Karl-Heinz: Neue Pflichten des Abschlussprüfers nach dem Aktiengesetz von 1965, WPg 1965, 585-606

Forster, Karl-Heinz: Zur „Erwartungslücke" bei der Abschlussprüfung, WPg 1994, 789-795

Forster, Karl-Heinz: Urteilsanmerkung zu EuGH, Urteil v. 27.6.1996 – C-234/94, AG 1996, 419

Forster, Karl-Heinz: Abschlussprüfung nach dem Regierungsentwurf des KonTraG, WPg 1998, 41-56

Forster, Karl-Heinz: Zum Zusammenspiel von Aufsichtsrat und Abschlussprüfer nach dem KonTraG, AG 1999, 193-198

Forster, Karl-Heinz: Gedanken beim Unterzeichnen eines Bestätigungsvermerks, WPK-Mitt. 1996, 151-157

Forsthoff, Ulrich: Rechts- und Parteifähigkeit ausländischer Gesellschaften mit Verwaltungssitz in Deutschland? Die Sitztheorie vor dem EuGH, DB 2000, 1109-1114

Forstmoser, Peter: Gestaltungsfreiheit im schweizerischen Gesellschaftsrecht, ZGR Sonderheft 13, 1998, 254-277

Fort, Timothy L./ *Schipani*, Cindy A.: Corporate Governance in a Global Environment: The Search for the Best of All Worlds, 33 Vand. J. of Transnat'l Law 829-876 (2000)

Fox, Merritt: Securities Disclosure in a Globalizing Market: Who Should Regulate Whom?, 95 Mich. L. Rev. 2498-2629 (1997)

Fox, Merritt: The Political Economy of Statutory Reach: U.S. Disclosure Rules in a Globalizing Market for Securities, 97 Mich. L. Rev. 696-822 (1998)

Franz, Klaus-Peter: Corporate Governance, in: Dörner, Dietrich/Horvath, Peter/Kagermann, Henning (Hrsg.): Praxis des Risikomanagements – Grundlagen, Kategorien, branchenspezifische und strukturelle Aspekte, Stuttgart 2000, S. 41-69

Freitag, Robert: Der Wettbewerb der Rechtsordnungen im internationalen Gesellschaftsrecht, EuZW 1999, 267-270

Friedrich, Roland O.: Der Lagebericht aus wettbewerbsrechtlicher Sicht, BB 1990, 741-746

Frühauf, Martin: Geschäftsleitung in der Unternehmerpraxis, ZGR 1998, 407-418

Funke, Rainer: Aktienrechtsreform 1997 – Aufsichtsrat und Abschlussprüfer, ZIP 1996, 1602-1604

Gadow, W./*Heinchen*, E./*Schmidt*, Eberhard/*Schmidt*, W./*Weipert*, O.: Aktiengesetz – Kommentar, Berlin 1939

Gadow, W./*Heinchen*, E./*Schmidt*, Eberhard/*Schmidt*, W./*Weipert*, O./*Fischer*, Robert: Großkommentar zum AktG: Bd. 2, 3. Aufl., Berlin 1970

Gaitanides, Michael/*Raster*, Max: Shareholder Value Management, DBW 1995, 261-273.

Gasser, Urs: Vorschlag für eine 14. gesellschaftsrechtliche EU-Richtlinie zur Verlegung des Gesellschaftssitzes innerhalb der EU, SZW/RSDA 2000, 276-284.

Gebler, Wolfgang: Bericht über den Ausschuss "Berufsbild und Examen" anlässlich der Beiratssitzung am 15. Juni 2000, WPK-Mitt. 2000, 166-167.

Geiger, Uri: Harmonization of Securities Disclosure Rules in the Global Market – A Proposal, 66 Fordham L. Rev. 1785 (1998)

Geiger, Uri: The Case for the Harmonization of Securities Disclosure Rules in the Global Market, 1997? Colum. Bus. L. Rev. 241 (1997)

Geisendörfer, Ulrich: Die Entwicklung des Wirtschaftsprüferberufs im Hinblick auf den Europäischen Binnenmarkt 92, WPg 1989, 667-671

Gelhausen, Hans Friedrich: Aufsichtsrat und Abschlussprüfer - eine Zweckgemeinschaft, BFuP 1999, 390-406

Gelhausen, Hans Friedrich: Reform der externen Rechnungslegung und ihrer Prüfung durch den Wirtschaftsprüfer, AG Sonderheft 1997, 73-82

Gelhausen, Hans Friedrich : Die "Zuweisung" des Gewinns – eine neue bilanzrechtliche Kategorie, WPg 1996, 537-580

Gernhuber, Joachim/*Grunewald*, Barbara: Bürgerliches Recht: ein systematisches Repetitorium, 4. Aufl., München 1998

Geßler, Ernst: Die Wirtschaftsprüfer als Garanten aktienrechtlicher Publizität, WPg 1956, 463-465

Geßler, Ernst: Der Bedeutungswandel der Rechnungslegung im Aktienrecht, in: v. Muthesius, Volkmar (Hrsg.): 75 Jahre Deutsche Treuhand-Gesellschaft 1890-1965, Frankfurt 1965, S. 129-166

Geßler, Ernst: Prüfungsrechte gegenüber anderen Unternehmen?, WPg 1964, 400-404

Geßler, Ernst/*Hefermehl*, Wolfgang: Kommentar zum Aktiengesetz, Bd. 3, München 1973

Geuer, Caroline: Das Management des Haftungsrisikos der Wirtschaftsprüfer, Düsseldorf 1994

Geyrhalter, Volker: Niederlassungsfreiheit contra Sitztheorie – Good Bye "Daily Mail", EWS 1999, 201-203

Giese, Rolf: Die Prüfung des Risikomanagements einer Unternehmung durch den Abschlussprüfer gemäß KonTraG, WPg 1998, 451-459

Girgensohn, Werner: Der Aufgabenbereich des aktienrechtlichen Abschlussprüfers, WPg 1955, 153-156

Glade; Anton: Rechnungslegung und Prüfung nach dem Bilanzrichtlinien-Gesetz – systematische Darstellung und Kommentar, Berlin 1986

Glanzmann, Lukas: Die Haftung der Revisionsstelle gegenüber Dritten, AJP/PJA 1998, 1235-1240

Gloeck, Dieter: Ein Überblick über den Berufsstand der Abschlussprüfer in Südafrika, WPK-Mitt. 1997, 275-292

Gloßner, Veronika: Eine Konzentrationsmessung von Pflichtprüfungsmandanten börsennotierter Aktiengesellschaften, WPg 1998, 216-224

Godin, Freiherr v./Wilhelmi, Hans: Kommentar zum Aktiengesetz, Bd. 1, 4. Aufl. Berlin u. a. 1971

Goebel, Andrea/*Fuchs*, Markus: Die Anwendung von International Accounting Standards in den Konzernabschlüssen deutscher Kapitalgesellschaften, BB 1995, 2363-2365

Göbel: Stefan: Risikoorientierte Abschlussprüfung, in: Richter, Martin (Hrsg.): Theorie und Praxis der Wirtschaftsprüfung, Berlin 1997, S. 41-59

Goerdeler, Reinhard: Das Audit Committee in den USA, ZGR 1987, 219-232

Goerdeler, Reinhard: Stellungnahme zu „Erwartung und Wirklichkeit", in: Busse v. Colbe, Walther/Lutter, Marcus (Hrsg.): Wirtschaftsprüfung heute: Entwicklung oder Reform? Ein Bochumer Symposion, Wiesbaden 1977. S. 29-36

Görk, Stefan: Das EuGH-Urteil in Sachen "Centros" vom 19. März 1999 – kein Freibrief für Briefkastengesellschaften, GmbHR 1999, 793-800

Göthel, Stephan R.: Internationales Gesellschaftsrecht in den USA: Die Internal Affairs Rule wankt nicht, RIW 2000, 904-910

Goette, Wulf: Leitung, Aufsicht, Haftung – zur Rolle der Rechtsprechung bei der Sicherung einer modernen Unternehmensführung, Festschrift 50 Jahre BGH, S. 123-142

Götz, Heinrich: Stellungnahme zur Aktienrechtsreform 1997, AG Sonderheft 1997, 38-42

Götz, Heinrich: Die Überwachung der Aktiengesellschaft im Lichte jüngerer Unternehmenskrisen; AG 1995, 337-353

Götz, Heinrich: Leitungssorgfalt und Leitungskontrolle der Aktiengesellschaft hinsichtlich abhängiger Unternehmen, ZGR 1998, 524-546

Götze, Thomas: Aktienoptionen für Vorstandsmitglieder und Aktionärsschutz, Baden-Baden 2000

Gordon, Michael Wallace: United States Extraterritorial Subject Matter Jurisdiction in Securities Fraud Litigation, WPK-Mitt. Sonderheft Juni 1997, 145-170

Gottwald, Peter: Class Actions auf Leistung von Schadensersatz nach dem amerikanischem Vorbild im deutschen Zivilprozess, ZZP 91 (1978), 1-38
Grass, Andrea R.: Management-Entscheidungen vor dem Richter, SZW/RSDA 2000, 1-10
Grass, Doris: "Analysten verschärfen Verhaltenskodex", FTD v. 15.5.2001, S. 21
Grasso, Patrick G. /*Sharkansky*, Ira: The Auditing of Public Policy and the Politics of Auditing, 14 Governance 1-21 (2001)
Gray, Withmore: E pluribus unum? A Bicentennial Report on the Unification of Law in the United States, RabelsZ 1986, 111-165
Greenbury Report, Directors' Remuneration, Report of a Study Group, London 1995
Gregor, Andrea: "Prozess erspart", Stuttgarter Zeitung v. 17.5.2001, S. 9
Greifenhagen, H.: Gehemmte Wirtschaftsprüfung, WPg 1949, 290-292
Greiner, Christoph: Die Class Action im amerikanischen Recht und deutscher Ordre public Frankfurt a. M. 1998
Grimme, Leoni/*Ritz*, Corinna: Die Novellierung verkaufsprospektrechtlicher Vorschriften durch das Dritte Finanzmarktförderungsgesetz, WM 1998, 2091-2096
Groh, Manfred: Shareholder Value und Aktienrecht, DB 2000, 2153-2158
Groß, Wolfgang: Kapitalmarktrecht: Kommentar zum Börsengesetz, zur Börsenzulassungsverordnung, zum Verkaufsprospektgesetz und zur Verkaufsprospekt-Verordnung, München 2000
Großfeld, Bernhard: Bilanzrecht für Juristen – Das Bilanzrichtlinien-Gesetz vom 19-12-1985, NJW 1986, 955-962
Großfeld, Bernhard: Internationales Bilanzrecht/Internationale Rechnungslegung, AG 1997, 435-448
Großfeld, Bernhard: Internationales Bilanzrecht als Internationales Unternehmensrecht, WPK-Mitt. Sonderheft Juni 1997, 25-30
Großfeld, Bernhard: Internationales und Europäisches Unternehmensrecht, Heidelberg 1995
Großfeld, Bernhard: Loss of Distance: Global Corporate Actors and Global Corporate Governance – Internet v. Geography, 34 Int'L Law. 963-995 (2000)
Großfeld, Bernhard: Wirtschaftsprüfer und Globalisierung: Zur Zukunft des Bilanzrechts, WPg 2001, 129-139
Großfeld, Bernhard: Global Accounting: Where Internet Meets Geography, 48 Am. J. Comp. L. 261-306 (2000)
Großfeld, Bernhard/*Diekmann*, Hans: Gemeinsame Grundlagen des europäischen Bilanzrechts, WPg 1988, 419-429
Großfeld, Bernhard/*Ebke*, Werner F.: Probleme der Unternehmensverfassung in rechtshistorischer und rechtsvergleichender Sicht: AG 1977, S. 59-65 (Teil 1); S. 92-103 (Teil 2)
Großfeld, Bernhard/*Junker*, Christoph: Die Prüfung des Jahresabschlusses im Lichte der 4. EG – Richtlinie, ZfbF Sonderheft 2, 1980, 251-277
Grünewälder, Otto: Shareholder-Value-Konzept/Internationale Accounting Standards: Auswirkungen auf die deutsche Unternehmenskultur, AG 1996, 447-449

Grunewald, Barbara: Die Haftung des Abschlussprüfers gegenüber Dritten, ZGR 1999, 583-600
Günther, Thomas/*Otterbein*, Simone, Die Gestaltung der Investor Relations am Beispiel führender deutscher Aktiengesellschaften, ZfB 1996, 389-417
Gutenberg, Erich: Funktionswandel des Aufsichtsrats, ZfbF, Erg.-Heft v. Dez. 1970, 1-10.
Guyon, Yves: Zur Gestaltungsfreiheit im französischen Gesellschaftsrecht, ZGR-Sonderheft 13, 1998, 297-309

Haasen, Uwe: Die Bedeutung der Audit Committees, ZfbF 1988, 370-379
Hachmeister, Dirk: Die gewandelte Rolle des Wirtschaftsprüfers als Partner des Aufsichtsrats nach den Vorschriften des KonTraG, DStR 1999, 1453-1460
Haegert, Lutz: Der Grundsatz der Prozessunabhängigkeit des Abschlussprüfers – Soll und Ist, Festschrift für Klaus v. Wysocki, Düsseldorf 1985, S. 201-219
Hagemeister, Christina: Neue Anforderungen an die Unabhängigkeit des Abschlussprüfers durch IFAC und die Europäische Kommission, DB 2002, 333-340
Hakelmacher, Sebastian: Der Wirtschaftsprüfer als Verrechnungskünstler, WPg 1998, 174-178
Haller, Axel: Wesentliche Ziele und Merkmale der US-amerikanischen Rechnungslegung, in: Ballwieser, Wolfgang (Hrsg.): US-amerikanische Rechnungslegung, Stuttgart 2000, S. 1-27
Haller, Axel/*Eierle*, Brigitte/*Evans*, Elizabeth: Das britische Financial Reporting Review Panel – ein Vorbild für ein deutsches Enforcement–Gremium?, BB 2001, 1673-1680
Hammers-Strizek, Gisela: Zur Einführung einer externen Überwachung der Qualität in der deutschen Wirtschaftsprüferpraxis, WPg 1999, 911-915
Hanau, Peter: Sicherung unternehmerischer Mitbestimmung insbesondere durch Vereinbarung, ZGR 2001, 75-109
Hanft, Stephan/*Kretschmer*, Thomas: Quartalspublizität am Neuen Markt, AG 2001, 84-87
Hank, Rainer: "In der Welt AG", FAZ v. 22.07.1998, S. 13
Hansen, Herbert: Die Megafusion zwischen Daimler-Benz und Chrysler, AG 1998, R 224-R 226
Hantschel, Michael: Insolvenzprophylaxe bei mittelständischen Unternehmen als Aufgabe von Steuerberater und Wirtschaftsprüfer, DB 1994, 105-109
Harbers, Karl: Stellung und Aufgaben des Abschlussprüfers in den Harmonisierungsrichtlinien der EG, WPg 1978, 313-325
Harder, Niels: Steuerberatung durch den Abschlussprüfer, DB 1996, 717-720
Harris, Trevor/*Lang*, Mark/*Möller*, Hans-Peter: Zur Relevanz der Jahresabschlussgrößen Erfolg und Eigenkapital für die Aktienbewertung in Deutschland und den USA, ZfbF 1995, 996-1028
Hart, O.D.: Firms, Corporate Governance: Some Theory and Implications, 105 Economics Journal 678-689 (1995)

Hartmann, Ulrich: Meinungsspiegel – Das Shareholder Value-Konzept in der Kritik?, BFuP 1997, 536-566
Hartung, Werner: Unmittelbare Wirkung von Bestimmungen der EG-Bilanzrichtlinie?, RIW 1988, 52
Hauschka, Christoph E.: Die Europäische Aktiengesellschaft (SE) im Entwurf der Kommission von 1991 - Vor der Vollendung?, EuZW 1992, 147-149
Hauser, Harald: Jahresabschlussprüfung und Aufdeckung von Wirtschaftskriminalität, Baden-Baden 2000
Hausmann, Rainer: 6. Teil: Vertretungsmacht und Vertretungsbefugnis, in: Reithmann, Christoph/Martiny, Dieter: Internationales Vertragsrecht, 5. Aufl., Köln 1996
Havermann, Hans: Der Aussagewert des Jahresabschluss, WPg 1988, 612-617
Havermann, Hans: Risiko und Risikomanagement in einer internationalen Wirtschaftsprüergesellschaft, Festschrift für Rainer Ludewig, Düsseldorf 1996, S. 385-411
Hayn, Sven: Internationale Rechnungslegung, Stuttgart 1997
Hax, Karl: Aufgaben und Bedetung der Aktiengesellschaft, ZfhF 1950, 240-279
Heermann, Peter W.: Buchbesprechung zu: Feddersen, Dieter/Hommelhoff, Peter/Schneider, Uwe H. (Hrsg.): Corporate Governance. Optimierung der Unternehmensführung und der Unternehmenskontrolle im deutschen und amerikanischen Aktienrecht, Köln 1996
Heinen, Edmund: Meinungspiegel, BFuP 1980, 556-574
Heinemann, Friedrich: Bankenaufsicht im Umbruch, EUmagazin 1-2/2001, S. 8-10
Heintzen, Markus: Zur Verfassungsmäßigkeit von § 292a Abs. 2 Nr. 2 a) HGB, BB 1999, 1050-1054
Heinze, Meinhard: Ein neuer Lösungsweg für die Europäische Aktiengesellschaft, AG 1997, 289-297
Heinze, Meinhard: Arbeitsrechtliche Probleme bei der grenzüberschreitenden Sitzverlegung in der Europäischen Gemeinschaft, ZGR 1999, 54-70
Heinze, Meinhard: Die Europäische Aktiengesellschaft, in: Zentrum für Europäisches Wirtschaftsrecht der Rheinischen Friedrich-Wilhelms-Universität Bonn (Hrsg.): Symposion über Information, Konsultation und Mitbestimmung der Arbeitnehmer in der EU - Vorträge und Berichte, Sammelband Nr. 119, Bonn 2001, S. 85-100
Hellermann, Johannes: Private Standardsetzung im Bilanzrecht – öffentlich-rechtlich gesehen, NZG 2000, 1097-1103
Hellmann, Rainer: Freie Kapitalmärkte – Wem zu Nutze?, EUmagazin 1-2/2001, S. 14-16
Hellwig, Hans-Jürgen: Beratungsverträge des Abschlussprüfers – Genehmigungspflicht analog § 114 AktG und Publizitätspflicht analog § 125 Abs. 1 Satz 3 AktG, ZIP 1999, 2117-2130

Hellwig, Hans-Jürgen: Die öffentliche Aufgabe des Wirtschaftsprüfers – Untersuchungs- und Redepflicht versus verbale Verschleierung, Zentrum für Europäisches Wirtschaftsrecht der Rheinischen Friedricht-Wilhelms-Universität Bonn (Hrsg.): Symposion über Information, Konsultation und Mitbestimmung der Arbeitnehmer in der EU - Vorträge und Bericht, Sammelband Nr. 114, S. 95-131.

Helmenstein, Christian: Anbieterkonzentration auf dem Markt für Abschlussprüfungen, DBW 1996, 41-48

Helmrich, Herbert: Bilanzrichtlinien-Gesetz, München 1986

Helmrich, Herbert: Gesetzgeberische Grundsatzentscheidungen beim Bilanzrichtlinien-Gesetz, Festschrift für Georg Döllerer, S. 219-224

Heni, Bernhard: Zur Risikolage des Abschlussprüfers bei Missachtung des Selbstprüfungsverbots, DStR 1997, 1210-1215

Henn, Günter: Handbuch des Aktienrechts, 4. Aufl., Heidelberg 1991

Henn, Günther: Handbuch des Aktienrechts, 5. Aufl., Heidelberg 1994

Hennerkes, Brun-Hagen/*Lorz*, Rainer: Roma locuta causa finita: die GmbH & Co. KGaA ist zulässig, DB 1997, 1388-1394

Hense, Burkhard: Der Prüfungsbericht hat zu viele Empfänger - auch ein Beitrag zur besseren Zusammenarbeit von Aufsichtsrat und Abschlussprüfer, Festschrift für Wolf Dieter Budde, München 1995, S. 287-311

Henssler, Martin: Die phasengleiche Aktivierung von Gewinnansprüchen im GmbH-Konzern, JZ 1998, 701-708

Herschel, Wilhelm: Die Haftung der Technischen Überwachungs-Vereine, NJW 1969, 817-824

Hertig, Gérard: Western Europe's Corporate Governance Dilemma, Festschrift Richard M. Buxbaum, London u.a. 2000, S. 265-282

Herzig, Norbert: Internationalisierung der Rechnungslegung und steuerliche Gewinnermittlung WPg 2000, 104-119

Herzig, Norbert/*Watrin*, Christoph: Obligatorische Rotation des Wirtschaftsprüfers zur Verbesserung der externen Unternehmenskontrolle?, ZfbF 1995, 775-804

Heurung, Rainer: Führt die Internationalisierung der Rechnungslegung zu einer Erosion der steuerlichen Gewinnermittlung, RIW 2000, 421-431

Heydkamp, Werner F./*Dyck*, Klaus: Qualitätsnormen international operierender Wirtschaftsprüfergesellschaften, Festschrift für Hans Luik, Stuttgart 1991, S. 217-236

HFA des IDW, Entwurf einer Verlautbarung: Zur Aufdeckung von Fehlern, Täuschung, Vermögensschädigungen und sonstigen Gesetzesverstößen im Rahmen der Abschlussprüfung, in: IDW - Fachnachrichten 1996, 269-275

HFA des IDW, Fachgutachten 1/1988, Grundsätze ordnungsgemäßer Durchführung von Abschlussprüfungen, WPg 1989, 9-19

HFA des IDW, Fachgutachten 2/1988, Grundsätze ordnungsgemäßer Berichterstattung bei Abschlussprüfungen, WPg 1989, 20-27

HFA des IDW, Fachgutachten 3/1988, Grundsätze für die Erteilung von Bestätigungsvermerken bei Abschlussprüfungen, WPg 1989 27-36

Hirte, Herbert: Aktuelle Fragen der Veröffentlichung von Gerichtsentscheidungen in den Vereinigten Staaten von Amerika, Festschrift für Bernhard Großfeld, Heidelberg 1999, S. 1155-1171

Hirte, Herbert: Berufshaftung: Ein Beitrag zur Entwicklung eines einheitlichen Haftungsmodells für Dienstleistungen, München 1996

Hoffmann-Becking, Michael: Der Aufsichtsrat im Konzern, ZHR 1995, 325-345

Hoffmann-Becking, Michael: Rechtliche Möglichkeiten und Grenzen einer Verbesserung der Arbeit des Aufsichtsrats, Festschrift für Hans Havermann, Düsseldorf 1995, S. 228-246

Hoffmann-Becking, Michael (Hrsg.): Münchener Handbuch des Gesellschaftsrechts, Bd. 4: Aktiengesellschaft, 2. Aufl., München 1999

Hoffmann-Riem, Wolfgang/*Schmidt-Aßmann*, Eberhardt/*Schuppert*, Gunnar Folke (Hrsg.): Reform des Allgemeinen Verwaltungsrechts, Baden-Baden 1993, S. 11-63

Höfling, Barbara: Die Centros-Entscheidung des EuGH – auf dem Weg zu einer Überlagerungstheorie für Europa, DB 1999, 1206-1208

Höfling, Barbara: Die Sitztheorie, Centros und der österreichische OGH, EuZW 2000, 145-147

Hömberg, Reinhold: Das IDW-Fachgutachten über die "Grundsätze ordnungsgemäßer Durchführung von Abschlussprüfungen" - Kritische Analyse wichtiger Prüfungsnormen und Vergleich mit amerikanischen Prüfungsgrundsätzen, DB 1989, 1781-1788

Hofman, Rudolf/*Hofman*, Ingo: Corporate Governance - Überwachungseffizienz und Führungskompetenz in Kapitalgesellschaften, München Wien 1998

Holgate, Peter: "Four years to go", Accountancy, April 2001, S. 107

Hommel, Michael/*Berndt*, Thomas: Neue Entwicklungen in der Jahresabschlussrichtlinie: Bewertung zum Fair Value, BB 2000, 1184-1189

Hommelhoff, Peter: Die Konzernleitungspflicht: Zentrale Aspekte eines Konzernverfassungsrechts, Köln 1982

Hommelhoff, Peter: Zur Kreditüberwachung im Aufsichtsrat, Festschrift für Winfried Werner, Berlin 1984, S. 315-337

Hommelhoff, Peter: Die OECD-Principles on Corporate Governance – ihre Chancen und Risiken aus dem Blickwinkel der deutschen Corporate Governance-Bewegung, ZGR 2001, 238-267

Hommelhoff, Peter: Abschlussprüfung und Abschlussberatung, ZGR 1997, 550-562

Hommelhoff, Peter: Gesellschaftsrechtliche Fragen im Entwurf eines SE-Statuts, AG 1990, 422-435

Hommelhoff, Peter: Die "Sociéte Fermée Européenne" , WM 1997, 2101-2109

Hommelhoff, Peter: Börsenhandel von GmbH- und KG-Anteilen, ZHR 1989, 181-215

Hommelhoff, Peter: Das Unternehmensrecht vor den Herausforderungen der Globalisierung, Festschrift für Marcus Lutter, S. 95-106

Hommelhoff, Peter: Die Autarkie des Aufsichtsrats - Besprechung der Entscheidung BGHZ 85, 293 „Hertie", ZGR 1983, 551-580

Hommelhoff, Peter: Abschlussprüfer-Berichte an den Wirtschaftsausschuss, ZIP 1990, 218-221

Hommelhoff, Peter: Die GmbH & CO KGaA nach dem Beschluss BGHZ 134, 392, ZHR Beiheft 67, S. 9-31

Hommelhoff, Peter: Die Organisationsverfassung der Europäischen Aktiengesellschaft, in: Zentrum für Europäisches Wirtschaftsrecht der Rheinischen Friedricht-Wilhelms-Universität Bonn (Hrsg.): Symposion über Information, Konsultation und Mitbestimmung der Arbeitnehmer in der EU - Vorträge und Bericht, Sammelband Nr. 119, Bonn 2001, S. 57-83

Hommelhoff, Peter: Einige Bemerkungen zur Organisationsverfassung der Europäischen Aktiengesellschaft, AG 2001, 279-288

Hommelhoff, Peter: Europäisches Bilanzrecht im Aufbruch, RabelsZ 1998, 382-404

Hommelhoff, Peter: Gesellschaftsrechtliche Fragen im Entwurf eines Bilanzrichtlinie-Gesetzes, BB 1981, 944-954

Hommelhoff, Peter: Gestaltungsfreiheit im GmbH-Recht, ZGR-Sonderheft 13, 1998, 36-60

Hommelhoff, Peter: International Accounting Standards und das Grundgesetz, Festschrift für Walter Odersky, Berlin u.a. 1984, S. 779-797

Hommelhoff, Peter: Konzernrecht für den Europäischen Binnenmarkt, ZUntGesellschR 1992, 121-141

Hommelhoff, Peter: Störungen im Recht der Aufsichtsratsüberwachung: Regelungsvorschläge an den Gesetzgeber, in: Picot, Arnold (Hrsg.): Corporate Governance Unternehmensüberwachung auf dem Prüfstand, Stuttgart 1995, S. 1-28

Hommelhoff, Peter: Zur Mitwirkung des Abschlußprüfers nach § 319 Abs. 2 Nr. 5 HGB, Gedächtnisschrift für Brigitte Knobbe-Keuk, Köln 1997, S. 471-485

Hommelhoff, Peter/*Mattheus*, Daniela: Corporate Governance nach dem KonTraG, AG 1998, 249-259

Hommelhoff, Peter/*Mattheus*, Daniela: Gesetzliche Grundlagen: Deutschland und international, in: Dörner, Dietrich/Horvath, Peter/Kagermann, Henning (Hrsg.): Praxis des Risikomanagements – Grundlagen, Kategorien, branchenspezifische und strukturelle Aspekte, Stuttgart 2000, S. 5-40

Hommelhoff, Peter/*Helms*, Dietmar: Weiter auf dem Weg zur Europäischen Privatgesellschaft, GmbHR 1999, 53-59

Hommelhoff, Peter/*Mattheus*, Daniela: Meinungsspiegel – KonTraG – Mehr Kontrolle und Transparenz?, BFuP 1999, 437-462.

Hommelhoff, Peter/*Priester*, Hans Joachim: Bilanzrichtliniengesetz und GmbH-Satzung, ZGR 1986, 463-517

Hommelhoff, Peter /*Schwab*, Peter: Gesellschaftliche Selbststeuerung im Bilanzrecht – Standard Setting Bodies und staatliche Regulierungsverantwortung nach deutschem Recht, BFuP 1998, 38-56

Hönle, Bernd Michael: Die Unabhängigkeit des aktienrechtlichen Abschlussprüfers, Baden-Baden, 1978

Honold, Dirk: Corporate Governance, in: Schulte, Christof (Hrsg.): Lexikon des Controlling, München, Wien 1996, S. 152-156

Honsell, Heinrich: Die Haftung für Gutachten und Auskunft unter der besonderen Berücksichtigung von Drittinteressen, Festschrift für Dieter Medicus, Köln u.a. 1999, S. 211-234

Hoppmann, Carsten: Europäische Börsenaufsicht, EWS 1999, 204-212

Hopt, Klaus J.: Die Haftung des Wirtschaftsprüfers, WPg 1986, 461-466 (Teil 1) und 498-503 (Teil 2)

Hopt, Klaus J.: Die Haftung des Wirtschaftsprüfers. Rechtsprobleme zu § 323 HGB (§ 168 AktG. a. F.) und zur Prospekt- und Auskunftshaftung, Festschrift für Klemens Pleyer, Köln 1986, S. 341-369

Hopt, Klaus J.: Stellungnahme zur Aktienrechtsreform 1997, AG Sonderheft 1997, 42-48

Hopt, Klaus J.: Europäisches Gesellschaftsrecht – Krise und Anläufe, ZIP 1998, 96-106

Hopt, Klaus J.: Harmonisierung im europäischen Gesellschaftsrecht, ZGR 1992, 265-295

Hopt, Klaus J.: Arbeitnehmervertretung im Aufsichtsrat, Festschrift für Ulrich Everling, Bd. 1, Baden-Baden 1995, S. 475-492

Hopt, Klaus J.: Harmonisierung im europäischen Gesellschaftsrecht – Status quo, Probleme, Perspektiven, ZGR 1992, 265-295

Hopt, Klaus J.: Gemeinsame Grundsätze der Corporate Governance in Europa?, ZGR 2000, 779-818

Hopt, Klaus J.: Europäisches und deutsches Übernahmerecht, ZHR 1997, 368-420

Hopt, Klaus J.: Company Law in the European Union: Harmonisation and/or Subsidiarity?, Int. Comp. Corporate L.J. 1 41-61 (1999)

Hopt, Klaus J.: Die Haftung von Vorstand, Aufsichtsrat und Wirtschaftsprüfer, Einheit und Vielfalt der Rechtsordnung-Festschrift zum 30jährigen Bestehen der Münchener Juristischen Gesellschaft, München 1996. S. 27-49.

Hopt, Klaus J.: Die Publizität von Kapitalgesellschaften - Grundsätzliche Überlegungen zum Stand nach der 4. EG-Richtlinie und zur Reformdiskussion in den USA -, ZGR 1980, 225-253

Hopt, Klaus J.: Europäisches und deutsches Übernahmerecht, ZHR 1997, 368-420

Hopt, Klaus J.: Gestaltungsfreiheit in Europa, ZGR-Sonderheft 13, 1998, 123-147

Hopt, Klaus J.: The German Two-Tier Board: Experience, Theories, Reforms, in: Hopt, Klaus/Kanda, Hideki/Roe, Mark J./Wymeersch, Eddy/Prigge, Stefan (Hrsg.): Comparative Corporate Governance – State of the Art and Emerging Research, Oxford et alt. 1998. S. 227-258

Hopt, Klaus J.: Vom Aktien- und Börsenrecht zum Kapitalmarktrecht (Teil 1), ZHR 1976, 201-235

Hopt, Klaus J.: Vom Aktien- und Börsenrecht zum Kapitalmarktrecht (Teil 2), ZHR 1977, 389-441

Hopt, Klaus J./*Wiedemann*, Herbert (Hrsg.): Aktiengesetz Großkommentar, 1. Lieferung: Einleitung A – D, 4. Aufl., Berlin 1992

Horn, Norbert: Die Haftung des Vorstands der AG nach § 93 AktG und die Pflichten des Aufsichtsrates, ZIP 1997, 1129-1139

Hosfeld-Guber, Jutta/*Lewicki*, Bianca: Konzeptionelle Aspekte der US-amerikanischen Segmentberichterstattung und empirische Erfahrungen mit ihrer Umsetzung, Festschrift für Herbert Brönner, Stuttgart 2000, S. 143-178

House, John: "Blueprint for the future", Accountancy September 2001, 112-113

House, John: "Along the Rocky Road", Accountancy Oktober 2001, S. 108-109

Howard, Jane: "Defend your Privity", Accountancy, Juni 2000, S. 116

Howard, Jane: "Is Caparo still good law?", Accountancy, April 2000, S. 149

Huegel, Hanns F.: Steuerrechtliche Hindernisse bei der internationalen Sitzverlegung, ZGR 1999, 71-108

Hüllweck, Jörg-Karsten/*Ostrowski*, Markus: Die Abschlussprüfer börsennotierter Aktiengesellschaften, WPK-Mitt 2000, 2-9

Hufen, Friedhelm: Berufsfreiheit – Erinnerungen an ein Grundrecht, NJW 1994, 2913-2922.

Hüffer, Uwe: Aktiengesetz, 4. Aufl., München 1999

Hughes, Rodger: "Walking the audit tightrope", Accountancy, Juni 2000, S. 80

Hulle, Karel van: "Commentary - Ironing out Differences in European Auditing Standards", Accountancy, Juli 1998, S. 57

Hulle, Karel van: Internationale Harmonisation of Accounting Principles, WPK-Mitt. Sonderheft Juni 1997, 44-50

Hulle, Karel van: Reform des europäischen Bilanzrechts: Stand, Ziele und Perspektiven, ZGR 2000, 537-549

Hulle, Karel van: True and Fair View, im Sinne der 4. Richtlinie, Festschrift für Wolf-Dieter Budde, München 1995, S. 313-326

Hulle, Karel van: Vorbemerkungen zum Grünbuch der Europäischen Komission "Rolle, Stellung und Haftung des Abschlussprüfers in der Europäischen Union", WPK-Mitt. 1996, 279-296

Hunger, Joe R.: Die deutschen Wirtschaftsprüfer - Image und Selbstverständnis einer Profession -, Düsseldorf 1981

Hütten, Christoph/*Brakensiek*, Sonja: "Deutsche US-GAAP" ohne eine SEC – Auto ohne Bremsen?, BB 2000, 870-872

Hütten, Christoph/*Lorson*, Peter: Internationale Rechnungslegung in Deutschland, Teil 1: Begriff und bisherige Phasen der Internationalisierung, BuW 2000, 521-527

Hütten, Christoph/*Lorson,* Peter: Internationale Rechnungslegung in Deutschland, Teil 2: Möglichkeiten der Internationalisierung in Deutschland, BuW 2000, 609-619

Hütten, Christoph/*Lorson,* Peter: Internationale Rechnungslegung in Deutschland, Teil 3: Grundlagen der angelsächsischen Finanzberichterstattung, BuW 2000, 801-811

IDW (Hrsg.): Abschlussprüfung nach International Standards on Auditing (ISA) – Vergleichende Darstellung deutscher und internationaler Prüfungsgrundsätze, Düsseldorf 1998. Zitiert: International Standards

IDW (Hrsg.): Comments on the Draft Report of the Panel on Audit Effectiveness, Düsseldorf 2000

IDW (Hrsg.): Stellungnahme des IDW zur Mitteilung der EU-Kommission an den Rat und das europäische Parlament über eine neue Rechnungslegungsstrategie der EU: Künftiges Vorgehen, WPg 2000, 881-883

IDW (Hrsg.): Stellungnahme zum Referentenentwurf eines KonTraG, FN 1997, 4-12.

IDW (Hrsg.): Weltweite Rechnungslegung und Prüfung – Risiken, Chancen und Konsequenzen einer unaufhaltsamen Entwicklung - Bericht über die IDW - Fachtagung 1. und 2. Oktober 1997 in Hannover, Düsseldorf 1998.

IDW (Hrsg.): Wirtschaftsprüfer-Handbuch 1996, Handbuch für Rechnungslegung, Prüfung und Beratung, bearb. von Budde, Wolfgang Dieter u.a., Bd. I, 11. Aufl., Düsseldorf 1996

IDW (Hrsg.), Abschlussprüfung und International Standards on Auditing, Düsseldorf 1998.

IFAC, Handbook 1994, Technical Pronouncements, New York 1994

IFAC, Handbuch 1997, New York.

Ihrig, Hans-Christoph/*Wagner*, Jens: die Reform geht weiter: Das Transparenz- und Publizitätsgesetz kommt, BB 2002, 789-797

Immenga, Frank: Internationale Kooperation und Haftung von Dienstleistungsunternehmen, Baden-Baden 1998

Inacker, Michael: "Glas und Beton", FAZ v. 22.5.2001, S. 1

Jäckel, Günther: Die Unabhängigkeit des Abschlussprüfers bei der Pflichtprüfung von Aktiengesellschaften der öffentlichen Hand, Hamburg, Berlin, Bonn 1960

Jacob, Hans-Joachim: Fortentwicklung der Prüfung in Deutschland, IDW (Hrsg.): IDW Fachtagung 1997, S. 157-170

Jacob, Hans-Joachim: KonTraG und KapAEG – die neuen Entwürfe des Hauptfachausschusses zum Risikofrüherkennungssystems, zum Bestätigungsvermerk und zum Prüfungsbericht, WPg 1998, 1043-1056

Jacobs, Otto: Zur Vereinbarkeit von Jahresabschlussprüfung und Beratung, DB 1975, 2237-2241

Jaeger, Carsten: Die Europäische Aktiengesellschaft – europäischen oder nationalen Rechts?, Baden-Baden 1994

Jaeger, Gerold: Kapitalgesellschaften in der EU – dauerhaft Niederlassungsberechtigte zweiter Klasse? Kommentar zu den Vorlagebeschlüssen des BGH vom 30.3. 2000 und das AG Heidelberg von 3.3.2000 sowie zur Rechtsprechung in den Niederlanden und Österreich als Antwort auf die Centros-Entscheidung des EuGH vom 9.3.1999, NZG 2000, 918-921

Jaeger, Gerold: Kapitalgesellschaften in der EU – dauerhaft Niederlasungsberechtigte zweiter Klasse?, NZG 2000, 918-923

Jäger, Axel: Rechtsprechungsbericht: Die Entwicklung der Judikatur zur AG in den Jahren 1999-2000, NZG 2001, 97-106

Jahn, Andreas/*Herfs-Röttgen*, : Die Europäische Aktiengesellschaft, DB 2001, 631-638

Jenkis, Helmut: Der Wirtschaftsprüfer im Konflikt zwischen Prüfung und Beratung: Ursprung, Entwicklung, Probleme, Berlin 1989

Jensen, Michael C./*Meckling*, William H.: Theory of the firm: Managerial Behavior, Agency Costs and Ownership Structure, 3 J. Fin. Econ. 305-360 (1976)
Jocham, Andrea: "Herumgedoktert", HB v. 27.07.1998, S. 7.
Johnston, Donald/*Shelton*, Johanna R.: OECD Grundsätze der Corporate Governance, AG 1999, 340-341.
Joost, Detlev: "Holzmüller 2000" vor dem Hintergrund des Umwandlungsgesetzes, ZHR 1999, 164-186.
Julitz, Lothar: "Wie die KPMG im Sog der Holzmann-Krise ihr Mandat verlor", FAZ v. 15.8.2000, S. 24.
Jung, Astrid: Erweiterung der Abschlussprüfung von Kapitalgesellschaften – Eine Diskussion über die Prüfung der wirtschaftlichen Lage und über die Prüfung der Ordnungsmäßigkeit der Geschäftsführung, Berlin 1996
Jungen, Dirk: Wirtschaftsprüfung in Italien, WPg 1996, 751-761.

Kaiser, Klaus: Der Lagebericht als Bestandteil der Rechenschaftslegung gegenüber Minderheitsaktionären in Mutter- und Tochterunternehmen, Festschrift für Wolfgang Dieter Budde, München 1995, S. 327-340
Kaminski, Horst: Vorschlag einer 5. Richtlinie der Kommission der Europäischen Gemeinschaft, WPg 1972, 633-638
Kaminski, Horst/*Marks*, Peter: Die Qualität der Abschlussprüfung in der internationalen Diskussion, Festschrift für Hans Havermann, Düsseldorf 1995, S. 247-282
Karehnke, Helmut: Empfiehlt sich eine umfassende Kodifizierung sämtlicher Grundsätze ordnungsmäßiger Abschlussprüfung?, AG 1971, 350-356
Karmel, Roberta S.: The Case for a European Securities Commission, 38 Colum. J. Transnat'l L. 9-43 (1999)
Karoli, Richard: Die Stellung des Abschlussprüfers nach dem künftigen Aktienrecht, WPg 1964, 394-399
Karoli, Richard: Bilanzprüfung und Prüfungsergebnis, Leipzig 1934
Keasey, Kevin/*Thompson*, Steve/*Wright*, Mike (Hrsg.): Introduction: The Corporate Governance Problem – Competing Diagnoses and Solutions, in: *Keasey*, Kevin/*Thompson*, Steve/*Wright*, Mike (Hrsg.): Corporate Governance – Economic, Management, and Financial Issues, Oxford 1007, S. 1-17
Kegel, Gerhard/*Schurig*, Klaus: Internationales Privatrecht, 8. Aufl., München 2000
Kellner, Emmy: Die Rechtsstellung des Wirtschaftsprüfers, Köln, 1937
Kennedy, John: "A dual approach", Accontancy Juni 2001, S. 104-106
Kicherer, Hans-Peter: Grundsätze ordnungsgemäßer Abschlussprüfung, Berlin 1970
Kieninger, Eva-Maria: ECLR – Niederlassungsfreiheit als Rechtswahlfreiheit, ZGR 1999, 724-749
Kieninger, Eva-Maria: Zur Sitztheorie nach dem Centros-Urteil, NZG 2000, 39-41
Kindler, Peter: Niederlassungsfreihei für Scheinauslandsgesellschaften, NJW 1999, 1993-2000
Kindler, Alexander: Der amerikanische Aufsichtsrat – Der Funktionswandel des Board of Directors großer Aktiengesellschaften in den USA, Erlangen – Nürnberg 1997

King, Ronald R./*Schwartz*, Rachel: An Experimental Investigation of Auditors' Liability: Implications for Social Welfare and Exploration of Deviatios from theoretical Predictions, 75 Acc. Rev. 429-451 (2000)

Kirchhoff, Paul: "Bedenken gegen Vorschrift zur Konzernrechungslegung", FAZ v. 28.1. 2000, S. 22

Kirsch, Hans-Jürgen: Erwartungslücke und Bestätigungsvermerk, Festschrift für Jörg Baetge, Düsseldorf 1997, S. 955-980

Kiss, Henning: Die Haftung berufsmäßiger Sachkenner gegenüber Dritten, WM 1999, 117-124.

Kisters, Carmen/*Hoffmann*, Jörg: Regulation FD – Regelungen der SEC zur Vermeidung von Selective Disclosure und Maßnahmen der Praxis am Beispiel der Celanese AG, BFuP 2001, 27-44

Klaas, Helmut: Die Bestellung des gesetzlichen Abschlussprüfers in Europa, WPg 1996, 453-457

Klausing, Friedrich: Reform des Aktienrechts, Berlin, Wien, 1933

Kleekämper, Heinz/*Goth*, Johannes/*Schmitz*, Ulrich: Interne Rotation, in: Dörner, Dietrich/Menold, Dieter/Pfitzer, Norbert (Hrsg.): Reform des Aktienrechts, der Rechnungslegung und Prüfung, KonTraG-KapAEG-EuroEG-StückAG, Stuttgart 1999, S. 593-616

Kleekämper, Heinz: Der Berufsstand der Wirtschaftsprüfer und vereidigten Buchprüfer im internationalen Umfeld, in: WPK-Mitt. 1993, 85-93

Kleindiek, Detlef/*Oehler*, Wolfgang (Hrsg.): Die Zukunft des deutschen Bilanzrechts im Zeichen internationaler Rechnungslegung und privater Standardsetzung, Köln 2000

Kleindiek, Detlef: Geschäftsleitertätigkeit und Geschäftsleiterkontrolle: Treuhänderische Vermögensverwaltung und Rechnungslegung, ZGR 1998, 466-489

Knief, Peter: Der Wirtschaftsprüfer im Spannungsfeld zwischen gesetzlichem Auftrag und öffentlicher Erwartung, BFuP 1976, 114-139

Knobbe-Keuk, Brigitte: Bilanz- und Unternehmenssteuerrecht, 9.Auflage, Köln 1993

Knobbe-Keuk, Brigitte: Umzug von Gesellschaften in Europa, ZHR 1990, 325-356

Knobbe-Keuk: Brigitte: Der Wechsel von der beschränkten zur unbeschränkten Steuerpflicht und vice versa, StuW 1990, 372-379

Knorr, Liesel: Zwischenberichterstattung, BFuP 2001, 1-6

Koch, Waldemar: Der Beruf des Wirtschaftsprüfers, Berlin 1957

Kofler, Herbert: Die Prüfung der Geschäftsführung: Entwicklung, Möglichkeit und Grenzen, Wien 1985

Kohler, Christian/Knapp, Andreas: Gemeinschaftsrecht und Privatrecht – Zur Rechtsprechung des EuGH im Jahre 1999, ZEuP 2001, 116-149

KPMG: Rechnungslegung nach US-amerikanischen Grundsätzen: Grundlagen der US-GAAP und SEC Vorschriften, 2. Aufl., Düsseldorf 1999

Kolvenbach, Walter: Die Europäische Aktiengesellschaft eine wohlgemeinte Utopie?, Festschrift für Theodor Heinsius, Berlin u.a. 1991, S. 379-395

Kolvenbach, Walter: Die weitere Entwicklung der Betriebsverfasung und Unternehmensmitbestimmung in den Mitgliedsstaaten der Europäischen Union, Festschrift für Ulrich Everling, Bd. 1, Baden-Baden, 1995, S. 669-689
Kommission Mitbestimmung der Bertelsmann-Stiftung/Hans-Böckler-Stiftung, 1998
Köndgen, Johannes: Die Relevanz der ökonomischen Theorien der Unternehmung für rechtswissenschaftliche Fragstellungen - ein Problemkatalog, in: Ott, Claus/Schäfer, Hans-Bernd (Hrsg.), Ökonomische Analyse des Unternehmensrechts, 1993, S.128-155
Korpff, Bruno: Aktiengesetz, Düsseldorf 1965
Köstler, Roland: Die Europäische Aktiengesellschaft ist beschlossene Sache, Mitbestimmung 1+2/2001, 48-49
Kraakman, Reinier: Die Professionalisierung des Board, in: Feddersen, Dieter/Hommelhoff, Peter/Schneider, Uwe H. (Hrsg.): Corporate Governance – Optimierung der Unternehmensführung und der Unternehmenskontrolle im deutschen und amerikanischen Aktienrecht, Köln 1996. S. 129-142
Kraus, Wolfgang: Stellungnahme zu „Stellung und Unabhängigkeit des Wirtschaftsprüfers: in: Busse v. Colbe, Walther/Lutter, Marcus (Hrsg.): Wirtschaftsprüfung heute: Entwicklung oder Reform? Ein Bochumer Symposion, Wiesbaden 1977. S. 29-36
Krieger, Gerd: Aktionärsklagen zur Kontrolle des Vorstands- und Aufsichtsratshandelns, ZHR 1999, 343-363
Krieger, Albrecht: Auswirkungen der Entwicklung des Gesellschaftsrechts auf den Berufsstand des Wirtschaftsprüfers, WPg 1981, 588-593
Krieger, Albrecht: Muß die Mitbestimmung der Arbeitnehmer das europäische Gesellschaftsrecht blockieren?, Festschrift für Fritz Rittner, München 1991, S. 303-321
Krishnan, Jagan/*Krishnan*, Jayanthi: Litigation Risk and Auditor Resignations, in: 72 Acc. Rev. 539-560 (1997)
Kronke, Herbert: Connected and Global Securities Markets – With or Without Conflict of Laws?, Festschrift Richard M. Buxbaum, London u. a. 2000. S. 363-374
Kropff, Bruno: Zur Konzernleitungspflicht, ZGR 1984, 112-133
Kropff, Bruno: Rechtsfragen in der Abschlußprüfung, Festschrift für Hans Havermann, Düsseldorf 1995, S. 321-342
Kropff, Bruno; Aktiengesetz, Düsseldorf 1965
Kropff, Bruno: Der Konzernabschluß, Eine Randerscheinung im Gesellschaftsrecht?, Festschrift für Carsten Peter Claussen, Köln u.a. 1997. S. 659-675
Kropff, Bruno: Das amerikanische Board-Modell im Vergleich zur deutschen Vorstands-/Aufsichtsratsverfassung, DBW 1986, 523-525
Kropholler, Jan: Internationales Privatrecht, 3. Aufl., Tübingen 1997
Krumbholz, Marcus: Die Qualität publizierter Lageberichte - Ein empirischer Befund zur Unternehmenspublizität -, Düsseldorf 1994
Krumnow, Jürgen: "Spätzünder", in: mm 8/1998, S. 111-115

Krumnow, Jürgen: Die deutsche Rechnungslegung auf dem Weg ins Abseits? Ein Ausblick nach der vorläufig abeschlossenen EG-Harmonisierung, Festschrift für Adolf Moxter, Düsseldorf 1994, S. 679-692

Kruse Zeis, J. Miguel: Das spanische Rechnungsprüfungsgesetz, RIW 1989, 118-123

Kruse, Wilhelm: Grundsätze ordnungsmäßiger Buchführung, Köln 1979

Krystek, Ulrich: Unternehmenskrisen - Beschreibung, Vermeidung und Bewältigung überlebenskritischer Prozesse in Unternehmungen, Wiesbaden 1987

Kübler, Friedrich: Aktienrechtsreform und Unternehmensverfassung, AG 1994, 141-148

Kübler, Friedrich: Institutioneller Gläubigerschutz oder Kapitalmarkttransparenz?, ZHR 1995, 550-566

Kübler, Friedrich: Shareholder Value: Eine Herausforderung für das deutsche Recht?, Festschrift für Wolfgang Zöllner, Bd. 1, Köln u.a. 1998, S. 321-336

Kübler, Friedrich: Vorsichtsprinzip versus Kapitalmarktinformation, Festschrift für Wolfgang Dieter Budde, München 1995. S. 361-375

Kübler, Friedrich: Fragen und Wünsche des Gesellschafts- und Kapitalmarktrechts an das Recht der Rechnungslegung, ZGR 2000, 550-564

Küfer, Peter/*Hock*, Burkhard: Internationalisierung der Rechnungslegung aus der Sicht mittelständischer Unternehmen, BFuP 1998, 57-76

Kühnberger, Manfred: Shareholder Value und externe Rechnungslegung, RIW 1998, 301-311

Kühne, Erhard: Rechnungslegungsziele nach deutschem und US-amerikanischem Recht und Harmonisierung der Rechnungslegungsgrundsätze, WPK-Mitt. Sonderheft Juni 1997, 37-43

Kümpel, Siegfried: Wertpapierhandelsgesetz, Berlin 1996

Kümpel, Siegfried: Die künftige Kapitalmarktaufsicht und die europäische Rechtsangleichung, WM 1994, 229-233

Kuhner, Christoph: Der Code of Ethics for Professsional Accountants der International Federation of Accountants (IFAC) – Neue Verhaltensschnur für den Wirtschaftsprüfer?, WPK-Mitt. 1999, 7-15

Küting, Karlheinz: Die Rechnungslegung in Deutschland an der Schwelle zu einem neuen Jahrtausend, DStR 2000, 38-44

Küting, Karlheinz: "Die deutsche Rechnungslegung wird dynamischer", FAZ v. 19.3.2001, S. 32

Küting, Karlheinz: “Weniger Transparenz bei Unternehmensbilanzen“, HB v. 5.7.2001, S. 10

Küting, Karlheinz: Meinungsspiegel – Ergänzende Rechnungslegungsinstrumente zum Jahresabschluss, BFuP 2001, 54-66

Küting, Karlheinz/*Hayn* Sven: Der internatonale Konzernabschluß als Eintrittskarte zum weltweiten Kapitalmarkt, in: BB 1995, 662-675

Küting, Karlheinz/*Dawo*, Sascha/*Heiden*, Matthias: Rechnungslegung und Wirtschaftsprüfung im Internet-Zeitalter, BB 2001, 615-620

Küting, Karlheinz/*Hütten*, Christoph: Die Lageberichterstattung über Risiken der künftigen Entwicklung, AG 1997, 250-256

Küting, Karl-Heinz/*Hütten*, Christoph: Der befreiende Konzernlagebericht nach internationalen Vorschriften, WPg 1999, 12-19

Küting, Karlheinz/*Langenbucher*, Günther: Internationale Rechnungslegung - Festschrift für Claus-Peter Weber, Stuttgart 1999

Küting, Karlheinz/*Weber*, Claus-Peter: Die Bilanzananlyse. Lehrbuch zur Beurteilung von Einzel- und Konzernabschlüssen, Stuttgart 1993

Lachnit, Laurenz: „"True and fair view" und Rechnungslegung über stille Rücklagen im Jahresabschluss von Kapitalgesellschaften, WPg 1993, S. 193-201

Ladwig, Peter/*Motte*, Frank: Die GmbH & CoKGaA nach der Zulasung durch den BGH – die neue Rechtsform für den Mittelstand?, DStR 1997, 1539-1542

Land, Volker: Wirtschaftsprüferhaftung gegenüber Dritten in Deutschland, England und Frankreich, Frankfurt a. M. 1996

Land, Nick: "The future of audit regulation", Accountancy, Juli 1995, S.92

Landwehrmann, Friedrich: Diskussion zu „Erwartung und Wirklichkeit der aktienrechtlichen Pflichtprüfung, in: Busse v. Colbe, Walther/Lutter, Marcus (Hrsg.): Wirtschaftsprüfung heute: Entwicklung oder Reform? Ein Bochumer Symposion, Wiesbaden 1977. S. 37-52.

Lanfermann, Josef: Zur Internationalisierung der Wirtschaftsprüfung, Festschrift für Hans Havermann, Düsseldorf 1995, S. 379-395

Lanfermann, Josef: Unzulässige Mitwirkung des Abschlussprüfers bei der Erstellung des Abschlusses, WPK-Mitt. 1998, 270-278

Lanfermann, Josef: Unzulässige Mitwirkung des Abschlussprüfers bei der Erstellung des Abschlusses, Festschrift für Günter Sieben, S. 425-445.

Lang: Arno: Zur Dritthaftung der Wirtschaftsprüfer, WPg 1989, 57-64.

Lang/Weidmüller: Kommentar zum Genossenschaftsgesetz, 32. Aufl., Berlin et al. 1988

Lange, Knut Werner: Zur Niederlassungsfreiheit im Zusammenhang mit der Eintragung einer inländischen Zweigniederlassung einer ausländischen Gesellschaft, DNotZ 1999, 599-607

Lange, S.: Die Kompatibilität von Abschlussprüfung und Beratung. Frankfurt a.M. 1994

Langenbucher, Günther: Qualität und Umfang der Abschlussprüfung, in: Baetge, Jörg (Hrsg.): Aktuelle Entwicklungen in Rechnungslegung und Wirtschaftsprüfung, Düsseldorf 1997

Langenbucher, Günther/*Blaum*, Ulf: Audit Committee – Ein Weg zur Überwindung der Überwachungskrise?, DB 1994, 2197-2206

Langenbucher, Günther/*Blaum*, Ulf. Die Aufdeckung von Fehlern, dolosen Handlungen und sonstigen Gesetzesverstößen im Rahmen der Abschlussprüfung, DB 1997, 437-443

Larenz, Karl: Methodenlehre der Rechtswissenschaft, 6. Aufl., Berlin u.a. 1991

Larenz, Karl/*Canaris*, Claus-Wilhelm: Methodenlehre der Rechtswissenschaft, 3. Aufl., Berlin u.a. 1995

Lauth, Bernd: Endgültiger Abschied von der Einheitsbilanz, DStR 2000, 1365-1372

Leffson, Ulrich/*Rückle*, Dieter/*Großfeld*, Bernhard (Hrsg.): Handwörterbuch unbestimmter Rechtsbegriffe im Bilanzrecht des HGB, Köln 1986. Zitiert: Verfasser, in: Handwörterbuch Bilanzrecht

Leffson, Ulrich: Erkenntniswert des Jahresabschlusses und Aussagewert des Bestätigungsvermerks, WPg 1976, 4-9

Leffson, Ulrich: Grundsätze ordnungsmäßiger Buchführung, 7. Aufl., Düsseldorf 1987

Leffson, Ulrich: Wirtschaftsprüfung, 4. Aufl., Wiesbaden 1988

Lehmann Julius/*Hirsch* Ernst E.: Verordnung über Aktienrecht vom 19. September 1931, 1. Aufl., Mannheim/Berlin/Leipzig 1931, 2. Aufl., Mannheim/Berlin/Leipzig 1932

Lehmann, Julius: Soll bei einer künftigen Reform des Aktienrechts eine Annäherung an das englisch-amerikanische Recht in grundlegenden Fragen stattfinden, Gutachten zum 34. DJT, Bd. I, S. 258-331, in: Schriftführeramt der ständigen Deputation des Deutschen Juristentages (Hrsg.): Verhandlungen des 34. Deutschen Juristentages in Köln 1926, Bd. I, Berlin 1926

Lenenbach, Markus: Reformen des US-amerikanischen Kapitalanlagerechts – Abwehr missbräuchlicher Schadensersatzklagen und ein “safe harbour“ für Unternehmensprognosen, WM 1999, 1393-1402

Leible, Stefan: Niederlassungsfreiheit und Verweigerung der Eintragung einer Zweigniederlassung, NZG 1999, 300-302

Lenz, Hansrudi: Die Struktur des Marktes für Abschlußprüfungsmandate bei deutschen Aktiengesellschaften, WPg1996, 269-279

Lenz, Hansrudi: Zusammenschlüsse zwischen Wirtschaftsprüfergesellschaften, EG-Wettbewerbsrecht und Prüferkonzentration auf dem deutschen Markt, WPK-Mitt. 1998, 189-197

Lenz, Hansrudi: Meinungsspiegel – KonTraG – Mehr Kontrolle und Transparenz?, BFuP 1999, 437-462

Lenz, Hansrudi: Unabhängigkeit des Abschlussprüfers und Non-Audit Services – Neue Vorschriften der SEC, BB 2001, 299-304

Lenz, Hansrudi: Sarbanes-Oxley Act of 2002 - Abschied von der Selbstregulierung der Wirtschaftsprüfer in den USA, BB 2002, 2270-2275.

Lenz, Hansrudi/*Ostrowski*, Markus: Kontrolle und Transparenz im Unternehmensbereich durch die Institution Abschlussprüfung, BB 1997, 1523-1529

Lenz, Ulrich: Die Prüfung der Ordnungsmäßigkeit der Geschäftsführung im Rahmen der Abschlussprüfung bei kommunalen Versorgungsunternehmen, WPg 1987, 669, 672

Levitt, Arthur: "Mehr Transparenz für die Finanzmärkte“, FTD v. 2.5.2001, S. 30

Liggio, Carl D.: Information in Global Financial Markets: Maybe We Do Need Liability, in: WPK-Mitteilungen, Sonderheft Juni 1997, S. 139-144

Lindgens-Strache, Ursula: Peer Review – Ein probates Mittel zur Sicherung und Verbesserung der Prüfungsqualität in Deutschland? – Anmerkungen aus der Sicht der Praxis, BFuP 1997, 237-291

Lingemann, Stefan/*Wasmann*, Dirk: Mehr Kontrolle und Transparenz im Aktienrecht, BB 1998, 853-862
Lischer, Henry/*Märkl*, Peter N.: Conformity Between Financial Accounting and Tax Accounting in the United States and Germany, WPK-Mitt. Sonderheft Juni 1997, 91-119
Löcke, Jürgen: Mitwirkung des Abschlussprüfers an der Erstellung des Jahresabschlusses, GmbHR 1997, 1052-1057
Loitz, Rüdiger: Die Prüfung der Geschäftsführung auf dem Prüfstand, BB 1997, 1835-1841
Lorenz, Werner: Anwaltshaftung wegen Untätigkeit bei der Errichtung letzwilliger Verfügungen, JZ 1995, 317-324
Lorson, Peter: Shareholder Value-Ansätze, DB 1999, 1329-1340
Lowenfels, Lewis D./*Bromberg*, Alan R.: U.S. Securities Fraud Across the Border: Unpredictable Jurisdiction, 55 Bus. Law. 975-1021 (2000)
Lück, Wolfgang/*van Hall*, Georg: Audit Committees – Zur Entwicklung der Prüfungsausschüsse in den USA, DB 1984, 1941- 1943
Lück, Wolfgang: Anforderungen an die Redepflicht des Abschlussprüfers, BB 2001, 404-408
Lück, Wolfgang: Anforderungen an die Interne Revision – Code of Ethics and Standards for the Professional Practice of Internal Auditing, WPK-Mitt. 2001, 21-27
Lück, Wolfgang: Audit Committee – Eine Einrichtung zur Effizienzsteigerung betriebswirtschaftlicher Überwachungssysteme?, ZfbF 1990, 995-1013
Lück, Wolfgang: Audit Committees – ein sinnvoller Bestandteil des betrieblichen Überwachungssystems, FAZ v. 12.10.1998, S. 35
Lück, Wolfgang: Der Umgang mit unternehmerischen Risiken durch ein Risikomanagementsystem und durch ein Überwachungssystem, DB 1998, 1925-1930
Lück, Wolfgang: Audit Committees – Prüfungsausschüsse zur Sicherung und Verbesserung der Unternehmensüberwachung in deutschen Unternehmen, DB 1999, 441-443
Lück, Wolfgang: Neuere Entwicklungen auf dem Gebiet der internen Revision auch von Interesse für den Wirtschaftsprüfer?, WPK-Mitt. 1995, 195-198
Lück, Wolfgang/*Bungartz*, Oliver/*Henke*, Michael: Internationalisierung - eine conditio sine qua non für die Wirtschaftsprüfung, BB 2002, 1086-1093
Lück, Wolfgang/*Holzer*, H. Peter: Die Krise des wirtschaftsprüfenden Berufsstandes in den USA, DB 1993, 237-242
Ludewig, Rainer: KonTraG – Aufsichtsrat und Abschlussprüfer, DB 2000, 634-636
Ludewig, Rainer: Gedanken zur Berichterstattung des Abschlussprüfers nach der Neufassung des § 321 HGB, WPg 1998, 595-600
Ludewig, Rainer: Die Einflüse des "True and Fair view" auf die zukünftige Rechnungslegung, AG 1987, 12-15
Ludewig, Wilhelm: Normativ oder Konzessionssystem. Reichsaktienamt., in: Hauptprobleme der Reform des Aktienrechts, Marburg 1929, S. 29-32

Luik, Hans: Diskussion „Zu „Erwartung und Wirklichkeit der aktienrechtlichen Pflichtprüfung, in: Busse v. Colbe, Walther/Lutter, Marcus (Hrsg.): Wirtschaftsprüfung heute: Entwicklung oder Reform? Ein Bochumer Symposion, Wiesbaden 1977. S. 125-139

Luik, Hans: Ist ein obligatorischer Prüferwechsel für Akteingesellschaften sinnvoll?, BB 1976, 237-239

Lurger, Brigitta: "Centros-Revisited": Die österreichische Sitztheorie und die Niederlassungsfreiheit des EG-Vertrages, IPrax 2001, 346-352

Lutter, Marcus: Rechnungslegung nach künftigem Recht, DB 1979, 1285-1296

Lutter, Marcus: Information und Vertraulichkeit im Aufsichtsrat, 2. Aufl., Köln Berlin Bonn München, 1984

Lutter, Marcus: Genügen die vorgeschlagenen Regelungen für eine „Europäische Aktiengesellschaft", AG 1990, 413-421

Lutter, Marcus: Sinn und Unsinn von Rechtsangleichungen im europäischen Raum, ZfbF-Sonderheft 29, 1991, 87-93

Lutter, Marcus: Der doppelte Wirtschaftsprüfer, Festschrift für Johannes Semler, Berlin u.a. 1993; S. 835-852

Lutter, Marcus: Der Aufsichtsrat: Konstruktionsfehler, Inkompetenz seiner Mitglieder oder normales Risiko?, AG 1994, 176-177

Lutter, Marcus: Defizite für eine effiziente Aufsichtsratstätigkeit und gesetzliche Möglichkeiten der Verbesserung, ZHR 1995, 287-309

Lutter, Marcus: Europäisches Unternehmensrecht: Grundlagen, Stand und Entwicklung nebst Texten und Materialien zur Rechtsangleichung, 4. Aufl., Berlin u.a. 1996

Lutter, Marcus: Gesellschaftsrecht und Kapitalmarkt, Festschrift für Wolfgang Zöllner, Bd. 1, Köln u.a. 1998, S. 363-383

Lutter, Marcus: Die Funktion der Gerichte im Binnenstreit von Kapitalgesellschaften – ein rechtsvergleichender Überblick, S. 191-211

Lutter, Marcus: Im Mahlstrom der Interessen – Das Bilanzrecht, NJW 1996, 1945-1946.

Lutter, Marcus: Vergleichende Corporate Governance – Die deutsche Sicht, ZGR 2001, 224-227

Lutter, Marcus: Europäische Aktiengesellschaft - Rechtsfigur mit Zukunft?, BB 2002, 1-7

Lutter, Marcus/*Hommelhoff*, Peter: Kommentar zum GmbHG, 15. Aufl., Köln 2000

Lutter, Marcus/*Kremer*, Thomas: Die Beratung der Gesellschaft durch Aufsichtsratsmitglieder, ZGR 1992, 87-108

Lutter, Marcus/*Krieger*, Gerd: Rechte und Pflichten des Aufsichtsrats, 3. Aufl., Freiburg 1993

Lutter, Marcus/*Leinekugel*, Rolf: Kompetenzen von Hauptversammlungen und Gesellschafterversammlung beim Verkauf von Unternehmensteilen, ZIP 1998, 225-232

Lutter, Marcus/*Wiedmann*, Herbert (Hrsg.), ZGR-Sonderheft 13, Berlin et al. 1998

Luttermann, Claus: International Accounting Standards in der Europäischen Union, ZIP 2000, 1318-1324
Luttermann, Claus: Bewertungsrecht im Internetzeitalter, AG 2000, 459-469
Luttermann, Claus: Besteuerung multinationaler Konzerne in den Vereinigten Staaten von Amerika, RIW 1996, 935-948
Luttermann, Claus: Mitunternehmerschaft, Unternehmenssteuerreform und internationale Aspekte, NZG 1999, 635-642

Mäsch, Gerald: Zur Anwendung der Sitztheorie bei der Gründung von Zweigniederlassungen von ausländischen Kapitalgesellschaften in Österrreich, JZ 2000, 201-202
Mahoney, Paul G.: The Political Economy of the Securities Act of 1933, 30 J. Leg. Stud. 1-31 (2001)
Mai, Thomas R.: Rechtsverhältnis zwischen Abschlussprüfer und prüfungspflichtiger Kapitalgesellschaft, Düsseldorf, 1993
Malik, Fredmund: Wirksame Unternehmensaufsicht – Corporate Governance in Umbruchszeiten, Frankfurt am Main 1997
Malley, Mark: "The War of Independence", Accountancy, Dezember 2000, S. 70-71
Malvern, Joanna: "Still learning lessons from Maxwell", Accountancy, Mai 2001, S. 21
Mandler, Udo: Kundenbindung und Vertrauen in der Beziehung zwischen Abschlussprüfer und Mandant, in: Richter, Martin (Hrsg.): Theorie und Praxis der Wirtschaftsprüfung, Abschlussprüfung - Interne Revision - Kommunale Rechnungsprüfung, Berlin 1997, S. 97-107
Mandler, Udo: Prüfung im 21. Jahrhundert – Entwicklungen, Probleme, Visionen – Podiums- und Plenardiskussion, in: Richter, Martin (Hrsg.): Theorie und Praxis der Wirtschaftsprüfung, Abschlussprüfung - Interne Revision - Kommunale Rechnungsprüfung, Berlin 1997, S. 231-248
Mandler, Udo: Theorie internationaler Wirtschaftsprüferorganisationen: Qualitätskonstanz und Reputation, DBW 1995, 31-44
Mandler, Udo: Wirtschaftsprüfung im Umbruch: Harmonisierung der Rechnungslegung und Globalisierung der Unternehmensstrukturen, ZfB 1994, 172-175
Manne, Henry G.: Mergers and the Market for Corporate Control, 73 J. Pol. Econ., 110-120 (1965)
Markus, Hugh Brian: Der Wirtschaftsprüfer – Entstehung und Entwicklung des Berufes im nationalen und internationalen Bereich, München 1996
Markus, Hugh Brian: Haftungsbeschränkungen gegenüber dem Abschlussprüfer in den USA, WPK-Mitt. 1996, 93-94
Marks, Peter: Bestätigungsberichte in Großbritannien, Kanada und in den USA – Vorbilder für eine Reform des deutschen Bestätigungsvermerks?, WPg 1982, 177-184 (Teil 1), 209-217 (Teil 2)
Marks, Peter/*Schmidt*, : Einführung einer externen Qualitätskontrolle im Berufsstand der deutschen Wirtschaftsprüfer, WPg 1998, 975-987

Marschdorf, Hans J.: Möglichkeiten, Aufgaben und Grenzen des Jahresabschlussprüfers zur Aufdeckung von Wirtschaftsstraftaten im Rahmen der Jahresabschlussprüfung, DStR 1995, 111-114 (Teil 1); 149-154 (Teil 2)
Marten, Kai-Uwe: Der Wechsel des Abschlussprüfers, Düsseldorf 1994
Marten, Kai-Uwe: Bestellung und Abberufung des Abschlussprüfers in Deutschland, Europa und den USA, RIW 1994, 749-756
Marten, Kai-Uwe: Die Haftung des Abschlussprüfers in den USA und in Deutschland unter Berücksichtigung des europäischen Harmonisierungsprozesses, IStR 1994, 619-624
Marten, Kai-Uwe: Empirische Analyse des Prüferwechsels im Kontext der Agency- und Signalling-Theorie, ZfB 1995, 703-727
Marten, Kai-Uwe:WPK-Mitt. Sonderheft April 2001, 23, 26
Martiny, Dieter: Pflichtenoritentierter Drittschutz beim Vertrag mit Schutzwirkung für Dritte – Eingrenzung uferloser Haftung, JZ 1996, 19-25
Matschke, Manfred Jürgen/*Schildbach*, Thomas (Hrsg.): Unternehmensberatung und Wirtschaftsprüfung - Festschrift für Günter Sieben, Stuttgart 1998
Matthes, Jürgen: Das deutsche Corporate Governance-System, in: Institut der deutschen Wirtschaft Köln (Hrsg.): Beiträge zur Wirtschafts- und Sozialpolitik, Köln 2000
Mattheus, Daniela: Die gewandelte Rolle des Wirtschaftsprüfers als Partner des Aufsichtsrates nach dem KonTraG, ZGR 1999, 682-714
Mattheus, Daniela: Mängel in der Abschlussprüfung, in: Zentrum für Europäisches Wirtschaftsrecht der Rheinischen Friedrich-Wilhelms-Universität Bonn (Hrsg.): Vorträge des 12. Bonner Europa-Symposions – Der Wirtschaftsprüfer als Element der Corporate Governance, Teil I, Sammelband Nr. 113, Bonn 2001, S. 7-24
Maul, Karl-Heinz: Der Lagebericht nach der 4. EG-Richtlinie und dem Entwurf des Bilanzrichtlinien-Gesetzes, WPg 1984, 187-193
Maul, Karl-Heinz: Prüfung im 21. Jahrhundert – Entwicklungen, Probleme, Visionen – Podiums- und Plenardiskussion, in: Richter, Martin (Hrsg.): Theorie und Praxis der Wirtschaftsprüfung, Abschlussprüfung - Interne Revision - Kommunale Rechnungsprüfung, Berlin 1997. S. 231-248
Mauri, Ezio: Prüfungswesen in Italien, RIW 1996, 306-309
Maurice, Jack: "The price of the ticket", Accountancy, April 2001, S. 148
McLucas, William/*Eckert*, Paul: The Securities and Exchange Commission´s Revised Auditor Independence Rules, 56 Bus. Law. 877-915 (2001)
Mednick, Robert: Independence: Let`s get back to the Basics, JoA, January 1990, S. 86
Meilicke, Wienand: Anmerkungen zum Urteil des Europäischen Gerichtshofes vom 9.3.1999, Rs. C-212/97; Centros Ltd./Erhervers- og Selskabsstyreisen), DB 1999, 627-628
Meincke, Eberhard: Geheimhaltungspflichten im Wirtschaftsrecht, WM 1998, 749-757
Meisel, Bernd Stefan: Die Ursprünge des wirtschaftlichen Prüfungswesens in Deutschland und die historischen Vorläufer des Wirtschaftsprüfers, WPK-Mitt. 1993, 1-9

Meisel, Bernd Stefan: Geschichte der deutschen Wirtschaftsprüfer, Köln 1992
Meisel, Bernd Stefan Moderne Informations- und Kommunikationsmittel in der Praxis der Wirtschaftsprüfer und vereidigten Buchprüfer, WPK-Mitt. 1997, 113-127
Merkt, Hanno: Das Europäische Gesellschaftsrecht und die Idee des "Wettbewerbs der Gesetzgeber", RabelsZ 1995, 545-568
Merkt, Hanno: Unternehmenspublizität: Offenlegung von Unternehmensdaten als Korrelat der Marktteilnahme, Tübingen 2001
Merkt, Hanno: US-amerikanisches Gesellschaftsrecht, Heidelberg 1991
Mertens, Joachim: Diskussion zu „Stellung und Unabhängigkeit des Wirtschaftsprüfers" in: Busse v. Colbe, Walther/Lutter, Marcus (Hrsg.): Wirtschaftsprüfung heute: Entwicklung oder Reform? Ein Bochumer Symposion, Wiesbaden 1977. S. 125-139
Mertens, Joachim: Erwartung und Wirklichkeit der aktienrechtlichen Pflichtprüfung, in: Busse v. Colbe, Walther/Lutter, Marcus (Hrsg.): Wirtschaftsprüfung heute: Entwicklung oder Reform? Ein Bochumer Symposion, Wiesbaden 1977, S. 13-28
Mertens, Joachim: FS Ritter, S. 731, 738
Mertens, Joachim: Satzungs- und Organisationsautonomie im Aktien- und Konzernrecht, ZGR 1994, 426-441
Mertin, Dietz: Verantwortlichkeit des Abschlussprüfers für Unterschlagungen - Neue Prüfungsstandards des AICPA zur Schließung der Erwartungslücke-, WPg 1989, 385-390
Meyer im Hagen, Andreas: Die Reform der aktienrechtlichen Vorschriften über den Geschäftsbericht und den Jahresabschluss sowie die Einführung der Pflichtrevision im Aktienrecht in den Jahren 1924 bis 1933, Diss. Kiel 1988
Meyer zu Lösebeck, Heiner: Unterschlagungsverhütung und Unterschlagungsprüfung, Düsseldorf 1983
Möhle, Fritz: Zur Geschichte und geistigen Grundlage des Wirtschaftsprüferberufs – Aus Anlaß der 100 Jahrfeier des Institute of Chartered Accountants of Scotland, WPg 1954, 529-531
Möllers, Thomas M. J.: Kapitalmarkttauglichkeit des deutschen Gesellschaftsrechts, AG 1999, 433-442
Moxter, Adolf: Zum Verhältnis von handelsrechtlichen Grundsätzen ordnungsgemäßer Bilanzierung und True- and- fair- view- Gebot bei Kapitalgesellschaften, Festschrift für Wolfgang Diether Budde, München 1995, S. 419-429
Moxter, Adolf: Gesetzlich vorgeschriebener Wechsel des Abschlußprüfers sinnvoll?, WPK-Mitt. 1995, 134-135
Moxter, Adolf: Zur Abgrenzung von unzulässiger Mitwirkung und gebotener Einwirkung des Abschlussprüfers bei der Abschlusserstellung, BB 1996, 683-686
Moxter, Adolf: Die Vorschriften zur Rechnungslegung und Abschlussprüfung im Referentenentwurf eines Gesetzes zur Kontrolle und Tranparenz im Unternehmensbereich, BB 1997, 722-730

Moxter, Adolf: Deutsches Rechnungslegungs Standards Committee: Aufgaben und Bedeutung, DB 1998, 1425-1428
Moxter, Adolf: Grundwertungen in Bilanzrechtsordnungen, Festschrift für Heinrich Beisse. Düsseldorf 1997, S. 347-361
Moxter, Adolf: Wirtschaftsprüfung und Zeitgeist, WPg 1981, 579-582
Moxter, Adolf: Zum Sinn und Zweck des handelsrechtlichen Jahresabschlusses nach neuem Recht, Festschrift für Reinhard Goerdeler, Düsseldorf, S. 361-374
Moxter, Adolf/*Müller*, Hans-Peter/*Windmöller*, Rolf/*v. Wysocki*, Klaus (Hrsg.): Rechnungslegung: Entwicklungen bei der Bilanzierung und Prüfung von Kapitalgesellschaften, Festschrift für Karl-Heinz Forster, Düsseldorf 1992
Mülbert, Peter: Shareholder Value aus rechtlicher Sicht, ZGR 1997, 129-172
Müller, Welf: Anmerkung zu BGH, Urt. v. 21.4.1997 – II ZR 317-95, LM HGB § 319 Abs. 2 Nr. 5 (Nr. 2 Bl. 5)
Müller, Gerda: Empfehlen sich gesetzgeberische Maßnahmen zur rechtlichen Bewältigung der Haftung für Massenschäden?, Referat und Thesen für den 62. DJT 1998, Bd. II/1, S. I 9-I 33, in: Ständige Deputation des Deutschen Juristentages (Hrsg.): Verhandlungen des 63. Deutschen Juristentages in Leipzig 2000, Band II/1; München 2000
Müller, Welf: Der Europäische Gerichtshof und die deutschen Grundsätze ordnungsmäßiger Buchführung, Festschrift für Carsten Peter Claussen, Köln u.a. 1997, S. 707-723
Müller-Froelich, Peter: Ist der Abschlussprüfer ein Organ der Aktiengesellschaft, WPg 1972, 545-552
Münchener Kommentar zum Bürgerlichen Gesetzbuch, Schuldrecht Allgemeiner Teil (§§ 241-432), Bd. 2, München 1994
Münchener Handbuch zum Gesellschaftsrecht, Bd. 4: Aktiengesellschaft, München 1988
Münchener Kommentar zum Handelsgesetzbuch, Bd. 4: Rechnungslegung und Prüfung, München 2001
Muth, Johannes: Zur Einbeziehung von Dritten in den Schutzbereich des Abschlussprüfervertrags, EWiR 1999, 365-366

Nadig, R.: Grundlagen grenzüberschreitender Bankaufsicht, 1991
Naßmacher, Karl-Heinz: Banken als Thema öffentlicher Politik – Stellung und Tätigkeit der Kreditinstitute in Deutschland und ihre Kontrolle, Der Bürger im Staat 1997, 3-10
Neumann, Nicola: Abschlussprüfung und Beratung nach der Allweiler-Entscheidung des BGH, ZIP 1998, 1338-1349
Neye, Hans-Werner: Zur europarechtlichen Zulässigkeit der Eintragung einer Zweigniederlassung einer Gesellschaft in einem Mitgliedsstaat bei Gründung der Gesellschaft in einem anderen Mitgliedsstaat, EWIR 1999, 259-260
Neye, Hans-Werner: Der Vorschlag 1997 einer Takeover-Richtlinie, ZIP 1997, 2172-2173.
Neye, Hans-Werner: Urteilsanmerkungen zu OLG Hamm, ZIP 1997, 1696

Niehus, Rudolf J.: "Auch für Einzelabschlüsse gelten grundsätzlich die IAS" – Ein Beitrag zu den (möglichen) Grenzen einer "Internationalisierung" der Rechnungslegung im Einzelabschluss -, WPg 2001, 737-752

Niehus, Rudolf J.: Die Qualitätskontrolle der Abschlussprüfung, Düsseldorf 1993

Niehus, Rudolf J.: Entwicklungstendenzen in der Rechnungslegung, WPg 1986, S. 117-123

Niehus, Rudolf J: Zur Weiterentwicklung der Grundsätze ordungsgemäßer Durchführung von Abschlussprüfungen – Anregungen aus nationaler und internationaler Sicht, Festschrift für Karl-Heinz Forster, Düsseldorf 1992, S. 489-506

Niehus, Rudolf J.: Peer Review in der deutschen Abschlussprüfung, DB 2000, 1133-1142

Niehus, Rudolf J.:Gastkommentar: Keine Waffengleichheit oder "stumme Hunde, die nicht bellen können", DB 2000, I

Niehus, Rudolf J.: Zur Internationalisierung der deutschen Konzernrechnungslegung, DB 2002, 53-58

Noack, Ulrich: Der Widerspruch des Aktionärs in der Hauptversammlung, AG 1989, 78-87

Nobel, Peter: Selbstregulierung, in: Margelisch, Claude-Alain/Winzeler, Christoph (Hrsg.): Freiheit und Ordnung im Kapitalmarktsrecht – Festschrift Jean Paul Chapuis, Zürich 1998. S. 119-134

Nussbaum, Arthur: Garantien aktienrechtlicher Publizität, JW 1932, 2583-2586

Obermüller, Walter/*Werner*, Winfried/*Winden*, Kurt: Die Hauptversammlung, 3. Aufl., Düsseldorf 1967

Odenthal, Roger: Unterschlagungsprüfung und –prohylaxe mit Hilfe von EDV-Unterstützung, DStR 1996, 477-481

Odenthal, Roger: Verfahren und Instrumente zur Aufdeckung wirtschaftskrimineller Handlungen, ZIR 1997, 241-249 und 301-312

Odersky, Walter: Gestaltungsfreiheit und gerichtliche Kontrolle, ZGR-Sonderheft 13, 1998, 103-122

OECD: OECD Principles of Corporate Governance, AG 1999, 340-349

Oesterle, Michael: L´enterprise c´est moi, FAZ v. 25.4.2000, S. 28

Opitz, Marcus: Ein Vergleich der Wirtschaftsprüfer in Frankreich und Deutschland, Bergisch Gladbach 1992

Ordelheide, Dieter: Brauchen wir für die Unternehmensüberwachung mehr Publizität?, in: Picot, Arnold (Hrsg.): Corporate Governance Unternehmensüberwachung auf dem Prüfstand, Stuttgart 1995, S. 89-109

Ossenbühl, Fritz: Staatshaftungsrecht, 5. Aufl., München 1998

Ostermeyer, Robert: Systeme der Unternehmensverfassung, BuW 2001, 221-227.

Ott, Claus/Schäfer, Hans-Bernd (Hrsg.): Ökonomische Analyse des Unternehmensrechts, Heidelberg 1993.

Otto, Hans-Jochen/*Mittag*, Jochen: Die Haftung des Jahresabschlussprüfers gegenüber Kreditinstituten, WM 1996, 325-333

O.V.: "Die Aufgaben des Aufsichtsrats lassen sich nicht länger mit links erledigen", FAZ v. 13.12.1999 S. 33

O.V.: "Manager und Aufsichtsräte sollen künftig für Fehler zur Kasse gebeten werden", HB v. 15.12.1999, S. 2

O.V.: "Interview mit Georg Graf Waldersee, Leiter Prüfung und Risikomanagement bei Arthur Andersen", Capital/Heft 20, v. 21.9.-4.10.2000, S. 83

O.V.: "SEC demands regulator", Accountancy, April 2000, S. 10

O.V.: "FEE urges early changeover", World Accounting Report, Mai 2001, S. 13

O.V.: "Die Weisen um Lamfalussy scheuen die Reformen", FAZ v. 2.3.2001, S. 26

O.V.: "Plädoyer für eine Bilanz-Weltsprache", FAZ v. 28.8.2000, S. 25.

O.V.: "Companies must use IAS to list in EU exchanges", Accountancy, Juli 2001, S. 7

O.V.: "Die Bundesbank muss an der Bankenaufsicht mitwirken", FAZ v. 2.3.2001, S. 26

O.V.: "Kommt die Superbehörde?", Spiegel v. 15.5.2000, S. 92

O.V.: "US Audit Process is sound", Accountancy, Juli 2000, S. 13

O.V.: "Breuer kritisiert Unternehmenslenkung", HB v. 13.3.2001, S. 18

O.V., "Europa AG kann 2001 beschlossen werden", HB v. 11.12.2000, S. 4

O.V.: "Big firms say "Yes" to LLP status", Accountancy, April 2001, S. 10

O.V.: "Compliance with IAS is poor", Accountancy, April 2001, S. 10

O.V.: "Das Gesellschaftsrecht wird fortgeschrieben", FAZ v. 24.4.2001, S. 28

O.V.: "Das sind absurde Zustände", Die Zeit v. 26.4.2001, S. 21-22

O.V.: "EC sets up auditing Committee", Accountancy, Juni S. 7

O.V.: "Eine Premiere", FAZ v. 22.07.1998, S. 13

O.V.: "Greenspan backs FASB against Congress", Accountancy, Juli 1998, S. 9

O.V.: "Independence proposals get qualified approval", Accountancy, April 2001, S. 11

O.V.: "Kontrolle ist besser", WW v. 13.08.1998, S. 46

O.V.: "Wir müssen noch kritischer rangehen" - Interview mit Dietrich Dörner, Stuttgarter Zeitung v. 26.02.2000, S. 16

O.V.: " Der Spiegel, Nr. 20/1998, S. 109

O.V.: "`Proxies don´t prove a thing` says Andersen", Accountancy, August 2001, S. 8

O.V.: "Aktionärsklage gegen Telekom stößt auf Hindernisse", FTD v. 12.6.2001, S. 6

O.V.: "Big Five plan strategic changes", Accountancy, Mai 2001, S. 7

O.V.: "Für KPMG wird der Flowtex-Skandal teuer", in: HB v. 17.5.2001, S.18

O.V.: "International Accounting Standards Board", World Accounting Report, März 2001, S.10

O.V.: "Meet the regulators", Accountancy, Juli 2001, S. 22

O.V.: "Noch`n Schnaps", Frankfurter Rundschau v. 17.5.2001, S. 11

O.V.: "Audit-consulting crossover diminished", Accountancy, Mai 2001, S. 17

O.V.: Aus der Gesetzgebung – Änderung der Geldwäscherichtlinie, WPK-Mitt. 2000, 36-38

O.V.: "Deutschland wird zum Land der Aktionäre", FAZ v. 2.8.2000, S. 27

O.V.: "Die Bundesregierung prüft weitere Rechte für geschädigte Anleger", FAZ v. 30.1.2001, S. 30
O.V.: Editorial, WorldAccounting, März 2001, S. 1
O.V.: Manfred Gentz: Amerikanische Standards sind den IAS vorzuziehen, FAZ v. 19.9.2000, S. 19
O.V.: New independence rules, Worldaccounting, Juni 2000, S. 12
O.V.:"Aktien statt Almosen", Spiegel, Nr. 32, v. 3.08.1998, S. 46-55
O.V.:"Call for European standards board", Accountancy, August 1998, S. 10
O.V.: "Europe – Money laundering", World Accounting Report Mai 2001, S.3
O.V.: "Maxwell report critizises auditors", World Accounting Report, Mai 2001, S. 8
O.V.: "Die SEC ist schlechter als ihr Ruf", FAZ v. 2.3.2001, S. 26
O.V.: WPK-Mitt. 1997, 33, 35 (Bericht über das Urteil des OLG Hamburg v. 25.9.1996 – 5 U 208/95)
O.V., "SEC deals another blow to PwC", Accountancy, März 2000, S.12
O.V.: "Auditing the Auditors", FT v. 10.01.2000, S. 14
O.V.: "The proof is in the proxies", Accountancy, September 2001, S. 22
O.V., "Die "Europa AG" ist nun endgültig beschlossen", FAZ v. 9.10.2001, S. 30
O.V.: „International Standards on Auditing (ISA`s) – Autorisierte Übersetzung durch die WPK", WPK-Mitt. 1998, 235-236
O.V.: "Independence under the microscope", Accountancy, Februar 2000, S. 5

Palandt – Kommentar zum Bürgerlichen Gesetzbuch, 61. Aufl., München 2001
Passow, Richard: Die Aktiengesellschaft, 2. Aufl., Jena 1922
Paterson, Ron: "Widening the GAAP", Accountancy, Mai 2001, S. 96
Peemöller, Volker H./*Finsterer*, Hans/*Mahler*, Tanja: Verbesserung der Unternehmensüberwachung durch den "Management Letter", DB 1999, 1565-1568
Peemöller, Volker H./*Finsterer*, Hans/*Weller*, Heino: Vergleich von handelsrechtlichem und genossenschaftlichem Prüfungswesen, WPg 1999, 345-353
Peemöller, Volker H./*Fischer*, Jochen M.: Internationalisierung der externen Rechnungslegung, DSWR 2001, 142-147
Peemöller, Volker H./*Keller*, Bettina: Änderung der Überwachung in Kapitalgesellschaften – Der Entwurf eines Gesetzes zur Kontrolle und Transparenz im Unternehmensbereich, in DStR 1997, 1986-1992
Pellens, Bernhard: Internationale Rechnungslegung, 4. Aufl., Stuttgart 2001
Pellens; Bernhard: Ad-hoc-Publizitätspflicht des Managements börsennotierter Unternehmen nach § 44a BörsG, AG 1991, 62-69
Pellens, Bernhard/*Bonse*, Andreas/*Gassen*, Joachim: Perspektiven der deutschen Konzernrechnungslegung, DB 1998, 785-792
Pellens, Bernhard/*Bonse*, Andreas: Annäherung des deutschen Aktionärsschutzes an das US-amerikanische Vorstellungen, Festschrift für Bernhard Großfeld, Heidelberg 1999, S. 851-874

Peltzer, Martin: Der Kommissionsentwurf für eine 13. Richtlinie über Übernahmegebote vom 7.2.1996, AG 1997, 145-151

Peltzer, Martin/v. *Werder*, Axel: Der "German Code of Corporate Governance (GCCG)" des Berliner Initiativkreises, AG 2001, 1-15

Pendergast, Marilyn: "Strength through harmony", Accountancy, August 2001, S. 144

Petry, Nicole: Diskussionsbericht, in: Zentrum für Europäisches Wirtschaftsrecht der Rheinischen Friedrich-Wilhelms-Universität Bonn (Hrsg.): Vorträge des 12. Bonner Europa-Symposions – Der Wirtschaftsprüfer als Element der Corporate Governance, Teil I, Sammelband Nr. 113, Bonn 2001. S. 61-70

Pfaff, Dieter/*Bärtel*, Oliver: Externe Rechungslegung, internes Rechungswesen und Kapitalmarkt, ZfbF 1998, 757-777

Pfitzer, Norbert/*Oser*, Peter/*Orth*, Christian: Zur Reform des Aktienrechts der Rechnungslegung und Prüfung durch das TransPubG, DB 2002, 157-165

Philips, Holger: Die Verantwortung des Abschlußprüfers bei der Verwendung der Urteile von Dritten – Darstellung und Vergleich der deutschen Prüfungsgrundsätze mit dem International Standarts on Auditing (ISA) der IFAC, WPK-Mitt. 1998, 279-288

Picot, Arnold: Vorwort, in: Picot, Arnold (Hrsg.): Corporate Governance Unternehmensüberwachung auf dem Prüfstand, Stuttgart 1995, S. V-VI

Pijer, Trevor: "Patchy Compliance with IASs – No more blending of GAAP", Accountancy, August 1998, S. 73

Pinner, Albert: Soll bei einer künftigen Reform des Aktienrechts eine Annäherung an das englisch-amerikanische Recht in grundlegenden Fragen stattfinden, Verhandlungen zum 34. DJT, Bd. II, S. 614-678, in: *Schriftführeramt der ständigen Deputation des Deutschen Juristentages (Hrsg.)*: Verhandlungen des 34. Deutschen Juristentages in Köln 1926, Bd. II; Berlin 1927

Pipkorn, Jörn: Zur Entwicklung des europäischen Gesellschafts-und Unternehmensrecht, ZHR 1973, 35 69

Plaistowe, Ian: "Audit is a question of public interest", The Times v. 11.3.1999, S. 33

Plaistowe, Ian: "Our global goal", Accountancy, Mai 2001, S. 1

Planitz, Hans: Die Stimmrechtsaktie, Leipzig 1922

Plendl, Martin: Die Berichterstattung des Abschlussprüfers über nachteilige Lageveränderungen und wesentliche Verluste nach § 321 Abs. 1 Satz 4 HGB. Ein Beitrag zur Warnfunktion des Abschlussprüfers, Düsseldorf 1990

Pohl, Ulf: Risikoeinschätzung und Haftung des Wirtschaftsprüfers und vereidigten Buchprüfers – national -, WPK-Mitt.-Sonderheft April 1996, 2-16

Poll, Jens: Die Verantwortlichkeit des Abschlussrprüfers nach § 323 HGB, DZWir 1995, 95-101

Poll, Jens (Hrsg.): Bilanzierung und Besteuerung der Unternehmen - Festschrift für Herbert Brönner, Stuttgart 2000

Pollanz, Manfred: Konzeptionelle Überlegungen zur Errichtung und Prüfung eines Risikomanagementsytems – Droht eine Mega-Erwartungslücke?, DB 1999, 393-399

Post, Kurt: Die Unterschlagung und ihre Bekämpfung, Düsseldorf 1953

Potthoff, Erich/*Trescher*, Karl: Das Aufsichtsratsmitglied, 2. Aufl., Stuttgart 1994
Potthoff, Erich: Aufsichtsrat in der Aktiengesellschaft als betriebswirtschaftliches Subsystem, in: Matschke, Manfred Jürgen/Schildbach Thomas (Hrsg.): Unternehmensberatung und Wirtschaftsprüfung, Festschrift für Sieben, Stuttgart 1998
Potthoff, Erich: Diskussion zu „Erwartung und Wirklichkeit der aktienrechtlichen Pflichtprüfung“, in: Busse v. Colbe, Walther/Lutter, Marcus (Hrsg.): Wirtschaftsprüfung heute: Entwicklung oder Reform? Ein Bochumer Symposion, Wiesbaden 1977. S. 37-52
Potthoff, Erich: Prüfung der Ordnungsmäßigkeit der Geschäftsführung, Köln 1982
Potthoff, Erich: Die Möglichkeiten der Geschäftsführungsprüfung, WPg 1966, 586-591
Potthoff, Erich: HB v. 10.1.2001, S. 23
Pougin, Erwin: Die Sozialverpflichtung des Wirtschaftsprüfers, BFuP 1976, 93-113
Priester, Hans-Joachim: Die klassische Ausgliederung – ein Opfer des Umwandlungsgesetzes, ZHR 1999, 187-202

Quick, Reiner: Die Entstehungsgeschichte der aktienrechtlichen Pflichtprüfung in Deutschland, ZUG 1990, 217-236.
Quick, Reiner: Die Haftung des handelsrechtlichen Jahresabschlussprüfers, BB 1992, 1675-1685
Quick, Reiner: Das Risiko der berufsrechtlichen Ahndung deutscher Wirtschaftsprüfer, BuW 1997, 241-248 (Teil 1), 321-329
Quick, Reiner: Nationale und internationale Haftungsrisiken deutscher Abschlussprüfer, DBW 2000, 60-77
Quick, Reiner: Zivilrechtliche Verantwortlichkeit europäischer und amerikanischer Abschlussprüfer, BFuP 2000, 525-548
Quick, Reiner/*Baker*,Richard: Die zivilrechtliche Haftung des Abschlussprüfers in den USA, RIW 1995, 474-485
Quick, Reiner/*Hemeier*, Arnd/*Parthe*, Jens: Wirtschaftsprüfende Berufsstände in Finnland – Zugang, Organisation und Disziplinaraufsicht, WPK-Mitt. 1999, 224-229
Quick, Reiner/*Leimgruber*, Thomas: Die zivilrechtliche Verantwortung des Abschlussprüfers in Frankreich, WPK-Mitt. 1995, 18-25
Quick, Rainer/*Niemann*, Lars: Die Dritthaftung von gesetzlichen Abschlussprüfern in Großbritannien, RIW 1992, 836-843
Quick, Reiner/*Renault*, Helene: Die zivilrechtliche Haftung des französischen Abschlussprüfers, RIW 1993, 305-309

Räuber, Dieter: Der Lagebericht – Diskrepanz zwischen Erwartung und Rechtswirklichkeit, BB 1988, 1285-1289
Raisch, Peter: Zum Begriff und zur Bedeutung des Unternehmensinteresses als Verhaltensmaxime von Vorstand- und Aufsichtsratsmitgliedern, Festschrift für Wolfgang Hefermehl, München 1976, S. 347-381

Raiser, Thomas: Die Europäische Aktiengesellschaft und die nationalen Aktiengesetze, Festschrift für Johannes Semler, Berlin 1993, S. 277-297
Raiser, Thomas: Führungsstruktur und Mitbestimmung in der Europäischen Aktiengesellschaft nach dem Verordnungsvorschlag der Kommission vom 25. August 1989, Festschrift für Ernst Steindorff, New York 1990, S. 201-214
Raiser, Thomas: Unternehmensmitbestimmung auf dem europäischen Prüfstand, Die erste Seite, BB Heft 21 v. 25.5.2000, S. I
Raiser, Thomas: Unternehmerische Mitbestimmung auf dem Prüfstand, Festschrift für Richard M. Buxbaum, London u. a. 2000, S. 415-431
Ranzinger, Christoph/*Blies*, Peter: Audit Committees im internationalen Kontext, AG 2001, 455-462
Rappaport, Alfred: Shareholder Value, 2. Aufl. Stuttgart 1999
Rasner, Henning: Die Europäische Aktiengesellschaft (SE) – ist sie wünschenswert?, ZGR 1992, 314-326
Ratner, David L.: Securities Regulation, 1988
Raupach, Arndt: Von der Maßgeblichkeit der Handelsbilanz für die steuerrechtliche Gewinnermittlung zur Praedominanz des Steuerrechts in der Handelsbilanz, BFuP 1990, 515-526
Reher, Tim: Gesellschaftsrecht in Gemeinsamen Märkten, Baden-Baden 1997
Rehm: Empfiehlt es sich, die Verantwortlichkeit der Mitglieder des Aufsichtsrates einer Aktiengesellschaft genauer zu bestimmen?, Gutachten zum 28. DJT 1906, Bd. I, S. 20-41, in: *Schriftführeramt der ständigen Deputation des Deutschen Juristentages (Hrsg.)*: Verhandlungen des 28. Deutschen Juristentages in Kiel 1906, Bd. I; Berlin 1905
Reichsjustizministerium (Hrsg.), Entwurf eines Gesetzes über Aktiengesellschaften und Kommanditgesellschaften auf Aktien sowie Entwurf eines Einführungsgesetzes nebst erläuternden Bemerkungen, Berlin 1930
Reimann, Mathias: Amerikanisches Privatrecht und europäische Rechtseinheit – Können die USA als Vorbild dienen?, in: Zimmermann, Reinhard (Hrsg.): Amerikanische Rechtskultur und europäisches Privatrecht, 1995, S. 132-154
Reithmann, Christoph/*Martiny*, Dieter (Hrsg.): Internationales Vertragsrecht, 5. Aufl., Köln 1996
Richter, Martin: (Hrsg.): Theorie und Praxis der Wirtschaftsprüfung, Berlin 1997.
Richter, Martin: Die Sicherung der aktienrechtlichen Publizität durch ein Aktienamt, Saarbrücken 1975.
Richter, Martin: Die Stellung des Abschlussprüfers im Entscheidungsprozeß der Aktiengesellschaft, in: Diskussionsbeiträge Fachbereich Wirtschaftswissenschaft Universität des Saarlandes, Saarbrücken 1977
Richter, Martin: Die Stellung des Abschlussprüfers im Entscheidungs- und Kontrollprozess der Aktiengesellschaft, DBW 1978, 21-38
Riekers, Oliver: Haftung des Vorstands für fehlerhafte Ad-hoc-Meldungen de lege lata und de lege ferenda, BB 2002, 1213-1221
Risse, Jörg: Zum Eintrag einer Zweigniederlassung einer ausländischen Gesellschaft ohne Geschäftstätigkeit im Gründungsstaat, MDR 1999, 752-754

Rittner, Fritz: Zur Verantwortung des Vorstandes nach § 76 Abs. 1 AktG 1965, in Ballerstedt, Kurt u.a. (Hrsg.): Festschrift für Ernst Gessler, München 1971, S. 139-158

Rochat,Marco/*Alton*, Peter: Abschlussprüfung Multinationaler Unternehmen, in: Haller, Axel/Raffournier, Bernard/Walton, Peter: Unternehmenspublizität im internationalen Wettbewerb, Stuttgart 2000, S. 869-903

Rock, Edward B.: American´s Fascination with German Corporate Governance, AG 1995, 291-299

Rogers III, C. Paul: A Comment on the Extraterritorial Application of American Law in the 1990´s, Festschrift für Bernhard Großfeld, Heidelberg 1999, S. 901-913

Röhricht, Volker: Beratung und Abschlussprüfung, WPg 1998, 153-163

Romano, Roberta: Empowering Investors: A Market Approach to Securities Regulation, 107 Yale L. J. 2359-? (1998)

Rose, Manfred/*Mühl-Schimmele*, Petra: Konsumorientierte Steuersysteme, DSWR 1997, 155-159

Rössing, Sabine: "In Zukunft wird genau hingeschaut", FTD v. 23.3.2001, S. 33

Rosskopf, Gabriele: Selbstregulierung von Übernahmeangeboten in Großbritannien, Berlin 1999

Roth, Wulf-Henning: Fragen der Niederlassungsfreiheit nach dem EG-Vertrag, EWiR 2000, 793-794

Roth, Günther H.: Gründungstheorie – Ist der Damm gebrochen?, ZIP 1999, 861-867

Roth, Wulf-Henning: Die Sitzverlegung vor dem EuGH, ZIP 2000, 1597-1602

Roussey, Robert: Zur Fortentwicklung des ISA, in: IDW (Hrsg.): Weltweite Rechnungslegung und Prüfung – Risiken, Chancen und Konsequenzen einer unaufhaltsamen Entwicklung - Bericht über die IDW - Fachtagung 1. und 2. Oktober 1997 in Hannover, Düsseldorf 1998

Rückle, Dieter: Interessensausgleich und wirtschaftliche Aufgabenteilung bei der Entwicklung von Grundsätzen ordnungsgemäßer Abschlussprüfung, ZfbF 1975, 517-537

Rückle, Dieter: Zur Diskussion um systemkonforme Prüfungsgrundsätze, BFuP 1980, 54-73

Rückle, Dieter: Grundsätze ordnungsmäßiger Abschlussprüfung (GoA) – Stand und Entwicklungsmöglichkeiten im Rahmen des Gesamtsystems der Unternehmensführung, ZfbF Sonderheft 36, 1996, 107-148

Rückle, Dieter/*Klatte*, Volkmar: Grundsätze ordungsgemäßer Abschlußprüfung – Diskussionsstand und mögliche Fortentwicklung, WISU 1994, 138

Ruhnke, Klaus: Internationale Normen der Abschlussprüfung, in: Richter, Martin (Hrsg.): Theorie und Praxis der Wirtschaftsprüfung, Abschlussprüfung - Interne Revision - kommunale Rechnungsprüfung, Berlin 1997, S. 109-152.

Ruhnke, Klaus: Internationale Normen der Abschlussprüfung, Symposion "Theorie und Praxis der Wirtschaftsprüfung" vom 4.-5. Oktober 1996 in Potsdam, Tagungsband Potsdam 1996, S. 1-36

Ruhnke, Klaus: Bedeutung internationaler Prüfungsnormen für die Erbringung von Prüfungsleistungen auf nationaler Ebene, DB 1999, 237-244

Ruhnke, Klaus: Normierung der Abschlussprüfung, Stuttgart 2000
Ruhnke, Klaus: The International Federation of Accountants (IFAC), BB 1995, 940-945
Ruhnke, Klaus/Deters, Eric: Die Erwartungslücke bei der Abschlußprüfung, ZfB 1997, 923-944
Ruiz de Vargas, Santiago: Jahresabschluss von Kapitalgesellschaften nach neuem Recht in Spanien, Frankfurt a.M. 1992
Rumpf, Matthias: Kampf gegen Geldwäsche - Stochern im Nebel: EUmagazin 4/2001, S. 22-23
Rürup, Lebrecht: Prüfung des Jahresabschlusses und des Lageberichts durch Aufsichtsrat und Abschlussprüfer, Festschrift für Wolfgang Dieter Budde, München 1995, S. 543-560
Rürup, Lebrecht: Möglichkeiten verbesserter Kontrolle und Beratung der Geschäftsführung durch den Aufsichtsrat mit Hilfe des Wirtschaftsprüfers, AG 1995, 219-223

Saage, Gustav: Die Durchführung der Geschäftsführungsprüfung, WPg 1967, 225-233
Saage, Gustav: Die Prüfung der Geschäftsführung, Stuttgart 1965
Sack, Rolf: Auswirkungen der Art. 52-58 EWGV auf das internationale Gesellschaftsrecht - EUGH, NJW 1989, 2186, JuS 1990, 352-356
Sadowski, Dieter/*Junkes*, Joachim/*Lindenthal* Sabine: Gesetzliche Mitbestimmung in Deutschland: Idee, Erfahrungen und Perspektiven aus ökonomischer Sicht, ZGR 2001, 110-145
Sahner, Friedhelm/*Schulte-Groß*, Horst/*Clauß*, Carsten: Das System der Qualitätskontrolle im Berufsstand der Wirtschaftsprüfer und vereidigten Buchprüfer, WPK-Mitt. Sonderheft-April 2001, 5-17
Salacuse, Jeswald W.: From Developing Countries to Emerging Markets: A New Era for Law and Development, Festschrift für Bernhard Großfeld, Heidelberg 1999, S. 959-969
Sanders, P.: Auf dem Weg zu einer europäischen Aktiengesellschaft, RIW 1960, 1-5
Sanders, P.: Die europäische Aktiengesellschaft, AG 1967, 344-348
Sandrock, Otto/*Austmann*, Andreas: Das internationale Gesellschaftsrecht nach der Daily-Mail-Entscheidung des Europäischen Gerichtshofes – Quo vadis?, RIW 1989, 249-253
Sandrock, Otto: Die Konkretisierung der Überlagerungstheorie in einigen zentralen Einzelfragen – Ein Beitrag zum Internationalen Gesellschaftsrecht, Festschrift für Günther Beitzke, Berlin u.a. 1979, S. 669-696
Sandrock, Otto/*Jäger*, Wilhelm (Hrsg.): Internationale Unternehmenskontrolle und Unternehmenskultur, Tübingen 1994
Schade, Gerd.: Zur Konkretisierung des Gebots sorgfältiger Abschlussprüfung, Düsseldorf 1982
Schaub, Bernhard: Ausländische Handelsgesellschaften und deutsches Registerverfahren, NZG 2000, 953-964
Schedlbauer, Hans: Sonderprüfungen, Stuttgart 1984

Scheel, Jochen: Versicherbarkeit und Prävention. Ökonomische Analyse eines Zielkonflikts, Heidelberg 1999
Scheer, Udo: Professional Ethics und berufsrechtliche Grundsätze – Ein Vergleich der Vereinigten Staaten von Amerika und der Bundesrepublik Deutschland, WPK-Mitt. 1994, 225-232
Scheffler, Eberhard: Aufsichtsrat und Abschlussprüfer als Überwachungsorgane, Festschrift für Hans Havermann, Düsseldorf 1995, S. 651-680
Scheffler, Eberhard: Der Deutsche Standardisierungsrat – Struktur, Aufgaben und Kompetenzen, BFuP 1999, 407-417
Scheffler, Wolfram: Gedanken zur Zukunft des Maßgeblichkeitsprinzips, DSWR 2001, 151-154
Scheffler, Eberhard: Meinungsspiegel – Reform des Aufsichtsrates, BFuP 1996, 315-316
Scheibe-Lange, Ingrid: Gewerkschaftliche Vorstellungen zur Rechnungslegung, Prüfung und Publizität, WPg 1979, 641-650
Scherpf, Peter: Die aktienrechtliche Rechnungslegung und Prüfung, Köln 1967
Schiessl, Maximilian: Ist das deutsche Aktienrecht kapitalmarkttauglich?, AG 1999, 442-452
Schildbach, Thomas: Die Auswirkungen der Generalklausel des Art. 2 der 4. EG-Richtlinie auf die Rechnungslegung der Aktiengesellschaft, WPg 1979, 277-286
Schildbach, Thomas: Die neue Generalklausel für den Jahresabschluß von Kapitalgesellschaften – zur Interpretation des Paragraphen 264 Abs. 2 HGB, BFuP 1987, 1-15
Schildbach, Thomas: Rechnungslegung nach US-GAAP; Hoffnungen und Wirklichkeit, BB 1999, 359-365
Schildbach, Thomas: Die Glaubwürdigkeitskrise der Wirtschaftsprüfer - zu Intensität und Charakter der Jahresabschlussprüfung aus wirtschaftlicher Sicht, BFuP, 1996, 1-30
Schildbach, Thomas: Die Jahresabschlussprüfung im Spannungsfeld möglicher Prüfungsgegenstände und Adressaten, BFuP 1988, 341-355
Schildbach, Thomas: Harmonisierung der Rechnungslegung – ein Phantom, BFuP 1998, 1-22
Schildbach, Thomas: Rechnungslegung nach US-GAAP – ein Fortschritt für Deutschland?, ZfbF 1998, 55-81
Schindler, Thomas: Die Restatements und ihre Bedeutung für das amerikanische Privatrecht, ZEuP 1998, 277-295
Schindler, Joachim: Internationale Prüfungsnormen aus der Sicht einer internationalen Wirtschaftsprüfergesellschaft, in: Richter, Martin (Hrsg.): Theorie und Praxis der Wirtschaftsprüfung, Abschlussprüfung - Interne Revision - kommunale Rechnungsprüfung, Berlin 1997
Schindler, Joachim/*Rabenhorst*, Dirk: Auswirkungen des KonTraG auf die Abschlussprüfung, BB 1998, 1886-1893 (Teil 1) und 1939-1944 (Teil 2)

Schindler, Joachim/*Rosin*, Udo: Die Unabhängigkeit des Wirtschaftsprüfers nach Deutschem und Amerikanischem Recht – insbesondere: Beratungsverbot und Rotation, in: Zentrum für Europäisches Wirtschaftsrecht der Rheinischen Friedrich-Wilhelms-Universität Bonn (Hrsg.): Vorträge des 12. Bonner Europa-Symposions – Der Wirtschaftsprüfer als Element der Corporate Governance, Teil II, Sammelband Nr. 114, Bonn 2001, S. 179-209

Schlechtriem, Peter: Schutzpflichten und geschützte Personen – Überlegungen aus rechtsvergleichender Sicht zu Verträgen mit Schutzwirkung zugunsten Dritter aus Anlaß von BGH 13.11.1997, ZR 144/94, Festschrift für Dieter Medicus, Köln u.a. 1999, S. 529-540

Schlegelberger, Franz/*Quassowski*, Leo/*Schmölder* Karl: Verordnung über Aktienrecht vom 19. September 1931 nebst Durchführungsbestimmungen, Berlin 1932

Schlegelberger, Franz/*Quassowski*, Leo: Aktiengesetz, Berlin 1937

Schlegelberger, Franz/*Quassowski*, Leo. Aktiengesetz, 3. Aufl., Berlin 1939

Schlömer, Robert: Das aktienrechtliche Überwachungssystem unter Berücksichtigung der Besonderheiten von Unternehmenskrisen, Bergisch Gladbach Köln 1985

Schmalenbach, Eugen: Die Überwachungspflicht des Aufsichtsrats, ZfHF 5. (1910/1911), 271-283.

Schmaltz, Kurt: Der Wirtschaftsprüfer und seine Aufgaben, DBW 1932, 254-256

Schmergal, Cornelia: “Wer prüft die Prüfer?“, Die Welt v.10.6.2001, S. 48

Schmid, Frank A./*Seeger*, Frank: Arbeitnehmermitbestimmung, Allokation von Entscheidungsrechten und Shareholder Value, ZfB 1998, 453, 468

Schmidt, Karsten: Sitzverlegungsrichtlinie, Freizügigkeit und Gesellschaftsrechtspraxis, ZGR 1999, 20-35

Schmidt, Carsten: Rechtsfortbildung im Unternehmens- und Gesellschaftsrecht durch die Rechtsprechung des BGH, NJW 2000, 2927-2936

Schmidt, Dominique: Gestaltungsfreiheit im französischen Gesellschaftsrecht, ZGR-Sonderheft 13, 1998, 291-296

Schmidt, Peter Jürgen: Überlegungen zur Erweiterung der gesetzlichen Regelungen über die Abschlussprüfung, BFuP 1996, 52-75

Schmidt, : Peter Jürgen: Prüfung im 21. Jahrhundert – Entwicklungen, Probleme, Visionen – Podiums- und Plenardiskussion, in: Richter, Martin (Hrsg.): Theorie und Praxis der Wirtschaftsprüfung, Abschlussprüfung - Interne Revision - Kommunale Rechnungsprüfung, Berlin 1997, S. 231-248

Schmidt, Peter Jürgen: Der Beruf des Wirtschaftsprüfers – quo vadis?, WPg 1998, 319-325

Schmidt, Reinhard H.: Corporate Governance: The Role of other Constitutiencies, in: Working Paper, Series: Finance, No. 3 July 1997

Schmidt, Stefan: Empfehlungen des Panels on Audit Effectiveness zur Verbesserung der Qualität der Abschlussprüfung, WPg 2000, 793-810

Schmidt-Aßmann, Eberhardt: Zur Reform des Allgemeinen Verwaltungsrechts – Reformbedarf und Reformansätze, in: Hoffmann-Riem, Wolfgang/Schmidt-Aßmann, Eberhardt/Schuppert, Gunnar Folke (Hrsg.): Reform des Allgemeinen Verwaltungsrechts, Baden-Baden 1993, S. 11-63

Schmitz, Patrick W.: Sollten Haftungsregeln durch Strafen ergänzt werden?, Jb. Wirtschaftswissenschaften 1997, 351-360

Schmitz, Bernhard: Die Vertragshaftung des Wirtschaftsprüfers und Steuerberaters gegenüber Dritten, DB 1989, 1909-1915

Schmölder, Karl Pflichtprüfung und Verwaltungsreform in der Aktienrechtsnovelle, JW 1931, 2925-2930

Schnabel, Reinhold: Die Rentenreform 2001, Köln 2001

Schneider, Hannes: Reichweite der Expertenhaftung gegenüber Dritten, ZHR 1999, 246-273

Schneider, Jürgen: Erfolgsfaktoren der Unternehmensüberwachung: Corporate Governance aktienrechtlicher Aufsichtsorgane im internationalen Vergleich, Berlin 2000

Schneider, Manfred: Prüfung im 21. Jahrhundert – Entwicklungen, Probleme, Visionen – Podiums- und Plenardiskussion, in: Richter, Martin (Hrsg.): Theorie und Praxis der Wirtschaftsprüfung, Abschlussprüfung - Interne Revision - Kommunale Rechnungsprüfung, Berlin 1997. S. 231-248

Schneider, Uwe H.: Das Informationsrecht des Aufsichtsratsmitglied einer Holding AG, Festschrift für Bruno Kropff, Düsseldorf 1997. S. 271-283

Schneider, Uwe H.: Kapitalmarktorientierte Corporate Governance-Grundsätze, DB 2000, 2413-2417

Schneider, Uwe/*Strenger*, Christian: Die Corporate Governance-Grundsätze der Grundsatzkommission Corporate Goverance (German Panel on Corporate Goverance), AG 2000, 106-113

Schneider, Uwe. Internationales Kapitalmarktrecht, AG 2001, 269-278

Schnyder, Anton K.: Internationales Wirtschaftsrecht – zu Begriff und Phänomenologie, in: Baums, Theodor/Hopt, Klaus/Horn, Norbert(Hrsg.): Corporations, Capital Markets and Business in the Law - Festschrift für Richard M. Buxbaum, London u. a. 2000, S. 515-531

Schoenfeld, H.-M.: Wirtschaftsprüfung, USA, in: Coeneberg, Adolf G./v. Wysocki, Klaus (Hrsg.): Handwörterbuch der Revision, 2. Aufl., Stuttgart 1991, Sp. 2330-2341

Scholtissek, Wolfgang: Abschlussprüfung und Abschlussprüfer in der Republik Irland, RIW 1993, 738-742

Schön, Wolfgang: Mindestharmonisierung im europäischen Gesellschaftsrecht, ZHR 1996, 221-249

Schön, Wolfgang: Entwicklung und Perspektiven des Handelsbilanzrechts – vom ADHGB zum IASC, ZHR 1997, 133-159

Schön, Wolfgang: Gesellschaftsrecht nach Maastricht, ZGR 1995, 1-38

Scholz, Franz (Hrsg.): GmbHG, 9. Aufl., Köln 2000

Schriftführeramt der ständigen Deputation des Deutschen Juristentages (Hrsg.): Verhandlungen des 28. Deutschen Juristentages in Kiel 1906, Bd. I; Berlin 1905

Schriftführeramt der ständigen Deputation des Deutschen Juristentages (Hrsg.): Verhandlungen des 34. Deutschen Juristentages in Köln 1926, Bd. I, Berlin 1926 und Bd. II; Berlin 1927

Schruff, Lothar: Bilanzierung von Pensionsverpflichtungen nach deutschem Recht und internationalen Standards, WPK-Mitt. Sonderheft Juni 1997, 68-81
Schruff, Lothar: Der Wirtschaftsprüfer und seine Pflichtprüfungsmandate, Düsseldorf 1973
Schülen, Werner: Die neuen Fachgutachten und weitere Themen aus der Facharbeit des IDW, WPg 1989, 1-9
Schüppen, Matthias: Aktuelle Fragen der Wirtschaftsprüferhaftung, DB 1998, 1317-1319
Schüppen, Matthias: BGH – Grundsätzliche Zulässigkeit gleichzeitiger Steuerberatung und Abschlussprüfung, WiB 1997, 861-863
Schulte, Christof (Hrsg.): Lexikon des Controlling, München, Wien 1996
Schulze zur Wiesch, Dietrich Wilhelm: Grundsätze ordnungsmäßiger aktienrechtlicher Jahresabschlussprüfung, Düsseldorf 1963
Schulze-Osterloh, Herbert: Stellung und Unabhängigkeit des Wirtschaftsprüfers, in: Busse v. Colbe, Walther/Lutter, Marcus (Hrsg.): Wirtschaftsprüfung heute: Entwicklung oder Reform? Ein Bochumer Symposion, Wiesbaden 1977. S. 94-119
Schulze-Osterloh, Joachim: Zur öffentlichen Funktion des Abschlussprüfers, ZGR 1976, 411-434
Schulze-Osterloh, Joachim: Unternehmensüberwachung und Prüfung des Jahresabschlusses durch den Aufsichtsrat, ZIP 1998, 2129-2135
Schuppert, Gunnar: Die öffentliche Verwaltung im Kooperationsspektrum staatlicher und privater Aufgabenerfüllung. Zum Denken in Verantwortungsstufen, DV 1998, 415-447
Schuster, Gunnar: Internationale Anwendung des Börsenrechts, Berlin 1996
Schwark, Eberhard: Das neue Kapitalmarktrecht, NJW 1987, 2041-2048
Schwark, Eberhard: Börsengesetz Komm, 2. Aufl., München 1994
Schwartz, Rachel: Legal Regimes, Audit Quality and Investment, 72 Acc. Rev. 385-406 (1997)
Schwarz, "Flowtex: Prüfer zahlen 100 Millionen DM", SZ v. 17.5.2001, S. 23.
Schwarz, Günter Christian: Europäisches Gesellschaftsrecht, Baden-Baden 2000.
Schwarz, Günter Christian: Zum Statut der Europäischen Aktiengesellschaft, ZIP 2001, 1847-1861
Schwarze, Reimund: Haftungsrecht und Auflagen als Policy-Mix, Jb. Wirtschaftswissenschaften 1995, 306-326
Schwegler, Iren: Die Stellung des Wirtschaftsprüfers zu den Organen Hauptversammlung, Aufsichtsrat und Vorstand, BB 1995, 1683-1685
Sedemund, Joachim/*Hausmann*, Friedrich Ludwig: Niederlassungsfreiheit contra Sitzthorie – Abschied von Daily Mail, Anmerkung zum EuGH Urteil vom 9.3.1999 – Rs. C-212/97, Centros Ltd. gegen Erhvers- og Selskabsstyrelsen, BB 1999, 810
Siebert, Lars Michael: Vertragliche Erweiterung der Haftung des gesetzlichen Abschlußprüfers: Anmerkung zum Urteil des OLG Stuttgarts vom 25.7.1995, 12 U 57/94, WPK-Mitt. 1996, 235-239

Seibert, Ulrich: Kontrolle und Transparenz im Unternehmensbereich – Die Aktienrechtsnovelle Pro und KonTraG, AG Sonderheft 1997, 65-69

Seibert, Ulrich: OECD-Principles of Corporate Governance – Grundsätze der Unternehmensführung für die Welt, AG 1999, 337-339

Seibert, Ulrich: Kontrolle und Transparenz im Unternehmensbereich, WM 1997, 1-9

Seibert, Ulrich: Das Gesetz zur Kontrolle und Transparenz im Unternehmesbereich (KonTraG) – Die aktienrechtliche Regelungen im Überblick, in: Dörner, Dietrich/Menold, Dieter/Pfitzer, Norbert (Hrsg.): Reform des Aktienrechts, der Rechnungslegung und Prüfung, KoTraG-KapAEG-EuroEG-StückAG, Stuttgart 1999, S. 1-26

Seibt, Christoph H.: Kapitalmarktrechtliche Überlagerungen im Aktienrecht, in: Ekkenga, Jens/Rödder, Thomas/Röhricht, Volker/Seibt, Christoph (Hrsg.): Gesellschaftsrecht in der Diskussion 2000, Köln 2001, S. 37-75

Selchert, Friedrich Wilhelm: Nachteilige Veränderungen und Verluste im Prüfungsbericht. Zu § 279 Abs. 1 Satz 4 EGHGB, BB 1984, 1719-1724

Selchert, Friedrich Wilhelm: Die MD&A – ein Vorbild für den Lagebericht, Festschrift für Claus-Peter Weber, Stuttgart 1999, S. 219-237

Semler, Johannes: Diskussion zum Thema „Formeltestat oder materielle Prüfung" in: Busse v. Colbe, Walther/Lutter, Marcus (Hrsg.): Wirtschaftsprüfung heute: Entwicklung oder Reform? Ein Bochumer Symposion, Wiesbaden 1977. S. 81-91

Semler, Johannes: Aufgaben und Funktionen des aktienrechtlichen Aufsichtsrates in der Unternehmenskrise, AG 1983, 141-148

Semler, Johannes: Leitung und Überwachung der Aktiengesellschaft, 2. Aufl., Köln 1996

Semler, Johannes: Unternehmensüberwachung durch den Kapitalmarkt, in: Picot, Arnold (Hrsg.): Corporate Governance: Unternehmensüberwachung auf dem Prüfstand, Stuttgart, 1995, S. 29-87

Semler, Johannes: Die Überwachungsaufgabe des Aufsichtsrats, Köln u.a. 1980

Servatius, Bernhard: Ordnungsgemäße Vorstandskontrolle und vorbereitende Personenauswahl durch den Aufsichtsratsvorsitzenden, AG 1995, 223-225

Sieben, Günter/*Bretzke*, Wolf-Rüdiger/*Raulwing*, Helmut: Zur Problematik einer Prüfung von Managementleistungen, BFuP 1976, 181-201

Sieben, Günter: Die Abschlussprüfung als Beitrag zu einer betriebswirtschaftlichen Unternehmensanalyse, WPg 1988, 606-612

Sieben, Günter: Formeltestat oder materielle Prüfung, in: Busse v. Colbe, Walther/Lutter, Marcus (Hrsg.): Wirtschaftsprüfung heute: Entwicklung oder Reform? Ein Bochumer Symposion, Wiesbaden 1977. S. 55-70

Sieben, Günter: Offene Fragen bei der Erstellung und Prüfung des Lageberichts, Festschrift für Reinhard Goerderler, Düsseldorf 1987, S. 581-600.

Sieben, Günther/Matschke, Manfred Jürgen/Schildbach, Thomas (Hrsg.): Reform des Aufsichtsrats, BFuP 1996, 428-430

Siegel, Stanley: The Coming Revolution in Accounting: The Emergence of Fair Value as the Fundamental Principle of GAAP, WPK-Mitt. Sonderheft Juni 1997, 81-90.

Sieger, Jürgen/*Grätsch*, Andreas: BB-Kommentar zu BGH, Urteil v. 2.4.1998-III ZR 245/96, BB 1998, 1408-1409

Siegloch, Jochen: Ein Valet dem Maßgeblichkeitsprinzip?, BFuP 2000, 157-182.

Simitis, Spiros: Zur Unabhängigkeit der Abschlussprüfer, Festschrift für Rudolph Reinhardt, Köln 1972, S. 329-344

Solmssen, Georg: Soll bei einer künftigen Reform des Aktienrechts eine Annäherung an das englisch-amerikanische Recht in grundlegenden Fragen stattfinden, Verhandlungen zum 34. DJT, Bd. II, S. 678-742, in: Schriftführeramt der ständigen Deputation des Deutschen Juristentages (Hrsg.): Verhandlungen des 34. Deutschen Juristentages in Köln 1926, Bd. II; Berlin 1927

Sonneberger, Hans-Jürgen/*Großerichter*, Helge: Konfliktlinien zwischen internationalem Gesellschaftsrecht und Niederlassungsfreiheit, RIW 1999, 721-732

Sonneberger, Hans Jürgen/*Coester*, Michael: Feststellung und Prüfung des Jahresabschlusses der Aktiengesellschaften im Gemeinsamen Markt, AG 1974, 177-185

Spanheimer, Jürgen/*Koch*, Christian: Internationale Bilanzierungspraxis in Deutschland – Ergebnisse einer empirischen Untersuchung der Unternehmen des DAX du MDAX sowie des Neuen Marktes -, WPg 2000, 301-310

Spindler, Gerald: Deregulierung des Aktienrechts, AG 1998, 53-74

Stadler, Astrid: Empfehlen sich gesetzgeberische Maßnahmen zur rechtlichen Bewältigung der Haftung für Massenschäden?, Referat und Thesen für den 62. DJT 1998, Bd. II/1, S. I 35-I 60, in: Ständige Deputation des Deutschen Juristentages (Hrsg.): Verhandlungen des 63. Deutschen Juristentages in Leipzig 2000, Bd. II/1, München 2000

Stahl, Michael: Zur Dritthaftung von Rechtsanwälten, Steuerberatern, Wirtschaftsprüfern und öffentlich bestellten und vereidigten Sachverständigen, Frankfurt u.a. 1989

Ständige Deputation des deutschen Juristentages (Hrsg.): Verhandlungen des 62. Deutschen Juristentages in Bremen 1998, Bd. I, München 2000

Ständige Deputation des deutschen Juristentages (Hrsg.): Verhandlungen des 63. Deutschen Juristentages in Leipzig 2000, Bd. I und Bd. II/1, München 2000

Staub, Herrmann: Staub's Kommentar zum Handelsgesetzbuch, 2. Band (§§ 178-342), 12. und 13. Aufl., Berlin/Leipzig 1926

Staudinger, Julius v.: Kommentar zum Bürgerlichen Gesetzbuch mit Einführungsgesetz und Nebengesetzen - EGBGB/IPR - Internationales Gesellschaftsrecht, 13. Aufl., Berlin 1993

Steding, Rolf: Der Aufsichtsrat in gesellschaftsrechtlich verfassten Unternehmen, BuW 1999, 904-907

Steding, Rolf. Europäisches Gesellschaftsrecht: Herkunft, Entwicklung und Zukunft, BuW 1999, 545-548

Steding, Rolf: Das Gesellschaftsrecht der EU zwischen Erwartung und Enttäuschung, NZG 2000, 913-918

Steiger, Max: Unternehmenskontrolle - Auf dem Weg zu mehr Aktionärsdemokratie, in: EU Magazin, Heft 7-8/1998, S. 40-42
Stein, Ekkehart: Die Wirtschaftsaufsicht, Tübingen 1967
Steinberg, Marc I.: Emerging Markets: Proposals and Recommendations for Implementation, 30 Int'l Law. 715-738 (1996)
Steinberg, Marc I.: Understanding Securities Law, New York, 1996
Steiner, Bertram: Der Prüfungsbericht des Abschlussprüfers. Bedeutung, Inhalt und Entwicklung eines „adressatenbezogenen" Prüfungsberichts gemäß § 321 HGB als Grundlage für die Unternehmenskontrolle und -führung - zugleich ein Plädoyer für eine prüfungsbezogene Beratung durch den Abschlussprüfer, Köln 1991
Steiner, Bertram: Der Abschlussprüfer als externer Controller, WPg 1991, 472-482
Steinmann, Horst/*Schreyögg*, Georg/*Dütthorn*, Carola: Managerkontrolle in deutschen Großunternehmen – 1972 und 1979 im Vergleich, ZfB 1983, 4-25
Steinmeyer, Heinz-Dietrich: Vergleichende Betrachtung zu Alterssicherungssystemen und ihre Reform, Festschrift für Bernhard Großfeld, heidelberg 1999, S. 1155-1171
Stevenson, Joanna: "Dodging the rules", Accountancy, April 2000, S. 148
Stibi, Eva: Prüfungsrisikomodell und risikoorientierte Abschlussprüfung, Düsseldorf 1995
Stober, Rolf: Globalisierung der Wirtschaft und Rechtsprinzipien des Weltwirtschaftsrecht, Festschrift für Bernhard Großfeld, Heidelber 1999, S. 1173-1199
Stoll, Jutta: Zur Verschwiegenheitspflicht des Wirtschaftsprüfrs gegenüber Auftraggeber und geprüften Unternehmen, BB 1998, 785-788.
Streim, Hannes: Die Generalnorm des § 264 Abs. 2 HGB – Eine kritische Analyse, Festschrift für Adolf Moxter, Düsseldorf 1994, S. 391-406
Strobel, Wilhelm: Die Neuerungen des KapCoRiLiG für den Einzel- und Konzernabschluss, DB 2000, 53-59
Street, Donna L./*Gray*, Sidney: "Challenging times", Accountancy, Dezember 2000, S. 104-106
Sturm, Roland: "Die Banken als Lenker der deutschen Wirtschaft?", Der Bürger im Staat 1997, 53-57.
Sünner, Eckart: Die Aktionärsklage zur Kontrolle des Vorstands- und Aufsichtsratshandelns, ZHR 1999, 364-376
Swinson, Chris: "Who's afraid of the OFT", Accountancy, April 2001, S. 76
Swinson, Chris: "The fundamental things apply…", Accountancy, Juni 2000, S. 82
Swinson, Chris: "We must run the risk", Accountancy, August 2001, S. 84
Szczesny, Andrea: Basel II konkret, EUmagazin 1-2/2001, S. 11

Taffler, Richard/*Tseung*, Meggy: The Audit Going Concern Qualification in Practice - Exploding Some Myths, The Accountant's Magazine 1984, 263-269
Teichmann, Christoph: Corporate Governance in Europa, ZGR 2001, 645-679

Tempelhoff, Anja: Berufsrechtliche Sanktionen gegen Wirtschaftsprüfer in Deutschland, Österreich und der Schweiz, WPK-Mitt. 1997, 275-286

Theisen, Manuel René: Die Überwachung der Unternehmensführung: Betriebswirtschaftliche Ansätze zur Entwicklung erster Grundsätze ordnungsgemäßer Überwachung, Stuttgart 1987. (Zitiert: Überwachung)

Theisen, Manuel René: Unternehmensführung und Überwachung in der Publikumsaktiengesellschaft, in: Eichhorn/Friedrich: Unternehmensverfassung in der privaten und öffentlichen Wirtschaft, Festschrift für Erich Potthoff, Baden-Baden 1989, S. 132-145.

Theisen, Manuel René: Das Board-Modell: Lösungsansatz zur Überwindung der "Überwachungslücke" in deutschen Aktiengesellschaften?, AG 1989, 161-168

Theisen, Manuel René: Haftung und Haftungsrisiko des Aufsichtsrat – Theorie und Praxis, DBW 1993, 295-318

Theisen, Manuel René: Was können deutsche Aufsichtsräte besser machen?, Kurzbeiträge, in: Unternehmensüberwachung durch den Kapitalmarkt, in: Picot, Arnold (Hrsg.): Corporate Governance Unternehmensüberwachung auf dem Prüfstand, Stuttgart, 1995, S. 128-129

Theisen, Manuel René: Grundsätze ordnungsgemäßer Information des Aufsichtsrats, 2. Aufl., Stuttgart 1996

Theisen, Manuel René: Vergabe und Konkretisierung des WP-Prüfungsauftrags durch den Aufsichtsrat – Bedeutung, Funktion und Umsetzung des § 111 Abs. 2 Satz 3 AktG i.d.F. 1998- , DB 1999, 341-346

Theisen, Manuel René: Zur Reform des Aufsichtsrats – Eine betriebswirtschaftliche Bestandsanalyse und Perspektive; in: Dörner, Dietrich/Menold, Dieter/Pfitzer, Norbert (Hrsg.): Reform des Aktienrechts, der Rechnungslegung und Prüfung, KonTraG-KapAEG-EuroEG-StückAG, Stuttgart 1999, S. 203-251

Thiel, Jochen: Maßgeblichkeit und internationale Bilanzierung, in: IDW (Hrsg.): Weltweite Rechnungslegung und Prüfung – Risiken, Chancen und Konsequenzen einer unaufhaltsamen Entwicklung - Bericht über die IDW - Fachtagung 1. und 2. Oktober 1997 in Hannover, Düsseldorf 1998, S. 91-104

Thümmel, Manfred: Die unterschiedliche Bedeutung des Begriffs "Unabhängigkeit" im Rahmen prüfender und beratender Tätigkeit, WPg 1986, 643-650

Tielmann, Sandra: Durchsetzung ordnungsmäßiger Rechnungslegung, DB 2001, 1625-1634

Tiemann, Susanne: Freie Berufe in Europa, WPK-Mitt. 2001, 2-6

Timmermanns, Christian: Die europäische Rechtsangleichung im Gesellschaftsrecht, RabelsZ 1984, 1-47

Tschäni, Rudolf: Private Securities Litigation Reform Act von 1995, SZW 1996, 76-77

Uerpmann, Robert: Das öffentliche Interesse – Seine Bedeutung als Tatbestandsmerkmal und als dogmatischer Begriff, Tübingen 1999

Uhlig, Bernhard: Diskussion zu „Erwartung und Wirklichkeit der aktienrechtlichen Pflichtprüfung“, in: Busse v. Colbe, Walther/Lutter, Marcus (Hrsg.): Wirtschaftsprüfung heute: Entwicklung oder Reform? Ein Bochumer Symposion, Wiesbaden 1977. S. 37-52

Ulmer, Peter (Hrsg.): Die GmbH & Co. KGaA nach dem Beschluss BGHZ 134, 392, ZHR Beiheft 67, Heidelberg 1998

Ulmer, Peter: Die Aktionärsklage als Instrument zur Kontrolle des Vorstands- und Aufsichtsratshandels – Vor dem Hintergrund der US-Erfahrungen mit der shareholders derivative action, ZHR 1999, 290-342

Ulmer, Peter: Das Centros-Urteil des EuGH und seine Relevanz für das deutsche Internationale Gesellschaftsrecht, JZ 1999, 662-665

Ulmer, Peter: "Gestaltungsfreiheit in der Europa-AG bietet Vorteile", FAZ v. 21.3.2001, S. 30

v. Bar, Christian: Empfehlen sich gesetzgeberische Maßnahmen zur rechtlichen Bewältigung der Haftung für Massenschäden?, Gutachten A für den 62. DJT 1998, Bd. 1, S. A 1-A 104, in: Ständige Deputation des Deutschen Juristentages (Hrsg.): Verhandlungen des 63. Deutschen Juristentages in Leipzig 2000, Bd. I; München 2000

v. Hein, Jan: Grundfragen des europäischen Übernahmekollisionsrechts, AG 2001, 213-232

v. Münch, Ingo/*Schmidt-Aßmann*, Eberhard (Hrsg.): Besonderes Verwaltungsrecht, 9. Aufl., Berlin, New York, 1992. (Zitiert: v. München/Schmidt-Aßmann/*Verfasser*, Besonderes Verwaltungsrecht).

v. Muthesius, Volkmar (Hrsg.): 75 Jahre Deutsche Treuhand-Gesellschaft 1890-1965, Frankfurt 1965

v. Rosen, Rüdiger/*Herdina*, Markus: Investor Relations und Analystenveranstaltungen als Folgepflichten für Unternehmen auf dem Neuen Markt, BFuP 2001, 45-53

v. Rosen, Rüdiger: Eine zentrale Bundesbehörde als Börsenaufsicht?, WM 1991, 623

v. Rosen, Rüdiger: Corporate Governance: Eine Bilanz, Die Bank 2001, 283-287

v. Schönfels, Rüdiger: "Echt schlaffe Nummer", WW Nr. 11/8.3.2001, S. 264-266

v. Werder, Axel: Shareholder Value-Ansatz als einzige Richtschnur des Vorstandshandelns, ZGR 1998, 69-91

v. Wysocki, Klaus: Grundsätze ordnungsmäßiger Bilanzierung und Prüfung, in: Busse v. Colbe, Walther/Lutter, Marcus (Hrsg.): Wirtschaftsprüfung heute: Entwicklung oder Reform? Ein Bochumer Symposion, Wiesbaden 1977, S. 175-183

v. Wysocki, Klaus: Grundlagen des betriebswirtschaftlichen Prüfungswesens, 3. Aufl., München 1988

v. Wysocki, Klaus: Das Dritte Buch des HGB 1985 und die grundsätze ordnungsmäßiger Konzernrechnungslegung, WPg 1986, 177-181

v. Wysocki, Klaus: Kapitalflussrechnungen nach dem Standard DRS 2 des Deutschen Rechnungslegungs Standards Committee (DRSC), Festschrift für Herbert Brönner, Stuttgart 2000, S. 465-464 *v. Wysocki*, Klaus/*Schulze-Osterloh*, Joachim (Hrsg.): Handbuch des Jahresabschlusses in Einzeldarstellungen, Bd. 3, Loseblatt-Ausg., Köln

Vagts, Detlef F.: Gestaltungsfreiheit im amerikanischen Aktienrecht, ZGR-Sonderheft 13, 1998, 278-290

Veit, Klaus-Rüdiger/*Bernards*, Oliver: Anforderungen an die Segmentberichterstattung im internationalen Vergleich, WPg 1995, 493-498

Vogel, Gerhard: Erwartung an die Beratung des Wirtschaftsprüfers, WPg 1988, 633-637

Vogelsang, Günter: Wirtschaftsprüfung im Geiste Eugen Schmalenbachs – Ein Plädoyer für mehr Betriebswirtschaftslehre in Ausbildung und Beruf, Wpg 1988, 645-648

Vollmer, Lothar/*Maurer*, Torsten: Beratung durch Aufsichtsratsmitglieder oder Abschlussprüfer aufgrund von Zusatzaufträgen, BB 1993, 591-597

Wagner, Franz W.: Shareholder Value: Eine neue Runde im Konflikt zwischen Kapitalmarkt und Unternehmensinteresse, BFuP 1997, 473-498

Wahl, Adalbert: Vorwort, WPK-Mitt. 2001, 93

Weber, Claus-Peter: Die Struktur des deutschen Konzernabschlusses im Vergleich zum Konzernabschluss nach US-amerikanischem Recht, WPK-Mitt. Sonderheft Juni 1997, 57-61

Weber, Claus-Peter: Überlegung zu einer Erweiterung der Ziele der Jahresabschlussprüfung, Festschrift für Jörg Baetge, Düsseldorf 1997, S. 781-810

Weber-Grellet, Heinrich: Maßgeblichkeitsschutz und eigenständige Zielsetzung der Steuerbilanz, DB 1994, 288-291

Weber-Grellet, Heinrich: Bestand und Reform des Bilanzsteuerrechts, DStR 1998, 1343-1349

Wehlau, Andreas: The Societas Europea: A critique of the Commission's 1991 Amended Proposal, 29 CML Rev. 473-510 (1992)

Weisgerber, Thomas: Das Dritte Finanzmarktförderungsgesetz und das Richtliniengesetz: Erläuterungen, Gesetzestexte, Materialien, Köln 1998

Weißenberger, Barbara E.: Kundenbindung und Vertrauen in der Beziehung zwischen Wirtschaftsprüfer und Mandant, in: Richter, Martin (Hrsg.): Theorie und Praxis der Wirtschaftsprüfung, Berlin 1997. S. 71-95

Weißenberger, Barbara E.: Wider die erzwungene Rotation des Abschlussprüfers – Eine institutionenökonomische Analyse der Regelung zum Prüferwechsel innerhalb des Referentenentwurfs zum KonTraG, BB 1997, 2315-2321

Weißenberger, Barbara E.: Ökonomische Analyse des Prüferwechsels – Eine Untersuchung des § 319 Abs. 3 Nr. 6 HGB, in: Dörner, Dietrich/Menold, Dieter/Pfitzer, Norbert (Hrsg.): Reform des Aktienrechts, der Rechnungslegung und Prüfung, KonTraG-KapAEG-EuroEG-StückAG, Stuttgart 1999, S. 617-647

Wenger, Ekkehard: Der Fall Girmes – ein Stück aus dem Tollhaus, ZIP 1993, 321-332

Werlauff, Erik: Ausländische Gesellschaft für inländische Aktivität – "Centros aus dänischer Sicht", ZIP 1999, 867-876

Westermann, Harm Peter, Streubesitzaktionäre in der Hauptversammlung deutscher Aktiengesellschaften, in: Feddersen, Dieter/Hommelhoff, Peter/Schneider, Uwe H. (Hrsg.): Corporate Governance – Optimierung der Unternehmensführung und der Unternehmenskontrolle im deutschen und amerikanischen Aktienrecht, Köln 1996, S. 264-286

Westrick, Peter: Abschlussprüfung und Abschlussprüfer nach geltendem Recht und zukünftigen Recht, Heidelberg, 1963

Wiedemann, Herbert: Rechtsethische Maßstäbe im Unternehmens- und Gesellschaftsrecht, ZGR 1980, 147-176

Wiedemann, Herbert: Gesellschaftsrecht, Bd. I, Grundlagen, München 1980

Wiedemann, Herbert: Diskussion zu „Stellung und Unabhängigkeit des Wirtschaftsprüfers", in: Busse v. Colbe, Walther/Lutter, Marcus (Hrsg.): Wirtschaftsprüfung heute: Entwicklung oder Reform? Ein Bochumer Symposion, Wiesbaden 1977, S. 125-139

Wiedmann, Harald: Der risikoorientierte Prüfungsansatz, WPg 1993, 13-25

Wiedmann, Harald: Entwicklung internationaler Prüfungsstandards, in: Schruff, Lothar (Hrsg.): Bilanzrecht unter dem Einfluss internationaler Reformzwänge, Düsseldorf 1996, S. 149-196

Wiedmann, Harald: Entwicklungen internationaler Prüfungs-Standards und KPMG Audit Service Manual (KASM), Festschrift zum 50-Jahr-Jubiläum der KPMG Alpen-Treuhand, Wien 1996, S. 287-304

Wiedmann, Harald: Vergleich der deutschen Rechnungslegungsvorschriften mit den internationalen Rechnungslegungsgrundsätzen unter besonderer Berücksichtigung des Vorsichtsprinzips sowie des Matching Principle, Baetge, Jörg (Hrsg.): Die deutsche Rechnungslegung vor dem Hintergrund internationaler Entwicklungen, Düsseldorf 1994, S. 99-121

Wiedmann, Harald: Abschlussprüfung zwischen Ordnungsmäßigkeitsprüfung und betriebswirtschaftlicher Überwachung, Festschrift für Herbert Brönner, Stuttgart 2000, S. 443-464

Wiedmann, Harald: Ansätze zur Fortentwicklung der Abschlussprüfung, WPg 1998, 338-350.

Wiedmann, Harald: Bei den Wirtschaftsprüfern bleiben zwei von drei Stellen offen", FAZ v. 14.5.2001, S. 22

Wiegand, Annette: Die Sachwalterhaftung als richterliche Rechtsfortbildung, Berlin 1991

Wiese, Tobias: Verantwortlichkeit des Aufsichtsrats – Aktuelle Entwicklungen im Bereich der Corporate Governance, DB 2000, 1901-1905

Wiesner, Peter M.: Überblick über den Stand des europäischen Unternehmensrecht, EuZW 1998, 619-635

Wiesner, Peter M.: Europäisches Unternehmensrecht, ZIP 2000, 1792-1812

Wiesner, Peter M.: Der Nizza-Kompromiss zur Europa AG – Triumph oder Fehlschlag?, ZIP 2001, 397-398

Wiesner, Peter M.: Europäisches Unternehmensrecht im Umbruch, AG 1996, 390-395

Wiesner, Peter M.: Zur Deregulierung des Aktienrechts, WM 1988, 1841-1844

Wiethölter, Rudolf: Interessen und Organisation der Aktiengesellschaft im deutschen und amerikanischen Recht, Karlsruhe, 1961

Wilhelm; Christiane: Die Registrierungs- und Publizitätspflichten bei der Emission und dem Handel von Wertpapieren auf dem US-amerikanischen Kapitalmarkt, WPg 1998, 364-375

Wilson, Allister: "Commentary – Who wants US GAAP?", Accountancy, August 1998, S. 61

Windbichler, Christine: Zur Trennung von Geschäftsführung und Kontrolle bei amerikanischen Großgesellschaften – Eine "neue" Entwicklung und europäische Regelungen im Vergleich, ZGR 1985, 50-73

Windbichler, Christine/*Bachmann*, Gregor: Corporate Governance und Mitbestimmung als „wirtschaftsrechtlicher ordre public", Festschrift für Gerold Bezzenberger, Berlin u.a. 2000, S. 797-805

Wissmann, Matthias: "Jeder wird zum Global Player", FAZ v.15. Mai 2000, S. 23

Witt, Andreas: BGH – Treuepflicht von Minderheitsaktionär und Schadensersatzpflicht von Stimmrechtsvertretern – Girmes, WiB 1995, 548-551

Witting, Christian: Justifying Liability to Third Parties for Negligent Misstatements, Oxford J. Leg. Stud. 20 (2000) 615-643

Wittkowski; Dirk: Unzulässigkeit einer Anfechtungsklage gemäß AktG § 243 gegen die Wahl des Abschlussprüfers wegen der Besorgnis der Befangenheit, WuB II A. § 243 AktG 1.97

Wolf, Manfred: Haftungsbegrenzung durch Individualvereinbarungen, WPK-Mitt. 1998, 197-200

Wollmert, Peter/*Oser*, Peter: Befreiender internationaler Konzernabschluss, DB 2000, 729-735

Wolz, Matthias: Die Erwartungslücke vor und nach Verabschiedung des KonTraG, WPK-Mitt. 1998, 122-135

Wondra, Michael Klaus-Peter: Staatshaftung für fehlsame Wirtschaftsaufsicht? 1995

Woolf, Emile/*Hindson*, Moira: "Lessons in Fraud", Accountancy, Juli 2000, S. 128-129

WPK (Hrsg.), International Standards on Auditing, 1999

WPK/IDW, Gemeinsame Stellungnahme, VO 1/1995 Zur Qualitätssicherung in der Wirtschaftsprüferpraxis, WPg 1995, 824-839

WPK: Stellungnahme zum Entwurf eines Gesetzes zur Kontrolle und Transparenz im Unternehmensbereich (KonTraG), WPK-Mitt. 1997, 100

WPK: Entschließung zur Einführung einer externen Qualitätskontrolle, WPK-Mitt. 1999, 94-95.

Wüstemann, Gerd: Prüfungsausschüsse des Aufsichtsrats, WPg 1971, 37-41

Wüstemann: Mängel bei der Abschlussprüfung: Tatsachenberichte und Analysen aus betriebswirtschaftlicher Sicht, in: Zentrum für Europäisches Wirtschaftsrecht der Rheinischen Friedrich-Wilhelms-Universität Bonn (Hrsg.): Vorträge des 12. Bonner Europa-Symposions – Der Wirtschaftsprüfer als Element der Corporate Governance, Teil I, Sammelband Nr. 113, Bonn 2001. S. 25-60

Wymeersch, Eddy: Gesellschaftsrecht im Wandel: Ursachen und Entwicklungslinien, ZGR 2001, 294-324

Wymeersch, Eddy: Unternehmensführung in Westeuropa – Ein Beitrag zur Corporate Governance-Diskussion, AG 1995, 299-316

Wymeersch, Eddy: Centros: A Landmark Decision in European Company Law, Festschrift für Richard M. Buxbaum, London u. a. 2000, S. 629-654

Zäch, Roger: Europäisierung des Aktienrechts und Subsidiarität, in: Büren, Roland von/Hausherr, Heinz/Wiegand, Wolfgang: Grundfragen des neuen Aktienrechts – Symposion zum Anlaß der Emeritierung von Rolf Bär, S. 85-100

Zenk, Georg (Hrsg.): Öko-Audits nach der Verordnung der EU, Wiesbaden 1995

Zentrum für Europäisches Wirtschaftsrecht der Rheinischen Friedrich-Wilhelms-Universität Bonn (Hrsg.): Vorträge des 12. Bonner Europa-Symposions – Der Wirtschaftsprüfer als Element der Corporate Governance, Teil I und II, Sammelband Nr. 113 und Nr. 114, Bonn 2001

Zentrum für Europäisches Wirtschaftsrecht der Rheinischen Friedrich-Wilhelms-Universität Bonn (Hrsg.): Symposion über Information, Konsultation und Mitbestimmung der Arbeitnehmer in der EU - Vorträge und Berichte, Sammelband Nr. 119, Bonn 2001

Ziemons, Hildegard: Erteilung des Prüfungsauftraes an den Abschlussprüfer einer Aktiengesellschaft durch einen Aufsichtsratsbeschluss, DB 2000, 77-81

Zilias, Manfred. Harmonisierung der Haftungsvorschriften für Abschlussprüfer in den Mitgliedsstaaten der EG, WPg 1974, 69-78

Zimmer, Daniel: Internationales Gesellschaftsrecht und Niederlassungsfreiheit, BB 2000, 1361-1366

Zimmer, Daniel: Internationales Gesellschaftsrecht, Heidelberg 1996.

Zimmer, Daniel: Von Debraco bis DaimlerChrysler: Alte und neue Schwierigkeiten bei der internationalgesellschaftsrechtlichen Sitzbestimmung, Festschrift für Richard M. Buxbaum, London u. a. 2000, S. 655-667

Zimmermann, Reinhard (Hrsg.): Amerikanische Rechtskultur und europäisches Privatrecht, Tübingen 1995

Zingales, Luigi: Corporate Governance, NBER Working Paper Series 6309, Cambridge Mass. 1997

Zippelius, Reinhold: Juristische Methodenlehre, 7. Aufl., München 1999

Zitzelsberger, Siegfried: Aus der Arbeit des IDW, WPg 1998, 129-138

Zoellner,Wolfgang (Hrsg.): Kölner Kommentar zum Aktiengesetz, Bd. 4, Rechnungslegung der Aktiengesellschaft, 2. Aufl. Köln u.a. 1991

Zuberbühler, Daniel: Spannungsverhältnis zwischen Regulierung und Wettbewerbsfähigkeit, SZW 1996, 201-210

Zünd, André: "Expectation Gap" - Die Revision im Clinch von Erwartung und Auftrag - Unabhängigkeit, Fachkunde und Sorgfalt als Leitlinien für die Revision, ST 1992, 371-379

Zwirner, Christian: Ausweitung der Möglichkeiten zur internationalen Bilanzierung?, StuB 1999, 879-884

Marco Albers

Corporate Governance in Aktiengesellschaften

Entscheidungsprozess und Wirkungsanalyse zum Gesetz zur Kontrolle und Transparenz im Unternehmensbereich (KonTraG)

Frankfurt am Main, Berlin, Bern, Bruxelles, New York, Oxford, Wien, 2002.
334 S., 16 Tab., 6 Graf.
Europäische Hochschulschriften: Reihe 5, Volks- und Betriebswirtschaft.
Bd. 2844
ISBN 3-631-38480-7 · € 56.50*

Angeheizt durch spektakuläre Unternehmensschieflagen steht die deutsche Corporate Governance seit vielen Jahren im öffentlichen Diskurs. Das 1998 in Kraft getretene *Kontroll- und Transparenzgesetz* stellt somit das Ergebnis einer mehrjährigen teilweise äußerst kontrovers geführten Diskussion dar. Der Verfasser analysiert die Thematik, in der die Reform des Aufsichtsrates einen bedeutenden Teilaspekt bildet, durch Umsetzung eines politikwissenschaftlichen Analysemodells auf die aktuelle wirtschaftspolitische Maßnahme. Durch eine detailgenaue Rekonstruktion des Entscheidungsverlaufs des KonTraG wird u. a. der Einfluss von Interessengruppen offengelegt sowie das Gesetzgebungsverfahren und dessen Ergebnis in seinen Auswirkungen präzise analysiert. Die anschließende Untersuchung der Praxisfälle der Metallgesellschaft und der HypoVereinsbank gibt der Arbeit darüber hinaus eine empirische Fundierung und veranschaulicht realitätsnah die Möglichkeiten und Grenzen der Neuregelungen. Im Schlussteil wird des Weiteren ein Resümee im Hinblick auf die künftige Bearbeitung des Politikfeldes der Corporate Governance geliefert.